Hock/Mayer/Hilbert/Deimann
Immobiliarvollstreckung

Immobiliarvollstreckung

Zwangsversteigerung, Teilungsversteigerung
Zwangsverwaltung, Insolvenzverwalterversteigerung
Zwangshypothek, Arresthypothek

Tipps und Taktik

von

Rainer Hock
Günter Mayer
Alfred Hilbert
Ernst Deimann

4., neu bearbeitete Auflage

C.F. Müller Verlag · Heidelberg

1. Auflage bearbeitet von Rainer Hock und Günter Mayer
unter dem Titel „Immobiliarvollstreckung I"

2. Auflage bearbeitet von Rainer Hock, Günter Mayer und Alfred Hilbert
unter dem Titel „Immobiliarvollstreckung"

3. Auflage bearbeitet von Rainer Hock, Günter Mayer, Alfred Hilbert und Ernst Deimann

Bibliografische Information der Deutschen Nationalbibliothek

Die Deutsche Nationalbibliothek verzeichnet diese Publikation
in der Deutschen Nationalbibliografie; detaillierte bibliografische Daten
sind im Internet über <http://dnb.d-nb.de> abrufbar.

ISBN 13: 978-3-8114-3447-9

© 2008 C. F. Müller, Verlagsgruppe Hüthig Jehle Rehm GmbH,
Heidelberg, München, Landsberg, Berlin

Jede Verwertung außerhalb der engen Grenzen des Urheberrechtsgesetzes ist ohne Zustimmung des Verlags unzulässig und strafbar. Das gilt insbesondere für Vervielfältigungen, Übersetzungen, Mikroverfilmungen und die Einspeicherung und Bearbeitung in elektronischen Systemen.

www.cfmueller-verlag.de

Satz: Strassner ComputerSatz, Leimen
Druck: Himmer AG, Augsburg
Printed in Germany

Vorwort

Das Gebiet der Immobiliarvollstreckung gilt als besonders schwierig, weshalb bereits eine Reihe guter Kommentare und Studienbücher erschienen sind. Was fehlt, ist ein Grundriss über alle Verfahren der Immobiliarvollstreckung, der keine Vorkenntnisse aus diesem Bereich voraussetzt. Diese Lücke will das Buch schließen.

Es wendet sich somit an alle, die sich Grundkenntnisse auf den Gebieten Zwangsversteigerung, Zwangsverwaltung, sowie Zwangshypothek und Arresthypothek verschaffen oder bereits vorhandene Kenntnisse auffrischen und vertiefen wollen. Der Adressatenkreis umfasst damit insbesondere Rechtsanwälte, die sich in das komplizierte Gebiet der Immobiliarvollstreckung einarbeiten wollen, weshalb das Werk in der Praxis dienliche Tipps enthält und das anwaltliche Kostenrecht (RVG) Beachtung gefunden hat.

Das Buch richtet sich weiter an Bürovorsteher und Rechtsanwaltsfachangestellte, welche mit der Bearbeitung von Zwangsversteigerungs- und Zwangsverwaltungsangelegenheiten sowie der Beantragung und weiteren Bearbeitung von Zwangshypotheken und Arresthypotheken betraut sind und nicht zuletzt an die Mitarbeiter der Kreditinstitute, kommunalen Kassen und Finanzämter, die auf Gläubigerseite solche Verfahren betreiben und betreuen müssen.

Ganz besonders wendet sich das Werk an die Studierenden der Fachhochschulen und Universitäten, da es sowohl als Begleitmaterial für das Grundstudium als auch für das Selbststudium Verwendung finden kann. Es will auf seinem Gebiet jene Kenntnisse vermitteln, welche zum sachgemäßen Gebrauch der vorhandenen Kommentare unverzichtbar sind, wobei lediglich die Grundzüge des allgemeinen Vollstreckungsrechts und des Immobiliarsachenrechts vorausgesetzt werden. Schließlich soll es Rechtspflegern dienen, welche auf dem Gebiet der Immobiliarvollstreckung arbeiten oder viele Jahre nach ihrer Ausbildung als Entscheidungsträger im Bereich der Immobiliarvollstreckung tätig werden und daher ihre in der Ausbildung erworbenen Kenntnisse rasch auffrischen müssen.

Das Buch erfasst **alle** wichtigen **Verfahren der Immobiliarvollstreckung**, nämlich die Zwangsversteigerung zum Zwecke der Zwangsvollstreckung (Vollstreckungsversteigerung), die Zwangsversteigerung zur Aufhebung einer Gemeinschaft (Teilungsversteigerung), die Zwangsverwaltung sowie die Eintragung einer Zwangshypothek und einer Arresthypothek. Weiter wird die Zwangsversteigerung auf Antrag des Insolvenzverwalters dargestellt.

In seinem Aufbau folgt das Buch in den einzelnen Teilen dem Ablauf des jeweiligen Verfahrens. Am Beispiel der Vollstreckungsversteigerung erklärt, führt das Werk also von der Verfahrensanordnung über die Möglichkeiten der einstweiligen Einstellung bis zum Versteigerungstermin, der Entscheidung über den Zuschlag, der anschließenden Erlösverteilung und der Schlussabwicklung.

Besondere Schwierigkeiten bei der Anwendung des Zwangsversteigerungsgesetzes entstehen, wenn mehrere Grundstücke im einheitlichen Verfahren versteigert werden. Die Verfasser haben daher auf ein an den Fachhochschulen für Rechtspflege seit Jahren bewährtes Konzept zurückgegriffen und im 1. Teil (Vollstreckungsversteigerung) zunächst die Versteigerung nur **eines** Grundstücks dargestellt (1. Abschnitt). Im 2. Abschnitt des 1. Teils werden dann die Besonderheiten erklärt, welche durch die Versteigerung **mehrerer** Grundstücke im einheitlichen Verfahren entstehen.

Mit Rücksicht auf ihre besondere Bedeutung wurden die Berührungspunkte zwischen dem Immobiliarvollstreckungsrecht und dem Insolvenzrecht besonders herausgearbeitet.

Da seit dem Erscheinen der 3. Auflage im Bereich der Immobiliarvollstreckung einige Gesetzesänderungen in Kraft getreten und eine Vielzahl von Entscheidungen des Bundesgerichtshofs ergangen sind, mussten weite Teile des Buches angepasst, teilweise völlig neu geschrieben werden. So finden sich in der aktuellen Auflage insbesondere alle mit dem Zweiten Justizmodernisierungsgesetz eingetretenen Änderungen u.a. zur „Verbannung" des Bargeldes aus dem Zwangsversteigerungsverfahren,

Vorwort

Ausführungen zur neuen Rangklasse 2 des § 10 ZVG (u.a. Hausgeld der Wohnungseigentümer) und die aktuelle Rechtsprechung des Bundesgerichtshofs u.a. zum „Eigengebot" des Bankvertreters, zur Teilungsversteigerung bei Zugewinngemeinschaft und zur Eintragung der „Wohnungseigentümergemeinschaft" als Gläubigerin einer Zwangshypothek.

Gesetzgebung, Rechtsprechung und Schrifttum sind bis Ende August 2007, vereinzelt auch bis Ende Dezember 2007 berücksichtigt.

Im Januar 2008	
Kandel	*Rainer Hock*
Kaiserslautern	*Günter Mayer*
Rottenburg am Neckar	*Alfred Hilbert*
Schwetzingen	*Ernst Deimann*

Benutzerhinweise

Vorweg einige praktische Hinweise für die Nutzung dieses Buches.

Die einzelnen Bände der Reihe »Tipps und Taktik« beschränken sich inhaltlich auf ein Rechtsgebiet, in dem sie dem Leser die Arbeit in der Praxis erleichtern sollen. Hierzu gehören die durchgehenden Randnummern und das ausführliche Stichwortverzeichnis, die ein schnelles Nachschlagen einzelner Punkte ermöglichen. Eine weitere Hilfe stellen die in den Text eingefügten Tipps dar. Darüber hinaus werden Muster, Checklisten, Übersichten und Tabellen sowie Beispiele in einem jeweils eigenen Grauton unterlegt.

Muster
Checklisten, Tabellen, Übersichten
Beispiele

Soweit im Text auf Muster, Beispiele etc. verwiesen wird, wurden auch diese mit einer Randnummer versehen. Da die Reihe »Tipps und Taktik« ausschließlich von Praktikern für Praktiker geschrieben wurde, ist der Verlag für Anregungen aus der Praxis seiner Leser dankbar.

Inhaltsverzeichnis

Vorwort V
Benutzerhinweise VII
Abkürzungsverzeichnis XXXI
Literaturverzeichnis XXXV

Einführung in die Immobiliarvollstreckung

A.	Definition	1
B.	Gesetzliche Grundlagen	1
C.	Gegenstände der Immobiliarvollstreckung	1
D.	Arten der Immobiliarvollstreckung	1

1. Teil
Zwangsversteigerung zum Zwecke der Zwangsvollstreckung (Vollstreckungsversteigerung)

1. Abschnitt
Versteigerung eines Grundstücks

1. Kapitel
Verfahren über die Anordnung der Vollstreckungsversteigerung

A.	Versteigerungsobjekte	5
B.	Versteigerungsantrag	6
	I. Zuständigkeit	6
	1. Sachliche Zuständigkeit	6
	2. Örtliche Zuständigkeit	6
	3. Funktionelle Zuständigkeit	6
	II. Voraussetzungen und Inhalt des Antrags	6
	1. Übersicht	6
	2. Vollstreckungsschuldner	8
	a) Normalfall	8
	b) Mehrere Schuldner	8
	c) Gütergemeinschaft	8
	d) Tod des Grundstückseigentümers	8
	aa) Titel lautet gegen den Verstorbenen	8
	bb) Titel lautet gegen den oder die Erben	9
	e) Juristische Person, Handelsgesellschaft	9
	f) BGB-Gesellschaft	9
	3. Bezeichnung des Grundstücks	10
	4. Die zu vollstreckende Forderung	10
	a) Rangklassen (RK)	10
	b) Hauptforderung	10
	c) Zinsen	10
	d) Kosten der Rechtsverfolgung	11
	5. Vollstreckungstitel	12
C.	Entscheidung über den Antrag	14
	I. Prüfung durch das Vollstreckungsgericht	14
	1. Allgemeine Prüfung	14
	a) Tätigkeit der Geschäftsstelle	14

	b) Allgemeine Prozessvoraussetzungen	14
	c) Allgemeine und besondere Vollstreckungsvoraussetzungen	14
	2. Besondere Prüfung (§ 28 ZVG)	14
	II. Entscheidung des Vollstreckungsgerichts	15
	1. Beanstandung des Antrags	15
	2. Aufklärungsverfügung	16
	3. Zurückweisung des Antrags	16
	4. Verfügungsbeschränkungen	16
	a) Eröffnung des Insolvenzverfahrens gegen den Eigentümer	16
	b) Anordnung einer Testamentsvollstreckung	17
	c) Schuldner ist nur Vorerbe	17
	d) Auflassungsvormerkung	17
	5. Anordnungsbeschluss	17
	6. Bekanntmachung der Anordnung und Grundbuchersuchen	18
	7. Beitritt weiterer Gläubiger zum Verfahren	19
D.	**Beschlagnahme**	**19**
	I. Allgemeines	19
	II. Eintritt der Beschlagnahme	19
	III. Wirkung der Beschlagnahme	21
	1. Relatives Veräußerungsverbot	21
	2. Gläubiger mit Grundpfandrecht (Haftungsverband)	21
	3. Gläubiger ohne Haftungsverband	22
	IV. „Mithaftende Gegenstände" (Haftungsverband)	22
	1. Vorbemerkung	22
	2. Haftungsverband der Hypothek	22
	3. Beschlagnahmeumfang in der Zwangsversteigerung	22
	4. Haftungsverband, Beschlagnahme und Mobiliarvollstreckung	25
E.	**Rechtsbehelfe im Verfahren über Anordnung und Beitritt**	**26**
	I. Rechtsbehelf des Schuldners	26
	II. Rechtsbehelfe des Gläubigers	27
F.	**Kosten im Verfahren über Anordnung und Beitritt**	**28**
	I. Kosten des Gerichts	28
	II. Rechtsbehelf gegen den Kostenansatz	28
	III. Rechtsanwaltskosten	29

2. Kapitel
Einstweilige Einstellung und Aufhebung

A.	**Das System und seine Anwendung**	**29**
B.	**Gegenrechte und Verfügungsbeschränkungen (Beispiele)**	**30**
	I. Allgemeine Vorbemerkung	30
	II. Neues Eigentum	30
	III. Auflassungsvormerkung	32
	IV. Testamentsvollstreckung	32
	V. Nachlassverwaltung	33
	VI. Vorerbe und Nacherbe	33
	VII. Keine Hindernisse	33
	VIII. Rechtsnachfolge auf Gläubigerseite	34
C.	**Zwangsversteigerung und Insolvenz**	**34**
	I. Insolvenzverfahren als Vollstreckungshindernis	34
	1. Die vollstreckenden Gläubiger	34
	a) Insolvenzgläubiger	34
	b) Gläubiger mit Absonderungsrecht	34
	c) Massegläubiger	34
	d) Berechtigter einer Zwangshypothek	34
	2. Beschlagnahme vor Eröffnung	34
	3. Beschlagnahme zwischen Sicherung und Eröffnung	35

		4. Beschlagnahme nach Eröffnung	35
		a) Insolvenzgläubiger	35
		b) Neugläubiger	36
		c) Absonderungsberechtigte	35
		d) Massegläubiger	36
		5. Vollstreckung aus einer Zwangshypothek	36
	II.	Einstweilige Einstellung auf Antrag des Insolvenzverwalters	37
		1. Antrag	37
		2. Einstellungsgründe und Auflagen	37
		a) Einstellungsgründe	37
		b) Einstellung bei vorläufigem Verwalter	38
		c) Auflagen	38
		3. Aufhebung der einstweiligen Einstellung	38
D.	**Einstweilige Einstellung und Aufhebung auf Grund einer Verfahrenshandlung**		39
	I.	Antragsrücknahme durch den Gläubiger	39
	II.	Bewilligung der einstweiligen Einstellung durch den Gläubiger	40
	III.	Einstweilige Einstellung auf Schuldnerantrag nach § 30a ZVG	41
		1. Schuldnervortrag	41
		2. Gläubigervortrag	41
		3. Verfahren	41
	IV.	Antrag des Schuldners nach § 765a ZPO	43
	V.	Entscheidung des Prozessgerichts	44
	VI.	Sonstige Einstellungsfälle (Beispiele)	44
E.	**Rechtsbehelfe bei einstweiliger Einstellung und Aufhebung**		45
F.	**Kosten bei einstweiliger Einstellung und Aufhebung**		45
	I.	Kosten des Gerichts	45
	II.	Rechtsanwaltskosten	45

3. Kapitel
Verfahren bis zum Versteigerungstermin

A.	**Was jetzt zu erledigen ist**		46
B.	**Wertfestsetzung**		46
	I.	Allgemeines	46
	II.	Vorüberlegung	47
	III.	Verfahren bis zum Gutachten	48
	IV.	Entscheidung	48
C.	**Bestimmung des Versteigerungstermins**		50
	I.	Terminstag und Terminsort	50
	II.	Terminsbestimmung	52
	III.	Bekanntmachung	52
	IV.	Zustellungsformen	53
	V.	Die Zeit bis zum Termin	53
D.	**Grundsätze für das weitere Verfahren**		54
	I.	Einführung einer Forderung in das Verfahren	54
	II.	Wiederkehrende Leistungen	55
E.	**Rangklassen (RK) des § 10 Abs. 1 ZVG**		56
	I.	Rangklasse 1	56
	II.	Rangklasse 1a	57
	III.	Rangklasse 2	57
	IV.	Rangklasse 3	57
		1. Einmalige Leistungen	57
		2. Wiederkehrende Leistungen	58
	V.	Rangklasse 4	58
	VI.	Rangklasse 5	59
	VII.	Rangklasse 6	60

	VIII. Rangklassen 7 und 8	60
	IX. „Inoffizielle" Rangklassen	60
F.	**Das geringste Gebot (gG)**	60
	I. Begriffsbestimmung	60
	II. Bestbetreibender Gläubiger	61
	III. Aufbau	62
	IV. Bestehen bleibende Rechte	63
	V. Mindestbargebot	64
	1. Kosten des Verfahrens	64
	2. Weitere Beträge	65

4. Kapitel
Versteigerungstermin

A.	**Vom Aufruf der Sache bis zur Aufforderung, Gebote abzugeben**	67
	I. Gliederung, Öffentlichkeit und Protokoll	67
	II. Feststellung der Beteiligten	68
	III. Bekanntmachungen	68
	IV. Miet- und Pachtverhältnisse/Mietkaution	69
	V. Anträge zum Verfahren	70
	1. Abweichende Versteigerungsbedingungen	70
	2. Schuldnerfremdes Zubehör	70
	3. Zuzahlungsbetrag	71
	VI. Bekanntgabe der Versteigerungsbedingungen	72
	VII. Aufforderung zur Abgabe von Geboten	74
B.	**Die Bietezeit**	74
	I. Abgabe von Geboten	74
	II. Zulassung, Zurückweisung, Widerspruch	75
	III. Sicherheitsleistung	76
	1. Grundsätze	76
	2. Darf der Beteiligte Sicherheit verlangen?	77
	3. Muss der Bieter Sicherheit leisten?	77
	4. Wie hoch ist die Sicherheit?	77
	5. Welches Sicherungsmittel ist tauglich?	78
	6. Sicherheitsverlangen; Verfahren	79
	7. Behandlung der Sicherheit	80
	IV. Vorzeitige Beendigung des Termins	81
	1. Aufhebung oder einstweilige Einstellung	81
	2. Zahlung an das Gericht	82
	3. Ablösung	82
C.	**Schlussverhandlung**	83
	I. Schluss der Versteigerung	83
	II. Ergebnisloser Termin	84
	III. Verhandlung über den Zuschlag	84

5. Kapitel
Zuschlag

A.	**Entscheidung über den Zuschlag**	86
	I. Versagung des Zuschlags	86
	1. Grundlagen	86
	2. Versagungsgründe	86
	a) Unzulässiges Gebot	86
	b) Fehlende Identität von Versteigerungs- und Zuschlagsobjekt	87
	c) Handlungen nach Schluss der Versteigerung	87
	d) Nicht ausreichendes Meistgebot	88
	e) Versagungsgründe nach § 83 ZVG	90
	3. Entscheidung	91

		4. Fortsetzung des Verfahrens	91
		II. Erteilung des Zuschlags	91
B.	**Inhalt, Bekanntmachung, Wirkungen**		92
		I. Inhalt des Zuschlagsbeschlusses	92
		II. Bekanntmachung des Zuschlagsbeschlusses	93
		III. Wirkungen des Zuschlagsbeschlusses	93
		1. Eigentumserwerb	93
		2. Erlöschen der Rechte	94
		3. Vollstreckungstitel	94
C.	**Rechtsbehelfe bei der Entscheidung über den Zuschlag**		95
D.	**Kosten für den Versteigerungstermin und die Entscheidung über den Zuschlag**		97
		I. Kosten des Gerichts	97
		II. Rechtsanwaltskosten	97

6. Kapitel
Verteilung des Erlöses

A.	**Vorbereitung des Verteilungstermins**		98
		I. Terminsbestimmung	98
		II. Bekanntmachung des Verteilungstermins	98
		III. Vorläufiger Teilungsplan	99
		1. Begriff	99
		2. Grundlagen für die Aufstellung des Plans	99
		a) Grundbuch	99
		b) Anmeldungen	100
		c) Grundlagen für die Berechnung	100
B.	**Teilungsplan**		101
		I. Zweck und Form	101
		II. Einzelteile des Plans	102
		1. Vorbericht	102
		2. Bestehen bleibende Rechte	102
		3. Teilungsmasse	102
		4. Schuldenmasse	103
		a) Bedeutung	103
		b) Kosten	103
		c) Rangklassen 1 und 1a	104
		d) Rangklasse 2	104
		e) Rangklasse 3	104
		f) Nebenleistungen bestehen gebliebener Rechte (RK 4)	104
		g) Erloschene Rechte (RK 4)	104
		h) Gläubiger der Rangklasse 5	105
		i) Berechtigte der Rangklasse 6	105
		j) Rangklassen 7 und 8	106
		k) Ansprüche mit Rangverlust	106
		l) Erlösüberschuss	107
		5. Zuteilung	107
		III. Bewertung der nicht auf Kapital gerichteten Rechte	107
		1. Einteilung	107
		2. Wertersatz durch Einmalzahlung	108
		3. Wertersatz durch Rente	109
		4. Auszahlung des Wertersatzes	110
C.	**Verteilungstermin**		110
		I. Verfahren im Termin	110
		1. Terminsverlauf ohne Notwendigkeit einer Planänderung	110
		2. Erklärungen im Termin, die zur Planänderung führen	111
		a) Anmeldungen	111
		b) Widersprüche	111
		c) Vereinbarung über das Bestehen bleiben erloschener Rechte	112

	d) Aussetzung mangels Rechtskraft des Zuschlagsbeschlusses............	114
	3. Beträge, die nicht ohne weiteres auszahlbar sind.....................	114
	a) Briefrechte..	114
	b) Rechte unbestimmten Betrages................................	115
	II. Eigentümerrechte und Erlösverteilung...............................	116
	1. Offene und verdeckte Eigentümergrundschuld.....................	116
	2. Die Eigentümergrundschuld im Verteilungstermin.................	116
	a) Bestehen gebliebene Eigentümergrundschuld....................	116
	b) Erloschene Eigentümergrundschuld............................	117
	3. Sicherungsgrundschuld.......................................	120
	a) Grundsätze..	120
	b) Bestehen gebliebene Sicherungsgrundschuld....................	120
	c) Erloschene Sicherungsgrundschuld............................	121
	III. Außergerichtliche Erlösverteilung...................................	123
	1. Allgemeines...	123
	2. Außergerichtliche Einigung....................................	123
	3. Außergerichtliche Befriedigung.................................	123
D.	Rechtsbehelfe im Verteilungsverfahren..................................	125
E.	Kosten im Verteilungsverfahren..	125
	I. Kosten des Gerichts...	125
	II. Rechtsanwaltskosten...	126
F.	Pfändungen im Verteilungsverfahren....................................	126
	I. Erloschenes Grundpfandrecht......................................	126
	II. Erloschene Eigentümergrundschuld.................................	127
	III. Hinterlegung und Pfändung..	127
	IV. Pfändung des Rückgewähranspruchs bei erloschener Sicherungsgrundschuld.....	128
	1. Vornahme...	128
	2. Wirkung der Pfändung..	128
	V. Pfändung des Erlösüberschusses....................................	129

7. Kapitel
Schlussabwicklung

A.	Auszahlung des Erlöses...	130
B.	Grundbuchersuchen...	130
	I. Umfang des Ersuchens..	130
	II. Form des Ersuchens..	131
	III. Prüfungspflicht des Grundbuchamts................................	132
	IV. Kosten..	132
C.	Sonstige Tätigkeiten...	133

8. Kapitel
Nichtzahlung des Bargebots

A.	Allgemeines...	133
B.	Forderungsübertragung..	134
	I. Allgemeines...	134
	II. Übertragungsgegenstand..	134
	III. Begünstigter der Übertragung.....................................	134
	IV. Besonderheiten...	135
	V. Rechtsfolgen der Forderungsübertragung.............................	136
	VI. Wegfall der Befriedigungswirkung..................................	136
	1. Verzicht..	136
	2. Wiederversteigerung...	136
C.	Sicherungshypotheken..	137
	I. Allgemeines...	137
	II. Besonderheiten..	137
	III. Rangverhältnis..	138

D.	**Zwangsvollstreckung aus übertragener Forderung**	138
	I. Zwangsvollstreckung in das sonstige Vermögen	138
	II. Zwangsvollstreckung in das versteigerte Grundstück (Wiederversteigerung)	139
	1. Allgemeines	139
	2. Besonderheiten der Wiederversteigerung	139

9. Kapitel
Erbbaurecht und Wohnungseigentum

A.	**Erbbaurecht**	140
	I. Allgemeines	140
	II. Gemeinsame Regeln für die Zwangsversteigerung des Erbbaurechts	141
	1. Anordnung der Zwangsversteigerung	141
	2. Einzelfragen	141
	3. Grundsätze zum Erbbauzins	141
	4. Zuschlag in der Zwangsversteigerung	142
	5. Heimfall	143
	III. Erbbauzins beim „alten" Erbbaurecht	143
	IV. Erbbauzins beim „neuen" Erbbaurecht	145
B.	**Wohnungs- und Teileigentum**	146
	I. Allgemeines	146
	II. Wohnungseigentum als Objekt der Zwangsversteigerung	146
	1. Zustimmung	146
	2. Geld der Wohnungseigentümer	147
	3. Vermietung vor Aufteilung	148
	III. Forderungen der Eigentümergemeinschaft in der Zwangsversteigerung	148
	1. Vorbemerkung	148
	2. Das Vorrecht der Eigentümergemeinschaft	149
	3. Die Verfolgung des Vorrechts	149
	4. Bestehen bleibende Rechte	150
	5. Besonderheit	150
	6. Übergangsrecht	150

2. Abschnitt
Versteigerung mehrerer Grundstücke

A.	**Grundsatz der Einzelversteigerung**	151
B.	**Voraussetzungen für die gemeinsame Versteigerung**	151
	I. Mehrheit von Grundstücken (Versteigerungsgegenständen)	151
	II. Zuständigkeit	151
	III. Identität	152
C.	**Allgemeine Auswirkungen**	152
	I. Beschlagnahmezeitpunkt	152
	II. Grundstückswert (Verkehrswert)	152
D.	**Ausgebotsarten und Verfahren**	153
	I. Einzelausgebot	153
	II. Gesamtausgebot	153
	III. Gruppenausgebot	153
	IV. Verfahren	153
	V. Verhältnis der einzelnen Ausgebotsarten zueinander	155
	1. Wegfall des Einzelausgebots	155
	2. Reihenfolge der Ausgebotsarten	155
E.	**Das geringste Gebot (gG)**	156
	I. Allgemeines	156
	II. Grundsätze	156
	III. Einzelausgebot	156
	1. Verfahrenskosten	156
	a) Gebühren	156

	b) Auslagen	156
	2. Ansprüche der Rangklassen 1 bis 3	156
	3. Ansprüche der Rangklasse 4	157
	4. Ansprüche der Rangklasse 5	157
	IV. Gesamtausgebot	157
	V. Gruppenausgebot	158
	VI. Erhöhung des geringsten Gebots	158
F.	Zuschlagsentscheidung	159
G.	Verteilung von Gesamtgrundpfandrechten	162
	I. Voraussetzungen	163
	1. Gesamtgrundpfandrecht	163
	2. Einzel- oder Gruppenausgebot	163
	3. Antrag	163
	II. Durchführung der Verteilung	163
	III. Gegenantrag	165
	IV. Erhöhung nach § 63 Abs. 3 Satz 1 ZVG	166
	V. Zuschlagsentscheidung	167
	1. Gesamtsummenvergleich	168
	2. Einzelerlösvergleich	168
H.	Zuschlagsversagung nach §§ 74a, 85a ZVG	168
	I. Zuschlagsversagung nach § 74a ZVG	169
	II. Zuschlagsversagung nach § 85a ZVG	169
I.	Einstweilige Einstellung und Aufhebung	170
J.	Einstellung nach § 76 ZVG	170
	I. Allgemeines	170
	II. Voraussetzungen	171
	III. Verfahren	171
	IV. Rechtsbehelfe	172
K.	Erlösverteilung nach § 112 ZVG	172
	I. Allgemeines	172
	II. Voraussetzungen	172
	III. Verfahren	173
	IV. Fehlbetrag	173
L.	Erlösverteilung bei Gesamtrechten	175
	I. Wesen des Gesamtrechts	175
	II. Das Gesamtrecht in der Zwangsversteigerung	175
	III. Voraussetzungen für die Verteilung	176
	1. Gesamtrecht	176
	2. Anspruch auf Barzahlung	176
	3. Einzelmassen	176
	4. Ein Versteigerungsverfahren	177
	5. Keine Verteilung nach § 1132 BGB	177
	IV. Durchführung der Verteilung	177
	1. Verteilung bei bezahltem Bargebot	177
	2. Verteilung bei Nichtzahlung des Bargebots	177

Fallbeispiel zum 1. Teil

1. Abschnitt: Geringstes Gebot (Rn. 340 ff.)	178
2. Abschnitt: Zuschlagsentscheidung	187
3. Abschnitt: Teilungsplan	189

2. Teil
Zwangsversteigerung zum Zwecke der Aufhebung einer Gemeinschaft (Teilungsversteigerung)

1. Kapitel
Begriffsklärung und systematische Einordnung

A.	Verfahrenszweck	201
B.	Der Begriff „Teilungsversteigerung"	201
C.	Gesetzessystematik	201
D.	Teilungsversteigerung als Zwangsvollstreckung?	202
E.	Verhältnis von Teilungsversteigerung zur Vollstreckungsversteigerung	202

2. Kapitel
Dem Verfahren zugängliche Gemeinschaften
Der Versteigerung entgegenstehende Rechte

A.	Bruchteilsgemeinschaft	203
	I. Allgemeine Erläuterungen zur Bruchteilsgemeinschaft	203
	II. Entgegenstehende Rechte	204
	1. Naturalteilung (gesetzlicher Ausschluss)	204
	2. Treu und Glauben (gesetzlicher Ausschluss)	204
	3. Anderweitige Auseinandersetzung vereinbart	205
	4. Ausschlussvereinbarung	205
	III. Sonderfall: Zugewinngemeinschaft	205
	1. Zeitpunkt der Anwendung von § 1365 BGB	206
	2. Berücksichtigung durch das Vollstreckungsgericht	206
	3. Verfahren der Geltendmachung von § 1365 BGB	206
	4. Geltungsdauer von § 1365 BGB	207
	IV. Sonderfall: Lebenspartnerschaft	207
	V. Sonderfall: Wohnungseigentümergemeinschaft	207
B.	Gesamthandsgemeinschaft	207
	I. Allgemeine Erläuterungen zur Gesamthandsgemeinschaft	207
	II. Erbengemeinschaft	208
	1. Allgemeine Erläuterungen zur Erbengemeinschaft	208
	2. Entgegenstehende Rechte	208
	a) Naturalteilung/Treu und Glauben/Anderweitige Vereinbarung	208
	b) Ausschlussvereinbarung	208
	c) Besondere Gegenrechte bei der Erbengemeinschaft	208
	d) Nacherbenvermerk	209
	III. BGB-Gesellschaft	209
	IV. Handelsrechtliche Personengesellschaft (OHG, KG)	209
	V. Partnerschaft und Europäische Wirtschaftliche Interessenvereinigung	210
	VI. Gütergemeinschaft	210
	1. Eheliche Gütergemeinschaft	210
	2. Fortgesetzte Gütergemeinschaft	210

3. Kapitel
Verfahren über die Anordnung der Teilungsversteigerung

A.	Versteigerungsobjekte	211
B.	Versteigerungsantrag	211
	I. Zuständigkeit	211
	II. Antragsrecht und Antragsteller	211
	1. Antragsrecht der Teilhaber	211
	a) Bruchteilsgemeinschaft	211
	b) Erbengemeinschaft	212

	2. Sonderfälle beim Antragsrecht der Teilhaber.	212
	a) Testamentsvollstreckung	212
	b) Vor-/Nacherbschaft	212
	c) Insolvenzverwalter	212
	d) Vormund/Betreuer	213
	e) Eltern	213
	f) Nachlasspfleger/Nachlassverwalter	213
	g) Nießbrauch	213
	3. Antragsrecht der Gläubiger	214
	III. Antragsgegner	214
	IV. Antragsinhalt und Nachweisungen	214
	1. Inhalt	214
	2. Nachweisungen	214
C.	**Entscheidung über den Antrag**	215
	I. Gewährung rechtlichen Gehörs	215
	II. Entgegenstehende Rechte	215
	III. Beanstandung des Antrags	215
	IV. Anordnungsbeschluss	215
	1. Inhalt	215
	2. Bekanntmachung der Anordnung und Grundbuchersuchen	216
D.	**Beitritt zum Verfahren**	216
E.	**Beteiligte**	217
F.	**Beschlagnahme**	217
G.	**Rechtsbehelfe im Verfahren über Anordnung und Beitritt**	218
	I. Rechtsbehelf des Antragsgegners	218
	II. Rechtsbehelf des Antragstellers	219
H.	**Kosten im Verfahren über Anordnung und Beitritt**	219

4. Kapitel
Einstweilige Einstellung und Aufhebung des Verfahrens

A.	**Das System und seine Anwendung**	219
B.	**Gegenrechte (§ 28 ZVG)**	219
	I. Aufhebungsausschluss bei Bruchteilsgemeinschaften	220
	II. Eigentumswechsel nach Verfahrensanordnung	220
C.	**Teilungsversteigerung und Insolvenz**	220
D.	**Einstweilige Einstellung und Aufhebung auf Grund einer Verfahrenshandlung**	221
	I. Antragsrücknahme	221
	II. Bewilligung der einstweiligen Einstellung durch den Antragsteller	221
	III. Einstweilige Einstellung auf Antrag des Antragsgegners nach § 180 ZVG	221
	1. Der allgemeine Schutz (§ 180 Abs. 2 ZVG)	221
	a) Antragsberechtigung	221
	b) Antragsfrist	222
	c) Selbstständigkeit der Einzelverfahren	222
	d) Materielle Voraussetzungen	222
	2. Der Kinderschutz (§ 180 Abs. 3 ZVG)	223
	a) Antragsberechtigung	223
	b) Antragsfrist	223
	c) Materielle Voraussetzungen	223
	IV. Einstweilige Einstellung auf Antrag des Antragsgegners nach § 765a ZPO	226
E.	**Einstellung durch das Prozessgericht**	226
F.	**Sonstige Einstellungsfälle**	226
G.	**Rechtsbehelfe bei einstweiliger Einstellung und Aufhebung**	227
H.	**Kosten bei einstweiliger Einstellung und Aufhebung**	227

5. Kapitel
Verfahren bis zum Versteigerungstermin

- A. Die nächsten Schritte (Überblick) 227
- B. Wertfestsetzung 227
  - 1. Privatgutachten 227
  - 2. „Mehrere" Grundstücke 228
- C. Beurkundung eines Vergleichs zur Verfahrensbeendigung 228
- D. Bestimmung des Versteigerungstermins 229
- E. Das geringste Gebot 229
  - I. Der Deckungsgrundsatz in der Teilungsversteigerung 229
  - II. Sonderfall: Bruchteilsgemeinschaft 229
    - 1. Ein Antragsteller 230
    - 2. Mehrere Antragsteller 231
    - 3. Ausgleichsbetrag 232
      - a) Begründung 232
      - b) Berechnung 233
- F. Grundsätze für das weitere Verfahren 234
- G. Rangklassen 234

6. Kapitel
Der Versteigerungstermin

- A. Vom Aufruf der Sache bis zur Aufforderung, Gebote abzugeben 234
  - I. Erste Schritte 234
  - II. Ausgebotsarten 234
  - III. Miet- und Pachtverhältnisse 235
  - IV. Begrenzung des Bieterkreises 235
  - V. Weiterer Ablauf und Aufforderung zur Abgabe von Geboten 236
- B. Die Bietezeit 236
  - I. Abgabe von Geboten, Zulassung, Zurückweisung, Widerspruch 236
  - II. Sicherheitsleistung 236
  - III. Vorzeitige Beendigung des Termins 237
    - 1. Aufhebung oder einstweilige Einstellung 237
    - 2. Zahlung 237
    - 3. Ablösung 237
- C. Schlussverhandlung 237

7. Kapitel
Zuschlag

- A. Entscheidung über den Zuschlag 238
  - I. Versagung des Zuschlags 238
  - II. Erteilung des Zuschlags 238
- B. Inhalt, Bekanntmachung, Wirkungen 238
- C. Rechtsbehelfe bei der Entscheidung über den Zuschlag 238
  - I. Allgemeines 238
  - II. Gesamthandsgemeinschaften 239
  - III. Bei gepfändetem Miteigentumsanteil 239
  - IV. Antragsgegner gegen Zuschlagsversagung 239
- D. Kosten für den Versteigerungstermin und die Entscheidung über den Zuschlag 239
  - I. Allgemeines 239
  - II. Reduzierung des Geschäftswerts bei Zuschlagsgebühr 239

8. Kapitel
Verteilung des Erlöses

A.	Allgemeines	240
B.	Teilungsmasse	240
C.	Einzelmassenbildung bei Bruchteilseigentum	240
D.	Erlösüberschuss	240

9. Kapitel
Schlussabwicklung   242

10. Kapitel
Nichtzahlung des Bargebots

A.	Allgemeines	242
B.	Ehemaliger Miteigentümer als Ersteher	242
C.	Zuweisung des Erlösüberschusses	243
D.	Wiederversteigerung	243

11. Kapitel
Teilungsversteigerung auf Antrag eines Gläubigers

A.	Allgemeines	243
B.	Schuldner ist Miteigentümer in Bruchteilsgemeinschaft	244
	I. Pfändung	244
	II. Das Problem mangelnder Erfolgsaussicht	245
	III. Hindernisse für die Teilungsversteigerung	247
C.	Schuldner ist Miteigentümer in Gesamthandsgemeinschaft	247
	I. Pfändung	247
	II. Das geringste Gebot	248
	III. Hindernisse für die Teilungsversteigerung	248
D.	Gemeinsame Verfahrensregeln	248
	I. Anordnung und Beitritt	248
	II. Einstweilige Einstellung des Verfahrens	249
	III. Verfahren bis zum Verteilungstermin	249
	IV. Verteilungstermin	249

Fallbeispiel zum 2. Teil
(Teilungsversteigerung)

1. Abschnitt: Geringstes Gebot (zu Rn. 1290 f.) 252
2. Abschnitt: Teilungsplan (zu Rn. 1346 ff.) 256

3. Teil
Zwangsverwaltung

1. Kapitel
Systematische Einordnung und Allgemeines

A.	Zwangsverwaltung als Maßnahme der Immobiliarvollstreckung	269
B.	Verfahrenszweck	269
C.	Verhältnis der Zwangsverwaltung zur Zwangsversteigerung	269
	I. Bestimmte Zwangsverwaltungsvorschüsse	270
	II. Zwangsverwaltung zur Sicherung	270
	III. Überleitung einer ergebnislosen Zwangsversteigerung	270
	IV. Zwangsverwaltung und Zuschlag	270
	V. Gerichtliche Verwaltung gem. § 94 ZVG	270

2. Kapitel
Dingliche Mietpfändung – Alternative zur Zwangsverwaltung?

- A. Miete als Vollstreckungsobjekt 271
- B. Zwangsverwaltung „bricht" Mobiliarpfändung 271
- C. Alternativ: Auch „dingliche Pfändung" bricht Mobiliarpfändung 272
- D. Prozessökonomisches Gläubigerverhalten 273

3. Kapitel
Verfahren über die Anordnung der Zwangsverwaltung

- A. Objekte der Zwangsverwaltung 274
- B. Antrag auf Zwangsverwaltung 275
  - I. Zuständigkeit 275
  - II. Antragsvoraussetzungen 276
    - 1. Vollstreckungstitel 276
    - 2. Schuldner muss Besitzer sein 276
    - 3. Zwangsverwaltung gegen den Eigenbesitzer 276
      - a) Besitz und Eigenbesitz 276
      - b) Voraussetzungen 276
  - III. Inhalt des Antrags und Anlagen 277
- C. Entscheidung über den Antrag 278
  - I. Prüfung durch das Vollstreckungsgericht 278
    - 1. Allgemeine Prüfung 278
      - a) Tätigkeit der Geschäftsstelle 278
      - b) Allgemeine Prozessvoraussetzungen 278
      - c) Allgemeine und besondere Vollstreckungsvoraussetzungen ... 279
    - 2. Besondere Prüfung (§ 28 ZVG) 279
  - II. Entscheidung des Vollstreckungsgerichts 279
    - 1. Beanstandung des Antrags 279
    - 2. Hindernisse für die Anordnung 280
      - a) Grundproblematik bei Nießbrauch, Altenteil (Leibgeding) und Wohnungsrecht ... 280
      - b) Nießbrauch 280
      - c) Altenteil (Leibgeding) und Wohnungsrecht 281
      - d) Besitzaufgabe durch den Eigentümer 281
    - 3. Verfügungsbeschränkungen 281
      - a) Eröffnung des Insolvenzverfahrens gegen den Eigentümer ... 281
      - b) Anordnung der Testamentsvollstreckung 281
      - c) Schuldner ist nur Vorerbe 281
      - d) Auflassungsvormerkung 282
    - 4. Anordnungsbeschluss 282
    - 5. Bekanntmachung der Anordnung und Grundbuchersuchen ... 283
    - 6. Beitritt weiterer Gläubiger zum Verfahren 283
- D. Beschlagnahme 283
  - I. Eintritt der Beschlagnahme 283
  - II. Wirkung der Beschlagnahme 284
    - 1. Relatives Veräußerungsverbot 284
    - 2. Aktivierung des Haftungsverbandes/Befriedigungsrecht .. 284
    - 3. Grundstücksverwaltung und -benutzung 284
    - 4. Wirkung gegenüber Drittschuldnern 284
  - III. Umfang der Beschlagnahme 285
    - 1. Grundsätzliches 285
    - 2. Erweiterter Umfang in der Zwangsverwaltung 285
    - 3. Exkurs: Räume des Schuldners 285
      - a) Privaträume 285
      - b) Geschäftsräume 285
      - c) Zwangsräumung wegen Gefährdung 286

E.	**Rechtsbehelfe im Verfahren über Anordnung und Beitritt**	287
	I. Rechtsbehelf des Schuldners	287
	II. Rechtsbehelfe des Gläubigers	287
F.	**Kosten im Verfahren über Anordnung und Beitritt**	287
	I. Kosten des Gerichts	287
	II. Rechtsbehelf gegen den Kostenansatz	287
	III. Rechtsanwaltskosten	287

4. Kapitel
Der Zwangsverwalter

A.	**Bedeutung für das Verfahren**	288
B.	**Theorien der Amtsführung**	288
C.	**Bestellung**	288
	I. Bestellung durch das Vollstreckungsgericht	288
	II. Person und Qualifikation	289
	III. Zeitpunkt der Bestellung	289
	IV. Ausweis	289
	V. Rechtsbehelf gegen die Auswahl	290
D.	**Aufgaben**	290
	I. Allgemeines	290
	II. Rechnungslegung	291
	1. Pflicht zur Rechnungslegung	291
	2. Inhalt der Rechnungslegung	291
	3. Prüfung und Einwendungen	291
E.	**Haftung**	292
	I. Allgemeines	292
	II. Haftung nach § 154 ZVG	292
	III. Haftung nach dem BGB	293
	IV. Geltendmachung der Ansprüche und Verjährung	293
F.	**Besondere Verwalter**	293
	I. Institutsverwalter	293
	1. Vorschlagsrecht und Bestellung	293
	2. Rechtsstellung	294
	II. Schuldner als Verwalter	294
	1. Zweck der Regelung	294
	2. Aufsichtsperson	295
G.	**Vergütung**	296
	I. Allgemeines	296
	II. Regelvergütung	296
	III. Verminderung/Erhöhung der Regelvergütung	296
	IV. Vergütung nach Zeitaufwand	297
	1. Voraussetzungen	297
	2. Berechnung	297
	V. Mindestvergütung	297
	1. Bei erlangtem Besitz	297
	2. Ohne Besitzerlangung	298
	VI. Auslagen	298
	VII. Besonderheiten	299
	1. Fertigstellung von Bauvorhaben	299
	2. Besondere Sachkunde	299
	VIII. Vorschuss	299
	IX. Festsetzung durch das Gericht	299
	X. Durchsetzung des Anspruchs	300

5. Kapitel
Einstweilige Einstellung und Aufhebung

- A. Das System und seine Anwendung ... 300
- B. Gegenrechte und Verfügungsbeschränkungen ... 300
  - I. Allgemeine Vorbemerkung ... 300
  - II. Neues Eigentum ... 300
  - III. Auflassungsvormerkung ... 300
  - IV. Testamentsvollstreckung ... 301
  - V. Nachlassverwaltung ... 301
  - VI. Vorerbe und Nacherbe ... 301
- C. Zwangsverwaltung und Insolvenz ... 301
  - I. Insolvenzeröffnung als Vollstreckungshindernis ... 301
  - II. Einstweilige Einstellung auf Antrag des Insolvenzverwalters ... 302
    1. Materielle Voraussetzungen ... 302
    2. Verfahren ... 302
    3. Entscheidung ... 303
    4. Folgen der (einstweiligen) Einstellung ... 303
    5. Rechtsbehelfe ... 304
  - III. Fortsetzung der Zwangsverwaltung ... 304
    1. Materielle Voraussetzungen ... 304
    2. Verfahren ... 304
- D. Einstweilige Einstellung und Aufhebung auf Grund einer Verfahrenshandlung ... 304
  - I. Antragsrücknahme durch den Gläubiger ... 304
  - II. Bewilligung der einstweiligen Einstellung durch den Gläubiger ... 305
  - III. Einstweilige Einstellung auf Schuldnerantrag nach § 30a ZVG ... 306
  - IV. Antrag des Schuldners nach § 765a ZPO ... 306
  - V. Entscheidung des Prozessgerichts und sonstige Einstellungsfälle nach § 775 ZPO ... 307
- E. Aufhebung der Zwangsverwaltung nach § 161 ZVG ... 307
  - I. Befriedigung des Gläubigers (§ 161 Abs. 2 ZVG) ... 307
    1. Befriedigung durch Zahlung des Zwangsverwalters ... 307
    2. Befriedigung durch Zahlung außerhalb des Verfahrens ... 307
    3. Befriedigung aus dem Erlös der Zwangsversteigerung ... 307
  - II. Aufhebung mangels Vorschusszahlung (§ 161 Abs. 3 ZVG) ... 307
- F. Zuschlag in der Zwangsversteigerung ... 308
  - I. Allgemeines ... 308
  - II. Wirkung des Zuschlagsbeschlusses ... 308
  - III. Verwaltungsbefugnis zwischen Zuschlag und Aufhebung ... 308
  - IV. Nicht versteigerte Gegenstände ... 309

6. Kapitel
Verfahren bis zum Verteilungstermin

- A. Inbesitznahme des Grundstücks ... 309
  - I. Allgemeines ... 309
  - II. Schuldner ist unmittelbarer Besitzer ... 310
    1. Freiwillige Besitzübergabe ... 310
    2. Zwangsweise Besitzeinweisung ... 310
  - III. Schuldner ist mittelbarer Besitzer ... 310
  - IV. Bericht über die Besitzerlangung ... 311
- B. Geltendmachung beschlagnahmter Ansprüche ... 311
  - I. Miete und Pacht ... 311
  - II. Mietverträge des Verwalters ... 313
  - III. Zubehör ... 314
  - IV. Weitere beschlagnahmte Gegenstände ... 314
  - V. Prozessführung ... 314
    1. Allgemeines ... 314

XXIII

		2. Rechtstreit ist bereits anhängig	315
		3. Ende der Prozessführungsbefugnis	315
C.	Verwaltung des beschlagnahmten Objekts		316
	I.	Einzelheiten zur Verwaltung	316
	II.	Fortführung eines Gewerbebetriebs	317
D.	Zahlungen aus dem Erlös		318
	I.	Allgemeines	318
	II.	Aufwendungen nach § 155 Abs. 1 ZVG	318
	III.	Einzelheiten zu § 155 Abs. 1 ZVG	319
		1. Die Kosten des Verfahrens	319
		2. Ausgaben der Verwaltung	319
	IV.	Öffentliche Lasten	320
	V.	Überschüsse	320
E.	Bestimmung des Verteilungstermins		320
F.	Anmeldungen zum Verteilungstermin		321
	I.	Allgemeines	321
	II.	Anzumeldende Ansprüche	321
	III.	Rechtsanwaltskosten für die Anmeldung	322

7. Kapitel
Verteilung der Überschüsse

A.	Die Rangklassen in der Zwangsverwaltung		322
	I.	Rangklassen 1 und 1a	323
	II.	Rangklasse 2	323
	III.	Rangklasse 3	323
	IV.	Rangklasse 4	323
	V.	Rangklasse 5	324
	VI.	Weitere Rangklassen	324
B.	Aufstellung des Teilungsplans		324
	I.	Allgemeines	324
	II.	Verhandlung über den Teilungsplan	326
	III.	Rechtsbehelfe	327
		1. Sofortige Beschwerde	327
		2. Widerspruch	328
C.	Zahlungen auf das Kapital		328

8. Kapitel
Jahresrechnung und Schlussrechnung

A.	Der Bericht	328
B.	Prüfung durch das Gericht	329

9. Kapitel
Wohnungseigentum

A.	Allgemeines		330
B.	Verfahren		330
	I.	Zustimmung	330
	II.	Verfahrensverbindung	330
C.	Beschlagnahme		331
D.	Geld der Wohnungseigentümer		332
E.	Grundsteuer und Nebenkosten		332
F.	Vergütung des Verwalters		332

Zwangsverwalterverordnung (ZwVwV)

Text der Verordnung vom 19.12.2003 333

4. Teil
Zwangsversteigerung auf Antrag des Insolvenzverwalters

1. Kapitel
Einordnung, Gesetzessystematik, Zweck

A.	Einordnung des Verfahrens	341
B.	Gesetzliche Systematik	341
C.	Zweck des Verfahrens – Insolvenzrechtliches	341
	I. Aufgaben eines Insolvenzverwalters	341
	II. Aufgaben eines Treuhänders	342
	III. Verwertung nach Wahl des Insolvenzverwalters	342
D.	Verhältnis zu anderen Versteigerungsverfahren	342

2. Kapitel
Verfahren über die Anordnung der Insolvenzverwalterversteigerung

A.	Versteigerungsobjekte	343
B.	Versteigerungsantrag	343
	I. Zuständigkeit	343
	II. Antragsberechtigung	343
	III. Voraussetzungen und Inhalt des Antrags	343
C.	Entscheidung über den Antrag	344
	I. Anordnungsbeschluss	344
	II. Bekanntmachung der Anordnung und Grundbuchersuchen	345
	III. Beitritt zum Verfahren	345
D.	Beschlagnahme	345
	I. Kein Veräußerungsverbot	345
	II. Verbliebene Wirkungen	346
E.	Rechtsbehelfe im Verfahren über die Anordnung	346

3. Kapitel
Einstweilige Einstellung und Aufhebung

A.	Einstweilige Einstellung und Aufhebung auf Grund einer Verfahrenshandlung	347
	I. Antragsrücknahme durch den Insolvenzverwalter	347
	II. Bewilligung der einstweiligen Einstellung durch den Insolvenzverwalter	347
	III. Einstweilige Einstellung auf Antrag nach § 30a ZVG	347
B.	Besondere Beendigungsgründe	347
	I. Freigabe des Grundbesitzes	347
	II. Aufhebung des Insolvenzverfahrens	347

4. Kapitel
Weiteres Verfahren

A.	Wertfestsetzung	348
B.	Bestimmung des Versteigerungstermins	348
C.	Das geringste Gebot	348
	I. Umsetzung des Deckungsgrundsatzes	348
	II. Abweichende Feststellung auf Antrag eines Gläubigers (§ 174 ZVG)	349
	1. Zweck der Regelung	349
	2. Voraussetzungen und Verfahren	350
	a) Antrag und Antragsberechtigung	350
	b) Zeitpunkt der Antragstellung	350
	c) Antragsrücknahme	350
	d) Rechtsfolge	351

XXV

	e) Antragstellung durch mehrere Gläubiger	351
	f) Zuschlagsentscheidung	351
III.	Abweichende Feststellung auf Antrag des Insolvenzverwalters (§ 174a ZVG)	352
1.	Zweck der Regelung und Kritik	352
2.	Voraussetzungen und Verfahren	352
	a) Antrag und Antragsberechtigung	352
	b) Zeitpunkt der Antragstellung	352
	c) Anspruch nach § 10 Abs. 1 Nr. 1a ZVG	353
	d) Antragsrücknahme	353
	e) Rechtsfolge	353
	f) Antrag nach § 174a ZVG neben Antrag nach § 174 ZVG	353
	g) Zuschlagsentscheidung	353

5. Teil
Zwangshypothek

1. Kapitel
Rechtsnatur, Zweck

A. Rechtsnatur 357
B. Zweck 357

2. Kapitel
Eintragungsvoraussetzungen

A. Allgemeines 358
B. Vollstreckungsantrag 358
   I. Zuständigkeit 358
      1. Sachliche Zuständigkeit 358
      2. Örtliche Zuständigkeit 358
      3. Funktionelle Zuständigkeit 358
   II. Form und Inhalt des Antrags 359
      1. Form 359
      2. Inhalt 359
      3. Antragstellung bei mehreren Gläubigern 360
   III. Vollmacht 360
C. Allgemeine Prozessvoraussetzungen 361
D. Allgemeine Vollstreckungsvoraussetzungen 361
   I. Vollstreckungstitel 361
      1. Zustand und Inhalt 361
      2. Vollstreckungskosten 362
         a) Bisherige Vollstreckungskosten 362
         b) Kosten der Eintragung 362
   II. Vollstreckungsklausel 362
      1. Allgemeines 362
      2. Parteienidentität 362
         a) Allgemeines 362
         b) Einzelkaufmann 363
         c) BGB-Gesellschaft 363
         d) Änderung der Parteienbezeichnung 364
         e) Rechtsnachfolgeklausel 365
   III. Zustellung 365
E. Besondere Vollstreckungsvoraussetzungen 365
   I. Eintritt eines Kalendertages 365
   II. Wartefrist 366
   III. Sicherheitsleistung / Sicherungsvollstreckung 366
   IV. Zug um Zug zu bewirkende Leistungen 367

F.	**Keine Vollstreckungshindernisse**	367
	I. Allgemeines	367
	II. Einzelne Vollstreckungshindernisse	367
	1. Insolvenzeröffnung	367
	2. Nachlassverwaltung	369
	3. Vollstreckungsverbote nach § 775 ZPO	370
G.	**Besondere Voraussetzungen für Zwangshypothek**	370
	I. Mindestbetrag	370
	II. Belastungsgegenstand	372
	III. Belastung mehrerer Grundstücke	373
	1. Verteilung	373
	2. Belastung von Gebäudeeigentum im Beitrittsgebiet	375
	3. Nachträgliche Grundstücksteilung	375
	4. Gesamtschuldner	375
	5. Erstreckung auf Miteigentumsanteil	376
	6. Besonderes Rechtsschutzinteresse	376
	IV. Minderjähriger Schuldner	377
	V. Vormundschaft/Betreuung/Pflegschaft	377
	VI. Erbbaurecht	377
	VII. Wohnungs-/Teileigentum	378
	VIII. Umlegung, Sanierung, Entwicklungsbereich	378
	IX. Weitere Sonderfälle	378
	X. Relative Verfügungsbeschränkungen	379
	XI. Auflassungsvormerkung	380
	XII. Vor- und Nacherbschaft	380
	XIII. Vollstreckung gegen Ehegatten	381
	1. Zugewinngemeinschaft und Gütertrennung	381
	2. Gütergemeinschaft	381
	XIV. Zwangsvollstreckung in den Nachlass/das Eigenvermögen der Erben	381
	XV. Testamentsvollstreckung	382
	XVI. Rangvorbehalt	382
H.	**Grundbuchrechtliche Voraussetzungen**	382
	I. Antrag	382
	II. Bewilligung	382
	III. Grundstücksbezeichnung	383
	IV. Voreintragung des Schuldners/Eigentümers	383
	V. Bezeichnung des Gläubigers	384
	1. Allgemeines	384
	2. Einzelkaufmann	384
	3. BGB-Gesellschaft	385
	4. Wohnungseigentümergemeinschaft	385
	5. Partei kraft Amtes	386
	6. Vorerbe/Nacherbe	387
	7. Zahlung an Dritten	387
	8. Gläubigerwechsel vor Eintragung	387
	VI. Mehrheit von Gläubigern	388
	VII. Materiell-rechtliche Einwendungen	390
I.	**Verfahren bei Eintragungshindernissen**	390
	I. Grundbuchrechtliche Hindernisse	390
	1. Erlass einer Zwischenverfügung	390
	2. Vormerkung nach § 18 Abs. 2 GBO	391
	II. Vollstreckungsrechtliche Hindernisse	393
	1. Nicht behebbare Mängel	393
	2. Behebbare Mängel	393
	III. Grundbuchrechtliche und vollstreckungsrechtliche Mängel	394

3. Kapitel
Eintragung, Rechtsbehelfe, Umschreibung, Löschung

- **A. Eintragung im Grundbuch** 396
  - I. Keine Anhörung des Schuldners 396
  - II. Inhalt 396
  - III. Vermerk auf dem Vollstreckungstitel 399
  - IV. Eintragung eines unrichtigen Geldbetrages 399
  - V. Kosten im Eintragungsverfahren 400
    1. Kosten des Grundbuchamts 400
       - a) Eintragung 400
       - b) Zurückweisung des Antrags 400
       - c) Antragsrücknahme 400
    2. Rechtsanwaltskosten 400
    3. Keine Grundbucheintragung 401
- **B. Rechtsbehelfe** 401
  - I. Rechtsbehelf des Gläubigers 401
  - II. Rechtsbehelf des Schuldners 401
  - III. Rechtsbehelf eines Dritten 402
- **C. Mängel bei Grundbucheintragung** 402
  - I. Verletzung grundbuchrechtlicher Vorschriften 402
  - II. Verletzung vollstreckungsrechtlicher Vorschriften 402
    1. Löschung wegen inhaltlicher Unzulässigkeit 402
    2. Eintragung eines Amtswiderspruchs 403
- **D. Erwerb der Zwangshypothek durch den Eigentümer** 404
  - I. Nicht entstandene Forderung 404
  - II. Erloschene Forderung 404
  - III. Verzicht des Gläubigers 405
  - IV. Umwandlung nach § 868 ZPO 405
    1. Voraussetzungen 405
    2. Folgen des Rechtserwerbs 407
    3. Grundbuchberichtigung 408
    4. Gesamtzwangshypothek und § 868 ZPO 409
- **E. Aufhebung/Löschung der Zwangshypothek** 409
  - I. Materielle Aufhebungsvoraussetzungen 409
  - II. Formelle Löschungsvoraussetzungen 409
  - III. Löschungsfähige Quittung 410
  - IV. Löschung bei Gesamtgläubigerschaft 410
  - V. Löschung bei Hypothek für Wohnungseigentümergemeinschaft 411
    1. Löschungsfähige Quittung 411
    2. Löschungsbewilligung 411
  - VI. Löschung bei Verschiedenheit von Gläubiger und Zahlungsempfänger 412

4. Kapitel
Verwaltungsvollstreckung (Verwaltungszwangsverfahren) durch Finanzamt

- **A. Ersuchen** 412
  - I. Allgemeines 412
  - II. Form 412
  - III. Inhalt 412
- **B. Anwendbare Vorschriften** 413
- **C. Erbgangsähnliche Gesamtrechtsnachfolge** 414
- **D. Eintragung im Grundbuch** 414
- **E. Kosten der Eintragung** 415
- **F. Mängel des Ersuchens** 415

G.	Rechtsbehelfe	415
	I. Rechtsbehelf des Finanzamts	415
	II. Rechtsbehelf des Eigentümers (Schuldners)	415
H.	Wechsel der örtlichen Zuständigkeit (anderes Bundesland)	416
I.	Beitreibung anderer öffentlicher Zahlungsansprüche	416

6. Teil
Arresthypothek

1. Kapitel
Allgemeines, Rechtsnatur

A.	Allgemeines	419
B.	Rechtsnatur	419

2. Kapitel
Eintragungsvoraussetzungen

A.	Allgemeines	420
B.	Verweisung auf Zwangshypothek	420
C.	Besonderheiten	420
	I. Vollstreckungstitel (Arrestbefehl)	420
	II. Vollziehungsfrist	421
	III. Vollstreckungsklausel	423
	IV. Zustellung	423

3. Kapitel
Eintragung, Umwandlung, Löschung

A.	Eintragung im Grundbuch	425
B.	Aufhebung des Arrestbefehls	425
C.	Umwandlung der Arresthypothek in eine Zwangshypothek	426
	I. Allgemeines	426
	II. Vorteile	426
	III. Voraussetzungen	427

4. Kapitel
Eintragung der Arresthypothek im Verwaltungszwangsverfahren

A.	Ersuchen des Finanzamts	429
B.	Andere öffentliche Zahlungsansprüche	430
C.	Vermögensabschöpfung nach der StPO	430

5. Kapitel
Die Arresthypothek in der Zwangsversteigerung   432

Paragrafenregister zum ZVG 435
Stichwortverzeichnis 439

Abkürzungsverzeichnis

a.A.	andere(r) Ansicht
abl.	ablehnender
Abs.	Absatz
Abt.	Abteilung
a.F.	alte(r) Fassung
AG	Aktiengesellschaft
Alt.	Alternative
a.M.	andere(r) Meinung
Anh.	Anhang
Anm.	Anmerkung
AO	Abgabenordnung
ArbG	Arbeitsgericht
arg.	argumentum aus
Art.	Artikel
AZ.	Aktenzeichen
BArbG	Bundesarbeitsgericht
BauGB	Baugesetzbuch
BayObLG	Bayerisches Oberstes Landesgericht
BB	Der Betriebsberater
BbR	Bestehen bleibende Rechte
BGB	Bürgerliches Gesetzbuch
BGBl.	Bundesgesetzblatt
BGH	Bundesgerichtshof
BGHZ	Entscheidungen des BGH in Zivilsachen
BRD	Bundesrepublik Deutschland
BRAO	Bundesrechtsanwaltsordnung
BVerfG	Bundesverfassungsgericht
BWNotZ	Zeitschrift für das Notariat in Baden-Württemberg
bzw.	beziehungsweise
DDR	Deutsche Demokratische Republik
d.h.	das heißt
DM	Deutsche Mark
EGBGB	Einführungsgesetz zum BGB
EGInsO	Einführungsgesetz zur Insolvenzordnung
EGZPO	Gesetz betreffend die Einführung der Zivilprozessordnung
EGZVG	Einführungsgesetz zum Gesetz über die Zwangsversteigerung und Zwangsverwaltung
Einl.	Einleitung
entspr.	entsprechend(e)
ErbbauVO	Verordnung über das Erbbaurecht
EU	Europäische Union
evtl.	eventuell(e)(n)
EWIV-AusfG	Gesetz zur Ausführung der EWG-Verordnung über die Europäische Wirtschaftliche Interessenvereinigung (EWIV-Ausführungsgesetz), BGBl. I 1988, Seite 514
f., ff.	folgende
FamRZ	Zeitschrift für das gesamte Familienrecht
FGG	Gesetz über die Angelegenheiten der freiwilligen Gerichtsbarkeit

Abkürzungsverzeichnis

FGPrax	Praxis der freiwilligen Gerichtsbarkeit
FlSt.	Flurstück
FlSt.Nr.	Flurstücksnummer
GBA	Grundbuchamt
GBV	Grundbuchverfügung
GbR	Gesellschaft bürgerlichen Rechts
gem.	gemäß
GesO	Gesamtvollstreckungsordnung
GKG	Gerichtskostengesetz
gG	Geringstes Gebot
ggf.	gegebenenfalls
GmbH	Gesellschaft mit beschränkter Haftung
HGB	Handelsgesetzbuch
HinterlO	Hinterlegungsordnung
h.M.	herrschende Meinung
HRR	Höchstrichterliche Rechtsprechung
HRV	Handelsregisterverordnung
InsO	Insolvenzordnung
i.S.	im Sinne
i.S.d./v.	im Sinne des/von
i.V.m.	in Verbindung mit
JFG	Jahrbuch für Entscheidungen in Angelegenheiten der freiwilligen Gerichtsbarkeit und des Grundbuchrechts
JurBüro	Das Juristische Büro
JVEG	Gesetz über die Vergütung von Sachverständigen, Dolmetscherinnen, Dolmetschern, Übersetzerinnen und Übersetzern sowie die Entschädigung von ehrenamtlichen Richterinnen, ehrenamtlichen Richtern, Zeuginnen, Zeugen und Dritten (Justizvergütungs- und -entschädigungsgesetz)
JW	Juristische Wochenschrift
KAG	Kommunalabgabengesetz
KG	Kommanditgesellschaft
KGJ	Jahrbuch für Entscheidungen des Kammergerichts
KO	Konkursordnung
KostRMoG	Gesetz zur Modernisierung des Kostenrechts (Kostenrechtsmodernisierungsgesetz) vom 05.05.2004, BGBl. I Seite 718
KostVfg	Kostenverfügung
KTS	Konkurs, Treuhand und Sanierung
KVGKG	Kostenverzeichnis zum Gerichtskostengesetz
lfd.	laufende
lit.	Buchstabe
LG	Landgericht
LPartG	Gesetz zur Beendigung der Diskriminierung gleichgeschlechtlicher Gemeinschaften: Lebenspartnerschaften
LZB	Landeszentralbank
MBG	Mindestbargebot
MDR	Monatsschrift für Deutsches Recht
MittBayNot	Mitteilungen des Bayerischen Notarvereins, der Notarkasse und der Landesnotarkammer
mtl.	monatlich
m.w.H.	mit weiteren Hinweisen
m.w.N.	mit weiteren Nachweisen
NdsRpfl	Niedersächsische Rechtspflege
NJW	Neue Juristische Wochenschrift

NJW-RR	NJW-Rechtsprechungs-Report, Zivilrecht
NotBZ	Zeitschrift für die notarielle Beratungs- und Beurkundungspraxis
Nr.	Nummer
NV	Nachlassverwaltung
NZM	Neue Zeitschrift für Mietrecht
o.ä.	oder ähnliche(s)
OFD	Oberfinanzdirektion
o.g.	oben genannt(e)
OHG	Offene Handelsgesellschaft
OLG	Oberlandesgericht
OLG-NL	OLG-Rechtsprechung Neue Länder
PartGG	Gesetz über Partnerschaftsgesellschaften Angehöriger Freier Berufe (Partnerschaftsgesellschaftsgesetz)
Pos.	Position
RG	Reichsgericht
RGZ	Entscheidungen des Reichsgerichts in Zivilsachen, Band 1 – 171 (1880-1943)
RK	Rangklasse(n) (§ 10 ZVG)
Rn.	Randnummer
Rpfleger	Der Deutsche Rechtspfleger
RPflG	Rechtspflegergesetz
RpflJahrbuch	Rechtspfleger-Jahrbuch
RpflStud.	Rechtspfleger Studienhefte
RVG	Gesetz über die Vergütung der Rechtsanwältinnen und Rechtsanwälte (Rechtsanwaltsvergütungsgesetz)
SchuMoG	Gesetz zur Modernisierung des Schuldrechts vom 26.11.2001, BGBl. I Seite 3138
sog.	sogenannte (so genannte)
str.	streitig
TV	Testamentsvollstreckung
UB	Unbedenklichkeitsbescheinigung (§ 22 Grunderwerbsteuergesetz)
u.Ä.	und Ähnliche(s)
u.a.	unter anderem
u.U.	unter Umständen
vgl.	vergleiche
v.u.g.	vorgelesen und genehmigt
VerglO	Vergleichsordnung
VVG	Gesetz über den Versicherungsvertrag (Versicherungsvertragsgesetz)
VVRVG	Vergütungsverzeichnis zum Rechtsanwaltsvergütungsgesetz
WEG	Gesetz über das Wohnungseigentum und das Dauerwohnrecht (Wohnungseigentumsgesetz)
WM	Wertpapier-Mitteilungen
z.B. (auch Z.B.)	zum Beispiel
Ziff.	Ziffer
ZinsO	Zeitung für das gesamte Insolvenzrecht
ZIP	Zeitschrift für Wirtschaftsrecht
ZPO	Zivilprozessordnung
ZSEG	Gesetz über die Entschädigung von Zeugen und Sachverständigen
ZfIR	Zeitschrift für Immobilienrecht
ZMR	Zeitschrift für Miet- und Raumrecht
ZVG	Gesetz über die Zwangsversteigerung und Zwangsverwaltung
ZwVwV	Zwangsverwalterverordnung
zzgl.	zuzüglich

Literaturverzeichnis

Balser/Bögner/Ludwig Vollstreckung im Grundbuch, 9. Auflage, Freiburg 1991
Bauer/von Oefele, GBO, 2. Auflage, München 2006; hier zitiert: *Bauer/von Oefele/(Bearbeiter)*
Baumbach/Lauterbach/Albers/Hartmann ZPO, 65. Auflage, München 2007; hier zitiert: *BL/(Bearbeiter)*
Behr/Eickmann Pfändung von Grundpfandrechten und ihre Auswirkungen auf die Zwangsversteigerung, RWS-Skript Nr. 197, Köln 1989
Böttcher Kommentar zum ZVG, 4. Auflage, München 2005;
  hier zitiert: *Böttcher* (ZVG)
Böttcher Zwangsvollstreckung im Grundbuch, 2. Auflage, Köln 2002; hier zitiert: *Böttcher* (ZV im GB)
Dassler/Schiffhauer/Gerhardt/Muth Gesetz über die Zwangsversteigerung und die Zwangsverwaltung, 12. Auflage, Stuttgart 1991
Demharter Grundbuchordnung, 25. Auflage, München 2005
Dépré/Mayer Die Praxis der Zwangsverwaltung, 4. Auflage, Bonn 2006
Dörndorfer Taktik in der Vollstreckung I (Grundvermögen), Köln 2002
Eickmann Die Teilungsversteigerung, 5. Auflage, Köln 2001; hier zitiert: *Eickmann* (TLV)
Eickmann Zwangsversteigerungs- und Zwangsverwaltungsrecht, 2. Auflage, München 2004;
  hier zitiert: *Eickmann* (ZVG)
Eickmann/Flessner/Irschinger/Kirchhof/Kreft/Landfermann/Marotzke/Stephan Heidelberger Kommentar zur Insolvenzordnung, 4. Auflage, Heidelberg 2006; hier zitiert: *(Bearbeiter)* in HK-InsO
Glotzbach/Mayer Immobiliarvollstreckung aus Sicht der kommunalen Vollstreckungsbehörden. Handbuch für Praxis und Ausbildung, 4. Auflage, Siegburg 2007
Haarmeyer/Wutzke/Förster/Hintzen Zwangsverwaltung, 3. Auflage, München 2004
Härtung/Römermann RVG, München 2004
Hartmann Kostengesetze, 37. Auflage, München 2007
Hess Insolvenzrecht, 4. Auflage, Heidelberg 2007
Hess/Weis/Wienberg Insolvenzrecht, 2. Auflage, Heidelberg 2002
Hintzen/Wolf Zwangsvollstreckung, Zwangsversteigerung und Zwangsverwaltung, Bielefeld 2006;
  hier zitiert: *(Bearbeiter)* in Hintzen/Wolf
Kuntze/Ertl/Herrmann/Eickmann Grundbuchrecht, 6. Auflage, Berlin 2006; hier zitiert: *KEHE-(Bearbeiter)*
Mayer Immobilien günstig ersteigern, 8. Auflage, Regensburg 2007
Meyer-Goßner StPO, 48. Auflage, München 2005
MünchKomm-ZPO Münchener Kommentar zur ZPO, 2. Auflage, München 2000;
  hier zitiert: *MünchKomm-ZPO/(Bearbeiter)*
Musielak ZPO, 5. Auflage München 2007; hier zitiert: *Musielak/(Bearbeiter)*
Palandt Bürgerliches Gesetzbuch, 66. Auflage, München 2007;
  hier zitiert: *Palandt/(Bearbeiter)*
Schellhammer Sachenrecht nach Anspruchsgrundlagen, 2. Auflage, Heidelberg 2005;
  hier zitiert: *Schellhammer* (Sachenrecht)
Schellhammer Zivilprozess, 12. Auflage, Heidelberg 2007
  hier zitiert: *Schellhammer* (ZPO)
Schönfelder Textsammlung Deutsche Gesetze
Schöner/Stöber Grundbuchrecht, 13. Auflage, München 2004
Schuschke/Walker Kommentar zum Achten Buch der ZPO, 3. Auflage, Köln 2002
Smid (Hrsg.) Insolvenzordnung InsO, 2. Auflage, Stuttgart 2001
Staudinger BGB, Berlin 2002; hier zitiert: *Staudinger/(Bearbeiter)*
Steiner, Eickmann, Hagemann, Storz, Teufel Kommentar zum Zwangsversteigerung- und Zwangsverwaltungsrecht, 9. Auflage München 1984 (Band 1) und 1986 (Band 2);
  hier zitiert: *Steiner/(Bearbeiter)*

Literaturverzeichnis

Stein/Jonas ZPO, 21. Auflage, Tübingen 1996; hier zitiert: *Stein/Jonas/(Bearbeiter)*
Stöber Forderungspfändung, 14. Auflage, Bielefeld 2005; hier zitiert: *Stöber* (Fpf.)
Stöber ZVG-Handbuch, 8. Auflage, München 2007, hier zitiert: *Stöber* (HRP).
Stöber Kommentar zum Zwangsversteigerungsgesetz, 18. Auflage, München 2006 (früher *Zeller/Stöber*); hier zitiert: *Stöber* (ZVG)
Storz Praxis der Teilungsversteigerung, 3. Auflage, München 2005; hier zitiert: *Storz* (TLV)
Thomas/Putzo ZPO, 28. Auflage, München 2007
Zöller ZPO, 26. Auflage, Köln 2007; hier zitiert: *Zöller/(Bearbeiter)*

Einführung in die Immobiliarvollstreckung

A. Definition

Bei der Immobiliarvollstreckung (auch Immobiliarzwangsvollstreckung genannt) handelt es sich um die Zwangsvollstreckung in das unbewegliche Vermögen eines Schuldners. **1**

B. Gesetzliche Grundlagen

Soweit wegen privatrechtlicher Ansprüche (Ansprüche eines Bürgers) vollstreckt werden soll, ist das hierbei zu beachtende Verfahren direkt in der Zivilprozessordnung (ZPO), dort im 8. Buch ab § 704 geregelt. Aber auch für die Immobiliarvollstreckung wegen öffentlich-rechtlicher Ansprüche wird vielerorts auf die Bestimmungen der ZPO verwiesen (z.B. § 322 AO). **2**

Die Zwangsversteigerung und die Zwangsverwaltung (beides Arten der Immobiliarvollstreckung) werden darüber hinaus durch ein besonderes Gesetz, das Zwangsversteigerungsgesetz (ZVG), geregelt. Über § 869 ZPO ist dieses Gesetz Bestandteil der ZPO. Deshalb gelten für die allgemeinen und besonderen Vollstreckungsvoraussetzungen (z.B. Titel, Klausel, Zustellung) auch bei der Zwangsversteigerung und Zwangsverwaltung die Bestimmungen der ZPO; lediglich die Besonderheiten der beiden genannten Verfahren finden sich dann im ZVG. **3**

C. Gegenstände der Immobiliarvollstreckung

Im Gegensatz zur Mobiliarvollstreckung (Mobiliarzwangsvollstreckung), bei der auf bewegliches Vermögen des Schuldners, also körperliche Sachen oder Forderungen zugegriffen wird, erfolgt die Immobiliarvollstreckung nach § 864 ZPO in **4**

- Grundstücke,
- ideelle Miteigentumsanteile,
- grundstücksgleiche Rechte (z.B. Erbbaurecht),
- eingetragene Schiffe und Schiffsbauwerke.

Der Immobiliarvollstreckung unterliegen unter bestimmten Voraussetzungen auch die Gegenstände, auf die sich bei Grundstücken und Berechtigungen die Hypothek, bei Schiffen oder Schiffsbauwerken die Schiffshypothek erstreckt (§ 865 ZPO). So kann z.B. auf Grundstückszubehör (§§ 97, 98 BGB), obwohl es sich dabei um bewegliche Sachen handelt, nicht im Wege der Mobiliar-, sondern nur durch Immobiliarvollstreckung zugegriffen werden (§ 864 Abs. 2 Satz 1 ZPO). **5**

Schließlich findet die Immobiliarvollstreckung auch Anwendung auf Luftfahrzeuge, welche in der Luftfahrzeugrolle eingetragen sind. **6**

D. Arten der Immobiliarvollstreckung

Der Gesetzgeber unterscheidet **drei Arten** der Immobiliarvollstreckung (§ 866 Abs. 1 ZPO), nämlich **7**
- die Eintragung einer **Sicherungshypothek** für die Forderung (sog. **Zwangshypothek**),
- die **Zwangsversteigerung** und
- die **Zwangsverwaltung**.

8 Während die Eintragung einer Zwangshypothek für den Gläubiger nur eine Sicherung bedeutet und damit nicht direkt zur Forderungsbefriedigung führt, wird mit der Zwangsverwaltung auf die Nutzungen des Grundstücks (z.B. Mieterträge) zugegriffen und diese unter den „Berechtigten" verteilt. Den aus Sicht des Schuldners bedeutsamsten Eingriff stellt die Zwangsversteigerung dar, da mit diesem Verfahren auf die Substanz des Grundstücks zugegriffen wird, wodurch der Schuldner letztlich das Eigentum am Grundstück verliert.

9 Obwohl also zwischen den einzelnen Arten der Immobiliarvollstreckung hinsichtlich der Schwere des Eingriffs in die Rechte des Schuldners eine klare Abstufung besteht, schreibt der Gesetzgeber dem Gläubiger keine Reihenfolge des Vorgehens vor. Der Gläubiger, auch bei der Immobiliarvollstreckung Herr des Verfahrens, kann zwischen den einzelnen Arten wählen, ja sogar verlangen, dass „eine dieser Maßregeln neben den übrigen ausgeführt werde" (§ 866 Abs. 2 ZPO). Lediglich für die Eintragung der Zwangshypothek formuliert der Gesetzgeber die Einschränkung, dass die Forderung des Gläubigers mehr als 750,00 Euro betragen muss (§ 866 Abs. 3 ZPO).

1. Teil
Zwangsversteigerung zum Zwecke der Zwangsvollstreckung (Vollstreckungsversteigerung)

1. Abschnitt
Versteigerung *eines* Grundstücks

1. Kapitel
Verfahren über die Anordnung der Vollstreckungsversteigerung

A. Versteigerungsobjekte

Nach den Regeln des Zwangsversteigerungsgesetzes (ZVG)[1] werden folgende Gegenstände zwangsversteigert:

- **Grundstücke**, 10
  zusammen mit ihren wesentlichen Bestandteilen (§ 94 BGB z.B. Gebäude) sowie weiteren Gegenständen des Haftungsverbandes (Rn. 106 ff.);
- **Grundstücksbruchteile**, 11
  welche gem. § 864 Abs. 2 ZPO wie ein Grundstück zu versteigern sind. Nur Grundstücksbruchteile, die als Bruchteilseigentum eingetragen sind (ideelle Miteigentumsanteile), können nach den allgemeinen Regeln versteigert werden. Steht das Grundstück im Gesamthandseigentum, kann der Anteil eines Miteigentümers nicht versteigert werden.

  Tipp: Im Grundbuch lässt sich der Unterschied leicht erkennen:
  - Steht beim Namen der/des Eigentümer(s) ein Bruchteil (z.B. „zur Hälfte"), kann der Bruchteil versteigert werden.
  - Steht beim Namen nur die Bezeichnung einer Gemeinschaft (z.B. „in Erbengemeinschaft"), ist die Versteigerung des Anteils eines Miteigentümers nicht möglich, obwohl die Gemeinschaft durchaus Bruchteile kennt. Hier kommt nur eine Zwangsversteigerung zum Zwecke der Aufhebung einer Gemeinschaft (sog. Teilungsversteigerung) in Betracht (siehe ab Rn. 1108).

- **Grundstücksgleiche Rechte, insbesondere das Erbbaurecht** 12
  Es wird wie ein Grundstück versteigert (Rn. 892 bis 933).
  Zu den grundstücksgleichen Rechte gehören u.a. auch das **Bergwerkseigentum** (§ 9 Abs. 1 BBergG) und das **Stockwerkseigentum nach Landesrecht**. Die Versteigerung der beiden letztgenannten Gegenstände wird im Rahmen dieses Buches nicht dargestellt.
- **Wohnungs- und Teileigentum** 13
  Auch dieses wird wie ein Grundstück versteigert (Rn. 934 bis 953).
- **Schiffe, Schiffsbauwerke** und **Luftfahrzeuge** (§§ 162 ff. ZVG) sowie **Bahneinheiten** (§ 871 ZPO). 14
  Die Versteigerung dieser Gegenstände wird im Rahmen dieses Buches nicht dargestellt.
- Im **Beitrittsgebiet** (ehemalige DDR) galten sachenrechtliche Besonderheiten, welche mit dem Sachenrecht des BGB nicht zu vereinbaren sind und daher seit 1990 nicht mehr neu begründet werden können, so z.B. Gebäudeeigentum ohne Grundstückseigentum oder dingliches Nutzungsrecht. Obwohl die Abwicklung dieser Rechte im Beitrittsgebiet noch zum Gerichtsalltag gehört, wird von einer Darstellung abgesehen und auf die Spezialliteratur verwiesen;[2] hierzu auch § 9a EGZVG. 15

---
1 Gesetz über die Zwangsversteigerung und Zwangsverwaltung vom 24.03.1897, zuletzt geändert durch Gesetz vom 22.03.2005; im *Schönfelder* abgedruckt unter Nr. 108.
2 Z.B. *Stöber* (ZVG) Einleitung Rn. 14.

16 Auch für diese Immobiliarzwangsvollstreckung gelten die Grundsätze der ZPO (§ 869 ZPO), soweit nicht das ZVG besondere Regeln aufstellt.

B. Versteigerungsantrag

17 Eine Zwangsversteigerung wird nicht von Amts wegen eingeleitet, sondern es bedarf stets eines Antrags (§ 15 ZVG) an das zuständige Gericht. Bei der hier dargestellten Vollstreckungsversteigerung ist Antragsteller ein Gläubiger des Grundstückseigentümers. Dieser kann die Versteigerung seines eigenen Grundstücks nicht beantragen.

I. Zuständigkeit

1. Sachliche Zuständigkeit

18 Die sachliche Zuständigkeit liegt beim Amtsgericht als Vollstreckungsgericht (§ 1 Abs. 1 ZVG).

2. Örtliche Zuständigkeit

19 Zur Durchführung der Zwangsversteigerung örtlich zuständig ist grundsätzlich jenes **Amtsgericht**, in dessen Bezirk das Grundstück liegt („belegen ist") (§ 1 Abs. 1 ZVG). Die Landesregierungen können aber durch Rechtsverordnung bestimmen, dass die Zwangsversteigerungssachen von einem Amtsgericht für den Bezirk mehrerer Amtsgerichte erledigt werden (Zentralisierung), um hierdurch eine effektivere Bearbeitung zu ermöglichen (§ 1 Abs. 2 ZVG).

20 Besteht mit Rücksicht auf die Bezirksgrenzen des Amtsgerichts Ungewissheit oder ist das Grundstück in verschiedenen Gerichtsbezirken belegen, entscheidet das gemeinsame obere Gericht (§ 2 Abs. 1 ZVG). Wäre dies der *BGH*, entscheidet das OLG des Bezirks, in dem das zuerst angegangene Gericht liegt (§ 36 Abs. 2 ZPO i.V.m. § 2 Abs. 1 ZVG). Eine Entscheidung über die Zuständigkeit ist nicht anfechtbar (§ 37 ZPO). Zur örtlichen Zuständigkeit bei der Zwangsversteigerung mehrerer Grundstücke siehe Rn. 959. Es handelt sich um eine **ausschließliche Zuständigkeit** (§ 802 ZPO), die sich somit einer Vereinbarung der Beteiligten entzieht (§ 40 Abs. 2 ZPO).

3. Funktionelle Zuständigkeit

21 Funktionell zuständig ist der **Rechtspfleger** (§ 3 Nr. 1 i RPflG). Seine Tätigkeit ist Gerichtsbarkeit, keine Verwaltung. Deshalb können seine Entscheidungen nur mit den von der Verfahrensordnung vorgesehenen Rechtsbehelfen (hierzu Rn. 110 ff.), nicht jedoch mit der Dienstaufsichtsbeschwerde angefochten werden.[3] Der Rechtspfleger kann – wie ein Richter – abgelehnt werden (§ 10 RPflG, §§ 41 ff. ZPO).[4]

II. Voraussetzungen und Inhalt des Antrags

1. Übersicht

22 Ein Gläubiger kann die Zwangsversteigerung eines Grundstücks beantragen, wenn folgende Voraussetzungen vorliegen:
- Er muss einen vollstreckbaren **Titel** haben.
- Der in diesem Titel genannte **Schuldner** muss als **Eigentümer** des Grundstücks im Grundbuch eingetragen sein. Zur Ausnahme siehe Rn. 65.

---

3 Diese wäre allenfalls zulässig, um unkorrektes Benehmen oder grundlose Verzögerungen zu rügen.
4 *BGH* Rpfleger 2003, 453.

Im **Versteigerungsantrag** sind folgende **Angaben** erforderlich (§§ 16 ZVG, 253, 130 ZPO): 23
- Bezeichnung des angerufenen **Gerichts** (Rn. 19, 20),
- **Name** und **Anschrift** (zustellungsfähig) des Gläubigers und des Schuldners (Rn. 25 ff.),
- Bezeichnung des **Grundstücks** (Rn. 36),
- Bezeichnung der **Forderung**, wegen welcher vollstreckt werden soll (Rn. 38 ff.),
- Bezeichnung des vollstreckbaren **Titels** (Rn. 50 ff.),
- Bestimmter **Antrag**.

Eine Begründung des Antrags ist nicht erforderlich.

Dem Antrag sind folgende **Unterlagen** beizufügen: 24
- Die für den Beginn der Zwangsvollstreckung erforderlichen Urkunden (§ 16 Abs. 2 ZVG), also insbesondere der Vollstreckungstitel und Belege für die nach § 788 ZPO ohne Festsetzung zu vollstreckenden Kosten (Rn. 44 und 47).
- Ein Grundbuchzeugnis (§ 17 Abs. 2 ZVG) oder ein beglaubigter Grundbuchauszug (§ 12 GBO) bzw. ein amtlicher Ausdruck (§ 131 GBO) (alles möglichst aktuell) als Nachweis der Eigentümerstellung des Schuldners. Gehört das Grundbuchamt dem gleichen Gericht wie das Vollstreckungsgericht an, so genügt im Antrag die Bezugnahme auf das Grundbuch. Bei Zentralisierung der vollstreckungsgerichtlichen Zuständigkeit (Rn. 19) wird meist die Bezugnahme auf das Grundbuch auch beim Zentralgericht zugelassen.

  Die Vorlage einer Flurkarte kann nur unter besonderen Umständen verlangt werden, auch wenn sie nach Landesrecht beigefügt werden soll.[5]
- Ggf. Erbnachweise (§ 17 Abs. 3 ZVG) (Rn. 31).

Da das Gericht nicht das materielle Recht prüft, ist bei Vollstreckung aus einem Briefrecht die Vorlage des Grundpfandrechtsbriefes im Rahmen der Verfahrensanordnung nicht erforderlich.

Tipp: Durch Bezugnahme auf das Grundbuch oder die Einholung eines kostenfreien Grundbuchzeugnisses nach § 17 Abs. 2 ZVG lassen sich die Kosten für den beglaubigten Grundbuchauszug sparen.

Zwangsversteigerungsantrag

Inhalt	Anlagen
Gericht	
Gläubiger	ggf. Vertretungsnachweis
Schuldner (Eigentümer) Grundstück	Grundbuchzeugnis oder beglaubigter Grundbuchauszug (nicht erforderlich, wenn Bezugnahme erfolgt); ggf. Erbnachweis
Titel	Vollstreckungsunterlagen
Anspruch des Gläubigers	ggf. Belege über die Vollstreckungskosten
Bestimmter Antrag (auf Anordnung der Zwangsversteigerung)	

Checkliste

---

5 *LG Frankfurt* Rpfleger 2003, 94 zu Art. 3 des Hessischen ZVG-Ausführungsgesetzes.

1 Versteigerung eines Grundstücks

2. Vollstreckungsschuldner

a) Normalfall

25 Ist der im Titel genannte Schuldner als Eigentümer im Grundbuch eingetragen, muss der Gläubiger dessen zustellungsfähige Anschrift im Antrag angeben; sie wird nicht von Amts wegen ermittelt. Ist die Anschrift nicht zu ermitteln, kommt evtl. die Bestellung eines Abwesenheitspflegers nach § 1911 BGB durch das Vormundschaftsgericht in Betracht. Die Bestellung eines Zustellungsvertreters (Rn. 288) gem. § 6 ZVG scheidet für die Zustellung des Anordnungsbeschlusses wegen § 8 ZVG aus.

b) Mehrere Schuldner

26 Sind mehrere Personen als Miteigentümer eingetragen und soll das ganze Grundstück versteigert werden, ist regelmäßig ein Titel gegen alle Miteigentümer erforderlich (Ausnahme Rn. 28). Bei Bruchteilseigentum kann jedoch der Antrag auf den Bruchteil des Schuldners beschränkt werden (Rn. 4).

c) Gütergemeinschaft

27 Sind Eheleute in Gütergemeinschaft (§ 1415 ff. BGB) als Eigentümer eingetragen, ist zunächst festzustellen, wer das Gesamtgut[6] **verwaltet.** Dies muss sich aus dem Ehevertrag ergeben, der sich meist bei den Grundakten befindet. Haben die Eheleute insoweit nichts vereinbart, verwalten beide das Gesamtgut gemeinsam (§ 1421 BGB).[7] Ein Ehegatte verwaltet das Gesamtgut allein, wenn

- dies so im Ehevertrag vereinbart wurde oder
- ein Ehegatte unter elterlicher Sorge oder Vormundschaft steht (§ 1458 BGB).

28 Für die Vollstreckung in ein solches Grundstück gilt:

aa) Verwalten beide Ehegatten das Gesamtgut gemeinsam, ist ein Leistungstitel gegen beide erforderlich. Ein Leistungstitel gegen einen und ein Duldungstitel gegen den anderen genügt nicht.

bb) Verwaltet ein Ehegatte das Gesamtgut allein, genügt ein Titel gegen diesen (§ 740 Abs. 1 ZPO).

cc) Betreibt einer der Ehegatten ein Erwerbsgeschäft, so genügt regelmäßig ein Titel gegen diesen, auch wenn er das Gesamtgut nicht oder nicht allein verwaltet (§ 741 ZPO). Ist diese Voraussetzung weder aus dem Titel ersichtlich noch bei Gericht offenkundig, muss Nachweis erfolgen[8], z.B. durch schriftliche Auskunft des Gewerbeamtes. Wendet man § 17 Abs. 3 ZVG analog an, müsste Glaubhaftmachung durch Urkunden genügen.

28a Leben Eheleute in einem **ausländischen Güterstand**, der ein dem deutschen Güterstand der Gütergemeinschaft vergleichbares Gesamtgut (etwa bei Errungenschaftsgemeinschaft) vorsieht, sind die Vorschriften der §§ 740 und 741 ZPO entsprechend anzuwenden.[9]

d) Tod des Grundstückseigentümers

aa) Titel lautet gegen den Verstorbenen

29 Hatte vor dem Tod des Schuldners bereits irgendeine Zwangsvollstreckung aus diesem Titel gegen den Schuldner begonnen, also z.B. eine Lohnpfändung, kann jetzt die Zwangsversteigerung angeordnet werden, ohne dass der Vollstreckungstitel auf die Erben umgeschrieben werden müsste. Die Annahme der Erbschaft ist damit nicht Voraussetzung für die Vollstreckung (§ 779 Abs. 1 ZPO). Hat der Erbe die Erbschaft noch nicht angenommen, ist die Bestellung eines Vertreters nach § 779 Abs. 2 ZPO erforderlich, an den auch zugestellt wird.[10]

---

6 Leben die Ehegatten in Gütergemeinschaft, gehört das Grundstück jedoch zum Vorbehaltsgut (§ 1418 BGB), ergeben sich für die Zwangsversteigerung keine Besonderheiten.
7 Wurde der Ehevertrag vor dem 01.04.1953 geschlossen, liegt die Verwaltung beim Ehemann allein.
8 So jedenfalls *LG Frankenthal (Pfalz)* Rpfleger 1975, 371.
9 *Pfälzisches OLG Zweibrücken* Rpfleger 2007, 462.
10 Für die Verwaltungsvollstreckung: *Glotzbach/Mayer* Rn. 694 ff., insbesondere Rn. 697.

Als Beginn der Zwangsvollstreckung i.S. dieser Norm kommen beispielsweise in Betracht: **30**
- Pfändung durch Gerichtsvollzieher (Nachweis durch Protokoll nach § 762 ZPO);
- Erlass der Eintragungsverfügung für Zwangshypothek[11];
- Erlass eines Pfändungsbeschlusses (Zustellung an Drittschuldner nach § 829 Abs. 3 ZPO ist nicht erforderlich);
- Anordnung der Zwangsversteigerung oder Zwangsverwaltung nach §§ 15, 146 Abs. 1 ZVG (Wirksamwerden der Beschlagnahme nach § 22 ZVG wird nicht gefordert).

Der Eingang des jeweiligen Vollstreckungsantrags beim Grundbuchamt bzw. Vollstreckungsgericht allein stellt noch keinen Vollstreckungsbeginn i.S. dieser Norm dar. Ebenso wenig ist der Erlass einer Aufklärungsverfügung nach § 139 ZPO bzw. Zwischenverfügung nach § 18 GBO Beginn der Zwangsvollstreckung.

Lautet der Titel gegen den Verstorbenen, hatte die Zwangsvollstreckung aber noch nicht begonnen, benötigt der Gläubiger eine Vollstreckungsklausel gegen den (alle) Erben (§ 727 ZPO; sog. Umschreibung des Vollstreckungstitels). Ist die Erbschaft noch nicht angenommen, kann diese nur nach Bestellung eines Nachlasspflegers durch das Nachlassgericht (§§ 1961, 1962 BGB) beschafft werden. Grundbuchberichtigung ist nicht erforderlich (§ 17 Abs. 1 und 3 ZVG). Unterbleibt sie, ist die Erbfolge durch Urkunden glaubhaft zu machen. Bezugnahme auf die Nachlassakten genügt, wenn sich daraus die Erbfolge ergibt. Anderenfalls ist die Vorlage des Erbscheins oder der nach § 35 Abs. 1 GBO zur Grundbuchberichtigung ausreichenden Urkunden notwendig. **31**

bb) Titel lautet gegen den oder die Erben[12]

Die Zwangsvollstreckung kann erst nach Erbschaftsannahme beginnen. Auch hier bedarf es keiner Grundbuchberichtigung; dann aber Nachweise wie bei Rn. 31. Ist das Grundstück auf den Namen mehrerer Erben eingetragen, bedarf es eines Titels gegen alle (§ 747 ZPO). **32**

Vollstreckung in den Nachlass **33**
bei Tod des Grundstückseigentümers

Übersicht

Titel gegen den Verstorbenen		Titel gegen den/die Erben
Hatte Zwangsvollstreckung begonnen (§ 779 ZPO)?		Zwangsvollstreckung erst nach Annahme der Erbschaft
ja	nein	
Anordnung ohne Titelumschreibung möglich	Titelumschreibung notwendig	

e) Juristische Person, Handelsgesellschaft

Ist als Eigentümer eine juristische Person (z.B. GmbH, eingetragener Verein) oder eine Handelsgesellschaft (z.B. OHG, KG) eingetragen, ist ein Titel gegen diese erforderlich. Ein Titel gegen die Gesellschafter der OHG oder KG würde nicht genügen. **34**

f) BGB-Gesellschaft

Eine BGB-Gesellschaft kann als solche nicht im Grundbuch eingetragen sein.[13] Vielmehr sind alle Gesellschafter mit dem Zusatz „als Gesellschafter des bürgerlichen Rechts" eingetragen. Neben einem Titel gegen alle Gesellschafter (§ 736 ZPO) genügt auch ein Titel gegen die Gesellschaft als **35**

---
11 *BayObLG* Rpfleger 1996, 62.
12 Hierzu ausführlich *Stöber* (ZVG) § 15 Rn. 30 sowie § 17 Rn. 4 und *Glotzbach/Mayer* Rn. 693 ff.
13 Wegen Einzelheiten hierzu siehe Rn. 1970 f.

1 Versteigerung eines Grundstücks

solche.[14] Da es sich um eine Gesamthandsgemeinschaft handelt, kann **keine Versteigerung des Anteils** eines Gesellschafters erfolgen.

3. Bezeichnung des Grundstücks

36 Das Grundstück wird regelmäßig übereinstimmend mit dem Grundbuch zu bezeichnen sein, also Blattstelle des Grundbuchs, Gemeinde, Flurstücksnummer, Lagebezeichnung und Größe. Unbedingt erforderlich ist dies aber nicht. Es genügt eine Bezeichnung, die unzweifelhaft erkennen lässt, welches Grundstück versteigert werden soll. Demnach müsste z.B. genügen:

„*das im Grundbuch von Hohenecken Blatt 1166 auf den Namen des Schuldners eingetragene Grundstück …*"

(falls dort nur ein Grundstück eingetragen ist).

37 Soll nur ein Bruchteil versteigert werden, ist dies ausdrücklich anzugeben, wobei der Anteil durch einen „gemeinen Bruch" („Hälfteanteil", „Anteil zu einem Viertel" etc.) zu bezeichnen ist.

4. Die zu vollstreckende Forderung

a) Rangklassen (RK)

38 Es ist wichtig zu wissen, dass in der Zwangsversteigerung besondere Vorschriften für den Rang (= die Reihenfolge der Befriedigung) gelten (§ 10 Abs. 1 ZVG). Diese Regelung ist von großer Bedeutung für das Verfahren und wird daher an anderer Stelle (Rn. 310 ff.) ausführlich erklärt. Für den Versteigerungsantrag genügt zunächst eine kurze Zusammenfassung.
- Den besten Rang (= RK 1 bzw. 1a) haben bestimmte Vorschüsse und Kosten, wenn gleichzeitig eine Zwangsverwaltung bzw. ein Insolvenzverfahren anhängig ist.
- Die zweite RK betrifft das „Hausgeld" bei Wohnungseigentum (WEG). Dazu Rn. 953a ff.
- Die dritte RK umfasst besonders privilegierte öffentlich-rechtliche Ansprüche.[15]
- In der vierten RK werden die im Grundbuch eingetragenen Sicherungsrechte für Geldforderungen (z.B. Grundschuld, Hypothek, Reallast) befriedigt, für welche das Grundstück haftet.
- In der fünften RK stehen alle anderen Forderungen, für welche die Zwangsversteigerung angeordnet wurde.

Wegen der Einzelheiten zu diesen und den weiteren RK (RK 6 bis RK 8) siehe Rn. 310 ff. bzw. 334 ff.

Man kann im Antrag die verlangte RK angeben, erforderlich ist dies aber nicht. Bei richtiger Bezeichnung der Hauptforderung im Antrag kann das Gericht die jeweils zutreffende RK erkennen.

b) Hauptforderung

39 Es ist jene Forderung, welche im Titel ausgewiesen ist. Der Gläubiger kann die Versteigerung auch wegen einer Teilforderung beantragen, sollte diese dann aber ausdrücklich als „Teil der Hauptforderung" bezeichnen (hierzu auch Rn. 45).

c) Zinsen

40 Der Gläubiger kann auch die titulierten Zinsen fordern. Sie haben grundsätzlich den gleichen Rang, den die Hauptforderung hat. Zinsen, welche nach diesem Grundsatz in eine bessere Rangklasse als RK 5 fallen würden, können diesen Vorrang jedoch durch „Zeitablauf" verlieren. Bestimmte „ältere Zinsrückstände" fallen dann in RK 5 zurück (Einzelheiten Rn. 338).

---

14 *BGH* Rpfleger 2001, 246; wegen der Zustellung siehe *BGH* Rpfleger 2006, 478.
15 Hierzu ausführlich *Glotzbach/Mayer* Rn. 206 ff.

d) Kosten der Rechtsverfolgung

Der Gläubiger kann auch die Kosten der Rechtsverfolgung fordern. Für ihre Behandlung in der Zwangsversteigerung kann man diese Kosten zunächst in vier **Gruppen** einteilen: **41**

aa) Die **vorgerichtlichen Kosten** müssen tituliert (im Titel genannt) sein.   **42**

bb) Die **Kosten der Titelbeschaffung** müssen – wie bei der Mobiliarvollstreckung – durch einen Kostenfestsetzungsbeschluss tituliert sein (§ 103 Abs. 1 ZPO) und müssen bereits im Versteigerungsantrag beziffert werden; sie können also nicht „nachgemeldet" werden.   **43**

cc) Die **Kosten einer früheren anderen Vollstreckung** (z.B. Mobiliarvollstreckung) können gem. § 788 ZPO ohne Titel vollstreckt werden. Auch sie müssen bereits im Versteigerungsantrag beziffert sein und können nicht nachgemeldet werden. Sind diese Kosten nicht festgesetzt, hat das Versteigerungsgericht die gleiche Prüfungspflicht wie das Prozessgericht. Erforderlich sind also eine Einzelaufstellung und Vorlage der Belege (§§ 103 Abs. 2, 104 Abs. 2 ZPO). Berücksichtigung finden nur die **notwendigen** Kosten der Zwangsvollstreckung. Soweit mehrere Schuldner als Gesamtschuldner verurteilt worden sind, haften sie auch für die Kosten der Zwangsvollstreckung als Gesamtschuldner (§ 788 Abs. 1 Satz 3 ZPO; dort auch zu den Ausnahmen der gesamtschuldnerischen Kostenhaftung).   **44**

Wird nur wegen einer **Teilforderung** vollstreckt und soll diese Teilforderung auch Kosten umfassen, ist die Einzelaufstellung/Belegung der in der Teilforderung enthaltenen und nicht festgesetzten Kosten unumgänglich, da sonst der Gläubiger bei einer Teilleistung des Schuldners diese auf Kosten verrechnen könnte, deren Erstattungsfähigkeit nicht gerichtlich geprüft wurde.   **45**

> Die Hauptforderung beträgt 1.500,00 €.
> Die Formulierung „Teilforderung: 1.000,00 €" würde eine Forderungsaufstellung erfordern; eine solche ist bei der Bezeichnung „Teil der Hauptforderung: 1.000,00 €" entbehrlich.

46 Beispiel

Tipp: Unterschied zwischen „Teilforderung" und „Teil der Hauptforderung" bei der Antragstellung beachten!

dd) Obwohl die **Kosten der dinglichen Rechtsfolge** an sich keine eigene Kategorie bilden, da sie auch in die vorgenannten Kategorien eingeordnet werden könnten, werden sie hier gesondert ausgewiesen, weil sie im Zwangsversteigerungsverfahren gem. § 10 Abs. 2 ZVG ein **besonderes Privileg** genießen. Sie müssen noch nicht im Versteigerungsantrag (bzw. Beitrittsgesuch) beziffert werden, sondern können noch bis zum Beginn des Versteigerungstermins formlos angemeldet werden. Ratsam ist dies allerdings nicht! Was im Versteigerungsantrag steht, gilt (§ 114 Abs. 1 Satz 2 ZVG) für das Gesamtverfahren als angemeldet und kann daher nicht mehr vergessen werden. Das Gericht muss sie nicht unbedingt in den Anordnungsbeschluss (bzw. Beitrittbeschluss) aufnehmen!   **47**

Tipp: Die schon bezifferbaren Kosten der dinglichen Rechtsverfolgung sollten bereits im Versteigerungsantrag stehen.

Kosten der dinglichen Rechtsverfolgung sind die Kosten „der die Kündigung und Befriedigung aus dem Grundstück bezweckenden Rechtsverfolgung". Es sind dies z.B.   **48**
- Kosten der dinglichen Klage (Duldungstitel);
- Kosten der Zustellung des dinglichen Titels;
- Rechtsanwaltskosten für dieses Verfahren sowie die Gerichtskosten für die Entscheidung über den Versteigerungsantrag;
- Künftige Terminswahrungskosten des Gläubigers für die Teilnahme am Versteigerungs- und Verteilungstermin (dazu Rn. 327);
- Kosten eines Zwangsverwaltungsverfahrens einschließlich dort geleisteter Vorschüsse;
- Kosten eines früheren ergebnislosen Zwangsversteigerungsverfahrens (gleicher Titel, gleiches Grundstück);
- Gerichts- und Rechtsanwaltskosten für die Eintragung einer Zwangshypothek.

49 Gehören diese Kosten nicht ausnahmsweise zur RK 1, dann gilt für ihren **Rang** Folgendes:
- Betreibt der Gläubiger aus RK 5, haben alle Kosten der Rechtsverfolgung die RK 5.
- Betreibt der Gläubiger aus RK 4, haben die Kosten zu cc) nur die RK 5, die Übrigen die RK 4, also auch die festgesetzten Kosten (Rn. 47, 48) der dinglichen Klage (dazu Rn. 51).

5. Vollstreckungstitel

50 Für den Vollstreckungstitel, die Vollstreckungsklausel, die Zustellung und die übrigen Voraussetzungen zum Beginn der Zwangsvollstreckung gelten zunächst die allgemeinen Regeln (allgemeine Vollstreckungsvoraussetzungen). Eine Sicherungsvollstreckung (§ 720a ZPO) ist nicht zulässig. Will ein Gläubiger aus der bevorzugten RK 4 vollstrecken, bedarf es eines besonderen Vollstreckungstitels, welcher nicht auf Zahlung einer Geldsumme lautet, sondern ausdrücklich bestimmt, dass der Schuldner wegen dieser Geldsumme „die Zwangsvollstreckung in das Grundstück dulden muss". Man nennt dies einen „**dinglichen Titel**." Wurde das Grundpfandrecht in notarieller Urkunde bestellt, erfolgte fast immer auch die Unterwerfung des Schuldners unter die sofortige Zwangsvollstreckung. Dann ist die Urkunde des Notars ein dinglicher Titel.[16]

51 Denkbar ist aber auch eine Klage auf Duldung der Zwangsvollstreckung, z.B. bei Grundpfandrechten ohne Unterwerfungsklausel.[17]

52 Ein Titel auf Duldung der Zwangsvollstreckung in das Grundstück (sog. Duldungstitel, auch dinglicher Titel genannt) ermöglicht außerhalb des Haftungsverbandes (Rn. 106 ff.) keine Mobiliarvollstreckung. Meist hat aber der Gläubiger sowohl einen „dinglichen" als auch einen „persönlichen" Titel und könnte wahlweise auch die Versteigerung aus der RK 5 betreiben. Hat ein solcher Gläubiger bereits eine Mobiliarvollstreckung (= eine Vollstreckung mit dem persönlichen Titel) versucht und will er wegen dieser Kosten jetzt die Zwangsversteigerung betreiben, erhält er hierfür nur die RK 5, auch wenn die Hauptsumme in der RK 4 steht (Rn. 49). Dies sollte das Gericht im Anordnungsbeschluss klarstellen. Kosten für die Vollstreckung in den Haftungsverband (also Vollstreckung mit Duldungstitel) haben die RK 4.

53 Zur (dinglichen) Zwangsvollstreckung im Range einer **Zwangshypothek** genügt der (persönliche) Titel, auf welchem die Eintragung vermerkt ist (§ 867 Abs. 3 ZPO).

54 Ein dinglicher Titel ist auch entbehrlich bei Zwangsvollstreckung gegen einen **Gesamtrechtsnachfolger** (Erben) des schuldnerischen Eigentümers bzw. für einen Rechtsnachfolger auf Gläubigerseite. Hierzu bedarf es einer Rechtsnachfolgeklausel nach § 727 ZPO nebst Zustellung nach § 750 Abs. 2 ZPO.[18]

55 Zur Situation nach anschließender Anordnung des Insolvenzverfahrens siehe Rn. 181 ff.

Tipp: Aus einer Zwangshypothek kann ohne Duldungstitel vollstreckt werden. Schuldtitel mit Eintragungsvermerk genügt.

56 Auch bei Briefrechten genügt die Vorlage des vollstreckbaren Titels. Die Briefvorlage ist für den Versteigerungsantrag noch nicht erforderlich (wohl aber im Verteilungstermin!).

57 Die **Verwaltungsvollstreckung** erfolgt ohne Titel auf Grund eines „vollstreckbaren Versteigerungsantrags" der hierfür zuständigen Behörden.[19]

---

16 Besondere Vorsicht ist geboten, wenn die Unterwerfungserklärung von einem Vertreter des Schuldners abgegeben wurde! Dazu *BGH* Rpfleger 2007, 37 mit (abl.) Anm. *Alff*.
17 Unterwirft sich der Grundstückseigentümer bei der Bestellung eines Grundpfandrechtes der sofortigen Zwangsvollstreckung, erfordert dies notarielle Beurkundung. Soll das Grundpfandrecht ohne diese Klausel bestellt werden, genügt öffentliche Beglaubigung. Aus Kostengründen gibt es daher auch Grundpfandrechte ohne Unterwerfungsklausel.
18 *Zöller/Stöber* § 867 Rn. 20; *Stöber* (ZVG) § 15 Rn. 23.9.
19 Hierzu ausführlich *Glotzbach/Mayer* Rn. 275 ff.

Antrag auf Anordnung der Zwangsversteigerung (Vollstreckungsversteigerung)

58

Muster

Stadtsparkasse Musterstadt Musterstadt, 22.01.2006
Sparkassenplatz 1
66666 Musterstadt

An das
Amtsgericht
66666 Musterstadt

Antrag auf Anordnung der Zwangsversteigerung

In der Zwangsvollstreckungssache

Stadtsparkasse Musterstadt, vertreten durch den Vorstand
Sparkassenplatz 1
66666 Musterstadt
– Gläubigerin –

gegen

Aloisius Hinterher
Bebelstraße 1
66666 Musterstadt
– Schuldner –

Der Schuldner ist Eigentümer des Grundstücks der Gemarkung Musterstadt, eingetragen im Grundbuch von Musterstadt Blatt 1000 unter lfd. Nr. 1 des Bestandsverzeichnisses
FlSt.Nr. 444
Gebäude- und Freifläche, Bebelstraße 1 zu 500 m²

Unter lfd. Nr. 1 der dritten Abteilung ist an diesem Grundstück zu unseren Gunsten eine Grundschuld ohne Brief zu 100.000,00 € mit 14 % Jahreszinsen ab Eintragung eingetragen.

Unter Bezugnahme auf die beigefügte Urkunde des Notars Dr. Schlau in Musterstadt vom 27.02.2000 (Urk. Nr. 32/00) beantragen wir wegen folgender Forderung:

1. Hauptsumme – Grundschuld – 100.000,00 €
2. 14 % Zinsen hieraus seit 01.03.2000 p. m.
3. Bisherige Vollstreckungskosten (Aufstellung anliegend) 150,50 €
4. sowie den Kosten dieser Rechtsverfolgung

die Zwangsversteigerung des vorgenannten Grundstücks anzuordnen.

Die Eintragung des Schuldners als Eigentümer des genannten Grundstücks weisen wir durch Vorlage eines beglaubigten Grundbuchauszuges vom 15.01.2006 nach.

Stadtsparkasse Musterstadt
(Unterschrift)   (Unterschrift)

Anlagen:
- Urkunde des Notars Dr. Schlau vom 27.02.2000 mit Vollstreckungsklausel und Zustellungsnachweis,
- Aufstellung über die bisherigen Vollstreckungskosten mit 7 Belegen,
- Beglaubigter Grundbuchauszug vom 15.01.2006.

Anm. zum Muster Rn. 58: Die Hauptsumme hat RK 4. Die Zinsen haben diese RK größtenteils durch Zeitablauf verloren (dazu Rn. 326) und fallen insoweit nur noch in RK 5.[20] Die bisherigen Vollstreckungskosten könnten teilweise der RK 4 angehören, wenn es sich um Kosten der dinglichen Rechtsverfolgung (Rn. 48, 49) handelt. Hat bisher nur eine Mobiliarvollstreckung stattgefunden, gehören sie zur RK 5. All dies sollte das Gericht im Anordnungsbeschluss klarstellen.

59

---

[20] Wegen der Verjährung von Grundschuldzinsen siehe *BGH* Rpfleger 2000, 60.

C. Entscheidung über den Antrag

I. Prüfung durch das Vollstreckungsgericht

1. Allgemeine Prüfung

a) Tätigkeit der Geschäftsstelle

60 Die Geschäftsstelle trägt den Antrag ins Vollstreckungsregister Spalte K ein. Soweit im Antrag für die Eintragung des Schuldners im Grundbuch auf die Grundakten Bezug genommen ist, werden diese beigezogen.

b) Allgemeine Prozessvoraussetzungen

61 Auch vor Beginn einer Zwangsvollstreckung sind die allgemeinen Prozessvoraussetzungen[21] zu prüfen, nämlich z.B.
- Parteifähigkeit (§ 50 ZPO);
- Prozessfähigkeit (§§ 51 bis 53 ZPO)[22];
- Rechtsschutzbedürfnis[23].

c) Allgemeine und besondere Vollstreckungsvoraussetzungen

62 Weiter hat der Rechtspfleger das Vorliegen der allgemeinen und soweit einschlägig auch der besonderen Vollstreckungsvoraussetzungen zu beachten.

63 Das Verbot zweckloser Pfändung (§ 803 Abs. 2 ZPO) findet im Zwangsversteigerungsverfahren keine Anwendung.[24] Das Vollstreckungsgericht darf die Verfahrensanordnung daher nicht mit dem Argument ablehnen, ein Versteigerungserlös zugunsten des antragstellenden Gläubigers sei nicht zu erwarten.

64 Auch hat der Rechtspfleger zu prüfen, ob der vorgelegte Titel gegen den im Grundbuch eingetragenen Eigentümer vollstreckbar ist (§ 17 ZVG). Ausnahme Rn. 32.

65 Die weiteren Ausnahmen vom Eintragungsgrundsatz, nämlich bei der
- Zwangsversteigerung gegen den Insolvenzverwalter,
- Zwangsversteigerung gegen den Testamentsvollstrecker,
- Wiederversteigerung (§ 133 Abs. 1 ZVG)

werden später erörtert.

66 Die Zwangsversteigerung in herrenlose Grundstücke (§ 928 BGB) erfolgt gegen einen nach § 787 ZPO vom Vollstreckungsgericht zu bestimmenden Vertreter, der nicht im Grundbuch eingetragen wird.

2. Besondere Prüfung (§ 28 ZVG)

67 Während die unter 1. genannte Prüfung sich auf die Frage beschränkte, ob der Eigentümer die Zwangsvollstreckung dieses Gläubigers in das Grundstück dulden muss, wird jetzt geprüft, ob der Zwangsversteigerung dieses Grundstücks die **Rechte Dritter entgegenstehen**.

An sich sieht § 28 ZVG nach seinem Wortlaut diese Prüfung erst **nach Anordnung des Verfahrens** vor.

---

21 Einzelheiten werden als bekannt vorausgesetzt. Eine gute Zusammenstellung der Prozessvoraussetzungen findet sich z.B. bei *Schellhammer* (ZPO) Rn. 355 f.
22 Dazu auch *BGH* FamRZ 2005, 200.
23 Gelegentlich wurde das Rechtsschutzbedürfnis für eine Zwangsversteigerung wegen einer Bagatellforderung in Frage gestellt. Dessen Vorliegen ist jedoch zu bejahen. Hierzu *BGH* NJW 1973, 894.
24 *BGH* Rpfleger 2004, 302.

Die schon bisher allgemein vertretene Auffassung[25], dass ein solches Hindernis von Amts wegen **bereits bei der Entscheidung über die Verfahrensanordnung** zu beachten sei, wird jetzt durch die Einführung[26] von Abs. 2 in den § 28 ZVG zusätzlich gestützt.

Das Gericht hat also **von Amts wegen zu prüfen**, ob durch die Anordnung der Zwangsversteigerung dieses Grundstücks die Rechte Dritter verletzt würden, wenn das entgegenstehende Recht entweder
- **grundbuchersichtlich** (§ 28 **Abs. 1** ZVG) oder
- als Verfügungsbeschränkung (§ 28 **Abs. 2** ZVG) dem Rechtspfleger **bekannt** ist.

Grundsätzlich gilt:
- Muss der Dritte die Vollstreckung dulden, besteht kein Hindernis.
- Kann der Gläubiger das Hindernis überwinden, ist er unter Fristsetzung durch Aufklärungsverfügung hierzu aufzufordern.
- Ist das Hindernis unüberwindlich, wird der Antrag zurückgewiesen. Hierzu auch Rn. 146. Eine formelle Aufklärungsverfügung, welche nur durch Antragsrücknahme erledigt werden kann, sollte unterbleiben.[27] Allerdings soll das Gericht dem Gläubiger unter kurzem Hinweis auf die Rechtslage Gelegenheit geben, einen aussichtslosen Antrag zurückzunehmen.

Einzelheiten zu „Gegenrechten": Rn. 149 ff.

Obwohl, wie ausgeführt, die in § 28 ZVG genannten Hindernisse **bereits bei der Entscheidung über die Verfahrensanordnung** zu beachten sind, kann es immer wieder zur Verfahrensanordnungen kommen, obwohl ein Hindernis nach § 28 ZVG objektiv besteht. 68

Verlässt sich das Gericht nämlich (zulässigerweise) bei der Prüfung der Eigentümerstellung des Schuldners (Rn. 24 und 64) allein auf das von dem antragstellenden Gläubiger vorgelegte **Grundbuchzeugnis nach § 17 Abs. 2 ZVG**, kann es selbst zu diesem Zeitpunkt schon grundbuchersichtliche Hindernisse nicht erkennen, da das Grundbuchzeugnis nach seinem originären Inhalt zu den Eintragungen in der zweiten Abteilung keine Angaben enthält. In solchen Fällen kann es dann **nachträglich**, sobald nämlich das Gericht vom Grundbuchamt die Unterlagen gem. § 19 Abs. 2 ZVG übersandt erhalten hat, wegen § 28 ZVG zu einer Aufhebung oder einstweiligen Einstellung des bereits angeordneten Verfahrens kommen. Um dies zu vermeiden, ist den Rechtspflegerinnen und Rechtspflegern zu raten, sich möglichst vor jeder Verfahrensanordnung über den vollständigen Inhalt des Grundbuchs (etwa durch Beiziehen der Grundakten) zu informieren.

II. Entscheidung des Vollstreckungsgerichts

1. Beanstandung des Antrags

Kommt das Vollstreckungsgericht zur Auffassung, 69
- dass die beantragte Zwangsvollstreckung **unzulässig** ist oder
- dass ein **formaler Mangel** auch auf gerichtlichen Hinweis nicht behoben wurde,

kann es keinen Anordnungsbeschluss erlassen.

Dies ist insbesondere der Fall, wenn
- wichtige Angaben im Antrag fehlen (dazu Rn. 23);
- kein Vollstreckungstitel vorliegt (und offenbar auch nicht vorhanden ist);
- der vorgelegte Vollstreckungstitel für diese Zwangsvollstreckung nicht ausreicht;

---

25 Z.B. *Stöber* (ZVG) § 28 Rn. 3 und § 15 Rn. 3.5.
26 Gesetz zur Änderung des Gesetzes über die Zwangsversteigerung und Zwangsverwaltung und anderer Gesetze vom 18.02.1998 (BGBl. I Seite 866).
27 Zuletzt *OLG Hamm* Rpfleger 1990, 426 für einen „Register-Fall".

1 Versteigerung eines Grundstücks

- der im Vollstreckungstitel ausgewiesene Schuldner nicht als Eigentümer im Grundbuch eingetragen ist und auch nicht die Ausnahme Rn. 32 bzw. 65 vorliegt;
- eine Verfügungsbeschränkung grundbuchersichtlich oder dem Rechtspfleger bekannt ist (§ 28 ZVG), welche der Gläubiger nicht überwinden kann.

Die **wichtigsten** dieser **Verfügungsbeschränkungen** werden ab Rn. 72 näher dargestellt.

2. Aufklärungsverfügung

70 Liegt ein formaler Mangel vor, kann das Gericht eine entspr. Aufklärungsverfügung erlassen, dort den Mangel (alle Mängel) und die Behebungsmöglichkeiten aufzeigen und dem Gläubiger eine Erledigungsfrist setzen.

Davon sollte das Gericht jedoch **nur Gebrauch machen**, wenn der aufgezeigte **Mangel** von dem Gläubiger **zeitnah** (etwa durch Nachreichen schon vorhandener Unterlagen etc.) **behoben** werden kann. So scheidet eine Aufklärungsverfügung z.B. aus, wenn für den Beginn der Zwangsvollstreckung noch eine Umschreibung des Vollstreckungstitels (§ 727 ZPO) nebst Zustellung der Rechtsnachfolgeklausel mit Urkunden (§ 750 Abs. 2 ZPO) erforderlich wäre.

Mag in anderen Vollstreckungsverfahren großzügig eine Aufklärungsverfügung ergehen, weil ja kein Rang gewahrt wird, ist dies im Bereich des ZVG unangebracht. Ein sonst möglicher gutgläubiger Erwerb soll nicht daran scheitern, dass der Erwerber einen Versteigerungsantrag kannte (§ 23 Abs. 2 ZVG), der eigentlich zurückzuweisen gewesen wäre.

Die Aufklärungsverfügung (mit Fristsetzung) ist dem Gläubiger zuzustellen.

3. Zurückweisung des Antrags

71 Ist die Zwangsvollstreckung unzulässig oder wird ein Antragsmangel auch auf gerichtlichen Hinweis (Aufklärungsverfügung) nicht behoben, ist der Anordnungsantrag durch zu begründenden Beschluss zurückzuweisen. Dieser Beschluss ist dem Gläubiger zuzustellen. Hierfür gelten die allgemeinen Regeln der ZPO[28] und die §§ 4 und 5 ZVG. Der Schuldner wird von der Zurückweisung nicht benachrichtigt.

4. Verfügungsbeschränkungen

a) Eröffnung des Insolvenzverfahrens gegen den Eigentümer

72 Soweit der Gläubiger wegen einer **Insolvenzforderung** (§ 38 InsO) vollstreckt, ist der Antrag abzuweisen, da § 89 Abs. 1 InsO für diese Gläubiger ein Vollstreckungsverbot dekretiert. Dies gilt auch für einen Antrag, der vor der Eröffnung gestellt, aber noch nicht entschieden ist. Auch „Neugläubiger" (Gläubiger, deren Forderungen erst nach Eröffnung begründet wurden) können in das zur Masse gehörige Grundstück nicht vollstrecken.[29]

73 Die Vollstreckung aus einem **Absonderungsrecht**[30] (§ 49 InsO) wäre möglich. Insbesondere sind dies Gläubiger, welche aus RK 3 oder 4 betreiben. Sie benötigen einen Titel gegen den Insolvenzverwalter, der analog §§ 727, 749 ZPO beschafft werden kann und gem. § 750 ZPO diesem zugestellt sein muss. Zur Beschaffung wäre diesem Gläubiger eine Frist zu setzen. Ausführlich hierzu *Stöber* (ZVG) § 15 Rn. 23; weitere Einzelheiten auch unter Rn. 179.

---

28 Sofern der Gläubiger durch einen Prozessbevollmächtigten vertreten ist, müssen alle Zustellungen an diesen erfolgen (§ 172 ZPO).
29 *Eickmann* in HK-InsO § 89 Rn. 13.
30 Absonderungsberechtigte sind Gläubiger, denen es kraft Gesetzes gestattet ist, sich aus dem Erlös bestimmter Massegegenstände vorab zu befriedigen. Hierzu *Hess* Rn. 831 f.

b) Anordnung einer Testamentsvollstreckung

Da § 779 ZPO auch bei Testamentsvollstreckung anwendbar ist, kann eine bereits begonnene Vollstreckung (dazu Rn. 29) ohne Titelumschreibung weitergeführt werden.

Tipp: **Auch bei angeordneter Testamentsvollsteckung gilt § 779 ZPO.**

Anderenfalls bedarf es eines Titels gegen diesen. Es muss unterschieden werden (§ 748 ZPO):

- Verwaltet der Testamentsvollstrecker den gesamten Nachlass, bedarf es eines Leistungstitels (Titel auf Zahlung) gegen ihn. Ein Titel gegen den Erben ist daneben nicht erforderlich. Liegt jedoch gegen den Erben bereits ein Leistungstitel vor, genügt gegen den Testamentsvollstrecker ein Duldungstitel.
- Verwaltet er nur einzelne Gegenstände, darunter aber das Grundstück, muss der Erbe auf Zahlung und der Testamentsvollstrecker auf Duldung verurteilt sein.
- Soll wegen eines Pflichtteilsanspruchs vollstreckt werden, ist ein Leistungstitel gegen den Erben und ein Duldungstitel gegen den Testamentsvollstrecker erforderlich.

Hat der Gläubiger einen Titel gegen den Erblasser oder soll mit einem schon gegen den Erben lautenden Titel eine Nachlassforderung vollstreckt werden, kommt evtl. eine Titelbeschaffung gegen den Testamentsvollstrecker nach § 749 ZPO (Titelumschreibung) in Betracht. In anderen Fällen wäre der Antrag zurückzuweisen, falls er nicht auf entspr. Hinweis zurückgenommen wird.

c) Schuldner ist nur Vorerbe

Der Nacherbe wird durch § 773 ZPO vor einer Vollstreckung geschützt, die er nicht hinnehmen muss. Ergibt sich aus dem Titel, dass es sich um eine Nachlassverbindlichkeit handelt oder der Nacherbe aus sonstigen Gründen die Vollstreckung dulden muss, kann die Anordnung erfolgen. Anders als beim Testamentsvollstrecker bedarf es dann keines besonderen Titels gegen den Nacherben, da diesem kein Verfügungsrecht zusteht. In anderen Fällen wäre dem Gläubiger unter Fristsetzung aufzugeben, einen Duldungstitel gegen den Nacherben oder dessen Zustimmung beizubringen, anderenfalls wird der Antrag zurückgewiesen[31] Dies gilt auch gegenüber einem befreiten Vorerben.

d) Auflassungsvormerkung

Eine Auflassungsvormerkung ist **kein Hindernis** für die Anordnung. Dazu Rn. 158 ff.

5. Anordnungsbeschluss

Die Zwangsversteigerung wird durch Beschluss des Gerichts angeordnet (Anordnungsbeschluss), falls die gerichtliche Prüfung des Antrags kein Hindernis ergeben hat.

Entgegen der sonst üblichen Grundsätze findet eine vorherige Anhörung des Schuldners nicht statt, damit dieser nicht noch rasch vor der Beschlagnahme (Rn. 92) das Grundstück veräußert oder belastet.

Der **Mindestinhalt** des Anordnungsbeschlusses entspricht der Vorgabe des **§ 16 ZVG** für den Versteigerungsantrag. Daneben ist der Ausspruch konstitutiv, dass hiermit die Zwangsversteigerung angeordnet wird. Die meist enthaltene Aussage, der Beschluss bewirke die Beschlagnahme de Grundstücks, ist deklaratorisch. Eine Begründung des Beschlusses ist regelmäßig nicht erforderlich. Sie sollte allerdings erfolgen, wenn der Anordnung eine besondere Prüfung – z.B. nach Rn. 29 ff. – vorausgegangen ist, die kein Hindernis ergeben hat. So sieht der Schuldner, dass das Gericht ein mögliches Bedenken erwogen und als nicht hinderlich angesehen hat.

---

31 Die Behandlung dieses Falles ist sehr streitig. Hierzu *Stöber* (ZVG) § 15 Rn. 30.8 ff.; *Steiner/Eickmann* § 28 Rn. 40; aber auch *Steiner/Hagemann* §§ 15, 16 Rn. 160.

Inhalt des Anordnungsbeschlusses

Checkliste
- Vollstreckungsgericht
- Rubrum
- Eigentümer
- Grundstück
- Titel
- Anspruch des Gläubigers
- Ausspruch: Anordnung der Zwangsversteigerung (konstitutiv)
- Ausspruch: „Beschlagnahme" (deklaratorisch)
- Unterschrift und Amtsbezeichnung (Rechtspfleger)

6. Bekanntmachung der Anordnung und Grundbuchersuchen

81 Das Gericht (bzw. die Geschäftsstelle) veranlasst jetzt die notwendigen weiteren Maßnahmen. Zunächst muss der Anordnungsbeschluss natürlich dem **Schuldner** (Eigentümer) **zugestellt**[32] werden. Förmliche Zustellung ist erforderlich. Die §§ 4 bis 7 ZVG finden wegen § 8 ZVG keine Anwendung. Im Normalfall erfolgt die Zustellung durch Einschreiben mit Rückschein (§ 3 ZVG i.V.m. § 175 ZPO).[33] Verweigert der Schuldner die Annahme, soll die Zustellung als bewirkt gelten.[34] Scheitert die Zustellung nach § 175 ZPO, muss sie gem. den §§ 176 ff. ZPO erfolgen.

81a Zusammen mit dem Anordnungsbeschluss ist **eine Belehrung** nach § 30b Abs. 1 ZVG (Möglichkeit der einstweiligen Einstellung) zuzustellen. Richtet sich der Versteigerungsantrag gegen mehrere Personen, die als Miteigentümer im Grundbuch eingetragen sind, erfolgt die Zustellung an alle. Wird gegen einen Insolvenzverwalter oder Testamentsvollstrecker vollstreckt, erfolgt die Zustellung an diesen. Der Testamentsvollstrecker erhält eine Belehrung nach § 30b Abs. 1 ZVG; der Insolvenzverwalter erhält keine Belehrung (dazu Rn. 186).

82 Der **Gläubiger** erhält den Beschluss **formlos**, wenn seinem Antrag vollumfänglich stattgegeben wurde. Erfolgte eine teilweise Ablehnung (z.B. wegen nicht nachgewiesener Kosten), wird der Beschluss auch an ihn zugestellt.

83 Die MIZI[35] sieht **weitere Mitteilungen** vor, z.B. an das Finanzamt (wobei üblicherweise gleich auch um Mitteilung des Einheitswertes des Grundstücks gebeten wird) und an die Steuerstelle für kommunale Abgaben (Stadtkasse etc.); meist mit der Bitte, die Höhe der jährlichen Steuerlast[36] mitzuteilen.

84 Schließlich muss das Vollstreckungsgericht noch das Grundbuchamt um Eintragung des **Zwangsversteigerungsvermerks ersuchen** (§ 19 Abs. 1 ZVG), der dort in der zweiten Abteilung einzutragen ist. Dies erfolgt üblicherweise zusammen mit der Übersendung einer Abschrift des Anordnungsbeschlusses und unter Rückgabe der Grundakten, soweit diese beigezogen waren.

85 Das Grundbuchamt hat nach der Eintragung des Versteigerungsvermerks dem Gericht
- eine beglaubigte Abschrift des Grundbuchblattes zu erteilen;
- die bei ihm evtl. bestellten Zustellungsbevollmächtigten zu bezeichnen, und
- mitzuteilen, was ihm über die Anschriften der eingetragenen Beteiligten und deren Vertreter bekannt ist

(§ 19 Abs. 2 ZVG).

Eintragungen im Grundbuch, die nach dem Zwangsversteigerungsvermerk erfolgen, soll es dem Vollstreckungsgericht mitteilen (§ 19 Abs. 3 ZVG).

---

32 Wegen der Zustellung an den Betreuer des Schuldners siehe *LG Rostock* Rpfleger 2003, 142.
33 Dies gilt grundsätzlich auch für im Ausland wohnende Schuldner, falls die dortige Post das Institut Einschreiben mit Rückschein kennt und der ausländische Staat diese Zustellung erlaubt oder zumindest duldet (§ 183 Abs. 1 Satz 1 ZPO).
34 So jedenfalls der *BGH* (NJW 1997, 2651) für die Zustellung eines damaligen DDR-Gerichts in der BRD.
35 Anordnung der Justizverwaltung über Mitteilungspflichten in Zivilsachen.
36 Vor allem Grundsteuer, aber z.B. auch „Feldhut-Abgaben" etc.

Die aus dem Grundbuch ersichtlichen übrigen Beteiligten (§ 9 Satz 1 ZVG) werden jetzt noch nicht verständigt. Es ist aber zweckmäßig, vor Rückgabe der Grundakten die ladungsfähigen Anschriften dieser Beteiligten zu vermerken, soweit sie aus diesen Akten ersichtlich sind. **86**

7. Beitritt weiterer Gläubiger zum Verfahren

Beantragen weitere Gläubiger die Anordnung der Versteigerung eines Grundstücks, für welches die Zwangsversteigerung bereits angeordnet ist, ergeht zu deren Gunsten ein Beitrittsbeschluss (§ 27 ZVG). **87**

Der Unterschied ist rein verbal. Tatsächlich erlangt der **Gläubiger** durch den auf seinen Antrag ergangenen Beitrittsbeschluss die **gleichen Rechte und Pflichten** wie jener, zu dessen Gunsten die Anordnung erfolgte (§ 27 Abs. 2 ZVG). Und es sind auch die gleichen Voraussetzungen für den Antrag erforderlich (Rn. 22f). Einen Nachweis der Eigentümerstellung des Schuldners (§ 17 Abs. 2 ZVG) muss der Gläubiger jedoch nur vorlegen, wenn der Eigentümer seit der Anordnung gewechselt hat. Die unter Rn. 67 genannte besondere Prüfung muss erneut und für jeden Gläubiger gesondert erfolgen, da ein und dasselbe Hindernis für einen Gläubiger bestehen kann und für einen anderen nicht (dazu Rn. 139). Auch der Inhalt des Beitrittsbeschlusses bestimmt sich nach § 16 ZVG. Statt „wird die Zwangsversteigerung angeordnet" heißt es jetzt „… wird der Beitritt zugelassen". Ohne Rückfrage bzw. Aufklärungsverfügung kann ein Beitrittsbeschluss ergehen, wenn der Gläubiger – weil er von der bereits erfolgten Anordnung keine Kenntnis hatte – einen Antrag auf Anordnung stellte. **88**

Es wird **kein neuer Zwangsversteigerungsvermerk** im Grundbuch eingetragen (§ 27 Abs. 1 Satz 2 ZVG); somit ist kein weiteres Ersuchen erforderlich. Auch die Mitteilungen an Finanzamt und Gemeindesteuerstelle müssen nicht wiederholt werden. **89**

Für die Zustellung gelten die Ausführungen zum Anordnungsbeschluss. Eine erneute Belehrung nach § 30b Abs. 1 ZVG ist erforderlich, da der Schuldner einen entspr. Antrag „für jeden Gläubiger getrennt" stellen kann (und muss); hierzu Rn. 214. Wegen der Beschlagnahme siehe Rn. 94. **90**

D. Beschlagnahme

I. Allgemeines

Die Anordnung der Zwangsversteigerung (ebenso ein Beitritt) bewirkt in der Folge die Beschlagnahme des Grundstücks zu Gunsten des jeweiligen Gläubigers (§ 20 Abs. 1 ZVG). Diese Beschlagnahme schafft ihm zwar kein Pfandrecht i.S. der ZPO; wegen bestehender Ähnlichkeit kann jedoch in gewissem Umfang auf die für das Pfandrecht entwickelte Lehre zurückgegriffen werden.[37] Es handelt sich um ein Bündel verschiedener Wirkungen, welche unter diesem Begriff zusammengefasst sind. Einzelheiten dazu unter Rn. 101, 103 und 104. **91**

II. Eintritt der Beschlagnahme

Zu Gunsten des Gläubigers, der einen Anordnungsbeschluss erwirkt hat, erfolgt die Beschlagnahme (§ 22 Abs. 1 ZVG) **92**
- durch **Eingang des Ersuchens** auf Eintragung des Zwangsversteigerungsvermerks (Rn. 84) beim Grundbuchamt (§ 22 Abs. 1 Satz 2 ZVG), vorausgesetzt, die Eintragung[38] erfolgt demnächst; oder

---

37 So *Eickmann* (ZVG) der in § 9 eine ausgezeichnete Darstellung zum Wesen der Beschlagnahme bietet.
38 Der Zeitpunkt der Eintragung des Zwangsversteigerungsvermerks ist somit für den Zeitpunkt der Beschlagnahme ohne Belang, falls die Eintragung „demnächst" erfolgte. Das Eintragungsdatum kann daher den Beginn der Beschlagnahme nicht verlauten.

1 Versteigerung eines Grundstücks

- durch **Zustellung des Anordnungsbeschlusses** an den Schuldner (§ 22 Abs. 1 Satz 1 ZVG); bei mehreren Schuldnern, die in Gesamthandsgemeinschaft[39] eingetragen sind, an den Letzten von ihnen.

93 Erfolgen (letzte) Zustellung und Eingang des Ersuchens zu verschiedener Zeit, entscheidet der **frühere Zeitpunkt**.

94 Hat der Gläubiger einen Beitrittsbeschluss erwirkt, erfolgt zu seinen Gunsten die Beschlagnahme nur durch die Zustellung des Beitrittsbeschlusses an den/die Schuldner, da ja kein neuer Zwangsversteigerungsvermerk eingetragen wird und deshalb kein neues Ersuchen ergeht.

95 Zu Gunsten eines **jeden Gläubigers** erfolgt also eine **eigene, neue Beschlagnahme**.

Das sei nun anhand der **Beispiele Rn. 96 bis 99** erklärt, für welche folgende Abkürzungen gelten:

E	=	Grundstückseigentümer, gegen den vollstreckt wird;
K	=	Käufer, welcher das Grundstück von E erwerben will;
Urkunde	=	der notarielle Kaufvertrag, der die Auflassung und den Eintragungsantrag enthält;
G	=	Gläubiger, der den Zwangsversteigerungsantrag gestellt hat;
GBA	=	Grundbuchamt;
B	=	Beitrittsgläubiger.

96
Beispiel

Am 09.07. stellt G den Versteigerungsantrag;
10.07. wird der Kaufvertrag zwischen E und K notariell beurkundet;
11.07. geht die Urkunde beim GBA ein, der Eigentumswechsel wird sofort eingetragen;
12.07. geht das Ersuchen beim GBA ein; am gleichen Tag wird der Anordnungsbeschluss dem E zugestellt.

Ergebnis: Eintragung des neuen Eigentümers erfolgte vor der Beschlagnahme. Damit hat K gegenüber G wirksam das Eigentum erworben, ohne dass es auf § 878 BGB oder den guten Glauben des K ankäme.

97
Beispiel

Am 09.07. stellt G den Versteigerungsantrag;
10.07. wird der Kaufvertrag zwischen E und K notariell beurkundet;
11.07. geht die Urkunde beim GBA ein; am gleichen Tag wird die Versteigerung angeordnet;
12.07. wird der Anordnungsbeschluss dem E zugestellt;
13.07. wird der Eigentumswechsel eingetragen;
14.07. geht das Ersuchen beim GBA ein und wird sofort vollzogen.

Ergebnis: Zum Zeitpunkt der Eintragung der Auflassung war bereits Beschlagnahme erfolgt. Da aber die Urkunde vor der Beschlagnahme beim GBA einging, hat K gegenüber G wirksam das Eigentum erworben (§ 878 BGB). Auch hier kommt es nicht auf den guten Glauben des K an.

98
Beispiel

Am 09.07. stellt G den Versteigerungsantrag;
10.07. wird die Versteigerung angeordnet;
11.07. wird der Anordnungsbeschluss dem E zugestellt; am gleichen Tag wird der Kaufvertrag zwischen E und K notariell beurkundet;
12.07. geht die Urkunde beim GBA ein, der Eigentumswechsel wird sofort eingetragen;
13.07. geht das Ersuchen beim GBA ein und wird sofort vollzogen.

Ergebnis: Durch die Zustellung am 11.07. war das Grundstück zum Zeitpunkt des § 892 BGB, also am 12.07., bereits beschlagnahmt. Diese Beschlagnahme wirkt dann nicht gegen K, wenn er weder die Beschlagnahme noch den Versteigerungsantrag kannte (= wirksamer, weil gutgläubiger Eigentumserwerb). Anderenfalls hat K gegenüber G nicht wirksam Eigentum erworben.

---

39 Da Bruchteile als Miteigentumsanteile getrennt zu sehen sind, erfolgt ihre Beschlagnahme zu unterschiedlichen Zeiten, wenn die Zustellung an die Eigentümer unterschiedlich erfolgte und nicht durch vorherigen Eingang des Ersuchens ein einheitlicher Beschlagnahmetermin entstand.

99
Beispiel

Am 09.07.	stellt G den Versteigerungsantrag;
10.07.	wird der Kaufvertrag zwischen E und K notariell beurkundet;
11.07.	wird die Versteigerung angeordnet;
12.07.	wird der Anordnungsbeschluss dem E zugestellt;
13.07.	geht vormittags die Urkunde und nachmittags das Ersuchen beim GBA ein; der Eigentumswechsel wird sofort eingetragen;
14.07.	wird der Zwangsversteigerungsvermerk eingetragen;
15.07.	wird dem E der Beitrittsbeschluss zu Gunsten B zugestellt.

Ergebnis: Durch die vorherige Zustellung war das Grundstück zu Gunsten G am 13.07. bereits beschlagnahmt. Kannte K aber weder diese Beschlagnahme noch den Antrag vom 09.07., hilft ihm der gute Glaube. Die Beschlagnahme zu Gunsten B ist jedoch nach dem Zeitpunkt des § 878 BGB erfolgt. Das relative Veräußerungsverbot (Rn. 101) wirkt nicht gegen K. Auf einen „guten Glauben" kommt es nicht an, weshalb dem B auch der inzwischen eingetragene Zwangsversteigerungsvermerk nicht hilft. K hat gegenüber B wirksam Eigentum erworben.

Es muss unbedingt beachtet werden, dass sich die vorstehenden Ausführungen nur auf den Rang zwischen Drittrechten und der Beschlagnahme beziehen, also auf die **materielle Rechtslage**. Damit ist noch nicht gesagt, wie die Beteiligten zu ihrem Recht kommen und sich das Vollstreckungsgericht zu diesen Fragen verhalten muss. Dies wird ab Rn. 145 erörtert. **100**

III. Wirkung der Beschlagnahme

1. Relatives Veräußerungsverbot

Zur Sicherstellung des Gläubigeranspruchs auf Befriedigung aus dem Grundstück bewirkt die Beschlagnahme nach § 23 Abs. 1 Satz 1 ZVG ein relatives Veräußerungsverbot. Eine nach der Beschlagnahme erfolgte Eigentumsübertragung wäre zwar möglich (also kann ein Grundstück auch noch nach der Beschlagnahme veräußert werden), aber dem Gläubiger gegenüber unwirksam. Ein Dritter, der die Beschlagnahme nicht kennt, kann aber **gutgläubig** beschlagnahmefreies Eigentum an einem bereits beschlagnahmten Grundstück erwerben, da wegen § 135 Abs. 2 BGB die im § 892 Abs. 1 Satz Satz 2 BGB getroffene Regelung auch für Verstöße gegen eine Verfügungsbeschränkung Anwendung findet. Gleiches gilt für den Erwerb eines Rechtes am Grundstück (z.B. Grundschuld, Reallast o.ä.), das also zu Gunsten eines gutgläubigen Berechtigten noch mit Wirkung gegen den oder die Beschlagnahmegläubiger eingetragen werden konnte. Für den Zeitpunkt, zu welchem der gute Glaube noch bestehen muss, gilt zunächst § 892 Abs. 2 BGB (Antragstellung). Ist zu diesem Zeitpunkt bereits der Zwangsversteigerungsvermerk im Grundbuch eingetragen, kommt ein gutgläubiger Erwerb nicht mehr in Betracht (§ 892 Abs. 1 Satz 2 BGB). Ist dies nicht der Fall, gilt Folgendes: **101**

Nicht mehr gutgläubig ist, **102**
- wer zum Zeitpunkt des § 892 Abs. 2 BGB die **Beschlagnahme** kannte (§§ 135 Abs. 2, 892 Abs. 1 Satz 2 BGB), oder
- wer zum vorgenannten Zeitpunkt den **Versteigerungsantrag** kannte (Sonderregelung in § 23 Abs. 2 Satz 1 ZVG).

2. Gläubiger mit Grundpfandrecht (Haftungsverband)

Bezüglich des Grundstücks und der mithaftenden Gegenstände (Rn. 106 ff.) bedeutet „Hypothekenhaftung" (§ 1113 ff. BGB), dass eine künftige Beschlagnahme auf den Beginn dieser Haftung (= Eintragung des Grundpfandrechtes) zurückwirkt, wenn sie mit dem Rang einer anderen Beschlagnahme konkurriert. Diese **Beschlagnahme aktiviert** jetzt den **Haftungsverband**, wenn der Gläubiger aus einem Grundpfandrecht die Versteigerung betreibt. **103**

3. Gläubiger ohne Haftungsverband

104 Gläubiger, die bisher noch kein Recht am Grundstück (also z.B. ein Grundpfandrecht) haben, sondern aus einem Zahlungstitel (persönlichen Titel) die Zwangsversteigerung betreiben (RK 5), erhalten erst durch die Beschlagnahme ein Befriedigungsrecht aus dem Erlös, das mit anderen Befriedigungsrechten in einem Rangverhältnis steht. Natürlich bewirkt die Beschlagnahme auch zu ihren Gunsten das unter Rn. 101, 102 genannte Veräußerungsverbot. Wegen des für sie nicht vorhandenen Haftungsverbandes (Rn. 113) siehe Rn. 114.

IV. „Mithaftende Gegenstände" (Haftungsverband)

1. Vorbemerkung

105 Die **Beschlagnahme umfasst** zunächst einmal das **Grundstück** als solches. Da **wesentliche Bestandteile** nicht Gegenstand besonderer Rechte sein können (§ 93 BGB), werden auch sie von der Beschlagnahme und damit von der Versteigerung erfasst. Dies sind vor allem die Gebäude auf dem Grundstück und deren wesentliche Bestandteile[40] (§ 94 BGB). Die Versteigerung richtet sich daher stets gegen das Grundstück; die darauf (fest) errichteten Gebäude werden als wesentliche Bestandteile mitversteigert.

Darüber hinaus kann Beschlagnahme und damit die Versteigerung auch noch **weitere Gegenstände** erfassen. Man nennt dies den Haftungsverband. Dazu Rn. 106.

2. Haftungsverband der Hypothek

106 Unter dem Haftungsverband der Hypothek[41] versteht man Sachen und Rechte, welche neben dem Grundstück und den wesentlichen Bestandteilen **den Grundpfandrechten haften** (§ 1120 BGB). Dies sind insbesondere:

- das **Zubehör**[42] (§§ 97, 98, 1120 ff. BGB), wenn es im Eigentum des Schuldners steht;
- die bereits getrennten (d.h. geernteten) **Erzeugnisse** (nicht geerntete Erzeugnisse wären wesentliche Bestandteile!), soweit sie nicht durch die Ernte Eigentum eines Dritten (Pächter) geworden sind (§§ 99, 1120 ff. BGB);
- **Miet- und Pachtforderungen** (§§ 1123 ff. BGB), **wiederkehrende Leistungen** (§ 1126 BGB) und **Versicherungsforderungen** (§ 1127 ff. BGB).

107 Diesen Gegenständen „droht" also grundsätzlich eine **Beschlagnahme** zu Gunsten eines Grundpfandrechtes (§ 20 Abs. 2 ZVG). Eine solche Beschlagnahme (§ 865 Abs. 1 ZPO) könnte erfolgen

- durch die Anordnung der Zwangsversteigerung oder den Beitritt hierzu;
- durch die Anordnung der Zwangsverwaltung (§§ 146 ff. ZVG);
- durch Pfändung mit dem dinglichen Titel (Rn. 50), da § 1147 BGB nur allgemein von der Zwangsvollstreckung spricht. Wegen § 865 Abs. 2 ZPO gilt dies aber nicht für Zubehör.

3. Beschlagnahmeumfang in der Zwangsversteigerung

108 Die Beschlagnahme durch Anordnung der Zwangsversteigerung erreicht aber wegen § 21 ZVG nicht alle zum Haftungsverband gehörigen Gegenstände, sondern lediglich

- das Zubehör, wenn es im Eigentum des Schuldners steht;

---

[40] Für die Abgrenzung zwischen Bestandteilen (§§ 93, 94 BGB), Scheinbestandteilen (§ 95 BGB) und Zubehör (§§ 97, 98 BGB) wird auf die Kommentarliteratur verwiesen. Eine gute Übersicht bringt *Stöber* (ZVG) § 20 Rn. 3.
[41] Die Ausführungen finden für die Grundschuld und die Rentenschuld entspr. Anwendung (§§ 1192, 1199 BGB).
[42] Wegen der Einzelheiten zum Zubehör beim Gewerbebetrieb siehe *BGH* Rpfleger 2006, 213.

- die land- und forstwirtschaftlichen Erzeugnisse, die Zubehör sind (z.B. Saatgut) oder erst nach der Beschlagnahme des Grundstücks geerntet wurden. Und auch diese nur, wenn sie nicht durch die Ernte Eigentum eines Dritten (Pächter) werden (§ 21 Abs. 3 ZVG).
- Versicherungsforderungen bezüglich eines beschlagnahmten Gegenstandes; insbesondere die Brandversicherung (Gebäude!).

Wegen der weiter gehenden Beschlagnahme in der Zwangsverwaltung siehe ab Rn. 1516.

Tipp: Hat der Gläubiger einen Titel gegen den Pächter, kann er ohne Rücksicht auf die angeordnete Zwangsversteigerung vollstrecken, z.B. die gerade geernteten Früchte pfänden. § 865 ZPO steht dem nicht entgegen.

Haftungsverband der Hypothek	Beschlagnahmeumfang in der Zwangsversteigerung
Das Grundstück und seine wesentlichen Bestandteile	
Zubehör im Eigentum des Schuldners	
Bereits getrennte Erzeugnisse, soweit sie nicht mit der Trennung in das Eigentum eines Dritten gelangt sind	
	Land- und forstwirtschaftliche Erzeugnisse nur, wenn sie noch mit dem Boden verbunden oder Zubehör geworden sind. Auf die dem Pächter zustehenden Früchte erstreckt sich die Beschlagnahme nicht (§ 21 Abs. 3 ZVG);
Miet- und Pachtforderungen	
Wiederkehrende Leistungen (§ 1126 BGB)	
Versicherungsforderungen	
	Wegen der Versicherungsforderungen aus land- und forstwirtschaftlichen Erzeugnissen siehe § 21 Abs. 1 ZVG

109 Übersicht

Die vorgenannten Gegenstände müssen nicht für immer im Haftungsverband bleiben. Falls noch keine Beschlagnahme erfolgt ist, können Zubehörstücke den **Haftungsverband** wie folgt **verlassen**:

a) Durch **Veräußerung und Entfernung** vom Grundstück (§ 1121 Abs. 1 BGB), also Eigentumsübertragung und Abtransport. Erfolgt die Beschlagnahme zwischen Eigentumsübertragung und Abtransport, kommt gutgläubiger beschlagnahmefreier Erwerb in Betracht (§ 1121 Abs. 2 BGB).

b) Durch **Aufhebung der Zubehöreigenschaft** im Rahmen der ordnungsgemäßen Wirtschaft (§ 1122 Abs. 2 BGB). So würde z.B. ein Traktor im Schuppen des landwirtschaftlichen Betriebes haftungsfrei, wenn er auf Grund Abnutzung nicht mehr fahrbereit und auch nicht mehr wirtschaftlich sinnvoll reparaturfähig wäre,

110

Beschafft der Eigentümer neues Zubehör und bringt dies auf das Grundstück, unterstellt er es dem Haftungsverband auch für die bereits eingetragenen Grundpfandrechte.

111

Zu beachten: Sachen können auch Zubehör sein, wenn sie nicht im Eigentum des Grundstückseigentümers stehen, z.B. sicherungsübereignete Sachen oder das Eigentum des Pächters oder auch geliehene bzw. gemietete Sachen.[43] Diese gehören, obwohl Zubehör, nicht zum Haftungsverband, der

112

---

43 Pächter-Eigentum und geliehene/gemietete Sachen sind kein Zubehör, wenn man ihren Verbleib auf dem Grundstück als „vorübergehend" (§ 97 Abs. 2 BGB) ansieht oder die Verkehrsauffassung (§ 97 Abs. 1 Satz 2 BGB) sie nicht als Zubehör einordnet.

nur das Eigentum des Grundstückseigentümers umfasst. Somit können diese Gegenstände auch **nicht beschlagnahmt** werden. Wegen möglicher Mitversteigerung ohne Beschlagnahme: Rn. 394.

113   Die Anordnung der Zwangsversteigerung bewirkt also in den unter Rn. 108 genannten Grenzen die Beschlagnahme der in § 21 ZVG genannten Gegenstände. Nach der Beschlagnahme des Grundstücks geerntete Früchte bleiben beschlagnahmt; neues Zubehör, das als solches auf das Grundstück verbracht wird, unterliegt der Beschlagnahme, wenn es im Eigentum des Grundstückseigentümers steht.

Für die spätere Versteigerung gilt der Grundsatz: Was zum Zeitpunkt des Zuschlags noch beschlagnahmt ist, wird auch mitversteigert (§ 90 ZVG).

Tipp: **Beschlagnahmeumfang zum Zuschlagszeitpunkt bestimmt Versteigerungsumfang.**

114   Wie unter Rn. 103, 106, und 107 dargelegt, besteht der Haftungsverband in der Zeit vor der Beschlagnahme nur zu Gunsten von Grundpfandrechten, nicht aber für Gläubiger, welche nur aus einem persönlichen Titel die Versteigerung betreiben. Aber auch für diese muss die Beschlagnahme die vorgenannten Gegenstände umfassen, da nur so Befriedigungsrecht am anteiligen Erlös begründet wird. Für diese Gläubiger wird der Beschlagnahmeumfang wie folgt abgegrenzt: Für einen Gläubiger der RK 5 sind (in den unter Rn. 108 gezogenen Grenzen) jene Gegenstände beschlagnahmt, welche zum Haftungsverband gehören würden, wenn zum Zeitpunkt der Beschlagnahme zu seinen Gunsten ein Grundpfandrecht eingetragen werden würde.

115   Allerdings müssen beschlagnahmte Sachen nicht dauernd beschlagnahmt bleiben. Ebenso wie sie sich unter bestimmten Bedingungen aus dem Haftungsverband lösen konnten (Rn. 110), gibt es auch die Möglichkeit, sie aus der **Beschlagnahme** zu **lösen**. Dem Eigentümer bleibt nämlich gem. § 24 ZVG im Interesse aller Beteiligten das Recht, das beschlagnahmte Grundstück im Rahmen einer ordnungsgemäßen Wirtschaft zu verwalten. Damit er dies kann, muss ihm auch das Recht bleiben, im Rahmen dieser ordnungsgemäßen Verwaltung beschlagnahmte Sachen zu veräußern.[44] Er kann also (§ 23 Abs. 1 Satz 2 ZVG) z.B.

- nach der Beschlagnahme ordnungsgemäß **ernten** und die Ernte veräußern;
- für die ordnungsgemäße Bewirtschaftung nicht mehr erforderliches **Zubehör veräußern**.

116   Die Erwerber erlangen beschlagnahmefreies Eigentum, ohne dass es auf ihren guten Glauben ankäme, da ja der Eigentümer als Berechtigter verfügt. Der Erlös steht dem Eigentümer beschlagnahmefrei zu. Da die Beschlagnahme durch die Veräußerung erloschen ist, erfolgt hier keine dingliche Surrogation.

Tipp: **Der Erlös aus der im Rahmen des § 24 ZVG möglichen Veräußerung beschlagnahmter Sachen steht dem Eigentümer beschlagnahmefrei zu und könnte daher von einem seiner Gläubiger gepfändet werden.**

117   Obwohl der Eigentümer die vorgenannten Sachen veräußern könnte, kann sie ein Gläubiger nicht pfänden, da sie bis zur Veräußerung beschlagnahmt sind (§ 865 Abs. 2 Satz 2 ZPO). Der Schuldner, die Gläubiger (und auch die Berechtigten eines nicht die Versteigerung betreibenden Grundpfandrechtes) könnten sich gegen die Sachpfändung mit Erinnerung (§ 766 ZPO) wehren.

118   Betreiben **mehrere Gläubiger** die Zwangsversteigerung, so ist die **Beschlagnahme** für jeden Gläubiger **individuell** zu prüfen. Dabei kann es möglich sein, dass ein Gegenstand für einen Gläubiger beschlagnahmt ist, für einen anderen nicht (dazu **Beispiel** Rn. 122).

Dies soll durch **Beispiele** (Rn. 119 bis 122) vertieft werden:

119
Beispiel   Die Grundstücksbeschlagnahme erfolgte am 23.07. Bereits am 20.07. hatte Bauer E seinen alten Traktor veräußert, obwohl er ohne diesen das Grundstück nicht mehr ordnungsgemäß bewirtschaften kann. Am 25.07. erntet er die reifen Tomaten und am 30.07. die noch unreifen Frühkartoffeln, um sie als

---

44 Gefährdet er durch seine Verwaltung das Grundstück, kommen Maßnahmen nach § 25 ZVG in Betracht.

Viehfutter billig zu verkaufen. Beides veräußert er am 31.07. an H, der die Beschlagnahme nicht kannte.
Ergebnis: Beide „landwirtschaftlichen Erzeugnisse" (hier: Früchte) waren beschlagnahmt. Die Veräußerung der reifen Tomaten erfolgte im Rahmen der ordnungsgemäßen Wirtschaft. H erwirbt beschlagnahmefreies Eigentum und E erlangt freies Eigentum am Erlös. Die Ernte der unreifen Frühkartoffeln erfolgte nicht im Rahmen ordnungsgemäßer Wirtschaft. Obwohl H die Beschlagnahme nicht kannte, setzt sie sich an den Kartoffeln fort, da – wovon auszugehen ist – inzwischen der Zwangsversteigerungsvermerk eingetragen wurde, was jeden gutgläubigen Erwerb vereitelt (§ 23 Abs. 2 Satz 2 ZVG). Der Traktor war Zubehör. Seine Veräußerung erfolgte nicht im Rahmen ordnungsgemäßer Wirtschaft. Aber: Die Veräußerung erfolgte vor der Beschlagnahme. Jetzt muss man unterscheiden: Erfolgte die Beschlagnahme für einen Gläubiger der RK 5, ist der Traktor auf jeden Fall von der Beschlagnahme frei. Betreibt der Gläubiger aus einem Grundpfandrecht (RK 4), kommt es darauf an, ob der Traktor durch den Verkauf aus dem Haftungsverband ausgeschieden ist. Ein Zubehörstück wird (§ 1121 Abs. 1 BGB) durch Veräußerung und Entfernung vor der Beschlagnahme von der Haftung frei (und wird deshalb auch von der Beschlagnahme nicht mehr erreicht), ohne dass es auf die ordnungsgemäße Wirtschaft ankäme. Bei Veräußerung nach Beschlagnahme wäre der Traktor mangels ordnungsgemäßer Wirtschaft nicht frei geworden!

Bauer E betreibt eine Schweinezucht. Dazu hat er einen Eber, fünf Zuchtsäue und am 23.07., zur Zeit der Beschlagnahme des Grundstücks, 20 Ferkel. Er möchte die Ferkel verkaufen, obwohl sie dazu eigentlich noch zu jung sind. Darf er das?
Ergebnis: Eber und Zuchtsäue sind Zubehör und damit beschlagnahmt. Die Ferkel sind „Sachfrüchte" (§ 99 BGB) und gehören als solche zum Haftungsverband, werden aber wegen § 21 ZVG nicht beschlagnahmt, da sie nicht „mit dem Boden verbunden" sind. Somit kann E sie verkaufen. Auf die Frage, ob dies im Rahmen einer ordnungsgemäßen Wirtschaft erfolgt, kommt es nicht an.

120
Beispiel

Kann der zwölfjährige Sohn des E die Zubehöreigenschaft des Ebers (Beispiel Rn. 120) ohne Zustimmung des gesetzlichen Vertreters aufheben?
Ergebnis: Ja, kann er, indem er ihn so verletzt, dass er zur Zucht und damit als Zubehör untauglich wird. Zubehörstücke verlieren die Zubehöreigenschaft, wenn sie zu ihrem Dienst am Grundstück tatsächlich nicht mehr tauglich sind. Bitte immer beachten: Verlust der Zubehöreigenschaft und Ausscheiden aus dem Haftungsverband müssen nicht zusammenfallen!

121
Beispiel

(Weiterführung von Beispiel Rn. 121)
Angenommen, der Sohn tut dies am 20.07. Am 23.07. erfolgt die Beschlagnahme seitens eines Gläubigers der RK 5 und am 26.07. seitens eines Grundpfandgläubigers. Ist der Eber, der ja immerhin noch als Schlachtvieh einen Wert hat, beschlagnahmt?
Ergebnis: Der Eber gehörte zum Haftungsverband. Durch die Verletzung ist er seit dem 20.07. mangels Tauglichkeit kein Zubehör mehr. Seit diesem Tag kann er nicht mehr neu einem Haftungsverband unterstellt werden. Somit konnte er am 23.07. für einen Gläubiger der RK 5 auch nicht mehr beschlagnahmt werden (siehe dazu Rn. 114). Aus dem bereits vorhandenen Haftungsverband wäre er aber gem. § 1122 Abs. 2 BGB nur ausgeschieden, wenn er die Zubehöreigenschaft im Rahmen der ordnungsgemäßen Wirtschaft verloren hätte. Da dies nicht der Fall ist, gehört der Eber immer noch zum alten Haftungsverband, wird deshalb zu Gunsten des Grundpfandgläubigers beschlagnahmt und mitversteigert.

122
Beispiel

4. Haftungsverband, Beschlagnahme und Mobiliarvollstreckung

Ein Grundstück kann im Wege der Mobiliarvollstreckung nicht gepfändet werden. Ein solcher Versuch wäre ohne jede rechtliche Wirkung. Gleiches gilt grundsätzlich für die wesentlichen Bestandteile eines Grundstücks, die ja wegen § 93 BGB nicht Gegenstand besonderer Rechte sein können. Hiervon allerdings macht § 810 ZPO eine Ausnahme. Die Pfändung von nicht geernteten Früchten ist zulässig, wenn

- noch keine Beschlagnahme des Grundstücks erfolgt ist, und
- die Pfändung nicht früher als einen Monat vor der üblichen Reife stattfindet.

123

Erfolgt die Pfändung zu früh oder nach Beschlagnahme, ist sie unzulässig. Schuldner und Grundpfandgläubiger können ihre Beseitigung durch Erinnerung (§ 766 ZPO) verlangen. Letzterer muss auch eine an sich zulässige Pfändung vor Beschlagnahme nicht hinnehmen. Er kann
- sich gem. § 810 Abs. 2 ZPO durch Drittwiderspruchsklage (§ 771 ZPO) wehren, oder
- sich aber auch darauf beschränken, gem. § 805 ZPO den Versteigerungserlös zu fordern („vorzugsweise Befriedigung").

124 Zubehör kann grundsätzlich nicht gepfändet werden, auch nicht mit dem „dinglichen Titel" zu Gunsten des Gläubigers eines Grundpfandrechtes (§ 865 Abs. 2 Satz 1 ZPO). Dies gilt jedoch nur für Zubehör, das im Eigentum des Grundstückseigentümers steht. Fremdes Zubehör (Rn. 112) wird von § 865 Abs. 2 Satz 1 ZPO nicht geschützt und könnte also unter der Voraussetzung des § 809 ZPO mit einem Titel gegen den Eigentümer des Zubehörs gepfändet werden.

Ehemaliges Zubehör, das im Rahmen ordnungsgemäßer Wirtschaft die Zubehöreigenschaft verloren hat, sich aber noch auf dem Grundstück befindet und einen gewissen Wert hat, kann jetzt gepfändet werden.

Tipp: Ein Gläubiger sollte im Verfahren auf Abgabe der Offenbarungsversicherung (§§ 807, 899 ff. ZPO) darauf hinwirken, dass der Gerichtsvollzieher gezielt nach den vorgenannten Gegenständen (ehemaliges Zubehör) fragt.

125 Erzeugnisse können gepfändet werden, solange sie noch nicht beschlagnahmt sind (§ 865 Abs. 1 Satz 2 ZPO). Ist also (nur) die Zwangsversteigerung angeordnet, könnte ein Gläubiger z.B. die vor der Beschlagnahme geernteten Früchte (die sich noch im Besitz des Schuldners befinden) und vor allem die „Sachfrüchte", die nicht mit dem Boden verbunden und deshalb auch nicht beschlagnahmt sind, pfänden lassen. Ob ein Grundpfandgläubiger intervenieren, wäre abzuwarten.

E. Rechtsbehelfe im Verfahren über Anordnung und Beitritt

Rechtsbehelfe im Verfahren über Anordnung und Beitritt

126

Übersicht

Schuldner	Gläubiger	
Antrag des Gläubigers wurde entsprochen	Antrag wurde <u>nicht</u> entsprochen	
	Nicht nur wegen Kosten im Betrag von 200,00 € und weniger	Nur wegen Kosten im Betrag von 200,00 € und weniger
Unbefristete Vollstreckungserinnerung § 766 ZPO	Sofortige Beschwerde §§ 793, 567 f. ZPO	Sofortige Erinnerung § 11 Abs. 2 Satz 1 RPflG
Abhilfe durch den Rechtspfleger möglich	Abhilfe durch den Rechtspfleger möglich § 572 Abs. 1 ZPO	Abhilfe durch den Rechtspfleger möglich § 11 Abs. 2 Satz 2 RPflG

I. Rechtsbehelf des Schuldners

127 Der **Schuldner** wird vor der Anordnung der Zwangsversteigerung **nicht gehört**. Somit können die Anordnung des Verfahrens und der Beitritt ihm gegenüber keine gerichtliche Entscheidung im engeren Sinne sein, da einer solchen zwingend rechtliches Gehör vorauszugehen hat. Selbst wenn man, für die Verfasser unverständlich[45], Art. 103 GG auf die Tätigkeit des Rechtspflegers nicht unmittelbar anwenden will, so erfordert dies doch mittelbar der verfassungsrechtlich geschützte Grundsatz eines fairen Verfahrens. Die Anordnung der Zwangsversteigerung stellt sich somit dem Schuldner gegenüber nur als **Vollstreckungsmaßnahme** dar, etwa vergleichbar mit einer Pfändung durch den Gerichtsvollzieher. Somit hat der Schuldner gegen die Anordnung der Zwangsversteigerung oder gegen die Zulassung eines Beitritts den Rechtsbehelf der unbefristeten Vollstreckungserinnerung § 766 ZPO, über welche gem. §§ 3 Nr. 3a, 20 Nr. 17 RPflG der Richter entscheidet. Der Rechtspfleger kann der Erinnerung abhelfen.

Gegen die richterliche Entscheidung findet die **sofortige Beschwerde** (§ 793 ZPO) statt, auf welche die hierfür geltenden allgemeinen Vorschriften (§§ 567 ff. ZPO) anzuwenden sind. Es entscheidet das Landgericht. Die sofortige Beschwerde ist innerhalb einer Notfrist von zwei Wochen (§ 569 Abs. 1 ZPO) ab Zustellung (§ 329 Abs. 3 ZPO) der richterlichen Entscheidung über die Vollstreckungserinnerung einzulegen. Sie kann schriftlich oder zu Protokoll der Geschäftsstelle des Amtsgerichts oder Landgerichts (§§ 569 Abs. 1 und 3 ZPO) eingelegt werden; es besteht kein Anwaltszwang (§ 569 Abs. 3 ZPO). Wird sie zu Protokoll irgendeines Amtsgerichts (§§ 129a, 496 ZPO) eingelegt, ist die Frist erst bei Zugang beim zuständigen Amts- oder Landgericht gewahrt. Der Richter kann der sofortigen Beschwerde abhelfen (§ 572 Abs. 1 ZPO).

128

Gegen die Entscheidung des Landgerichts ist die **Rechtsbeschwerde** (§ 574 ff. ZPO) nur gegeben, wenn sie vom Landgericht zugelassen wurde. Es entscheidet dann (§ 133 GVG) der *BGH*; jedoch ist auch § 7 EGZPO zu beachten. Die Frist zur Einlegung beträgt einen Monat (§ 575 ZPO); sie kann nur von einem beim *BGH* zugelassenen Anwalt eingelegt werden.[46] Ein Rechtsbehelf gegen die Nichtzulassung ist nicht vorgesehen. Mangels Zulassung der Rechtsbeschwerde ist die Entscheidung des Landgerichts rechtskräftig. Verletzt die Entscheidung des Landgerichts ein Verfahrensgrundrecht eines Beteiligten oder ist sie „greifbar gesetzeswidrig", käme in entspr. Anwendung von § 321a ZPO eine Gegenvorstellung zum Landgericht (innerhalb von zwei Wochen nach Zustellung der Entscheidung) in Betracht. Darüber hinaus bleibt dann nur noch Verfassungsbeschwerde.[47]

129

II. Rechtsbehelfe des Gläubigers

Da der Gläubiger in seinem Antrag und ggf. auf Aufklärungsverfügung des Gerichts die Möglichkeit hatte, alles vorzutragen, was er für die Begründung seines Antrags als rechtserheblich ansieht, wurde er i.S. der Rn. 127 „gehört". Ihm gegenüber ist die Entscheidung nicht nur Vollstreckungsmaßnahme, sondern **Entscheidung** des Gerichts. Wird seinem Antrag nicht oder nicht vollumfänglich stattgegeben, kann er sich mit dem Rechtsmittel der **sofortigen Beschwerde** wehren, wie sich aus § 11 Abs. 1 RPflG i.V.m. § 793 Abs. 1 ZPO ergibt. Eine Abhilfe durch den Rechtspfleger ist jetzt möglich (§ 572 Abs. 1 ZPO). Es entscheidet das Landgericht. Für Frist und Form gilt Rn. 128. Rechtsbeschwerde gegen diese Entscheidung siehe Rn. 129.

130

Wurde der Antrag des Gläubigers nur wegen der Kosten ganz oder teilweise abgelehnt (insbesondere weil die mitzuvollstreckenden „bisherigen Vollstreckungskosten" – Rn. 44 – als nicht belegt oder nicht notwendig erachtet wurden), ist § 567 Abs. 2 Satz 2 ZPO zu beachten. Die sofortige Beschwerde ist dann nur zulässig, wenn der Antrag des Gläubigers wegen eines Betrages von mehr als 200,00 € abgewiesen wurde. Anderenfalls hat der Gläubiger den besonderen Rechtsbehelf des § 11 Abs. 2 RPflG, also **sofortige Erinnerung** (Frist ebenfalls zwei Wochen). Der Rechtspfleger kann der Erinnerung abhelfen. Hilft er der Erinnerung nicht oder nicht vollumfänglich ab, entscheidet der Richter über die Erinnerung; dessen Entscheidung ist unanfechtbar.

131

---

45 So aber *BVerfG* FamRZ 2000, 731; hierzu Anm. *Gottwald* Rechtspflegerblatt 2001, 4.
46 *BGH* Rpfleger 2002, 368.
47 *BGH* Rpfleger 2002, 320.

F. Kosten im Verfahren über Anordnung und Beitritt

I. Kosten des Gerichts

132 Für die Entscheidung über den Antrag auf Anordnung der Zwangsversteigerung fällt eine **Pauschalgebühr** von 50,00 € (Nr. 2210 KVGKG) an, ohne dass es auf den Wert des Grundstücks oder die Höhe der Forderung ankäme.[48] Die Gebühr **entsteht mit der Entscheidung**, mithin sowohl für die Anordnung als auch für die Zurückweisung des Antrags. Wird der Antrag vor Entscheidung zurückgenommen, fällt keine Gebühr an.

133 Hierzu kommen die Auslagen für die Zustellung des Beschlusses (Nr. 9002 KVGKG).

134 Für die Entscheidung über jedes Beitrittsgesuch fällt die vorgenannte Gebühr erneut an. Dies gilt auch für den Gläubiger, der die Versteigerung bereits betreibt und jetzt wegen einer weiteren Forderung beitritt. Häufig erfolgt dies wegen der Kosten einer Mobiliarvollstreckung (Rn. 44), die beim Antrag vergessen wurden oder wegen derer die Zurückweisung erfolgte, da sie nicht ordnungsgemäß belegt waren. Für Kosten, die „nachgemeldet" werden können (Rn. 47), ist kein neuer Beitritt erforderlich.

> **Tipp:** Wegen der Höhe der Gebühr für einen weiteren Beitritt sollen die mitzuvollstreckenden Kosten bereits im Antrag sorgfältig aufgelistet und belegt werden. Erfolgt dennoch eine Zurückweisung, ist Erinnerung, sogar Beschwerde, unter Nachreichen der vorher fehlenden Angaben/Unterlagen meist billiger als ein neues Beitrittsgesuch.

135 Kostenschuldner ist der Gläubiger (§ 26 Abs. 1 GKG). Vorschuss wird nicht erhoben (§§ 10, 15 GKG). Die Kosten können vom Gläubiger angemeldet werden (Rn. 327) und werden dann im Rang der Hauptforderung befriedigt, also nicht vorweg dem Erlös entnommen. Ist der Gläubiger gebühren- oder kostenbefreit (z.B. § 2 GKG), werden die angefallenen Beträge beim Schuldner erhoben[49] (§ 29 Nr. 4 GKG), falls vom Kostenansatz nicht unter den Voraussetzungen des § 10 KostVfg abgesehen werden darf.

II. Rechtsbehelf gegen den Kostenansatz

136 Die Kostenberechnung obliegt nicht dem Rechtspfleger, sondern dem Kostenbeamten, auch wenn dieser im Einzelfall gleichzeitig Rechtspfleger ist.

137 Der Kostenschuldner kann gegen die Kostenberechnung des Gerichts unbefristete Erinnerung gem. § 66 Abs. 1 GKG einlegen. Sie ist immer an das Gericht, bei dem die Kosten angesetzt wurden, nie an die Justizkasse zu richten. Der Kostenbeamte kann ihr abhelfen.

138 Über die Erinnerung entscheidet das Gericht, somit der Rechtspfleger. Hat dieser als Kostenbeamter die Kostenrechnung erstellt, darf er nicht selbst über die Erinnerung gegen den Kostenansatz entscheiden.[50]

139 Der Rechtsbehelf gegen die Entscheidung des Rechtspflegers ähnelt der unter Rn. 131 genannten Regelung. Wehrt sich der Kostenschuldner jetzt noch wegen mehr als 200,00 € Kosten, kann er Beschwerde (§ 66 Abs. 2 GKG) einlegen, über welche das Landgericht entscheidet. Erinnerung und Beschwerde sind beim Amtsgericht schriftlich oder zu Protokoll der Geschäftsstelle einzulegen und an keine Frist gebunden (§ 66 Abs. 5 GKG). Der Rechtspfleger kann der Beschwerde abhelfen (§ 66 Abs. 3 GKG).

---

48 Gesamtgläubiger und **Gesamthandsgläubiger**, die den Antrag gemeinsam stellen, gelten kostenrechtlich als **ein** Antragsteller (Vorbemerkung 2.2. KVGKG).
49 Im Falle eines Versteigerungsantrags durch die Gerichtskasse ist § 4 Abs. 3 KostVfg zu beachten.
50 *BayObLG* Rpfleger 1990, 245; Vorbemerkung 2.2. KVGKG.

Geht es aber nach der Entscheidung des Rechtspflegers nur noch um 200,00 € oder weniger, findet keine Beschwerde statt. Der Kostenschuldner kann gegen diese Entscheidung innerhalb einer Frist von zwei Wochen ab Zustellung Erinnerung nach § 11 Abs. 2 RPflG zum Amtsrichter einlegen. Der Rechtspfleger kann der Erinnerung abhelfen. Die richterliche Entscheidung ist unanfechtbar.

140

III. Rechtsanwaltskosten

Der Rechtsanwalt erhält für die Vertretung **eines Gläubigers** im Verfahren über die Anordnung oder den Beitritt eine Verfahrensgebühr in Höhe von 4/10 der vollen Gebühr (Nr. 3311 Ziff. 1 VVRVG). Gegenstandswert ist die gesamte Forderung des Gläubigers, einschließlich Nebenforderungen (§ 26 Satz 1 RVG). Wird nur wegen einer Teilforderung betrieben, ist diese maßgebend, wenn es sich um eine Forderung der RK 5 handelt. Anderenfalls ist die Gesamtforderung maßgeblich, welche mit diesem Titel beitreibbar gewesen wäre. Obergrenze ist der Gegenstandswert, insbesondere also der Wert des Grundstücks, den das Gericht nach den §§ 66, 74a ZVG festgesetzt hat.

141

Der Rechtsanwalt hat Anspruch auf Auslagenersatz und Umsatzsteuer gem. Nr. 7000 ff. VVRVG.

Besonders zu vergüten sind

142

- die Teilnahme an einem Versteigerungstermin (Nr. 3312 VVRVG), dazu Rn. 576 f.;
- die Mitwirkung bei der Erlösverteilung (Nr. 3311 Ziff. 2 VVRVG), dazu Rn. 797 f.;
- oder die Mitwirkung bei Anträgen auf einstweilige Einstellung des Verfahrens (dazu Rn. 238) oder bei Verhandlungen zwischen Gläubiger und Schuldner mit dem Ziel der Aufhebung des Verfahrens (Nr. 3311 Ziff. 6 VVRVG).

Für die **Vertretung des Schuldners** erhält der Rechtsanwalt die gleichen Gebühren und Auslagen wie für die Vertretung des Gläubigers (Nr. 3311, 3312 VVRVG). Der Gegenstandswert richtet sich gem. § 26 Satz 2 RVG nach dem Grundstückswert (Rn. 141).

143

Zu den Grundsätzen der PKH-Bewilligung und Beiordnung eines Rechtsanwaltes für den Schuldner vgl. *BGH* Rpfleger 2004, 174 und auch *Fischer, Frank O.* Rpfleger 2004, 190 (192).

144

2. Kapitel
Einstweilige Einstellung und Aufhebung

A. Das System und seine Anwendung

Die Möglichkeiten, ein bereits angeordnetes Verfahren wieder aufzuheben oder einstweilen einzustellen, sind derart vielfältig, dass es unmöglich erscheint, ein wirklich vollständiges und noch dazu übersichtliches System dieser Möglichkeiten zu erstellen. Dies ergibt sich einmal daraus, dass die Grundsätze der ZPO und somit auch die im dortigen 8. Buch vorgesehenen Rechtsbehelfe Anwendung finden. Außerdem kennt das ZVG eigene Regelungen, welche (erkennbar an den Buchstaben hinter dem Paragrafen[51]) später eingefügt wurden; diese späteren Ergänzungen entsprechen nicht immer der Qualität des ursprünglichen Gesetzes.

145

Schließlich gibt es Vorschriften, welche von Amts wegen zu beachten sind, und andere, die eine Verfahrenshandlung eines Beteiligten erfordern. Die nachfolgende Zusammenstellung ist daher notwendig kurz und lückenhaft. Sie umfasst zunächst auch nur jene Fälle, die sich bereits unmittelbar nach

---

51 Z.B. §§ 30a, 30c ZVG, § 765a ZPO.

der Anordnung bzw. einem Verfahrensbeitritt ereignen können; dann aber (soweit keine Fristen zu beachten sind) bis zum Zuschlag möglich sind. Weitere Fälle werden in Zusammenhang mit dem Versteigerungstermin erörtert. Im Übrigen wird auf die ausführlichen Darstellungen in der Kommentarliteratur verwiesen.

146 Es ist möglich, dass das zur Entscheidung führende Hindernis materieller Natur ist (was dann im Ergebnis zur Aufhebung führt) oder aber nur formeller Art, so dass der Titel der neuen Situation angepasst werden muss (wofür dann nur eine einstweilige Einstellung erfolgt).

147 Sind **mehrere Gläubiger** vorhanden, ist zu beachten, dass jede gerichtliche **Entscheidung nur für und gegen den Gläubiger wirkt, der betroffen ist**. Es ist möglich, dass ein und derselbe Sachverhalt bezüglich eines Gläubigers zur einstweiligen Einstellung, bezüglich des Zweiten zur Aufhebung führt und bezüglich eines Dritten keine Wirkung erzeugt. Jeder Gläubiger hat ja seine eigene Beschlagnahme und muss für sich allein gesehen werden. Daher ist unverzichtbar, im jeweiligen Beschluss den bzw. die Gläubiger genau zu bezeichnen, zu dessen (deren) Gunsten oder Lasten der Beschluss wirken soll.

148 Weist das Gericht einen Versteigerungsantrag zurück und erweist sich diese Entscheidung später als unrichtig, ist meist kein besonderer Schaden entstanden. Wird aber ein bereits angeordnetes **Verfahren aufgehoben**, ist die **Beschlagnahme endgültig erloschen** und kann nicht rückwirkend wieder hergestellt werden. Da die Beschlagnahme, wie wir noch sehen werden, den Befriedigungsrang bestimmen kann, ist hier unüberschaubarer Schaden möglich. Zunächst einmal ist vor jeder Entscheidung der Gläubiger zu hören. Außerdem wird das Gericht im Zweifel nur einstweilen einstellen.

Tipp: Zur Sicherheit sollte der Rechtspfleger, falls seine Aufhebungsentscheidung irgendwie zweifelhaft sein könnte, anordnen, dass die Wirkungen dieser Entscheidung erst mit Rechtskraft eintreten. Die Beschlagnahme bleibt erhalten, wenn das Rechtsmittelgericht die Entscheidung des Rechtspflegers aufheben sollte.

B. Gegenrechte und Verfügungsbeschränkungen (Beispiele)

I. Allgemeine Vorbemerkung

149 Bei Gegenrechten und Verfügungsbeschränkungen handelt es sich um Rechte Dritter, welche der Zwangsversteigerung entgegenstehen, denn auch die gegen den eingetragenen Eigentümer bestehenden Verfügungsbeschränkungen schützen stets die besseren Rechte Dritter. **Gegenrechte** müssen **grundbuchersichtlich** sein, bei **Verfügungsbeschränkungen** genügt es, dass sie dem Gericht bekannt sind. Gleiches gilt für Vollstreckungsmängel, die jetzt erst **bekannt** werden (§ 28 Abs. 2 ZVG).

150 Da die Anordnung der Zwangsversteigerung bzw. die Zulassung eines Beitritts auch dann als Entscheidung wirksam ist, wenn sie aus materiellen Gründen nicht hätte ergehen dürfen[52], wäre ihre Beseitigung nach dem System der ZPO eigentlich (§ 771 ZPO) außerhalb des Vollstreckungsverfahrens zu bewirken. Nachdem aber die Eintragung des Eigentümers Vollstreckungsvoraussetzung ist, erschien es dem Gesetzgeber angebracht, die Folgen grundbuchersichtlicher Hindernisse im Verfahren selbst zu bereinigen. Für gerichtsbekannte Verfügungsbeschränkungen wurde dies ausdrücklich in § 28 Abs. 2 ZVG bestimmt.

II. Neues Eigentum

151 Schon früher (Rn. 101) wurde festgestellt, dass sich zwischen Anordnung und Beschlagnahme die Eigentumsverhältnisse ändern können und somit das Grundstück zwar immer noch „verstrickt", nicht aber beschlagnahmt ist. In diesem Fall kann der Gläubiger kein Befriedigungsrecht am (fremden) Ei-

---

52 Vergleichbar also mit der „Verstrickung" bei der Pfändung.

Einstweilige Einstellung und Aufhebung 1

gentum erwerben; die Rechtsordnung muss dem neuen Eigentümer die Möglichkeit geben, diese „Verstrickung" zu beseitigen. Dies sei nun erörtert anhand der **Beispiele** Rn. 96 bis 99.

Zu Beispiel Rn. 96: 152

Die dort getroffene Feststellung, dass K beschlagnahmefreies Eigentum erworben hat, muss jetzt relativiert werden. Sie trifft nur uneingeschränkt zu, wenn G ein „persönlicher" Gläubiger der RK 5 ist. Die Voreintragung des K ist grundbuchersichtlich. Das Verfahren muss aufgehoben werden. Vorsichtsmaßnahme: Rn. 148.

Da sich aber ein aus RK 4 betreibender Gläubiger[53] auf die Rückwirkung der Hypothekenhaftung 153
(Rn. 103) berufen kann, wirkt seine Beschlagnahme materiell gegen K. Da die Eintragung des K vor der Beschlagnahme erfolgt ist, bedarf es in diesem Fall eines Titels gegen K, den sich der Gläubiger gem. § 727 ZPO verschaffen kann. Hierzu ist das Verfahren von Amts wegen unter Fristsetzung einstweilen einzustellen. Nach Vorlage des neuen Titels wird das Verfahren ohne besonderen Antrag fortgesetzt. Dem K, der nun „Schuldner" ist, sollte ein formeller Fortsetzungsbeschluss zugestellt werden. Seine Belehrung nach § 30b ZVG ist in jedem Fall erforderlich. Nach der hier vertretenen Auffassung kann in diesem Fall § 26 ZVG (Rn. 155) zu Gunsten des G (mit der Folge, dass keine neue Klausel benötigt würde) keine Anwendung finden.

Zu Beispiel Rn. 97: 154

Der durch § 878 BGB bewirkte Vorrang des K vor dem aus RK 5 betreibenden G kann begrifflich nie grundbuchersichtlich sein. Deshalb wird überwiegend angenommen, es bestehe kein Handlungsbedarf nach § 28 ZVG.[54] Vielmehr habe K sein besseres Recht gegenüber G prozessual (§ 771 ZPO) durchzusetzen und das Versteigerungsgericht vollziehe (§§ 775, 776 ZPO) lediglich die Entscheidung des Prozessgerichts; allenfalls käme eine einstweilige Einstellung nach § 769 Abs. 2 ZPO in Betracht.

Auch hier hat der aus RK 4 betreibende Gläubiger materiell ein besseres Recht als K, der sich gegen 155
die Beschlagnahme zu Gunsten G nicht nach § 771 ZPO wehren kann. Wegen § 26 ZVG benötigt er auch keinen neuen Titel.[55] E bleibt Schuldner des Verfahrens, das ohne besonderen Fortsetzungsbeschluss weitergeführt wird. Da K vor dem Zwangsversteigerungsvermerk eingetragen wurde, ist er ohne Anmeldung Verfahrensbeteiligter nach § 9 ZVG.

Zu Beispiel Rn. 98: 156

Da die Urkunde nach Beschlagnahme beim GBA eingegangen ist, findet § 878 BGB keine Anwendung. K könnte die Beschlagnahme zu Gunsten des aus RK 5 betreibenden G nur auf Grund seines guten Glaubens überwinden. Dieser gute Glaube des K wird zwar vermutet, kann aber nicht grundbuchersichtlich sein, weshalb Rn. 155 anzuwenden ist.[56]

Zu Beispiel Rn. 99: 157

Wegen des Verhältnisses zwischen K und G kann auf die vorstehenden Feststellungen verwiesen werden. Ist B aber ein Gläubiger der RK 5, wäre der Beitrittsbeschluss aufzuheben, da der im Titel ausgewiesene Schuldner zum Zeitpunkt der Beschlagnahme nicht mehr Eigentümer des Grundstücks war. Ein Gläubiger der RK 4 benötigt nach der hier vertretenen Auffassung eine neue Klausel (§ 727 ZPO). Das Gericht kann das Verfahren nach § 28 ZVG einstweilen einstellen und ihm aufgeben, diese Klausel beizubringen.

---

53 Ähnliches gilt für Gläubiger der RK 2 und 3, die aber in jedem Fall einen Titel gegen K brauchen. Bei Verwaltungsvollstreckung aus RK 3 würde ein Duldungsbescheid gegen K ergehen.
54 Von der neueren Literatur will nur *Eickmann* (ZVG) § 9 Nr. 2b über § 28 ZVG das Verfahren einstweilen einstellen. Dort finden sich auch Hinweise auf die auch hier vertretene Gegenmeinung.
55 Zur Problematik des § 26 ZVG: *Stöber* (ZVG) § 26 Rn. 2.
56 Besonders für diesen Fall fordert *Eickmann* (ZVG) § 9 Nr. 2b eine einstweilige Einstellung nach § 28 ZVG, da die Eintragungen (Urkunde/Zwangsversteigerungsvermerk) die Möglichkeit eines gutgläubigen Erwerbs grundbuchersichtlich ausweisen.

III. Auflassungsvormerkung

158 Eine eingetragene Auflassungsvormerkung ist **kein der Anordnung** der Zwangsversteigerung **entgegenstehendes Recht**. Wird jedoch nach Beschlagnahme der neue Eigentümer auf Grund einer vorher eingetragenen Auflassungsvormerkung eingetragen, gilt er gem. **§ 883 BGB** als vor der Beschlagnahme eingetragen. Für das Gericht bedeutet dies:

159 • Wurde der neue Eigentümer zur Überzeugung des Gerichts auf Grund der Vormerkung eingetragen, muss das Verfahren gem. § 28 Abs. 1 ZVG aufgehoben werden, wenn es aus RK 5 betrieben wurde.

160 • Bestehen (ausnahmsweise) insoweit Zweifel, wird das Verfahren einstweilen eingestellt und dem neuen Eigentümer eine Frist gesetzt, innerhalb der er die Zustimmung des Gläubigers zur Aufhebung oder eine entspr. Gerichtsentscheidung (§ 771, 769 Abs. 1 ZPO) beibringen muss.

161 • Gläubiger der RK 4 mit Rang vor der Auflassungsvormerkung können die Zwangsvollstreckung gegen den neuen Eigentümer fortsetzen. Eine Umschreibung des Titels ist nicht erforderlich, wenn die Beschlagnahme vor der Eintragung erfolgt ist. Das Verfahren wird ohne besonderen Beschluss gegen den Erwerber weitergeführt (§ 26 ZVG).[57] Bisherige Maßnahmen behalten Gültigkeit (§ 1148 BGB), insbesondere der Ablauf der Frist des § 30b ZVG (Rn. 215).

162 • Wird der neue Eigentümer nicht bis zum Zuschlag eingetragen, muss die Auflassungsvormerkung wie jedes andere eingetragene Recht behandelt werden.[58]

IV. Testamentsvollstreckung

Zwangsversteigerung und Testamentsvollstreckung

163 Übersicht

Zwangsversteigerung bereits angeordnet?					
ja			nein		
Nur Leistungstitel gegen Erben	Titel gegen Erblasser		Nur Leistungstitel gegen Erben	Titel gegen Erblasser	
	Hatte Zwangsvollstreckung gegen den Erblasser bereits begonnen?			Hatte Zwangsvollstreckung gegen den Erblasser bereits begonnen?	
	ja	nein		ja	nein
Verfahren wird aufgehoben	Verfahren nimmt ohne Titelumschreibung Fortgang	Verfahren wird einstweilen eingestellt zur Titelumschreibung	Keine Anordnung möglich	Anordnung ohne Titelumschreibung möglich	Titelumschreibung erforderlich

164 Hatte irgendeine Vollstreckung gegen den Erblasser bereits begonnen, hindert die von ihm angeordnete Testamentsvollstreckung (TV) die Anordnung und Weiterführung der Zwangsversteigerung nicht (§ 779 ZPO, Rn. 74). Somit ist keine Titelumschreibung erforderlich. In allen anderen Fällen bedurfte es (Rn. 75) eines Titels gegen den Testamentsvollstrecker. Erfolgte die Anordnung (der Beitritt) ohne diesen Titel, gilt Folgendes:

---

57 *BGH* Rpfleger 2007, 333.
58 Hierzu ausführlich *Stöber* (ZVG) § 28 Rn. 5.1b und 5.1c.

Wurde mit einem (nur) gegen den Erben lautenden Titel angeordnet, ist das Verfahren gem. § 28 ZVG aufzuheben.[59]

165

Lautet der Titel gegen den Erblasser, ohne dass die Vollstreckung bereits begonnen hatte, ist einstweilen einzustellen, da eine Umschreibung des Titels gem. §§ 727, 749 ZPO erforderlich und möglich ist. Dies gilt für alle RK. Wegen des Erfordernisses eines zusätzlichen Titels gegen den (die) Erben siehe Rn. 75.

V. Nachlassverwaltung

Nach Anordnung der Nachlassverwaltung (NV) dürfen in das zum Nachlass gehörende Grundstück nur noch Nachlassgläubiger vollstrecken (§ 1984 Abs. 2 BGB). Vollstrecken andere Gläubiger des Erben, kann sich der Verwalter nach § 784 ZPO wehren. Erfolgte die Anordnung (Beitritt) mit einem Titel gegen den (die) Erben vor Anordnung der NV, kommt eine einstweilige Einstellung mit Fristsetzung gegen den Gläubiger in Betracht, um die Zustimmung des Verwalters oder einen Duldungstitel gegen diesen beizubringen, wenn das Gericht nicht erkennen kann, dass es sich um eine Nachlassverbindlichkeit handelt.[60] Der Verwalter kann aber auch nach §§ 771, 769 Abs. 1 ZPO vorgehen. Nach Anordnung der NV kann mit einem Titel gegen den Erben die Anordnung (der Beitritt) nur noch erfolgen, wenn der Gläubiger zur Überzeugung des Gerichts Nachlassgläubiger ist.[61]

166

VI. Vorerbe und Nacherbe

Gemäß § 2115 Satz 1 BGB wird die im Wege der Zwangsvollstreckung vorgenommene Veräußerung des Grundstücks nach Eintritt der Nacherbfolge unwirksam, wenn es sich nicht um die Vollstreckung

167

- einer Nachlassverbindlichkeit (alle RK) oder
- einem gegenüber dem Nacherben wirksamen (z.B. mit seiner Zustimmung eingetragenen) dinglichen Rechtes

handelt (§ 2115 Satz 2 BGB).

Muss der Nacherbe hiernach die Zwangsvollstreckung dulden, kann das bereits angeordnete Verfahren ohne Duldungstitel gegen den Nacherben weitergeführt werden. Anderenfalls käme auch hier die einstweilige Einstellung nach § 28 Abs. 2 ZVG in Betracht. Denkbar wäre auch Klage des Nacherben (§§ 773, 771 ZPO) und einstweilige Einstellung durch das Prozessgericht.[62] All dies gilt auch für die befreite Vorerbschaft.

VII. Keine Hindernisse

Keine Hindernisse[63] sind z.B.

168

- Flurbereinigungsverfahren,
- Nießbrauch[64] oder
- Vorkaufsrecht.

---

59 *Stöber* (ZVG) § 15 Rn. 30.7e.
60 So *Steiner/Eickmann* § 28 Rn. 42; a.M. *Stöber* (ZVG) § 15 Rn. 30.7c, der wegen mangelnder Grundbuchersichtlichkeit § 28 ZVG nicht anwenden will. Nach der hier vertretenen Auffassung ist aber § 28 Abs. 2 ZVG anzuwenden, der keine Grundbuchersichtlichkeit erfordert. Es wäre auch nicht konsequent, bei der Neuanordnung die Prüfung der Eigenschaft als Nachlassverbindlichkeit vorzusehen, sie beim bereits angeordneten Verfahren aber zu verweigern.
61 *Steiner/Eickmann* § 28 Rn. 43.
62 Wegen des Meinungsstreites: *Steiner/Eickmann* § 28 Rn. 37 bis 40 und *Stöber* (ZVG) § 28 Rn. 30.8 bis 30.10.
63 Hierzu *Stöber* (ZVG) § 15 Rn. 17, 26, 42.
64 Die Anordnung der Zwangsversteigerung bedarf (anders als die Anordnung der Zwangsverwaltung) keines Titels gegen den Nießbraucher (*BGH* Rpfleger 2003, 378).

VIII. Rechtsnachfolge auf Gläubigerseite

168a Bei einer Rechtsnachfolge – auch Gesamtrechtsnachfolge – auf Gläubigerseite (z.B. Erbfall, Verschmelzung) hat der neue Gläubiger einen auf ihn umgeschriebenen Titel vorzulegen sowie die erforderliche Zustellung nachzuweisen (§ 750 ZPO). Das Vollstreckungsgericht hat von Amts wegen das Verfahren gemäß § 28 ZVG unter Fristsetzung einstweilen einzustellen, wenn der Gläubiger das Verfahren weiter führen will, nicht aber, wenn er die einstweilige Einstellung bewilligt oder den Versteigerungsantrag zurück nimmt.[65]

C. Zwangsversteigerung und Insolvenz

I. Insolvenzverfahren als Vollstreckungshindernis

1. Die vollstreckenden Gläubiger

169 Zur Beantwortung der Frage, ob und wie sich ein Insolvenzverfahren[66] als Vollstreckungshindernis bei der Zwangsvollstreckung in ein Grundstück darstellt, müssen die **Gläubiger** nach der Art ihres Anspruchs wie folgt **unterschieden** werden:

a) Insolvenzgläubiger

170 Sie haben eine bereits bei Eröffnung des Insolvenzverfahren begründete (nicht notwendig fällige) Forderung gegen den Insolvenzschuldner (§ 38 InsO), aber keine Sicherheit; sie fallen daher in RK 5. Für die hier stattfindenden Erörterungen stehen ihnen die nachrangigen Insolvenzgläubiger (§ 39 InsO) gleich.

b) Gläubiger mit Absonderungsrecht

171 Absonderungsberechtigte, also Gläubiger, welche ein Recht auf Befriedigung aus unbeweglichen Gegenständen haben (§ 49 InsO), sind zunächst einmal die Gläubiger der RK 2 bis 4, welche mit einem dinglichen Titel (Rn. 50) vollstrecken. Aber auch Gläubiger der RK 5 erlangen durch die Beschlagnahme vor Insolvenzeröffnung ein Absonderungsrecht.

c) Massegläubiger

172 Massegläubiger (§ 55 InsO) haben einen Anspruch gegen die Insolvenzmasse, der entweder durch das Handeln des Verwalters entstanden ist oder kraft Gesetzes als Masseschuld bestimmt wurde (Rn. 180).

d) Berechtigter einer Zwangshypothek

173 Wegen einiger Besonderheiten wird die Vollstreckung aus einer Zwangshypothek, soweit sie in Zusammenhang mit der Insolvenzeröffnung steht, gesondert behandelt (Rn. 181 bis 185).

2. Beschlagnahme vor Eröffnung

174 Wurde die Beschlagnahme in der Zwangsversteigerung (Zeitpunkt Rn. 92 bis 95) bereits vor der Eröffnung des Insolvenzverfahrens (Zeitpunkt: § 27 InsO) bewirkt, wird das Verfahren der vorstehend unter 1a und 1b genannten Gläubiger gegen den Insolvenzverwalter **ohne Titelumschreibung** fortgesetzt. Für Gläubiger der RK 2 bis 4 ergeben sich in diesem Fall keine Besonderheiten.

---

65 *BGH* Rpfleger 2007, 331.
66 Dargestellt wird nur die seit Inkrafttreten der Insolvenzordnung am 01.01.1999 geltende Rechtslage. Die für Altverfahren noch anwendbaren Vorschriften der KO, VerglO und der GesO bleiben hier unbeachtet.

Einstweilige Einstellung und Aufhebung **1**

Das Absonderungsrecht der Gläubiger RK 5 entfällt jedoch gem. § 88 InsO, wenn die Beschlagnahme für diese innerhalb der Monatsfrist[67] (Berechnung § 139 InsO) erfolgt ist. Das Zwangsversteigerungsverfahren muss dann, soweit es von den Gläubigern betrieben wird, gem. § 28 Abs. 2 ZVG aufgehoben werden. **175**

3. Beschlagnahme zwischen Sicherung und Eröffnung

Auch nach der Anordnung von Sicherungsmaßnahmen (§ 21 InsO) können die oben unter 1a und 1b (Rn. 170, 171) genannten Gläubiger eine Beschlagnahme bewirken (§ 21 Abs. 2 Satz 3 InsO). Für beide gilt jedoch folgende Besonderheit: **176**

Zur Vollstreckung gegen einen vorläufigen Insolvenzverwalter, welchem die Verwaltungs- und Verfügungsbefugnis zusteht[68], bedarf es eines gegen diesen gerichteten Vollstreckungstitels[69] (§§ 727, 749 ZPO); erlässt das Insolvenzgericht kein allgemeines Verfügungsverbot, so richtet sich die Zwangsvollstreckung, selbst wenn ein vorläufiger Insolvenzverwalter bestellt wurde, weiterhin gegen den Schuldner und kann daher aus dem „alten" Titel erfolgen. Für Gläubiger der RK 5 findet § 88 InsO (Rn. 175) Anwendung.

4. Beschlagnahme nach Eröffnung

a) Insolvenzgläubiger

Insolvenzgläubiger (Rn. 170) können nach Insolvenzeröffnung nicht mehr vollstrecken (§ 89 InsO). Wird für sie in Unkenntnis der Eröffnung des Insolvenzverfahrens die Zwangsversteigerung angeordnet oder ein Beitritt zugelassen, muss **Aufhebung** nach § 28 Abs. 2 ZVG erfolgen.[70] Geschieht dies nicht, kann sich der Insolvenzverwalter[71] mit Erinnerung § 766 ZPO wehren, über welche das Insolvenzgericht (§ 89 Abs. 3 InsO) entscheidet. Dieses erklärt die Vollstreckung für unzulässig; das Versteigerungsgericht vollzieht den Beschluss durch Aufhebung des Verfahrens (§§ 775, 776 ZPO).[72] **177**

Sollte das Grundstück aus der Masse durch den Verwalter freigegeben worden sein, so wäre eine Vollstreckung durch die Insolvenzgläubiger trotzdem nicht zulässig, da sie auch nicht in insolvenzfreies Vermögen vollstrecken dürfen. In diesem Falle läge die Erinnerungsbefugnis (§ 766 ZPO) beim Schuldner, da er hinsichtlich freigegebener Gegenstände das Verwaltungs- und Verfügungsrecht zurückerlangt.

Wird auf Antrag einer Wohnungseigentümergemeinschaft wegen einer Vorrechtsforderung RK 2 mit einem Titel gegen den Insolvenzverwalter vollstreckt, bevor der Verkehrswert des Wohnungseigentums festgesetzt ist (und somit die Grenze des § 10 Abs. 1 Nr. 2 Satz 3 ZVG nicht bekannt ist), muss zunächst wegen der Gesamtforderung angeordnet werden. Ergibt sich später, dass diese Grenze überschritten wurde und der Anordnungsbeschluss insoweit wegen § 89 InsO unwirksam ist, be- **177a**

---

67 In der auf Antrag des Schuldners eröffneten Verbraucherinsolvenz beträgt die Frist drei Monate (§ 312 Abs. 1 Satz 3 InsO).
68 Erlässt das Insolvenzgericht als vorläufige Sicherungsmaßnahme ein allgemeines Verfügungsverbot gegen den Schuldner (§ 21 Abs. 2 Nr. 2 InsO), so geht die Verwaltungs- und Verfügungsbefugnis über das Vermögen des Schuldners auf den vorläufigen Insolvenzverwalter über (§ 22 Abs. 1 InsO). Die Praxis spricht hier von einem „starken" vorläufigen Insolvenzverwalter. Entsprechend werden Verwalter ohne Verwaltungs- und Verfügungsbefugnis „schwache" vorläufige Insolvenzverwalter genannt.
69 *LG Cottbus* Rpfleger 2000, 294; MünchKommZPO *Wolfsteiner* § 727 Rn. 18, 28; *Hintzen* Rpfleger 1999, 256; *Deimann* RpflStud. 2005, 145. A.M. *LG Halle* Rpfleger 2002, 89 (mit abl. Anm. *Alff*) und *Böttcher* (ZVG) § 28 Rn. 20. Der Titel muss sich gegen denjenigen richten, dessen Verfügungsbefugnis über das Grundstück eingeschränkt werden soll.
70 Die gegenteilige Auffassung der h.M. (z.B. *Stöber* (ZVG) § 15 Rn. 23.10 und *Böttcher* (ZVG) § 28 Rn. 17), es genüge eine einstweilige Einstellung zur Beschaffung des Titels gegen den Verwalter, ist unzutreffend, da diese Anordnung nur eine „Verstrickung", nicht aber die Aktivierung des Befriedigungsrechtes bewirkt und daher keinen Bestand haben kann.
71 Dem Schuldner fehlt die Verwaltungs- und Verfügungsbefugnis bezüglich der Insolvenzmasse (§ 80 InsO).
72 *Stöber* (ZVG) § 15 Rn. 23.8.

grenzt ihn das Gericht durch Teilaufhebung gemäß § 28 Abs. 2 ZVG auf den zulässigen Betrag. Rechtsbehelf wie Rn. 177.

b) Neugläubiger

178 Dies sind Gläubiger, deren Anspruch erst nach Eröffnung begründet wurde, ohne Massegläubiger (Rn. 172) zu sein. Für sie gilt Rn. 177 entspr., da die Insolvenzmasse **allein den Insolvenzgläubigern** zur Befriedigung **zugeordnet** ist.[73] Die für Neugläubiger theoretisch bestehende Vollstreckungsmöglichkeit in vom Insolvenzverwalter aus der Masse freigegebenen Grundbesitz dürfte wirtschaftlich ohne Bedeutung sein, da der Insolvenzverwalter wohl kaum für die Masse werthaltige Gegenstände freigeben wird.

c) Absonderungsberechtigte

179 Sie können zwar auch jetzt noch eine Beschlagnahme bewirken, benötigen dafür aber einen **Duldungstitel gegen den Verwalter**, den sie durch Umschreibung (§§ 727, 749 ZPO), dingliche Klage gegen den Verwalter oder dessen Anerkenntnis[74] erlangen können. Wurde das dingliche Recht erst nach der Eröffnung eingetragen, finden die §§ 878 und 892 BGB entspr. Anwendung.[75]

d) Massegläubiger

180 Masseforderungen (Rn. 172) können erstmals nach Eröffnung vorhanden sein. Diese Gläubiger benötigen einen Leistungstitel gegen den Verwalter und können mit diesem die Anordnung der Zwangsversteigerung bewirken. Soweit sie nicht nach § 90 InsO begünstigt sind, darf aber die Zwangsvollstreckung erst nach Ablauf einer Frist von sechs Monaten nach Eröffnung des Verfahrens beginnen. Ein vorheriger Antrag wäre zurückzuweisen. Wurde dennoch angeordnet oder ein Beitritt zugelassen, hat der Verwalter den unter Rn. 177 genannten Rechtsbehelf. Kurz vor Fristablauf sollte jedoch beachtet werden, dass die Vollstreckung durch Fristablauf zulässig wird. Sobald der Insolvenzverwalter die Masseunzulänglichkeit angezeigt hat, ist die Vollstreckung wegen einer Masseverbindlichkeit nicht mehr möglich (§ 210 InsO).

5. Vollstreckung aus einer Zwangshypothek

181 Einerseits bewirkt die Zwangshypothek als Grundpfandrecht ein Absonderungsrecht, andererseits ist sie im Vollstreckungswege entstanden und schließlich fehlt noch (Rn. 53) der dingliche Titel. Daraus ergeben sich folgende Besonderheiten[76]:

182 • Wurde sie **vor** der Frist des **§ 88 InsO** eingetragen **und** daraus die **Beschlagnahme vor der Eröffnung bewirkt**, wird die Versteigerung ohne Titelumschreibung gegen den Verwalter weitergeführt.

183 • Wurde sie **innerhalb** der Frist des **§ 88 InsO** eingetragen und die Beschlagnahme erfolgte vor Eröffnung, muss das Verfahren gem. § 28 Abs. 2 ZVG aufgehoben werden, sonst Rechtsbehelf nach § 89 Abs. 3 InsO (Rn. 177). Die Zwangshypothek wird, entgegen einer früher weit verbreiteten Ansicht, nicht zur Eigentümergrundschuld, sondern absolut unwirksam und erlischt.[77]

184 • Wurde sie **vor** der Frist des **§ 88 InsO** eingetragen, die **Versteigerung** soll aber **erst nach der Eröffnung** betrieben werden, fehlt es am dinglichen Titel gegen den Verwalter. Ein solcher ist aber erforderlich, da nicht die persönliche Forderung, sondern nur das dingliche Recht vollstreckt wird. Man wird hier dem Gläubiger zugestehen müssen, dass sein persönlicher Titel zusammen mit dem Eintragungsvermerk im Umfang der Eintragung nach §§ 727, 749 ZPO in einen Titel auf Dul-

---

73 *Eickmann* in HK-InsO § 89 Rn. 13.
74 Wegen § 794 Abs. 1 Nr. 5 ZPO ist im Rahmen der Zwangsvollstreckung hier notarielle Beurkundung erforderlich.
75 *Eickmann* in HK-InsO § 49 Rn. 14.
76 Für die Verwaltungsvollstreckung: *Glotzbach/Mayer* Rn. 717 bis 722 c.
77 *BGH* ZIP 2006, 479. So auch *Eickmann* HK-InsO § 88 Rn. 11.

dung der Zwangsvollstreckung gegen den Verwalter umgeschrieben werden kann. Anderenfalls wäre dingliche Klage erforderlich, welche durch die Rechtsänderung (Rn. 53) gerade vermieden werden sollte.

Eine Besonderheit bildet die Regelung des § 321 InsO. Danach gewährt im Nachlassinsolvenzverfahren eine nach dem Erbfall – und außerhalb der Rückschlagsperre des § 88 InsO – eingetragene Zwangshypothek dem Gläubiger kein Recht zur abgesonderten Befriedigung nach § 49 InsO. Diese Hypothek wird vielmehr „relativ unwirksam". Nimmt der Insolvenzverwalter das ihm zustehende Recht der Verwertung des belasteten Grundstücks wahr, wird die relative Unwirksamkeit zu einem „endgültigen Zustand". Daraus folgt, dass der Insolvenzverwalter vom Gläubiger der Zwangshypothek deren Löschung verlangen kann. Wird jedoch das belastete Grundstück nicht veräußert, sei es auf Grund Freigabe durch den Insolvenzverwalter wegen übermäßiger Belastung oder weil es aus einem sonstigen Grund unverwertbar ist, so entfällt „ex nunc" die einschränkende Wirkung des § 321 InsO. Eine Löschung kann somit nicht mehr verlangt werden. Ist die Zwangshypothek bereits in Anwendung des § 321 InsO gelöscht, hat der Verwalter ihre berichtigende (§ 894 BGB, § 22 GBO) Wiedereintragung zu veranlassen. Gleiches gilt, wenn das Insolvenzverfahren vorzeitig beendet wird.[78]

185

II. Einstweilige Einstellung auf Antrag des Insolvenzverwalters

1. Antrag

Um zu verhindern, dass durch eine Zwangsversteigerung zur Unzeit ein gleichzeitig durchgeführtes Insolvenzverfahren erheblich behindert wird, sieht § 30d ZVG die Möglichkeit einer einstweiligen Einstellung auf Antrag des Insolvenzverwalters vor[79]. Der Antrag ist nicht an eine Frist gebunden. Eingestellt werden kann ein bereits zur Zeit der Insolvenzeröffnung anhängiges Verfahren wie auch ein auf Antrag eines hierzu Berechtigten nach Eröffnung angeordnetes Verfahren. Die Einstellung kann noch bis zum Zuschlag erfolgen.

186

Um das Verfahren wirklich „anzuhalten", muss die **einstweilige Einstellung gegenüber jedem Gläubiger** erfolgen. Somit muss ein neuer Antrag gestellt werden, wenn nach erfolgter einstweiliger Einstellung ein weiterer Gläubiger beitritt oder ein bislang aus anderen Gründen eingestelltes Verfahren fortsetzt.

187

Antragsberechtigt sind:
- der Insolvenzverwalter;
- der vorläufige Insolvenzverwalter, unabhängig davon, ob ihm die Verwaltungs- und Verfügungsbefugnis zusteht (§ 30d Abs. 4 ZVG);
- der Schuldner nach Vorlage eines Insolvenzplans (§ 30d Abs. 2 ZVG).

188

2. Einstellungsgründe und Auflagen

a) Einstellungsgründe

Diese ergeben sich aus § 30d Abs. 1 ZVG. Das Gericht hat in jedem Fall abzuwägen, ob die einstweilige Einstellung dem Gläubiger unter Berücksichtigung
- der ggf. erforderlichen Auflagen (Rn. 191) und
- seiner wirtschaftlichen Lage

zuzumuten ist.

189

Die Kosten des Einstellungsverfahrens trägt in jedem Fall die Insolvenzmasse; also auch wenn das Verfahren einstweilen eingestellt wird.[80]

---

78 *Hess/Weis/Wienberg* § 321 Rn. 15, 16, 17.
79 Auch hier musste eine Beschränkung auf eine Kurzfassung erfolgen. Für Einzelheiten siehe z.B. *Stöber* (ZVG) Anm. zu §§ 30d bis 30f.
80 *LG Mühlhausen* Rpfleger 2002, 275.

b) Einstellung bei vorläufigem Verwalter

190 Für den Antrag des vorläufigen Verwalters ergeben sich die Gründe aus § 30d Abs. 4 ZVG. Im Ergebnis handelt es sich um eine Verlagerung der Entscheidung nach § 21 Abs. 2 Satz 3 InsO aus der Kompetenz des Insolvenzgerichts in jene des Vollstreckungsgerichts. Obwohl unerwähnt, muss auch hier eine Abwägung der Interessen des Insolvenzverfahrens gegen die Belange des betreibenden Gläubigers (wie Rn. 189) erfolgen.

c) Auflagen

191 Die vorgenannten **Einstellungen** haben gem. den in § 30e ZVG genannten Voraussetzungen **unter Zahlungsauflagen** seitens des Insolvenzverwalters an die Gläubiger zu erfolgen. Hierbei müssen die nachgenannten Voraussetzung für jeden Gläubiger getrennt geprüft und die entspr. Auflagen getrennt angeordnet oder auch nicht angeordnet werden.

192 **Allgemeine Voraussetzung** ist die Prognose des Vollstreckungsgerichts, dass der jeweilige Gläubiger angesichts des Wertes des Grundstücks und seinem Befriedigungsrang **Aussicht auf eine Zuteilung** aus dem Erlös hat (§ 30e Abs. 3 ZVG).

> **Tipp:** Der Gläubiger sollte stets behaupten, mit einer Befriedigung aus dem Versteigerungserlös rechnen zu können und hinsichtlich des Wertverlustes hohe Zahlungen einfordern.

193 Trifft dies zu, erhält der Gläubiger gem. § 30e ZVG Ausgleichszahlungen für Zinsverluste (Abs. 1)[81] sowie für Wertverlust (Abs. 2) bei Nutzung des Grundstücks für die Insolvenzmasse. Die Regelung ist so allgemein gehalten und noch dazu dem ZVG verfahrensfremd, dass noch längst keine Klärung erfolgt und Streit vorprogrammiert ist. Nach der hier vertretenen Auffassung sind beim Ausgleich des Zinsverlustes die dinglichen Zinsen maßgeblich.[82] Der Gläubiger muss jene Zinsen erhalten, wegen der er die dingliche Zwangsvollstreckung betreibt.

3. Aufhebung der einstweiligen Einstellung

194 Systemgerecht[83] kann das einstweilen eingestellte Verfahren nicht von Amts wegen fortgesetzt werden. Es ist immer ein Gläubigerantrag erforderlich, wobei wiederum jeder Gläubiger bezüglich **seines** Verfahrens einen gesonderten Antrag stellen muss. Der Antrag eines Gläubigers wirkt nicht zugleich auch für die anderen.

Dieser Antrag kann (§ 30f ZVG) gestellt werden
- nach Beendigung des Insolvenzverfahrens;
- bei Nichterfüllung der Auflagen;
- mit Zustimmung des Insolvenzverwalters; im Falle Rn. 188 3. Alt. mit Zustimmung des Schuldners;
- bei Wegfall aller Voraussetzungen des § 30d Abs. 1 ZVG.

Zu den letztgenannten Voraussetzungen gehört auch die Zumutbarkeit für den Gläubiger. Die Verschlechterung seiner wirtschaftlichen Verhältnisse kann daher Aufhebungsgrund sein.

> **Tipp:** Ein Gläubiger, der trotz Insolvenzeröffnung grundsätzlich vollstrecken darf, sollte bei Verschlechterung seiner wirtschaftlichen Lage versuchen, die ihm gegenüber angeordnete Einstellung zur Aufhebung zu bringen.

---

81 Fraglich ist, ob Säumniszuschläge zinsloser Forderungen der öffentlichen Hand gleichzustellen sind; hierzu *Glotzbach/Mayer* Rn. 722.
82 A.A. *LG Göttingen* Rpfleger 2000, 228 (mit abl. Anm. *Alff*) sowie *LG Stade* Rpfleger 2002, 472.
83 Das Zwangsversteigerungsverfahren kennt im Grunde nur zwei Fälle einer Fortsetzung von Amts wegen: § 28 ZVG, wenn die Auflage nicht erfüllt wird, und § 769 Abs. 2 ZPO mit Fristablauf ohne vorherige prozessgerichtliche Einstellung.

Hatte bereits der vorläufige Verwalter die Einstellung bewirkt, erfolgt auf Gläubigerantrag die Aufhebung auch nach Rücknahme oder Abweisung des Insolvenzantrags (§ 30f Abs. 2 ZVG). **195**

Das Gericht hört vor der Entscheidung den Insolvenzverwalter an. Der Aufhebungsbeschluss wird dem Verwalter zugestellt, dem Gläubiger formlos übersandt. Grundsätzlich wird das Verfahren nach Beendigung der einstweiligen Einstellung nur auf fristgebundenen Gläubigerantrag fortgesetzt (§ 31 ZVG). Da aber ein Antrag auf Aufhebung der einstweiligen Einstellung wegen Wegfalls der Voraussetzungen, wegen Nichterfüllung der Auflagen oder mit Zustimmung des Insolvenzverwalters (bzw. ausnahmsweise des Schuldners[84]) inhaltlich stets den Fortsetzungswillen des Gläubigers zum Ausdruck bringt, muss das Gericht in diesem Fall nach der hier vertretenen Auffassung das Verfahren ohne besonderen Fortsetzungsbeschluss weiterführen.[85] **196**

Anders kann es sein, wenn das Verfahren nach Beendigung des Insolvenzverfahrens, nach Antragsrücknahme durch den Insolvenzverwalter bzw. Schuldner (Rn. 194) oder nach Rn. 195 weitergeführt werden könnte. Da jetzt kein insolvenzrechtliches Interesse an einem weiteren Stillstand mehr besteht, kann das Vollstreckungsgericht den Gläubiger zur Handlung zwingen, indem es ihn unter Belehrung über Fristbeginn und Folgen (§ 31 Abs. 2 ZVG) auf die Möglichkeit der Fortsetzung des Verfahrens (§ 31 Abs. 2 lit. c ZVG) hinweist. Stellt der Gläubiger nicht fristgerecht einen entspr. Antrag, wird das Verfahren nach Ablauf von sechs Monaten ab Zustellung der Belehrung aufgehoben. Streng formal könnte verlangt werden dass der Gläubiger sowohl die Aufhebung der Einstellung (§ 30f ZVG) als auch die Fortsetzung (§ 31 ZVG) beantragen muss. Ob eines das andere einschließt, erscheint noch ungeklärt. Ein Fortsetzungsbeschluss ist erforderlich, der dem Schuldner zuzustellen ist. Falls für diesen die Frist für eine einstweilige Einstellung (Rn. 215) noch nicht abgelaufen ist, muss eine Belehrung nach § 30b ZVG erfolgen. **197**

Tipp: Der Gläubiger sollte mit dem Antrag auf Aufhebung der einstweiligen Einstellung stets vorsorglich ausdrücklich die Fortsetzung des Verfahrens beantragen.

D. Einstweilige Einstellung und Aufhebung auf Grund einer Verfahrenshandlung

I. Antragsrücknahme durch den Gläubiger

Jeder Gläubiger kann seinen Versteigerungsantrag jederzeit bis zum Zuschlag zurücknehmen (§ 29 ZVG). Danach ist eine Antragsrücknahme nicht mehr möglich, da das Versteigerungsobjekt mit dem Zuschlag der Verfügung des Schuldners und damit auch des Gläubigers entzogen ist.[86] Die Antragsrücknahme eines Gläubigers berührt die Weiterführung des Verfahrens durch den (die) anderen nicht. Die Rücknahmeerklärung ist bedingungsfeindlich und unwiderruflich. **198**

Anders als im Zivilprozess erfordert eine **Teilzahlung** des Schuldners **keine formelle Beschränkung des Antrags**. Allerdings sollte sie dem Gericht unter Verrechnung auf die im Anordnungs- bzw. Beitrittsbeschluss genannten Beträge mitgeteilt werden. **199**

Tipp: Zahlt der Schuldner die Hauptforderung, sollte der Gläubiger keinesfalls „die Hauptsache für erledigt" erklären. Das soll als Antragsrücknahme ausgelegt werden können[87], denn der Antrag auf Zwangsversteigerung ist ja „die Hauptsache".

Das Gericht erlässt einen Aufhebungsbeschluss und stellt ihn dem Schuldner und dem Gläubiger zu (§ 32 ZVG). Ist die Erklärung des Gläubigers fragwürdig, sollte das Gericht unbedingt Rücksprache halten. Ist kein Gläubiger mehr im Verfahren verblieben, muss das Grundbuchamt um Löschung des **200**

---

84 Im Falle des § 30d Abs. 2 ZVG.
85 Klarstellend sollte der Umstand der Verfahrensfortführung im Aufhebungsbeschluss Erwähnung finden.
86 *Stöber* (ZVG) § 29 Rn. 2.7.
87 *Stöber* (ZVG) § 29 Rn. 2.2.

Zwangsversteigerungsvermerks ersucht werden. Wird dies vergessen, tauchen die Vermerke auf, wenn die Akten schon längst vernichtet sind.

201 Nach h.M.[88] soll die Beschlagnahme bereits durch Eingang der Rücknahmeerklärung beim Gericht erlöschen, so dass der Aufhebungsbeschluss nur noch deklaratorisch wäre. Wie riskant diese Auffassung ist, hat *Eickmann*[89] überzeugend dargelegt. Man sollte sich von dieser uralten, überkommenen Meinung trennen und den Beschluss als actus contrarius mit konstitutiver Wirkung gelten lassen, so dass also die Beschlagnahme erst durch den Aufhebungsbeschluss beseitigt würde.

Die Rechtslage nach der h.M. sei an einem **Beispiel** erklärt:

202

Beispiel

01.03. Erlass Anordnungsbeschluss für Gläubiger A
01.04. Eingang der **Antragsrücknahme** des einzig betreibenden Gläubigers A
02.04. Eingang Antrag Gläubiger B auf Zulassung des Beitritts
03.04. Erlass eines Beschlusses nach § 29 ZVG wegen Antragsrücknahme des Gläubigers A

Nach h.M. kann für B ein Beitrittsbeschluss nicht mehr erlassen werden, da das Verfahren bereits mit Eingang der Antragsrücknahme des A beendet war. Für B muss das Verfahren jetzt (u.a. mit der Konsequenz einer neuen ersten Beschlagnahme) neu angeordnet werden.

II. Bewilligung der einstweiligen Einstellung durch den Gläubiger

203 Der Gläubiger als „Herr des Verfahrens" kann **jederzeit bis zum Zuschlag** (Rn. 198) die einstweilige Einstellung (§ 30 ZVG) bewilligen. Eine Begründung ist nicht erforderlich. Selbstverständlich ist auch hier zu beachten, dass eine solche Bewilligung nur das Verfahren dieses Gläubigers stoppt, während das Verfahren für die anderen Gläubiger weitergeführt wird.

204 Bewilligt der Gläubiger die einstweilige Einstellung, erlässt das Gericht einen formellen Einstellungsbeschluss und stellt ihn Gläubiger und Schuldner zu (§ 32 ZVG). Das Verfahren müsste aufgehoben werden, wenn der Gläubiger nicht innerhalb von sechs Monaten die Fortsetzung beantragt (§ 31 ZVG). Hierüber ist der Gläubiger zu belehren (§ 31 Abs. 3 ZVG), am besten zusammen mit dem Einstellungsbeschluss, da die Frist mit Zustellung des Beschlusses und der Belehrung beginnt.

Da es sich bei der Frist des § 31 Abs. 1 ZVG nicht um eine Notfrist handelt, ist Wiedereinsetzung in den vorherigen Stand nicht möglich (§ 233 ZPO).

Tipp: Unbedingt 6-Monatsfrist des § 31 ZVG beachten!

205 Der Gläubiger kann jederzeit[90] die Fortsetzung beantragen. Eine Begründung ist nicht erforderlich. Ein formeller **Fortsetzungsbeschluss** ist nicht vorgesehen. Mit Rücksicht auf §§ 43 und 44 ZVG wird man darauf aber kaum verzichten können und auch seine Zustellung an den Schuldner fordern müssen. Dem Gläubiger wird der Fortsetzungsbeschluss formlos zugeleitet.

Zur Entscheidung über den Fortsetzungsantrag muss der Vollstreckungstitel vorliegen.[91] Hat inzwischen ein Gläubigerwechsel stattgefunden oder wurde über das Vermögen des Schuldners das Insolvenzverfahren eröffnet (Rn. 73) bzw. im gegenwärtigen Eröffnungsverfahren ein „starker" vorläufiger Insolvenzverwalter bestellt (Rn. 176), setzt die Verfahrensfortsetzung die "Umschreibung" des Vollstreckungstitels und die vorherige Zustellung des Titels nebst Vollstreckungsklausel voraus.

206 Es ist zulässig, z.B. kurz vor Fristablauf, die Fortsetzung des Verfahrens zu beantragen und sogleich erneut die einstweilige Einstellung zu bewilligen. Das Gericht kann in diesem Fall Fortsetzung und einstweilige Einstellung in **einem** Beschluss treffen. Der Gläubiger ist erneut nach § 31 Abs. 3 ZVG zu belehren.

---

88 Für viele: *Stöber* (ZVG) § 29 Rn. 2.5.
89 *Eickmann* (ZVG) § 6 2a.
90 Sogar noch zwischen Verkündung des Zuschlags und Eintritt seiner Rechtskraft.
91 *BGH* Rpfleger 2004, 368.

Beantragt der Gläubiger die Aufhebung eines bereits bestimmten Versteigerungstermins, gilt dies kraft Gesetzes als Bewilligung der einstweiligen Einstellung (§ 30 Abs. 2 ZVG). Fraglich, aber vertretbar wäre es, analog auch den Antrag, keinen Versteigerungstermin zu bestimmen, als Einstellungsbewilligung zu werten.[92] Zurückhaltung ist insbesondere im Fall Rn. 208 am Platz.

207

Ein Gläubiger kann nur zweimal[93] innerhalb des gesamten Verfahrens die einstweilige Einstellung bewilligen. Eine dritte Bewilligung führt zur Aufhebung des Verfahrens (§ 30 Abs. 1 Satz 3 ZVG). Dies gilt auch, wenn eine frühere Einstellung nach Rn. 207 erfolgt ist. Es zählen aber nur die vom Gläubiger bewilligten einstweiligen Einstellungen.

208

Tipp: Der Gläubiger sollte wegen des vorgenannten „Risikos" niemals den Antrag stellen, keinen Versteigerungstermin zu bestimmen.

III. Einstweilige Einstellung auf Schuldnerantrag nach § 30a ZVG

Sachliche Voraussetzungen § 30a ZVG

Auf Schuldnerseite	Auf Gläubigerseite
Sanierungsfähigkeit und Billigkeit (= Persönliche Verhältnisse, wirtschaftliche Verhältnisse, Art der Schuld)	Zumutbarkeit und kein „Erlösverfall"

209
Übersicht

Unter besonders geregelten Voraussetzungen kann gem. § 30a ZVG das Verfahren **auf Antrag des Schuldners** auf die Dauer von höchstens sechs Monaten einstweilen eingestellt werden. Hierbei hat das Gericht folgende Abwägung zu treffen:

210

1. Schuldnervortrag

Der Schuldner muss darlegen, dass er die **Zwangsversteigerung vermeiden** kann, wenn ihm hierzu eine Frist gegeben wird (Sanierungsfähigkeit).

211

Die Gewährung der einstweiligen Einstellung muss unter Berücksichtigung seiner persönlichen und wirtschaftlichen Verhältnisse und der Art der Schuld billig sein.

2. Gläubigervortrag

Für den Gläubiger muss die Verzögerung unter Berücksichtigung seiner wirtschaftlichen Verhältnisse zumutbar sein; sie darf ihm insbesondere keinen unverhältnismäßigen Nachteil bringen.

212

Es dürfen keine Erkenntnisse dahingehend vorliegen, dass das Grundstück zu einem späteren Zeitpunkt einen wesentlich geringeren Erlös bringen wird.

3. Verfahren

Wegen der vorgeschriebenen Belehrung des Schuldners (§ 30b Abs. 1 ZVG) werden Anträge nach § 30a ZVG häufig gestellt, obwohl die strengen Voraussetzungen so gut wie nie eine einstweilige Einstellung ermöglichen. Es handelt sich um eine für das Gericht sehr arbeitsaufwändige „Feigenblatt-Regelung" zur Betonung der Sozialstaatlichkeit.

213

---

92 Sieht man das nicht so, darf dem Antrag keine Folge gegeben werden. Das Verfahren ist zügig durchzuführen. Dem Gläubiger stehen nur die im Gesetz genannten Mittel zur Verzögerung zur Verfügung.
93 Zur Frage, ob ein Gläubiger durch das Betreiben des Verfahrens aus mehreren (Beitritts)beschlüssen die Zahl der möglichen Einstellungsbewilligungen erhöhen kann, siehe *LG Erfurt* Rpfleger 2005, 375.

214 Der Schuldner muss gegenüber jedem Gläubiger einen neuen Antrag stellen. Wenn also ein Beitritt zugelassen wird, kann der Schuldner gegen diesen Gläubiger mit spezieller Begründung einen Einstellungsantrag stellen, gleichgültig ob er bezüglich des (der) anderen Gläubiger(s) einen Antrag gestellt hatte und ob diesem Antrag entsprochen worden ist oder nicht. Allerdings erreicht er keinen Verfahrensstillstand, wenn auch nur bezüglich eines Gläubigers dem Antrag nicht entsprochen wird.

215 Der Antrag kann nur innerhalb einer **Notfrist von zwei Wochen** nach Zustellung des Anordnungs- bzw. Beitrittsbeschlusses samt der in § 30b Abs. 1 ZVG vorgesehenen Belehrung gestellt werden.

216 Das Gericht kann[94] (§ 30a Abs. 3 bis 5 ZVG) die einstweilige Einstellung **unter Auflagen** beschließen. Dabei kann es anordnen, dass die einstweilige Einstellung außer Kraft tritt, wenn die Auflagen nicht eingehalten werden.

Tipp: Als Gläubiger immer hilfsweise konkret bezeichnete Auflagen fordern, falls das Gericht eine einstweilige Einstellung in Erwägung zieht.

217 Das Gericht muss den Gläubiger vor der Entscheidung hören.[95] Es kann verlangen, dass Gläubiger und Schuldner ihre tatsächlichen Angaben glaubhaft machen (§ 30b Abs. 2 ZVG i.V.m. § 294 Abs. 2 ZPO), falls diese Angaben streitig geblieben sind. Es kann auch mündliche Verhandlung anordnen.

218 Die Entscheidung ergeht durch Beschluss, welcher (§ 32 ZVG) dem Schuldner und dem Gläubiger zuzustellen ist. Im Falle der einstweiligen Einstellung ist darauf zu achten, dass stets ihr Ende im Beschluss zu bezeichnen ist, wobei sechs Monate nicht überschritten werden dürfen, kürzere Einstellungsfristen aber zulässig sind. Es ist sehr ratsam, ein genaues Datum als Endtermin anzugeben; dazu auch Rn. 221.

Tipp: Unzweckmäßig: „auf die Dauer von sechs Monaten";
zweckmäßig: „Bis zum 20.08.2008".

219 Hatte der Schuldner, wie meist üblich, die einstweilige Einstellung des Verfahrens auf die Dauer von sechs Monaten beantragt, gewährt das Gericht jedoch nur eine zeitliche kürzere Einstellung, so liegt in dieser Entscheidung eine **teilweise Zurückweisung** des Schuldnerantrags. Dies sollte in der Entscheidung wörtlich zum Ausdruck kommen; die verfahrensrechtlichen Konsequenzen (Zustellung, Rechtsmittel) sind zu beachten.

220 Das Verfahren wird nur auf Gläubigerantrag fortgesetzt (§ 31 ZVG). Jeder Gläubiger muss für sein eingestelltes Verfahren den Antrag selbst stellen; der Fortsetzungsantrag eines anderen wirkt nicht für ihn. Insbesondere wird das Verfahren auch nicht nach Ablauf der vom Gericht bei der Einstellung bestimmten Frist oder wegen Nichterfüllung der Auflagen von Amts wegen fortgesetzt.

Tipp: Fortsetzungsfrist beachten!

221 Die genaue Angabe des Endtermins (Rn. 218) ermöglicht dem Gericht, den Gläubiger bereits zusammen mit der Zustellung über die Frist zu belehren, die ab dem Einstellungsende für ihn läuft (§ 31 Abs. 2 lit. b ZVG).

Dies sei an einem Beispiel erklärt:

222

Beispiel

Das Gericht hat die einstweilige Einstellung auf 20.08.2008 befristet.

Es kann zusammen mit dem Einstellungsbeschluss den Gläubiger dahingehend belehren, dass er den Fortsetzungsantrag spätestens am 20.02.2009 stellen muss.

Hätte es „auf die Dauer von sechs Monaten" eingestellt, müsste die Zustellung an den Schuldner abgewartet und dann, ausgehend von diesem Datum, eine separate Belehrung an den Gläubiger zugestellt werden.

---

94 Wird die Zwangsversteigerung von einem Gläubiger betrieben, dessen Hypothek oder Grundschuld innerhalb der ersten sieben Zehnteile des Grundstückswertes steht, so darf das Gericht von einer solchen Anordnung nur unter engen Voraussetzungen (§ 30a Abs. 3 Satz 2 ZVG) absehen.

95 Einzelheiten zum Verfahren: *Stöber* (ZVG) § 30b Rn. 4.

Wurde auf Schuldnerantrag die einstweilige Einstellung bewilligt, so kann er gegenüber diesem Gläubiger noch einmal einen Antrag auf einstweilige Einstellung stellen (§ 30c ZVG). Nachdem also auf Antrag des Gläubigers die Fortsetzung beschlossen worden ist, kann der Schuldner – wieder innerhalb einer Frist von zwei Wochen, denn § 30b ZVG ist entsprechend anwendbar – noch einmal eine einstweilige Einstellung beantragen (Belehrung Rn. 81). Für die Gründe, die Auflagen und die Höchstfrist gilt § 30a ZVG, wobei die Zumutbarkeit für den Gläubiger jetzt enger zu sehen ist. 223

Einen Antrag nach § 30c ZVG kann der Schuldner nicht mehr stellen, wenn gegenüber diesem Gläubiger 224
- die Frist für den Antrag nach § 30a ZVG versäumt worden ist oder
- ein Antrag nach § 30a ZVG bereits abgelehnt worden ist.

Ist der Antrag aber nach Rn. 223 zulässig, bleibt er dies auch dann, wenn die Einstellung nach § 30a ZVG vorzeitig aufgehoben wurde, z.B. wegen nicht erfüllter Auflage. Es ist eine Frage der Begründetheit, nicht der Zulässigkeit, ob in einem solchen Fall dem Antrag stattzugeben ist.

Kann der Schuldner nach Rn. 223 einen Antrag nach § 30c ZVG stellen, muss er bei der Zustellung des Fortsetzungsbeschlusses belehrt werden. Für die Fortsetzung des Verfahrens (wieder nur auf Gläubigerantrag) gilt Rn. 220. 225

Hat der Schuldner einen zulässigen Antrag nach § 30a oder § 30c ZVG rechtzeitig gestellt und bewilligt der Gläubiger vor Entscheidung die einstweilige Einstellung nach § 30 ZVG, wird auf Gläubigerantrag einstweilen eingestellt. Zu beachten ist aber, dass der Antrag des Schuldners damit nicht erledigt ist. Über ihn muss entschieden werden, sobald der Gläubiger die Fortsetzung beantragt. 226

IV. Antrag des Schuldners nach § 765a ZPO

Unter den ganz besonderen Gründen des § 765a ZPO kann das Gericht jede der dort vorgesehenen Entscheidungen auch im Zwangsversteigerungsverfahren zum Zwecke der Zwangsvollstreckung treffen. Hierzu wird auf die Kommentarliteratur (ZPO) Bezug genommen. 227

Da es sich bei § 765a ZPO um eine **extreme Ausnahmevorschrift**[96] handelt, kommen nur schwerwiegende Gründe in Betracht, z.B. akute **Lebens- oder Suizidgefahr** des Schuldners oder eines nahen Angehörigen, der im Haus wohnt. Aber auch dann ist eine Abwägung der (gewichtigen) Belange des Betroffenen und dem ebenfalls grundgesetzlich (Art. 14 GG) geschützten Interesse des Gläubigers erforderlich. Hierbei ist zu prüfen, ob der Gefahr nicht auch auf andere Weise als durch Einstellung begegnet werden kann, wobei der Betroffene das ihm Zumutbare tun muss, um das Risiko zu vermindern.[97] Dazu muss er sich zumindest in fachärztliche Behandlung begeben.[98] Reicht dies nicht aus, kommt auch eine Unterbringung in einer Nervenklinik in Betracht.[99] 228

Das *BVerfG*[100] hat (in einem Räumungsstreit) diese Güterabwägung und die Verpflichtung des Betroffenen zur Mitwirkung gebilligt, aber ausdrücklich gefordert, dass das Vollstreckungsgericht nach Beweiserhebung die Auflagen für den Einzelfall ausdrücklich anzuordnen hat. Es muss also z.B. die Bestellung eines Betreuers und bei der zuständigen Behörde eine evtl. Unterbringung nach Landesrecht anregen. Es darf sich nicht darauf verlassen, dass der Betroffene oder seine Angehörigen von sich aus handeln. 229

In einer weiteren Entscheidung hat der *BGH*[101] diese Sorgfalt dergestalt konkretisiert, dass das Vollstreckungsgericht sich nicht auf Ratschläge beschränken darf, sondern selbst durch konkrete Maß- 230

---

96 *BGH* Rpfleger 2005, 722 m.w.N.
97 *BGH* Rpfleger 2005, 454; 722.
98 *LG Lübeck* Rpfleger 2004, 435. Zur Problematik sehr ausführlich: *Lang* RpflStud. 2005, 162.
99 *BGH* Rpfleger 2005, 454 (456). Der *BGH* bezeichnet als Rechtsgrundlage das jeweilige Landesrecht (Unterbringungsgesetz). Somit käme auch eine Unterbringung des Betroffenen gegen seinen Willen in Betracht, wenn die entspr. Voraussetzungen vorliegen.
100 Rpfleger 2005, 614.
101 *BGH* Rpfleger 2006, 149 für eine Zwangsräumung.

nahmen für die Abwendung der Suizidgefahr zu sorgen habe. Dies gelte gerade dann, wenn der Betroffene alle notwendigen ärztlichen Maßnahmen verweigere. Ob und wie das Gericht im Einzelfall dies auch tatsächlich erreichen kann, bleibt offen und ihm überlassen. Wegen Suizidgefahr zwischen Zuschlagsverkündung und Rechtskraft siehe Rn. 570.

Tipp: Diese Rechtsprechung wird künftig dazu führen, dass Schuldner bzw. ihre Angehörigen grundsätzlich selbstmordgefährdet sind – und ärztliche Gutachten hierzu werden sich wohl auch beschaffen lassen. Den Gerichten bzw. den Gläubigern sei geraten, bei der amtsärztlichen Begutachtung stets die Frage prüfen zu lassen, ob nicht die **Unterbringung in einer Nervenklinik** diese Suizidgefahr am Sichersten abwenden könne – um dann einen Antrag auf Unterbringung nach Landesrecht bei der zuständigen Behörde zu stellen.

V. Entscheidung des Prozessgerichts

231 Das zuständige Prozessgericht kann jederzeit die Aufhebung des Versteigerungsverfahrens (z.B. §§ 767, 771 ZPO) durch Urteil anordnen und durch Beschluss gem. § 769 Abs. 1 ZPO bis zu seiner Entscheidung die einstweilige Einstellung anordnen. Geschieht dies, bewirkt die prozessgerichtliche Entscheidung **nicht unmittelbar** die Aufhebung/einstweilige Einstellung des Verfahrens. Vielmehr hat das **Versteigerungsgericht** gem. den §§ 775 Nr. 1 und 2, 776 ZPO die Gerichtsentscheidung zu **vollziehen**, indem es sein Verfahren aufhebt oder einstweilen einstellt.

Wegen der Verfahrensfortsetzung in solchen Fällen siehe Rn. 235.

232 Wird dem Versteigerungsgericht ein Tatbestand glaubhaft gemacht, der eine solche prozessgerichtliche Maßnahme zur Folge haben könnte, kann es **in dringenden Fällen** unter Fristsetzung selbst einstweilen einstellen (§ 769 Abs. 2 ZPO). Innerhalb der Frist wäre **beizubringen**:

- das Urteil des Prozessgerichts (kaum denkbar!) oder
- die Einstellungsentscheidung des Prozessgerichts nach § 769 Abs. 1 ZPO oder
- die Einstellungsbewilligung (§ 30 ZVG) oder Antragsrücknahme (§ 29 ZVG) durch den Gläubiger.

Die **Fortsetzung erfolgt von Amts wegen** nach Fristablauf, wenn keine der vorgenannten Unterlagen beigebracht wird.

VI. Sonstige Einstellungsfälle (Beispiele)

233 Eine einstweilige Einstellung oder Aufhebung des Verfahrens gem. §§ 775, 776 ZPO könnte z.B. auch in folgenden Fällen in Betracht kommen:

a) Dem Schuldner ist Abwendung der Zwangsvollstreckung durch **Sicherheitsleistung** nachgelassen und deren Leistung wird jetzt nachgewiesen. Es erfolgt Aufhebung des Verfahrens (§ 775 Nr. 3 mit § 776 ZPO).

b) Der Schuldner legt eine Urkunde vor, aus welcher sich ergibt, dass die **Forderung** nach Urteilserlass **gezahlt oder gestundet** ist. Es erfolgt einstweilige Einstellung des Verfahrens (§ 775 Nr. 4 mit § 776 ZPO).

c) Der Schuldner legt Überweisungsbeleg einer Bank oder Sparkasse vor, wonach die **Beschlagnahmeforderung** nach Urteilserlass **bezahlt** ist.[102] Es erfolgt einstweilige Einstellung des Verfahrens (§ 775 Nr. 5 mit § 776 ZPO).

---

[102] Der häufig auf den vorgelegten Überweisungsdurchschriften vorzufindende Vermerk des Kreditinstituts „Zur Überweisung angenommen" ist für sich allein wertlos. Nur zusammen mit einem unzweifelhaften Überweisungsvermerk auf einem Kontoauszug kann von einem Nachweis gesprochen werden. Als Nachweis denkbar wäre auch ein Vermerk mit dem Inhalt: „Überweisung wird ausgeführt". Neuerdings werden solche Bescheinigungen überwiegend nicht mehr ausgestellt.

Einstweilige Einstellung und Aufhebung **1**

Tipp: Das Versteigerungsgericht sollte sorgfältig prüfen, ob auf dem Überweisungsbeleg das Konto des Empfängers richtig angegeben ist. Schuldner überweisen manchmal unter falscher Kontoangabe und erhalten dann kurz darauf ihr Geld wieder zurück – für den nächsten Gläubiger!

Hat das Gericht nach § 775 Nr. 3 ZPO das Verfahren aufgehoben, kann der betroffene Gläubiger die Entscheidung (nur) im Rechtsmittelweg anfechten, weshalb Rn. 148 beachtet werden sollte. In den anderen Fällen erfolgt die Fortsetzung auf Gläubigerantrag, der nicht begründet werden muss. Der Schuldner kann sich hiergegen nur nach § 767 ZPO wehren. **234**

Nach erfolgter **einstweiliger Einstellung**, gleichgültig ob seitens des Prozess- oder des Vollstreckungsgerichts[103], erfolgt die **Fortsetzung nur auf Antrag des betroffenen Gläubigers**. Auch hier gilt § 31 ZVG, d.h. **235**
- der Antrag muss innerhalb einer Frist von **sechs Monaten** gestellt werden;
- die **Frist beginnt** im Falle § 31 Abs. 2 lit. d ZVG mit Wegfall der Einstellung, im Falle § 775 Nr. 4 und Nr. 5 ZPO mit der Anordnung der einstweiligen Einstellung;
- in jedem Falle beginnt die Frist jedoch erst mit der Zustellung der **Belehrung** nach § 31 Abs. 3 ZVG.
- nach Fristablauf ohne Fortsetzungsantrag wird das Verfahren **aufgehoben**.

E. Rechtsbehelfe bei einstweiliger Einstellung und Aufhebung

Betrifft die Entscheidung des Rechtspflegers die **einstweilige Einstellung, Aufhebung** oder **Fortsetzung** des Verfahrens, ist sie separat anfechtbar (§ 95 ZVG). Soweit ein Antrag des Gläubigers erforderlich war, ist die Entscheidung ihm gegenüber nicht nur „Maßnahme" und deshalb von ihm mit sofortiger Beschwerde anfechtbar, während sich der – nicht angehörte – Schuldner mit Erinnerung nach § 766 ZPO wehren kann. Diesen Rechtsbehelf haben Gläubiger und Schuldner, wenn das Gericht von Amts wegen ohne Anhörung entschieden hat. **236**

F. Kosten bei einstweiliger Einstellung und Aufhebung

I. Kosten des Gerichts

Die vorgenannten Einstellungsverfahren lösen keine eigene Gerichtsgebühr aus; auch nicht das Verfahren nach § 765a ZPO.[104] **237**

Für die Beschwerde, wenn verworfen oder zurückgewiesen: § 765a ZPO = Festgebühr 100,00 € (Vorbemerkung 2.2. KVGKG, Nr. 2240 KVGKG), andere Verfahren: eine volle Gebühr (Nr. 2241 KVGKG).

II. Rechtsanwaltskosten

Der Rechtsanwalt erhält für seine Tätigkeit im Verfahren über die einstweilige Einstellung (oder Beschränkung) der Zwangsversteigerung eine weitere Verfahrensgebühr von 4/10 der vollen Gebühr (Nr. 3311 Ziff. 6 VVRVG). Auch für diese Gebühr richtet sich der Gegenstandswert nach § 26 Nr. 1 oder 2 RVG. Dazu Rn. 141 und 143. **238**

---
103 Ausgenommen § 769 Abs. 2 ZPO, siehe Rn. 232.
104 Vorbemerkung 2.2. KVGKG.

3. Kapitel
Verfahren bis zum Versteigerungstermin

A. Was jetzt zu erledigen ist

239 Nach Zustellung des Anordnungsbeschlusses ist es allgemein üblich, zunächst einmal die dem Schuldner in § 30b ZVG gewährte Frist für einen Antrag nach § 30a ZVG verstreichen zu lassen, bis weitere Maßnahmen getroffen werden. Wie sich aus § 30b Abs. 4 ZVG ergibt, ist dies aber nicht zwingend notwendig. Vielmehr könnte sofort mit der Vorbereitung des Versteigerungstermins begonnen werden. Versucht der Schuldner durch immer neue Eingaben die Versteigerung zu verzögern, könnte zumindest nach der Ablehnung des Vollstreckungsschutzes bereits die Wertfestsetzung eingeleitet werden.

240 Das Gericht muss jetzt – und zwar in dieser Reihenfolge –
1. den **Grundstückswert** (Verkehrswert) ermitteln und **festsetzen**;
2. den **Versteigerungstermin bestimmen** und bekannt machen, und
3. den **Termin vorbereiten**.

Als weitere vorbereitende Handlung empfiehlt es sich, bei der Gemeinde einen Auszug aus dem Baulastverzeichnis anzufordern. Bei einer Baulast handelt es sich um eine öffentlich-rechtliche Verpflichtung des Grundstückeigentümers, etwas zu tun, zu dulden oder zu unterlassen. In manchen Bundesländern kann diese Verpflichtung in ein kommunales, von der Bauaufsichtsbehörde geführtes Verzeichnis (Baulastverzeichnis) eingetragen werden.

241 Die vorgenannten Maßnahmen dürfen nur ergriffen werden, wenn das Verfahren nicht einstweilen eingestellt ist. Hat also z.B. der einzige Gläubiger nach § 30 ZVG die einstweilige Einstellung bewilligt, darf die Weiterführung erst nach beschlossener Fortsetzung erfolgen.

242 Sind mehrere Gläubiger vorhanden, ist es erforderlich, aber auch ausreichend, dass das Verfahren gegenüber wenigstens einem von ihnen nicht einstweilen eingestellt ist. Dieser Gläubiger muss weder der zeitlich Erste (der also den Anordnungsbeschluss bewirkt hatte = Anordnungsgläubiger) noch jener mit dem besten Rang sein. Innerhalb des Gesamtverfahrens hat jeder Gläubiger sein eigenes Verfahren (§ 27 Abs. 2 ZVG).

B. Wertfestsetzung

I. Allgemeines

243 Gemäß § 74a Abs. 5 ZVG hat das Gericht den **Verkehrswert** des Grundstücks zu ermitteln und festzusetzen. Dabei hat es, soweit erforderlich, einen Sachverständigen zu hören. Dessen Beauftragung erfolgt nach den Regeln der §§ 402 ff. ZPO, weshalb (alle) Gläubiger und der Schuldner, nicht aber die übrigen Beteiligten, von der Auswahl des Sachverständigen zu verständigen sind. Nur Gläubiger und Schuldner haben ein Ablehnungsrecht. Eine Anfechtung (Erinnerung) gegen die Bestellung findet nicht statt.[105] Der Wert der mitzuversteigernden Gegenstände des Haftungsverbandes (Rn. 106 ff.) ist vom Rechtspfleger frei zu schätzen (§ 74a Abs. 5 Satz 2 ZVG).

244 Die Wertfestsetzung **wird benötigt** für
- die Festlegung der Höhe der regelmäßigen Sicherheit (Rn. 451);
- die Entscheidung über den Zuschlag nach §§ 74a und 85a ZVG (Rn. 505 ff.);

---
105 *Stöber* (ZVG) § 74a Rn. 10.9.

- die Verteilung von Grundpfandrechten (Rn. 1009 ff.) und
- die Kostenberechnung (Rn. 356 ff.).

Daneben stellt sie eine wichtige Orientierung für die Beteiligten und Bietinteressierten dar.

Obwohl das Gutachten über den Grundstückswert einen erheblichen Teil der entstehenden Gerichtskosten verursacht, ist es stets notwendig, wenn der mutmaßliche Wert des Grundstücks einen solchen Aufwand rechtfertigt und nach Rn. 253 nicht anderweitig eine gesicherte Erkenntnis erlangt werden kann. Landesrechtlich kann eine Begutachtung ohne Rücksicht auf den Wert zwingend vorgeschrieben sein. 245

Soweit das Landesrecht dies nicht ausdrücklich vorschreibt, ist es nicht ratsam, als Sachverständigen stets den Gutachterausschuss[106] zu beauftragen. Besser wäre es, z.B. mit den ortsansässigen Architekten zu vereinbaren, dass diese als Gutachter herangezogen werden. Keinesfalls sollte sich das Gericht jedoch von einem einzigen Sachverständigen abhängig machen. 246

Der Sachverständige sollte vom Gericht ein Merkblatt erhalten, in welchem die Besonderheiten der Bewertung zum Zwecke der Zwangsversteigerung erklärt sind.[107] Ihm ist aufzugeben (§ 411 Abs. 1 ZPO), bis wann er das Gutachten vorzulegen hat. 247

Auf die Einzelheiten der Verkehrswertermittlung kann in diesem Werk nicht eingegangen werden. Insoweit wird auf die Spezialliteratur verwiesen. Eine gute Zusammenstellung der wesentlichen tatsächlichen und rechtlichen Aspekte findet sich auch im Aufsatz von *Dr. Roland Fischer, Prof. Dr. Hans-Jürgen Lorenz* und *Dipl.-Ing. Matthias Biederbeck*.[108] 248

Soweit Gegenstände vorhanden sind, die zum Haftungsverband gehören können, soll der Sachverständige diese zumindest verzeichnen; evtl. einen Wertvorschlag machen (Rn. 243). 249

Es ist üblich und sinnvoll, dass der Sachverständige Fotos vom Versteigerungsobjekt beifügt. Abhängig von der Zahl der Gläubiger sollte das Gutachten mit einigen Mehrfertigungen eingereicht werden. Der Sachverständige soll auch nach Möglichkeit einen Aufteilungsplan der Wohnräume fertigen, was später für die Bietinteressierten sehr wichtig ist. 250

Der Sachverständige muss wissen, dass er beim Gericht gem. JVEG[109] nach Zeitaufwand entschädigt wird. Der Stundensatz wird sich wohl (§ 9 JVEG mit Anlage 1) nach der Gruppe 6 berechnen und somit 75,00 EUR betragen, falls nicht eine Vereinbarung nach § 14 JVEG getroffen ist. 251

Der Sachverständige haftet - auch dem Ersteher gegenüber[110] - für Vorsatz oder grobe Fahrlässigkeit bei der Erstellung des Gutachtens (§ 839a BGB). Ein Gutachterausschuss haftet auch für normale Fahrlässigkeit.[111] 252

II. Vorüberlegung

Der Rechtspfleger wird zunächst folgende Überlegungen anstellen: 253

- Sind bereits irgendwo Unterlagen über den Wert des Grundstücks vorhanden? In Betracht kommen die Akten eines zeitnahen früheren Verfahrens, die Akten des Insolvenzverwalters, die Unterlagen eines beteiligten Kreditinstitutes.

---

106 Es kann fraglich sein, ob Gutachterausschüsse überhaupt Sachverständige im Sinne der ZPO sein können. Hierzu *OLG Düsseldorf* NJW 1968, 1095 sowie *LG Berlin* NJW 1964, 672.
107 Stichwortartig sei erwähnt: Einzelbewertung bei mehreren Grundstücken! Wirtschaftliche Einheit? Eingetragene Belastungen bleiben außer Ansatz! Eintrag im Baulastverzeichnis? Wenn möglich, die Namen der Bewohner (Mieter, Eigentümer) feststellen!
108 Rpfleger 2002, 337.
109 Ersetzt seit 01.07.2004 das bisherige ZSEG.
110 Hierzu *BGH* Rpfleger 2006, 551 mit Anm. *Alff*, der die Entscheidung des *BGH* im Ergebnis begrüßt, jedoch bezweifelt, ob § 839a BGB eine ausreichende Rechtsgrundlage hierfür bietet.
111 *BGH* Rpfleger 2003, 310.

1 Versteigerung eines Grundstücks

- Kann ich mir leicht einen Überblick über den Wert verschaffen, z.B. durch eine „Richtwert-Auskunft" der Geschäftsstelle des Gutachterausschusses[112]?
- Lohnt der mutmaßliche Grundstückswert ein formelles Gutachten?
- Habe ich evtl. eine Möglichkeit, mir durch einen „informellen Gutachter" (z.B. den Ortsbürgermeister)[113] einen Eindruck über den Zustand und den Wert des Grundstücks zu verschaffen, wenn sich kein Gutachten lohnt?
- Bei Zwangsverwaltung: Kann der Zwangsverwalter dem Sachverständigen Zutritt verschaffen? Können evtl. die Angaben des Zwangsverwalters (besonders bei kleineren Eigentumswohnungen) zusammen mit den Richtwerten ein Gutachten überflüssig machen?[114]

III. Verfahren bis zum Gutachten

254 • Das **Gericht bestellt den Sachverständigen** durch Beschluss. Der Beschluss wird dem Sachverständigen, dem Schuldner sowie allen Gläubigern, deren Verfahren nicht einstweilen eingestellt ist, formlos zugeleitet. Soweit vorhanden, sollte auch dem Zwangsverwalter und dem Insolvenzverwalter unbedingt eine Abschrift zugeleitet werden.

255 • Der Sachverständige wird nun dem Schuldner mitteilen, wann die **Ortsbesichtigung** stattfinden soll. Dieser ist nicht verpflichtet, dem Sachverständigen das Betreten des Grundstücks zu gestatten.[115] In diesem Fall muss der Sachverständige die Bewertung nach dem äußeren Eindruck sowie den Plänen des Bauamtes unter Berücksichtigung der allgemeinen Bewertungskriterien (Lage, Grundstücksmarkt etc.) vornehmen.[116] Dass hierbei wahrscheinlich wegen der nicht stattgefundenen Innenbesichtigung ein erheblicher Abschlag erfolgen wird, hat der Schuldner hinzunehmen.[117]

256 • Der Rechtspfleger kann sich der Ortsbesichtigung anschließen. Aber auch ihm muss der Schuldner das Betreten nicht gestatten.[118] Das Gericht kann vor oder nach der Beauftragung des Sachverständigen einen Ortstermin bestimmen. Dies sollte es spätestens dann tun, wenn Einwendungen gegen das Gutachten erhoben werden.

IV. Entscheidung

257 Gelegentlich wird darauf verzichtet, das Gutachten eingehend zu prüfen und nur der dort am Schluss festgestellte Wert in die gerichtliche Entscheidung übernommen. Sachdienlich ist dies aber nicht. Vielmehr soll der Rechtspfleger das Gutachten ganz genau lesen, um sich, zusammen mit den ihm sonst noch vorliegenden Erkenntnissen, darüber schlüssig zu werden, ob er sich nach freier Würdigung des Gutachtens dem Wertvorschlag anschließen will. Ergeben sich Zweifelsfragen, soll er diese ausräumen, bevor er die Beteiligten hört.

257a Besteht ein ernstzunehmender Altlastverdacht, muss das Vollstreckungsgericht diesem Verdachtsmoment nachgehen und hierbei alle in Betracht kommenden Erkenntnisquellen nutzen. Ein Bodengut-

---

112 Bei allen Stadt- und Kreisverwaltungen befinden sich Gutachterausschüsse, die aus einer Sammlung von Kaufurkunden einen Richtwert berechnen können.
113 Das Amtsgericht in K. hatte sich für geringwertige landwirtschaftliche Grundstücke vom jeweiligen Ortsbürgermeister einen der Flur kundigen Landwirt benennen lassen, der dann an Hand eines vorgegebenen Fragekataloges das Grundstück beschrieben hat. Dafür hat er eine kleine Vergütung nach dem ZSEG erhalten. Diese „Gutachten" haben sich als ungemein praxistauglich erwiesen.
114 BGH Rpfleger 2005, 40.
115 Der Gesetzgeber sollte sich dazu entschließen, durch eine Rechtsänderung § 197 BauGB für anwendbar zu erklären!
116 Soweit vorhanden, können der Zwangsverwalter oder der Insolvenzverwalter weiterhelfen.
117 Hierzu LG Göttingen Rpfleger 1998, 213.
118 Die Erfahrung hat gezeigt, dass der Schuldner den Rechtspfleger nur selten abweist, weil er ihm in seinen eigenen Räumen seine Not klagen und ihn fragen kann, ob die Versteigerung nicht vermeidbar ist.

achten kann erforderlich werden, wenn die Kosten in einem angemessenen Verhältnis zu den mutmaßlichen Auswirkungen auf den Verkehrswert stehen.[119]

Erst dann soll er die notwendige **Anhörung** vornehmen. Angehört werden alle Beteiligten (§ 9 ZVG), also **258**
- die **Gläubiger** (also auch jene, deren Verfahren noch einstweilen eingestellt ist); zum Gläubigerbegriff i.S. des § 9 ZVG siehe Rn. 298;
- der **Schuldner**;
- die **Berechtigten der Rechte in der zweiten und dritten Abteilung des Grundbuchs**. Diese erfahren jetzt erstmals offiziell von der Anordnung der Zwangsversteigerung.

Nach Eröffnung des Insolvenzverfahrens ist der Schuldner nicht mehr „beteiligt" i.S. des § 9 ZVG.[120]

Mitgeteilt wird ihnen das Ergebnis der Schätzung und auch die evtl. geplante Abweichung von dieser Bewertung unter Angabe der hierfür maßgebenden Gründe. Einen Anspruch auf eine kostenlose Kopie des Gutachtens haben sie nach der hier vertretenen Auffassung nicht. Es ist ihnen aber gegen Erstattung der Schreibauslagen (Nr. 9000 KVGKG) eine Abschrift anzubieten. Ansonsten können sie kostenlos die Akten einsehen (§ 42 ZVG). **259**

Werden Einwendungen erhoben, kann das Gericht nach freiem Ermessen entscheiden, ob und welche Erkenntnisse es noch benötigt. In Betracht kommt z.B. eine Rückfrage beim Sachverständigen oder eine gerichtliche Ortsbesichtigung. Die Eingabe mit den Einwendungen soll auch den übrigen Beteiligten „zur Stellungnahme" zugeleitet werden. Soweit das Gericht neue Erkenntnisse gewonnen hat, sollen diese (mit kurzer Frist zur Stellungnahme) zumindest demjenigen mitgeteilt werden, der Einwendungen erhoben hat. **260**

Sodann setzt das Gericht den Grundstückswert durch Beschluss fest. **261**

Den Wert bestehen bleibender Rechte, insbesondere jener der 2. Abteilung, darf es hierbei nicht absetzen, auch nicht in Form einer „alternativen Wertfestsetzung".[121] Die gegenteilige Auffassung des *LG Heilbronn*[122] ist abzulehnen. **262**

Vorhandene Gegenstände des Haftungsverbandes sind unbedingt getrennt und einzeln zu bewerten. Nur so ist eine einfache Korrektur des Wertes möglich, wenn später solche Gegenstände vorzeitig ausscheiden. Einen weiteren Grund für diese Verfahrensweise liefert ein eröffnetes Insolvenzverfahren (hierzu Rn. 312). **263**

Der Beschluss ist zu begründen, insbesondere wenn Einwendungen erhoben worden sind. Die Begründung soll erkennen lassen, dass sich das Gericht mit dem Gutachten auseinander gesetzt und nicht einfach nur den Wert übernommen hat. **264**

Der Beschluss ist allen Beteiligten förmlich zuzustellen. Er ist von diesen mit sofortiger Beschwerde anfechtbar. **265**

Der Vollstreckungsschuldner kann die sofortige Beschwerde grundsätzlich auch mit dem Ziel einer Herabsetzung des Verkehrswertes einlegen, wenn daran im Einzelfall ein Rechtsschutzinteresse besteht.[123] **266**

Nach fruchtlosem Ablauf der Beschwerdefrist ist der Beschluss den bisher bekannten Beteiligten gegenüber formell rechtskräftig. Später hinzukommende Beteiligte können ihn aber noch anfechten. Der **Beschluss erwächst nicht in materielle Rechtskraft**; das Gericht kann ihn daher von Amts wegen oder auf Anregung eines Beteiligten jederzeit ändern, wenn sich hierfür sachliche Gründe feststellen lassen. Dies gilt sowohl für neu hinzukommende Gründe (Beschädigungen, Reparaturen) als auch für bereits vorhandene Mängel (und Verbesserungen), die erst nachträglich bekannt wurden. **267**

---

119 *BGH* Rpfleger 2006, 554.
120 *LG Lübeck* Rpfleger 2005, 235; so auch *Böttcher* (ZVG) § 9 Rn. 6 m.w.N. A.A. *OLG Hamm* Rpfleger 1966, 24.
121 *Alff* Rpfleger 2003, 113.
122 Rpfleger 2005, 56 und 511 mit abl. Stellungnahme *Hintzen*.
123 *BGH* MDR 2004, 1023.

Der Beschluss über die neue Festsetzung muss die Gründe erkennen lassen und ist wieder allen Beteiligten zuzustellen. Er ist ebenfalls mit sofortiger Beschwerde anfechtbar, falls noch kein Zuschlag erteilt wurde.[124]

268 Die Wertfestsetzung gilt grundsätzlich für das gesamte Verfahren, auch wenn mehrere Termine stattfinden. Allerdings sollte das Gericht bei gegebenem Anlass und nach einiger Zeit (ca. zwei Jahre) den festgesetzten Wert überprüfen.[125]

Sind die Zuschlagsgrenzen der §§ 74a, 85a ZVG inzwischen entfallen (Rn. 505 ff., 512), besteht kein Rechtsschutzinteresse mehr für eine solche Anpassung an die veränderten Umstände.[126] Allerdings ist diese objektiv nicht mehr zutreffende Wertfestsetzung bei der Berechnung der „fiktiven Befriedigung" (§ 114a ZVG) nicht mehr bindend.[127]

C. Bestimmung des Versteigerungstermins

I. Terminstag und Terminsort

269 Den Zeitrahmen für die Bestimmung des Versteigerungstermins steckt das ZVG nur durch die (für die Praxis bedeutungslosen) §§ 30b Abs. 4 und 36 Abs. 2 ZVG ab. Insbesondere ist nicht bestimmt, dass die Rechtskraft des Beschlusses über die Wertfestsetzung abgewartet werden muss. Die zahlreichen und sich widersprechenden Ausführungen hierzu in der Literatur lassen erkennen, dass es nur eine am Einzelfall orientierte pragmatische Lösung geben kann. Wenn nach Sachlage kaum eine Beschwerde zu erwarten ist, könnte man (um Arbeit und Kosten zu sparen) die Terminsbestimmung zusammen mit dem Wertfestsetzungsbeschluss zustellen. Hatte sich das Gericht über Einwendungen hinweggesetzt, wird man besser die Rechtskraft des Wertfestsetzungsbeschlusses abwarten. Im Übrigen kann wegen Rn. 278 ohnehin der Termin nicht alsbald stattfinden, so dass ein zügig arbeitendes LG stets in der Lage wäre, vor dem Termin über eine evtl. Beschwerde zu entscheiden.

270 Jetzt muss das Gericht noch einmal prüfen, ob die in Rn. 242 genannten Voraussetzungen immer noch vorliegen. Anderenfalls darf kein Termin bestimmt werden.

271 Bei der Terminsbestimmung ist zu beachten:

Zwischen Zustellung der Terminsbestimmung und Termin müssen **zwei Fristen** (§ 43 Abs. 2 ZVG) gewahrt sein, nämlich:

272 1. Allen Beteiligten i.S. des § 9 ZVG muss die **Terminsbestimmung mindestens vier Wochen vor dem Termin zugestellt** sein. Dies gilt für den Schuldner, alle Gläubiger (auch diejenigen, deren Verfahren einstweilen eingestellt ist) und alle jetzt schon bekannten sonstigen Beteiligten.

273 2. Dem **Schuldner** muss innerhalb der gleichen Frist zumindest ein **Beschluss zugestellt** sein, „**auf Grund dessen die Versteigerung erfolgen kann**". Dies ist ein Anordnungs-, Beitritts- oder Fortsetzungsbeschluss.

274 Mit Rücksicht auf Rn. 278 wird die erstgenannte Frist in der Praxis kaum Probleme bereiten. Dagegen kann die zweitgenannte Voraussetzung nach der Terminsbestimmung wegfallen, wenn z.B. ein Gläubiger die einstweilige Einstellung bewilligt. Dann muss der Termin aufgehoben werden, wenn nicht für einen anderen Gläubiger die Frist gewahrt ist. Es ist nämlich für die Durchführung des Termins genügend, dass irgendein Gläubiger die Voraussetzung des § 43 Abs. 2 ZVG erfüllt. Dies muss nicht der gleiche Gläubiger sein, zu dessen Gunsten der Termin ursprünglich bestimmt worden ist.

---

124 *LG Rostock* Rpfleger 2003, 205.
125 In einem sehr ärgerlichen Fall war das Grundstück zutreffend als Bauland bewertet. Nach zwei Jahren hatte die Gemeinde den damaligen Bebauungsplan geändert. Jetzt konnte keine Bebauung mehr erfolgen. Dem Gericht und den Beteiligten ist dies nicht rechtzeitig bekannt geworden.
126 *BGH* Rpfleger 2004, 172 und 2005, 554.
127 *BGH* Rpfleger 2004, 433.

Bei Verstoß gegen die in § 43 Abs. 2 ZVG genannten Zustellungsfristen ist Heilung durch Genehmigung des Betroffenen möglich (§ 43 Abs. 2 letzter Halbsatz ZVG).

Anmerkung: Bei den Daten handelt es sich um die **Zustellungsdaten** betreffend die Zustellung an den Schuldner.

Gläubiger A	Anordnungsbeschluss am 12.03.
	Einstellung (§ 30 ZVG) am 05.04.
Gläubiger B	Beitrittsbeschluss am 23.03.
Gläubiger C	Beitrittsbeschluss am 30.03.
	Einstellung (§ 30 ZVG) am 18.04.

275

Beispiel

Am 27.04. bestimmt das Gericht Termin auf 29.06. Dies war nur wegen Gläubiger B möglich. Für A und C hätte kein Termin bestimmt werden dürfen (Rn. 217).

Weiterführung Sachverhalt (Veränderungen in Fettdruck):

276

Gläubiger A	Anordnungsbeschluss am 12.03.
	Einstellung (§ 30 ZVG) am 05.04.
	Fortsetzung am 03.05.
Gläubiger B	Beitrittsbeschluss am 23.03.
	Einstellung (§ 30 ZVG) am 04.05.
Gläubiger C	Beitrittsbeschluss am 30.03.
	Einstellung (§ 30 ZVG) am 18.04.

Ohne den Fortsetzungsbeschluss auf Antrag des Gläubigers A hätte das Gericht nach der Einstellungsbewilligung des B den Termin vom 29.06. aufheben müssen. So aber kann es ihn bestehen lassen.

Weiterführung Sachverhalt (Veränderungen in Fettdruck):

277

Gläubiger A	Anordnungsbeschluss am 12.03.
	Einstellung (§ 30 ZVG) am 05.04.
	Fortsetzung am 03.05.
	Einstellung (§ 30 ZVG) am 20.06.
Gläubiger B	Beitrittsbeschluss am 23.03.
	Einstellung (§ 30 ZVG) am 04.05.
Gläubiger C	Beitrittsbeschluss am 30.03.
	Einstellung (§ 30 ZVG) am 18.04.
	Fortsetzung am 19.06.

Jetzt muss der Termin aufgehoben werden, obwohl C das Verfahren betreibt. Sein Fortsetzungsbeschluss ist jedoch nicht innerhalb der Frist des § 43 Abs. 2 ZVG zugestellt worden. Gegenüber den Gläubigern A und B ist das Verfahren einstweilen eingestellt. Somit ist kein Gläubiger mehr vorhanden, für welchen der Termin vom 29.06. gehalten werden darf. Es muss ein neuer Termin bestimmt werden.

Das Gericht muss den Versteigerungstermin entweder im Amtsblatt oder im „elektronischen Informations- und Kommunikationssystem"[128] öffentlich bekannt machen (§ 39 Abs. 1 ZVG).

278

Nur bei Grundstücken mit geringem Wert genügt die Bekanntmachung durch Aushang an der Gemeindetafel (§ 39 Abs. 2 ZVG), falls die Gemeinde noch eine solche Tafel für ihre öffentlichen Bekanntmachungen hat. Der Rechtspfleger entscheidet nach pflichtgemäßem Ermessen (Abwägung Kosten der Veröffentlichung gegen Wert des Grundstücks), ob die Voraussetzung „geringer Wert" vorliegt. Die in Rn. 278a und 278b genannten Fristen beginnen dann mit der Anheftung der Terminsbestimmung, was die Gemeinde bescheinigen sollte.

Der Versteigerungstermin muss so geplant werden, dass die vorgenannte Veröffentlichung spätestens **sechs Wochen vor dem Termin** erfolgen kann (§ 43 Abs. 1 ZVG). Die Frist beginnt mit dem Erscheinen des Amtsblattes bzw. der Zugriffsmöglichkeit Dritter auf das elektronischen Informations- und

278a

---

128 Das Landesrecht bestimmt, welche Zeitung „Amtsblatt" ist und regelt auch das elektronische Informations- und Kommunikationssystem.

1 Versteigerung eines Grundstücks

Kommunikationssystem.[129] Wurde die Frist nicht eingehalten und gibt es auch keine „Rettung" nach Rn. 278b, muss der Termin aufgehoben und neu bestimmt werden.

278b Ausnahmsweise kann die Bekanntmachungsfrist (Rn. 278a) auf zwei Wochen verkürzt werden, wenn das Verfahren bezüglich des Gläubigers bereits einmal einstweilen eingestellt war (§ 43 Abs. 1 Satz 2 ZVG). Die Durchführung des Termins hängt dann davon ab, dass zumindest noch ein Gläubiger im Verfahren verbleibt, der diese Voraussetzung erfüllt – und nur dieser darf dem Termin zugrunde gelegt werden (Rn. 344 ff.). Deshalb sollte diese Möglichkeit nur als „Rettungsanker" geprüft werden, wenn die Frist der Rn. 278a nicht gewahrt wurde und der Termin dennoch durchgeführt werden soll.

279 Nunmehr muss noch festgelegt werden, ob der Termin im Gerichtsgebäude oder (§ 36 Abs. 3 ZVG) außerhalb[130] stattfinden soll. Dies kann der Rechtspfleger nach pflichtgemäßem Ermessen[131] entscheiden. Die Justizverwaltung darf ihm insoweit keine Vorschriften machen.[132]

II. Terminsbestimmung

280 Nun verfügt der Rechtspfleger die Terminsbestimmung. Deren **Inhalt** ergibt sich aus den §§ 37, 38[133] ZVG. Bei der Beschreibung des zu versteigernden Grundstücks darf sich der Rechtspfleger keinesfalls auf die Angaben im Grundbuch beschränken. Vielmehr muss er das **Grundstück so beschreiben, dass Interessenten erkennen können, was versteigert wird**. Die räumlich vorgegebene Nutzung (z.B. Hotel) muss ersichtlich sein.[134] Die Angaben hierzu wird er dem Wertgutachten oder den Angaben der Gemeinde entnehmen. Es ist nicht verboten, die Quelle anzugeben; also z.B. „*laut Gutachten Gastwirtschaft mit zwei Wohnungen*".

280a Die früher in § 38 ZVG vorgesehene Nennung des Schuldnernamens ist aus Gründen des Datenschutzes weggefallen und daher nicht mehr möglich. Damit ist leider ein wesentliches Identifizierungsmerkmal (besonders bei landwirtschaftlichem Grundbesitz) entfallen, was früher oft genug ärgerliche Verwechslungen verhindert hatte.

281 Die Angabe des Verkehrswertes (§ 38 Satz 1 ZVG) ist wegen § 68 Abs. 1 Satz 1 ZVG erforderlich. Leider wurde für die nach § 38 Satz 2 ZVG vorgeschriebene Angabe kein Wortlaut bestimmt. Es muss beachtet werden, dass sich dieser Hinweis an Laien richtet. Am besten wäre wohl (Rn. 512): „*Der halbe Verkehrswert muss nicht mehr erreicht werden*". Das versteht jeder!

III. Bekanntmachung

282 Der Versteigerungstermin wird wie folgt bekannt gemacht:
- **Zustellung** (§ 41 Abs. 1 ZVG) an den Schuldner, den (die) Gläubiger und alle anderen Beteiligten i.S. des § 9 ZVG. Für die Form der Zustellung Rn. 286 bis 289.

283 • **Veröffentlichung** im Amtsblatt bzw. elektronischen Informations- und Kommunikationssystem (Rn. 278 ff.) und Aushang an der Gerichtstafel (§ 40 ZVG); bei Zentralisierung (Rn. 19) an der jeweiligen Tafel[135] des zuständigen Gerichts und des Gerichts, in dessen Bezirk das Grundstück liegt.

---

129 Der Rechtspfleger muss daher den Annahmeschluss des Amtsblattes kennen und beachten und wissen, ab wann dorthin mitgeteilte Daten im elektronischen Informations- und Kommunikationssystem Dritten zugänglich sind.
130 Z.B. in Räumen der Gemeinde, der Kirchengemeinde oder einer Gastwirtschaft.
131 Für wertvolle Grundstücke kommen die Bieter auch zum Gericht. Für landwirtschaftliche Grundstücke erzielt man in der Gemeinde meist höhere Gebote. Bitte das oft sehr restriktive Landesrecht beachten!
132 Eine Dienstreisegenehmigung für den Rechtspfleger ist nicht erforderlich, wohl aber für den Urkundsbeamten der Geschäftsstelle.
133 Trotz des Wortes „soll" in § 38 ZVG sind die dort genannten Anforderungen unbedingt zu beachten!
134 *OLG Nürnberg* Rpfleger 2006, 615 mit Anm. *Storz* und *Kinderlen*.
135 Die Praxis hat gezeigt, dass diese Veröffentlichung größte Beachtung seitens der Bietinteressierten findet. Eine übersichtliche Gerichtstafel ist das Schaufenster des Gerichts!

- **Freiwillige Veröffentlichungen** nach § 40 Abs. 2 ZVG. In Betracht kommen z.B. Anzeigen in der Tageszeitung,[136] in einer Fachzeitung oder zusätzlich zu § 39 Abs. 1 ZVG in der Gemeinde. In diesem Fall muss die Tafel nicht den Wert einer „Amtstafel" haben![137] Neuerdings erfolgt häufig eine Veröffentlichung im Internet.   284

Die Justizverwaltung kann bestimmen, wem die Terminsbestimmung noch formlos zuzuleiten ist (siehe Rn. 83).   285

IV. Zustellungsformen

Ergänzend zur ZPO sieht das ZVG Erleichterungen für die vorgeschriebenen Zustellungen vor. Diese Erleichterungen galten nicht (§ 8 ZVG) für die Zustellung des Anordnungsbeschlusses oder eines Beitrittsbeschlusses an den Schuldner (Rn. 25) und werden deshalb erst hier erörtert.   286

Hat ein Beteiligter beim Grundbuchamt eine Vollmacht hinterlegt, gilt sie auch für das Versteigerungsverfahren (§ 5 ZVG). Neben der grundsätzlich zulässigen Zustellung durch Einschreiben mit Rückschein (§ 3 ZVG, § 175 ZPO) kann (§ 4 ZVG) das Gericht einem nicht im Gerichtsbezirk wohnhaften Beteiligten, der keinen daselbst wohnhaften Prozessbevollmächtigten oder Zustellungsvertreter bestellt hat, durch „Aufgabe zur Post" (§ 184 ZPO) zustellen[138], jedoch nur mit Einschreibebrief (ohne Rückschein). Diese Zustellung gilt auch dann als bewirkt, wenn der Brief unbestellbar zurückkommt (§ 184 Abs. 2 ZPO). In diesem Fall hat das Gericht dem Beteiligten dann aber einen Zustellungsbevollmächtigten zu bestellen (§ 6 Abs. 2 ZVG).   287

Ist ein Beteiligter nach Name und/oder Anschrift unbekannt, kann ihm ein Zustellungsvertreter nach § 6 ZVG bestellt werden, dem nach § 7 ZVG dann wirksam zugestellt wird. Dies hat insbesondere Bedeutung für unbekannte Erben oder verschwundene Berechtigte aus uralten Grundbucheinträgen.   288

Für eine Person, die es nicht gibt (Beispiel: gelöschte GmbH) darf kein Zustellungsvertreter bestellt werden. Wegen der Einzelheiten zur Bestellung, zu den Pflichten des Zustellungsvertreters und seiner Entschädigung wird auf die Kommentarliteratur verwiesen. § 6 Abs. 3 ZVG ist ohne praktische Bedeutung, zumal das Registergericht nicht Aufsichtsbehörde i.S. dieser Vorschrift ist.   289

V. Die Zeit bis zum Termin

Kommen nachträglich durch Anmeldung (§ 9 Satz 2 ZVG) noch weitere Beteiligte hinzu, ist ihnen die Terminsbestimmung samt Wertfestsetzung zuzustellen. Ihnen gegenüber muss die Frist des § 43 Abs. 2 ZVG jedoch nicht mehr gewahrt sein.   290

Erfährt das Gericht (z.B. vom Sachverständigen), dass Mieter vorhanden sind, könnte man wegen § 566 BGB i.V.m. § 57 ZVG (dazu Rn. 387) bei diesen anfragen, ob und welche Mietsicherheit (Kaution) geleistet wurde.   291

„In der vierten Woche vor dem Termin", wenn also die Fristen der §§ 43 Abs. 2, 44 Abs. 2 ZVG gewahrt sind, hat das Gericht allen Beteiligten, denen es auch die Terminsbestimmung zugestellt hat, mitzuteilen, welche Gläubiger das Verfahren betreiben. In dieser **Mitteilung nach § 41 Abs. 2 ZVG** sind alle Gläubiger anzugeben,   292
- die den Anordnungs- oder einen Beitrittsbeschluss erwirkt haben,
- deren Verfahren nicht (mehr) einstweilen eingestellt ist und
- deren Anordnungs-, Beitritts- oder Fortsetzungsbeschluss dem Schuldner mindestens vier Wochen vor dem Termin zugestellt worden ist.

---

136 Unverzichtbar, wenn als Amtsblatt aus politischen Gründen eine Zeitung bestimmt wurde, die ohnehin kaum jemand liest!
137 Diese Veröffentlichung bewirkt in kleinen Gemeinden häufig Zahlungsbereitschaft beim Schuldner, da dort die Bürger eifrig die Tafel studieren.
138 In den Akten ist zu vermerken, zu welcher Zeit und unter welcher Anschrift der Brief zur Post gegeben wurde (§ 184 Abs. 2 ZPO).

Wäre kein solcher Gläubiger mehr vorhanden, hätte der Termin aufgehoben werden müssen. Die Mitteilung soll neben dem Namen des Gläubigers die Forderung und die Rangklasse bezeichnen, aus welcher dieser betreibt (§ 41 Abs. 2 ZVG).

293 Nunmehr werden hoffentlich zahlreiche Bietinteressierte bei der Geschäftsstelle des Gerichts vorsprechen, um sich Informationen zu holen. Sie dürfen die Akten im Umfang des § 42 ZVG einsehen. Das Gericht kann das Wertgutachten in das elektronische Informations- und Kommunikationssystem einstellen (§ 38 Abs. 2 ZVG). Gegen Schreibgebühr kann eine Kopie des Gutachtens überlassen werden. Ob man aber auch gestatten muss - wie das *LG Berlin*[139] meint - das Gutachten selbst zu kopieren (und es hierzu den Interessenten wohl auch mitzugeben!?) erscheint fraglich. Oft stellen Banken den Interessenten eine kostenlose Kopie des Gutachtens zur Verfügung, wogegen nichts einzuwenden ist.

294 Es ist ein Erfordernis des Anstandes, den Interessenten Auskünfte zum aktuellen Verfahren zu geben. Ob dies die Geschäftsstelle oder der Rechtspfleger erledigt, ist eine Frage der Fähigkeit bzw. der Organisation. Manche Rechtspfleger verfassen und verteilen Merkblätter mit den wesentlichen Angaben. Grundwissen über den Ablauf eines Zwangsversteigerungsverfahrens müssen sich aber die Bietinteressierten selbst verschaffen. Hierzu kann auf die leicht zu beschaffende und preiswerte Literatur[140] verwiesen werden. Eine eingehende Erörterung dieser Grundzüge kann man weder der Geschäftsstelle noch dem Rechtspfleger zumuten.

D. Grundsätze für das weitere Verfahren

I. Einführung einer Forderung in das Verfahren

295 Damit die Forderung eines Beteiligten gegen den Schuldner im Verfahren berücksichtigt werden kann, muss sie ins Verfahren „eingeführt" werden. Hierfür gibt es grundsätzlich **drei Möglichkeiten**:
- Der Gläubiger bewirkt einen **Anordnungs- oder Beitrittsbeschluss**. Dies wurde im ersten Kapitel bereits ausführlich erörtert.
- Die Forderung wird zum Verfahren formlos **angemeldet** (§ 45 Abs. 1 ZVG) oder gilt als angemeldet (§ 114 Abs. 1 Satz 2 ZVG).
- Die Forderung wird vom Gericht **von Amts wegen berücksichtigt** (z.B. § 45 Abs. 2 ZVG)

296 Es ist den Beteiligten keineswegs freigestellt, wie sie ihre Forderung ins Verfahren einführen. Anmeldung oder gar Berücksichtigung von Amts wegen ist nur wenigen besonders privilegierten Forderungen vorbehalten. Bei der Erörterung der Rangklassen (Rn. 310 bis 339) wird dies ausdrücklich erklärt werden. Alle anderen Forderungen können nur über einen Anordnungs- oder Beitrittsbeschluss eingeführt werden.

297 Umgekehrt können aber Beteiligte, die eine vollstreckbare Forderung haben, welche eigentlich angemeldet werden könnte oder sogar von Amts wegen berücksichtigt würde, auch einen Anordnungs- oder Beitrittsbeschluss erwirken.

Hierdurch wird dieser Beteiligte zum Gläubiger und kann Einfluss auf den Verlauf des Verfahrens nehmen, z.B. Rn. 502. In Einzelfällen ist damit auch eine Rangverbesserung verbunden (Rn. 338).

298 „Gläubiger" i.S. des ZVG ist demnach nur, wer einen Anordnungs- oder Beitrittsbeschluss bewirkt hat, deshalb manchmal auch „betreibender Gläubiger" genannt. Alle anderen sind (nur) „Beteiligte" (§ 9 ZVG).

---

139 Rpfleger 2006, 274.
140 Z.B. *Mayer* „Immobilien günstig ersteigern".

II. Wiederkehrende Leistungen

Für die Aufstellung des geringsten Gebots und später für die Verteilung des Versteigerungserlöses wird zwischen „wiederkehrenden Leistungen" und „einmaligen Leistungen" unterschieden, wobei die richtige Berechnung der wiederkehrenden Leistungen (also z.B. Zinsen, Grundsteuer) speziellen Regeln unterliegt, die jetzt erörtert werden müssen. **299**

Zunächst einmal muss zwischen **„laufenden"** und **„rückständigen"** wiederkehrenden Leistungen **unterschieden** werden, wobei diese Begriffe in § 13 Abs. 1 ZVG von den Regelungen des bürgerlichen Rechts abweichend definiert werden. **300**

Für diese Unterscheidung ist ein für die gesamte Verfahrensdauer und für alle stattfindenden Termine einheitlicher Trennpunkt zwischen „laufenden" und „rückständigen" Leistungen festgelegt. Es ist dies (§ 13 Abs. 4 ZVG) der **zeitlich erste Beschlagnahmetag**, der sich also (Rn. 92) zu Gunsten des Anordnungsgläubigers ergeben hat. Dabei ist es gleichgültig, ob dieser Gläubiger **301**
- überhaupt noch das Verfahren betreibt oder schon (z.B. durch Rücknahme) aus dem Verfahren ausgeschieden ist oder
- ob für ihn der Termin gehalten werden darf (Rn. 242) oder
- ob er den besten Rang unter allen Gläubigern hat (Rn. 344).

Ist das Grundstück im Wege der **Zwangsverwaltung** zum Zeitpunkt der Rn. 92 bereits beschlagnahmt, gilt diese Beschlagnahme auch für die Berechnungen im Zwangsversteigerungsverfahren als „Trennpunkt" (§ 13 Abs. 4 ZVG). **302**

„Laufend" i.S. des ZVG sind alle Beträge wiederkehrender Leistungen, die letztmals vor der ersten Beschlagnahme fällig geworden sind, sowie sämtliche nachträglich fällig werdenden Beträge bis zum Zuschlag! „Rückständig" sind die älteren Leistungen. **303**

Abgrenzung von laufenden und rückständigen wiederkehrenden Leistungen

304 Übersicht

Die Abgrenzung von laufenden und rückständigen wiederkehrenden Leistungen sei an Beispielen erklärt: **305**

Die Zinsen einer Grundschuld sind kalenderjährlich nachträglich fällig.
Erste Beschlagnahme war am 25.05.2009.
Berechnung:
Letzte Fälligkeit vor der Beschlagnahme: 31.12.2008.
Fällig wurden an diesem Tag die Zinsen für das ganze Jahr 2008; also sind diese und alle späteren Zinsen „laufend".
Rückständig sind die Zinsen des Jahres 2007 und alle älteren Zinsen.

306 Beispiel

307

Beispiel

Die Zinsen einer Hypothek werden kalendervierteljährlich im Voraus fällig.
Erste Beschlagnahme war am 25.05.
Berechnung:
Letzte Fälligkeit vor der Beschlagnahme: 01.04.
Fällig wurden am diesem Tag die Zinsen für das 2. Quartal. Also: Laufend sind die Zinsen ab 01.04., rückständig sind die älteren Zinsen.

308

Beispiel

Die Grundsteuer ist regelmäßig jeweils in der Quartalsmitte fällig (15.02./15.05./15.08 und 15.11).
Erste Beschlagnahme war am 25.05.
Berechnung:
Letzte Fälligkeit vor Beschlagnahme 15.05.
Fällig wurde an diesem Tag die Grundsteuer für das 2. Quartal, also 01.04. bis 30.06. Laufend ist also die Grundsteuer ab 01.04.; die ältere Grundsteuer ist rückständig.

309 Für die Aufstellung des geringsten Gebots und für die spätere Verteilung des Erlöses wird aber nicht nur die Unterscheidung der Begriffe „wiederkehrend" und „einmalig" sowie „laufend" und „rückständig", sondern besonders auch die Unterscheidung der „Rangklassen" benötigt.

E. Rangklassen (RK) des § 10 Abs. 1 ZVG

310 Wie schon früher (Rn. 38) kurz erwähnt, werden nicht alle Ansprüche bei der **Verteilung des Versteigerungserlöses** gleichmäßig berücksichtigt, sondern es wird eine **Einteilung in Rangklassen**[141] vorgenommen, wobei Ansprüche besserer RK vor jenen mit schlechterer RK befriedigt werden.

I. Rangklasse 1

311 Sie umfasst Aufwendungen, welche ein Beteiligter im Laufe einer **Zwangsverwaltung** des Versteigerungsobjekts zur Erhaltung oder für notwendige Verbesserungen des Grundstücks geleistet hat. Der Anspruch muss (formlos) angemeldet werden. Er wird nur berücksichtigt, wenn
- der Anmeldende in der Zwangsverwaltung einen Anordnungs- oder Beitrittsbeschluss bewirkt hatte,
- diese Zwangsverwaltung noch bis zum Zuschlag fortdauert und
- die Aufwendungen tatsächlich zur Erhaltung/Verbesserung des Grundstücks Verwendung gefunden haben.

Andere Vorschüsse in der Zwangsverwaltung haben diesen Vorrang nicht![142] So sind erbrachte Hausgeldzahlungen (zum Begriff Rn. 946) des Zwangsverwalters in RK 1 nur insoweit zu berücksichtigen, als sie Objekt erhaltend oder verbessernd verwandt worden sind; dies muss der die Zwangsverwaltung betreibende Gläubiger darlegen und beweisen.[143]

Aus RK 1 kann das Zwangsversteigerungsverfahren nicht betrieben werden.[144] Ein solcher Vorschuss sollte zusätzlich auch gem. § 10 Abs. 2 ZVG angemeldet werden, da er sonst nicht „abgelöst" werden könnte.

---

141 Wegen der Einzelheiten wird auf die Kommentarliteratur verwiesen.
142 *BGH* BGHZ 2003, 454; auch *OLG Braunschweig* Rpfleger 2002, 580 für Hausgeld (Wohngeld) nach WEG.
143 *BGH* BGHZ 2003, 454.
144 *Stöber* (ZVG) § 10 Rn. 2.9.

II. Rangklasse 1a

Sie kommt nur in Betracht, wenn ein Insolvenzverfahren eröffnet und der Insolvenzverwalter bestellt ist. Dieser muss die zum Haftungsverband gehörenden „beweglichen Gegenstände" feststellen und bewerten, obwohl sie der abgesonderten Befriedigung dienen. Für diesen Aufwand erhält er 4 % des vom Versteigerungsgericht für diese Gegenstände festgesetzten (Rn. 243 bzw. 263) Wertes. Formlose Anmeldung ist erforderlich; Betreiben ist nicht möglich. 312

III. Rangklasse 2

In dieser RK stehen Forderungen einer WEG-Gemeinschaft („Hausgeld"). Sie kommt also nur in Betracht, wenn Wohnungseigentum/Teileigentum versteigert wird. Dazu ausführlich Rn. 953a ff. 313

IV. Rangklasse 3

Diese RK ist für die Praxis von großer Bedeutung. Es handelt sich um Ansprüche, die als **„öffentliche Last" auf dem Grundstück** ruhen, meist (§ 54 GBO) ohne im Grundbuch eingetragen zu sein. Eine Forderung kann nur **durch** ein **Gesetz** zur öffentlichen Last erklärt werden. Dies kann geschehen durch 314

- **Bundesrecht** (wichtigste Beispiele: Grundsteuer, Leistungen bei der Flurbereinigung, Erschließungsbeiträge)[145];
- **Landesrecht**[146];
- **Kommunale Satzung**, aber nur, wenn das Landesrecht (meist im KAG) dies erlaubt. Wichtigstes Beispiel: Ausbaubeiträge[147].

Für alle Ansprüche dieser RK gilt, dass sie sowohl formlos angemeldet als auch durch einen Versteigerungsantrag (Beitrittsgesuch) ins Verfahren eingeführt werden können. Sie werden jedoch nicht von Amts wegen berücksichtigt, da sie nicht grundbuchersichtlich sind (§ 45 Abs. 2 ZVG). 315

Da diese öffentlichen Lasten das Privileg der RK 3 durch Zeitablauf verlieren können, muss eine Berechnung erfolgen, bei welcher zunächst einmal zwischen „einmaligen" und „wiederkehrenden" Leistungen unterschieden wird. 316

1. Einmalige Leistungen

Es handelt sich um Beträge, die nicht immer wieder anfallen, sondern durch **einmalige Zahlung** getilgt werden. Diese Eigenschaft „einmalig" bleibt auch dann erhalten, wenn z.B. die Beitragssatzung vorsieht, dass ein Erschließungsbeitrag in fünf jährlichen Teilbeträgen zahlbar ist. Dann handelt es sich für die hier anstehende Berechnung um fünf getrennte einmalige Leistungen, jeweils ausgehend von ihrem Fälligkeitstermin. 317

Die einmaligen Leistungen **verlieren** das **Privileg** der RK 3, wenn sie **älter sind als vier Jahre**. Nach h.M.[148] wird von der ersten Beschlagnahme (Rn. 92) zurück gerechnet. War also die erste Beschlagnahme am 15.05.2008, hätten alle Leistungen das Privileg verloren, die vor dem 15.05.2004 fällig geworden sind. 318

Sie rücken in die RK 7 und verbessern sich in die RK 5, wenn wegen dieser Forderung das Verfahren betrieben wird.

---

145 Hierzu ausführlich *Glotzbach/Mayer* Rn. 9 ff.
146 Ob das Saarländische Landesrecht, welches sogar den Kosten der Müllabfuhr den Rang einer öffentlichen Last einräumen will, einer verfassungsmäßigen Prüfung standhalten würde, sei dahingestellt.
147 Z.B. Forderungen der Gemeinde für die Wiederherstellung einer Straße.
148 Hiervon abweichend *Stöber* (ZVG) § 10 Rn. 6.17b und 6.17c, welcher vom Zuschlag aus zurück rechnen will. Hierzu auch *Glotzbach/Mayer* Rn. 34 bis 37 mit Zahlenbeispielen.

2. Wiederkehrende Leistungen

319 Es handelt sich um jene **Beträge, die immer wieder anfallen**; insbesondere also die Grundsteuer. Hier muss man nun zwischen den laufenden und den rückständigen Beträgen unterscheiden, wie dies in Rn. 300 dargestellt wurde. Von wenigen Ausnahmen abgesehen, wird die Grundsteuer kraft Gesetzes immer in der Mitte eines Quartals für dieses Quartal (siehe **Beispiel** Rn. 308) fällig. Es ist also jeweils die letzte Fälligkeit vor der ersten Beschlagnahme festzustellen. Die dort fällig gewordene Grundsteuer und alle später fällig werdenden Beträge sind „laufend" und behalten ihr Privileg. Ältere Beträge sind „rückständig" und verlieren ihr Privileg nach zwei Jahren. Für Beträge mit verlorenem Privileg gilt Rn. 338.[149]

320 **Innerhalb der RK 3** haben alle Forderungen den **gleichen Rang** (§ 10 Abs. 1 Nr. 3 ZVG), gleichgültig, auf welchem Recht sie beruhen.

321 Für die Berechnung ist immer die erste Fälligkeit maßgebend; eine evtl. Stundung bleibt unbeachtet.

V. Rangklasse 4

322 In diese RK gehören sämtliche **Rechte, die im Grundbuch** eingetragen sind. Soweit für diese Rechte Nebenleistungen geschuldet werden, also insbesondere Zinsen, aber auch Leistungen aus einer Reallast (z.B. Erbbauzins), gehören auch diese nach Maßgabe der Rn. 326 in die RK 4.

323 Die Stammrechte, also z.B. die Hypotheken und Grundschulden, aber auch die in der zweiten Abteilung des Grundbuchs eingetragenen Rechte (z.B. Nießbrauch, Wegerechte, Reallasten etc.) werden **von Amts wegen berücksichtigt, wenn sie vor dem Zwangsversteigerungsvermerk im Grundbuch eingetragen** sind (§ 9 Nr. 1 mit § 45 Abs. 1 ZVG), bei späterem Eintrag Rn. 334 f.

324 Soweit diese Rechte auf Geldzahlung gerichtet sind (insbesondere also Grundschulden und Hypotheken, aber auch Reallasten) kann aus ihnen mit einem „dinglichen Titel" (Rn. 50 und 51) auch die Versteigerung betrieben werden. Die RK ändert sich hierdurch nicht.

325 Für die daraus zu entrichtenden wiederkehrenden Leistungen (Rn. 299) gelten die in Rn. 300 bis 303 genannten Grundsätze. Auch hier wird in gleicher Weise zwischen „laufend" und „rückständig" unterschieden. Dazu **Beispiele** Rn. 306 bis 308) und **Beispiel** Rn. 332.

326 Soweit hiernach die **wiederkehrenden Leistungen „laufend"** sind, werden sie **von Amts wegen berücksichtigt** (§ 45 Abs. 2 ZVG), müssen also nicht angemeldet werden. Die hiernach als **„rückständig"** geltenden Beträge **müssen angemeldet** werden. Alle laufenden Beträge sowie die Rückstände für zwei Jahre haben noch die RK 4; ältere Rückstände die RK 8. Verbesserung durch Betreiben nach RK 5.

Tipp: Rangverbesserung durch Betreiben möglich.

327 Die entstandenen Kosten der 4. Kategorie (Rn. 47), also z.B. Rechtsanwaltskosten für die Anmeldung, müssen **angemeldet** werden. Sie haben ebenfalls RK 4 und in dieser RK den Rang vor ihrem Stammrecht und vor den Zinsen aus diesem Recht (§ 12 ZVG).

Für die Anmeldung zum gG können Terminswahrungskosten pauschaliert werden; im Verteilungstermin ist deren Spezifizierung jedoch unerlässlich.

328 Bei der **Amortisationshypothek** (Schuldner zahlt gleichbleibende Leistungen) und bei der **Abzahlungshypothek** (Schuldner zahlt immer geringer werdende Leistungen) muss zwischen Zins- und Tilgungsbeträgen unterschieden werden, wenn es um den Verlust der RK 4 geht. Nur Zinsen, nicht Tilgungsbeträge können die RK 4 verlieren, denn „Zinsen altern, Kapital nicht".[150]

---

149 Für Einzelfragen wie „Nebenleistungen", „Nacherhebung" „Verrentung", „Ansprüche ohne Privileg" siehe *Glotzbach/Mayer* Rn. 42 bis 47 und Rn. 206 bis 216; Rechenbeispiel Rn. 41.
150 *Stöber* (ZVG) § 10 Rn. 8.7. und 8.8.

Innerhalb der RK 4 bestimmt sich der Rang verschiedener Rechte (§ 11 Abs. 1 ZVG) nach § 879 BGB, also nach dem Rang des Stammrechtes im Grundbuch.

329

Innerhalb einer einheitlichen Forderung bestimmt § 12 ZVG die Rangfolge „Kosten – Zinsen und andere Nebenleistungen – Hauptanspruch". Hierbei handelt es sich jedoch nur um eine Befriedigungsreihenfolge. Diese kann zwar durch Vereinbarung geändert werden, eine solche Änderung hat jedoch nur in der Erlösverteilung (Rn. 616) Bedeutung. Die Vereinbarung lässt insbesondere keinen Anspruch mit rangverschiedenen Teilen entstehen.[151] Würde also zwischen dem Berechtigten einer Grundschuld und dem Eigentümer vereinbart werden, dass die rückständigen Zinsen Befriedigungsrang hinter dem Hauptanspruch haben und würde der Grundschuldgläubiger dann die Zwangsversteigerung nur aus den rückständigen Zinsen betreiben, so würde die Grundschuld dennoch nicht bestehen bleiben.

330

Die Bestellung einer Reallast, bei der die rückständigen Raten Rang nach dem Recht im Übrigen haben (so dass aus ihnen betrieben werden könnte, ohne dass das Stammrecht erlischt) ist unzulässig.[152]

331

An dem zu versteigernden Grundstück ist eine Grundschuld zu 100.000,00 € eingetragen, die kalenderjährlich nachträglich mit 12 % zu verzinsen ist. Die erste Grundstücksbeschlagnahme war am 18.08.2008. Die Gemeinde meldet an, dass die Grundsteuer mit 120,00 € pro Quartal seit dem 2. Quartal 2005 nicht bezahlt ist. Die Grundschuldberechtigte meldet zum Versteigerungstermin nichts an.

332

Beispiel

Es empfiehlt sich, nach folgendem Schema vorzugehen:
- Wann war die letzte Fälligkeit der jeweiligen Forderung vor der ersten Beschlagnahme?
- Welcher Betrag für welchen Zeitraum wurde dort fällig?
- Einmalige oder wiederkehrende Leistung?
- Einmalige Leistung? siehe Rn. 317 und 318.
- Wiederkehrende Leistung? Es gilt: Der zuletzt vor der Beschlagnahme fällig gewordene Betrag und alle später fällig werdenden Beträge sind „laufend", alle älteren Beträge sind „rückständig". Hiernach rückständige Beträge für mehr als zwei Jahre haben das Privileg der RK 3 bzw. der RK 4 verloren.

Somit *Ergebnis* unseres Beispiels:
- Grundsteuer: Letzte Fälligkeit vor Beschlagnahme: 15.08.2008; dort fällig wurde das 3. Quartal; „laufend" ist die Grundsteuer damit ab dem 01.07.2008. Ältere Leistungen sind rückständig. Hiervon privilegiert sind nur zwei Jahre, also 3. und 4. Quartal 2006, die vier Quartale des Jahres 2007 sowie das 1. und 2. Quartal 2008; insgesamt stehen also acht Quartale = 960,00 € des Rückstandes noch in RK 3. Der Rest (drei Quartale 2005 und zwei Quartale 2006) wird nur in RK 7 berücksichtigt.
- Grundschuldzinsen: Letzte Fälligkeit vor Beschlagnahme: 31.12.2007. Dort fällig wurden die Zinsen für das Jahr 2007. Also sind die Zinsen ab dem Jahr 2007 „laufend". Ohne Anmeldung (Rn. 326) berücksichtigt das Gericht die Zinsen für 2007 und 2008 also 24.000,00 € und noch die Zinsen für 2009 bis zum Zuschlag[153]. Die Grundschuldberechtigte hätte in der RK 4 noch weitere 24.000,00 € für die Jahre 2006 und 2005 (als rückständig, aber privilegiert) anmelden können. Zinsen ab 2004 hätten nur noch die RK 8.

VI. Rangklasse 5

In dieser RK stehen alle Forderungen, für welche der Anordnungsbeschluss oder ein Beitrittsbeschluss bewirkt worden ist. **Innerhalb der RK 5** bestimmt der Tag der Beschlagnahme (Rn. 92 bis 94) den Rang (§ 11 Abs. 2 ZVG). Innerhalb der Forderung gilt auch hier § 12 ZVG.

333

---

151 *Böttcher* (ZVG) § 12 Rn. 4.
152 *BGH* Rpfleger 2005, 92.
153 Es wird unterstellt, dass der Zuschlag erst im Jahr 2006 erfolgen kann.

VII. Rangklasse 6

334 Hierher gehören alle im Grundbuch eingetragenen Rechte, welche auf Grund der Beschlagnahme dem **bestbetreibenden** Gläubiger (Rn. 344 f.) gegenüber unwirksam sind. Ob sie nur auf Anmeldung Berücksichtigung finden, hängt davon ab, ob sie vor oder nach dem Zwangsversteigerungsvermerk eingetragen wurden (§ 37 Nr. 4 ZVG).

335 Rechte, die nach dem Zwangsversteigerungsvermerk eingetragen wurden, müssen zu ihrer Berücksichtigung formlos angemeldet werden, falls aus ihnen kein Beitrittsbeschluss bewirkt wurde (§ 9 Nr. 2 ZVG); siehe auch § 45 Abs. 1 ZVG.

Tipp: Anmeldeerfordernis beachten!

336 Sind mehrere Gläubiger vorhanden, von denen jeder seinen eigenen Beschlagnahmetag hat, kann es vorkommen, dass ein Recht nach dem ZV-Vermerk, aber vor der Beschlagnahme durch den Beitrittsbeschluss eingetragen wurde. In diesem Fall hat das Recht – Anmeldung vorausgesetzt – gegenüber dem ersten Gläubiger die RK 6, gegenüber dem Beitrittsgläubiger die RK 4. Man spricht dann von einem „relativen Rang".

VIII. Rangklassen 7 und 8

337 In diese RK gehören jene Beträge, welche durch **Zeitablauf** ihr **Privileg verloren** haben und zwar bei Verlust der RK 3 in RK 7[154]; aus RK 4 in RK 8.

338 Die Forderung muss angemeldet werden. Ein Betreiben wegen dieser Forderung verbessert den Rang von RK 7 oder RK 8 in RK 5. Innerhalb der RK 7 besteht Gleichrang. Innerhalb der RK 8 bestimmt sich das Rangverhältnis nach Rn. 329. Bei der Vollstreckungsversteigerung wird auf die RK 7 oder RK 8 kaum jemals eine Zuteilung entfallen; wohl aber bei der Zwangsversteigerung zum Zwecke der Aufhebung einer Gemeinschaft (Rn. 1312)

Tipp: Rangverbesserung durch Betreiben möglich.

IX. „Inoffizielle" Rangklassen

339 In der Literatur werden manchmal jene Kosten, die Rang vor der RK 1 haben (Rn. 356 f.), als RK 0, und jene Beträge, welche mangels rechtzeitiger Anmeldung ihren Rang verloren haben (§ 110 ZVG) und deshalb hinter die RK 8 rücken, als RK 9 bezeichnet.

F. Das geringste Gebot (gG)

Hinweis:
Eine ausführliche Darstellung und Berechnung eines geringsten Gebots anhand konkreter Daten findet sich im Fallbeispiel zum 1. Teil, 1. Abschnitt „Geringstes Gebot" (Rn. 1104).

I. Begriffsbestimmung

340 Beim geringsten Gebot (gG) handelt sich um den Betrag, welcher von einem Bieter **mindestens** geboten werden muss. Ein geringeres Gebot würde das Gericht nicht zulassen, sondern zurückweisen. Das gG darf nicht mit den Zuschlagsgrenzen der §§ 74a und 85a ZVG verwechselt werden (Rn. 505 ff.). Zu „niedrige" Gebote i.S. **dieser** Bestimmungen werden im Versteigerungstermin zu-

---

[154] Landesrechtliche Regelungen und Verjährung können dies verhindern; hierzu *Glotzbach/Mayer* Rn. 5 und Rn. 30.

nächst angenommen (zugelassen), erhalten aber, wenn die weiteren Voraussetzungen der genannten Vorschriften vorliegen, keinen Zuschlag.

Tipp: **Nicht jedes zulässige Gebot ist auch zuschlagsfähig.**

Das gG wird endgültig erst zu Beginn des Versteigerungstermins aufgestellt (Rn. 377). Da aber umfangreiche und manchmal schwierige Überlegungen und Berechnungen anzustellen sind, muss der Rechtspfleger[155] einige Tage vor dem Termin eine vorläufige Berechnung aufstellen (sog. vorläufiges geringstes Gebot). 341

Gemäß § 44 ZVG umfasst das gG die Kosten (Rn. 356 ff.) des Verfahrens und alle Ansprüche, welche einen besseren Rang haben als der Anspruch des bestbetreibenden Gläubigers (sog. **Deckungsgrundsatz**). Der Anspruch dieses Gläubigers steht also selbst **nicht** im gG. Somit ist die Höhe des gG vom Rang des Gläubigers abhängig. Hat er einen „guten Rang", z.B. RK 3, wird das gG sehr niedrig sein. Hat er einen schlechteren Rang, z.B. RK 5, kann es sehr hoch werden. 342

Daraus ergibt sich, dass das gG vom Wert des Grundstücks unabhängig ist. Es ist denkbar, dass es den Wert des Grundstücks übersteigt (dann wird kaum jemand bieten) oder so niedrig ist, dass das Grundstück für ein Gebot nur in Höhe des geringsten Gebotes nicht zugeschlagen werden wird. 343

II. Bestbetreibender Gläubiger

Sind mehrere Gläubiger vorhanden, richtet sich das gG nach dem Gläubiger **mit dem besten Rang** (§ 44 Abs. 2 ZVG). Allerdings muss ein Gläubiger, wenn er so das gG bestimmen will, **vier Voraussetzungen** erfüllen: 344

1. Er muss einen **Anordnungs- oder Beitrittsbeschluss** bewirkt haben, da er sonst kein „Gläubiger i.S. des ZVG" ist. 345
2. Sein Verfahren darf **nicht** mehr einstweilen eingestellt sein.
3. Sein Anordnungs- bzw. Beitrittsbeschluss muss dem Schuldner wenigstens **vier Wochen** vor dem Termin zugestellt sein (§ 43 Abs. 2 ZVG). Falls das Verfahren ihm gegenüber einstweilen eingestellt war, muss diese Frist auch für die Zustellung des Fortsetzungsbeschlusses eingehalten sein.
4. Die **Veröffentlichung** des Versteigerungstermins muss innerhalb der **Frist** des § 43 Abs. 1 Satz 1 ZVG erfolgen, es sei denn, das Verfahren wäre für diesen Gläubiger bereits einmal einstweilen eingestellt gewesen, so dass § 43 Abs. 1 Satz 2 ZVG Anwendung finden könnte; dazu aber Rn. 278 ff.

Erfüllt kein Gläubiger alle diese Voraussetzungen, darf der Termin nicht gehalten werden.

Der Anordnungsbeschluss für den dinglichen Gläubiger A wurde dem Schuldner am 28.02. zugestellt. Auf Bewilligung dieses Gläubigers wurde das Verfahren am 31.05. einstweilen eingestellt und dann wieder fortgesetzt. Dieser Fortsetzungsbeschluss wurde dem Schuldner am 19.06. zugestellt. Der Beitrittsbeschluss für den dinglichen Gläubiger B wurde dem Schuldner am 20.04. zugestellt. Der Beitrittsbeschluss für den persönlichen Gläubiger C wurde dem Schuldner am 22.04. zugestellt. Zum Termin vom 26.06. hat die Gemeinde ihre Grundsteuerforderung angemeldet. 346

Beispiel

Prüfung: Wer ist für den Termin am 26.06. bestbetreibender Gläubiger?
Die Gemeinde hat keinen Beitrittsbeschluss. Sie scheidet als bestbetreibende Gläubigerin aus. A erfüllt zwar die beiden erstgenannten (Rn. 345) Voraussetzungen, jedoch ist für ihn die Frist des § 43 Abs. 2 ZVG nicht gewahrt. Sein Fortsetzungsbeschluss ist zu spät zugestellt. Für ihn findet der Versteigerungstermin vom 26.06. nicht statt. B und C erfüllen die drei ersten der in Rn. 345 genannten Voraussetzungen. Zwischen diesen beiden Gläubigern entscheidet der Rang (§§ 10, 11 ZVG). Der Termin kann gehalten werden, wenn die Veröffentlichungsfrist des § 43 Abs. 1 Satz 1 ZVG eingehalten ist und B bestimmt das gG.

---

155 Notfalls mit Hilfe eines Rechnungsbeamten, soweit das Landesrecht dies noch zulässt.

1 Versteigerung eines Grundstücks

Ermittlung des bestbetreibenden Gläubigers
(anhand des Beispiels Rn. 309)

Checkliste

	A	B	C	Gemeinde
Betreiben? (Anordnungs- oder Beitrittsbeschluss bewirkt?)	✓	✓	✓	–
Keine einstweilige Einstellung?	✓	✓	✓	
Frist § 43 Abs. 2 ZVG gewahrt?	–	✓	✓	
Rang (§§ 10, 11 ZVG)?		RK 4	RK 5	
Bestbetreibender Gläubiger:		X		

347 Die 4-Wochen-Frist des § 44 Abs. 2 ZVG gilt nach h.M. auch in einem bestimmten Zusammenhang mit **Rangänderungen** der im Grundbuch eingetragenen Rechte:

Würde die Rangänderung zur **Verringerung** des gG führen (der bestbetreibende Gläubiger aus RK 4 tritt mit seinem Recht im Rang vor), muss die Rangänderung spätestens vier Wochen vor dem Versteigerungstermin in das Grundbuch eingetragen sein. Daneben muss diese Rangänderung, da nach dem Zwangsversteigerungsvermerk im Grundbuch eingetragen, rechtzeitig angemeldet werden (§ 37 Nr. 4 ZVG).

Tipp: Bei bestimmten Rangänderungen § 44 Abs. 2 ZVG beachten.

III. Aufbau

348 Das gG kann aus **zwei Teilen** bestehen, nämlich:

1. im Grundbuch eingetragene Rechte mit der Maßgabe, dass diese Rechte **bestehen bleiben** und vom Ersteher übernommen werden müssen. Ob Rechte bestehen bleiben, wird ab Rn. 350 erklärt;
2. einem bestimmten Geldbetrag, sog. **Mindestbargebot** (immer vorhanden).

Schema eines (vorläufigen) geringsten Gebots

349

Muster

> A m t s g e r i c h t _____
> Vollstreckungsgericht
> Aktenzeichen:
>
> **Vorläufiges geringstes Gebot**
> berechnet für den Versteigerungstermin am
>
> In dem Zwangsversteigerungsverfahren
> zum Zwecke der Zwangsvollstreckung
> betreffend das Grundstück [genaue Bezeichnung]
> **I. Vorbericht:**
> 1. Die **erste Beschlagnahme** des Grundbesitzes erfolgte am
> [ ] durch Eingang des Ersuchens um Eintragung des Zwangsversteigerungsvermerks beim Grundbuchamt (Eintragung des Vermerks im Grundbuch ist am _____ erfolgt)
> [ ] durch Zustellung des Anordnungsbeschlusses an den Schuldner (bei mehreren Schuldnern ist die letzte Zustellung maßgeblich)
> [ ] Maßgeblich ist die in dem noch fortdauernden Zwangsverwaltungsverfahren (AZ.:) erfolgte Beschlagnahme.
> 2. Endzeitpunkt nach § 47 ZVG:

(Fortsetzung S. 63)

Verfahren bis zum Versteigerungstermin **1**

---

3. Durch Beschluss vom   (Blatt:) wurde der
Verkehrswert des Grundbesitzes festgesetzt auf: €
Der 5/10 Wert gem. § 85a ZVG beträgt demnach: €
Der 7/10 Wert gem. § 74a ZVG beträgt demnach: €

4. Der Versteigerungstermin wurde ordnungsgemäß **bekannt gemacht**
durch Veröffentlichung gem. § 39 Abs. 1 ZVG am
Weitere Veröffentlichungen erfolgten
[ ] in der Tagespresse, nämlich
[ ] in der Fachpresse, nämlich
[ ] im Internet, nämlich
[ ] durch Aushang an der Gerichtstafel
[ ] durch Aushang an der Gemeindetafel
[ ] im Mitteilungsblatt der Gemeinde

5. **Bestbetreibender Gläubiger**:
Dieser Gläubiger betreibt das Verfahren aus der Rangklasse,
[ ] aus dem Recht III /

6. An **Anmeldungen** liegen dem Gericht vor:
...

II. Bestehen bleibende Rechte:
Abteilung II:
Abteilung III:

III. Mindestbargebot:
1. Kosten des Verfahrens (§ 109 ZVG):
Wert: € (bei Nr. 2215 KVGKG Wertangabe vorläufig)
½ Gebühr Nr. 2211 KVGKG: €
½ Gebühr Nr. 2213 KVGKG: €
½ Gebühr Nr. 2215 KVGKG: €
Auslagen: €
(einschl. geschätzter künftiger Auslagen)
Gesamtkosten: €
2. Weitere Beträge (§ 10 Abs. 1 ZVG):
Rangklasse 1:
Rangklasse 1a:
Rangklasse 2:
Rangklasse 3:
Rangklasse 4:
Rangklasse 5:

IV. Bestehen bleibende Rechte

Nicht alle Rechte, die im Grundbuch eingetragen sind, erlöschen in der Zwangsversteigerung. Vielmehr bleiben alle eingetragenen Rechte bestehen, die einen **besseren Rang** haben als der nach Rn. 344, 345 festgestellte „bestbetreibende" Gläubiger (§ 52 Abs. 1 ZVG). Hat dieser also RK 5, dann werden meist alle eingetragenen Rechte bestehen bleiben; hat er RK 3, werden grundsätzlich alle erlöschen (§ 52 Abs. 1 Satz 2 ZVG). Betreibt z.B. der bestbetreibende Gläubiger aus der zweitrangigen Grundschuld (= RK 4), so wird die erstrangige Grundschuld (auch RK 4, aber besseren Rang!) bestehen bleiben, die drittrangige erlöschen. Die bestehen bleibenden Rechte sind vom Ersteher zu übernehmen (**Übernahmegrundsatz**). **350**

Soweit aus dem bestehen bleibenden Recht Geldbeträge, insbesondere als Nebenleistungen, zahlbar sind, bleiben diese nicht bestehen, sondern sind bar zu zahlen und stehen daher im bar zu zahlenden Teil des gG (Rn. 355 ff.). Dies gilt insbesondere für Kosten nach § 10 Abs. 2 ZVG, Zinsen, Tilgungsraten, einmalige Nebenleistungen und fällige Zahlungen aus Reallasten (Erbbauzins!). Somit erscheinen die bestehen bleibenden Rechte meist zweimal im gG, einmal als „bestehen bleibendes Recht" und dann noch mit ihren bar zu zahlenden Leistungen im Mindestbargebot. **351**

352 Das Erlöschen oder Bestehen bleiben gilt sowohl für die Rechte in der dritten als auch für jene in der **zweiten Abteilung** des Grundbuchs. Es können also auch z.B. Wohnungsrechte, Nießbrauch, Wegerechte, Reallasten etc. erlöschen, ebenso Vormerkungen. Auch eine Auflassungsvormerkung kann auf diese Weise erlöschen oder bestehen bleiben. Bleibt sie bestehen, muss der Ersteher das Grundstück unter den dort vereinbarten Bedingungen an den Berechtigten der Vormerkung herausgeben.

353 Zweifelsfrei nichtige Rechte (etwa eine Zwangshypothek unter dem zur Zeit der Eintragung geltenden Mindestbetrag; siehe dazu Rn. 2015 ff. oder eine nicht unterzeichnete Grundbucheintragung) werden im gG nicht berücksichtigt. Gleiches gilt für erloschene Rechte, wenn deren Erlöschen zweifelsfrei feststeht.[156]

§ 48 ZVG regelt für die Berücksichtigung bestimmter Rechte im gG Besonderheiten. Danach sind bedingte Rechte wie unbedingte Rechte, vormerkungsgesicherte und widerspruchsgesicherte Rechte wie eingetragene Rechte zu behandeln. Wegen der Behandlung bedingter Rechte im Teilungsplan siehe Rn. 713.

354 Nicht eintragungspflichtige altrechtliche[157] Dienstbarkeiten sowie die Renten nach §§ 912 bis 917 BGB (Überbau und Notweg) bleiben auf jeden Fall bestehen (§ 52 Abs. 2 ZVG). Wegen des Erbbauzinses siehe Rn. 926; wegen der Gesamtbelastung bei Wohnungseigentum siehe Rn. 927 und 953h. Für die nach Art. 9 des EGZVG und Landesrecht bestehen bleibenden „Altenteile" etc. wird auf Rn. 391 und die Kommentarliteratur verwiesen.[158]

354a Eine Sonderregelung gilt für den Versteigerungsantrag einer Gemeinschaft nach dem WEG, wenn dieser wegen Gemeinschaftsforderungen (z.B. „Hausgeld") aus RK 2 gestellt wird. Dazu ausführlich Rn. 953h.

V. Mindestbargebot

355 Es handelt sich um den Betrag, welchen der Bieter mindestens bieten muss, wenn sein Gebot überhaupt zugelassen werden soll. Während die unter Rn. 350 bis 354 genannten bestehen bleibenden Rechte nicht immer vorhanden sind, enthält das gG stets einen bar zu zahlenden Betrag.

1. Kosten des Verfahrens

356 Gemäß § 44 Abs. 1 ZVG umfasst das gG zuerst die Kosten des Verfahrens. Dies sind aber keineswegs alle Kosten, welche im Verfahren anfallen können, sondern nur die nach § 109 ZVG dem Erlös zu entnehmenden Kosten. Dies sind zunächst die in Nr. 2211, 2213 und 2215 KVGKG genannten **Gerichtsgebühren**[159], also
- eine halbe Gebühr für das Verfahren im Allgemeinen;
- eine halbe Gebühr für die Abhaltung eines Versteigerungstermins;
- eine halbe Gebühr für die Erlösverteilung.

Die beiden erstgenannten Gebühren berechnen sich aus dem festgesetzten Wert (Verkehrswert) (§ 74a Abs. 5 ZVG; § 54 Abs. 1 GKG), die letztgenannte aus dem – jetzt noch nicht bekannten – Versteigerungsergebnis (§ 54 Abs. 3 GKG), weshalb sie **vorläufig** ebenfalls nach dem Verkehrswert angesetzt wird.

---

156 *Böttcher* (ZVG) §§ 44, 45 Rn. 52.
157 Altrechtliche Dienstbarkeiten = vor Anlage des Grundbuchs, also vor ca. 1900 nach damaligem Recht entstanden.
158 Z.B. *Stöber* (ZVG) Art. 9 EGZVG Rn. 1 bis 4. Diese Regelungen sind von erheblicher praktischer Bedeutung.
159 Für alle Gebührenfragen wird von einem durchgeführten Verfahren ausgegangen. Wegen der bei vorzeitig erledigtem Verfahren anfallenden Kosten siehe Rn. 796.

Dazu kommen noch die Auslagen des Gerichts, also z.B. für die im Rahmen der Verkehrswertfestsetzung angefallenen Kosten eines Sachverständigen (Nr. 9005 KVGKG), für die öffentliche Bekanntmachung (Nr. 9004 KVGKG) und die Reisekosten des Gerichts (Nr. 9006 KVGKG) zur Ortsbesichtigung (Rn. 256) oder zum auswärtigen Versteigerungstermin (Rn. 279) sowie für Zustellungen (Nr. 9002 KVGKG), außer jenen für die Zustellung des Anordnungsbeschlusses und der Beitrittsbeschlüsse. Zustellungsauslagen werden nur erhoben, wenn im Gesamtverfahren mehr als zehn Zustellungen angefallen sind (Nr. 9002 KVGKG), wobei jene für die Anordnung oder einen Beitritt nicht mitzählen. 357

Nicht hierher gehören die Kosten (einschl. Zustellungsauslagen) für die Anordnung, die Beitritte (Rn. 132 ff.) und die Gebühr für den Zuschlag (Rn. 572). Auch die außergerichtlichen Kosten der Beteiligten fallen nicht darunter; diese stehen, sofern rechtzeitig angemeldet (Rn. 327), jeweils bei der Hauptforderung unter deren Rang. 358

Das Gericht hatte spätestens bei der Bestimmung des Zwangsversteigerungstermins einen **Gebührenvorschuss** in Höhe des Doppelten einer Gebühr nach Nr. 2213 KVGKG (§ 15 Abs. 1 GKG) und rechtzeitig einen angemessenen **Auslagenvorschuss** (§ 17 Abs. 3 GKG) bei einem Gläubiger zu erheben. Dieser Betrag wird zunächst einmal von den Kosten nach Rn. 356, 357 abgezogen. Da ihn aber der Einzahler im Falle der Versteigerung vorweg zurückerhält, wird dieser Vorschuss zu Gunsten des Einzahlers von Amts wegen hier ins gG eingestellt. 359

2. Weitere Beträge

Nunmehr folgen alle bar zu zahlenden Beträge, die einen **besseren Rang** haben als der bestbetreibende Gläubiger. Wenn vorhanden, RK 1 und 1a und 2, meist auch RK 3 und ggf. RK 4. Es kann sogar vorkommen, dass eine Forderung der RK 5 im gG steht. Richtet sich das gG nach einem Beitrittsgläubiger aus der RK 5, weil kein anderer Gläubiger alle in Rn. 345 genannten Voraussetzungen erfüllt, so kommt z.B. auch ein besserrangiger (Rn. 333) persönlicher Gläubiger (RK 5) in das gG (Mindestbargebot). 360

Bisher wurde nur erörtert, mit welchem Anfangstermin die wiederkehrenden Leistungen in das gG einzustellen sind. **Endtermin** wäre eigentlich der Tag des Zuschlags, da ab diesem Tag der Ersteher die Leistungen zu übernehmen hat (§ 56 Satz 2 ZVG). Da aber der Zuschlag nicht immer im Versteigerungstermin erteilt wird (Rn. 488), sieht **§ 47 ZVG** vor, dass diese Beträge nicht nur bis zum Tag vor dem Versteigerungstermin, sondern darüber hinaus für den Terminstag und weitere 14 Tage berechnet werden. Es ist wichtig zu wissen, dass diese Regelung **nur für das gG**, nicht aber für die Erlösverteilung gilt. Dort wird auf den Tag genau bis zum Tag vor dem Zuschlag abgerechnet. Fällt ausnahmsweise ein Gläubiger der RK 5 in das gG, sind die wiederkehrenden Leistungen dieses Anspruchs dort bis zum mutmaßlichen Verteilungstermin zu berechnen (Anhaltspunkt: Zwei Monate nach Versteigerungstermin). 361

Einmalige Leistungen kommen auch dann ins gG, wenn sie nach dem Versteigerungstermin, aber innerhalb der Frist des § 47 ZVG fällig werden. Auch dies gilt nur für das gG, nicht für die Erlösverteilung! Erfolgt der Zuschlag tatsächlich vor ihrer Fälligkeit, zahlt der **Ersteher** die einmalige Leistung; wird erst nach ihrer Fälligkeit zugeschlagen, muss sie noch aus dem Erlös befriedigt werden. 362

Bestehen die wiederkehrenden Leistungen ausnahmsweise nicht in Geld, sondern – wie dies z.B. bei Reallasten vorkommt – in Naturalien („täglich ein Liter Milch") und steht das Recht im gG, wird hierfür ein Geldbetrag eingesetzt (§ 46 ZVG). Meldet der Berechtigte den Geldbetrag nicht an, setzt ihn das Gericht fest. 363

Wegen der besonderen Bedeutung der Vorschriften über das gG werden diese jetzt nochmals an einem Beispiel[160] vertieft. Die angegebenen Daten sind die jeweiligen Zustellungsdaten der genannten Beschlüsse an den Schuldner. 364

---

160 Es wäre ratsam, zunächst selbst das gG zu berechnen und dann erst die Lösung zu lesen!

1 Versteigerung eines Grundstücks

365

Beispiel

Drei Gläubiger betreiben das Verfahren, nämlich

Gläubiger A Anordnungsbeschluss, dem Schuldner zugestellt am 18.04.2008, aus der erstrangigen Grundschuld wegen 100.000,00 € und 12 % kalenderjährlich nachträglich fälliger Zinsen seit 01.01.2004.
Nach bewilligter einstweiliger Einstellung (§ 30 ZVG) erfolgte Fortsetzung am 03.07.2008.

Gläubiger B Beitrittsbeschluss aus RK 5, dem Schuldner zugestellt am 16.05.2008.

Gläubiger C Beitrittsbeschluss, dem Schuldner zugestellt am 22.05.2008, aus der zweitrangigen Grundschuld wegen 60.000,00 € und 6 % kalenderjährlich nachträglich fällig werdender Zinsen seit 01.01.2006.

Die erste Beschlagnahme war am 18.04.2008 Das Gericht hat den Verkehrswert auf 150.000,00 € festgesetzt und den Versteigerungstermin auf den 24.07.2008 bestimmt. Die gesamten gerichtlichen Auslagen betragen 1.300,00 €.

Zum Termin gehen folgende Anmeldungen ein:
- Gemeinde: Grundsteuer pro Quartal 120,00 €, rückständig seit dem 3. Quartal 2004 und 10.000,00 € seit dem 01.02.2007 fälliger Erschließungsbeitrag.
- A meldet 53,50 €[160] Gerichtskosten für den Anordnungsbeschluss an.
- B meldet 53,50 € Gerichtskosten für den Beitrittsbeschluss an.
- C meldet 53,50 € Gerichtskosten für den Beitrittsbeschluss und 100,00 € Kostenpauschale für die Terminswahrung (hierzu Rn. 327) an.

Frage: Wie hoch ist das geringste Gebot?

366 Zunächst ist festzustellen, wer das gG bestimmt (bestbetreibender Gläubiger). Nach dem Schema Rn. 345 ergibt sich, dass A dies nicht kann, da sein Fortsetzungsbeschluss dem Schuldner zu spät zugestellt wurde (Rn. 273). B und C dagegen könnten das gG bestimmen. Da C aber der RK 4 angehört, während B nur aus RK 5 betreibt, hat C den besseren Rang und bestimmt das gG. Damit steht zunächst einmal fest: C und B können nicht selbst im gG stehen. Nur die Ansprüche, welche Rang vor C haben, kommen ins gG.

367 Es kommen in Betracht:
a) Die Gerichtskosten (Rn. 356, 357, 359).
b) Die öffentlichen Lasten RK 3, welche die Gemeinde anmeldet.
c) Die Ansprüche des A als Gläubiger RK 4 mit Rang vor C.

Nunmehr ist festzustellen, welche Beträge berücksichtigt werden können und ob die Berücksichtigung durch „Bestehen bleiben" oder durch „Zahlung" zu erfolgen hat.

368 Das Stammrecht des A, also die Grundschuld über 100.000,00 €, bleibt gem. § 52 ZVG bestehen und muss vom Ersteher übernommen werden. Alle anderen Beträge sind bar zu zahlen.

369 a) Die Gerichtskosten:
Sie werden mit 3 x 0,5, also mit 1,5 der vollen Gebühr eingesetzt, dazu kommen die Auslagen.
b) Der Erschließungsbeitrag der Gemeinde:
Er ist innerhalb der Frist des § 10 Nr. 3 ZVG fällig geworden und wird angesetzt.
Letzte Fälligkeit der Grundsteuer vor dem 18.04.2008 war der 15.02.2008. Fällig wurde die Grundsteuer ab 01.01.2008. Ab hier ist sie „laufend" und wird gem. § 47 ZVG als solche bis zum 08.08.2008[161] taggenau eingesetzt; das 3. Quartal also nur anteilig! Privilegierter Rückstand sind (nur) die Jahre 2007 und 2006.
c) Forderung des A:
Die angemeldeten Kosten sind voll einzusetzen. Die im Antrag auf Anordnung der Versteigerung stehenden Zinsen gelten als angemeldet (Rn. 47). Die letzte Fälligkeit vor Beschlagnahme war am 31.12.2007 für das Jahr 2007. Somit sind „laufend" die Zinsen des Jahres 2007 und jene vom 01.01. bis zum 08.08.2008. Rückständig privilegiert sind die Jahre 2006 und 2005; nicht mehr aber 2004.

(Fortsetzung S. 67)

---

161 Gerichtskosten (Rn. 356, 357) = Gebühr (Nr. 2210 KVGKG) 50,00 € zzgl. 3,50 € Zustellungsauslagen (Nr. 9002 KVGKG).
162 Es ist auch hier zweckmäßig, alle Monate pauschal mit 30 Tagen zu rechnen.

Dies ergibt nun folgendes geringstes Gebot: 370
Bestehen bleibendes Recht:
Grundschuld des A über 100.000,00 € mit Zinsen ab Zuschlag.
Mindestbargebot:
Gerichtskosten:
1,5 Gebühr aus 150.000,00 €
lt. Tabelle § 34 GKG =   1.734,00 €
Auslagen (lt. Sachverhalt)   1.300,00 €
Summe   3.034,00 €
Gemeinde: Grundsteuer für 8 Quartale
             à 120,00 €   960,00 €
             lfd. Grundsteuer 218 Tage   290,66 €
             Erschließungsbeitrag   10.000,00 €   11.250,66 €
Gläubiger A: Kosten lt. Anmeldung   53,50 €
             Zinsen für 2005 bis 2007
             = 3 x 12.000,00 €   36.000,00 €
             Zinsen für 2008 = 218 Tage[162]   7.266,66 €   43.320,16 €
Mindestbargebot   57.604,82 €

Ein Bieter müsste also das Recht von 100.000,00 € übernehmen und dazu noch mindestens 57.606,92 € bar bezahlen. Wirtschaftlich gesehen muss er also mindestens 157.606,92 € aufwenden, wenn er das Grundstück erwerben will; hier also mehr als den Verkehrswert!

4. Kapitel
Versteigerungstermin

A. Vom Aufruf der Sache bis zur Aufforderung, Gebote abzugeben

I. Gliederung, Öffentlichkeit und Protokoll

Der Versteigerungstermin gliedert sich in **drei Abschnitte**: 371

Bekanntmachungsteil (§ 66 ZVG)	Bietezeit (§ 73 ZVG)	Zuschlagsverhandlung (§ 74 ZVG)
• Aufruf der Sache • Feststellung der Beteiligten • Bekanntmachungen • Feststellung des geringsten Gebots und der Versteigerungsbedingungen • Hinweis auf Ausschließung (Rangverlust) verspäteter Anmeldungen	• Aufforderung zur Gebotsabgabe = Beginn der mind. 30-minütigen Bietezeit • Gebotsabgaben etc. • Dreimaliger Aufruf des letzten Gebots • Kein weiteres Gebot • Verkündung des Schlusses der Versteigerung	• Anhörung der anwesenden Beteiligten über den Zuschlag • Evtl. Versagungsanträge, Zahlung, Antragsrücknahme, Bewilligung der einstweiligen Einstellung etc. • Zuschlagsentscheidung oder Bestimmung eines Verkündungstermins

Der Versteigerungstermin ist natürlich **öffentlich**. Das Gericht muss unbedingt durch geeignete Maßnahmen dafür sorgen, dass jeder, der am Termin teilnehmen will, das Versteigerungslokal leicht findet. Sollte – was nach Möglichkeit zu vermeiden ist – die Versteigerung in einen anderen als den ursprünglich angegebenen Raum verlegt werden, ist darüber nicht nur sorgfältig zu informieren, sondern es ist auch im Terminsprotokoll festzuhalten, was insoweit veranlasst[164] worden ist. 372

---
163 Obwohl die Zinsen des Jahres 2008 noch nicht fällig sind.
164 Einzelheiten hierzu *LG Essen* Rpfleger 2006, 665.

373 Vor allem wegen §§ 78, 80 ZVG ist das Terminsprotokoll von größter Bedeutung. Da der Rechtspfleger ein durchschnittliches Verfahren nicht neben der Protokollführung gleichzeitig leiten, die jeweils sofort notwendigen Entscheidungen treffen und z.B. noch die geleisteten Sicherheiten verwalten kann, sollte im Normalfall kein Termin ohne Urkundsbeamten der Geschäftsstelle, der das Protokoll führt (§ 159 Abs. 1 ZPO), gehalten werden.[165]

II. Feststellung der Beteiligten

374 Der Termin beginnt mit dem Aufruf der Sache und der Feststellung, welche Beteiligten (§ 9 ZVG) erschienen sind. Diese werden im Protokoll vermerkt. Die am Verfahren nicht beteiligten Personen werden zunächst auch dann nicht einzeln im Protokoll notiert, wenn sie später Gebote abgeben wollen. Vertretung ist zulässig. Soll der Vertreter[166] nur Prozesshandlungen vornehmen, also z.B. Anträge stellen oder Anmeldungen vornehmen, genügt eine darauf gerichtete schriftliche Vollmacht.

375 Besonders die fast immer beteiligten Kreditinstitute ermächtigen ihre Vertreter aber meist auch zur Abgabe von Geboten und statten sie deshalb mit einer nicht auf diesen speziellen Termin beschränkten **Bietvollmacht** aus, welche (falls nicht bei Gericht offenkundig) gem. § 71 Abs. 2 ZVG **öffentlich beglaubigt** sein muss. Es ist üblich, dem Gericht das Original vorzulegen und eine Kopie zum Verbleib in den Akten zu übergeben.

Tipp: Soll ein Rechtsanwalt für seinen Mandanten bieten, benötigt er eine öffentlich beglaubigte Bietvollmacht.

375a Jeder Gläubiger, dem der Vollstreckungstitel zwischenzeitlich zurückgegeben worden war, hat diesen spätestens jetzt wieder vorzulegen.[167] Dazu auch Rn. 168a.

III. Bekanntmachungen

376 Nunmehr erfolgen die nach § 66 Abs. 1 ZVG erforderlichen Bekanntmachungen, insbesondere
- der genauen Bezeichnung des zu versteigernden **Grundstücks** und des hierfür festgesetzten Verkehrswertes;
- der **Gläubiger** und ihre Forderungen;
- der bereits vorhandenen **Anmeldungen**.

377 Anschließend wird über die Feststellung des gG verhandelt (§ 66 Abs. 1 ZVG). Falls nicht jetzt noch Anmeldungen erfolgen (was bis zur Aufforderung zur Gebotsabgabe zulässig ist), wird das vorbereitete „vorläufige geringste Gebot" verlesen und zum endgültigen gG erklärt. Soweit erforderlich, wird der Zuzahlungsbetrag nach § 51 ZVG (Rn. 402) festgesetzt.

Tipp: Erst im Termin abgegebene Anmeldungen können diesen verzögern. Anmeldungen sollten bei Gericht daher stets vorher schriftlich eingereicht werden.

378 Neben Anmeldungen zum gG können jetzt noch andere Anmeldungen erfolgen und Anträge gestellt werden, welche vom Rechtspfleger abzuhandeln sind. Wegen der Anträge im Zusammenhang mit der Versteigerung mehrerer Grundstücke wird auf Rn. 964 ff. verwiesen.

379 Bleibt eine Grundschuld bestehen (Rn. 350), welche eine Forderung sichert, für die der Schuldner persönlich haftet, sollte er dies jetzt anmelden (§ 53 Abs. 2 ZVG), um so evtl. später aus der persönlichen Haftung freizukommen. Auch diese Anmeldung wird bekannt gemacht.

380 Damit eine bereits erfolgte Kündigung des Grundpfandrechtes gegenüber dem Ersteher wirksam ist, hat der Grundpfandrechtsberechtigte diese anzumelden (§ 54 ZVG). Die erfolgte Kündigung (Fällig-

---
165 Verweigert der Behördenvorstand die Zuweisung eines Urkundsbeamten, sollte der Rechtspfleger ausdrücklich „mit Rücksicht auf das damit verbundene erhöhte Haftungsrisiko" eine schriftliche Anweisung fordern.
166 Wegen der Vertretung einer Gemeinde im Termin: *Glotzbach/Mayer* Rn. 358 bis 367.
167 *BGH* Rpfleger 2004, 368.

stellung des Kapitals) und Anmeldung ändert jedoch nichts daran, dass das Recht als bestehend bleibend (und nicht etwa im Mindestbargebot) in das gG aufzunehmen ist.

Es ist der Hinweis üblich, dass der Ersteher im Grundbuch als Eigentümer nur eingetragen werden kann, wenn er die Unbedenklichkeitsbescheinigung[168] des Finanzamtes vorlegt. Für den Erwerb in der Zwangsversteigerung wird nämlich Grunderwerbsteuer geschuldet. Sie berechnet sich aus dem Erwerbspreis, also barem Meistgebot und Wert der bestehen bleibenden Rechte[169] (Rn. 350). Der bisher einheitliche Satz von 3,5 % kann neuerdings seitens der Länder anderweitig festgesetzt werden.   381

IV. Miet- und Pachtverhältnisse/Mietkaution

Ist das Grundstück vermietet oder verpachtet, muss der Ersteher grundsätzlich in die **bestehenden Verträge eintreten** (§ 57 ZVG). Die Zwangsversteigerung als solche ist **kein Kündigungsgrund**.   382

Allerdings hat der Ersteher unter den nachgenannten Bedingungen ein **Sonderkündigungsrecht**:   383
- Es muss ein Miet- oder Pachtvertrag vorliegen, in welchem längere Kündigungsfristen **vereinbart** wurden als das BGB vorsieht.
- Der Ersteher muss einen vom BGB anerkannten Kündigungsgrund haben, also z.B. Eigenbedarf.

Ist dies der Fall, kann der Ersteher zum nächsten gesetzlichen (!) Kündigungstermin kündigen, allerdings nur zum ersten möglichen Termin nach dem Zuschlag. Dabei ist eine Überlegungsfrist von bis zu einer Woche regelmäßig ausreichend.[170]   384

Das Kündigungsrecht des § 57a ZVG ist wie folgt auszuüben:
- Bei Wohnraum i.S. des § 549 Abs. 2 Satz 2 BGB (untervermieteter Wohnraum): Spätestens am 15. eines Monats zum Ablauf dieses Monats.
- Bei sonstigem Wohnraum: Spätestens am 3. Werktag[171] eines Kalendermonats zum Ende des übernächsten Monats, ohne Rücksicht auf § 573c BGB.
- Bei Geschäftsräumen und gewerblich genutzten unbebauten Grundstücken: Spätestens am 3. Werktag eines Kalendervierteljahres (§ 580a Abs. 1 Nr. 3 und Abs. 2 sowie Abs. 4 BGB) zum Ablauf des Kalendervierteljahres.
- Bei sonstigen Grundstücken und Räumen: Wie bei Wohnraum (§ 580a Abs. 1 Nr. 3 sowie Abs. 4 BGB).

Verrechnung der vom Mieter geleisteten Vorauszahlungen auf die Miete erfolgt nach § 57b ZVG. Hierzu wird auf die Kommentarliteratur Bezug genommen.   385

(Rn. nicht besetzt)   386

Hatte der bisherige Eigentümer vom Mieter eine **Kaution** (Mietsicherheit) erhalten, haftet der Ersteher diesem Mieter nach Beendigung des Mietverhältnisses auch dann auf Rückzahlung der Kaution, wenn er sie vom bisherigen Eigentümer nicht erlangen konnte (§ 566a BGB i.V.m. § 57 ZVG). Dem Wortlaut nach gilt diese Regelung nur für vermieteten Wohnraum. Ob wegen § 578 BGB eine entspr. Anwendung bei der Versteigerung von Geschäfts- oder Gewerberäume zu erfolgen hat, ist ungeklärt.[172] Das Gericht sollte vorhandene Möglichkeiten (Anfrage bei Mieter; Sachverständiger erkundigt sich; Zwangsverwalter) nutzen, um zu erfahren, ob und wie die Kaution geleistet wurde. Auf das Haftungsrisiko des Erstehers sollten die Bietinteressierten hingewiesen werden.   387

---

168 § 22 Grunderwerbsteuergesetz.
169 Es gilt eine „Freigrenze", also kein „Freibetrag", bis 2.500,00 € pro Bieter. In gesetzlich vorgesehenen Fällen ist Befreiung von der Grunderwerbsteuer möglich.
170 *OLG Oldenburg* Rpfleger 2002, 375; hierzu auch *BGH* Rpfleger 2002, 133.
171 Der Samstag ist hierbei als Werktag mitzuzählen, wenn nicht der letzte Tag der Karenzfrist auf diesen Tag fällt (*BGH* NJW 2005, 2154).
172 Für eine entspr. Anwendung: *Stöber* (ZVG) § 57 Rn. 4.1.

387a Der Ersteher hat weder die Kaution zu erstatten noch die Nebenkostenabrechnung vorzunehmen, wenn das Mietverhältnis vor dem Zuschlag beendet wurde und der Mieter bereits ausgezogen ist.[173]

V. Anträge zum Verfahren

1. Abweichende Versteigerungsbedingungen

388 Auf Antrag eines Beteiligten muss das Gericht eine Abweichung (§ 59 ZVG) von den Grundsätzen der Rn. 303 bis 333 für das gG und den Versteigerungsbedingungen zulassen, wenn folgende Voraussetzungen vorliegen:
- Es darf nichts verlangt werden, was den Grundsätzen des Verfahrens nach dem ZVG widerspricht; z.B. dass der Zuschlag demjenigen erteilt wird, der zuerst eine bestimmte Summe bietet.
- Alle, welche von der Abweichung **beeinträchtigt** sind, müssen **zustimmen**, § 59 Abs. 1 ZVG. Soll jedoch bestimmt werden, dass ein Recht bestehen bleiben soll[174], das eigentlich erlöschen müsste, bedarf es nicht der Zustimmung der nachrangigen Beteiligten, § 59 Abs. 3 ZVG. Nach der hier vertretenen Auffassung ist auch die Zustimmung des Schuldners nicht erforderlich (str.).[175]

389 Fehlt die Zustimmung eines beeinträchtigten Beteiligten, ist der Antrag abzulehnen. Beispielsfall: Es kann nicht ohne Zustimmung des Hypothekengläubigers angeordnet werden, dass die Hypothek, die eigentlich bestehen bleiben müsste, jetzt erlöschen und bar abgegolten werden soll. Wichtiger Praxisfall in Rn. 432.

390 Steht nicht fest, ob ein Dritter überhaupt beeinträchtigt ist (weil dies von der Höhe des späteren Meistgebotes abhängt), muss das Gericht das Grundstück sowohl mit der verlangten Abweichung als auch nach der gesetzlichen Regel ausbieten, sog. **Doppelausgebot** (§ 59 Abs. 2 ZVG). Für den Zuschlag gilt folgender Grundsatz: Ergibt dieses Doppelausgebot, dass der betroffene Beteiligte nicht beeinträchtigt ist, wird auf die Abweichung zugeschlagen, anderenfalls auf das gesetzliche Ausgebot. Wegen der Einzelheiten, insbesondere, wenn nur auf eines der Ausgebote geboten wurde, wird auf die Kommentarliteratur verwiesen.[176]

391 Art. 9 Abs. 2 EGZVG zusammen mit dem Landesrecht bestimmt, dass **Altenteile** etc. entgegen der Regel des § 52 ZVG auch dann bestehen bleiben, wenn der bestbetreibende Gläubiger einen besseren Rang hat als das Altenteil. Allerdings werden dann dessen Rechte auf sein Verlangen durch ein Doppelausgebot (Ausgebot des Grundstücks mit und ohne Altenteil) gewahrt. Ergibt sich, dass der Gläubiger durch das Altenteil nicht beeinträchtigt wird, bleibt es erhalten. Anderenfalls erlischt es. Dazu auch Rn. 353.

392 Für Rechte (auch Altenteile etc.), die nach § 52 ZVG bestehen bleiben, gibt es keine Besonderheit. Sie könnten nur mit ausdrücklicher Zustimmung des Berechtigten abweichend nach § 59 ZVG erlöschen; ein Doppelausgebot findet nicht statt, da die Beeinträchtigung des Berechtigten feststeht.

2. Schuldnerfremdes Zubehör

393 Sachen können Zubehör des Grundstücks sein, ohne dass sie im Eigentum des Grundstückseigentümers stehen. Dies gilt z.B. für Gegenstände, die sicherungsübereignet[177] sind oder gemietet/geliehen wurden. Bei geliehenen oder gemieteten Gegenständen kann allerdings die Zubehöreigenschaft da-

---

173 *BGH* Rpfleger 2007, 415.
174 Wichtigster Praxisfall: „Altes" Erbbaurecht; hierzu Rn. 917.
175 Hierzu ausführlich *Mayer* Rpfleger 2003, 281.
176 Dazu auch *LG Berlin* Rpfleger 2006, 93.
177 Dies gilt auch für Zubehör, das unter Eigentumsvorbehalt steht. Wegen der Besonderheit: *Stöber* (ZVG) § 55 Rn. 3.11. und 3.12.

durch ausgeschlossen sein, dass sich diese Gegenstände nur **vorübergehend** auf dem Grundstück befinden oder die Verkehrsauffassung[178] sie nicht als Zubehör ansieht.

Zubehör, das dem Grundstückseigentümer **nicht gehört**, ist **zwar nicht beschlagnahmt** (Rn. 106), da es nicht zum Haftungsverband gehört, wird aber gem. § 55 Abs. 2 ZVG **mitversteigert**. Geschieht dies, verliert der Eigentümer sein Eigentum (§ 90 Abs. 2 ZVG). 394

Das Problem besteht darin, dass nicht das Versteigerungsgericht, sondern das Prozessgericht (Eigentümer des Zubehörstücks gegen Ersteher) verbindlich entscheidet, ob der Gegenstand Zubehör (also mitversteigert) oder kein Zubehör (also nicht mitversteigert) war. Diese Ungewissheit führt dazu, dass die nachstehend genannte Intervention des Eigentümers auch dann notwendig (und üblich) ist, wenn es zweifelhaft erscheint, ob der Gegenstand Zubehör ist. 395

Um die Mitversteigerung eines Zubehörstücks zu vermeiden, muss der Eigentümer insoweit die Aufhebung oder einstweilige Einstellung der Versteigerung „herbeiführen" (§ 37 Nr. 5 ZVG). „Herbeiführen" bedeutet, dass Anmeldung allein nicht genügt. Vielmehr muss er sich die **Freigabe** (= selektive Antragsrücknahme, § 29 ZVG) aller Gläubiger beschaffen (und dem Gericht vorlegen), die das Verfahren betreiben und zu Gunsten derer der Termin gehalten wird (Rn. 345). 396

Tipp: Der Eigentümer solcher Zubehörstücke sollte stets so früh wie möglich alle Gläubiger zur „Freigabe" der Sache auffordern. Er muss sein Eigentum beweisen und sein Recht notfalls durch Drittwiderspruchsklage verfolgen.

Hat dies der Eigentümer versäumt, bleibt ihm im Versteigerungstermin eine letzte Möglichkeit. Gibt der im Termin anwesende Gläubiger jetzt die Sache frei, ergeht insoweit Aufhebungsbeschluss. Ist der Gläubiger hierzu nicht willens oder nicht anwesend, kann der Eigentümer einen Antrag nach § 769 Abs. 2 ZPO auf **einstweilige Einstellung** durch das Vollstreckungsgericht stellen. Hierzu muss er jetzt 397

- die Sache so genau bezeichnen, dass sie ein Gerichtsvollzieher finden könnte;
- glaubhaft machen (§ 294 ZPO, anwaltliche Versicherung genügt nicht!), dass die Sache in seinem Eigentum steht;
- auf Verlangen des Gerichts erklären, warum er jetzt erst tätig wird.

Tipp: Rechtsanwalt des Eigentümers bringt schriftliche eidesstattliche Versicherung des Mandanten und alle Beweisurkunden für das Eigentum in den Termin mit.

Gibt das Gericht dem Antrag statt, so beschließt es für diese Sache die einstweilige Einstellung des Verfahrens und setzt gleichzeitig dem Antragsteller eine Frist, innerhalb der eines der in Rn. 232 genannten Ergebnisse vorzulegen ist. 398

Die Sache wird nicht mitversteigert, auch wenn sie Zubehör ist.

Der Rechtspfleger muss die Sache genau bezeichnen. Er könnte den Tenor wie folgt formulieren: „Unter der Voraussetzung, dass es sich hierbei um Zubehör handelt, wird die Zwangsversteigerung in … (den Badeofen Marke Rostig Nr. …) … mit der Maßgabe einstweilen eingestellt, dass (der Eigentümer) bis zum … die Entscheidung des Prozessgerichts beizubringen hat". Dazu Rn. 232. 399

3. Zuzahlungsbetrag

Es wird zwar nur sehr selten vorkommen, ist aber theoretisch denkbar, dass ein Recht, welches im gG als „bestehen bleibend" bezeichnet wurde, in Wirklichkeit **nicht besteht,** das Grundbuch also insoweit unrichtig ist. Da aber der Ersteher bei der Kalkulation seines Gebotes damit gerechnet hat, dieses Recht übernehmen bzw. dulden zu müssen, wäre es nicht rechtens, wenn nun ein ersatzloser 400

---

178 In vielen Gegenden Deutschlands gehört das Gaststätteninventar regelmäßig nicht dem Gastwirt, sondern der Brauerei. Dort gilt dieses Inventar nach der Verkehrsauffassung nicht als Zubehör.

Wegfall zu seinen Gunsten ginge. Daher ist vorgesehen (§§ 50, 51 ZVG), dass der Ersteher in einem solchen Fall entspr. Ersatz durch eine Zuzahlung[179] zu leisten hat.

401 Die Höhe des Zuzahlungsbetrags steht fest, wenn es sich um ein Grundpfandrecht handelt (dann ist es dessen Nennbetrag) oder aber, wenn (ganz selten) für andere Rechte gem. § 882 BGB ein Betrag im Grundbuch eingetragen ist.

402 Bleibt in der zweiten Abteilung ein Recht bestehen, ohne dass ein Eintrag gem. § 882 BGB vorliegt, muss das Gericht gem. § 51 ZVG den Zuzahlungsbetrag festsetzen. Festgesetzt wird der **Wert des Vorteils**, welchen der Ersteher dadurch hat, dass das Recht entgegen der Annahme im Termin nicht besteht. Nach Anhörung der Beteiligten wird nach pflichtgemäßem Ermessen entschieden. An eine Anmeldung ist das Gericht nicht gebunden.[180]

403 Eine Zuzahlung muss nur erfolgen, wenn
- das Recht bereits zum Zeitpunkt des Zuschlags nicht besteht oder
- der Wegfall nach § 50 Abs. 2 ZVG erfolgt.

Beruht der Wegfall des Rechtes also nicht auf den Gründen des § 50 Abs. 2 ZVG und erfolgt er erst nach dem Zuschlag, ist **keine** Zuzahlung geschuldet.

404 Neben dem seltenen Fall der Zuzahlung, für welchen eigentlich der Wert nach § 51 ZVG festgesetzt wird, liegt die praktische Bedeutung dieser Festsetzung darin, dass sie den Wert des „Nichthypothekenrechts" für die Fälle §§ 74a, 85a ZVG[181] und für die Kostenberechnung festlegt. Es ist zweckmäßig, die Bieter ausdrücklich darauf hinzuweisen, dass sie nicht etwa durch Zahlung des festgesetzten Betrages das bestehen bleibende Recht ablösen können.

405
Beispiel

Wohnungsrecht für die Oma bleibt bestehen. Festgesetzt wurde ein Zuzahlungsbetrag von 5.000,00 €.
- Oma lebt noch zum Zeitpunkt des Zuschlags: Ersteher muss das Wohnungsrecht dulden und kann die Oma nicht gegen Zahlung von 5.000,00 € auf die Straße setzen.
- Oma ist eine Stunde vor Zuschlag gestorben, was im Termin niemand weiß:
Ersteher muss 5.000,00 € zuzahlen. Diesen Betrag erhalten die im Versteigerungsverfahren Zuteilungsberechtigten, nicht etwa die Erben der Oma!
- Oma stirbt am Tag nach dem Zuschlag:
Ersteher muss nichts zahlen. Er hat Glück gehabt. Ebenso gut hätte sie ja auch 100 Jahre alt werden können!

VI. Bekanntgabe der Versteigerungsbedingungen

406 Nunmehr erfolgt – zusammengefasst – die Bekanntgabe der Versteigerungsbedingungen. Üblich sind folgende Angaben:

407 • Genaue Bezeichnung der **Rechte**, welche als Teil des gG bestehen bleiben (Rn. 350).

408 • Genaue Bezeichnung der **Gegenstände**, welche infolge Freigabe oder gem. Rn. 396 bis 398 nicht mitversteigert werden. Fehlen solche, ist die Angabe üblich: *„Von der Versteigerung sind keine Gegenstände ausgenommen".*

409 • Ein Hinweis auf die **Zahlungs- und Zinspflicht** (§ 49 ZVG) des Erstehers. Er hat das bare Meistgebot so rechtzeitig an die Gerichtskasse zu überweisen oder dort einzuzahlen, dass im Verteilungstermin bereits ein Nachweis hierüber vorliegt (§§ 49 Abs. 3, 107 Abs. 2 ZVG). Barzahlung im Verteilungstermin an das Gericht ist nicht mehr zulässig.

410 Das Bargebot ist mit 4 % (§ 246 BGB) vom Tag des Zuschlags (mitgerechnet) bis zum Tag vor dem Verteilungstermin zu verzinsen (§ 49 Abs. 2 ZVG).

---

179 Es ist leider praxisüblich, aber unsachgemäß, hierfür den Ausdruck „Ersatzbetrag" zu benutzen, da dieses Wort eine andere Zahlung (§ 92 ZVG) bezeichnet.
180 Berechnung für den Wert der Erbbauzins-Reallast siehe *Glotzbach/Mayer* Rn. 617 ff.
181 *LG Hamburg* Rpfleger 2003, 142.

Der Ersteher kann sich von dieser **Zinspflicht befreien**, indem er das Bargebot unter Verzicht auf das Recht der Rücknahme bei einer Hinterlegungsstelle hinterlegt und diese Hinterlegung spätestens im Verteilungstermin dem Gericht anzeigt (§ 49 Abs. 4 ZVG). 411

Der Hinweis könnte wie folgt lauten: 412

Das bare Meistgebot ist so rechtzeitig vor dem Verteilungstermin an die Gerichtskasse zu überweisen oder dort bar einzuzahlen, dass dem Gericht der Nachweis bereits im Verteilungstermin vorliegt. Barzahlung im Verteilungstermin ist nicht zulässig. Das bare Meistgebot ist vom Zuschlag bis zum Verteilungstermin mit 4 % zu verzinsen, falls keine Hinterlegung unter Verzicht auf das Recht der Rücknahme erfolgt."

Einzelheiten können dann mit dem Ersteher nach dem Versteigerungstermin erörtert werden.

- *„Die Kosten des Zuschlagsbeschlusses trägt der Ersteher"*. Dies folgt aus § 58 ZVG. Dazu Rn. 572. 413
- *„Im Übrigen gelten die gesetzlichen Versteigerungsbedingungen"*. Die wichtigste der gesetzlichen Versteigerungsbedingungen findet sich in § 56 ZVG mit der lapidaren Bestimmung (Satz 3) „Ein Anspruch auf **Gewährleistung** findet – selbst bei einem Irrtum über die Lage des Grundstücks[182] – nicht statt". Dies besagt, dass der Ersteher das Grundstück so zu übernehmen hat, wie er es vorfindet. Auch wenn der Sachverständige grobe Mängel übersehen haben sollte, die dem Ersteher unbekannt geblieben sind, wird er kaum eine Chance haben, das Gebot erfolgreich anzufechten. Wegen der Haftung des Sachverständigen siehe § 839a BGB und Rn. 252. 414

Tipp: Ein vorsichtiger Bieter sollte gegenüber dem sonst als angemessen angesehenen Kaufpreis einen Risikoabschlag von ungefähr 30 % vorsehen.

Im § 56 ZVG ist auch der **Übergang der Gefahr** dergestalt geregelt, dass bezüglich des Grundstücks der Ersteher das Risiko ab dem Zuschlag übernimmt, anschließende Schäden also zu seinen Lasten gehen. Ist allerdings das Grundstück z.B. gegen Feuer versichert, kann er evtl. wegen § 69 VVG[183] auf Ersatz hoffen. 415

Tipp: Bietinteressierte sollen sich immer erkundigen, ob eine Feuerversicherung besteht. Meistens weiß dies einer der Gläubiger, manchmal auch das Gericht.

Bezüglich der mitversteigerten Gegenstände (Rn. 106, 394) geht die Gefahr bereits mit dem Schluss der mündlichen Verhandlung auf den Ersteher über. Wenn also der Zuschlag nicht sofort erteilt wird (Rn. 488), trägt der künftige Ersteher bereits vorher das Risiko.[184] 416

Nutzungen und Lasten treffen ab dem Zuschlag den Ersteher (§ 56 Satz 2 ZVG).[185] 417

Ist das Objekt vermietet und hat der Mieter eine Mietsicherheit (Kaution) geleistet, ist der Ersteher bei Beendigung des Mietverhältnisses verpflichtet, dem Mieter die Mietsicherheit zu erstatten, auch wenn er diese vom Schuldner nicht erlangt hat (§ 57 ZVG i.V.m. § 566a BGB[186]). Ob dies wegen § 578 BGB auch für andere Räume als Wohnraum gilt, ist bisher noch nicht entschieden. 418

Vor dem genannten Hintergrund einer Rückzahlungsverpflichtung erscheint eine Klärung der Frage, ob und welche Mietsicherheiten geleistet wurden, für das Zwangsversteigerungsverfahren (etwa im Rahmen der Verkehrswertermittlung über den Gutachter oder durch schriftliche Anfrage bei den Mietern) sinnvoll. 419

---

182 *LG Neuruppin* Rpfleger 2002, 40.
183 Gesetz über den Versicherungsvertrag vom 30.05.1908, zuletzt geändert durch Gesetz vom 02.12.2004; im *Schönfelder* abgedruckt unter Nr. 62.
184 Rechtspfleger, welche ausschließlich auf Gläubigerwunsch die Zuschlagsentscheidung vertagen, gehen ein hohes Haftungsrisiko ein. Die Amtspflicht des Rechtspflegers umfasst auch den Schutz des Meistbietenden (*BGH* Rpfleger 2002, 38).
185 Wegen der Besonderheit bei der Grundsteuer: *Mayer* Rpfleger 2000, 260.
186 § 566a BGB eingefügt durch Gesetz zur Neugliederung, Vereinfachung und Reform des Mietrechts (Mietrechtsreformgesetz) vom 19.06.2001, BGBl. I Seite 1149 mit Wirkung zum 01.09.2001.

VII. Aufforderung zur Abgabe von Geboten

420 Nachdem dies alles erledigt ist, hat das Gericht jetzt „auf die Ausschließung weiterer Anmeldungen" hinzuweisen (§ 66 Abs. 2 ZVG). Die Formulierung ist ungenau, denn es könnten durchaus noch Anmeldungen vorgenommen werden, allerdings mit **Rangverlust** (§ 110 ZVG).[187] Besser ist daher, nochmals zu fragen, ob noch Anmeldungen beabsichtigt sind, und dann darauf hinzuweisen, dass ab jetzt nur noch mit Rangverlust angemeldet werden kann.

421 Nunmehr fordert das Gericht zur Abgabe von Geboten auf. Da mit dieser Aufforderung die Bietezeit (§ 73 Abs. 1 ZVG) von mindestens dreißig Minuten beginnt, muss jetzt die genaue Uhrzeit festgehalten werden. Hat der Rechtspfleger keinen Urkundsbeamten, muss er die Uhrzeit notieren und die Notiz aufbewahren!

B. Die Bietezeit

I. Abgabe von Geboten

422 Ab Beginn der Bietezeit können Gebote abgegeben werden. Das Gericht soll noch einmal ausdrücklich darauf hinweisen, dass beim Bieten nur der Geldbetrag genannt wird, welchen der Bieter bar zahlen will. Die daneben bestehen bleibenden Rechte (Rn. 350) werden nicht erwähnt, sondern „stillschweigend" übernommen. Sehen also z.B. die Versteigerungsbedingungen vor, dass eine Grundschuld in Höhe von 100.000,00 € bestehen bleibt und bietet der Bieter 25.000,00 €, so hat er, wirtschaftlich gesehen, für das Grundstück 125.000,00 € geboten.

423 Der Bieter muss – und auch das sollte in Zweifelsfällen klargestellt werden – das bestehen bleibende Recht auch dann im vollen Nennbetrag übernehmen (und ab dem Zuschlag mit den im Grundbuch eingetragenen Zinsen verzinsen), wenn der Schuldner dem Kreditinstitut (hier als Berechtigter des Rechts) wesentlich weniger schuldet. Offen ist dann nur, an **wen** der Ersteher später zahlen muss (Stichwort: Eigentümerrecht); zahlen muss er aber auf jeden Fall. Ob eine bestehen gebliebene Grundschuld oder Hypothek sofort nach dem Zuschlag abgelöst werden kann, ergibt sich aus den Bedingungen, unter welchen sie bestellt wurde. Die Versteigerung als solche gibt dem Ersteher kein Recht auf vorzeitige Tilgung.

424 Die Rechtsnatur des Gebotes ist immer noch umstritten, auch wenn die h.M. zunehmend davon ausgeht, es handele sich um eine Prozesshandlung[188]. Es wird angenommen[189] (aber str.), dass dennoch die Anfechtungsvorschriften (z.B. wegen eines Willensmangels) analog anwendbar sind. Siehe aber Rn. 422.

Tipp: Gebotsanfechtung ist (in engen Grenzen) möglich.

425 Wer bieten will, muss den Betrag angeben, den er für das Grundstück bar bietet, und seinen Namen nennen[190]. Es wird **mündlich** geboten; nur Stumme dürfen schriftlich bieten. Telefonisches Mitbieten (wie bei Auktionen) ist unzulässig.

426 Vertretung ist zulässig. Die **Bietvollmacht** muss aber **öffentlich beglaubigt** sein (§ 71 Abs. 2 ZVG; Rn. 375). Es ist zulässig, aber riskant, zunächst im eigenen Namen zu bieten und erst nachträglich unter Vorlage der Vollmacht zu erklären, für einen anderen geboten zu haben (sog. **Strohmanngebot**). Wer so bietet, haftet neben dem Vertretenen für das Gebot (§ 81 Abs. 3 ZVG); auch fällt regelmäßig die Grunderwerbssteuer doppelt an.

Tipp: Strohmanngebote bergen Risiken!

---

187 Wegen der Anmeldungen, die noch **ohne Rangverlust** im Verteilungstermin möglich sind, siehe Rn. 683.
188 Hierzu ausführlich *Eickmann* ZfIR 2006, 654 mit zahlreichen Nachweisen. Dass der *BGH* ohne jeden Hinweis auf den Streit in seiner Entscheidung vom 24.11.2005 (Rpfleger 2006, 144) von der Gegenansicht ausgeht, ist zumindest erstaunlich, zumal der *BGH* früher die Auffassung „Prozesshandlung" vertreten hatte.
189 Dazu *Stöber* (ZVG) § 71 Rn. 3.
190 Ein Bieter muss sich auf Verlangen des Gerichts ausweisen.

Mehrere natürliche oder juristische Personen können auch gemeinsam bieten. Sofern nicht alle selbst anwesend sind (bei juristischen Personen ihre gesetzlichen Vertreter), ist auf ordnungsgemäße Vertretung (Rn. 375) zu achten. Bei Gebotsabgabe muss angegeben werden, in welchem **Gemeinschaftsverhältnis** die Personen erwerben wollen. Handelt es sich um eine Bruchteilsgemeinschaft, müssen die exakten Bruchteile für jede Person benannt werden. Beim Gebot einer Gesamthandsgemeinschaft (z.B. BGB-Gesellschaft[191], Gütergemeinschaft, Erbengemeinschaft) muss das maßgebende Rechtsverhältnis bezeichnet werden. Fehlen die Angaben zum Gemeinschaftsverhältnis, muss das Gebot zurückgewiesen werden. 427

Personen, die geschäftsunfähig oder in der Geschäftsfähigkeit beschränkt sind, werden in gleicher Weise vertreten wie beim Kauf eines Grundstücks. Auch die in § 1821 Abs. 1 Nr. 5 BGB und § 1643 BGB i.V.m. vorgenannter Norm vorgesehene **Genehmigung** des Vormundschafts- bzw. Familiengerichts ist zum Bieten erforderlich und muss im Termin vorhanden sein und vorgelegt werden. Vormünder/Pfleger/Betreuer legen auch die Bestallung vor, „Alleinerziehende" ggf. die Entscheidung des Familiengerichts. Beruht die Vertretung auf Gesetz (Eltern, Mutter im Falle des § 1626a Abs. 2 BGB), wird neben dem Ausweis des/der Bietenden keine weitere Legitimation verlangt werden können. 428

Für juristische Personen, Handelsgesellschaften und Vereine bietet der jeweils zur Vertretung Berechtigte unter Vorlage eines neueren beglaubigten Registerauszuges bzw. amtlichen Registerausdruckes (§ 9 Abs. 4 HGB, § 30a HRV) oder eines Zeugnisses des zuständigen Registers, soweit das Gericht keine Bezugnahme auf die Registerakten zulässt. Der Prokurist darf für die Firma bieten. 429

Es ist **nicht zulässig**, die in Rn. 426 bis 429 bezeichneten **Unterlagen nachzureichen**. Liegen sie bei Abgabe des Gebotes nicht vor, wird dieses zurückgewiesen (§ 71 Abs. 2 ZVG). 430

Tipp: Erforderliche Unterlagen unbedingt vor Versteigerungstermin besorgen.

Ausländer, auch außerhalb der EU, dürfen in Deutschland unbeschränkt Grundbesitz erwerben.[192] Wegen der Einzelheiten siehe *Stöber* (ZVG) § 71 Rn. 7.1. 431

Das ZVG enthält (leider) keine Regelung, um welchen Betrag ein bereits abgegebenes Gebot überboten werden muss. Es ist also zulässig, 1 ct mehr zu bieten. Die Festlegung von „Gebotssprüngen" ist nur mit Zustimmung **aller** (!) nicht im gG stehenden Beteiligten zulässig, also auch des Schuldners und der **nicht** im Termin anwesenden Beteiligten. Eine Festlegung von Gebotssprüngen könnte die Abgabe eines Gebots verhindern und so diese Beteiligten beinträchtigen (§ 59 ZVG). In der Praxis ist dies deshalb kaum zu erreichen. Es muss daher dem Geschick des Rechtspflegers überlassen werden, durch gute Verhandlungsführung die Beteiligten zu bewegen, sinnlos niedrige Übergebote zu unterlassen.[193] 432

II. Zulassung, Zurückweisung, Widerspruch

Das Gericht hat – wie sich aus § 72 Abs. 1 Satz 2 ZVG ergibt – **sofort** darüber zu entscheiden, ob ein abgegebenes Gebot zugelassen oder zurückgewiesen wird. Die Zulassung erfolgt meist formlos durch Ausruf des Gebotes. Eine **Zurückweisung** erfolgt, wenn das Gebot unzulässig ist. In Betracht käme (außer Rn. 467) z.B.: 433

- Das Gebot ist **geringer als das gG**.
- Die in Rn. 426 bis 429 genannten **Unterlagen** liegen nicht oder nicht in gehöriger Form vor.
- Der Bieter ist **nicht voll geschäftsfähig** bzw. **nicht ordnungsgemäß vertreten**.
- Das Gebot wird an eine **Bedingung** geknüpft.
- Das Gebot ist nicht höher als ein bereits zugelassenes Gebot (sog. **Untergebot**).

---

191 Wegen Einzelheiten zur Bezeichnung und Grundbuchfähigkeit der BGB-Gesellschaft siehe Rn. 1970 f.
192 Derzeit gibt es auch noch keine Beschränkung nach Art. 86 Satz 2 EGBGB.
193 Bei einer Versteigerung in einem Dorf hatte ein „Spaßvogel" stets eine Mark mehr geboten. Auf die Frage des Rechtspflegers, ob er der ärmste Mann im Dorf sei (Gelächter), hat er dann Übergebote in vernünftiger Höhe abgegeben. Allerdings hat bei dem Amtsgericht K ein Interessent ein Haus für 110.001,00 DM erhalten, nachdem die Bank vorher 110.000,00 DM geboten hatte.

434 Wird ein Gebot zurückgewiesen, **erlischt** es, wenn nicht der **Bieter oder ein Beteiligter sofort** der Zurückweisung widerspricht (§ 72 Abs. 2 ZVG).

435 Erlöschen eines Gebotes bedeutet, dass dieses Gebot unter keinen Umständen mehr für den Zuschlag in Betracht kommt. Dies gilt auch dann, wenn die Zurückweisung rechtswidrig erfolgte. Weder das Gericht (§ 79 ZVG) noch das Rechtsmittelgericht können auf das Gebot einen Zuschlag erteilen.

436 Der Widerspruch gegen die Zurückweisung verhindert das Erlöschen des Gebots und ermöglicht dem Gericht (und ggf. auch noch dem Beschwerdegericht), bei der Zuschlagsentscheidung dem zurückgewiesenen Gebot doch noch den Zuschlag zu erteilen, wenn die Zurückweisung zu Unrecht erfolgt ist. Allerdings kann durch Widerspruch keine Frist für das Nachreichen erforderlicher Unterlagen geschaffen werden.

Tipp: Nur sofortiger Widerspruch verhindert Erlöschen des Gebotes.

437 Ein Gebot erlischt mit der vorgenannten Folge auch dann, wenn ein höheres Gebot (Übergebot) zugelassen wird und kein Beteiligter dieser Zulassung **sofort** widerspricht (§ 72 Abs. 1 ZVG). Der Bieter des früheren Gebotes (wenn er nicht zufällig Beteiligter ist) kann der Zulassung des Übergebotes nicht widersprechen.

438 **Beispiel**
A bietet 20.000,00 €, das Gebot wird zugelassen. B bietet 25.000,00 €. Kein Beteiligter widerspricht der Zulassung des Gebotes. Das Gebot des A ist damit erloschen. Stellt sich später heraus, dass das Gebot des B keinen Zuschlag bekommen kann, etwa weil er geschäftsunfähig war, kann auch das Gebot des A keinen Zuschlag bekommen. Der Termin ist gescheitert.

439 **Variation:**
Der Gläubiger G widerspricht der Zulassung des Gebotes B, weil B minderjährig sei. Es stellt sich später heraus, dass das stimmt. Nun kann dem A der Zuschlag erteilt werden, weil sein Gebot durch den Widerspruch des G nicht erloschen ist.

440 **Variation:**
A weiß, dass B minderjährig ist. Der Rechtspfleger glaubt aber, der B sei volljährig und lässt das Gebot zu. A, der kein Beteiligter ist, kann nicht widersprechen. Sein Gebot erlischt. So bekäme niemand den Zuschlag. A kann aber erneut 20.000,00 € bieten. Nun muss das Gericht sein Gebot (als Untergebot) zurückweisen. Dem kann A widersprechen; sein Gebot erlischt nicht. Wird dann später nachgewiesen, dass der B minderjährig ist, kann dem A wegen § 79 ZVG der Zuschlag erteilt werden.

III. Sicherheitsleistung

1. Grundsätze

441 Sicherheit für ein abgegebenes Gebot muss nur auf Verlangen eines hierzu berechtigten Beteiligten (§ 9 ZVG) geleistet werden. Bietkonkurrenten, die nicht Beteiligte sind, können keine Sicherheit verlangen. Auch das Gericht kann keine Sicherheitsleistung von Amts wegen fordern. Ist Sicherheitsleistung erforderlich, sind die zulässigen Sicherungsmittel vorgeschrieben.

Tipp: Da die Verpflichtung zur Sicherheitsleistung keine Frage der Bonität des Bieters ist, kann das Verlangen taktisch eingesetzt werden.

442 Es hat sich bewährt, die nach einem Sicherheitsverlangen erforderliche **Prüfung nach folgendem Schema** vorzunehmen:
- Darf der Beteiligte Sicherheitsleistung verlangen? (Rn. 443, 444)
- Muss der Bieter Sicherheit leisten? (Rn. 445 bis 450)
- Wie hoch ist die Sicherheit? (Rn. 451 bis 453)
- Ist das angebotene Sicherungsmittel tauglich? (Rn. 454 bis 461)

2. Darf der Beteiligte Sicherheit verlangen?

Sicherheit verlangen dürfen nur jene Beteiligte, welche bei dem gerade abgegebenen Gebot bereits mit einer Zuteilung aus dem gebotenen Betrag rechnen können und deshalb **„beeinträchtigt"** wären, wenn später der Bieter das Gebot nicht bezahlen würde (§ 67 Abs. 1 ZVG). Das Gericht muss also summarisch berechnen, welcher der Beteiligten bei welchem Gebot Sicherheit verlangen kann. Daraus ergibt sich, dass sich die Zahl der hiernach Berechtigten von Gebot zu Gebot erhöhen kann. Auch der Schuldner kann Sicherheit verlangen, wenn er für eine der vorgenannten Forderungen (die schon befriedigt würde) persönlich haftet.[194]

443

Nach diesem Grundsatz können also Beteiligte, denen ein bestehen bleibendes Recht (Rn. 350) zusteht, Sicherheit verlangen, wenn für sie auch ein Geldbetrag, z.B. Zinsen oder Kosten, im Mindestbargebot steht. Ist dies nicht der Fall, sollen sie auch dann Sicherheit verlangen können, wenn infolge des Anwachsens vorgehender Zinsen und Kosten die Sicherheit ihres Rechtes beeinträchtigt wäre.[195] Diese Besonderheit hat aber keine praktische Bedeutung.

444

3. Muss der Bieter Sicherheit leisten?

Man kann zwischen absoluter und eingeschränkter Privilegierung (Freiheit von der Verpflichtung zur Sicherheitsleistung) unterscheiden. Die **absolute** Privilegierung muss sich aus einem Gesetz ergeben, aus Bundesrecht oder wegen Art. 10 EGZVG aus dem Landesrecht. Die **eingeschränkte** Privilegierung ergibt sich aus § 67 Abs. 2 ZVG.

445

Für ein Gebot eines **absolut** privilegierten Bieters kann **niemand** Sicherheit verlangen.

446

Nach Bundesrecht absolut privilegiert sind als Bieter der Bund und die Länder, die weiteren in § 67 Abs. 3 ZVG genannten Institutionen sowie[196] die Deutsche Siedlungs- und Landesrentenbank.

447

Das Landesrecht sieht überwiegend vor, dass für Gebote einer Gemeinde und der Sparkassen, die Anstalten des öffentlichen Rechtes sind, keine Sicherheit verlangt werden darf.

448

Die Verpflichtung zur Sicherheitsleistung ist für einen Bieter, dem ein Grundpfandrecht zusteht, unter bestimmten Voraussetzungen (§ 67 Abs. 2 ZVG) eingeschränkt (**eingeschränkte Privilegierung**):

449

- Er muss einen **Anspruch auf eine bare Zahlung** aus dem Versteigerungserlös haben, also z.B. für Zinsen und Kosten (wenn sein Recht bestehen bleibt) oder auch auf das Kapital (wenn sein Recht erlischt). Bleibt sein Recht bestehen, ohne dass eine Barzahlung im gG vorgesehen ist, findet die Einschränkung für ihn keine Anwendung.[197]
- Sein Gebot muss so hoch sein, dass er aus diesem Gebot bereits selbst eine (wenn auch noch so kleine) **Zuteilung** erwarten kann.

Liegen diese Voraussetzungen vor, muss der Bieter **nur auf Verlangen eines Gläubigers** Sicherheit leisten. „Gläubiger" i.S. des § 67 Abs. 2 ZVG sind alle, für welche nach Rn. 298, 345 der derzeitige Versteigerungstermin gehalten wird, also auch solche, die einen schlechteren Rang haben als das Grundpfandrecht des Bieters. Voraussetzung ist auch hier, dass dieser Gläubiger nach den Ausführungen in Abschnitt 2 (Rn. 443, 444) überhaupt Sicherheit verlangen darf.

450

4. Wie hoch ist die Sicherheit?

Die zu leistende Sicherheit beträgt **grundsätzlich 10 %** des in der Terminsbestimmung veröffentlichen **Verkehrswertes** (§ 68 Abs. 1 Satz 1 ZVG). Dies gilt auch dann, wenn nachträglich (Rn. 267) die Wertfestsetzung geändert wurde. Hatte das Gericht den Verkehrswert entgegen § 38 ZVG nicht veröffentlicht, gilt der tatsächlich festgesetzte Wert.

451

---

194 H.M. So zuletzt *LG Essen* Rpfleger 2006, 31.
195 *Stöber* (ZVG) § 67 Rn. 2.2, so auch *Steiner/Storz* § 68 Rn. 12.
196 § 14 Abs. 3 Landesrentenbankgesetz.
197 Str. aber h.M.; so auch *Stöber* (ZVG) § 67 Rn. 3.4.

452 Ist das bare Meistgebot niedriger als der vorgenannte Betrag, wird der Überschuss zurückgezahlt bzw. freigegeben (§ 68 Abs. 1 Satz 3 ZVG). Es wäre in diesem Fall auch zu vertreten, von dem Bieter nur Sicherheit in Höhe seines Gebotes zu verlangen. Dann müsste jedoch die Sicherheit bei weiteren Geboten dieses Bieters bis zur Höhe der Regelsicherheit aufgestockt werden.

453 Von der Regelsicherheit (Rn. 451) wird in drei Fällen abgewichen:
- Sind die im gG stehenden Kosten (Rn. 356, 357) höher als 10 % des Verkehrswertes, ist Sicherheit in Höhe dieser Kosten zu leisten (§ 68 Abs. 1 Satz 2 ZVG). Dies beachtet das Gericht von Amts wegen.
- Auf das ausdrückliche Verlangen eines Beteiligten, dessen Recht bestehen bleibt (Rn. 350), muss Sicherheit mindestens in Höhe des im gG stehenden Betrages geleistet werden, welcher im Range dem Beteiligten vorgeht (§ 68 Abs. 2 ZVG).[198]
- Bietet der Schuldner oder ein neuer Eigentümer, der dies erst nach der Beschlagnahme geworden ist, so hat er auf besonderes Verlangen eines jeden Gläubigers (Rn. 298, 345) Sicherheit bis zur Deckung der Gläubigerforderung zu leisten (§ 68 Abs. 3 ZVG). Dies gilt aber nur
  – wenn dieser Gläubiger aus dem Gebot bereits eine Zuteilung bekäme, und
  – maximal in Höhe des Gebotes.

Tipp: Erhöhte Sicherheit muss ausdrücklich verlangt werden.

5. Welches Sicherungsmittel ist tauglich?

454 Eine erforderliche Sicherheit kann mit folgenden Mitteln geleistet werden:
(1) Überweisung von Geld vor dem Termin,
(2) Bundesbankschecks oder Bank-Verrechnungsschecks,
(3) Bank-Bürgschaften.

455 (1) Die Sicherheitsleistung kann vor (!) dem Termin an die Gerichtskasse überwiesen werden. Der Nachweis über die Gutschrift muss im Termin vorliegen (§§ 69 Abs. 4, 70 Abs. 2 ZVG).

Tipp: Vorherige Überweisung der Sicherheit ist nicht empfehlenswert (vgl. Rn. 472).

456 (2) Bundesbankschecks oder im Inland zahlbare Verrechnungsschecks eines in der EU-Liste[199] stehenden Kreditinstituts. Eine „Bestätigung" ist nicht mehr erforderlich. Dagegen darf die Ausstellung des Schecks nicht länger als drei Tage vor dem Versteigerungstermin erfolgt sein.[200] Damit ist scheckrechtlich gewährleistet, dass dem Gericht noch vier Tage bleiben, den Scheck einzulösen.

457 Rn. nicht besetzt.

458 (3) Zulässig ist auch eine **Bürgschaftserklärung** eines der vorgenannten Kreditinstitute. Diese Bürgschaft muss neben der Schriftform[201] folgende Voraussetzungen erfüllen (§ 69 Abs. 2 ZVG):

- Sie muss selbstschuldnerisch sein. Dies ist wegen § 349 HGB bei deutschen Banken immer der Fall.
- Sie darf keine Bedingung enthalten, wohl aber auf einen Höchstbetrag ausgestellt sein.
- Sie darf nicht befristet sein, aber bei Rückgabe der Urkunde enden.
- Sie muss im Inland zahlbar sein.

---

198 Dieses Verlangen kann nur zu einer höheren Sicherheit, nicht zu einer Ermäßigung führen.
199 Hierzu § 69 Abs. 1 Satz 3 ZVG. Inzwischen stehen wohl alle deutschen Banken und Sparkassen in dieser Liste. Bei ausländischen Banken muss nachgefragt werden.
200 Nach wie vor bleiben also dem Gericht vier Tage Zeit, den Scheck einzulösen. Die Änderung fordert keine „anderen Schecks", sondern erleichtert dem Gericht die Prüfung. Nach der hier vertretenen Auffassung kann das Gericht deshalb auch noch „bestätigte" Schecks mit vier Tagen Einlösezeit annehmen. Wird ein solcher Scheck dann tatsächlich eingelöst, darf der Zuschlag wegen des formalen Mangels nicht versagt werden (*BGH* Rpfleger 2006, 665).
201 Wegen § 350 HGB käme theoretisch auch eine mündliche Bürgschaftserklärung durch den zur Vertretung der Bank Berechtigten im Termin (Protokoll!) in Betracht.

Tipp: Der Bietinteressierte sollte immer mit dem Kreditinstitut absprechen, welche Kosten anfallen, wenn er die Bürgschaftsurkunde unbenutzt am gleichen Tag zurückbringt. Manche Kreditinstitute langen kräftig zu, andere begnügen sich mit einer Ausstellungsgebühr.

Der Schuldner und der neu eingetretene Eigentümer dürfen mit einer Bürgschaft keine Sicherheit leisten (§ 69 Abs. 3 Satz 2 ZVG). 459

Keine tauglichen Sicherungsmittel sind z.B. 460
- Goldbarren,
- Briefmarken- und Münzsammlungen,
- Sparbücher,
- Aktien und andere Wertpapiere,
- Bargeld, weder Euro noch ausländisches Geld (§ 69 Abs. 1 ZVG).

Die früher in der Literatur genannte Möglichkeit, mit Zustimmung des Beteiligten, der die Sicherheit verlangt hat, auch ein an sich nicht taugliches Sicherungsmittel zuzulassen, besteht nicht mehr.[202] 461

6. Sicherheitsverlangen; Verfahren

Ein hierzu Berechtigter (Rn. 443, 444) kann nur **sofort** nach Abgabe des Gebotes Sicherheit verlangen (§ 67 Abs. 1 ZVG). Das Verlangen muss also der Abgabe des Gebotes unmittelbar folgen, sobald der Berechtigte hierzu Gelegenheit hatte.[203] Nachdem das Gericht ein Gebot sicherheitsfrei zugelassen hat, kann das Verlangen nicht mehr gestellt werden. Die Sicherheit muss nicht bereits beim ersten Gebot eines Bieters verlangt werden; ein einmal gestelltes Verlangen gilt dann aber für alle weiteren Gebote dieses Bieters (§ 67 Abs. 1 Satz 2 ZVG). 462

Tipp: Sicherheit sofort nach Gebotsabgabe verlangen.

Sicherheit wird immer von einem **bestimmten Bieter** verlangt. Wer von allen Bietern Sicherheit verlangen will, muss dies gegenüber jedem Bieter erklären. Mehrere Berechtigte können für das gleiche Gebot Sicherheit verlangen, die dann aber nur einmal für alle zu leisten ist. 463

Das Verlangen muss mündlich im Termin gestellt werden und zwar (§ 67 Abs. 1 Satz 1 ZVG) **nach** Abgabe des Gebotes, also nicht im Voraus. Es kann nur bis zur Leistung der Sicherheit zurückgenommen[204] werden. 464

Das Gericht muss sofort (§ 70 Abs. 1 ZVG) über das Sicherheitsverlangen entscheiden. Es hat zwei Möglichkeiten: 465
- Es lässt das Gebot sicherheitsfrei zu (weil es das Verlangen als unzulässig ansieht);
- es ordnet Sicherheitsleistung an, wobei es die Höhe der Sicherheit (Rn. 451 bis 453) zu bestimmen hat.

Lässt das Gericht das Gebot sicherheitsfrei zu, gilt das Verlangen als zurückgenommen, wenn der Beteiligte, der Sicherheit verlangt hat, nicht **sofort** widerspricht (§ 70 Abs. 3 ZVG). Wurde widersprochen, kann dem Bieter bei der Entscheidung über den Zuschlag (§ 79 ZVG) oder sogar noch vom Beschwerdegericht der Zuschlag verweigert werden, wenn Sicherheitsleistung erforderlich gewesen wäre. Andererseits kann der Bieter die evtl. erforderliche Sicherheit später nicht mehr wirksam leisten. Es ist daher zulässig, dass der Bieter – obwohl sein Gebot sicherheitsfrei zugelassen wurde – im Widerspruchsfall eine freiwillige „Notsicherheit" leistet, damit das Gebot auch dann zuschlagsfähig bleibt, wenn der Rechtspfleger es zu Unrecht sicherheitsfrei zugelassen hatte. Diese „Notsicherheit" muss noch während der Bietezeit, also bis zum Schluss der Versteigerung geleistet werden.[205] 466

---

202 *BGH* Rpfleger 2006, 211.
203 *Steiner/Storz* § 67 Rn. 19.
204 *Stöber* (ZVG) § 67 Rn. 2.7, str. aber h.M.
205 *LG Essen* Rpfleger 2006, 31.

467 Ordnet das Gericht Sicherheitsleistung an, ist die Regelsicherheit (10 % des Verkehrswertes, mindestens jedoch der Betrag der aus dem Versteigerungserlös zu entnehmenden Kosten) sofort[206] (§ 70 Abs. 2 Satz 1 ZVG) zu leisten. Geschieht dies nicht, wird das Gebot zurückgewiesen (Satz 3). Zwar kann der Bieter dieser Zurückweisung widersprechen, er kann sich damit aber keine Zeit verschaffen, die Sicherheit zu holen und nachzureichen. Auch nach § 79 ZVG wäre ihm auf das zurückgewiesene Gebot kein Zuschlag zu erteilen. Kommt er noch innerhalb der Bietezeit mit zwischenzeitlich besorgter Sicherheit zurück, kann er erneut bieten. Ein Widerspruch hilft dem Bieter also nur, wenn es sich später ergeben sollte, dass das Sicherheitsverlangen unzulässig war (Rn. 443 bis 450). Wegen der erhöhten Sicherheit (§ 68 Abs. 2 und 3 ZVG) siehe Rn. 469a ff.

468 Ein Gebot ist auch zurückzuweisen, wenn der Bieter ein untaugliches Sicherungsmittel anbietet.

469 Wegen §§ 78, 80 ZVG ist es unverzichtbar, jedes Verlangen und jede Entscheidung genau zu protokollieren, insbesondere auch die Gründe für die sicherheitsfreie Zulassung des Gebotes trotz Sicherheitsverlangen.

469a Von der Sorge getrieben, ein Bieter könnte durch das erhöhte Sicherheitsverlangen (§ 68 Abs. 2 und 3 ZVG) überrascht werden, hat der Gesetzgeber eine ebenso überflüssige wie schlampig durchdachte Neuregelung eingeführt und hierbei bedenkenlos überkommene Grundsätze des ZVG durchlöchert.[207]

469b Wer zur erhöhten Sicherheit aufgefordert wird, muss zunächst die Regelsicherheit sofort leisten (sonst Rn. 467 f). Sodann wird ihm nachgelassen, bis zum Zuschlag die Differenz nachzubringen (§ 68 Abs. 4 ZVG). Das Gebot darf somit nicht zurückgewiesen werden, wenn die Regelsicherheit erbracht ist.

469c Das „schwache", weil noch nicht vollständig besicherte Gebot, hat nicht die Wirkung, bereits zugelassene Untergebote zum Erlöschen zu bringen (§ 72 Abs. 4 ZVG), bis die Gesamtsicherheit geleistet ist.[208]

469d Schlicht und einfach übersehen hat der Gesetzgeber, dass es möglich bleiben muss, auch nach Abgabe des „schwachen" Gebotes weitere „starke" Gebote abzugeben und zuzulassen, die niedriger sind als das „schwache" Gebot und die ihrerseits frühere „starke" Gebote zum Erlöschen bringen, das „schwache" Gebot aber erst, wenn sie es übersteigen. Auch ein höheres „schwaches" Gebot kann ein niedrigeres „schwaches" Gebot nicht zum Erlöschen bringen, da sich erst nach vollständiger Sicherheitsleistung entscheidet, welches von beiden zuschlagsfähig wird.[209]

469e Damit die Regelung des § 68 Abs. 4 ZVG überhaupt einen Sinn haben kann, muss der Rechtspfleger zwischen dem Schluss der Versteigerung und der Verkündung einer Entscheidung über den Zuschlag eine Frist (die von Stunden bis Tage reichen kann) lassen, also einen Verkündungstermin bestimmen.

469f Das „schwache" Gebot entfaltet normale Wirkungen nicht erst mit dem Zuschlag, sondern mit der erbrachten Sicherheitsleistung. Hierdurch erlöschen alle – also auch die „starken" – Untergebote.

Zugeschlagen wird wie folgt (§ 83 Nr. 8 ZVG):
- Bleibt das „schwache" Gebot das Meistgebot und wird die erhöhte Sicherheit geleistet, ist ihm der Zuschlag zu erteilen.
- Wird die erhöhte Sicherheit nicht geleistet, wird dem höchsten zugelassenen „starken" Gebot der Zuschlag erteilt.
- Sind zwei (mehrere) „schwache" Gebote vorhanden, erhält das Höchste den Zuschlag, für welches die erhöhte Sicherheit geleistet wurde.

---

206 *BGH* Rpfleger 2006, 211.
207 Hierzu *Hock* RpflStud 2007, 97 und *Hintzen/Alff* Rpfleger 2007, 233.
208 Das „schwache" Gebot wird hier als „schwebend unwirksam" angesehen, da es seine Wirkungen erst entfalten kann, wenn die erhöhte Sicherheit geleistet ist, dann aber rückwirkend. Hierzu *Hock* RpflStud 2007, 97.
209 So auch *Stöber* (HRP) Rn. 322, *Hock* (RpflStud 2007, 97) und *Alff* (Rpfleger 2007, 233). Die abweichende Meinung von Hintzen (Rpfleger 2007, 233) verkürzt die Bedeutung des § 72 Abs. 4 ZVG auf den Wortlaut.

7. Behandlung der Sicherheit

Wurde für Gebote Sicherheit geleistet, welche erloschen sind, gibt das Gericht diese Sicherheiten, die ihm im Termin übergeben worden sind (also Schecks, Bürgschaftsurkunden), nach Schluss der Versteigerung zurück. Ist das Gebot eines Bieters erloschen und will er sich vorher entfernen, ist ihm seine Sicherheit sofort zurückzugeben. 470

Die Rückgabe der Sicherheit ist im Terminsprotokoll festzuhalten. Der Bieter soll ausdrücklich den Empfang bestätigen (v.u.g.). 471

Hatte ein Bieter von der in § 69 Abs. 4 ZVG ausdrücklich vorgesehenen, aber nicht empfehlenswerten Möglichkeit Gebrauch gemacht, die Sicherheit vor dem Termin an die Gerichtskasse zu überweisen, muss jetzt auf Anweisung des Gerichts die unbare Rückzahlung des „Verwahrgelds" erfolgen, was einige Zeit in Anspruch nimmt. 472

Soweit die Sicherheit für ein Gebot geleistet wurde, das nicht erloschen ist, wird sie zunächst aufbewahrt (Bürgschaftsurkunden; einbezahltes Geld). Schecks sind vom Gericht über die Gerichtskasse einzulösen. Hebt das Beschwerdegericht den Zuschlag auf, erfolgt nach Rechtskraft die Rückgabe bzw. Rückzahlung. 473

Zinsbefreiung erfordert nach wie vor Hinterlegung (§ 49 Abs. 4 ZVG) unter Verzicht auf das Recht der Rücknahme. Somit genügt weder die vorherige Einzahlung des Sicherheitsbetrages noch die Übergabe eines Schecks (mit anschließender Einlösung), um diese Wirkung herbeizuführen.[210] An sich muss der Meistbietende selbst (bei der Hinterlegungsstelle) dafür Sorge tragen, dass das Geld aus dem „Verwahr" in „Hinterlegung" umgebucht wird und dabei „auf das Recht der Rücknahme verzichten". Nach der hier vertretenen Auffassung kann er den Rücknahmeverzicht auch zum Terminsprotokoll erklären, wenn der Rechtspfleger bereit ist, im Anschluss an den Termin die Hinterlegungsstelle um Annahme zu ersuchen. 474

Tipp: Der Meistbietende sollte ausdrücklich zu Protokoll des Gerichts erklären, dass er die Sicherheitsleistung als Teil des Meistgebotes unter Verzicht auf Rücknahme hinterlegt.

IV. Vorzeitige Beendigung des Termins

1. Aufhebung oder einstweilige Einstellung

Aus einer Reihe von Gründen kann der Termin ohne Entscheidung über den Zuschlag enden. So kann z.B. ein Gläubiger noch im Termin die einstweilige Einstellung bewilligen (Rn. 203) oder den Versteigerungsantrag zurücknehmen (Rn. 198) oder es kann eine einstweilige Einstellung/Aufhebung nach den Regeln der ZPO erfolgen, z.B. §§ 765a, 775, 769 Abs. 2 ZPO. 475

Ist nur ein **Gläubiger** vorhanden, für welchen der Termin gehalten werden durfte (Rn. 298, 345), wird das Verfahren aufgehoben bzw. einstweilen eingestellt und der Versteigerungstermin aufgehoben (beachte aber Rn. 478). Hierdurch erlöschen (Rn. 435) alle bisher bereits abgegebenen Gebote (§ 72 Abs. 3 ZVG). Wegen geleisteter Sicherheit: Rn. 470. 476

Sind mehrere **Gläubiger** vorhanden und ist nur einer vom Einstellungs- bzw. Aufhebungsgrund nach Rn. 475 betroffen, ist zu unterscheiden: 477

- Konnte für ihn der Termin nicht gehalten werden (Rn. 298, 345), ist sein Ausscheiden für den Fortgang des Termins ohne Bedeutung.
- Hat dieser Gläubiger das gG nicht bestimmt (Rn. 344), wird der Versteigerungstermin ebenfalls fortgesetzt.

---

210 A.M. *Stöber* (HRP) Rn. 330, der darin, nicht zu Unrecht, eine sinnlose Förmelei sieht, aber zu diesem Ergebnis nur über eine „entsprechende Anwendung" von § 49 Abs. 4 ZVG kommt, nachdem das ZVG eben immer noch von „Hinterlegung" ausgeht.

- Hat dieser Gläubiger als bestbetreibender Gläubiger das gG bestimmt (Rn. 345), muss das Gericht nun, vom nächstbetreibenden Gläubiger ausgehend, ein neues gG berechnen und die Bietezeit für das neue Ausgebot neu beginnen lassen. Alle bisher abgegebenen Gebote sind erloschen (§ 72 Abs. 3 ZVG). Ist die Neuberechnung zu schwierig, um sie innerhalb angemessener Zeit zu erledigen, kann der Rechtspfleger nach pflichtgemäßem Ermessen den Termin aufheben.

478
Achtung! Bei Antragsrücknahme oder Einstellungsbewilligung **nach** Schluss der Versteigerung (§ 73 Abs. 2 ZVG) findet § 33 ZVG Anwendung. Die Entscheidung muss dann, falls der bestbetreibende Gläubiger von der Antragsrücknahme oder Einstellungsbewilligung betroffen ist und mindestens ein nicht erloschenes Gebot vorliegt, auf **Zuschlagsversagung** lauten (Rn. 500, 501).

2. Zahlung an das Gericht

479 Die bisherige Regelung in § 75 ZVG, welche es dem Schuldner ermöglichte, im Versteigerungstermin durch Zahlung an das Gericht auch dann die Terminsaufhebung zu erreichen, wenn der Gläubiger nicht anwesend oder nicht empfangsbereit[211] war, ist entfallen.

Die in § 75 ZVG n.F. vorgesehene Möglichkeit ist nach hier vertretener Auffassung wenig hilfreich und bedarf angesichts des Verfassungsranges des Eigentums einer verfassungskonformen Auslegung wie folgt:

- Ist der Gläubiger anwesend und empfangsbereit, zahlt der Schuldner an den Gläubiger. Dieser quittiert den Empfang und das Gericht stellt das Verfahren (einstweilen!) ein, falls nicht der Gläubiger sofort seinen Versteigerungsantrag zurücknimmt[212], was zur insoweitigen Verfahrensaufhebung führt. Rn. 476 gilt entsprechend.
- Ist dies nicht der Fall, wird der Schuldner an die Gerichtszahlstelle verwiesen, wo er das Geld als Verwahrgeld zur Verfügung durch das Gericht einzahlt und den Beleg in den Termin bringt. Auch das führt zur Einstellung nach § 75 ZVG.

479a Gezahlt werden muss die Gesamtforderung einschließlich der Kosten dieses Verfahrens, für welche der Gläubiger noch in Anspruch genommen werden kann.

479b All dies kann noch während der Verhandlung über den Zuschlag erfolgen und sogar noch im Verkündungstermin (wozu dem Schuldner notfalls eine kurze Zeitspanne zu belassen ist), und zwar bis der Tenor des Zuschlagsbeschlusses vollständig verkündet ist. Bis dahin kann hierfür die Verkündung unterbrochen werden.[213]

479c Sind mehrere Gläubiger vorhanden, wird der Schuldner die Aufhebung des Termins meist nur erreichen, wenn er **alle** bezahlt, für die der Termin stattfindet. Zahlt er erst nach Schluss der Versteigerung, wird es meist (aber nicht immer) genügen, wenn er jenen Gläubiger befriedigt, der das geringste Gebot bestimmt hat (Zuschlagsversagung, wenn ein wirksames Gebot vorhanden ist; § 33 ZVG)

Tipp: Eine Zahlung im Termin muss taktisch geplant werden.

3. Ablösung

480 Ein Beteiligter, welcher durch die Versteigerung ein Recht am Grundstück verlieren würde, kann gem. §§ 268, 1150 BGB den Gläubiger ablösen. Auch hier gilt, wenn mehrere Gläubiger vorhanden sind, Rn. 477. Die Ablösung bewirkt den Übergang der Forderung vom Gläubiger auf den Ablösenden und zwar mit allen Neben- und Sicherungsrechten (§ 268 Abs. 3 BGB). Wird z.B. ein Gläubiger

---

211 d.h. nicht willens, das Geld anzunehmen oder aber - besonders bei Forderungen der RK 3, künftig auch solchen der RK 2 - nicht mit einer ausreichenden Geldempfangsvollmacht versehen ist. Bitte beachten: Die Beamten der kommunalen Kassen sind kraft Gesetzes zum Geldempfang berechtigt und bedürfen keiner Inkassovollmacht.
212 Wird die Antragsrücknahme auch künftig nicht erklärt, muss der Schuldner mit Vollstreckungsabwehrklage nach §§ 767, 775 Nr. 1, 776 ZPO gegen den Gläubiger vorgehen.
213 *BGH* Rpfleger 2007, 414.

abgelöst, der aus einer Grundschuld betrieben hat, geht diese kraft Gesetzes auf den Ablösenden über. Das Grundbuch wird unrichtig.

Ist der Gläubiger im Termin nicht anwesend oder nicht empfangsbereit, gilt Rn. 479 entsprechend. **480a**

Abzulösen ist stets die Gesamtsumme, wegen welcher der Gläubiger das Verfahren betreibt, also Hauptsumme, Zinsen und Kosten einschließlich der Kosten dieses Zwangsversteigerungsverfahrens[214]; bei Grundschulden ohne Rücksicht auf die gesicherte persönliche Forderung das dingliche Recht (also Hauptsumme, Zinsen und Kosten).[215] **481**

Ablösung erfordert immer Zahlung! Eine Ablöseerklärung für sich allein bewirkt nichts. Erfolgt die Ablösung durch **Zahlung** direkt an den Gläubiger und wird dies dem Gericht nachgewiesen[216], kann der Ablösende ohne Titelumschreibung die einstweilige Einstellung bzw. die Aufhebung des Verfahrens bewilligen. Will er aber selbst die Zwangsversteigerung wegen der durch Ablösung erworbenen Forderung fortsetzen, bedarf es einer neuen Vollstreckungsklausel (§ 727 ZPO). Wegen der Einzelheiten zur Ablösung und deren Folgen wird auf die Literatur verwiesen.[217] **482**

C. Schlussverhandlung

I. Schluss der Versteigerung

Ist die Bietezeit von **30 Minuten** (§ 73 Abs. 1 Satz 1 ZVG) abgelaufen, kann das Gericht die Versteigerung schließen. Es ist dies jedoch eine **Mindestzeit**. Die Versteigerung darf also nicht geschlossen werden, solange noch zügig weiter geboten wird (§ 73 Abs. 1 Satz 2 ZVG). Auch liegt es im pflichtgemäßen Ermessen des Rechtspflegers, mit dem Schluss der Versteigerung aus anderen Gründen noch etwas zu warten. Eine sinnlose Verlängerung der Bietezeit wäre aber nicht rechtens. **483**

Werden keine Gebote mehr abgegeben, fordert das Gericht noch einmal ausdrücklich zur Abgabe weiterer Gebote auf und ruft dann (§ 73 Abs. 2 ZVG) das letzte zugelassene Gebot dreimal auf, etwa mit den Worten: **484**

„Herr Y bot für das Grundstück 100.000,00 €

Dieses Gebot wird aufgerufen:

100.000,00 € zum Ersten,
100.000,00 € zum Zweiten,
100.000,00 € zum Dritten."

Es ist üblich, nach jedem Aufruf zur Abgabe weiterer Gebote aufzufordern. Insbesondere muss dies nach dem dritten Aufruf geschehen, denn anders als bei Auktionen und der Versteigerung durch einen Gerichtsvollzieher kann auch **nach** dem dritten Aufruf noch geboten werden. Erst wenn ungeachtet dieser Aufforderung kein Gebot mehr abgegeben wird, verkündet das Gericht den Schluss der Versteigerung. Nun kann nicht mehr geboten werden.[218]

---

214 Der Gläubiger vollstreckt auch wegen der Kosten der dinglichen Rechtsverfolgung, mithin auch wegen der Kosten des anhängigen Zwangsversteigerungsverfahrens, für welche er als dortiger Antragsteller haftet. Befriedigung i.S. des § 268 BGB erfordert mithin auch deren Zahlung an den Abzulösenden durch den Ablösenden.
215 *BGH* Rpfleger 2005, 555, auch zur Frage der Ausgleichspflicht zwischen Abgelöstem und Ablöser.
216 *BGH* Rpfleger 2007, 93. Es ist ein Nachweis ist erforderlich. Entsprechende Urkunden können per Telefax übermittelt werden.
217 *Stöber* (ZVG) § 15 Rn. 20; *Glotzbach/Mayer* Rn. 344 bis 357.
218 In Anlehnung an die Entscheidung des *BGH* (Rpfleger 2007, 414) und die von ihm bestätigte, nicht veröffentlichte Entscheidung des *LG Dresden* ist kein Gebot mehr möglich, wenn der Rechtspfleger das Wort „geschlossen" gesprochen hat.

II. Ergebnisloser Termin

485 Wurde kein Gebot abgegeben oder sind sämtliche abgegebenen Gebote erloschen, beschließt das Gericht gem. § 77 ZVG die einstweilige Einstellung des Verfahrens. Dieser Beschluss bewirkt gegenüber **allen** (also nicht nur gegenüber dem bestbetreibenden) Gläubigern, für die der Termin gehalten wurde (Rn. 298, 345), die einstweilige Einstellung des Verfahrens. Wegen der Fortsetzung gelten die allgemeinen Regeln (Rn. 205 ff.). Es ist daher die Zustellung einer Belehrung erforderlich, um die Frist des § 31 Abs. 3 ZVG in Lauf zu setzen.[219]

486 War das Verfahren gegenüber einem der von der Einstellung betroffenen Gläubiger bereits aus dem gleichen Grund in einem früheren Termin schon einmal einstweilen eingestellt worden, ist ihm gegenüber die Aufhebung des Verfahrens (§ 77 Abs. 2 Satz 1 ZVG) zu beschließen. Der Beschluss ist konstitutiv.

Diese Folge tritt auch ein, wenn in beiden Terminen verschiedene geringste Gebote oder verschiedene Ausgebotsarten zugrunde gelegt worden waren; entscheidend ist, dass das gleiche Objekt ausgeboten wurde.[220]

III. Verhandlung über den Zuschlag

487 Ist zumindest ein Gebot vorhanden, das nicht erloschen ist, muss das Gericht nun die Beteiligten zur Entscheidung über den Zuschlag hören (§ 74 ZVG). Es ist dies die letzte Möglichkeit, einen Antrag nach § 74a ZVG (dort Abs. 2) zu stellen (Rn. 507); dies gilt selbst dann, wenn ein Verkündungstermin (Rn. 488) bestimmt wird. Wegen aller anderen Anträge siehe Rn. 498.

488 Das Gericht kann seine Entscheidung sofort verkünden (was die gesetzliche Regel ist) oder einen Verkündungstermin bestimmen (§ 87 ZVG), den es nicht länger als eine Woche aufschieben soll.[221]

Ob die Grundsätze eines fairen Verfahrens einen Verkündungstermin erfordern, weil der Schuldner nicht anwesend ist, muss nach den Besonderheiten des Einzelfalles entschieden werden. Die Abwesenheit des Schuldners ist für sich allein regelmäßig kein Hindernis, den Zuschlag sofort zu erteilen.[222] Dazu auch Rn. 491.

489 Bestimmt das Gericht einen **Verkündungstermin**, kann bis dahin (§ 87 Abs. 3 ZVG) noch in folgender Weise Einfluss auf die Gerichtsentscheidung genommen werden[223]:
- Antrag des Schuldners nach §§ 765a, 775, 769 Abs. 2 ZPO;
- Bewilligung der einstweiligen Einstellung oder Antragsrücknahme durch den Gläubiger;
- Ablösung des Gläubigers, vor diesem Termin, die im Verkündungstermin anzumelden und nachzuweisen wäre; dazu Rn. 482;

---

219 Auch wenn dies de lege ferenda evtl. zweckmäßig wäre: Eine einstweilige Einstellung nach § 77 ZVG bewirkt nicht, dass künftig die Zuschlagsgrenzen der §§ 74a, 85a ZVG entfallen. Das Gesetz enthält keine Regelungslücke, die durch Richterrecht zu füllen wäre. Die gegenteilige Ansicht des *LG Mainz* (Rpfleger 2007, 421) ist gesetzeswidrig und daher abzulehnen.
220 *LG Chemnitz* Rpfleger 2003, 205.
221 Es gibt beachtliche Gründe, diese Frist zu verlängern, besonders wenn zum Zuschlag eine noch nicht vorhandene Zustimmung eines Dritten erforderlich ist. Grundlose Verlängerung ist dagegen rechtswidrig. Ein freies Ermessen hat das Gericht nicht. Wegen evtl. Haftung siehe *BGH* Rpfleger 2002, 38.
222 *BGH* Rpfleger 2004, 434.
223 Alle Erklärungen/Handlungen sind möglich, bis der Rechtspfleger den gesamten Tenor des Zuschlagsbeschlusses gesprochen hat. Er kann also z.B. für die Bewilligung der einstweiligen Einstellung hierbei unterbrochen werden (*BGH* Rpfleger 2007, 414 und die von ihm bestätigte, nicht veröffentlichte Entscheidung des *LG Dresden*).

- Verfahren nach Rn. 479, also Nachweis der Deckung einer Gläubigerforderung durch Vorlage eines Nachweises gem. § 75 ZVG im Termin, Zahlung an den im Termin anwesenden Gläubiger oder Einzahlung als Verwahrgeld bei der Gerichtszahlstelle und Vorlage der Quittung.²²⁴

All dies ist für die Zuschlagsentscheidung jedoch nur von Bedeutung, wenn hiervon der **bestbetreibende** Gläubiger betroffen ist.

Im Falle erhöhter Sicherheit (Rn. 469a ff.) kann jetzt noch die Leistung dieser Sicherheit durch vorherige Einzahlung auf ein Konto der Gerichtskasse nachgewiesen oder diese Sicherheit durch Übergabe eines Schecks (Rn. 456) oder einer Bürgschaftsurkunde (Rn. 458) geleistet werden. **489a**

Bestimmt das Gericht keinen Verkündungstermin, müssen alle diese Anträge, Handlungen und Erklärungen vor der Verkündung der Zuschlagsentscheidung erfolgen. Auch wenn der Schuldner im Versteigerungstermin nicht anwesend oder vertreten war, besteht keine grundsätzliche Verpflichtung, einen Verkündungstermin zu bestimmen.²²⁵ Dies mag anders sein, wenn das zuschlagsfähige Meistgebot sehr niedrig ist.²²⁶ Droht eine Verschleuderung des Grundstücks, ist immer ein Verkündungstermin zu bestimmen.²²⁷ Jedoch kann der Schuldner selbst bei einem krassen Missverhältnis zwischen dem Versteigerungserlös (hier ca. 3 % des Verkehrswertes) und dem tatsächlichen Grundstückswert Vollstreckungsschutz (§ 765a ZPO) nicht erhalten, wenn keine Umstände vorliegen, die ein wesentlich höheres Gebot in einem neuen Termin erwarten lassen.²²⁸ **490**

Leider ist die Unsitte weit verbreitet, auf einseitigen Wunsch der Gläubigerbank ohne triftigen Grund die Zuschlagsentscheidung zu vertagen. Dies ist definitiv rechtswidrig und kann zu Schadensersatzforderungen²²⁹ gegen den Rechtspfleger führen, wenn der Meistbietende dieser Vertagung ausdrücklich widersprochen hat. Eine solche Vertagung bringt dem Meistbietenden, der ja an sein Gebot gebunden ist, eine Reihe von Nachteilen (z.B. Rn. 416).²³⁰ Weiter ist zu befürchten, dass die Kreditinstitute diese Vertagung zu nichts anderem benutzen, als den Meistbietenden mit der Drohung, anderenfalls (Rn. 475 und 478) den Zuschlag zu verhindern, zu einer Sonderzahlung zu nötigen.²³¹ **491**

Tipp: **Als Meistbietender immer dem Vertagungswunsch des Gläubigers widersprechen, darauf dringen, dass dieser Widerspruch protokolliert wird und sich der Forderung des Kreditinstitutes auf eine Sonderzahlung widersetzen²³²**

Nach Abschluss der Verhandlung oder aber im Verkündungstermin verkündet das Gericht seine Entscheidung. Sie lautet entweder auf Erteilung oder Versagung des Zuschlags. **492**

---

224 Nach der hier vertretenen Auffassung darf die Justizverwaltung diese letzte Möglichkeit zur Rettung des Eigentums aus verfassungsrechtlichen Gründen nicht verwehren.
225 *BGH* Rpfleger 2004, 434.
226 *LG Mönchengladbach* Rpfleger 2004, 436 mit Ausführungen zur Hinweispflicht.
227 *BGH* Rpfleger 2005, 151.
228 *BGH* FamRZ 2006, 697.
229 Zur Stellung des Meistbietenden: *BGH* Rpfleger 2002, 38.
230 Weitere Nachteile, Schilderung aus der Praxis: *Mayer* Rechtspflegerblatt 2000, 40.
231 Dazu *Kirsch* Rpfleger 2006, 373.
232 Lieber die Versagung des Zuschlags riskieren. Es ist keineswegs sicher, dass das Kreditinstitut es dazu kommen lässt, da es u.U. monatelang auf den nächsten Termin warten müsste. Wer aber eine Sonderzahlung leistet, muss dies beim Finanzamt anmelden, da diese Sonderzahlung grunderwerbsteuerpflichtig ist.

5. Kapitel
Zuschlag

A. Entscheidung über den Zuschlag

I. Versagung des Zuschlags

1. Grundlagen

493 Der Zuschlag ist zu versagen, wenn
- sich keines der nicht erloschenen Gebote als zuschlagsfähig erweist (Rn. 497 bis 499);
- Vorgänge zwischen dem Schluss der Versteigerung und der Verkündung der Entscheidung den Zuschlag verhindern (Rn. 475 bis 482);
- die Höhe des an sich zulässigen Meistgebotes auf Grund Gesetzes keinen Zuschlag erlaubt (Rn. 505 bis 514);
- ein anderer der in § 83 ZVG genannten Versagungsgründe vorliegt (Rn. 517 bis 521).

494 Wiederholend sei noch einmal zusammengestellt: Es gibt:
- Erloschene Gebote (Rn. 435). Sie gelten als nicht vorhanden. Auf sie kann keine Zuschlagsversagung erfolgen. Sind alle Gebote erloschen, dann ist nach § 77 ZVG (Rn. 485) zu verfahren.
- Nicht erloschene, aber nicht zuschlagsfähige Gebote (Rn. 469 f., 497, 499), gelegentlich „unwirksame" Gebote genannt. Auf sie wird der Zuschlag versagt.
- Zuschlagsfähige Gebote, auf welche der Zuschlag zu erteilen ist, falls keines der unter Rn. 493 genannten Hindernisse vorliegt.

495 Vorgänge im Versteigerungstermin[233] können zur Begründung einer Zuschlagsentscheidung nur herangezogen werden, wenn sie sich aus dem Protokoll ergeben (§§ 78, 80 ZVG).

496 Eine vom Gericht im Versteigerungstermin getroffene Entscheidung ist für die Entscheidung über den Zuschlag **nicht bindend** (§ 79 ZVG). Dies gilt auch dann, wenn die Entscheidung anfechtbar war, aber nicht angefochten wurde.[234] Der Rechtspfleger kann daher z.B. den Zuschlag versagen, obwohl er (zu Unrecht) im Termin das Gebot zugelassen hatte. Ist allerdings das Gebot erloschen (Rn. 435), steht es für eine Entscheidung über den Zuschlag nicht mehr zur Verfügung. Es wird so angesehen, als wäre es nie abgegeben worden. Es ist daher unzulässig, auf ein erloschenes Gebot den Zuschlag zu versagen oder gar zu erteilen.

2. Versagungsgründe

a) Unzulässiges Gebot

497 Das Gericht muss den Zuschlag versagen, wenn sich anlässlich der Prüfung bei der Entscheidung herausstellt, dass das Gebot zurückzuweisen gewesen wäre. In Betracht käme z.B. das Gebot einer nicht voll geschäftsfähigen Person, das Gebot eines gesetzlichen Vertreters ohne familiengerichtliche/vormundschaftsgerichtliche Genehmigung oder eines Bevollmächtigten ohne ausreichende Vollmacht. Auch ein Gebot, welches zu Unrecht ohne Sicherheitsleistung zugelassen wurde, kann keinen Zuschlag erhalten, wenn das Sicherheitsverlangen nicht als zurückgenommen gilt (§ 70 Abs. 3 ZVG) und der Bieter keine „Notsicherheit" (Rn. 466) geleistet hat.

497a Wurde ein Scheck als Sicherheitsleistung angenommen, welcher den Bedingungen des § 69 ZVG nicht entsprach, darf der Zuschlag nicht versagt werden, wenn der Scheck tatsächlich eingelöst wird.[235]

---
233 Auch der Verkündungstermin ist ein Teil des Versteigerungstermins!
234 *BGH* Rpfleger 2007, 155.
235 *BGH* Rpfleger 2006, 665.

Der Zuschlag wäre auch auf ein Meistgebot zu versagen, welches das Gericht zurückgewiesen hatte, das aber infolge Widerspruchs nicht erloschen ist, vorausgesetzt natürlich, dass der Rechtspfleger den Zurückweisungsgrund auch jetzt noch als gegeben ansieht.

498

b) Fehlende Identität von Versteigerungs- und Zuschlagsobjekt

Durch Zuschlagsversagung ist auch zu entscheiden, wenn es sich ergibt, dass das versteigerte Objekt mit jenem, das zum Zuschlag ansteht, nicht oder nicht mehr übereinstimmt. Hierher gehört nicht nur die **Verwechslung** des Objektes[236] (§ 83 Nr. 5 ZVG), sondern auch dessen **wesentliche Veränderung** zwischen Schluss der Versteigerung und Zuschlag, z.B. ein schwer wiegender Brandschaden.[237] Im letztgenannten Fall wird man aber den Zuschlag erteilen, wenn der Meistbietende zustimmt. Es ist jedoch nicht möglich, den Zuschlag in einem solchen Fall zu einem geringeren Betrag als dem Meistgebot zu erteilen. Werden mitversteigerte Gegenstände (Rn. 106, 394) zwischen Schluss der Versteigerung und Zuschlag beschädigt, trifft dies den Ersteher (§ 56 ZVG). Dazu auch Rn. 416 und Rn. 491.

499

c) Handlungen nach Schluss der Versteigerung

Ergibt sich nach Schluss der Versteigerung die Notwendigkeit (z.B. Rn. 475 bis 482), das Verfahren gegenüber dem bestbetreibenden Gläubiger einstweilen einzustellen oder aufzuheben, so erfolgt dies nicht durch einen Einstellungs- oder Aufhebungsbeschluss, sondern durch **Versagung des Zuschlags** (§ 33 ZVG). Diese Entscheidung bewirkt erst mit ihrer Rechtskraft (§ 86 ZVG) die einstweilige Einstellung oder Aufhebung des Verfahrens gegenüber dem betroffenen Gläubiger. Zuschlagsversagungsgrund ist hier § 83 Nr. 6 ZVG.

500

Die Regelung des § 33 ZVG hat folgenden Sinn: Eine Aufhebung oder einstweilige Einstellung des Verfahrens führt nach § 72 Abs. 3 ZVG zum Erlöschen aller Gebote einschließlich des Meistgebotes. Somit könnte (Rn. 435) das Beschwerdegericht eine falsche Entscheidung nicht mehr durch Zuschlagserteilung korrigieren. Da aber bei einer Versagung des Zuschlags das Erlöschen der Gebote erst mit Rechtskraft eintritt (§§ 86, 72 Abs. 3 ZVG), bleibt eine solche Korrektur möglich.

501

Sind mehrere Gläubiger vorhanden, ist der Zuschlag nur zu versagen, wenn der bestbetreibende Gläubiger vom Hindernis betroffen ist. Wird nur ein anderer Gläubiger betroffen, ergeht diesem gegenüber eine Entscheidung über die Einstellung oder Aufhebung, ohne dass dies die Entscheidung über den Zuschlag beeinflusst. Es ist aber denkbar, dass mehrere (darunter der bestbetreibende Gläubiger!) oder alle Gläubiger betroffen sind, für welche der Termin gehalten werden konnte. Das muss dann im Versagungsbeschluss deutlich zum Ausdruck kommen. Gläubiger, für welche der Termin nicht gehalten werden durfte (Rn. 345), können vom Versagungsbeschluss nie betroffen sein. Für sie muss immer separat entschieden werden.

502

Wird der bestbetreibende Gläubiger betroffen, der nächstrangige Gläubiger aber nicht, kann ausnahmsweise doch der Zuschlag erteilt werden, wenn weder der bestbetreibende Gläubiger noch ein Zwischenrecht beeinträchtigt ist oder aber die Zustimmung des Beeinträchtigten vorliegt (§ 84 ZVG).

503

> Das Verfahren wird von der Gemeinde aus RK 3 und von dem Gläubiger der erstrangigen Grundschuld aus RK 4 betrieben. Die Gemeinde bewilligt nach Schluss der Versteigerung die einstweilige Einstellung, der Gläubiger aber nicht. Das Gebot reicht aus, um die Forderung der Gemeinde zu decken. Zuschlag ist möglich.
>
> **Variation:** Zwei Grundschuldgläubiger betreiben die Versteigerung. Der Bestbetreibende bewilligt die einstweilige Einstellung, der zweitrangige Gläubiger nicht. Der Zuschlag ist zu versagen, weil die Grundschuld des Bestbetreibenden nicht erloschen wäre, wenn von Anfang an nur der Gläubiger der zweiten Grundschuld das Verfahren betrieben hätte.

504

Beispiel

---

236 Besonders in ländlicher Flur sind solche Verwechslungen denkbar und auch schon vorgekommen.
237 Hierzu sehr ausführlich *Eickmann* (ZVG) § 18 III 1.

d) Nicht ausreichendes Meistgebot

505 Beträgt das Meistgebot, also das bare Meistgebot **zusammen** mit der Summe der bestehen bleibenden Rechte[238], nicht **mindestens die Hälfte** des festgesetzten Grundstückswertes, muss das Gericht den Zuschlag von Amts wegen versagen (§ 85a Abs. 1 ZVG). Das Gebot musste also zunächst zugelassen werden, erhält aber dann keinen Zuschlag.

506 Diese Zuschlagsversagung findet **nicht** statt (§ 85a Abs. 3 ZVG) wenn
- der Bieter einen Anspruch auf Befriedigung aus dem Grundstück hat,
- mit diesem Anspruch bei dem vorhandenen Gebot ganz oder teilweise ausfällt,
- und die Summe des Meistgebotes, (also des baren Meistgebotes zzgl. des Wertes der bestehen bleibenden Rechte) und dazu sein Ausfall die Hälfte des festgesetzten Grundstückswertes erreicht.

Den Schutz des Schuldners bewirkt dann § 114a ZVG (siehe hierzu **Beispiel** Rn. 508 Bieter B).[239]

Tipp: Bei Meistgeboten unter 50 % des Verkehrswertes § 85a Abs. 3 ZVG beachten.

507 Ist das Meistgebot höher als 50 %, aber **niedriger als 70 %** des festgesetzten Grundstückswertes, kommt eine Zuschlagsversagung nach § 74a ZVG in Betracht. Diese Entscheidung erfolgt aber nicht von Amts wegen. Vielmehr ist der Antrag eines Beteiligten erforderlich. Diesen Antrag kann nur stellen, wer bei einem (fiktiven) Gebot in Höhe von 70 % des Verkehrswertes eine Zuteilung erwarten könnte, die er bei dem abgegebenen Gebot nicht oder nicht in dieser Höhe erwarten kann.

Für diese Entscheidung muss der Rechtspfleger einen „fiktiven Teilungsplan" (= Teilungsplan mit einem Gebot von 70 % des Verkehrswertes) aufstellen und hierbei Grundschulden mit dem Nominalbetrag[240] (Kapital, Zinsen, Nebenleistungen) einsetzen.

Das sei an zwei Beispielen erklärt:

508
Beispiel

Im Grundbuch des Versteigerungsobjekts sind folgende Rechte eingetragen:
III/1 Zinslose[241]   Grundschuld für A über   70.000,00 €
III/2 Zinslose   Grundschuld für B über   150.000,00 €

Das Zwangsversteigerungsverfahren wird von der Gemeinde wegen einer Forderung aus RK 3 in Höhe von 2.000,00 € betrieben.
Es bleiben keine Rechte bestehen.
Die A und B machen im Verfahren keine Kosten geltend.
Der Verkehrswert des Grundstücks wurde auf 200.000,00 € festgesetzt.
Die Gerichtskosten belaufen sich auf 5.000,00 €.

Gebot   **Rechtsfolge**
X bietet 79.000,00 €   Der Zuschlag wäre wegen § 85a ZVG von Amts wegen zu versagen.
B bietet 80.000,00 €   B gehen 77.000,00 € vor; bei einer Erlösverteilung bekäme er 3.000,00 € und würde damit mit einem Betrag von 147.000,00 € ausfallen. Addiert man Gebot und Ausfall, ergeben sich 227.000,00 €, mithin mehr als 50 % des Verkehrswertes (100.000,00 €). Wegen § 85a Abs. 3 ZVG könnte das Grundstück dem B zugeschlagen werden. A kann bei diesem Gebot keinen Antrag nach § 74a ZVG stellen, da 80.000,00 € zu seiner Befriedigung reichen. Mehr als seine Gesamtforderung kann er nicht bekommen.

(Fortsetzung S. 89)

---

238 Hierbei ist für Rechte der zweiten Abteilung der nach § 51 ZVG festgesetzte Wert (*LG Hamburg* Rpfleger 2003, 142) und für Grundschulden ihr Nominalbetrag, also Kapital nebst Zinsen und anderen Nebenleistungen (*BGH* Rpfleger 2004, 432) maßgeblich.
239 Zur Anwendung des § 114a ZVG, wenn ein Gläubiger, um die Folgen dieser Norm zu umgehen, einen Dritten bieten lässt, siehe *BGH* Rpfleger 2005, 554.
240 *BGH* Rpfleger 2004, 432.
241 Diese wenig realistische Annahme dient der Vermeidung einer für die Darstellung der Problematik des § 85a Abs. 3 ZVG nicht notwendigen Verkomplizierung der „Rechentätigkeit".

X bietet 100.000,00 €	(B muss nicht nur 80.000,00 € zahlen, sondern seine Forderung gegen den Schuldner ermäßigt sich nach § 114a ZVG um weitere 60.000,00 €, also der Differenz zwischen Gebot (80.000,00 €) und 7/10 des Verkehrswertes (140.000,00 €). Eine Zuschlagsversagung von Amts wegen erfolgt nicht mehr, da 50 % des Verkehrswertes erreicht sind. B kann aber einen Antrag nach § 74a ZVG stellen, da er bei einem Gebot von 70 % des Verkehrswertes, also 140.000,00 €, mehr bekommen würde als bei dem abgegebenen Gebot von 100.000,00 €.

509

Beispiel

Im Grundbuch des Versteigerungsobjekts sind folgende Rechte eingetragen:
III/1 Zinslose Grundschuld für A-Bank über 20.000,00 €
III/2 Zinslose Grundschuld für B-Bank über 120.000,00 €
III/3 Zinslose Grundschuld für C-Bank über 130.000,00 €

Das Zwangsversteigerungsverfahren wird von der B-Bank wegen ihrer dinglichen Forderung aus RK 4 in Höhe von 120.000,00 € betrieben. Die erstrangige Grundschuld bleibt bestehen.

A, B und C machen im Verfahren keine Kosten geltend.

Der Verkehrswert des Grundstücks wurde auf 300.000,00 € festgesetzt. Die Gerichtskosten belaufen sich auf 5.000,00 €. Öffentliche Lasten wurden nicht angemeldet.

Das Mindestbargebot beläuft sich demnach auf 5.000,00 €. Die B-Bank bleibt in der Annahme, dass im anstehenden ersten Termin wegen § 85a ZVG ihre Grundschuld ausgeboten werden muss, damit der Zuschlag erteilt werden kann, dem Versteigerungstermin fern.

Gebot	Rechtsfolge
Die C-Bank bietet 5.000,00 €	Der C-Bank gehen 125.000,00 € vor; bei einem Gebot in der abgegebenen Höhe würde sie demnach in voller Höhe (130.000,00 €) ausfallen. Addiert man Gebot, bestehen bleibendes Recht und Ausfall ergibt sich jedoch ein Betrag von 155.000,00 €, mithin mehr als 50 % des Verkehrswertes (150.000,00 €). Wegen § 85a Abs. 3 ZVG könnte das Grundstück der C-Bank zugeschlagen werden. Die B-Bank ginge leer aus, da zur Verteilung lediglich 5.000,00 € kämen.

Tipp: Gläubiger sollten bei ihrer Vorbereitung des Versteigerungstermins und der Entscheidung über eine Terminswahrnehmung § 85a Abs. 3 ZVG in die Überlegungen einbeziehen.

Auch der **Gläubiger** kann den Antrag nach § 74a ZVG stellen, wenn er die Voraussetzungen nach Rn. 507 erfüllt. Gleiches gilt für den **Schuldner** nur, wenn er eine Zuteilung aus einem Grundpfandrecht erhalten würde. Dem **Meistbietenden** steht ein Antragsrecht nicht zu. **510**

Jeder Gläubiger, der glaubhaft machen kann, dass ihm durch die Zuschlagsversagung nach § 74a ZVG ein „unverhältnismäßiger Nachteil" entstehen würde, kann verlangen, dass der Zuschlag erteilt wird, obwohl das Gebot unter 70 % des Verkehrswertes liegt. Die 50 % nach § 85a ZVG müssen aber erreicht sein! Die Entscheidung trifft das Gericht, indem es den Zuschlag erteilt, wenn es das Verlangen als begründet ansieht oder versagt, wenn es keine solche Beeinträchtigung erkennen kann. Dieses Verlangen kann, ebenso wie der Antrag nach § 74a ZVG selbst, nur in der Verhandlung über den Zuschlag (Rn. 487) geltend gemacht werden. **511**

Die Versagung des Zuschlags nach § 85a ZVG oder § 74a ZVG kann insgesamt nur **einmal** erfolgen. Wurde also während des Verfahrens, auch wenn mehrere Termine stattfinden, einmal der Zuschlag nach § 85a ZVG **oder** nach § 74a ZVG versagt, kommen diese **beiden** Versagungsgründe in diesem Verfahren nicht mehr in Betracht (§ 74a Abs. 4 i.V.m. § 85a Abs. 2 ZVG). Auf diesen Umstand muss das Gericht in jeder neuen Terminsbestimmung hinweisen (§ 38 ZVG, dazu auch Rn. 281). **512**

Gelegentlich hat der Gläubiger ein Interesse daran, die unter Rn. 505 dargestellten Rechtsfolgen auszulösen, um in einem weiteren Termin die Versteigerung ohne Wertgrenzen zu ermöglichen. Oft ist der Gläubiger wegen § 85a Abs. 3 ZVG jedoch nicht selbst in der Lage, durch ein zu geringes Gebot die Rechtsfolge der Zuschlagsversagung auszulösen. In solchen Fällen wird dann „üblicherweise" von **513** dem Terminsvertreter des Gläubigers im eigenen Namen („als Privatperson") ein niedriges Gebot abgegeben (auch „Eigengebot" genannt).

514 Nach der Auffassung des *BGH* sind Gebote unter 50 % des Verkehrswertes auch grundsätzlich mit dem Ziel zulässig, die Zuschlagsgrenze für den nächsten Termin zu beseitigen. Hierzu befugt sind aber nur Personen mit eigenem Erwerbsinteresse. Zunächst[242] sah er Gebote der Bieter ohne eigenes Erwerbsinteresse als unwirksam an. Nachdem – unabhängig von der Frage, ob das Ergebnis rechtspolitisch wünschenswert wäre - nahezu die gesamte Literatur[243] diese Begründung als nicht tragfähig abgelehnt hat, wurde sie in einer neueren Entscheidung[244] unter Beibehaltung des Ergebnisses aufgegeben.

Jetzt stützt der *BGH* sein Wunschergebnis auf „Rechtsmissbrauch". Nach der hier vertretenen Auffassung kann aber Rechtsmissbrauch nur im Einzelfall festgestellt werden. Andererseits kann der Rechtspfleger bei Abgabe des Gebotes keine Beweiserhebung[245] durchführen, weshalb ihm zugemutet wird, sämtliche Bankenvertreter unter den Generalverdacht zu stellen, rechtsmissbräuchlich zu handeln.

514 a Hat der Rechtspfleger die Missbrauchsabsicht nicht erkannt und den Zuschlag nach § 85a ZVG versagt – und wurde dieser Beschluss rechtskräftig – ist zunächst von Amts wegen neuer Termin zu bestimmen, wie dies § 85a ZVG verlangt. In diesem Termin aber darf die Versagungsfolge (Wegfall der Grenze) nicht beachtet werden. Vielmehr darf in diesem Termin wiederum nicht unter 50 % zugeschlagen werden.[246]

> **Tipp:** Insbesondere Bankvertreter müssen damit rechnen, dass ihr „Eigengebot" unter Bezug auf die Rechtsprechung des *BGH* zurückgewiesen wird. Für die Abgabe des „Eigengebotes" muss ein unverdächtiger Dritter mitkommen.

515 Die Versagung des Zuschlags nach § 74a ZVG oder § 85a ZVG hat entgegen Rn. 500 nicht die Wirkung der einstweiligen Einstellung des Verfahrens (§ 74a Abs. 3 i.V.m. § 85a Abs. 2 ZVG). Vielmehr ist **von Amts wegen** innerhalb der dort genannten Frist ein **neuer Termin** zu bestimmen, falls hierfür die allgemeinen Voraussetzungen (Rn. 345) vorliegen.

> **Tipp:** Fortsetzungsantrag ist nicht erforderlich.

516 Der neue Termin muss innerhalb von sechs Monaten nach dem gescheiterten Termin stattfinden; das Gericht hat kein Ermessen. Der rechtzeitige Ansatz kann durch Vollstreckungserinnerung erzwungen werden.[247] Auch sind Schadensersatzansprüche denkbar.

e) Versagungsgründe nach § 83 ZVG

517 **§ 83 Nr. 1 ZVG:** Dem Schuldner wurde der entscheidende Beschluss (Rn. 273) oder einem Beteiligten die Terminsbestimmung nicht rechtzeitig zugestellt. Oder aber, das gG war falsch berechnet oder die Versteigerungsbedingungen waren nicht richtig festgestellt. Die Betroffenen können nach § 84 ZVG die Erteilung des Zuschlags genehmigen.

518 **§ 83 Nr. 4 ZVG:** Der erforderliche Hinweis auf den Ausschluss der Anmeldungen (Rn. 420) ist unterblieben und dennoch wurde eine Anmeldung zurückgewiesen. Nach der hier vertretenen Auffas-

---

242 *BGH* Rpfleger 2006, 144 mit abl. Anm. *Hintzen*.
243 Statt vieler die überzeugenden Ausführungen von *Eickmann* (ZfIR 2006, 652).
244 *BGH* Rpfleger 2007, 483.
245 Entgegen der Annahme des *BGH* könnte der Rechtspfleger sehr wohl „Beweis erheben". Hierzu müsste er im Zweifel das möglicherweise missbräuchliche Gebot zunächst zulassen, dann nach der Verhandlung über den Zuschlag den Termin unterbrechen und den Bieter ob seiner Erwerbsabsicht vernehmen. Räumt er ein, keine eigene Erwerbsabsicht zu haben, wäre das Gebot zurückzuweisen, was die Folge des § 77 ZVG (einstweilige Einstellung; Fortsetzung auf Gläubigerantrag) hätte.
246 So *BGH* Rpfleger 2007, 483. Hierzu auch *Mayer* RpflStud 2007, 146.
247 *Amtsgericht Neuruppin* Rpfleger 2005, 275; so jetzt auch *Stöber* (ZVG) § 74a Rn. 6.2.

sung (Rn. 420) darf eine solche Zurückweisung überhaupt nicht erfolgen. Vielmehr hat die Anmeldung nur Rangverlust. Heilung gem. § 84 ZVG ist möglich.

§ 83 Nr. 7 ZVG: Der Termin wurde nicht rechtzeitig oder nicht richtig veröffentlicht. Die Bietezeit wurde nicht eingehalten. Die Versteigerung wurde geschlossen, obwohl noch geboten wurde. Es ist keine Heilung möglich. Zuschlag muss versagt werden. 519

§ 83 Nr. 8 ZVG: Für ein „schwaches" Gebot (Rn. 469b ff.) wurde die zusätzliche Sicherheit nicht bis zum Zuschlag geleistet. 519a

Für die in Rn. 517 bis 519 genannten Fälle gilt: Der Beschluss bewirkt gem. § 86 ZVG für alle Gläubiger, für welche der Termin gehalten wurde, die einstweilige Einstellung des Verfahrens. Im Falle der Rn 519a gilt dies nur, wenn keinem anderen Gebot der Zuschlag erteilt werden konnte. Das „schwache" Gebot ist mangels Sicherheitsleistung nicht „erloschen" sondern „schwebend unwirksam", weshalb nicht nach § 77 ZVG zu verfahren ist. 520

Wegen der Versagungsgründe 521
- § 83 Nr. 2 ZVG siehe Rn. 973;
- § 83 Nr. 3 ZVG siehe Rn. 1043 f.;
- § 83 Nr. 5 ZVG siehe Rn. 499;
- § 83 Nr. 6 ZVG siehe Rn. 500, 523, 568.

3. Entscheidung

Die Entscheidung über die Versagung des Zuschlags ergeht durch **Beschluss**, der zu verkünden ist (§ 87 ZVG). Eine Zustellung ist – wie sich aus § 98 ZVG ergibt – nicht erforderlich; auch nicht an die Beteiligten, welche den Termin nicht wahrgenommen haben, und auch nicht an die Gläubiger, für welche er die einstweilige Einstellung oder Aufhebung des Verfahrens bewirkt. Es ist aber Rn. 524 zu beachten. 522

Der Beschluss ist immer zu **begründen**. Es ist darauf zu achten, dass § 33 ZVG kein Versagungsgrund, sondern eine Vorschrift für das Verfahren ist. Wenn also zu lesen wäre: „Die Versagung erfolgt gem. § 33 ZVG", zeigt dies Lücken im Verständnis. Hat z.B. der bestbetreibende Gläubiger die einstweilige Einstellung bewilligt, lautet die Begründung: „§§ 30, 83 Nr. 6, 33 ZVG" und der Zusatz: „Dieser Beschluss bewirkt mit dem Eintritt seiner Rechtskraft die einstweilige Einstellung des Verfahrens gegenüber dem Gläubiger X (§ 86 ZVG)". 523

4. Fortsetzung des Verfahrens

Soweit die Versagung des Zuschlags mit dem Eintritt der Rechtskraft die einstweilige Einstellung des Verfahrens bewirkt hat, erfolgt auch hier die **Fortsetzung nur auf Antrag** der betroffenen Gläubiger. Auch dieser Antrag muss innerhalb der Frist des § 31 ZVG gestellt werden. Damit diese Frist in Lauf gesetzt wird, ist die Zustellung einer Belehrung erforderlich. Es ist zu beachten, dass diese Zustellung nicht vor der Rechtskraft des Versagungsbeschlusses erfolgt, damit eine eindeutige Angabe des Endtermins möglich ist. 524

War ein Gläubiger vorhanden, für welchen der gescheiterte Termin nicht gehalten werden konnte (Rn. 345), so muss jetzt – falls die Voraussetzungen nunmehr vorliegen – für diesen Termin bestimmt werden. 525

Wegen der Weiterführung nach Zuschlagsversagung aus den Gründen der §§ 74a und 85a ZVG siehe Rn. 515. 526

II. Erteilung des Zuschlags

Ist ein nicht erloschenes Meistgebot vorhanden und liegen keine Gründe vor, den Zuschlag zu versagen, erteilt das Gericht dem **Meistbietenden** den Zuschlag (§ 81 ZVG). 527

528 Der Zuschlag ist nicht dem Meistbietenden, sondern einem **Dritten** zu erteilen, wenn der Meistbietende nach Schluss der Versteigerung unter Vorlage einer öffentlich beglaubigten, ausreichenden Vollmacht erklärt, dass er nicht für sich, sondern für den Dritten geboten habe (sog. **Strohmanngebot**; § 81 Abs. 3 ZVG).

529 Der Meistbietende kann aber auch vor dem Zuschlag erklären, dass er die Rechte aus dem Meistgebot an einen Dritten abtrete. Dieser Dritte muss die **Abtretung** annehmen und die Verpflichtungen aus dem Meistgebot übernehmen. Auch in diesem Fall ist der Zuschlag dem Dritten zu erteilen (§ 81 Abs. 2 ZVG).

530 Die vorgenannten Erklärungen können nach Schluss der Versteigerung im Versteigerungstermin, im Verkündungstermin oder vor dem Verkündungstermin schriftlich in einer öffentlich beglaubigten Urkunde erklärt werden.

531 In beiden Fällen gilt Folgendes:
- Meistbietender und Dritter haften als **Gesamtschuldner** für das Meistgebot, die dafür zu entrichtenden Zinsen (§ 81 Abs. 4 ZVG) und die Kosten der Zuschlagserteilung Rn. 572 (§ 26 Abs. 2 GKG);
- die **Grunderwerbsteuer** fällt doppelt an.

Tipp: Will ein Vater für sein volljähriges Kind bieten (Aussteuer), hat aber in den Versteigerungstermin keine Vollmacht mitgebracht, kann er für sich bieten und um einen Verkündungstermin bitten. In diesem kommt er mit dem Kind und überträgt ihm die Rechte aus dem Meistgebot; das Kind erhält den Zuschlag.[248]

B. Inhalt, Bekanntmachung, Wirkungen

I. Inhalt des Zuschlagsbeschlusses

Hinweis:
Eine ausführliche Darstellung eines Zuschlagsbeschlusses anhand konkreter Daten findet sich im Fallbeispiel zum 1. Teil (Rn. 1104 f.), 2. Abschnitt „Zuschlagsentscheidung" (Rn. 1105).

532 Es wird dringend abgeraten, sich an dem gerade noch ausreichenden (§ 82 ZVG) Mindestinhalt zu orientieren, welcher den Zuschlag noch wirksam machen würde. Ein ordentlicher Zuschlagsbeschluss enthält mindestens
- die genaue Bezeichnung des Grundstücks;
- die genaue Bezeichnung des Erstehers; bei mehreren auch das Rechtsverhältnis, in welchem sie erworben haben, also z.B. „als Miteigentümer je zur Hälfte" oder „in Gütergemeinschaft". Bei natürlichen Personen sollte – in Anlehnung an § 15 GBV – Vor- und Familienname, Anschrift und Geburtsdatum angegeben werden;
- eine genaue Aufzählung der Gegenstände, die nicht mitversteigert wurden (Rn. 408) oder aber die Feststellung, dass keine Gegenstände von der Versteigerung ausgenommen waren;
- die genaue Bezeichnung der Rechte, die als Teil des gG bestehen geblieben sind;
- die Höhe des Bargebots und die Aussage, dass dieses rechtzeitig auf ein Konto der Gerichtskasse zu überweisen ist, damit im Verteilungstermin bereits der Nachweis vorliegt und dass das Bargebot vom Zuschlag bis zum Verteilungstermin mit 4 % zu verzinsen ist;
- die Feststellung, dass der Ersteher die Kosten des Zuschlags zu tragen hat.

533 Es ist allgemein üblich und richtig, die Aussage anzuschließen, dass im Übrigen die gesetzlichen Versteigerungsbedingungen gelten. Dass eine Gewährleistung nicht stattfindet, kann wegen der besonderen Bedeutung dieses Umstandes ausdrücklich erwähnt werden.

---

248 Erwerb Vater – Kind ist grunderwerbsteuerfrei. Somit fällt die Steuer nur einmal an!

Haben mehrere Personen gemeinsam das Grundstück ersteigert, gleichgültig, in welchem Rechtsverhältnis, ist weiter auszusprechen, dass die Ersteher für die Verpflichtungen aus dem Zuschlag (Meistgebot, Zinsen, Kosten) als **Gesamtschuldner** haften. **534**

Wurde der Zuschlag nicht dem Meistbietenden, sondern einem Dritten erteilt (Rn. 426 und 528 bis 531), ist zunächst der Grund (Vollmacht/Abtretung) festzuhalten und weiter die gesamtschuldnerische Haftung auszusprechen (§ 82 ZVG). **535**

Wurde mit einer **Bürgschaft** Sicherheit geleistet, ist festzustellen, dass der Bürge (das Kreditinstitut) in Höhe der Bürgschaft als Gesamtschuldner mithaftet (§ 82 ZVG). Da die Verpflichtung aus der Bürgschaft hiermit realisiert ist, muss die Bürgschaftsurkunde bis zur Zahlung aufbewahrt werden. **536**

Erlischt ein Altenteil (Rn. 391) durch Doppelausgebot, ist dies ebenfalls im Beschluss festzuhalten. **537**

II. Bekanntmachung des Zuschlagsbeschlusses

Der Zuschlagsbeschluss muss verkündet werden (§ 87 ZVG) und wird mit der **Verkündung** wirksam (§ 89 ZVG). Erteilt das Beschwerdegericht den Zuschlag, wird er nicht verkündet und erst mit der Zustellung an den Ersteher wirksam (§ 104 ZVG). **538**

Neben der Verkündung hat die **Zustellung** des Beschlusses zu erfolgen (§ 88 ZVG) und zwar an **539**
- alle Beteiligten (§ 9 ZVG), welche weder im Versteigerungstermin noch im Verkündungstermin erschienen sind. Kurzfristige Anwesenheit in einem der beiden Termine reicht; sie kann nur durch das Protokoll bewiesen werden (§ 78 ZVG);
- den Ersteher, also demjenigen, welchem zugeschlagen wurde. Bei Zuschlag an mehrere Personen muss Zustellung an alle erfolgen;
- den Meistbietenden, der nicht Ersteher wurde, aber mithaftet (Rn. 528 bis 531);
- das Kreditinstitut, mit dessen Bürgschaft für das Meistgebot Sicherheit geleistet wurde.

Nicht zugestellt wird demnach an die Beteiligten, welche im Versteigerungs- oder Verkündungstermin anwesend waren. Sie sollen durch eine Zustellung nicht über den Lauf der Beschwerdefrist (Rn. 562) oder darüber getäuscht werden, dass der Zuschlag bereits wirksam ist. **540**

Tipp: Beachten, dass nicht allen Beteiligten der Zuschlagsbeschluss zugestellt wird.

Die Verwaltungsvorschriften sehen eine formlose Übersendung an verschiedene Stellen vor, insbesondere **541**
- an das Finanzamt, mit der Bitte, die „Unbedenklichkeitsbescheinigung"[249] zu erteilen;
- an die kommunale Steuerstelle, falls diese nicht beteiligt war;
- an den Gutachterausschuss (Rn. 253) für seine Sammlung.

Gegen eine formlose Übersendung des Zuschlagsbeschlusses an die im Termin anwesenden Beteiligten bestehen keine Bedenken. **542**

Falls viele Zustellungen anfallen würden und mit einer Anfechtung des Zuschlagsbeschlusses nicht gerechnet wird, können Kosten und Arbeit erspart werden, wenn die Zustellung des Zuschlagsbeschlusses zusammen mit der Ladung zum Verteilungstermin erfolgt (hierzu Rn. 586). **543**

III. Wirkungen des Zuschlagsbeschlusses

1. Eigentumserwerb

Der Ersteher wird **mit der Verkündung** des Zuschlags Eigentümer des Grundstücks und der Gegenstände, auf welche sich die Versteigerung erstreckt hat (§ 90 ZVG). Der **Eigentumserwerb** findet **außerhalb des Grundbuchs** statt; das Grundbuch wird also unrichtig. **544**

---

249 Diese Unbedenklichkeitsbescheinigung wird erteilt, wenn die Frage der Grunderwerbsteuer erledigt ist (kein Anfall, Zahlung, Stundung) und ist für die Grundbuchberichtigung erforderlich.

545 Dieser Eigentumserwerb und die unter 2. genannten Wirkungen entfallen nicht, wenn später der Ersteher das Meistgebot nicht bezahlt. Dazu ab Rn. 860.

546 Bis zur Rechtskraft des Zuschlagsbeschlusses ist der Ersteher bereits Eigentümer, sein Eigentum ist aber „temporär in der Schwebe"[250]. Wird der Zuschlagsbeschluss vom Rechtsmittelgericht rechtskräftig aufgehoben, gelten die mit ihm verbundenen Wirkungen als nie eingetreten. Der Ersteher wird so behandelt, als sei er nie Eigentümer gewesen. Seine Handlungen zwischen Verkündung des Zuschlags und Rechtskraft der Aufhebung sind als Handlungen eines Nichtberechtigten anzusehen. Gläubiger und Schuldner könnten sich nur nach § 94 ZVG schützen.[251]

547 Im Sinne des **Umsatzsteuerrechtes** ist das Meistgebot – auch soweit Zubehör mitversteigert wurde – ein Nettobetrag. Somit ist der Ersteher nicht befugt, sich vom (zahlungsunfähigen) Vollstreckungsschuldner eine Rechnung mit ausgewiesener Vorsteuer ausstellen zu lassen, da im Meistgebot eine solche nicht enthalten ist.[252]

2. Erlöschen der Rechte

548 Mit der Verkündung des Zuschlags erlöschen alle im Grundbuch eingetragenen Rechte, soweit sie nicht nach den Versteigerungsbedingungen vom Ersteher als bestehen bleibend (Rn. 350 ff.) übernommen worden sind (§ 91 Abs. 1 ZVG). Das Grundbuch wird unrichtig. Dies gilt für die Einträge in beiden Abteilungen des Grundbuchs, aber nicht für Lasten, die nicht im Grundbuch, sondern im „Baulastverzeichnis" eingetragen sind. Inwieweit der Ersteher die dort eingetragenen Pflichten übernehmen muss, ist noch sehr umstritten.[253]

Tipp: Bevor man ein Grundstück ersteigert, sollte man sich bei der Gemeinde erkundigen, ob und ggf. welche Eintragungen im Baulastverzeichnis bestehen.

549 Die in § 52 Abs. 2 ZVG bezeichneten Rechte erlöschen nicht. Die in § 9 EGZVG bezeichneten Rechte erlöschen nur, wenn dies durch ein Doppelausgebot bewirkt und das Erlöschen im Zuschlagsbeschluss ausgesprochen war (Rn. 391 und 537).

550 Im Wege der dinglichen Surrogation setzen sich die erloschenen Rechte am Erlös fort, soweit dieser hierzu reicht (**Surrogationsgrundsatz**). Rechte, die nicht auf Geldzahlung gerichtet sind, erhalten Wertersatz nach § 92 ZVG. Dazu Rn. 651.

551 Der Schuldner wird von den schuldrechtlichen Verpflichtungen auch dann nicht frei, wenn die dingliche Sicherheit erloschen ist und der Erlös für eine Zuteilung auf das erloschene Recht nicht reicht.

3. Vollstreckungstitel

552 Der Zuschlagsbeschluss ist Vollstreckungstitel zur Vollstreckung auf **Räumung und Herausgabe des Grundstücks** gegenüber allen Personen, deren Recht zum Besitz nach dem Zuschlag nicht mehr besteht (§ 93 ZVG). Dies sind insbesondere:
- Der bisherige Eigentümer (der sein Besitzrecht vom verlorenen Eigentum ableitete) und alle Personen (Angehörige), die ihr Besitzrecht vom bisherigen Eigentümer ableiteten;
- Berechtigte eines Wohnungsrechtes, Nießbrauchs o.ä., deren Besitzrecht sich von einem jetzt erloschenen Recht ableitete;
- Personen, welche überhaupt kein Besitzrecht haben (Hausbesetzer).

553 Der Zuschlagsbeschluss erlaubt **keine Räumung** gegenüber Personen, die ein **fortbestehendes Besitzrecht**[254] haben. Insbesondere kann also gegen Mieter nicht aus dem Zuschlag vollstreckt werden.

---

250 Steiner/Eickmann § 90 Rn. 22.
251 Diese Vorschrift hat nach den Erfahrungen der Verfasser keine praktische Bedeutung erlangt.
252 BGH Rpfleger 2003, 450. Damit ist die Entscheidung des OLG Karlsruhe (Rpfleger 2002, 531) überholt.
253 Hierzu Glotzbach/Mayer Rn. 158 bis 161.
254 Wer sich etwa im Klauselerteilungsverfahren auf ein fortbestehendes Besitzrecht beruft, muss Anhaltspunkte für das Bestehen eines solchen Besitzrechts dartun (BGH Rpfleger 2004, 368).

Dies gilt auch für Mieter, denen gegenüber der Ersteher ein außerordentliches Kündigungsrecht (Rn. 383 ff.) hat. Diesen Personen gegenüber ist der Ersteher auf Kündigung, Räumungsklage und ggf. Zwangsvollstreckung nach den allgemeinen Vorschriften angewiesen.

Zur Zwangsvollstreckung auf Räumung und Herausgabe bedarf es einer **Vollstreckungsklausel** auf dem Zuschlagsbeschluss, in welcher die Personen, gegen die vollstreckt werden soll, so genau wie möglich zu bezeichnen sind. Die Vollstreckung erfolgt durch den Gerichtsvollzieher auf Grund Auftrages des Erstehers nach den allgemeinen Regeln der Zwangsvollstreckung (insbesondere § 885 ZPO). 554

Tipp: Im Antrag auf Klauselerteilung alle Personen nennen, gegen die sich die Vollstreckung richtet.

Obwohl der Herausgabetitel (Zuschlagsbeschluss) vom Rechtspfleger erlassen wurde, bedarf es wegen § 758a Abs. 2 ZPO keiner richterlichen Genehmigung für die Zwangsräumung.[255] 555

Mit dem Zuschlagsbeschluss kann auch auf **Herausgabe mitversteigerter Gegenstände** vollstreckt werden, welche der Schuldner oder Dritte vom Grundstück entfernt haben. Auch hierzu bedarf es einer Klausel, in welcher die herauszugebenden Gegenstände so zu bezeichnen sind, dass sie der Gerichtsvollzieher identifizieren kann. 556

Die Klausel gegen den Schuldner und dessen Angehörige, die ihr Besitzrecht von ihm ableiten, erteilt der Urkundsbeamte der Geschäftsstelle. Ist der Zuschlagsbeschluss bereits zugestellt (§ 88 ZVG), bedarf es keiner erneuten Zustellung vor Beginn der Vollstreckung; die Bescheinigung nach § 169 Abs. 1 ZPO genügt. 557

Richtet sich die Vollstreckung Rn. 554, 556 gegen Dritte, handelt es sich um eine Klausel i.S. des § 727 ZPO, für deren Erteilung der Rechtspfleger zuständig ist (§§ 3 Nr. 3 a, 20 Nr. 12 RPflG) und die nach § 750 Abs. 2 ZPO vor dem Beginn der Vollstreckung zuzustellen ist. Falls in der Klausel nicht die Offenkundigkeit des Besitzes bestätigt ist, müssen die Urkunden, welche den Besitz bewiesen haben, mit zugestellt werden. 558

Hat der Schuldner vor oder nach dem Zuschlag den Besitz des Grundstücks unzweifelhaft aufgegeben[256], kann der Ersteher den Besitz ergreifen, soweit er dadurch kein Besitzrecht eines Dritten verletzt. Im Zweifelsfalle sollte sich der Ersteher aber mit einer vollstreckbaren Ausfertigung des Zuschlagsbeschlusses durch einen Gerichtsvollzieher in den Besitz einweisen lassen. 559

Beruft sich ein Besitzer gegen die Vollstreckung auf ein **Besitzrecht**, muss er gegen den Ersteher nach § 771 ZPO klagen (§ 93 Abs. 1 Satz 3 ZVG). Das allgemeine Vollstreckungsgericht[257] kann dann nach § 769 Abs. 2 ZPO evtl. die Zwangsvollstreckung einstweilen einstellen.[258] 560

C. Rechtsbehelfe bei der Entscheidung über den Zuschlag

Gegen den Zuschlag und die Versagung des Zuschlags ist das Rechtsmittel der **sofortigen Beschwerde** gegeben (§ 96 ZVG i.V.m. § 11 Abs. 1 RPflG); auf diese finden die Vorschriften der ZPO über die sofortige Beschwerde Anwendung, soweit das ZVG keine besondere Regelung enthält. 561

Die Beschwerdefrist beträgt zwei Wochen (§ 569 Abs. 1 ZPO). Auch die Vorschriften über die Einlegung (§ 569 Abs. 2 und 3 ZPO) finden Anwendung. 562

---

255 So *Stöber* (ZVG) § 93 Rn. 2.4 und *MünchKomm-ZPO/Heßler* § 758a Rn. 42.
256 Fall aus der Praxis: Schuldner hat das Haus ausgeräumt, die Tür vernagelt und ist nach Brasilien verzogen, von wo aus er der Gläubigerbank schrieb, dass sie ihn nie mehr sehen würde.
257 Besonders bei Zentralisierung nach § 1 Abs. 2 ZVG ist nicht nur die funktionelle, sondern auch die örtliche Zuständigkeit zu beachten.
258 Hierzu *Steiner/Eickmann* § 93 Rn. 43 ff.

563 **Beschwerdeberechtigt** sind (§ 97 ZVG), wenn der Zuschlag **erteilt** wurde
- der Schuldner;
- alle anderen Beteiligten nach § 9 ZVG;
- der Ersteher (z.B. Rn. 528);
- Dritte, die für zahlungspflichtig erklärt wurden (Rn. 535), und
- alle Bieter, deren Gebot zwar nicht erloschen ist (Rn. 434, 437), die jedoch keinen Zuschlag erhalten haben.

564 Wurde der Zuschlag **versagt**, sind beschwerdeberechtigt (§ 97 ZVG)
- alle Gläubiger, für welche der Termin gehalten wurde (Rn. 242, 345);
- der Meistbietende und alle anderen Bieter, deren Gebot nicht erloschen ist;
- Personen, die nach § 81 Abs. 2 und 3 ZVG (Rn. 528, 529) an Stelle des Meistbietenden Eigentümer werden sollten.

Nach h.M. ist der Schuldner nicht berechtigt, allein aus dieser Pos. heraus die Versagung des Zuschlags anzufechten.[259]

565 Wurde der Zuschlag versagt, beginnt die Beschwerdefrist gegenüber allen mit der Verkündung des Beschlusses (§ 98 ZVG); es erfolgt also keine Zustellung des Versagungsbeschlusses.

566 Wurde der Zuschlag erteilt, beginnt die Beschwerdefrist gegenüber allen Personen, denen nach § 88 ZVG nicht zuzustellen war, weil sie im Termin anwesend waren (Rn. 539), mit der Verkündung (§ 98 ZVG). Für alle anderen, insbesondere also für den Ersteher, den Meistbietenden und den Bürgen beginnt die Frist mit der Zustellung des Zuschlagsbeschlusses. Eine Rechtsmittelbelehrung ist nicht vorgesehen.

567 Rechtsbeschwerde gegen die Entscheidung des Beschwerdegerichts ist nur bei Zulassung gegeben (Rn. 129).

568 Die **Beschwerdegründe** sind gem. § 100 ZVG **beschränkt**, wobei besonders zu berücksichtigen ist, dass das Beschwerdegericht die in § 83 Nr. 6 und 7 ZVG genannten Versagungsgründe von Amts wegen beachten muss, wenn Beschwerde eingelegt wurde (§ 100 Abs. 3 ZVG).

568a Der *BGH*[260] hat noch einen neuen pauschalen Beschwerdegrund eingeführt: „Ein Verstoß des Vollstreckungsgerichts gegen die ihm im Zwangsversteigerungsverfahren obliegende Pflicht zur umfassenden tatsächlichen und rechtlichen Klärung aller für die Zuschlagsentscheidung erheblichen Gesichtspunkte" berechtigt das Beschwerdegericht, den Zuschlag zu versagen. Die bisher aus Gründen der Rechtssicherheit streng formal geregelten Beschwerdegründe sind damit zugunsten einer „Generalklausel", die irgendwie jede Aufhebung ermöglicht, überholt.

569 Lag der Vollstreckungstitel dem Gericht im Versteigerungstermin nicht vor, ist dies Beschwerdegrund nach § 83 Nr. 6 ZVG, der jedoch durch Nachreichen des Titels geheilt werden kann, wenn der Titel zwischen Anordnung und Zuschlag ohne Einschränkung beim Gläubiger vorhanden war.[261]

570 Beruft sich der Schuldner auf seine oder seiner Angehörigen Suizidgefahr, siehe hierzu zunächst Rn. 228 ff. Entgegen der Regelung des § 100 ZVG muss das Beschwerdegericht auch eine nach dem Zuschlag neu aufgetretene bzw. „verstärkte" Suizidgefahr beachten und – falls die Versteigerung deren Ursache ist – den Zuschlag versagen, falls die Gefahr nicht anders abzuwenden ist.[262]

---

259 *Stöber* (ZVG) § 97 Rn. 2.11 m.w.N.
260 *BGH* Rpfleger 2007, 93.
261 *BGH* Rpfleger 2004, 368.
262 *BGH* Rpfleger 2006, 147.

D. Kosten für den Versteigerungstermin und die Entscheidung über den Zuschlag

I. Kosten des Gerichts

Für die Abhaltung von mindestens einem Versteigerungstermin mit Aufforderung zur Gebotsabgabe fällt die Hälfte der vollen Gebühr an (Nr. 2213 KVGKG). Der Geschäftswert berechnet sich gem. § 54 Abs. 1 GKG grundsätzlich (dort auch zu den Ausnahmen) nach dem festgesetzten Verkehrswert. 571

Für die Erteilung des Zuschlags fällt die Hälfte der vollen Gebühr an (Nr. 2214 KVGKG). Der Geschäftswert berechnet sich gem. § 54 Abs. 2 GKG aus der Summe von barem Meistgebot und dem Wert der bestehen gebliebenen Rechte, wobei der nach § 51 ZVG bestimmte Zuzahlungsbetrag den Wert der nicht auf Geld lautenden Rechte bestimmt. Wurde der Zuschlag zu weniger als 70 % des Verkehrswertes einem nach § 114a ZVG Verpflichteten erteilt, ist der Erlasswert hinzuzurechnen. Regelmäßig wird man dann den Wert mit 70 % des Verkehrswertes annehmen können. Dies gilt jedoch nicht bei nur „analoger Anwendung"[263] des § 114a ZVG, also z.B. nach Abtretung der Rechte aus dem Meistgebot.[264] 572

Die Gebühr wird mit dem Zuschlag fällig (§ 7 Abs. 1 Satz 2 GKG) und ist nur vom Ersteher geschuldet (§ 26 Abs. 2 GKG), wird also nicht gem. § 109 ZVG dem Erlös entnommen. Zur Mithaft: Rn. 531.

Die Gebühr entfällt, wenn der Zuschlag aufgehoben wird (Nr. 2214 KVGKG). 573

Die Versagung des Zuschlags löst keine besondere Gebühr aus. 574

Die Auslagen für die Zustellung des Zuschlagsbeschlusses gehören zu den allgemeinen Kosten (§ 109 ZVG) und sind daher nicht vom Ersteher zu tragen. 575

II. Rechtsanwaltskosten

Der Rechtsanwalt erhält für seine Tätigkeit im Rahmen der Zuschlagsentscheidung keine besondere Gebühr. Hat er einen Beteiligten vertreten, ist dies mit den hierfür vorgesehenen (Nr. 3311 Ziff. 1 und Nr. 3312 VVRVG) Gebühren abgegolten, also der Verfahrensgebühr (4/10) und der Gebühr für die Wahrnehmung des Termins (4/10). Die letztgenannte Gebühr fällt nur einmal an, auch wenn mehrere Termine stattfinden und wahrgenommen werden. Der Gegenstandswert bestimmt sich nach § 26 RVG. 576

Hat der Rechtsanwalt einen Bieter vertreten, der nicht Beteiligter ist, erhält er gem. Nr. 3311 Ziff. 1 VVRVG eine Gebühr von 4/10 für das gesamte Verfahren, gleichgültig, ob er den Bieter in einem oder mehreren Terminen vertreten hatte. Die Gebühr fällt auch an, wenn der Zuschlag einem anderen als dem Mandanten erteilt oder versagt wird. Eine Termingebühr erhält er nicht. 577

Der **Gegenstandswert** bestimmt sich im Falle der Rn. 577 gem. § 26 Abs. 3 RVG wie folgt: 578
- Hat der Rechtsanwalt für seinen Mandanten Gebote abgegeben, ist das höchste abgegebene Gebot (Bargebot zzgl. bestehen bleibender Rechte) Gegenstandswert.
- Hat er kein Gebot abgegeben, ist Gegenstandswert der festgesetzte Grundstückswert (= Wert des Gegenstands der Zwangsversteigerung).

Hat der Rechtsanwalt einen Bieter vertreten, der auch Beteiligter ist, erhält er die Gebühr nach Nr. 3311 Ziff. 1 VVRVG nur einmal und zwar nach dem jeweils höheren Wert und dazu die 4/10 Termingebühr Nr. 3312 VVRVG. 579

Vertritt der Rechtsanwalt einen Beteiligten oder einen Bieter im Beschwerdeverfahren, erhält er die 5/10 Gebühr nach Nr. 3500 VVRVG. Der Gegenstandswert entspricht dem für die Gerichtsgebühren festgesetzten Wert (§ 23 RVG). 580

---
263 *Stöber* (ZVG) § 114a ZVG Rn. 2.7.
264 *LG Mönchengladbach* Rpfleger 2003, 148.

6. Kapitel
Verteilung des Erlöses

A. Vorbereitung des Verteilungstermins

I. Terminsbestimmung

581 Alsbald nach der Erteilung des Zuschlags (§ 105 Abs. 1 ZVG) bestimmt das Gericht einen Termin zur Verteilung des Versteigerungserlöses (Verteilungstermin). Fristen sind hierfür nicht vorgesehen, es muss nur die rechtzeitige Zustellung der Terminsbestimmung (Rn. 587) möglich sein. Praxisüblich sind vier bis sechs Wochen nach dem Zuschlag.

582 Wie sich aus § 116 ZVG ergibt, kann der Verteilungstermin auch stattfinden, wenn der Zuschlagsbeschluss noch nicht rechtskräftig ist. Zweckmäßig ist dies aber nicht. Ist Beschwerde gegen den Zuschlag zu erwarten, sollte der Termin etwas weiter hinausgeschoben werden, damit das LG noch vorher über den Zuschlag entscheiden kann. Das Gericht kann nach pflichtgemäßem Ermessen einen bereits bestimmten Termin wieder aufheben, wenn gegen den Zuschlag Beschwerde eingelegt wird.[265]

583 Ist der Zuschlagsbeschluss ausnahmsweise am Terminstag noch nicht rechtskräftig, wird nach § 116 ZVG verfahren. Dazu Rn. 705 bis 707.

584 Wird der Zuschlag rechtskräftig aufgehoben, muss der Verteilungstermin ebenfalls aufgehoben werden.

II. Bekanntmachung des Verteilungstermins

585 Die Terminsbestimmung ist allen Beteiligten (§ 9 ZVG) zuzustellen (§ 105 Abs. 2 ZVG). Eine Ladungsfrist ist für sie nicht vorgesehen; aus rechtsstaatlichen Erwägungen muss den Beteiligten aber eine angemessene Zeit für die Vorbereitung verbleiben. Gehört ein Beteiligter auch zu den unter Rn. 587 genannten Personen, ist ihm gegenüber die dort genannte Frist zu wahren.

586 In der Praxis erfolgt gelegentlich – besonders bei einer hohen Zahl von Beteiligten – die Zustellung der Terminsbestimmung zusammen mit dem Zuschlagsbeschluss, wenn dort kein Rechtsmittel zu erwarten ist. Dies ist im Bezug auf jene Beteiligten, für welche die Beschwerdefrist bereits mit Verkündung des Zuschlagsbeschlusses begonnen hatte (§ 98 ZVG; Rn. 540), nicht ganz unbedenklich. Hier wäre ein Hinweis auf den Lauf der Frist angebracht.

587 Stets erforderlich ist die Zustellung der Terminsbestimmung an den bzw. die Ersteher. Soweit andere Personen für das bare Meistgebot haften, also
- ein Bürge (Kreditinstitut; Rn. 539) oder
- ein Meistbietender, der nicht Ersteher wurde (Rn. 535),

ist auch diesen zuzustellen.

Diese Zustellungen müssen spätestens zwei Wochen vor dem Termin erfolgen (§ 105 Abs. 4 ZVG). Ersteher und mithaftende Personen sollen so genügend Zeit haben, rechtzeitig vor Termin die Überweisung des Bargebots auf ein Konto der Gerichtskasse zu veranlassen, damit der Nachweis im Termin vorliegt.

---

265 Allerdings wäre in diesem Fall mit Rücksicht auf das Anwachsen der Zinsen eine sorgfältige Abwägung der Interessen der Beteiligten erforderlich.

Verteilung des Erlöses **1**

Alle diese Zustellungen erfolgen von Amts wegen (§ 3 ZVG) nach den allgemeinen Regeln (§§ 166 ff. ZPO) unter Beachtung der §§ 4 bis 7 ZVG. **588**

Neben der Zustellung soll die Terminsbestimmung auch an die Gerichtstafel angeheftet werden (§ 105 Abs. 3 ZVG). Der Termin könnte zwar auch stattfinden, wenn dies unterblieben ist, dennoch sollte der Aushang nicht unterlassen werden. Die darin enthaltene Aufforderung zur Anmeldung richtet sich nämlich auch an Personen, die bisher noch nicht beteiligt waren.[266] Der Aushang wird später – versehen mit den Daten über Aushang und Abnahme – zu den Akten genommen. **589**

An Personen, die erst nach dem Zuschlag durch Anmeldung Beteiligte werden, ist die Terminsbestimmung ebenfalls zuzustellen, falls dies zeitlich noch möglich ist. Sie können allerdings auf diese Zustellung verzichten. **590**

III. Vorläufiger Teilungsplan

1. Begriff

Ebenso wie das gG (Rn. 341) wird auch der Teilungsplan endgültig erst im Verteilungstermin festgestellt. Grundsätzlich besteht keine Verpflichtung des Gerichts, bereits vor dem Termin einen vorläufigen Plan zu fertigen. In der Praxis wird man kaum jemals darauf verzichten können. **591**

Wurde jedoch in der Terminsbestimmung zum Verteilungstermin eine formelle Aufforderung an die Beteiligten erlassen, ihre Forderungen innerhalb von zwei Wochen anzumelden, muss ein vorläufiger Teilungsplan gefertigt und wenigstens drei Tage vor dem Termin in der Geschäftsstelle zur Einsicht der Beteiligten ausgelegt werden (§ 106 ZVG). Da diese formelle Aufforderung keine Ausschlusswirkung hat, das Gericht aber unter Zeitdruck setzt, sollte hiervon abgesehen werden. Es genügt ein unverbindlicher Hinweis, dass unverzügliche Anmeldung der Forderungen sachdienlich und wünschenswert ist. **592**

Tipp: Keine Aufforderung nach § 106 ZVG erlassen.

2. Grundlagen für die Aufstellung des Plans

a) Grundbuch

Bei der Aufstellung des Plans geht das Gericht vom **Inhalt des Grundbuchs** aus, wie er der Versteigerung zu Grunde lag (§ 114 Abs. 1 ZVG i.V.m. § 891 BGB) und setzt die Rechte in der Reihenfolge ihres Ranges und zu Gunsten der dort ausgewiesenen Berechtigten in den Plan ein. **593**

Rechtsänderungen, die sich außerhalb des Grundbuchs vollzogen haben (das Grundbuch wurde unrichtig) müssen aber beachtet werden, wenn sie angemeldet[267] und zur Überzeugung des Rechtspflegers nachgewiesen werden. Dies gilt insbesondere für den Rechtsübergang bei Briefrechten (§§ 1154, 1155 BGB), auch z.B. für das Erlöschen eines Rechtes durch den Tod des Berechtigten oder für den Übergang (§ 1173 BGB) bzw. das Erlöschen (§§ 1174, 1181 BGB) eines Grundpfandrechtes nach den Vorschriften über die Gesamtrechte. Solche Rechtsänderungen sind im Plan zu berücksichtigen, auch wenn das Grundbuch noch nicht berichtigt ist. **594**

b) Anmeldungen

Ohne Anmeldung werden in den Plan aufgenommen **595**
- die Stammrechte (Rn. 323);
- laufende wiederkehrende Leistungen (§ 114 Abs. 2 ZVG), die sich aus dem Grundbuch berechnen lassen. Dies sind vor allem die laufenden Zinsen der Grundpfandrechte. Rückständige Leistungen müssen angemeldet werden;

---

266 Beispiel: Eigentümer eines Zubehörstücks, das mitversteigert wurde.
267 § 110 ZVG findet auf diese Anmeldung keine Anwendung.

- Forderungen, die bereits im Versteigerungsantrag oder einem Beitrittsgesuch beziffert sind (§ 114 Abs. 1 Satz 2 ZVG);
- der nach § 46 ZVG festgesetzte Geldbetrag.

596 Alle übrigen **Forderungen** werden **nur auf Anmeldung** in den Plan aufgenommen. Soweit diese bereits zum Versteigerungstermin angemeldet werden mussten (§ 37 Nr. 4 ZVG), haben sie ihren Rang verloren, wenn diese Anmeldung unterblieben ist (§ 110 ZVG). Sie werden jetzt an die letzte Stelle (manchmal RK 9 genannt) gesetzt. Einzelne Anmeldungen, die nicht unter § 37 Nr. 4 ZVG fallen, können auch noch im Verteilungstermin ohne Rangverlust erfolgen. Darauf wird später eingegangen werden.

597 Nach allgemeiner Meinung[268] genügt die Anmeldung zum **Versteigerungstermin** auch für die Aufnahme in den Teilungsplan. Sachdienlich wäre aber eine neue Anmeldung, da gegenüber der früheren Anmeldung meist Änderungen (Rn. 600) erforderlich werden. Jedenfalls hat das Gericht darauf zu achten, dass für diese Beteiligten nicht zu viel in den Plan aufgenommen wird.

Tipp: Man sollte immer zum Verteilungstermin erneut anmelden und dabei auf den richtigen Endtermin bei wiederkehrenden Leistungen achten. Terminswahrungskosten müssen jetzt spezifiziert werden; Pauschalen genügen nicht mehr.

598 Auch Abtretungen, Pfändungen oder der Rechtsübergang nach Ablösung (Rn. 480, 481) sind zu beachten, falls Anmeldung und genügender Nachweis erfolgt.

c) Grundlagen für die Berechnung

599 Die bereits für das gG erklärte Unterscheidung zwischen „einmaligen" und „wiederkehrenden" (Rn. 299) sowie „laufenden" und „rückständigen" (Rn. 300) Leistungen gilt auch für die Aufstellung des Teilungsplans.

600 Für die Berechnung der **laufenden wiederkehrenden Leistungen** findet § 47 ZVG keine Anwendung mehr (galt nur für das gG). Diese Leistungen sind bis zu folgenden **Endterminen** in den Plan einzustellen:
- Soweit der Ersteher diese Leistungen künftig übernehmen muss, werden sie bis zum Tag vor dem Zuschlag berücksichtigt (Rn. 601).
- Trifft den Ersteher keine Zahlungspflicht für die Zukunft, werden sie bis zum Tag vor dem Verteilungstermin in den Plan eingestellt (Rn. 603).

601 Der Ersteher ist für die künftigen Leistungen zahlungspflichtig, wenn es sich um
- wiederkehrende öffentlich-rechtliche Leistungen (z.B. Grundsteuer[269]) oder um
- Nebenleistungen bestehen gebliebener Rechte handelt.

In diesem Fall muss nach Tagen **genau** bis zum Tag vor dem Zuschlag abgerechnet werden, da der Ersteher ab dem Tag des Zuschlags zahlungspflichtig wird (§ 56 Satz 2 ZVG). Dabei wird auf die Fälligkeit **keine Rücksicht** genommen. Es müssen also u.U. auch noch nicht fällige Beträge in den Plan aufgenommen werden.

---

268 So z.B. *Stöber* (ZVG) § 114 Rn. 4.4.
269 Wegen der Unterscheidung zwischen dinglicher und persönlicher Leistungspflicht des Erstehers bei der Grundsteuer siehe *Mayer* Rpfleger 2000, 260.

Verteilung des Erlöses **1**

602 **Beispiel**

Verkündung Zuschlagsbeschluss am 13.08.
Grundsteuer (Fälligkeit: Rn. 284) pro Quartal 120,00 €.
Für eine bestehen gebliebene Grundschuld werden jeweils 3.600,00 € Jahreszinsen, kalenderjährlich nachträglich fällig.
Grundsteuer: Das 3. Quartal der Grundsteuer (01.07. bis 30.09.) wird zwar erst am 15.08. fällig, dennoch wird ein Teilbetrag für 42 Tage (01.07. bis 12.08.) = 42,00 € in den Plan aufgenommen.
Zinsen: Für das Jahr 2006 werden die Zinsen zwar erst am 31.12. fällig, dennoch wird ein Teilbetrag für 222 Tage (01.01. bis 12.08.) = 2.200,00 € in den Plan eingestellt.

603 Den Ersteher treffen keine künftigen Leistungen aus den Rechten, die nach den Versteigerungsbedingungen erloschen sind. Für diese Rechte werden also die Nebenleistungen bis zum Tag vor dem Verteilungstermin in den Plan eingestellt.

604 Einmalige Leistungen (z.B. Erschließungsbeitrag) treffen den Ersteher, wenn sie am Zuschlagstag oder später fällig werden. Früher fällig gewordene Beträge stehen im Teilungsplan.

B. Teilungsplan

I. Zweck und Form

Hinweis:
Eine ausführliche Darstellung und Berechnung eines Teilungsplans anhand konkreter Daten findet sich im Fallbeispiel zum 1. Teil (Rn. 1104 f.), 3. Abschnitt „Teilungsplan" (Rn. 1107).

605 Im Teilungsplan wird ausgewiesen, wie der Ertrag der Versteigerung auf die einzelnen Forderungen verteilt werden soll. Zusammen mit dem Terminsprotokoll ist er die **Grundlage für die Auszahlung** an die Berechtigten durch das Gericht.

606 Eine bestimmte Form ist nicht vorgeschrieben. Folgende Gliederung hat sich in der Praxis bewährt:

1. Vorbericht   (Abschnitt I),
2. Bestehen bleibende Rechte   (Abschnitt II),
3. Aufstellung der Teilungsmasse   (Abschnitt III),
4. Aufstellung der Schuldenmasse   (Abschnitt IV),
5. Zusammenstellung der Zuteilung (Abschnitt V).

Schema eines Teilungsplans

607 **Muster**

```
A m t s g e r i c h t
Vollstreckungsgericht
Aktenzeichen:
                    T e i l u n g s p l a n
                    für den Verteilungstermin am
I. Vorbericht:
1. Tag der ersten Beschlagnahme:
2. Tag des Zuschlags:
3. Verteilungstermin:
4. Ersteher:
5. An Anmeldungen zum Verteilungstermin liegen dem Gericht vor:
 …
II. Bestehen bleibende Rechte:
Abteilung II:
Abteilung III:
```

(Fortsetzung S. 102)

> **III. Teilungsmasse:**
> Bares Meistgebot:
> 4 % Zinsen aus   vom   bis:
> **IV. Schuldenmasse:**
> 1. Kosten des Verfahrens (§ 109 ZVG):
> ½ Gebühr Nr. 2211 KVGKG Wert: Betrag:
> ½ Gebühr Nr. 2213 KVGKG Wert: Betrag:
> ½ Gebühr Nr. 2215 KVGKG Wert: Betrag:
> Auslagen:
> Gesamtkosten:
>
> abzgl. Vorschuss
> Restbetrag:
> 2. Vorschuss des Gläubigers:
> 3. Weitere Ansprüche (in Befriedigungsrangfolge):
> a)
> b)
> c)
> …
> **V. Zuteilung:**
> a)
> b)
> c)
> …

II. Einzelteile des Plans

1. Vorbericht

608 Damit der Plan aus sich selbst heraus verständlich wird, ist es üblich, eingangs die Grundlagen für die Berechnung kurz anzugeben. Beteiligte, welche eine Abschrift erhalten, können dann die einzelnen Ansätze leichter nachvollziehen. In Betracht kommen die Angaben der **wichtigsten Daten** (Tag der ersten Beschlagnahme, Tag des Zuschlags, Tag des Verteilungstermins) sowie die Zusammenstellung der zum Termin eingegangenen Anmeldungen.

2. Bestehen bleibende Rechte

609 Zur besseren Übersicht **müssen** die bestehen bleibenden Rechte (§ 52 ZVG) aufgezählt werden (§ 113 Abs. 2 ZVG). Ihre Nebenleistungen, die bar zu zahlen sind, stehen aber im Abschnitt „Schuldenmasse".

3. Teilungsmasse

610 Die Teilungsmasse besteht aus dem **Bargebot** (§ 49 Abs. 1 ZVG) und den 4 % **Zinsen**, welche der Ersteher für die Zeit vom Zuschlag bis zum Verteilungstermin zu zahlen hat (§ 49 Abs. 2 ZVG i.V.m. § 246 BGB), falls er den Betrag nicht unter Rücknahmeverzicht hinterlegt hatte (§ 49 Abs. 4 ZVG). Der Zuschlagstag wird bei der Zinsberechnung mitgerechnet, der Tag des Verteilungstermins nicht.

611 Hinzu kommen in sehr seltenen Fällen Erlöse aus einer Sonderversteigerung (§§ 65, 107 Abs. 1 Satz 2 ZVG), bereits fällige Zuzahlungen (Rn. 400 ff.) oder Hinterlegungszinsen (§ 8 HinterlO). Von der Erörterung wird abgesehen.

4. Schuldenmasse

a) Bedeutung

Ein formal korrekter Teilungsplan enthält **sämtliche Ansprüche**, welche aus der Teilungsmasse zu befriedigen wären, wenn diese ausreichen würde. Da die Masse aber so gut wie nie ausreicht, beschränkt sich die Praxis häufig auf die Berechnung jener Beträge, die auch befriedigt werden können. Dies ist nicht ganz unbedenklich, da die Feststellungen im Verteilungstermin später nicht mehr ergänzt werden können. Zumindest die Reihenfolge aller Ansprüche an die Masse sollten an dieser Stelle im Plan angegeben werden, auch wenn auf die Berechnung des einzelnen Anspruchs verzichtet wird.

612

b) Kosten

Das Gericht berechnet zunächst jene Kosten, welche vorweg aus dem Erlös zu entnehmen sind (§ 109 ZVG).

613

Die Gebühren des Gerichts berechnen sich wie folgt:
- Für das Verfahren im Allgemeinen eine 0,5 Gebühr (Nr. 2211 KVGKG).
- Für den Versteigerungstermin[270] eine 0,5 Gebühr (Nr. 2213 KVGKG).
- Für das Verteilungsverfahren eine 0,5 Gebühr (Nr. 2215 KVGKG).

614

Die beiden erstgenannten Gebühren werden aus dem festgesetzten Grundstückswert berechnet (§ 54 Abs. 1 Satz 1 GKG). Die Gebühr für das Verteilungsverfahren berechnet sich grundsätzlich[271] nach dem Bargebot (ohne die Zinsen des § 49 Abs. 2 ZVG) zzgl. des Wertes der bestehen gebliebenen Rechte (§ 54 Abs. 3 GKG).

Hinzu kommen die Auslagen, die im Laufe des Verfahrens angefallen sind. Es sind dies insbesondere
- die Zustellungskosten (Nr. 9002 KVGKG), außer für Anordnung und Beitritt,
- die Kosten der Verkehrswertermittlung (Nr. 9005 KVGKG),
- die Kosten der öffentlichen Bekanntmachung (Nr. 9004 KVGKG),
- die Reisekosten des Gerichts und die Miete eines Raumes bei auswärtiger Versteigerung (Nr. 9006 KVGKG).

615

Dazu kommen auch die Kosten eines Rechnungsverständigen (§ 66 Abs. 1 ZVG und § 70 GKG), soweit dessen Einschaltung landesrechtlich noch möglich ist.

Nicht hierher gehören die Kosten für Anordnung und Beitritt. Sie erscheinen im Teilungsplan im Range des Gläubigers, für welchen sie angefallen sind. Die Kosten des Zuschlags (Rn. 572 f.) stehen nicht im Teilungsplan, da sie der Ersteher zu tragen hat (§ 58 ZVG).

616

Vorschüsse der Gläubiger (Rn. 359) werden von den Gerichtskosten abgezogen und sofort an gleicher Rangstelle (Rang der Gerichtskosten) als Anspruch des jeweiligen Gläubigers ausgewiesen. Hierzu ist keine besondere Anmeldung seitens der Gläubiger erforderlich.

617

c) Rangklassen 1 und 1a

Im Range nach den Kosten kommen jetzt – in dieser Reihenfolge – die Ansprüche der RK 1 und 1a des § 10 Abs. 1 ZVG. In der Praxis fallen sie so selten an, dass eine kurze Darstellung genügt. Soweit neben dem jeweiligen Hauptanspruch Kosten entstanden sind, stehen diese jeweils vor ihrem Hauptanspruch (§ 12 ZVG). Die nachgenannten Ansprüche haben den für sie ausgewiesenen Rang nur, wenn sie rechtzeitig (Rn. 420) angemeldet waren; sonst trat Rangverlust ein (§ 110 ZVG).

618

Forderungen in **RK 1** können nur anfallen, wenn das versteigerte Grundstück bis zum Zuschlag unter **Zwangsverwaltung** stand. Es handelt sich um Leistungen, welche ein Gläubiger dieser Zwangsver-

619

---

270 Die Gebühr fällt nur einmal an, auch wenn mehrere Versteigerungstermine stattgefunden haben.
271 Besonderheit: § 53 Abs. 3 Satz 2 GKG.

waltung zur Erhaltung oder notwendigen Verbesserung (nicht aber zur Verwaltung) des Grundstücks erbracht hat, ohne aus dem Ertrag der Zwangsverwaltung Ersatz zu erlangen.

620 Forderungen in **RK 1a** können nur anfallen, wenn über das Vermögen des Grundstückseigentümers ein Insolvenzverfahren eröffnet und ein Verwalter bestellt war (Rn. 312).

d) Rangklasse 2

621 In dieser RK werden Hausgeldansprüche einer Wohnungseigentümergemeinschaft berücksichtigt, wenn ein unter das WEG fallendes Objekt versteigert wurde. Die Erklärung erfolgt unter Rn. 953a ff.

e) Rangklasse 3

622 Hierher gehören öffentlich-rechtliche Ansprüche, soweit sie kraft Gesetzes (Rn. 314) **„öffentliche Last" des Grundstücks** sind. Da bei weitem nicht alle öffentlich-rechtlichen Ansprüche auch eine solche öffentliche Last darstellen, werden in dieser RK manchmal Forderungen angemeldet (und leider auch zugeteilt!), welche diese Voraussetzung nicht erfüllen, zumal hier auch landesrechtliche Regelungen (KAG) zu beachten sind. Einzelheiten finden sich in der Kommentarliteratur.

623 Es kann sich um „einmalige Leistungen" oder um „wiederkehrende Leistungen" handeln. Für die Berechnung wird auf Rn. 601, 603 (für den Endtermin) und für die Abgrenzung des zeitlichen Privilegs auf Rn. 318, 319 verwiesen. Alle Ansprüche haben **untereinander Gleichrang** (§ 10 Abs. 1 Nr. 3 ZVG), auch wenn sie von verschiedenen Kassen angemeldet wurden und auf verschiedenen rechtlichen Grundlagen beruhen.

624 Die Leistungen mussten bereits im Versteigerungstermin angemeldet werden, sonst erleiden sie Rangverlust (§ 110 ZVG, Rn. 420). Rechtzeitig angemeldete Rückstände, welche das Zeitprivileg verloren haben (Rn. 319), fallen in die RK 7. Bei drohendem Rangverlust durch Zeitablauf konnte die Gemeinde schon vor der Zwangsversteigerung eine „aufschiebend bedingte Sicherungshypothek" eintragen lassen[272], wodurch der Rückfall von der RK 3 nur in die RK 4 erfolgte.

f) Nebenleistungen bestehen gebliebener Rechte (RK 4)

625 Hierher gehören die bar zu bezahlenden Nebenleistungen (insbesondere Zinsen) der Rechte, welche gem. § 52 ZVG nicht erloschen sind. Rechte, für welche keine Nebenleistungen angefallen sind (Beispiel „Wegerecht"), werden unter dieser Nr. nicht erwähnt. Diese stehen nur im Abschnitt II des Teilungsplans „Bestehen bleibende Rechte".

626 Einmalige Nebenleistungen (z.B. Vorfälligkeitsentschädigungen) werden in den Plan zur Zahlung eingestellt, wenn sie vor dem Zuschlag fällig geworden sind. Laufende Beträge wiederkehrender Leistungen werden nach Rn. 601 berechnet. Wegen des Zeitprivilegs der Rückstände siehe Rn. 326.

627 Auch für Rechte, die in der **zweiten Abteilung** des Grundbuchs eingetragen sind, können Nebenleistungen anfallen. In Betracht kommen z.B. Geldleistungen aus Reallasten (für Erbbauzins Rn. 907) oder Altenteilen. Denkbar sind auch Naturalleistungen, wobei ein hierfür nach § 46 ZVG festgesetzter Geldbetrag nicht mehr angemeldet werden muss.

628 Für Tilgungs- oder Abzahlungshypotheken (Rn. 328) wird auf die Kommentarliteratur verwiesen.[273] Das Grundbuch wird in Höhe der nach dem Plan zu zahlenden Tilgungsbeträge durch diese Zahlung unrichtig (§ 1181 BGB).

g) Erloschene Rechte (RK 4)

629 Soweit Rechte aus der zweiten oder dritten Abteilung des Grundbuchs durch den Zuschlag erloschen sind (§ 91 Abs. 1 ZVG), setzen sie sich am Versteigerungserlös fort (**dingliche Surrogation**).

---

272 Hierzu ausführlich *Glotzbach/Mayer* Rn. 108 bis 121.
273 Z.B. *Stöber* (ZVG) § 10 Rn. 8.7 und 8.8 sowie § 114 Rn. 5.14e.

Somit ist für diese Rechte in der Reihenfolge ihres früheren Grundbuchranges ein Geldbetrag in die Schuldenmasse des Teilungsplans einzusetzen, unabhängig davon, ob der Erlös auch für eine Zuteilung ausreicht.

Dieser Geldbetrag ergibt sich aus dem Wert des Rechtes, zzgl. der Nebenleistungen (Rn. 323 und 325). Innerhalb eines Rechtes sind die Forderungen in der Reihenfolge Kosten – Zinsen – Hauptanspruch (§ 12 ZVG) getrennt im Plan auszuweisen. Kosten und **rückständige** Zinsen waren bereits zum Versteigerungstermin anzumelden. Der Wertersatz für nicht auf Geldzahlung gerichtete Rechte kann jetzt noch angemeldet werden. **630**

Bei Grundpfandrechten bestimmt sich der Wert des Stammrechtes nach dem Nennbetrag. Bei **Briefrechten** kann das Grundbuch wegen § 1154 BGB den Berechtigten für das Kapital nicht ausweisen. Wird der Brief nicht vorgelegt, gilt der Berechtigte für die Zuteilung als unbekannt (§ 126 ZVG). War das Recht außerhalb des Grundbuchs abgetreten, ist außer dem Brief eine Abtretungserklärung in der Form des § 1155 BGB vorzulegen. **631**

Werden nur fällige **Nebenleistungen** (Kosten, Zinsen) zugeteilt, ist nach der hier vertretenen Auffassung[274] die Vorlage des Briefes nicht erforderlich, da § 1159 BGB die Rückstände („Rückstandshypothek") dem Schuldrecht zuweist und somit auch der Eigentümer im Falle beabsichtigter Zahlung der fälligen Nebenleistungen vom Hypothekar die Briefvorlage nicht verlangen könnte. **632**

Tipp: Für bestimmte Zuteilungen ist Briefvorlage nicht erforderlich.

Auch Rechte, die nicht auf eine Geldsumme lauten, erhalten Wertersatz (§ 92 ZVG). Für die Berechnung siehe Rn. 651 bis 671. Soweit aus einer Reallast Nebenleistungen als wiederkehrende Leistungen gefordert werden konnten, werden diese – was das Zeitprivileg, den Endtermin und die Anmeldepflicht anlangt – wie Zinsen behandelt (§ 1107 BGB). **633**

h) Gläubiger der Rangklasse 5

Nunmehr folgen jene Gläubiger, welche einen Anordnungs- oder Beitrittsbeschluss erwirkt hatten, ohne dass ihre Forderung in einer besseren Rangklasse stünde. Sie werden in der **Reihenfolge der Beschlagnahme** (§ 11 Abs. 2 ZVG, dazu auch Rn. 91 bis 95) in den Plan eingestellt. **634**

Auch hier gilt innerhalb einer Forderung die Reihenfolge Kosten – Zinsen – Hauptanspruch (§ 12 ZVG). **635**

Was bereits im Versteigerungsantrag (Beitrittsgesuch) stand, gilt als angemeldet (§ 114 Abs. 1 Satz 2 ZVG). Weitere Kosten der 4. Kategorie (Rn. 47) konnten bis zum Versteigerungstermin nachgemeldet werden. Hierzu gehören insbesondere die Gerichtskosten Rn. 132 ff. Manche Gerichte schlagen diese Kosten ohne Anmeldung der Forderung zu. Darauf verlassen sollte man sich nicht. Kosten der Kategorien 1 bis 3 (Rn. 41 bis 44) sind nicht anmeldefähig! **636**

Tipp: Die gezahlten Gerichtskosten für die Anordnung/den Beitritt sowie weiter entstandene, noch nicht im Versteigerungsantrag bezifferte Kosten unbedingt zum Versteigerungstermin formlos anmelden.

i) Berechtigte der Rangklasse 6

In Betracht kommen **637**
- Berechtigte, deren dem Gläubiger gegenüber auf Grund Beschlagnahme **unwirksamen** Rechte (Rn. 101) nach dem Zwangsversteigerungsvermerk im Grundbuch eingetragen wurden;
- Berechtigte, deren Recht zwar vor dem Zwangsversteigerungsvermerk eingetragen wurde, aber der Beschlagnahme des Gläubigers **nachgehen**. Dies kann z.B. der Fall sein, wenn nach Beschlagnahme durch Zustellung des Anordnungsbeschlusses zuerst ein Grundpfandrecht und dann der Zwangsversteigerungsvermerk eingetragen werden.

---

274 Sehr streitig, a.M. *Steiner/Teufel* § 126 Rn. 12 m.w.N. So aber *Stöber* (ZVG) § 126 Rn. 2.1 m.w.N.

638 Die Erstgenannten müssen das Stammrecht, die Kosten (§ 10 Abs. 2 ZVG) und sämtliche Nebenleistungen anmelden (§ 37 Ziff. 4 ZVG), sonst erleiden diese Ansprüche Rangverlust.

639 Die Letztgenannten müssen das Stammrecht und die laufenden Nebenleistungen nicht anmelden.

640 Stehen mehrere Rechte in der RK 6, haben sie **untereinander** den **Grundbuchrang**.

641 Sind mehrere Gläubiger vorhanden, bestimmt sich der Rang zwischen dem/den Beitrittsgläubiger und dem Recht im Normalfall nach der Reihenfolge der Eintragung gegenüber der Beschlagnahme (Rn. 94 und 329). Es ist also möglich, dass ein solches Recht gegenüber einem/einigen Gläubiger(n) einen schlechteren Rang (= RK 6) und gegenüber einem/einigen anderen einen besseren (= RK 4) hat (relativer Rang). Dies muss der Plan ausweisen.

642
Beispiel

01.02. Beschlagnahme für den persönlichen Gläubiger G1 (Anordnung)
20.03. Eintragung einer Zwangshypothek (Abt. III Nr. 4)
15.04. Beschlagnahme für den persönlichen Gläubiger G2 (Beitritt)

Gegenüber dem Gläubiger G1 ist das Recht Abt. III Nr. 4 (beschlagnahme-)unwirksam und fällt daher in RK 6. Da die Beschlagnahme für Gläubiger G2 erst nach der Eintragung des Rechtes Abt. III Nr. 4 liegt, ist das Recht ihm gegenüber wirksam (= RK 4).

Was mit dem Recht in der Zwangsversteigerung letztlich wirklich geschieht, hängt davon ab

- ob es **rechtzeitig angemeldet** wird (Rn. 420) und
- welcher Gläubiger als **bestbetreibend** gG bestimmt wird (Rn. 345).

Richtet sich das gG nach G1, bleibt das Recht Abt. III Nr. 4 nicht bestehen; es ist aus dem vorhandenen Erlös (soweit dieser ausreicht) im Rang nach G1 und vor G2 zu befriedigen.

Bestimmt G2 das gG, bleibt das Recht Abt. III Nr. 4 bestehen.

j) Rangklassen 7 und 8

643 In diesen Rangklassen stehen – in dieser Reihenfolge – die Forderungen, welche zwar rechtzeitig angemeldet wurden, aber durch **Zeitablauf** ihren Rang verloren haben. Dadurch rückten

- Forderungen aus ursprünglich RK 3 in die RK 7 und
- solche aus ursprünglich RK 4 in die RK 8.

644 Untereinander haben mehrere Forderungen in RK 7 Gleichrang (Rn. 623); mehrere in RK 8 den Rang, den sie in RK 4 hätten.

645 In der Vollstreckungsversteigerung sind diese Rangklassen nahezu bedeutungslos, da hierauf nur sehr selten eine Zuteilung erfolgen kann. In der Zwangsversteigerung zum Zwecke der Aufhebung einer Gemeinschaft können sie dagegen mit einer Zuteilung rechnen.

Tipp: **Gläubiger von Forderungen der RK 7 oder RK 8 können eine Verbesserung ihres Ranges erreichen, wenn sie das Verfahren wegen dieser Ansprüche betreiben. Die Beträge fallen dann in RK 5.**

k) Ansprüche mit Rangverlust

646 Hier nun, manchmal RK 9 genannt, stehen alle Ansprüche, die eigentlich einer besseren Rangklasse zuzuordnen gewesen wären, aber **nicht rechtzeitig** (§ 37 Nr. 4 ZVG) zum Versteigerungstermin (Rn. 420) **angemeldet** worden sind und deshalb Rangverlust (§ 110 ZVG) erlitten haben. Untereinander haben sie wieder ihren ursprünglichen Rang.

647 Voraussetzung für eine Berücksichtigung ist, dass sie wenigstens noch im Verteilungstermin bis zur Feststellung des Teilungsplans angemeldet wurden. Eine spätere Anmeldung bewirkt nichts mehr.

l) Erlösüberschuss

648 Ein jetzt noch vorhandener Betrag (Erlösüberschuss) gebührt dem letzten Grundstückseigentümer, meist also dem Schuldner.

5. Zuteilung

Durch eine Gegenüberstellung von Teilungsmasse und Schuldenmasse wird nun festgestellt, wer befriedigt werden kann und wer einen Ausfall erleidet. **649**

Dieser Teil (Abschnitt V; siehe Muster Rn. 607) kann also z.B. folgendermaßen aussehen: **650**

Es sind zuzuteilen:

a) Der Landesjustizkasse in X gegen Zahlungsanzeige		3.500,00 €
b) Der Stadt Y für Grundsteuer Pos. 3[275]		600,00 €
c) Der Rheinischen Sandbank AG		
aa) Gerichtskostenvorschuss	2.000,00 €	
bb) Grundschuld III/1		
(Zinsen und Teil der Hauptforderung)	56.400,00 €	
zusammen:	58.400,00 €	58.400,00 €
Damit ist die Teilungsmasse von		62.500,00 €
erschöpft.		

Ausgefallen sind

a) Rheinische Sandbank AG mit	12.000,00 €
b) Gläubiger Müller mit	4.300,00 €

III. Bewertung der nicht auf Kapital gerichteten Rechte

1. Einteilung

Für die nach § 91 Abs. 1 ZVG erloschenen Rechte, welche nicht auf Kapitalzahlung gerichtet sind, wird in die Schuldenmasse des Teilungsplans ein **Wertersatz** eingestellt, für dessen Berechnung man diese Rechte wie folgt unterscheiden muss: **651**

Grundsätzlich wird für diese Rechte gem. § 92 Abs. 1 ZVG eine einmalige Zahlung in den Plan eingestellt, der ihrem Wert entspricht. **652**

Für die drei in § 92 Abs. 2 ZVG genannten Rechte, also **653**

- Nießbrauch[276],
- beschränkte persönliche Dienstbarkeit (Beispiel: Wohnungsrecht),
- Reallast auf unbestimmte Dauer (z.B. Recht auf Lebenszeit des Berechtigten)

wird der Wertersatz durch wiederkehrende Zahlungen (Rente) geleistet.

---

275 Diese Angabe bezieht sich auf die entspr. Position im Abschnitt „Schuldenmasse" des Teilungsplans.
276 Umfasst ein Nießbrauch Miet- oder Pachterträge, ist bei seiner Bewertung auf den tatsächlich erzielbaren künftigen Betrag abzustellen (*OLG Karlsruhe* Rpfleger 2005, 686).

Einteilung der Rechte des § 92 ZVG

Rechte mit Anspruch auf		Zahlung einer Geldrente (§ 92 Abs. 2 ZVG)
einmaligen Wertersatz (§ 92 Abs. 1, 3 ZVG)		
Rechte, die nicht auf wiederkehrende Leistungen gerichtet sind	Rechte, die zwar auf wiederkehrende Leistungen gerichtet sind, aber nicht in § 92 Abs. 2 ZVG genannt sind	z.B. Nießbrauch
z.B. Grunddienstbarkeit, Auflassungsvormerkung	z.B. Reallast von bestimmter Dauer	

654 Übersicht

655 Ablösbare Rechte (§ 92 Abs. 3 ZVG) sind in der Praxis bedeutungslos. Es sind dies jene Rechte, die auf der Rechtsgrundlage Art. 113 EGBGB nach Landesrecht ablösbar sind. § 882 BGB bestimmt keine Ablösesumme! Auch die Rentenschuld fällt nicht unter § 92 Abs. 3 ZVG, sondern unter Rn. 630, da auf die dortige Ablösesumme die Vorschriften über das Grundschuldkapital anzuwenden sind (§ 1200 Abs. 1 BGB).

2. Wertersatz durch Einmalzahlung

656 Ein Ersatzbetrag durch Einmalzahlung wird zunächst für jene Rechte festgesetzt, welche keine wiederkehrenden Leistungen haben, also insbesondere

- Grunddienstbarkeiten,
- dingliche Vorkaufsrechte, die nicht ersatzlos wegfallen[277],
- Auflassungsvormerkungen.

657 Gleiche Behandlung erfahren jene Rechte mit wiederkehrenden Leistungen, die in § 92 Abs. 2 ZVG **nicht** genannt sind, also insbesondere

- der Erbbauzins (dazu Rn. 903 ff.),
- Reallasten von bestimmter Dauer.

658 Für ihre **Bewertung** muss wiederum unterschieden werden:

- Ist im Grundbuch ein **Höchstbetrag** nach § 882 BGB eingetragen, wird mangels einer Anmeldung dieser Höchstbetrag in den Plan eingesetzt.
- Lässt sich der **Wert aus dem Grundbuch berechnen**, bedarf es hierzu keiner Anmeldung. Die Berechnung erfolgt durch das Gericht (Rn. 660).
- In allen **anderen Fällen** hat der Berechtigte den **Wert anzumelden** (§ 114 ZVG). Dazu Rn. 661 ff.

659 Ersatzbeträge für Rechte, die nicht auf wiederkehrende Leistungen gerichtet sind, gelten im Verteilungstermin als fällig, wenn sich aus dem Inhalt des Rechtes nichts anderes ergibt.

660 Wiederkehrende Leistungen mit bestimmter künftiger Fälligkeit sind „betagt"[278] i.S. des § 111 ZVG und gelten somit im Verteilungstermin als fällig, d.h. der Berechtigte erhält den Ersatzbetrag sofort. Sind zwischen Zuschlag und Fälligkeit keine Zinsen geschuldet (unverzinsliche Rechte), muss sich der Empfänger einen Abzug dafür gefallen lassen, dass er den Ersatzbetrag sofort erhält, während die wiederkehrenden Leistungen erst künftig fällig geworden wären. Die Berechnung der **Abzinsung** erfolgt mit Formeln (z.B. Hoffmann'sche Methode) und Tabellen.[279] Beispiel für Erbbauzins Rn. 922.

661 Ist der Wert nicht aus dem Grundbuch ersichtlich oder berechenbar, muss der Berechtigte einen Wert anmelden (§ 114 Abs. 1 Satz 1 ZVG). Diese Anmeldung kann noch **ohne Rangverlust** im Ver-

---

277 Hierzu *Stöber* (ZVG) § 81 Rn. 10.
278 Ein Betrag ist „betagt" (also nicht bedingt), wenn die künftige Fälligkeit sicher ist.
279 Solche Formeln und Tabellen finden sich in den gängigen Kommentaren.

teilungstermin erfolgen. Unterbleibt diese Anmeldung, wird für das Recht kein Ersatzbetrag in den Plan eingestellt.

Tipp: Ausnahmsweise ist „späte" Anmeldung rangwahrend möglich.

Das Gericht hat den angemeldeten Betrag auf Angemessenheit zu überprüfen und eine zu hohe[280] Anmeldung auf eine geringere Summe zu reduzieren. Nimmt der Berechtigte seine Anmeldung bezüglich der Differenz nicht zurück, gilt dies kraft Gesetzes als Widerspruch gegen den Teilungsplan (§ 115 Abs. 2 ZVG). Dazu Rn. 689 ff.

662

3. Wertersatz durch Rente

Erlischt eines der in **§ 92 Abs. 2 ZVG** bezeichneten Rechte, erhält der Berechtigte keine Einmalzahlung, sondern eine **Rente**.

663

Hierzu muss ein **Deckungskapital** gebildet werden (§ 121 ZVG), welches aus der Summe aller künftigen Leistungen besteht, höchstens jedoch auf der Basis von 25 Jahren berechnet wird.[281] Auch ein nach § 882 BGB eingetragener Betrag darf nicht überschritten werden.

664

Ergeben sich die künftigen Leistungen aus dem Grundbuch, bedarf es keiner Anmeldung. Anderenfalls muss der Wert der Leistung angemeldet werden, sonst erfolgt **keine** Berücksichtigung! Auch diese Anmeldung kann noch ohne Rangverlust im Verteilungstermin erfolgen. Wegen der gerichtlichen Prüfung siehe Rn. 662.

665

> Ein Altenteil ist erloschen. Die Oma (= Berechtigte des Altenteils) hatte ein Wohnungsrecht und einen Anspruch (Reallast) auf mtl. 100,00 € und täglich einen Liter Milch. Anmeldepflichtig sind der Wert des Wohnungsrechts und der Wert der Milch. Angenommen, die Oma meldet mtl. 200,00 € für die Wohnung und täglich 0,50 € für die Milch an. Da die Lebensdauer der Oma unbestimmt ist, wird ein statistischer Wert aus der Tabelle[282] zu Grunde gelegt; angenommen 12 Jahre.
>
> Das Deckungskapital berechnet sich dann wie folgt:
> Geldrente (Jahresbetrag):   1.200,00 € x 12 =   14.400,00 €
> Wohnung (Jahresbetrag):   2.400,00 € x 12 =   28.800,00 €
> Milch (Jahresbetrag):   182,50 € x 12 =   2.190,00 €
> Deckungskapital: 3.782,50 € x 12 =   45.390,00 €

666

Beispiel

Aus dem Deckungskapital erhält der Berechtigte (§ 92 Abs. 2 ZVG) gegen **Lebensnachweis** eine jeweils auf drei Monate vorauszahlbare Rente in Höhe von ¼ des Jahresbetrages. Die Rente läuft ab Zuschlag, ist aber erstmals im Verteilungstermin fällig. Hatte die Teilungsmasse nicht ausgereicht, um das gesamte errechnete Deckungskapital zu hinterlegen, erhält der Berechtigte dennoch die volle errechnete Rente so lange, wie das Deckungskapital hierzu reicht.

667

> *(Weiterführung von Beispiel Rn. 666)*
> Zuschlag: 17.05., Verteilungstermin 04.07.
> Jahresbetrag der Rente: 3.782,50 €, Rentenhöhe ¼ = 945,63 €.
> Zahlung: Im Verteilungstermin ist die erste Rate (17.05. bis 16.08.) bereits fällig. Also erhält die Oma im Termin 945,63 €; nur der Rest wird hinterlegt. Die nächste Zahlung, wiederum 945,63 €, erhält sie am 17.08. Für die Auszahlung ist Lebensnachweis erforderlich.

668

Beispiel

Entfällt die Rente (insbesondere durch den Tod des Berechtigten), fällt das Ersatzkapital an den **bestrangig ausgefallenen Beteiligten**, was das Gericht im Teilungsplan festlegen muss (§§ 119, 121

669

---

[280] Ist die Summe zu niedrig, erfolgt allenfalls Hinweis, jedoch keine Erhöhung von Amts wegen.
[281] Wenn man den 25-fachen Jahresbetrag mit 4 % verzinslich anlegt, kann theoretisch das Deckungskapital nie verbraucht werden. Somit bedarf es keines höheren Betrages.
[282] Solche „Lebenserwartungstabellen" finden sich in allen gängigen ZVG-Kommentaren. Die dortigen Werte ergeben sich aus den vom Statistischen Bundesamt herausgegebenen Sterbetafeln.

Abs. 2 ZVG). Der zuletzt zur Auszahlung gelangte Betrag verbleibt dem Berechtigten bzw. seinen Erben (§ 92 Abs. 2 Satz 3 ZVG).

670 Das Gericht hinterlegt das Deckungskapital. Die **weitere Abwicklung** obliegt der **Hinterlegungsstelle**. Der Berechtigte hat gegenüber dem in Rn. 669 genannten Beteiligten einen Anspruch auf eine andere (verzinsliche) Anlage des Deckungskapitals (§ 121 Abs. 2 i.V.m. § 120 Abs. 2 ZVG), da die Zinsen diesem zugeschlagen werden. Dieser Anspruch ist aber außerhalb des Versteigerungsverfahrens zu verfolgen. Vermittlung durch das Gericht ist nicht ausgeschlossen.

Tipp: Ggf. das Gericht bitten, im Einvernehmen mit dem Zweitberechtigten die verzinsliche Hinterlegung des Deckungskapitals bei einem Kreditinstitut zu vermitteln.

671 Die Konditionen für eine solche Anlage, welche das Kreditinstitut akzeptieren müsste, könnten im Beispiel Rn. 666, 668 lauten:

„Auf das Konto werden 44.444,37 € eingezahlt. Von Kapital und Zinsen darf die Berechtigte B (Oma) gegen Lebensnachweis alle drei Monate, erstmals am 17.08.2006, einen Betrag von 945,63 € erheben. Wird der Tod der Berechtigten nachgewiesen, steht das Restguthaben der X-Bank zu."
(Die X-Bank ist als bestrangig ausgefallene Beteiligte Hilfsberechtigte, Rn. 669)

4. Auszahlung des Wertersatzes

672 Es versteht sich von selbst, dass ein Ersatzbetrag oder eine Rente nur zur Auszahlung gelangen kann, wenn an der entspr. Rangstelle eine Zuteilung aus dem Erlös möglich ist.

673 Aber auch dann folgt allein aus der Einstellung in den Plan noch nicht der Anspruch auf Auszahlung. Ob die eingestellten Beträge auch tatsächlich ausgezahlt werden können, ergibt sich erst im Verteilungstermin. Oft handelt es sich nämlich um Rechte unbestimmten Betrages, für welche § 14 ZVG zu beachten ist; dazu Rn. 711 ff.

C. Verteilungstermin

I. Verfahren im Termin

1. Terminsverlauf ohne Notwendigkeit einer Planänderung

674 Nach Feststellung der erschienenen Beteiligten (denn der Termin ist nicht öffentlich) verliest das Gericht den vorläufigen Teilungsplan. Sodann wird festgestellt, ob gegen diesen Plan
- schriftliche Widersprüche vorliegen oder
- einer der erschienenen Beteiligten jetzt dem Plan widerspricht (Rn. 684 ff.).

675 Ist dies nicht der Fall und liegt auch kein Widerspruch nach § 115 Abs. 2 ZVG vor (dazu Rn. 689), erklärt das Gericht den vorläufigen Teilungsplan zum endgültigen Plan.

676 Nunmehr wird der Verbleib des Bargebots[283] (ggf. zzgl. Zinsen) festgestellt. Dieses kann
- hinterlegt sein (§ 49 Abs. 4 ZVG);
- bei der Gerichtskasse als Verwahrgeld eingezahlt sein (§ 49 Abs. 3 ZVG), worüber ein Nachweis bei den Akten sein muss oder jetzt vom Ersteher vorzulegen ist.

Der Ersteher war verpflichtet, die Einzahlung so rechtzeitig vorzunehmen, dass im Verteilungstermin entsprechender Nachweis der Gerichtskasse vorliegt (§ 49 Abs. 3 ZVG). Ist dies nicht der Fall, gilt er als „Nichtzahler" im Sinne der Rn. 860 ff.

677 Ein als Sicherheit eingezahlter Geldbetrag (§ 69 Abs. 4 ZVG) gilt gemäß § 107 Abs. 3 ZVG als Anzahlung auf das Bargebot. Gleiches muss für jene Beträge gelten, welche durch Gutschrift eines eingelös-

---

283 Die Folgen der Nichtzahlung des Bargebots sind im 8. Kapitel dargestellt.

ten Schecks (§ 69 Abs. 2 ZVG) vorhanden sind. Ob diese Beträge als „hinterlegt" im Sinne des § 49 Abs. 4 ZVG gelten, ist streitig. Dazu Rn. 474.

Nunmehr ordnet das Gericht die Auszahlung an die Beteiligten an. Hierbei geht es von der im Teilungsplan festgestellten Zuteilung aus. **678**

Rn. nicht besetzt. **679**

Anschließend muss das Gericht (§ 117 ZVG) **680**
- die **Gerichtskasse** zur Auszahlung anweisen, wenn das Bargebot ohne formelle Hinterlegung bei dieser als Verwahrgeld verbucht ist;
- die **Hinterlegungsstelle** zur Auszahlung anweisen, wenn das Geld hinterlegt ist. Die Hinterlegungsstelle weist dann die Gerichtskasse an. Dieser „Umweg" ist unvermeidlich.

Liegt ein Vollstreckungstitel vor, auf welchen eine Zuteilung entfallen ist, wird dies auf dem Titel vermerkt (§ 127 Abs. 2 ZVG) und der Wortlaut des Vermerks im Protokoll festgestellt (§ 127 Abs. 3 ZVG). **681**

Liegt der Brief eines ganz oder teilweise erloschenen Grundpfandrechtes vor, wird nach § 127 Abs. 1 ZVG verfahren. Das Gericht kann einen solchen Brief vom Besitzer anfordern, aber die Vorlage nicht erzwingen. **682**

2. Erklärungen im Termin, die zur Planänderung führen

a) Anmeldungen

Soweit im Termin noch Anmeldungen erfolgen, müssen diese im Plan berücksichtigt werden. In Betracht kommen z.B. **683**
- Anmeldungen zum Wertersatz nicht auf Geldzahlung gerichteter Rechte (Rn. 661 ff.);
- Anmeldungen mit Rangverlust;
- Reduzierung von Ansprüchen, welche ohne Anmeldung (§ 114 Abs. 2 ZVG) in den Plan aufzunehmen waren („Minderanmeldungen"). Soweit es sich um Ansprüche aus einer Sicherungsgrundschuld handelt siehe Rn. 763 ff.

b) Widersprüche

Beteiligte, welche mit der vom Gericht vorgesehenen Erlösverteilung nicht einverstanden sind, haben grundsätzlich **zwei Rechtsbehelfe**: **684**
- Sie können den Teilungsplan mit **sofortiger Beschwerde** anfechten (Rn. 791).
- Sie können einer beabsichtigten Zuteilung an einen anderen Berechtigen **widersprechen**.

Beide Rechtsbehelfe stehen nicht wahlweise zur Verfügung. Die Abgrenzung ist oft schwierig. Allgemein kann man wie folgt unterscheiden: **685**
- Wer einen **Verfahrensfehler** des Gerichts bei der Aufstellung des Plans rügen will, hat **sofortige Beschwerde** (Rn. 791 ff.).
- Wer der Auffassung ist, er habe ein besseres **materielles Recht** als der Zuteilungsempfänger, wehrt sich mit **Widerspruch**.

Tipp: Im Zweifelsfall immer Widerspruch erheben. Die sofortige Beschwerde kann hinterher immer noch eingelegt werden.

Zur Verdeutlichung seien aus der Vielzahl möglicher Fälle zwei Beispiele genannt: **686**

Beispiel

1. Variante:
Für die Gemeinde stehen 1.000,00 € Ausbaubeitrag unter RK 3 im Teilungsplan. Mit der Rüge, das Zeitprivileg (Rn. 317 und 318) dieser Forderung sei abgelaufen und der Betrag habe daher nur noch RK 7, muss der Plan angefochten werden (sofortige Beschwerde). Soll der Anspruch als solcher bestritten werden (die Beitragssatzung sei unwirksam), erfolgt dies durch Widerspruch.

> *2. Variante:*
> Im Teilungsplan stehen 10.000,00 € Zinsen für die X-Bank. Mit der Rüge, diese Zinsen seien falsch berechnet (richtig nur 8.000,00 €), muss der Plan angefochten werden. Die Behauptung, ein Teilbetrag von 2.000,00 € sei ihm abgetreten, muss der Beteiligte durch Widerspruch verfolgen.

687 Der Widerspruch kann wie folgt erhoben werden:
- Vor dem Termin schriftlich oder zu Protokoll der Geschäftsstelle.
- Im Termin mündlich.

688 Der Widerspruch muss erkennen lassen, gegen welche Zuteilung und in welchem Umfang er erhoben wird.[284] Anderenfalls bleibt er unberücksichtigt.

689 Eine Anmeldung, die nicht oder nicht vollständig in den Teilungsplan aufgenommen wurde, gilt **kraft Gesetzes als Widerspruch** (§ 115 Abs. 2 ZVG).

690 Zum Widerspruch ist nur berechtigt, wer statt des im Plan ausgewiesenen Berechtigten den betroffenen Betrag bekäme, wenn der Widerspruch Erfolg hat. Allerdings bleiben hierbei Zwischenrechte, die sich am Widerspruch nicht beteiligt haben, außer Betracht.

691 Ist der Widersprechende kein Beteiligter, hat er keine Zuteilung nach Rn. 649 zu erwarten hat oder hat er auch sonst kein (zumindest mittelbares) Interesse an einer anderweitigen Verteilung des Erlöses, weist das Gericht den Widerspruch zurück.

692 In allen anderen Fällen muss über den Widerspruch verhandelt werden. Für diese Verhandlung, die Erledigung des Widerspruchs und für die Auszahlung finden nach § 115 Abs. 1 ZVG die §§ 876 bis 882 ZPO, also die Vorschriften über das Teilungsverfahren nach der ZPO, Anwendung.

693 Kann der Widerspruch nicht durch Verhandlung ausgeräumt werden, muss das Gericht den **streitigen Betrag hinterlegen**. Dabei muss es einen der Beteiligten als den Berechtigten und den anderen als Widersprechenden bestimmen. Als Berechtigter wird bestimmt, wem nach den Grundsätzen für die Aufstellung des Teilungsplans (Rn. 593) der Betrag gebührt.

694 Wird der nach § 878 Abs. 1 ZPO erforderliche Nachweis[285] nicht innerhalb der Frist von einem Monat geführt, ordnet das Gericht die Auszahlung des hinterlegten Betrages an den Berechtigten an. Wird die Klage durchgeführt, erfolgt die Auszahlungsanordnung gem. dem Prozessurteil. Wegen des weiteren Verfahrens wird auf die Kommentarliteratur, auch zu den §§ 876 bis 882 ZPO, Bezug genommen.

695 Der Schuldner kann einer titulierten Forderung nicht nach diesen Regeln widersprechen (§ 115 Abs. 3 ZVG). Er ist auf die Vollstreckungsgegenklage (§ 767 ZPO) angewiesen. Allenfalls käme eine einstweilige Einstellung unter Fristsetzung gem. § 769 Abs. 2 ZPO in Betracht.

696 Einer nicht titulierten Forderung kann auch der Schuldner widersprechen. Ihm wird man immer ein „mittelbares Interesse an einer anderen Verteilung" (Rn. 691) zugestehen müssen.

c) Vereinbarung über das Bestehen bleiben erloschener Rechte

697 Ersteher und Berechtigter eines Rechtes, das nach den Versteigerungsbedingungen erloschen ist, können jetzt noch vereinbaren, dass dieses Recht (ganz oder teilweise) als nicht erloschen behandelt werden soll (sog. **Liegenbelassungsvereinbarung**; § 91 Abs. 2 ZVG). Geschieht dies, wird das Recht so behandelt, als sei es nicht erloschen.

> **Tipp:** Finanziert der Ersteher über ein verfahrensbeteiligtes Kreditinstitut, an Liegenbelassung denken.

---

284 Stöber (ZVG) § 115 Rn. 3.6b.
285 Wegen §§ 167, 495 ZPO genügt der Nachweis der fristgerechten Einreichung der Klage, wenn die Amtszustellung (§ 166 Abs. 2 ZPO) der Klageschrift demnächst erfolgt, wozu der Kläger entweder ein Gesuch um Prozesskostenhilfe einreichen oder den vom Gericht angeforderte Kostenvorschuss unverzüglich zahlen muss.

Verteilung des Erlöses 1

Diese Vereinbarung kann im Verteilungstermin mündlich zu Protokoll erklärt werden oder vorher getroffen und dem Gericht in einer öffentlich beglaubigten Urkunde nachgewiesen werden. Sie könnte so auch noch nach dem Termin (bis zur Absendung des Grundbuchersuchens Rn. 834 ff.) getroffen werden. Dann wäre aber der nachgenannte Ausgleich durch das Gericht nicht mehr möglich. **698**

Eine solche Vereinbarung hat **Folgen für die Verteilung des Erlöses**. Der Teilungsplan muss also geändert werden. Es war jahrelang streitig[286], wie dieser Ausgleich zu erfolgen hat. Die Darstellung (Rn. 700 bis 702) entspricht der heute allgemeinen Meinung: **699**

Für die Berechnung der **Teilungsmasse** ergibt sich **keine Veränderung**. Der Ersteher muss also das **gesamte** Bargebot, falls nicht zinsbefreiend hinterlegt, bis zum Verteilungstermin verzinsen. **700**

Durch die Vereinbarung übernimmt der Ersteher **zwei zusätzliche Pflichten**, für welche ihm Ausgleich zusteht: **701**

- Er schuldet das übernommene Recht, das anderenfalls aus dem Bargebot bezahlt worden wäre.
- Er muss dem Berechtigten des Rechtes ab dem Zuschlag Zinsen zahlen, die sonst vom Zuschlag bis zum Verteilungstermin aus dem Bargebot bezahlt worden wären.

Also kann er das Bargebot um diese beiden Positionen kürzen. Dies gilt selbstverständlich **nur insoweit**, als der Berechtigte des liegen belassenen Rechtes hierauf überhaupt eine **Zuteilung** erhalten hätte (§ 91 Abs. 3 Satz 1 ZVG).

> Die Grundschuld über 100.000,00 € nebst 12 % Jahreszinsen, geschuldet ab dem 01.01., ist durch Zuschlag erloschen.
> Zuschlag am: 01.06.
> Verteilungstermin am: 01.08.
> Ohne die Vereinbarung nach § 91 Abs. 2 ZVG wäre auf die Grundschuld, da die Teilungsmasse ausgereicht hätte, folgender Betrag zuzuteilen gewesen:
> Zinsen vom 01.01. bis 31.07.: 7.000,00 €
> Kapital: 100.000,00 €
> Summe: 107.000,00 €
> Nach der Liegenbelassungsvereinbarung erhält der Berechtigte der Grundschuld aus dem Bargebot nur noch die Zinsen vom 01.01. bis zum 31.05., also 5.000,00 €. Der Ersteher schuldet ihm 2.000,00 € Zinsen (01.06.-31.07.) und 100.000,00 € Kapital. Dafür ermäßigt sich seine Zahlungspflicht im Verteilungstermin um diese 102.000,00 €.

702

Beispiel

Da der Ersteher das bare Meistgebot bereits vor dem Teilungstermin einzahlen muss (§ 49 Abs. 3 ZVG), wird es nur noch selten vorkommen, dass diese Vereinbarung erst im Termin abgeschlossen wird. Geschieht dies und hat der Ersteher bereits die gesamte Summe eingezahlt, ist ihm der von ihm nun nicht mehr geschuldete Teil zurückzuzahlen. **702a**

Sollten die Beteiligten dem Rechtspfleger anzeigen, dass eine solche Vereinbarung beabsichtigt ist, dürfte es sachdienlich sein, wenn dieser rechtzeitig vor dem Termin dem Ersteher ausrechnet, was er noch gemäß § 49 Abs. 3 ZVG einzuzahlen hat, wenn die Vereinbarung zustande kommt. **702b**

Eine persönliche Forderung des Grundpfandgläubigers gegen den Ersteher entsteht nur durch Vereinbarung; § 53 ZVG ist nicht anwendbar.[287] Die in der Literatur früher vertretene Auffassung, die Vereinbarung begründe stets auch eine persönliche Haftung, ist abzulehnen.[288] Dem Ersteher stehen aus dem ursprünglichen Schuldverhältnis keine Einreden zu.[289] Wegen der Einzelheiten wird auf die Kommentarliteratur verwiesen.[290] **703**

---

286 Zum früheren Meinungsstreit (und der wenig sachdienlichen Beteiligung des *BGH*) siehe *Eickmann* (ZVG) § 12 3b.
287 *BGH* Rpfleger 1981, 140; dazu auch *BGH* Rpfleger 1996, 520.
288 *Eickmann* (ZVG) § 12 III 3e; wohl auch *Stöber* (ZVG) § 91 Rn. 3.12.
289 *Eickmann* aaO.
290 Eine gute Übersicht bietet *Böttcher* (ZVG) § 91 Rn. 17 bis 20.

1 Versteigerung eines Grundstücks

704 Ist der Grundpfandgläubiger gleichzeitig Ersteher oder wäre das (insgesamt) durch Vereinbarung bestehen gebliebene Recht bei der Erlösverteilung teilweise ausgefallen, so verliert der Grundpfandgläubiger trotz § 91 Abs. 3 Satz 2 ZVG seine persönliche Forderung gegen den bisherigen Eigentümer nur in Höhe des Betrages, der bei barer Abwicklung zugeteilt worden wäre. Str. ist, ob sich dies schon aus einer sinnvollen Auslegung der Norm[291] ergibt oder der Umweg über einen Bereicherungsanspruch notwendig ist.[292]

d) Aussetzung mangels Rechtskraft des Zuschlagsbeschlusses

705 Wie bereits früher dargelegt (Rn. 582), kann das Gericht den Verteilungstermin schon vor der Rechtskraft des Zuschlagsbeschlusses abhalten, obwohl dies nicht ratsam ist.

706 Ist der Zuschlagsbeschluss im Termin noch nicht rechtskräftig, kann **auf Antrag** (§ 116 ZVG) die Ausführung des Teilungsplans ausgesetzt werden. Das Gericht muss dem Antrag nicht stattgeben, sollte die Aussetzung aber nur verweigern, wenn die Geldempfänger absolute Gewähr für die Rückzahlung der empfangenen Beträge bieten.[293] Die Ablehnung der Aussetzung ist mit sofortiger Beschwerde anfechtbar (Rn. 790 ff.). Auch das Beschwerdegericht, bei welchem die Beschwerde gegen den Zuschlag anhängig ist, könnte die Aussetzung der Verteilung anordnen (§ 570 Abs. 3 ZPO).

707 Wurde ausgesetzt, muss nach Rechtskraft ein neuer Verteilungstermin bestimmt werden, in welchem die Auszahlungsanordnung nachgeholt wird. Alle anderen Verhandlungen konnten im früheren Termin stattfinden. Allerdings sind im neuen Termin auch noch Anmeldungen möglich, die zur Planänderung führen können.

3. Beträge, die nicht ohne weiteres auszahlbar sind

a) Briefrechte

708 Auf das Kapital eines **Briefrechtes** kann nur zugeteilt werden, wenn der Brief im Verteilungstermin vorgelegt wird. Wegen der Nebenleistungen siehe Rn. 632. Wird der Brief von einem anderen als dem eingetragenen Berechtigten vorgelegt, hat dieser auch eine auf ihn lautende beglaubigte (§ 1155 BGB) Abtretungserklärung vorzulegen. Erst dann kann ausgezahlt und der Brief unbrauchbar gemacht werden (Rn. 846).

Tipp: An rechtzeitige Briefvorlage denken!

709 Wird der Brief **nicht vorgelegt**, gilt der **Berechtigte** als **unbekannt** (§ 126 Abs. 1 ZVG). Das Gericht verfährt wie folgt:
- Es hinterlegt den auf das Grundpfandrecht entfallenden Betrag zu Gunsten des unbekannten Berechtigten. Der Inhaber des Briefes kann dann immer noch bei der Hinterlegungsstelle Zahlung an sich fordern.
- Es leitet ein Verfahren nach §§ 135 ff. ZVG ein und bestellt zur Ermittlung des Berechtigten einen Vertreter. Wegen des weiteren Verfahrensgangs wird auf die Kommentarliteratur verwiesen.
- Es stellt fest, an wen die Auszahlung erfolgen soll, wenn im vorgenannten Verfahren der unbekannte Beteiligte mit seinen Rechten ausgeschlossen wird.

710 In gleicher Weise verfährt das Gericht, wenn der Berechtigte aus anderen Gründen unbekannt ist.

---

291 *Eickmann* (ZVG) § 12 III 3c, der zutreffend darauf hinweist, dass früher „im Übrigen" synonym für „insoweit" verwendet wurde und sich daher auf den in Abs. 3 Satz 1 genannten Betrag beziehen kann.
292 So *BGH* Rpfleger 1981, 140. Wobei der *BGH* zur Vollstreckung dieses Bereicherungsanspruchs den früheren Titel genügen lässt.
293 Beispiel: Empfänger nur Gerichtskasse und ein Kreditinstitut, wenn sich letzteres ausdrücklich zur Rückzahlung im Falle der Aufhebung des Zuschlags verpflichtet.

b) Rechte unbestimmten Betrages

711 Wie in Rn. 658 bis 662 dargestellt, wurde bei der Aufstellung der Schuldenmasse unterschieden zwischen Rechten, deren Betrag sich aus dem Grundbuch ergab oder sich aus dem Grundbuch berechnen ließ, und solchen Rechten, deren Betrag (nur) auf Grund einer Anmeldung in den Plan aufzunehmen war.

712 Die aus dem Grundbuch ersichtlichen bzw. berechenbaren Beträge können an ihrer Rangstelle ohne weiteres ausgezahlt werden, denn sie gelten als „festgestellt". Ein nachstehender Beteiligter, der die Höhe des Betrages bestreiten will, müsste Widerspruch[294] (Rn. 684 ff.) einlegen und damit den Streit vor das Prozessgericht bringen.

713 Die nur auf Anmeldung für die **Rechte unbestimmten Betrages** in den Plan aufgenommenen Summen sind aber dem Schuldner gegenüber noch **nicht festgestellt** und gelten daher gem. § 14 ZVG bis zu dieser Feststellung als **aufschiebend bedingt**.

714 In Betracht kommen die Ersatzbeträge für Rechte, welche durch Einmalzahlung abgegolten werden, ebenso wie das Deckungskapital für jene Rechte, deren Berechtigte eine Rente (Rn. 663 ff.) bekommen werden.

715 Eine **Feststellung** gem. § 14 ZVG **kann erfolgen**
- durch ein **Anerkenntnis** des Grundstückseigentümers (Schuldners) oder
- durch **Prozessurteil**.

Wird eine dieser Voraussetzungen spätestens im Verteilungstermin nachgewiesen, kann die Auszahlung erfolgen.

716 Ist ein Betrag aber nicht spätestens im Verteilungstermin festgestellt, kann er nicht ausgezahlt werden. Das Gericht hat zu bestimmen, wer den Betrag zu bekommen hat, wenn die aufschiebende Bedingung (Feststellung) nicht erfolgt (§ 119 ZVG). Sodann hinterlegt es den Betrag zu Gunsten dieser beiden Berechtigten unter Angabe der Bedingung (§ 120 Abs. 1 ZVG).

> 717 Dies sei in Fortführung des Beispiels Rn. 666, 668 dargestellt:
> Die Geldrente aus der Reallast in Höhe von 100,00 € mtl. ist nach dem Inhalt des Grundbuchs berechnet und damit festgestellt. Die angenommene Lebensdauer von 12 Jahren ist nicht feststellungsbedürftig. Somit steht das Deckungskapital in Höhe eines Teilbetrages von 1.200,00 € x 12 = 14.400,00 € und die sich ergebende Rente in Höhe eines Teilbetrages von 300,00 € für drei Monate fest.
> Feststellungsbedürftig sind die beiden anderen Beträge (für Wohnung und Milch). Werden sie spätestens im Verteilungstermin anerkannt[295], wird nach Rn. 668 verfahren. Anderenfalls muss der nicht festgestellte Teil des Deckungskapitals zu Gunsten der Oma als Rentenberechtigte und zu Gunsten des bestberechtigten ausfallenden Beteiligten hinterlegt werden. Die Oma muss nun die Feststellung gegen den früheren Grundstückseigentümer (Schuldner) erzwingen (Rn. 713). Erst dann wird ihr die Rentendifferenz nachgezahlt. Erscheinen die beiden anderen Beträge (200,00 € bzw. 0,50 €) einem nachstehenden Beteiligten, der nicht voll befriedigt wurde, zu hoch, kann er (gleichgültig, ob die Beträge festgestellt wurden oder nicht) hiergegen nach den Regeln und mit den Folgen nach Rn. 684 ff. Widerspruch einlegen. Er gilt dann als „Widersprechender" und muss gegen die Oma klagen.

Beispiel

718 Feststellung des Hilfsberechtigten (§ 119 ZVG) und Hinterlegung (§ 120 Abs. 1 ZVG) erfolgen auch für die äußerst seltenen anderen Ansprüche, welche aufschiebend bedingt oder mit zeitlich unbestimmter Fälligkeit betagt sind (§ 111 ZVG).

---

294 Wird nur um einen angeblichen Rechenfehler des Gerichts gestritten, käme Anfechtung des Plans (Rn. 792) in Betracht.
295 Die Anerkennung kann auch schriftlich erfolgen und im Verteilungstermin nachgewiesen werden. Der Annahme von *Eickmann* (ZVG) § 20 2b, es bedürfe mindestens beglaubigter Urkunden, wird nicht gefolgt. Der Rechtspfleger hat zu entscheiden, ob ihm die vorgelegten schriftlichen Erklärungen als Nachweis genügen.

II. Eigentümerrechte und Erlösverteilung

1. Offene und verdeckte Eigentümergrundschuld

719 Im Grundbuch kann eine Grundschuld zu Gunsten des Eigentümers eingetragen sein (offene Eigentümergrundschuld).

720 Ein Grundpfandrecht ist auch dann „offene Eigentümergrundschuld", wenn der Verzicht des bisherigen Berechtigten (§ 1168 BGB) im Grundbuch eingetragen ist.

721 Allerdings kann ein Grundpfandrecht auch außerhalb des Grundbuchs zur Eigentümergrundschuld werden, so dass das Grundbuch unrichtig wird (verdeckte Eigentümergrundschuld).[296] Die Vermutung des § 891 BGB kann für die Verteilung des Erlöses bei erloschenen Rechten durch geeignete Beweismittel (nicht zwingend öffentlich beglaubigte Urkunden) widerlegt werden. Geschieht dies, ist an den richtigen Berechtigten zuzuteilen. Bis dahin erfolgt die Zuteilung an den eingetragenen Beteiligten.[297]

722 Aus dem Eigentümerrecht stehen dem Eigentümer keine Zinsen zu (§ 1197 Abs. 2 BGB), falls keine Zwangsverwaltung angeordnet ist. Dies ist auch bei der Erlösverteilung zu beachten.[298]

2. Die Eigentümergrundschuld im Verteilungstermin

a) Bestehen gebliebene Eigentümergrundschuld

723 Ist eine Eigentümergrundschuld – gleichgültig, ob offen oder verdeckt (Rn. 771) – nach § 52 ZVG bestehen geblieben, ist sie jetzt Fremdrecht am Grundstück des Erstehers mit dem bisherigen Grundstückseigentümer (Schuldner) als Berechtigten.

724 Ein Eigentümer ist den Berechtigten gleichrangiger und nachstehender Rechte gegenüber im Umfang des § 1179a BGB verpflichtet, auf deren Verlangen sein Eigentümerrecht löschen zu lassen („gesetzlicher Löschungsanspruch"[299]). Deshalb gilt ein solches löschungspflichtiges Eigentümerrecht als „auflösend bedingt" durch die Durchsetzung des Löschungsanspruchs.

725 Der Zuschlag im Zwangsversteigerungsverfahren ändert an dieser Rechtslage nichts. Die Durchsetzung des Löschungsanspruchs kann sich jedoch problematisch gestalten. Grundsätzlich sind zwei Fallkonstellationen zu unterscheiden:
- Alle Rechte, zu deren Gunsten ein Löschungsanspruch besteht, sind im Zwangsversteigerungsverfahren bestehen geblieben.
- Rechte, zu deren Gunsten ein Löschungsanspruch besteht, sind durch den Zuschlag erloschen und wurden aus dem Erlös nicht voll befriedigt.

Tipp: **Zuschlag lässt Löschungsanspruch nicht wegfallen.**

726 Sind alle Rechte mit Löschungsanspruch bestehen geblieben, ergeben sich keine Besonderheiten.

727 Sind jedoch solche Rechte durch den Zuschlag erloschen und aus dem Erlös nicht voll befriedigt worden, ist der Löschungsanspruch nicht erloschen (§ 91 Abs. 4 ZVG). Sobald allerdings die Grundbuchberichtigung erfolgt (Rn. 835), ist der Löschungsanspruch nicht mehr **grundbuchersichtlich**. Damit ist der Anspruch zwar schuldrechtlich nicht erloschen, aber dem Untergang durch gutgläubi-

---

296 Eine Aufzählung der hierzu führenden Möglichkeiten findet sich bei *Eickmann* (ZVG) § 20 Nr. 3.
297 Briefrechte ausgenommen; siehe Rn. 708 f.
298 Ob dem Pfand- bzw. Pfändungsgläubiger Zinsen zustehen, ist streitig. Hierzu *Eickmann* (ZVG) § 20 VI.1. m.w.N. auch für die Gegenmeinung.
299 Zugunsten von vor dem 01.01.1978 eingetragenen Grundpfandrechten musste dieser Anspruch vereinbart und vorgemerkt werden (Löschungsvormerkung). Die Wirkungen waren vergleichbar. Sie werden daher nicht besonders erwähnt.

gen Erwerb ausgesetzt (§ 130a Abs. 1 ZVG), wenn der frühere Eigentümer seine Grundschuld an einen gutgläubigen Dritten abtritt, der den Löschungsanspruch nicht kennt.

Der Berechtigte des Löschungsanspruchs (= Berechtigter eines erloschenen Rechtes) kann deshalb im Verteilungstermin verlangen, dass sein Löschungsanspruch durch eine **Vormerkung** gesichert wird (§ 130a Abs. 2 ZVG). Diesen Anspruch hat er auch dann, wenn die angebliche Eigentümergrundschuld „verdeckt" (= nicht grundbuchersichtlich) ist. 728

Der Löschungsanspruch ist noch werthaltig: Gemäß § 50 Abs. 2 Nr. 1 ZVG bewirkt die Durchsetzung des Anspruchs eine **Zuzahlungspflicht** des Erstehers. Kann also der Berechtigte anschließend den früheren Eigentümer zwingen[300], die Eigentümergrundschuld zum Erlöschen zu bringen, muss ihm der Ersteher die Zuzahlung leisten. 729

Das Gericht hat die verlangte Vormerkung (Rn. 728) einzutragen, wenn das nicht voll befriedigte Recht des Antragstellers einen Löschungsanspruch gegen ein bestehen bleibendes Recht haben kann. Es hat also weder nachzuprüfen, ob dieses Recht wirklich eine Eigentümergrundschuld war, noch, ob der gesicherte Anspruch durchsetzbar ist. Wer eine solche Vormerkung für einen tatsächlich nicht bestehenden Anspruch verlangt, hat später die Kosten der Löschung der Vormerkung zu tragen (§ 130a Abs. 2 Satz 3 ZVG). 730

Der Antrag nach Rn. 728 erfordert zugleich eine **bedingte Zuteilung** und **Übertragung** des sich aus § 50 ZVG ergebenden Zuzahlungsanspruchs (§ 125 Abs. 1 und 2 ZVG) und eine entspr. (bedingte) Sicherungshypothek (§ 128 ZVG). Einzelheiten hierzu z.B. bei *Stöber* (ZVG) § 125 und § 130a Rn. 5. 731

b) Erloschene Eigentümergrundschuld.

Der nachfolgende Abschnitt (Rn. 680 bis 746) befasst sich mit Grundpfandrechten, welche **bereits zum Zeitpunkt des Zuschlags** Eigentümergrundschulden waren. Neben den originären Eigentümergrundschulden also auch jene Rechte, die ursprünglich Fremdrechte waren und sich gem. Rn. 720 ff. in Eigentümergrundschulden verwandelt haben. Nicht erforderlich ist, dass diese Rechtsänderung zum Zeitpunkt des Zuschlags bereits grundbuchersichtlich war. Es genügt, dass die dingliche Rechtsänderung vorher eingetreten ist, auch wenn das Grundbuch hierdurch unrichtig wurde. 732

Erfolgte die Rechtsänderung erst **zwischen Zuschlag und Verteilungstermin,** gelten neuerdings andere Regeln. Hierzu Rn. 767 ff.

Auch eine durch den Zuschlag erloschene, offene Eigentümergrundschuld setzt sich infolge dinglicher Surrogation am Erlös fort. Somit gebührt der auf diese Grundschuld entfallende Geldbetrag dem früheren Eigentümer.

Wird im Verteilungstermin nachgewiesen, dass das noch als Fremdrecht eingetragene (Rn. 721) erloschene Grundpfandrecht zum Zeitpunkt des Zuschlags bereits dem früheren Eigentümer zustand (das Grundbuch ist unrichtig), ist in gleicher Weise zu verfahren. Da keine Eintragung im Grundbuch mehr zu erfolgen hat, findet § 29 GBO auf die Form des Nachweises keine Anwendung. 733

Soweit nachstehenden, nicht befriedigten Rechten ein **Löschungsanspruch** gem. §§ 1179, 1179a BGB zusteht, ist dieser nicht erloschen (Rn. 727). Vielmehr hat er sich in einen Anspruch gegen den früheren Eigentümer auf Herausgabe des auf die Eigentümergrundschuld entfallenden Erlöses **verwandelt**. Der Anspruch des Eigentümers (Rn. 724) ist somit auflösend bedingt durch die Durchsetzung des verwandelten Löschungsanspruchs. 734

Obwohl der schuldrechtliche „verwandelte Löschungsanspruch" mit Vormerkungswirkung gesichert ist (§ 1179a Abs. 1 Satz 3 BGB), wird er nicht von Amts wegen in den Teilungsplan eingesetzt. Er muss zunächst **angemeldet** werden. Entgegen einer weit verbreiteten Meinung ist damit aber noch 735

---

300 Klage auf Zustimmung, wenn dieser nicht freiwillig die Löschung bewilligt.

nichts erreicht. Der betroffene Erlös aus der Eigentümergrundschuld steht dem früheren Eigentümer unter der **auflösenden** Bedingung der Durchsetzung des Löschungsanspruchs zu. Deshalb kommt keine Hinterlegung nach § 120 ZVG in Betracht; der Plan muss trotz Anmeldung weiterhin die Auszahlung an den früheren Eigentümer vorsehen.

736 Obwohl also trotz Anmeldung der streitige Erlös nicht dem Anmeldenden, sondern dem früheren Eigentümer zugewiesen wurde, handelt es sich nicht um einen Widerspruch nach § 115 Abs. 2 ZVG, weil diese Anmeldung keine andere Wirkung haben konnte, also „berücksichtigt" ist.

737 **Durchgesetzt** wird der Löschungsanspruch gegen den früheren Eigentümer entweder durch **Anerkenntnis** seitens des Eigentümers oder im **Prozessweg**. Liegt das Anerkenntnis des Eigentümers im Verteilungstermin vor, kann (unter Beachtung von Rn. 742 ff.) die Auszahlung der auf das Eigentümerrecht entfallenden Valuta an den Berechtigten des Löschungsanspruchs erfolgen.

738 Ist dies nicht der Fall, kann der Berechtigte des Löschungsanspruchs die Zahlung an den früheren Eigentümer nur durch einen **ausdrücklichen Widerspruch** aufhalten. Die Praxis sieht häufig in der Anmeldung des Löschungsanspruchs zu Gunsten des Anmeldenden einen Widerspruch. Richtig ist dies aber nicht. Dazu Rn. 688.

Tipp: Gläubiger eines nicht befriedigten erloschenen Rechtes, welche gegen ein ebenfalls erloschenes Eigentümerrecht ihren Löschungsanspruch verfolgen, sollten unbedingt diesen Anspruch nicht nur anmelden, sondern zugleich der Zuteilung an den Eigentümer widersprechen.

739 Wurde formell wirksam widersprochen, hat das Gericht den streitigen Betrag zu Gunsten des früheren Eigentümers als Berechtigten und des Berechtigten des Löschungsanspruchs (als Widersprechenden) zu hinterlegen. Die Abwicklung erfolgt gem. Rn. 693, 694.

740 Der vorstehend geschilderte Löschungsanspruch steht dem Berechtigten aber nur zu, wenn er ein **Rechtsschutzbedürfnis** hat, diesen Anspruch auch zu verfolgen. Dieses fehlt, wenn
- sein Recht auch ohne diesen Anspruch aus dem Erlös gedeckt wird;
- er im Falle einer tatsächlichen Löschung des Rechtes vor dem Zuschlag auch keine Zuteilung aus dem Erlös erhalten hätte.

741 An der letztgenannten Voraussetzung wird es nicht fehlen, wenn das Eigentümerrecht und das Recht mit Löschungsanspruch bis zum Zuschlag im Grundbuch unmittelbar hintereinander oder nebeneinander (Gleichrang) gestanden haben.

742 Probleme ergeben sich aber, wenn ein **„Zwischenrecht"** vorhanden ist, das keinen Löschungsanspruch hat oder ihn nicht geltend macht. Dieses Zwischenrecht darf zwar selbst durch den Löschungsanspruch des hinter ihm stehenden Rechtes weder begünstigt noch benachteiligt werden, kann aber durch seine Existenz den Löschungsanspruch vereiteln, was dann zu ganz ungewöhnlichen Ergebnissen führen kann. Es müssen immer **zwei Berechnungen** miteinander verglichen werden, nämlich
- Verteilung, wie sie ohne den Löschungsanspruch erfolgen müsste;
- fiktive Verteilung, wie sie erfolgen müsste, wenn das Eigentümerrecht bereits vor dem Zuschlag gelöscht worden wäre.

Der Vergleich ergibt dann die Verteilung mit durchgesetztem Löschungsanspruch.

743
Beispiel

Drei durch den Zuschlag erloschene Grundschulden mit den nachgenannten Beträgen stehen wie folgt im Grundbuch:
1. Rang: Eigentümergrundschuld des früheren Eigentümers (E) über 10.000,00 €
2. Rang: Grundschuld zu Gunsten A über 15.000,00 €
3. Rang: Grundschuld zu Gunsten B über 20.000,00 €

A (Zwischenrecht) macht keinen Löschungsanspruch geltend.
Erlös: 12.000,00 €

(Fortsetzung S. 119)

Verteilung ohne Löschungsanspruch ①	Fiktive Verteilung (wenn Eigentümerrecht vor Zuschlag erloschen wäre) ②	Verteilung mit durchgesetztem Löschungsanspruch ③
E erhält 10.000,00 € A erhält 2.000,00 € B erhält nichts	E wäre bereits gelöscht A würde erhalten: 12.000,00 € B würde nichts erhalten	E: 10.000,00 € A: 2.000,00 € B: nichts

Erklärung: Der Löschungsanspruch hilft dem B nichts, da er auch bei früherer Löschung nichts erhalten hätte. E erhält 10.000,00 €, A die restlichen 2.000,00 €.

1. Variation: Erlös 18.000,00 €

Verteilung ohne Löschungsanspruch ①	Fiktive Verteilung (wenn Eigentümerrecht vor Zuschlag erloschen wäre) ②	Verteilung mit durchgesetztem Löschungsanspruch ③
E erhält 10.000,00 € A erhält 8.000,00 € B erhält nichts	E wäre bereits gelöscht A würde erhalten: 15.000,00 € B würde dann erhalten: 3.000,00 €	E: 7.000,00 € A: 8.000,00 € B: 3.000,00 €

Erklärung: A darf (Rn. 742) nicht mehr als die 8.000,00 € erhalten, da ihm der Löschungsanspruch des B keinen Vorteil bringen darf. B darf (Rn. 742) nicht mehr erhalten, als er im Fall ② erhalten hätte, also 3.000,00 €. Die bekommt er auch, wenn er den Löschungsanspruch gegen E durchgesetzt hat. A erhält 8.000,00 € und E den Rest von 7.000,00 €.

2. Variation: Erlös 30.000,00 €

Verteilung ohne Löschungsanspruch ①	Fiktive Verteilung (wenn Eigentümerrecht vor Zuschlag erloschen wäre) ②	Verteilung mit durchgesetztem Löschungsanspruch ③
E erhält 10.000,00 € A erhält 15.000,00 € B erhält 5.000,00 €	E wäre bereits gelöscht A würde erhalten: 15.000,00 € B würde dann erhalten: 15.000,00 €	E erhält nichts A: 15.000,00 € B: 15.000,00 €

Erklärung: A muss die 15.000,00 € auch bekommen. B bekommt die 5.000,00 €, die er auch ohne Löschungsanspruch erhalten hätte (①) und außerdem (falls sein Löschungsanspruch durchgesetzt ist) aus ② die dann noch übrigen 10.000,00 €. E bekommt nichts.

Sobald also der Erlös für das Zwischenrecht (A) reicht, kann E erst wieder etwas bekommen, wenn B befriedigt ist.

Eine erloschene Grundschuld setzt sich am Surrogat des Grundstücks (= Versteigerungserlös) fort. Deshalb können **zwischen Zuschlag und Verteilungstermin** bezüglich dieses Surrogat-Anteils Rechtsänderungen eintreten; insbesondere kann jetzt das anteilige Surrogat nicht mehr dem Berechtigten der Grundschuld, sondern dem bisherigen Eigentümer zustehen. In der Praxis geschieht dies meist dadurch, dass der Inhaber der Grundschuld auf diese (also auf das anteilige Surrogat) verzichtet (§ 1168 BGB). Da das Recht ja erloschen ist, kommt eine konstitutive Eintragung im Grundbuch nicht mehr in Betracht. Um die Rechtsfolge des § 1168 BGB herbei zu führen, genügt eine formlose Erklärung des Inhabers der Grundschuld, die auch noch im Verteilungstermin abgegeben werden kann.

Bisher wurde die Auffassung vertreten, dass sich hierdurch für die weitere Abwicklung keine Besonderheit ergäbe. Nachdem nun aber der *BGH*[301] entschieden hat, dass in diesem Fall kein gesetzlicher

---

301 *BGH* Rpfleger 2004, 717.

Löschungsanspruch gegenüber dem Eigentümer-Surrogat bestehe, ergeben sich Abweichungen, welche unter Rn. 767 ff. dargestellt sind.

3. Sicherungsgrundschuld

a) Grundsätze

749 Theoretisch sind Grundschulden „ohne Grund" denkbar. In der Praxis sichern sie aber stets eine **schuldrechtliche Forderung**, ohne dass jedoch die Existenz des dinglichen Rechtes als Fremdrecht mit dieser Forderung verknüpft wäre. Andererseits muss das Schicksal der Forderung irgendwie auf die Grundschuld einwirken. Solche Grundschulden nennt man Sicherungsgrundschulden.

750 Steht dem Berechtigten der Grundschuld gegen den Eigentümer die gesicherte Forderung zu, ergeben sich keine Besonderheiten. Bleibt die Grundschuld bestehen, konnte sich der Eigentümer über § 53 Abs. 2 ZVG durch rechtzeitige Anmeldung aus der Haftung für die Forderung befreien (Rn. 379).

751 Probleme entstehen, wenn die **gesicherte Forderung nicht mehr** (oder nicht mehr in voller Höhe) **besteht**. Dann gelten folgende Grundsätze:
- Die Grundschuld als dingliches Recht steht nach wie vor dem Berechtigten zu; wird also **nicht kraft Gesetzes zum Eigentümerrecht**.[302]
- Der Berechtigte ist aber dem Besteller der Grundschuld (meist also dem früheren Eigentümer) gegenüber verpflichtet, sich von der Grundschuld zu trennen (**Rückgewähranspruch**[303]).

752 Hierzu stehen dem Berechtigten der nicht mehr benötigten Grundschuld (nur) **drei Möglichkeiten**[304] zur Verfügung, nämlich
- die **Aufhebung** (Löschung) des Rechtes (§§ 875, 1183, 1192 BGB);
- die **Übertragung** (Abtretung) des Rechtes auf den Besteller der Grundschuld (§§ 1154, 1192 BGB);
- der **Verzicht** auf das Recht (§§ 1168, 1192 BGB).

753 Ist nichts anderes vereinbart, kann der Eigentümer wählen[305], auf welche Weise der Berechtigte den Rückgewähranspruch erfüllen soll. Da aber nur der Verzicht dem Berechtigten ermöglicht, sich ohne Mitwirkung des Eigentümers von der Grundschuld zu trennen, wird häufig im Voraus diese Alternative verbindlich festgelegt (Konkretisierung der Wahlschuld).

b) Bestehen gebliebene Sicherungsgrundschuld

754 Der Ersteher, der nicht nach § 53 Abs. 2 ZVG die persönliche Forderung übernehmen musste, übernimmt nur die Grundschuld. Zwar haftet er nicht persönlich, wohl aber dinglich mit dem ersteigerten Grundstück für den Nennwert der Grundschuld. Die tatsächliche Höhe der zum Zeitpunkt des Zuschlags geschuldeten persönlichen Forderung ist für ihn ohne Bedeutung.

755 Der Ersteher, der aus einer bestehen gebliebenen Grundschuld dinglich in Anspruch genommen wird, kann dem Grundschuldgläubiger grundsätzlich keine Einreden entgegensetzen, die sich aus dem zwischen dem früheren Eigentümer (Sicherungsgeber) und dem Gläubiger (Sicherungsnehmer) abgeschlossenen Sicherungsvertrag ergeben.[306]

756 Da er somit nicht persönlich haftet, zahlt er nicht auf die gesicherte Forderung, sondern auf das dingliche Recht, mit der Folge, dass die Grundschuld zur Eigentümergrundschuld wird (§ 1143 BGB ana-

---

302 Eine Grundschuld kann auch durch Bezahlen zur Eigentümergrundschuld werden, wenn der Schuldner **berechtigt** die Zahlung nicht auf die Forderung, sondern auf das dingliche Recht leistet.
303 Exakt wäre die Bezeichnung „Rückübertragungsanspruch". Die Praxis hat sich aber derart auf „Rückgewähranspruch" festgelegt, dass hier nichts mehr zu machen ist.
304 Einzelheiten auch bei *Schellhammer* (Sachenrecht) Rn. 669 f.
305 Nach h.M. handelt es sich um eine Wahlschuld § 262 BGB, bei welcher jedoch der Gläubiger der Leistung, also der Schuldner der Grundschuld, wählen darf (*BGH* Rpfleger 1990, 32).
306 *BGH* Rpfleger 2003, 522.

log). Auch eine Grundschuld wird durch Zahlung zur Eigentümergrundschuld, wenn der Eigentümer berechtigt ist, Zahlung auf das dingliche Recht zu leisten. Dies ist z.B. der Fall, wenn der Eigentümer – wie hier – nicht der persönliche Schuldner ist oder wenn der Gläubiger aus dem dinglichen Recht vollstreckt.

War zum Zeitpunkt des Zuschlags die Forderung geringer als der Nennbetrag der Grundschuld und war somit bereits ein Rückgewähranspruch (Rn. 751) entstanden, ist dieser nicht auf den Ersteher übergegangen, sondern verbleibt beim Besteller der Grundschuld (= meist früherer Eigentümer). 757

Dies hat Folgen für das Verhalten des Berechtigten der Grundschuld. Er darf sich in der unter Rn. 752 geschilderten Weise von der Grundschuld nur trennen, wenn ihm der Ersteher (!) die volle Valuta zahlt, wodurch dann Ansprüche zwischen Berechtigtem und Besteller der Grundschuld entstehen können, wenn zum Zeitpunkt des Zuschlags die gesicherte Forderung geringer war, als der vom Ersteher gezahlte Nennbetrag. 758

War die gesicherte Forderung zum Zeitpunkt des Zuschlags niedriger als der Nennbetrag der Grundschuld, darf der Berechtigte bezüglich dieser Differenz auch dann nicht ganz oder teilweise auf die Grundschuld verzichten, wenn dies (Rn. 753) ursprünglich so vereinbart war. Da hierdurch die Grundschuld Eigentümerrecht des Erstehers würde, der keinen Rückgewähranspruch hat, wäre dieser Verzicht keine Erfüllung des Rückgewähranspruchs.[307] 759

Musste der Ersteher infolge der Anmeldung § 53 Abs. 2 ZVG die persönliche Forderung übernehmen, schuldet er die Valuta nicht nur dinglich, sondern auch persönlich. Somit steht ihm insoweit auch der Rückgewähranspruch zu.[308] 760

c) Erloschene Sicherungsgrundschuld

Reicht der Erlös aus, wird dem Berechtigten der Nennbetrag zugeteilt, wobei es zunächst für das Gericht unbeachtlich ist, ob die gesicherte Forderung noch ganz oder teilweise besteht. Der Berechtigte kann ohne weiteres die volle Valuta fordern und in Empfang nehmen, auch wenn ihm schuldrechtlich weniger zusteht.[309] Dadurch entstehen Ausgleichsansprüche zwischen ihm und dem Inhaber des Rückgewähranspruchs. 761

Der Berechtigte kann hierbei neben dem Kapital alle dinglichen Zinsen anmelden, auch wenn die **gesicherte Forderung** unverzinslich oder geringer verzinslich ist.[310] Die Summe von Kapital und dinglichen Zinsen deckt die Summe der Forderung und ihrer Nebenkosten. 762

Benötigt der Berechtigte zur Deckung der gesicherten Forderung keine oder nicht alle **Zinsen**, kann er durch Anmeldung eines geringeren Betrages noch im Verteilungstermin auf die Zuteilung von Zinsen ganz oder teilweise **verzichten**, auch auf solche, die (Rn. 595) ohne Anmeldung in den Plan aufzunehmen waren. Diese Zinsen werden dann aus der Schuldenmasse gestrichen. 763

War die Sicherungsgrundschuld bereits **vor dem Zuschlag** zur Eigentümergrundschuld geworden, ohne dass dies grundbuchersichtlich war, kann der Erlösanteil dem Eigentümer zugeteilt werden, sobald der entspr. Nachweis vorgelegt wird. In der Praxis wird dies nur selten vorkommen, z.B. wenn der bisherige Eigentümer nachweisen kann, dass er – hierzu berechtigt (Rn. 756) – Zahlungen auf die Grundschuld als solche geleistet hat. Da die Grundschuld erloschen ist und somit ein Grundbuch-Eintrag nicht mehr erfolgt, bedarf es für den Nachweis nicht der Form des § 29 GBO. 764

Benötigt der Inhaber der Grundschuld nicht das volle Kapital und will er nicht nach Rn. 762 verfahren, sondern sich jetzt – **also nach dem Zuschlag** – von der Grundschuld (= vom Anteil am Erlös) trennen, steht ihm, entgegen einer weit verbreiteten aber falschen Praxis, eine Minderanmeldung 765

---

307 *BGH* Rpfleger 1989, 295.
308 *BGH* Rpfleger 1986, 297.
309 *BGH* Rpfleger 1981, 292.
310 Ob er dem Inhaber des Rückgewähranspruchs zu einer solchen Anmeldung verpflichtet ist, ist streitig. Hierzu z.B. *Eickmann* (ZVG) § 20 5 2c.

nicht zur Verfügung.[311] Die Grundschuld hat sich am Erlös fortgesetzt. Zur Erfüllung des Rückgewähranspruchs müssen also die gleichen Erklärungen abgegeben werden, welche erforderlich gewesen wären, wenn die Grundschuld nicht erloschen wäre. Nur das Eintragungserfordernis (und damit auch die Formvorschrift des § 29 GBO) entfällt, da eine Eintragung beim erloschenen Recht nicht mehr erfolgen kann.

Tipp: **Wegen des Grundschuldkapitals ist Minderanmeldung nicht möglich.**

766 Somit hat der Berechtigte der Grundschuld, wenn er nicht (Rn. 762) voll kassieren und mit dem Rückgewährberechtigten abrechnen will, **nur folgende Möglichkeiten**:

767 • Er kann auf den nicht in Anspruch genommenen Erlös **ausdrücklich verzichten**. Die Erklärung ist bedingungsfeindlich und unwiderruflich. Damit steht kraft Gesetzes der betroffene Anteil am Erlös[312] dem früheren Eigentümer zu. Anders als im Fall der Rn. 734 ff. verwandelt sich nach der Auffassung des *BGH*[313] die bisherige Grundschuld (= deren Anteil am Erlös) nicht in eine Eigentümergrundschuld, sondern in ein „Eigentümer-Erlöspfandrecht"[314]. Ein solches ist aber dem gesetzlichen Löschungsanspruch nachstehender Rechte nicht ausgesetzt, so dass diese keinen Anspruch auf den anteiligen Erlös erheben können und somit auch kein Widerspruchsrecht gegen die Zuteilung an den Eigentümer haben. Damit sind die Berechtigten der nachfolgenden Grundpfandrechte auf die Pfändung des Rückgewähranspruchs[315], notfalls des Anspruchs des Eigentümers auf Auszahlung des Erlöses[316], angewiesen.

768 • Er kann den Anspruch auf den Erlös **abtreten**, sowohl an den Rückgewährberechtigten als auch im Einvernehmen mit diesem an einen Dritten. Die Abtretung erfolgt nach den Grundsätzen der §§ 398 ff. BGB; sie ist dem Gericht nachzuweisen. Wird an den bisherigen Eigentümer abgetreten, entsteht wiederum ein Eigentümer-Erlöspfandrecht, das keinem Löschungsanspruch ausgesetzt ist. Erfolgt die Abtretung an einen Dritten, entsteht kein Eigentümerrecht, sodass für einen Löschungsanspruch begrifflich kein Raum ist. Schon bisher ist vertreten worden[317], dass weder der Inhaber der Grundschuld noch der Eigentümer daran gehindert sind, den Rückgewähranspruch auf diese Weise zu erfüllen.

769 • Er kann im Einvernehmen mit dem Inhaber des Rückgewähranspruchs das Recht **aufheben**. Dies entspräche einer Löschung. Bei der Verteilung des Erlöses wird das aufgehobene Recht so behandelt, als wäre es **vor dem Zuschlag gelöscht** worden. Damit ist der Rückgewähranspruch erfüllt. Die nachstehenden Rechte rücken auf, weshalb es auf die Existenz eines Löschungsanspruchs nicht mehr ankommt. Es entsteht auch kein „Eigentümer-Erlöspfandrecht".

770 Nimmt aber der Berechtigte entgegen Rn. 765 eine „Minderanmeldung" vor, ohne ausdrücklich auf den frei gewordenen Teil des Erlöses zu verzichten, liegt darin die **Weigerung**, den zugeteilten Erlös anzunehmen. Die Folgen einer solchen Weigerung sind im ZVG nicht ausdrücklich geregelt. Allgemein wird angenommen, dass der Erlösteil, welchen der Berechtigte nicht annehmen will, (nur) für diesen zu hinterlegen ist. Der Rückgewähranspruch ist dann auf dem Prozessweg auszutragen. Der Berechtigte ist durch sein Verhalten mit der Erfüllung dieses Anspruchs im Verzug.

771 Der Rückgewähranspruch steht als schuldrechtlicher Anspruch stets demjenigen zu, welcher die Grundschuld bestellt hat, und kann abgetreten und gepfändet werden. Er ist kein „Nebenrecht" des Eigentums. Bei Eigentumswechsel muss er ausdrücklich oder stillschweigend übertragen werden, sonst verbleibt er beim Besteller.

---

311 Die richtige Abwicklung des Rückgewähranspruchs obliegt dem Berechtigten der Grundschuld. Sie ist mit Risiken verbunden und damit eine Art „Sondermüllproblem", das man über eine „Minderanmeldung" gerne auf den Rechtspfleger übertragen würde.
312 Dies betrifft nur das Kapital; Zinsansprüche an den Erlös erlöschen nach §§ 1178, 1192 Abs. 2 BGB.
313 *BGH* Rpfleger 2004, 717.
314 Der Begriff war bisher dem Sachenrecht fremd. Der *BGH* hat ihn eigens erfunden, um seiner Kreation einen Namen zu geben. Der Auffassung des *BGH* ist widersprochen worden, dazu *Hintzen-Böhringer* Rpfleger 2004, 661.
315 Dazu ausführlich *Mayer* RpflStud 2004, 41.
316 Diese Pfändung wäre drittschuldnerlos und wird durch Zustellung an den bisherigen Eigentümer wirksam.
317 *BGH* Rpfleger 1990, 32 (34).

Da es sich also um einen nur schuldrechtlichen Anspruch handelt, kann eine einfache Anmeldung nicht dazu führen, dass er bei der Erlösverteilung berücksichtigt[318] wird. Immer ist hierzu die „Feststellung" durch eine der vorgenannten (Rn. 752) Handlungen des Berechtigten der Grundschuld erforderlich.

772

Weigert sich der Berechtigte der Grundschuld, einen vorhandenen Rückgewähranspruch in der vorgenannten Weise zu erfüllen, kann der Inhaber des Anspruchs nach dessen Anmeldung gegen die Zuteilung an die Grundschuld Widerspruch einlegen[319] und muss dann als Widersprechender (Rn. 694) gegen den Berechtigten der Grundschuld seinen Anspruch klageweise verfolgen.

773

III. Außergerichtliche Erlösverteilung

1. Allgemeines

Das ZVG eröffnet in den §§ 143 und 144 ZVG den Beteiligten zwei Möglichkeiten, ohne gerichtliche Mitwirkung den Versteigerungserlös zu verteilen. Hiervon würde wahrscheinlich kaum jemals Gebrauch gemacht werden, wenn nicht (Nr. 2216 KVGKG) eine Ermäßigung der Gebühr für das Verteilungsverfahren von 0,5 auf 0,25 einer vollen Gebühr vorgesehen wäre, was bei hohen Erlösen finanziell durchaus von Interesse sein kann.[320]

774

Tipp: Außergerichtliche Erlösverteilung bringt Gebührenersparnis.

In beiden Fällen gilt:
- Wird eine der beiden Möglichkeiten angekündigt, sollte mit der Bestimmung des Verteilungstermins einige Tage abgewartet werden, um die Vorlage der erforderlichen Erklärungen zu ermöglichen.
- Die erforderlichen Erklärungen müssen in zumindest öffentlich beglaubigten Urkunden vorgelegt werden.
- Werden die Erklärungen vorgelegt, nachdem bereits ein Verteilungstermin bestimmt ist, muss dieser aufgehoben werden.
- Die Erklärungen können noch zu Beginn des Verteilungstermins vorgelegt und auch in diesem Termin mündlich abgegeben werden.

775

Ist der Ersteher selbst Beteiligter und sieht der Teilungsplan eine Zuteilung an ihn vor, kann er sich im Verteilungstermin für den auf ihn entfallenden Betrag für befriedigt erklären. Er muss also diesen Teil des Bargebots nicht an das Gericht zahlen. Dies ist aber Teil eines normalen Verteilungsverfahrens und fällt nicht unter §§ 143, 144 ZVG; somit tritt auch keine Ermäßigung der Gebühr oder der Zinsen ein.

776

2. Außergerichtliche Einigung

Sämtliche Beteiligte, die grundsätzlich einen Anspruch auf Befriedigung aus dem Erlös haben könnten, können zusammen mit dem Ersteher übereinstimmend erklären, dass sie sich über die Verteilung des Erlöses geeinigt haben, wobei sie den Inhalt der Einigung mitteilen müssen (§ 143 ZVG).

777

Diese Erklärung ist von **allen Beteiligten** (§ 9 ZVG) **übereinstimmend** abzugeben, also auch vom Schuldner und von jenen Beteiligten, welche mangels Masse aus dem Erlös nichts zu erwarten haben. Nicht erforderlich ist die Mitwirkung des Berechtigten eines bestehen gebliebenen Rechtes, der keinerlei Ansprüche an den Erlös hat. Da diese Form der außergerichtlichen Verteilung keine praktische Bedeutung erlangt hat, wird von einer weiteren Darstellung abgesehen.

778

---

318 Die gegenteilige Ansicht des *BGH* (Rpfleger 1986, 312, 313) hat keine Beachtung gefunden. Hierzu auch *Mayer* Rpfleger 1986, 443.
319 *BGH* Rpfleger 2002, 273.
320 Bei einem Erlös (bestehen bleibende Rechte einbezogen) von 500.000,00 € spart man immerhin 739,00 €.

3. Außergerichtliche Befriedigung

779 Mit Rücksicht auf die Kostenersparnis (Rn. 774) hat diese in § 144 ZVG geregelte Form der Erlösverteilung beträchtliche praktische Bedeutung gefunden. Dies allerdings nur, weil insbesondere Kreditinstitute als Ersteher die sie bei der außergerichtlichen Befriedigung treffende Verantwortung auf den Rechtspfleger abwälzen und die Rechtspfleger hierbei leider auch mitwirken.

780 Gesetzlich vorgesehen ist, dass der Ersteher alle jene Beteiligten befriedigt, welche etwas aus dem Erlös zu erhalten haben. Sodann legt er die Befriedigungserklärungen dem Gericht vor. Wenn er selbst Zuteilungsempfänger ist, bedarf seine Erklärung, befriedigt zu sein (Rn. 776), nicht der öffentlichen Beglaubigung.

781 Nun prüft das Gericht nach, ob ihm Erklärungen aller Beteiligten vorliegen, welche im Falle der Durchführung eines „normalen Verteilungsverfahrens" eine Zuteilung erhalten hätten. Die Höhe der empfangenen Beträge müssen die Beteiligten nicht angeben; das Gericht prüft sie auch nicht nach.

782 Das Gericht legt nun alle Erklärungen (die des Erstehers[321] und jene der Empfänger) auf der Geschäftsstelle zur Einsicht nieder und informiert alle Beteiligten[322] über die Niederlegung. Gleichzeitig fordert es die Beteiligten auf, evtl. beabsichtigte Einwendungen innerhalb einer Ausschlussfrist von zwei Wochen dem Gericht mitzuteilen. Zustellung ist erforderlich; die §§ 4 bis 7 ZVG finden Anwendung.

783 Werden keine Einwendungen erhoben, ist das Verteilungsverfahren beendet.

784 Widerspricht auch nur ein Beteiligter der außergerichtlichen Befriedigung, muss das Gericht Verteilungstermin bestimmen. Eine Begründung des Widerspruchs ist nicht erforderlich; eine Entscheidung über seine Zulassung erfolgt nicht. Die außergerichtliche Befriedigung ist gescheitert; es findet das normale Verteilungsverfahren statt.

785 War bereits Verteilungstermin bestimmt, muss er aufgehoben werden, wenn die in Rn. 775 genannten Unterlagen vorgelegt werden. Es bestehen aber keine Bedenken, die Aufhebung des Termins aufzuschieben, um zunächst den Ablauf der Ausschlussfrist abzuwarten. Dies erspart im Falle eines Widerspruchs eine neue Terminsbestimmung.

786 Leider wird in der Literatur immer wieder betont, dass der Rechtspfleger einen **„Kontrollteilungsplan"** aufzustellen habe. Dies missbrauchen besonders die Kreditinstitute dahingehend, dass sie eine Abschrift anfordern und an Hand der gerichtlichen Berechnung befriedigen, während sie doch die Gebührenermäßigung dafür erhalten, dass sie auf eigene Verantwortung handeln.

787 Ein Kontrollteilungsplan ist weder gesetzlich vorgesehen noch allgemein erforderlich. Das Gericht muss nur feststellen, welche Beteiligten etwas aus dem Erlös zu erhalten haben, nicht aber, wie viel sie zu bekommen haben. Nur in ganz seltenen Fällen wird es zu dieser Abgrenzung einer genauen Berechnung bedürfen.[323] Aber selbst dann ist diese Berechnung nur eine interne Notiz, die nicht hinausgabefähig ist. Die Verantwortung bleibt beim Ersteher.

788 Daraus ergibt sich auch, dass die streitige Frage, wie die Zinsen des § 49 Abs. 2 ZVG zu berechnen sind, das Gericht nur in den ganz seltenen Fällen interessiert, in denen die Höhe dieser Zinsen darüber entscheidet, ob noch ein weiterer Berechtigter eine Erklärung abgeben muss oder nicht. Richtig ist, dass die Zinsen vom Zuschlag bis zum Datum der Befriedigungserklärung (notfalls gestaffelt) zu berechnen sind.

789 Von der Vorlage einer Befriedigungserklärung ausgenommen sind die Gerichtskosten (Rn. 613 ff.), da diese vom Kostenbeamten des Gerichts zu berechnen und dem Ersteher mitzuteilen sind. Die Zahlungsanzeige der Gerichtskasse genügt als deren Erklärung[324] i.S. des § 144 ZVG.

---

321 Die Erklärung des Erstehers, dass er die Beteiligten befriedigt habe, bedarf keiner Beglaubigung.
322 Alle Beteiligte, denen es die Terminsbestimmung zugeleitet hatte oder zuzuleiten hätte.
323 Kreditinstitute als Ersteher stellen den Antrag ohnehin nur in klaren Fällen: Zuteilung nur auf Gerichtskosten, öffentliche Lasten und die eigene Forderung des Kreditinstitutes.
324 Das Ansinnen, eine formelle Befriedigungserklärung abzugeben, wird nach aller praktischen Erfahrung das Reaktionsvermögen einer Gerichtskasse übersteigen.

D. Rechtsbehelfe im Verteilungsverfahren

Da der Teilungsplan im Verteilungstermin festgestellt wird, ist er Inhalt einer gerichtlichen Entscheidung und kann – ebenso wie die anderen Entscheidungen des Gerichts im Termin – angefochten werden. Auf diese Weise kann aber nur der Verstoß gegen formelle Vorschriften gerügt werden. Wer eine andere Verteilung will, sich also auf ein besseres materielles Recht beruft, muss seinen Anspruch durch Widerspruch (Rn. 684 bis 696) verfolgen. 790

Gegen die Entscheidungen des Gerichts im Verteilungstermin, also auch gegen den Teilungsplan, steht jedem Beteiligten (ggf. auch dem Ersteher), der durch den gerügten Mangel beeinträchtigt wäre, **sofortige Beschwerde** zu. Da die Entscheidungen des Gerichts verkündet werden, beginnt die Frist mit der Verkündung des Plans im Termin.[325] Die Beschwerdemöglichkeit endet mit der Planausführung durch Zahlung (nicht durch Forderungsübertragung), da die Zwangsvollstreckung dann beendet ist. 791

Rechen- oder Schreibfehler könnte das Gericht nach § 319 Abs. 1 ZPO berichtigen, nicht aber z.B. eine aus sachlichen Gründen (falsch) vorgenommene Berechnung. Weigert sich das Gericht, einen Rechenfehler zu berichtigen, kann dies mit befristeter Erinnerung angefochten werden (§ 319 Abs. 3 ZPO, § 11 Abs. 2 RPflG). 792

Wird die Höhe der nach Rn. 613 ff. vorweg zu entnehmenden Gerichtskosten gerügt, erfolgt dies nach den Bestimmungen des GKG (Rn. 136 ff.). 793

Die sofortige Beschwerde wird durch die Auszahlung gegenstandslos. Deshalb aber die Auszahlung bis zur Rechtskraft zurückzuhalten[326], ist nicht veranlasst. 794

Das Gericht könnte bereits im Termin gem. § 570 Abs. 2 ZPO die Vollziehung des Teilungsplans aussetzen, wenn sofortige Beschwerde eingelegt ist. Notfalls könnte man den Termin unterbrechen, um dem Beschwerdeführer Gelegenheit zu geben, die angekündigte sofortige Beschwerde zu Protokoll der Geschäftsstelle einzulegen, und sodann nach § 570 Abs. 2 ZPO verfahren. Zwischen dem Verteilungstermin und der unbaren Auszahlung (Rn. 829 ff.) könnte ebenfalls noch § 570 Abs. 2 ZPO zur Anwendung kommen.

E. Kosten im Verteilungsverfahren

I. Kosten des Gerichts

Die Kosten des Gerichts für ein durchgeführtes Verfahren wurden unter Rn. 613 ff. erörtert und wurden bereits dem Versteigerungserlös entnommen. 795

Endete das **Verfahren ohne Zuschlag**, sind folgende Gerichtskosten angefallen: 796
- In jedem Fall die Kosten für Anordnung und Beitritt (Rn. 132 ff.).
- Die Verfahrensgebühr (Rn. 356). Sie fällt bereits mit der Hinausgabe des Anordnungsbeschlusses an den Gläubiger an und ermäßigt sich auf die Hälfte (Nr. 2212 KVGKG), wenn das Verfahren vor Ablauf des Tages endet, an welchem der Rechtspfleger die Terminsbestimmung für den ersten Versteigerungstermin unterschreibt.
- Die Terminsgebühr (Rn. 356), wenn in einem Versteigerungstermin zur Abgabe von Geboten aufgefordert war und dieser Termin anders als durch Versagung des Zuschlags aus in den §§ 74a, 85a ZVG genannten Gründen endete.
- Die Auslagen (Rn. 357).

---

325 Sehr streitig, aber h.M. Hierzu *Stöber* (ZVG) § 113 Rn. 6.3 m.w.N. auch für die Gegenmeinung.
326 So aber *Eickmann* (ZVG) § 20 VII 1 a.

II. Rechtsanwaltskosten

797 Der Rechtsanwalt erhält für seine Tätigkeit im Verteilungsverfahren (einschließlich Verteilungstermin und auch bei Verteilung nach Rn. 774 ff.) eine 4/10 Gebühr nach Nr. 3311 Ziff. 2 VVRVG. Ist er erstmals im Verteilungsverfahren tätig geworden, erhält er keine zusätzliche Verfahrensgebühr nach Nr. 3311 Ziff. 1 VVRVG mehr und auch keine Terminsgebühr für die Wahrnehmung des Verteilungstermins nach Nr. 3312 VVRVG.

798 Die Gebühr für das Verteilungsverfahren berechnet sich
- bei Vertretung eines Gläubigers aus der Forderung (wie Rn. 141) oder aus dem gesamten zur Verteilung kommenden Erlös, wenn dieser geringer ist (§ 26 Ziff. 1 letzter Halbsatz RVG),
- bei Vertretung des Schuldners oder eines anderen Beteiligten (außer Gläubiger) aus dem zur Verteilung kommenden Erlös (§ 26 Ziff. 2 RVG).

799 Bei der Vertretung eines nicht beteiligten Bieters erhält der Rechtsanwalt, falls sein Mandant Meistbietender bleibt, für dessen Vertretung im Verteilungsverfahren eine weitere 4/10 Gebühr (Nr. 3311 Ziff. 2 VVRVG), ebenfalls (§ 26 Ziff. 2 RVG) aus dem zur Verteilung kommenden Erlös. Ist der Bieter nicht Meistbietender geblieben, kommt seine Beteiligung am Verteilungsverfahren nicht in Betracht.

F. Pfändungen im Verteilungsverfahren

I. Erloschenes Grundpfandrecht

800 Die Pfändung eines Grundpfandrechtes wird nicht durch die Zustellung des Pfändungsbeschlusses an den Drittschuldner wirksam, sondern durch Eintragung im Grundbuch (bei Buchrechten) oder dadurch, dass der Pfandgläubiger (bei Briefrechten) den Besitz des Briefes erlangt (§§ 830, 857 Abs. 6 ZPO).

801 Wurde die Pfändung eines nach § 91 Abs. 1 ZVG später erlöschenden Grundpfandrechtes vor dem Zuschlag wirksam, ist zu unterscheiden:
- Bei **Buchrechten**: Ist die Pfändung vor dem Zwangsversteigerungsvermerk eingetragen, wird sie von Amts wegen beachtet. Bei Eintragung nach dem Zwangsversteigerungsvermerk bedarf es seitens des Pfandgläubigers der Anmeldung spätestens im Verteilungstermin unter Nachweis der Eintragung. Die Vorlage des Überweisungsbeschlusses ist stets daneben erforderlich.
- Bei **Briefrechten**: Es ist immer die Vorlage des Briefes und des Überweisungsbeschlusses erforderlich, um die Auszahlung der Valuta zu verlangen. Ist die Pfändung vor dem Zwangsversteigerungsvermerk eingetragen, liegt der Brief aber im Verteilungstermin nicht vor, erfolgt die Hinterlegung nach § 126 ZVG von Amts wegen auch für die Pfandgläubiger als Mitberechtigte.

802 Eine vor dem Zuschlag auf den **künftigen Erlösanteil des Grundpfandrechtes** gerichtete Pfändung nach § 829 ZPO wäre unwirksam (Umgehung der Rechtspfändung).[327]

803 Konnte die Pfändung vor dem Zuschlag in der vorgenannten Weise (Eintragung bzw. Briefbesitz) nicht mehr zur Wirksamkeit gelangen, bezieht sich der Pfändungsbeschluss auf den Erlös. Das Objekt der Pfändung ist nicht falsch bezeichnet, da das Surrogat (Erlösanteil) nur eine andere Erscheinungsform des Grundpfandrechtes ist. Die Pfändung kann nach dem Zuschlag nicht mehr nach Rn. 800 wirksam werden.

804 Allerdings ist in diesem Fall die Zustellung des Pfändungsbeschlusses an den Drittschuldner zur Wirksamkeit der Pfändung erforderlich, da insoweit § 829 Abs. 3 ZPO Anwendung findet. Eine bereits vor dem Zuschlag erfolgte – bis dahin nicht erforderlich gewesene[328] – Zustellung genügt nicht.[329]

---

327 Stöber (Fpf) Rn. 1989.
328 Die Entbehrlichkeit der Zustellung bezieht sich nur auf das Kapital; bezüglich der rückständigen Zinsen war diese erforderlich (§§ 830 Abs. 3, 829 ZPO).
329 Stöber (Fpf) Rn. 1986.

Bei mehreren Pfändungen (auch in Konkurrenz zu Rn. 803) entscheidet die Reihenfolge der nach dem Zuschlag erfolgten Zustellungen (§ 804 Abs. 3 ZPO).

805 Drittschuldner ist bei Grundschulden immer der letzte Eigentümer des Grundstücks; bei Hypotheken könnte es auch der Schuldner der Hypothekenforderung sein, wenn dies nicht der Eigentümer ist. In diesem Falle sollte zur Sicherheit an beide zugestellt werden.[330]

806 **Nach** dem **Zuschlag** erfolgt die Pfändung nicht mehr nach §§ 830, 857 Abs. 6 ZPO, sondern nach den allgemeinen Regeln (§ 829 ZPO). Gepfändet wird jetzt das Surrogat des Grundpfandrechtes. Drittschuldner ist immer noch der Schuldner des Grundpfandrechtes, also Rn. 805. Vollstreckungsgericht und Ersteher sind nicht Drittschuldner. Eine Zustellung an diese wäre ohne Wirkung. Der Pfändungs- und Überweisungsbeschluss ermöglicht die Auszahlung des anteiligen Erlöses (Surrogat) an den Pfandgläubiger.

807 Briefbesitz ist für die Wirksamkeit der Pfändung nicht erforderlich. Dennoch kann wegen § 126 ZVG (Rn. 708 ff.) ohne Brief keine Auszahlung an den Pfandgläubiger erfolgen. Seine Wegnahme kann gem. § 836 Abs. 3 ZPO erfolgen.

808 Problematisch ist die Pfändung zwischen Verkündung des Zuschlags und dem Eintritt seiner Rechtskraft. Wird der Zuschlagsbeschluss aufgehoben, hätte die Pfändung nach Rn. 800 erfolgen müssen, im anderen Fall nach Rn. 804. In dieser Situation ist daher eine Doppelpfändung (Eventualpfändung) sowohl nach §§ 830, 857 Abs. 6 ZPO als auch nach § 829 ZPO zulässig und ratsam.

Tipp: Ausnahmsweise Doppelpfändung durchführen.

II. Erloschene Eigentümergrundschuld

809 Wurde eine später erloschene Eigentümergrundschuld vor dem Zuschlag nach Rn. 800 gepfändet, stehen dem Pfandgläubiger ab dem Wirksamwerden der Pfändung die dinglichen Zinsen zu.[331] § 1197 Abs. 2 BGB ist nicht mehr anwendbar (**Zinsaktivierung**). Wird allerdings die Pfändung erst nach dem Zuschlag wirksam (Surrogatspfändung), stehen auch dem Pfandgläubiger keine Zinsen zu.

810 Für die Wirksamkeit einer vor dem Zuschlag nicht mehr nach Rn. 800 vollendeten Pfändung (Rn. 803) bedarf es nur der Zustellung des Pfändungsbeschlusses (§ 857 Abs. 2 ZPO) an den Schuldner, da die Pfändung drittschuldnerlos ist. Allerdings muss diese Zustellung nach der Verkündung des Zuschlags erfolgen, also ggf. wiederholt werden, da eine früher erfolgte Zustellung die Pfändung nicht wirksam werden lässt.[332] Dagegen ist unschädlich, dass im Beschluss noch das Grundpfandrecht und nicht das Surrogat als gepfändet bezeichnet ist.

811 Auch die nach dem Zuschlag vorgenommene Pfändung des auf ein Eigentümerrecht entfallenden Erlöses ist drittschuldnerlos und wird mit der Zustellung an den Schuldner wirksam. Somit sind weder das Vollstreckungsgericht noch der Ersteher Drittschuldner.

812 Der Anspruch des Pfandgläubigers ist in gleicher Weise wie der Anspruch des Eigentümers dem Löschungsanspruch eines nachstehenden Rechtes ausgesetzt, wenn dieses Recht vor der Pfändung eingetragen war. Auf die Darstellung Rn. 732 bis 748 kann daher verwiesen werden.

III. Hinterlegung und Pfändung

813 Wurde bereits vor Anordnung der Hinterlegung im Verteilungstermin dem Gericht eine Pfändung der zu hinterlegenden Summe nachgewiesen, hat es bei der Hinterlegung auch den Pfandgläubiger als Mitberechtigten zu bezeichnen. Dazu auch Rn. 830.

---

330 *Stöber* (Fpf) Rn. 1982.
331 Sehr streitig, so aber überzeugend *Behr/Eickmann* IV 8 m.w.N. auch für die Gegenmeinung.
332 *Stöber* (Fpf) Rn. 1986.

814 Soll nach Anordnung der Hinterlegung der zu hinterlegende Betrag gepfändet werden, ist die Hinterlegungsstelle[333] Drittschuldnerin. Gleiches gilt bei bereits durchgeführter Hinterlegung.

IV. Pfändung des Rückgewähranspruchs bei erloschener Sicherungsgrundschuld

1. Vornahme

815 Pfändungsgegenstand ist der schuldrechtliche Anspruch des Bestellers einer Sicherungsgrundschuld gegen den eingetragenen Berechtigten der Grundschuld, sich von dieser Grundschuld zu trennen (Rn. 751). Der Anspruch ist weder mit dem Eigentum noch mit der Grundschuld verbunden. Bei einer Übereignung des Grundstücks bleibt der Anspruch beim Besteller, falls er nicht ausdrücklich oder stillschweigend mit übertragen wird.[334]

816 Abtretung und Pfändung erfolgen nach den allgemeinen Regeln für die Übertragung/Pfändung von Forderungen. Drittschuldner ist der Berechtigte der Sicherungsgrundschuld. Durch Abtretung scheidet der Anspruch aus dem Vermögen des Bestellers aus. Eine spätere Pfändung geht ins Leere und wird auch nicht wieder wirksam, wenn nachträglich der abgetretene Rückgewähranspruch wieder an den Besteller zurück übertragen wird. Da so gut wie immer bei der Bestellung eines Grundpfandrechtes die Rückgewähransprüche gegen die rangbesseren oder gleichrangigen Rechte an den Gläubiger des „neuen" Grundpfandrechtes abgetreten werden, hat in diesem Fall die Pfändung keinen Sinn.

817 Auch die oft empfohlene Abtretung oder Pfändung des vorgenannten Anspruchs auf Rückzession des abgetretenen Rückgewähranspruchs („Rückgewähr des Rückgewähranspruchs") bringt die ursprüngliche Pfändung nicht zur Wirksamkeit. Es müsste neu gepfändet werden.

2. Wirkung der Pfändung

818 Wurde der Rückgewähranspruch wirksam gepfändet und zur Einziehung überwiesen, erlangt der Pfandgläubiger ein Pfandrecht am Recht (§§ 1279, 1281 BGB) und kann vom noch eingetragenen, aber zur Rückgewähr verpflichteten Berechtigten der Grundschuld die Rückgewähr fordern. Meist wurde aber bereits bei der Bestellung der Grundschuld vereinbart (Rn. 753), wie die Rückgewähr zu erfolgen hat. An diese Vereinbarung ist der Pfandgläubiger gebunden, was häufig dazu führt, dass er aus der Pfändung keinen Nutzen ziehen kann. Allerdings könnte er mit dem Verpflichteten der Rückgewähr (Berechtigten der Grundschuld) eine für ihn günstigere Art der Rückgewähr vereinbaren, ohne dass die nachstehenden Berechtigten mit Löschungsanspruch dem widersprechen könnten.[335]

819 Meist ist **Verzicht** (Rn. 753) als Art der Rückgewähr vereinbart. Verzichtet demzufolge der Berechtigte auf die Grundschuld, fällt das Surrogat an den Eigentümer (Rn. 767). Nun gilt Folgendes:
- Der Pfandgläubiger erlangt kein Ersatzpfandrecht am Eigentümerrecht[336].
- Da der Verzicht nach dem Zuschlag erfolgt, erwirbt der Eigentümer lt. *BGH* (Rn. 767) ein „Erlöspfandrecht", gegen welches sich kein Löschungsanspruch richtet. Bis zur Klärung der neuen Rechtslage empfiehlt es sich, neben dem Rückgewähranspruch ausdrücklich auch den Anspruch auf dieses zukünftige, durch den Verzicht entstehende „Eigentümer-Erlöspfandrecht" und den sich daraus ergebenden Anspruch auf Auszahlung des anteiligen Erlöses zu pfänden.

---

333 Genauer: Der Justizfiskus des jeweiligen Bundeslandes (§ 7 Abs. 1 HinterlO). Wer diesen bei der Zustellung vertritt, ergibt sich aus dem Landesrecht. Verzeichnisse finden sich in der Kommentarliteratur.
334 Der Rückgewähranspruch geht auf den neuen Eigentümer über, wenn dieser in das Schuldverhältnis eintritt (*BGH* Rpfleger 1986, 279).
335 *BGH* Rpfleger 1990, 32, 34.
336 *BGH* Rpfleger 1990, 32; streitig!

War ganz ausnahmsweise **Aufhebung** (Rn. 769) als Form der Rückgewähr vereinbart, ist mit erfolgter Löschung der Rückgewähranspruch ersatzlos untergegangen. Auch hier war die Pfändung wertlos, wenn der Pfandgläubiger nicht ausnahmsweise ein nachstehendes Recht hatte, das jetzt aufrückt. **820**

Besonders die **Abtretung** der Sicherungsgrundschuld ist für den Pfandgläubiger von wirtschaftlichem Interesse. Ist nichts vereinbart, kann er vom Berechtigten der Sicherungsgrundschuld diese Abtretung als Form der Rückgewähr verlangen[337]. Anderenfalls sollte versucht werden, entgegen der ursprünglichen Vereinbarung eine Abtretung zu erlangen. **821**

Der Pfandgläubiger des Rückgewähranspruchs kann nach Überweisung allein die Erklärung der Abtretung wirksam entgegennehmen (§ 1181 BGB). Damit erlangt er ein Pfandrecht am Surrogat der Grundschuld, das ja immer noch dem Eigentümer gebührt.[338] Um das „Verwertungsrecht" zu erlangen (also den Erlös in Empfang zu nehmen), bedarf es der Zustimmung des Eigentümers oder aber der Überweisung (§ 837 ZPO) „der Grundschuld" (hier also des Surrogates) durch Beschluss, die nach der hier vertretenen Auffassung auch jetzt noch erforderlich und zulässig ist. Diese Überweisung der Grundschuld (§ 837 ZPO) hätte bereits im Pfändungs- und Überweisungsbeschluss bezüglich des Rückgewähranspruchs erfolgen können und wäre dann aufschiebend bedingt[339] bis zum Entstehen der Eigentümergrundschuld. **822**

Tipp: Bei einem Antrag auf Pfändung/Überweisung eines Rückgewähranspruchs immer zugleich auch die Überweisung der Grundschuld nach § 837 ZPO beantragen.

Erfolgt die Erfüllung des Rückgewähranspruchs durch Abtretung (Rn. 768), ist der Anspruch des Pfandgläubigers dem Löschungsanspruch eines nachstehenden Berechtigten **nicht** ausgesetzt.[340] Die Stellung des Pfandgläubigers wird gegenüber dem Löschungsberechtigten als ähnlich gefestigt angesehen wie die Stellung eines Dritten, dem die Grundschuld vom Rückgewährverpflichteten abgetreten worden wäre, da infolge der Surrogation das Pfandrecht bereits bestand, als das Recht Eigentümerrecht wurde. **823**

Wenn man gegen die h.M.[341] die Überweisung des gepfändeten Rückgewähranspruchs an Zahlungs Statt zulassen würde, wäre der Zugriff des Pfandgläubigers einfacher, da in diesem Fall die Grundschuld bei der Rückgewähr direkt Fremdrecht des Pfandgläubigers würde, der dann ohne weiteres das Surrogat in Empfang nehmen könnte. Allerdings gilt damit die Forderung des Pfandgläubigers insoweit auch als erfüllt. **824**

V. Pfändung des Erlösüberschusses

Bleibt nach Befriedigung aller im Teilungsplan genannter Berechtigter ein Überschuss, steht er dem Eigentümer zu. **825**

Allgemein[342] wird die Auffassung vertreten, auch die Pfändung dieses Überschusses sei drittschuldnerlos und somit durch Zustellung an den Eigentümer (§ 857 Abs. 2 ZPO) zu bewirken. Richtig ist nur, dass das Vollstreckungsgericht nicht Drittschuldner sein kann, da es über den Erlös kraft hoheitsrechtlicher Befugnis verfügt. Wegen der von Rn. 811 verschiedenen Anspruchsgrundlage könnte man aber auch an den Ersteher[343] als Drittschuldner denken. Da Erlösüberschüsse keine praktische Bedeutung haben, ist der Streitfall bisher noch nicht gerichtlich entschieden. **826**

---

337 *BGH* Rpfleger 1990, 32 für den Eigentümer. Dies muss auch für den Pfandgläubiger gelten!
338 Handelt es sich um ein nicht erloschenes Recht, so führt die Abtretung seitens des zur Rückgewähr verpflichteten Berechtigten zur Eintragung des bisherigen Eigentümers als neuem Berechtigten, zusammen mit dem Pfandrecht des Pfandgläubigers.
339 *Behr/Eickmann* V 4 unter Bezugnahme auf *Stöber* (Fpf) Rn. 1901.
340 Str., so aber *BGH* Rpfleger 1975, 219 (NJW 1975, 980).
341 Str. Für die Zulassung der Überweisung an Zahlungs Statt: *OLG Braunschweig* JurBüro 1969, 439.
342 So z.B. *Stöber* (Fpf.) Rn. 130.
343 Hierzu ausführlich *Mayer* RpflStud. 1998, 145, 148.

7. Kapitel
Schlussabwicklung

A. Auszahlung des Erlöses

827 Ist der Zuschlagsbeschluss rechtskräftig und der Verteilungstermin gehalten, muss das Gericht das Verfahren zum Abschluss bringen.

828 Rn. nicht besetzt.

829 Durch eine Anweisung an die Gerichtskasse (Rn. 680) hat das Vollstreckungsgericht die Auszahlung der dort als Verwahrgeld verbuchten Beträge an die Empfänger gem. Teilungsplan zu veranlassen.

830 Soweit im Verteilungstermin **Hinterlegung** angeordnet wurde, muss das Vollstreckungsgericht die Hinterlegungsstelle um Annahme der entspr. Beträge ersuchen. Dabei ist anzugeben,
- wer „Berechtigter" und wer „Widersprechender" ist, wenn ein Widerspruch Hinterlegungsgrund war (Rn. 693);
- zu wessen Gunsten hinterlegt wird, wenn für einen unbekannten Beteiligten hinterlegt wurde (Rn. 709, 710) oder der bekannte Beteiligte die Annahme verweigert (Rn. 710);
- unter welcher Bedingung die Auszahlung erfolgen kann, wenn diese vom Eintritt einer solchen abhängt – und wer das Geld bekommt, wenn die Bedingung ausfällt (Hilfszuteilung). Dazu Rn. 716.

831 Die Hinterlegungsstelle hat die Hinterlegung anzuordnen und eine entspr. Annahmeanordnung (= eine Verfügung auf Umbuchung des bisher nur verwahrten Geldes) an die Gerichtskasse zu erlassen.

832 Im Falle der Hinterlegung infolge eines Widerspruchs kann die Hinterlegungsstelle selbstständig auszahlen, wenn und soweit der Berechtigte und alle Widersprechenden dies übereinstimmend beantragen. Geschieht dies nicht, muss das Vollstreckungsgericht die Frist des § 878 ZPO (Rn. 694) beachten und die Hinterlegungsstelle um Auszahlung an den Berechtigten ersuchen, falls nicht innerhalb der Frist die Klageerhebung (Rn. 694) durch den Widersprechenden nachgewiesen ist.

833 In allen anderen Fällen einer Hinterlegung ist das Verfahren für das Vollstreckungsgericht mit der Anordnung der Hinterlegung abgeschlossen. Durch das Vollstreckungsgericht erfolgt kein Auszahlungsersuchen mehr. Auszahlungsanträge sind an die Hinterlegungsstelle zu richten, welche gem. den Vorschriften der Hinterlegungsordnung[344] darüber zu entscheiden hat.

B. Grundbuchersuchen

I. Umfang des Ersuchens

834 Das Versteigerungsergebnis muss im Grundbuch eingetragen werden. Da die Rechtsänderung infolge des Zuschlagsbeschlusses außerhalb des Grundbuchs eingetreten ist, handelt es sich insoweit nur noch um eine Grundbuchberichtigung. Sie erfolgt auf Ersuchen des Vollstreckungsgerichts an das Grundbuchamt (§ 130 ZVG).

835 Insbesondere wird ersucht um:
- Eintragung des **Erstehers** als neuen Eigentümer im Grundbuch. Soweit mehrere Personen das Grundstück ersteigert haben, ist das Gemeinschaftsverhältnis anzugeben.
- Die **Löschung** des **Zwangsversteigerungsvermerks**.

---

[344] Hinterlegungsordnung vom 10.03.1937 zuletzt geändert am 20.08.1990; im *Schönfelder* abgedruckt unter Nr. 121.

- Die **Löschung** aller Einträge in der zweiten und dritten Abteilung, soweit die **Rechte** nicht gem. den Versteigerungsbedingungen bestehen geblieben sind (siehe auch Rn. 838). Ist am Versteigerungsobjekt ein Gesamtrecht erloschen, so darf das Grundbuchersuchen nicht auf die Löschung etwa des Mithaftvermerks an dem nicht versteigerten Grundstück „ausgedehnt" werden.[345]

Im Falle des § 130a ZVG (Rn. 728) ist um Eintragung der entspr. Vormerkung zu ersuchen. **836**

Auf den bisherigen Eigentümer (Schuldner) bezogene Verfügungsbeschränkungen, also z.B. Insolvenzvermerk, Testamentsvollstreckervermerk etc. müssen gelöscht werden. Objektbezogene öffentlich-rechtliche Vermerke (z.B. Flurbereinigungsvermerk) dürfen nicht gelöscht werden. **837**

Der Zwangsverwaltungsvermerk verlautet nur das durch die Zwangsverwaltung angeordnete Verfügungsverbot über Sachen (also z.B. nicht über Miet- und Pachtforderungen), welches durch den Zuschlag erloschen ist. Somit kann dieser Vermerk jetzt gelöscht werden, auch wenn die Zwangsverwaltung noch nicht aufgehoben ist.

Besondere Sorgfalt ist geboten, wenn eine Vereinbarung nach § 91 Abs. 2 ZVG (Rn. 697 ff.) getroffen worden ist. Das von der Vereinbarung umfasste Recht darf nicht gelöscht werden, soweit es nach der Vereinbarung bestehen bleiben soll. Ggf. hat Teillöschung zu erfolgen. Fast immer müssen (mangels ausdrücklicher anderer Vereinbarung) die Zinsen bis zum Zuschlag gelöscht werden, da diese aus dem Erlös zu bezahlen waren (Rn. 702). **838**

Regressgefahr! Es hat sich bewährt, im Falle einer Vereinbarung nach § 91 Abs. 2 ZVG dies auf der Innenseite des hinteren Aktenumschlags zu vermerken, damit (auch bei Wechsel des Rechtspflegers oder im Vertretungsfall) keine versehentliche Löschung des liegen belassenen Rechts erfolgt. **Achtung!**

Wurde bei Tilgungs- oder Amortisationshypotheken auf die Hauptsumme zugeteilt, ist der entspr. Teilbetrag erloschen (Rn. 628) und daher um Löschung dieses Teilbetrages zu ersuchen. **839**

Steht fest, dass ein Recht, das nach § 52 ZVG als bestehen bleibend bezeichnet wurde, nicht entstanden oder vor dem Zuschlag bereits erloschen ist, ist auch um dessen Löschung zu ersuchen (§ 130 Abs. 2 ZVG). **840**

Sehr streitig ist die Frage, ob das Gericht um Löschung einer Zwangshypothek ersuchen darf, welche nach dem Zuschlag noch mit einem Titel gegen den früheren Eigentümer eingetragen wurde. Nach der hier vertretenen Auffassung kann das Gericht um deren Löschung ersuchen.[346] Gleiches muss für Rechte gelten, welche noch mit Bewilligung des bisherigen Eigentümers nach dem Zuschlag eingetragen wurden. Dieses Problem entsteht nicht, wenn das Gericht das Grundbuchamt sofort von der Zuschlagserteilung verständigt. In Kenntnis des Eigentumswechsels darf das Grundbuchamt dann solche Eintragungen nicht mehr vornehmen.[347] **841**

Wegen der Eintragung der Sicherungshypotheken im Falle der Nichtzahlung des Bargebots siehe Rn. 877 ff. **842**

II. Form des Ersuchens

Das Gericht hat im Ersuchen genau zu bezeichnen, was beim Grundbuchamt zu geschehen hat. Bezugnahme auf die Abschrift des Zuschlagsbeschlusses, die dem Ersuchen beigefügt wird[348], dient nur zur Ergänzung, z.B. für die näheren Angaben zur Person des Erstehers, wenn diese im Zuschlagsbeschluss stehen (Rn. 532). **843**

Die erloschenen Rechte soll das Gericht einzeln zumindest mit ihren Nummern im Grundbuch bezeichnen. Die Bezeichnung der bestehen gebliebenen Rechte ist nicht erforderlich, ein Hinweis auf den Zuschlagsbeschluss aber sachdienlich. Für den Inhalt der Vormerkung nach § 130a ZVG siehe **844**

---

345 *Stöber* (ZVG) § 130 Rn. 2.13e.
346 So z.B. *Steiner/Eickmann* § 130 Rn. 39 und (mit einer Einschränkung) *Eickmann* (ZVG) § 25 I 2 m.w.N. auch für die Gegenmeinung; insbesondere *Stöber* (ZVG) § 130 Rn. 2.13c.
347 *Thüringer OLG* Rpfleger 2001, 11.
348 Dies ist nicht ausdrücklich vorgesehen, aber nach der hier vertretenen Auffassung unverzichtbar.

Stöber (ZVG) § 130a Rn. 3.7. Deren Eintragung erfolgt in der Veränderungsspalte beim bestehen gebliebenen angeblichen Eigentümerrecht, dessen Brief hierzu nicht vorliegen muss (§ 131 Satz 2 ZVG).

845 Soweit infolge Vereinbarung (Rn. 697 ff.) ein an sich erlöschendes Recht bestehen geblieben ist, muss dies im Ersuchen zum Ausdruck kommen, am Besten unter Hinweis auf § 91 Abs. 2 ZVG.

846 Hat das Gericht den Brief eines erloschenen Rechtes erlangt, ist dieser unbrauchbar zu machen (§ 127 Abs. 1 ZVG und Rn. 682) und dem Ersuchen beizufügen.[349] Soweit nur ein Teil des Grundpfandrechtes erloschen ist, wird dies auf dem Brief vermerkt, der dann nicht vernichtet, sondern dem Einreicher zurückgegeben wird. Dies gilt insbesondere bei Gesamtrechten, die auf dem mithaftenden Grundbesitz noch nicht erloschen sind.

847 Wurde dem Gericht der Brief eines erloschenen Rechtes nicht vorgelegt und auch nicht auf die gerichtliche Einforderung (§ 127 Abs. 1 Satz 3 ZVG) abgeliefert, kann das Recht dennoch gelöscht werden (§ 131 Satz 1 ZVG). Dem Grundbuchamt ist mitzuteilen, dass der Brief nicht erlangt werden konnte.

848 Die erforderliche Unbedenklichkeitsbescheinigung des Finanzamtes war vom Gericht (Rn. 541) zu beschaffen und ist dem Ersuchen beizufügen, falls sie nicht direkt von der zuständigen Stelle[350] dem Grundbuchamt zugeleitet wurde.

849 Das Ersuchen ist vom Rechtspfleger im Original (!) zu unterschreiben und mit dem Dienstsiegel zu versehen.

III. Prüfungspflicht des Grundbuchamts

850 Das Grundbuchamt hat das Ersuchen inhaltlich **nicht** nachzuprüfen. Allerdings darf es das Grundbuch nicht wissentlich unrichtig machen. Auf offenkundige Fehler ist daher der Rechtspfleger des Vollstreckungsgerichts hinzuweisen.[351] Ansonsten prüft es nur die äußere Form und die korrekte Bezeichnung der verlangten Berichtigungen.

851 Lehnt das Grundbuchamt ein Ersuchen des Gerichts ab, entscheidet das Landgericht, auf Beschwerde des Rechtspflegers[352] des Vollstreckungsgerichts. Es ist weder eine Vorlage an den Referatsrichter erforderlich noch die Einschaltung der Dienstaufsicht möglich. Diese kann nur im Falle einer ungebührlichen Verzögerung der Bearbeitung angerufen werden.

IV. Kosten

852 Obwohl die Eintragung des Erstehers auf Ersuchen des Gerichts erfolgt, trägt der Ersteher die Gebühr für die Eintragung seines Eigentums (§ 69 Abs. 2 KostO). Dies ist im Normalfall eine volle Gebühr nach §§ 60 Abs. 1, 11 KostO aus dem festgesetzten Grundstückswert (§ 74a Abs. 5 ZVG)[353] oder dem Meistgebot (Bargebot + bestehen bleibende Rechte). Maßgebend ist jeweils der höhere Betrag (§ 19 KostO).

853 Ob eine Ermäßigung der Gebühr nach § 60 Abs. 2 KostO eintritt, wenn Schuldner und Ersteher in einem dort genannten Verhältnis stehen, ist umstritten.[354] Ein entspr. Hinweis auf das Verhältnis im Ersuchen ist sachdienlich.

---

349 Es ist rechtlich ungeklärt, ob diese unbrauchbaren Briefe beim Grundbuchamt oder bei den Akten des Vollstreckungsgerichts verbleiben. Ersteres ist sinnvoll. Behält das Vollstreckungsgericht die Briefe, muss es dem Grundbuchamt im Ersuchen deren Vernichtung mitteilen.
350 Die Bitte um Erteilung der UB geht immer an das Finanzamt. Die UB selbst kann dann entweder vom Finanzamt oder von der Gemeindesteuerstelle kommen.
351 Je nach üblichem Umgangston entweder mündlich oder per Zwischenverfügung.
352 Auch Rechtsbehelfe der Beteiligten sind möglich. Diesbezüglich wird auf die Kommentarliteratur zu § 130 ZVG verwiesen.
353 *BayObLG* Rpfleger 2002, 382, *OLG Düsseldorf* Rpfleger 2002, 592.
354 Ablehnend *BayObLG* Rpfleger 1996, 129.

Das Bestehen bleiben eines Rechtes nach § 91 Abs. 2 ZVG löst keine besondere Gebühr aus, wenn nur auf eine Teillöschung oder auf Löschung der Zinsen für die Zeit vor dem Zuschlag ersucht wird. **854**

Die Löschung der nicht bestehen gebliebenen Rechte und Vermerke ist gebührenfrei (§ 69 Abs. 2 KostO). Dies gilt auch für die Eintragung bedingter Sicherungshypotheken (Rn. 731) und der Vormerkung nach § 130a ZVG. Die Eintragung der Sicherungshypotheken wegen Nichtzahlung des Meistgebots (Rn. 877 ff.) ist aber gebührenpflichtig. **855**

C. Sonstige Tätigkeiten

Ist eine Zuteilung auf einen unbekannt gebliebenen Beteiligten entfallen, hat das Gericht nach §§ 135 bis 142 ZVG zu verfahren. Dies gilt insbesondere bei einer Zuteilung auf ein Briefrecht, wenn der Brief nicht vorgelegt wurde. Nach der hier vertretenen – streitigen – Auffassung (Rn. 632), ist ein solches Verfahren nur erforderlich, wenn auch eine Zuteilung auf das Kapital des Grundpfandrechtes entfallen ist, nicht aber, wenn die Zuteilung nur Kosten und fällige Zinsen umfaßte. Von der Darstellung dieses sehr seltenen Verfahrens wird abgesehen. **856**

Noch vorhandene Titel sind zurückzugeben und zwar stets an den Einreicher oder dessen Order. Auch im Falle vollständiger Befriedigung erfolgt keine Aushändigung an den Schuldner, wie dies für den Gerichtsvollzieher (§ 757 ZPO) vorgesehen ist. Soweit auf sie eine Zuteilung entfallen ist, wird dies gem. der Feststellung im Verteilungstermin (Protokoll!) auf dem Titel vermerkt (§ 127 Abs. 2 ZVG). **857**

Dies gilt auch für einen vorgelegten Titel, aus welchem das Verfahren nicht betrieben wurde, aber dennoch eine Zuteilung erfolgte.[355] Eine Zuteilung gem. der Grundbuchlage darf jedoch in diesem Fall von der Vorlage des evtl. vorhandenen Titels nicht abhängig gemacht werden.

Es sei noch einmal zusammengefaßt: Der Vollstreckungstitel muss dem Gericht vorliegen **858**
- beim Versteigerungsantrag Rn. 24, 50 bzw. Beitrittsgesuch;
- beim Fortsetzungsantrag nach einstweiliger Einstellung, Rn. 205;
- im Versteigerungstermin, Rn. 375 und
- im Verteilungstermin, wenn auf eine Forderung, für welche die Versteigerung betrieben wurde (Versteigerungsantrag bzw. Beitrittsgesuch) eine Zuteilung erfolgt (Rn. 681).

Hatte der Ersteher mit einer Bankbürgschaft (Rn. 458) Sicherheit geleistet, ist ihm die Urkunde sofort nach Bezahlung des Bargebots zurückzugeben. **859**

8. Kapitel
Nichtzahlung des Bargebots

A. Allgemeines

Wie bereits dargelegt (Rn. 676), hat der Ersteher das Bargebot und ggf. die Bargebotszinsen (§ 49 Abs. 2, 4 ZVG) rechtzeitig vor dem Verteilungstermin zu zahlen (§§ 49 Abs. 3, 107 Abs. 2 ZVG). **860**

Diese Forderung auf den Versteigerungserlös steht dem bisherigen Grundstückseigentümer (Schuldner) als Ersatz (Surrogat) für den durch Zuschlag „verlorenen" Grundbesitz zu. Das Vollstreckungsgericht nimmt bei regelmäßigem Verlauf (Zahlung des Meistgebots) das Geld lediglich entgegen und leitet es an die Zuteilungsberechtigten weiter.

---

355 *Stöber* (ZVG) § 127 Rn. 3.2.

B. Forderungsübertragung

I. Allgemeines

861 Kommt der Ersteher seiner Zahlungsverpflichtung nicht nach, ist der Teilungsplan durch Übertragung dieser Forderung (Rn. 862) aus dem Vermögen des bisherigen Grundstückseigentümers in das Vermögen der Zuteilungsberechtigten auszuführen (§ 118 Abs. 1 ZVG). Diese Forderungsübertragung durch staatlichen Hoheitsakt ähnelt der Überweisung im Verfahren der Forderungspfändung.

Unstreitig ist die zu übertragende Forderung verzinslich, d.h. der Ersteher muss an den jeweiligen Zuteilungsberechtigten ab dem Verteilungstermin auch Zinsen auf die übertragene Forderung bezahlen.

In diesem Zusammenhang sind jedoch zwei Fragen sehr umstritten:

- Die im Verteilungstermin zahlbare Forderung umfasst im Falle der Nichtzahlung regelmäßig (Ausnahme § 49 Abs. 4 ZVG) nicht nur das eigentliche Bargebot, sondern auch die Verzinsung nach § 49 ZVG vom Zuschlag bis zum Verteilungstermin (Rn. 610). Ist nun auch der Zinsanteil in der übertragenen Forderung verzinslich oder verstößt dies gegen das Zinseszinsverbot des § 248 BGB?
- Handelt es sich bei den Zinsen, welche der säumige Ersteher für die Zeit ab dem Verteilungstermin auf die übertragene Forderung zu zahlen hat, um Verzugszinsen i.S. des BGB oder beruht diese Verzinsung nur auf der Weitergeltung des § 49 ZVG auch für diesen Zeitraum? Solange der Zinssatz des § 49 ZVG (mit § 246 BGB) und jener des damaligen § 288 BGB a.F. einheitlich 4 % betrug, führten beide Auffassungen zum gleichen Ergebnis, so dass kein praktisches Bedürfnis bestand, die Natur dieser Zinsen endgültig zu klären. Nach der Änderung des Schuldrechts nach dem SchuMoG muss sich Literatur und Rechtsprechung diesem Problem stellen.

II. Übertragungsgegenstand

862 Zur Übertragung kommt die Forderung auf Zahlung des Bargebots einschließlich der Bargebotszinsen nach § 49 Abs. 2 ZVG, soweit die Verzinsungspflicht unter Beachtung von § 49 Abs. 4 ZVG noch besteht.

III. Begünstigter der Übertragung

863 Die Forderung wird an die Berechtigten laut Teilungsplan übertragen, für welche eine Zahlung aus der Teilungsmasse erfolgt wäre, wenn diese im Termin zur Verfügung gestanden hätte. Ist ein Teil des Bargebots vorhanden (z.B. die Sicherheitsleistung), wird dieser Teil planmäßig ausgezahlt (Rn. 827 ff.) und nur der Rest „übertragen".

864 Soweit mangels Zahlung eine Übertragung zu erfolgen hat, besteht ein Anspruch des Zuteilungsberechtigten gegen den Ersteher auf Verzinsung des offen gebliebenen Betrages. Obwohl der im Teilungsplan für den Zuteilungsberechtigten ausgewiesene Betrag unverzinslich sein kann oder sich aus Kosten, Zinsen und Hauptanspruch zusammensetzen (und damit auch Zinsen enthalten) kann, wird für die Gesamtsumme eine einheitliche Verzinsung angeordnet. Die alte Forderung des Beteiligten erlischt durch die Übertragung (§ 118 Abs. 2 Satz ZVG), wenn nicht nach § 118 Abs. 2 Satz 2 ZVG verfahren wird.

Zunehmend[356] geht die Literatur davon aus, dass der Zinsanteil in der übertragenen Forderung nicht zu verzinsen sei. Entgegen dieser h.M. ist nach hiesiger Auffassung die gesamte Teilungsmasse, die der Ersteher schuldig geblieben ist, zu verzinsen; auch der darin enthaltene Zinsanteil. Die Teilungs-

---

[356] So schon *Steiner/Teufel* § 118 ZVG Rn. 16 sowie *Böttcher* (ZVG) § 118 Rn. 4, beide unter Berufung auf § 289 BGB (jetzt § 248 Abs. 1 BGB), jetzt auch *Stöber* (ZVG) § 118 Rn. 3.8 und *Streuer* Rpfleger 2001, 401, die sich allerdings von ihrem Ansatz her nicht auf § 248 Abs. 1 BGB berufen können.

masse ist eine einheitliche Forderung; der Zinsanteil ist darin aufgegangen und kann nicht mehr ausgeschieden werden, so dass § 248 BGB (Zinseszinsverbot) nicht anzuwenden ist.[357]

Bis zur Neufassung des Schuldrechts betrugen die Verzugszinsen und die gesetzlichen Zinsen (§ 246 BGB) einheitlich 4 %, weshalb der Streit über die Rechtsgrundlage dieser Verzinsung (§ 49 Abs. 2 ZVG mit § 246 BGB oder aber nur § 288 BGB a.F.) wirtschaftlich zum gleichen Ergebnis führte und daher für die Praxis ohne Interesse war. Dies ist nun nicht mehr der Fall. **865**

In der Literatur[358] wird die Auffassung vertreten, es handele sich bei der Nichtzahlung des Meistgebotes nicht um „Verzug" i.S. des BGB, weshalb weiterhin (nur) die Zinsen des § 246 BGB zu zahlen seien. Diese Auffassung hat sich aber nicht durchgesetzt. Die Nichtzahlung des Meistgebotes ist grundsätzlich „Verzug", so dass Verzugszinsen (§ 288 BGB) zu zahlen sind. **866**

Streitig ist allerdings, ob die Nichtzahlung im Verteilungstermin bereits den Verzug bewirkt oder ob eine „Rechnung" erforderlich ist. Warum die Anordnung des Gerichts im Zuschlagsbeschluss, „der Ersteher hat das bare Meistgebot rechtzeitig vor dem Verteilungstermin zu bezahlen", zusammen mit der Bestimmung dieses Verteilungstermins einer „gesetzlichen Leistungsbestimmung nach dem Kalender" nicht gleichstehen soll[359], ist nicht nachvollziehbar. **867**

Ergebnis: Der Ersteher, der im Verteilungstermin nicht zahlt, befindet sich im Verzug und schuldet die Zinsen des § 288 BGB ab diesem Termin.[360] Bei der Übertragung der Forderung gegen den Ersteher auf die Beteiligten ist diese Verzinsung anzuordnen. **868**

Die Möglichkeit, dass der Verzugsschaden tatsächlich höher liegt als die nach Rn. 866 oder 868 angeordnete Verzinsung, kann von dem Vollstreckungsgericht im jetzigen Verfahrensstadium nicht (mehr) berücksichtigt werden. Ein Beteiligter, welcher für den möglichen Fall der künftigen Nichtzahlung des Bargebots hinsichtlich der Höhe der Verzugszinsen „abgesichert"[361] sein will, müsste versuchen, diese Erhöhung über die Abänderung der Versteigerungsbedingungen zu erreichen (§ 59 ZVG; Rn. 388 ff.). Das wäre unbedenklich gewesen, wenn man der Auffassung Rn. 866 zuneigt; könnte aber fraglich sein, wenn es sich um Verzugszinsen (Rn. 868) handelt, da dann keine abänderliche Versteigerungsbedingung vorliegt. Allerdings wäre hier eine prozessuale Verfolgung des höheren Verzugsschadens außerhalb des Versteigerungsverfahrens möglich. **869**

Tipp: Ein höherer Verzugsschaden kann prozessual geltend gemacht werden[362].

IV. Besonderheiten

Bei der Forderungsübertragung ist weiter zu beachten: **870**
- Ist der Anspruch des Zuteilungsberechtigten seinerseits mit einem Recht belastet (Nießbrauch, Pfändung etc.), so erfolgt die Forderungsübertragung mit der entspr. Einschränkung, da der Zuteilungsberechtigte durch die Forderungsübertragung keine Besserstellung erfahren darf.
- Ein am Zuteilungsanspruch bestehendes Gemeinschaftsverhältnis ist bei der Forderungsübertragung zu übernehmen.
- Ein evtl. Erlösüberschuss muss an den Schuldner nicht förmlich übertragen werden, weil sich dieser Anspruch ja bereits im Vermögen des Schuldners befindet (Rn. 825). Bei der Ausführung des

---

357 *Eickmann* (ZVG) § 22 I 1b.
358 *Stöber* (ZVG) § 118 Rn. 5 sowie *Streuer* Rpfleger 2001, 401.
359 So aber *Böttcher* (ZVG) § 118 Rn. 4, der zwar grundsätzlich von Verzugszinsen ausgeht, aber in der Bestimmung des Verteilungstermins keine Mahnung ersetzende „Leistungsbestimmung nach dem Kalender" (§ 286 Abs. 2 Nr. 1 BGB) sieht.
360 *LG Berlin* und *LG Kempten* Rpfleger 2001, 192; *LG Augsburg* Rpfleger 2002, 374; *LG Cottbus* Rpfleger 2003, 256; *LG Hannover* Rpfleger 2005, 324; wohl auch *Kammergericht* Rpfleger 2003, 204 das zumindest die Eintragung dieser Zinsen nicht als unzulässig angesehen hat. So auch *Eickmann* (ZVG) § 22 I 1b.
361 Der also für die höhere Verzinsung im Rahmen des Zwangsversteigerungsverfahrens einen Titel (Forderungsübertragung) und eine dingliche Sicherheit erlangen möchte.
362 *Amtsgericht Landstuhl/Pfalz* Rpfleger 1985, 314 jetzt auch § 288 Abs. 4 BGB.

V. Rechtsfolgen der Forderungsübertragung

871 Um das Rechtsverhältnis zwischen Schuldner, Ersteher und Zuteilungsberechtigtem endgültig zu bereinigen, wirkt die Übertragung der Forderung wie die **Befriedigung** aus dem Grundstück (§ 118 Abs. 2 Satz 1 ZVG). Dies bedeutet, dass der Zuteilungsberechtigte nunmehr keine Forderung mehr gegen den „alten" persönlichen Schuldner hat. Evtl. vorhandene Forderungen des Zuteilungsberechtigten gegen einen Mithaftenden (Bürgen) geraten ebenfalls in Wegfall.

872 Diese Rechtsfolge muss aber der Zuteilungsberechtigte nicht hinnehmen. Er kann **wählen**, ob
- er jetzt den Ersteher als Schuldner haben oder
- er seinen bisherigen Schuldner behalten will.

Wegen der Einzelheiten siehe Rn. 873 und 876.

VI. Wegfall der Befriedigungswirkung

1. Verzicht

873 Will der Zuteilungsberechtigte seinen bisherigen Schuldner behalten, kann er innerhalb einer Frist von drei Monaten gegenüber dem Vollstreckungsgericht den Verzicht auf die Rechte aus der Zuteilung erklären.

Die Befriedigungswirkung ist damit während des Laufes der 3-Monats-Frist, welche grundsätzlich mit der Verkündung des Forderungsübertragungsbeschlusses beginnt, bedingt. Erst nach fruchtlosem Fristablauf treten die Befriedigungswirkungen endgültig ein.

874 Erklärt der Gläubiger gegenüber dem Vollstreckungsgericht (§ 118 Abs. 2 Satz 2 ZVG) den Verzicht auf die übertragene Forderung, so **verliert** er
- den übertragenen Anspruch,
- eine dafür eingetragene Sicherungshypothek (Rn. 877) und
- seine Befriedigungsberechtigung aus dem Versteigerungserlös.

Seine ursprüngliche Forderung gegen den Schuldner lebt wieder auf.

875 Mit dem Verzicht geht die übertragene Forderung und mit ihr die für sie eingetragene Sicherungshypothek (§ 1153 BGB) auf den oder die nächstausfallenden Berechtigten über.

2. Wiederversteigerung

876 Beantragt der Zuteilungsberechtigte innerhalb der Frist von drei Monaten (§ 118 Abs. 2 Satz 2 ZVG) die Wiederversteigerung des Grundbesitzes (dazu Rn. 885), behält er ebenfalls seine persönliche Forderung gegen den bisherigen Schuldner auch in Höhe des ihm zugeteilten Betrages. In diesem Umfang haftet ihm aber auch der Ersteher und zwar sowohl dinglich mit dem ersteigerten Grundstück als auch persönlich. Während der Verzicht (Rn. 873) keine praktische Bedeutung hat, ist der Antrag auf Wiederversteigerung die allgemein übliche Reaktion auf den Fall der Nichtzahlung.

C. Sicherungshypotheken

I. Allgemeines

Nach erfolgter Forderungsübertragung besteht die „letzte Amtshandlung" des Vollstreckungsgerichts darin, die Zuteilungsberechtigten hinsichtlich ihrer neu erworbenen Forderungen gegen den Ersteher dinglich abzusichern. § 128 ZVG sieht hierzu die Eintragung von Sicherungshypotheken für die übertragenen Forderungen vor. 877

II. Besonderheiten

Diese Sicherungshypotheken weisen die folgenden Besonderheiten auf: 878

- Vereinigt sich die Sicherungshypothek mit dem Eigentum in einer Person, etwa weil der Ersteher den gesicherten Gläubiger befriedigt und die Sicherungshypothek damit auf ihn übergeht (§§ 1163, 1177 BGB), so kann sie **nicht zum Nachteil** eines Rechtes, das bestehen geblieben ist, oder einer nach § 128 Abs. 1, 2 ZVG eingetragenen Sicherungshypothek geltend gemacht werden (§ 128 Abs. 3 Satz 2 ZVG). Diese Rechtsfolge muss im Grundbuch eingetragen werden, weshalb sich das Ersuchen hierauf erstrecken muss.

- Die Sicherungshypothek nach § 128 ZVG ist **keine Zwangssicherungshypothek** nach §§ 866 ff. ZPO. Sie kann somit entgegen § 866 Abs. 3 ZPO auch für eine Forderung von weniger als 750,01 Euro und ungeachtet des Verteilungsgebotes des § 867 Abs. 2 ZPO auch als Gesamtsicherungshypothek eingetragen werden. Auch hindert die zwischenzeitliche Eröffnung des Insolvenzverfahrens gegen den Ersteher deren Eintragung nicht, da § 89 InsO insoweit nicht greift.[363] 878a

- Bei einer erneuten Versteigerung des Grundstücks ist der mit der Sicherungshypothek gesicherte Betrag als Teil des baren Meistgebots zu entrichten (§ 128 Abs. 4 ZVG). Das Recht bleibt also nicht nach § 52 Abs. 1 ZVG bestehen, sondern erlischt unabhängig vom Rang des bestbetreibenden Gläubigers. 879

- Die für die in § 129 ZVG genannten Ansprüche eingetragenen Sicherungshypotheken erleiden **Rangverlust**, es sei denn, dass vor dem Ablauf von sechs Monaten nach der Eintragung derjenige, welchem die Hypothek zusteht, die Zwangsversteigerung des Grundstücks beantragt (§ 129 ZVG).[364] 880

Die übertragene Forderung ist in jedem Fall „gesetzlich" zu verzinsen, unabhängig, von welcher Rechtsgrundlage (Rn. 866 oder 868) das Gericht ausgeht. Für „gesetzliche Zinsen" haftet aber das Grundstück (§ 1118 BGB) ohne Eintragung, sodass eigentlich die Eintragung des Zinssatzes entbehrlich wäre. In diesem Fall ergeben sich die „gesetzlichen Zinsen" aus dem Übertragungsbeschluss, auf welchen bei der Eintragung Bezug genommen wird. Allerdings darf das Grundbuchamt eine vom Vollstreckungsgericht ersuchte Eintragung nicht unter Hinweis auf § 1118 BGB als „unnötig" ablehnen (denn sie ist nicht unzulässig und macht das Grundbuch auch nicht unrichtig)[365] und die sich aus dem SchuModG ergebende Besonderheit begründet wohl auch ausreichend eine solche Eintragung.[366] Die Angabe und Eintragung eines Höchstzinssatzes, welche in der Vergangenheit bei variablen Zinssätzen (hier § 288 BGB) verschiedentlich verlangt wurde, ist dabei nicht erforderlich, da sich der variable Zins aus der Bezugnahme auf eine gesetzlich bestimmte Bezugsgröße ergibt.[367] 881

---

363 *OLG Düsseldorf* Rpfleger 1989, 339; *Böttcher* (ZVG) § 128 Rn. 6.
364 Für Berechtigte der RK 3 siehe *Glotzbach/Mayer* 497, 498.
365 *Kammergericht* Rpfleger 2003, 204. A.M. *Böttcher* (ZVG) § 128 Rn. 7 m.w.N. Zum Höchstzinssatz siehe auch *Wagner* Rpfleger 2005, 668 (671).
366 So auch *Eickmann* (ZVG) § 22 II 3.
367 *BGH* Rpfleger 2006, 313; *LG Kassel* Rpfleger 2001, 176.

III. Rangverhältnis

882 Nach § 128 ZVG ist die Sicherungshypothek **im Rang des Anspruchs** einzutragen, d.h. die Befriedigungsrangfolge des § 10 ZVG muss bei der Eintragung der Sicherungshypotheken umgesetzt werden. Die nach den Versteigerungsbedingungen bestehen gebliebenen Rechte am Grundstück müssen in dieser Rangfolge „eingeordnet" werden. Das Vollstreckungsgericht hat die Rangfolge im Ersuchen an das Grundbuchamt genau anzugeben.

883
Beispiel

An dem versteigerten Grundstück sind die in Abt. III unter Nr. 1 und Nr. 2 eingetragenen Grundschulden bestehen geblieben. Das Verfahren wurde von dem persönlichen Gläubiger G betrieben. Im Teilungsplan finden sich folgende Ansprüche:
a) Gerichtskosten
b) Grundsteuer
c) Zinsen (bis zum Zuschlag) für das Recht III/1
d) Zinsen (bis zum Zuschlag) für das Recht III/2
e) Anspruch des G (Kosten, Zinsen und ein Teil der Hauptforderung, soweit die Teilungsmasse ausreicht)

Im Falle der Nichtzahlung des Bargebots und Ausführung des Teilungsplans durch Forderungsübertragung müssten folgende Sicherungshypotheken zur Eintragung kommen:
a) III/3 Sicherungshypothek für die Gerichtskosten
im Rang vor den Rechten III/1 und III/2.
b) III/4 Sicherungshypothek für die Grundsteuer
im Rang vor den Rechten III/1 und III/2.
c) III/5 Sicherungshypothek für die Zinsen (bis zum Zuschlag) aus dem Recht III/1 im Rang vor den Rechten III/1 und III/2.
d) III/6 Sicherungshypothek für die Zinsen (bis zum Zuschlag) aus dem Recht III/2 im Rang vor dem Recht III/2.
e) III/7 Sicherungshypothek für den Anspruch des G, soweit dieser aus Kosten nach § 10 Abs. 2 ZVG (Rn. 47) entstanden ist (eigene Sicherungshypothek wegen § 129 ZVG).
f) III/8 Sicherungshypothek für den Anspruch des G (andere Kosten, Zinsen und Hauptforderung, soweit die Teilungsmasse ausreicht).

D. Zwangsvollstreckung aus übertragener Forderung

I. Zwangsvollstreckung in das sonstige Vermögen

884 Nach der Ausführung des Teilungsplans durch Forderungsübertragung kann der jeweilige Gläubiger gegen den Ersteher, ggf. auch gegen den für mithaftend erklärten Bürgen (§ 69 Abs. 3 ZVG) und den für mithaftend erklärten Meistbietenden (§ 81 Abs. 4 ZVG) die Zwangsvollstreckung betreiben. Dieses „normale" Zwangsvollstreckungsverfahren eröffnet dem Gläubiger den Zugriff auf das **gesamte Vermögen** des Erstehers bzw. der genannten mithaftenden Personen. Das Verfahren weist nur insoweit eine Besonderheit auf, als die Zwangsvollstreckung auf Grund einer vollstreckbaren Ausfertigung des Zuschlagsbeschlusses erfolgt (§ 132 Abs. 2 ZVG). Diese ist mit einer Vollstreckungsklausel zu versehen, welche den Berechtigten sowie den Betrag der Forderung ausweisen muss (§ 132 Abs. 2 ZVG), da sich diese Angaben aus dem Zuschlagsbeschluss nicht entnehmen lassen. Der Zuschlagsbeschluss nebst Vollstreckungsklausel ist dem Vollstreckungsschuldner zuzustellen (§ 750 ZPO); einer Zustellung des Forderungsübertragungsbeschlusses bedarf es nicht.

Tipp: Zwangsvollstreckung auch gegen „Mithaftende" möglich.

II. Zwangsvollstreckung in das versteigerte Grundstück (Wiederversteigerung)

1. Allgemeines

Für die Zwangsvollstreckung steht auch das versteigerte Grundstück selbst als Vollstreckungsobjekt zur Verfügung. Wird der Antrag auf Versteigerung von einem Gläubiger gestellt, dem im ersten (vorhergegangenen) Verfahren eine Forderung übertragen wurde, so spricht man von einer „echten Wiederversteigerung". Ein solches Verfahren, für welches § 133 ZVG einige Besonderheiten vorsieht (Rn. 886 ff.), ist von einem möglichen Zwangsversteigerungsverfahren, welches ein „normaler" Gläubiger, z.B. ein solcher eines bestehen gebliebenen Rechtes, beantragt (sog. „unechte Wiederversteigerung"), zu unterscheiden.

885

2. Besonderheiten der Wiederversteigerung

Zwar handelt es sich bei dem Verfahren auf Wiederversteigerung des Grundstücks um ein völlig neues, gegen den Ersteher gerichtetes Verfahren, dennoch sieht § 133 ZVG einige Besonderheiten vor:

886

- Die Wiederversteigerung ist ohne vorherige Zustellung des Zuschlagsbeschlusses nebst Vollstreckungsklausel zulässig.
- Zur Anordnung des Verfahrens braucht der Ersteher noch nicht als Eigentümer in das Grundbuch eingetragen zu sein.
- Ein Zeugnis nach § 17 Abs. 2 ZVG ist nicht vorzulegen, solange das Grundbuchamt noch nicht um Eintragung ersucht wurde.
- Erfolgt die Anordnung der Zwangsversteigerung vor Berichtigung des Grundbuchs, ist zu beachten, dass wegen der Beteiligtenstellung nicht von § 9 Nr. 1 ZVG ausgegangen werden kann, da das Grundbuch noch die alte Rechtslage widerspiegelt.

887

Für die weitere Durchführung der Wiederversteigerung müssen jedoch der Ersteher (als Eigentümer) und die vorgenannten Sicherungshypotheken eingetragen sein.

888

Zur Eintragung des Erstehers als neuen Eigentümer ist die Vorlage der steuerlichen Unbedenklichkeitsbescheinigung (Rn. 541) erforderlich. Da der Ersteher höchstwahrscheinlich die Grunderwerbsteuer nicht bezahlt hat, muss das Vollstreckungsgericht das Finanzamt ersuchen, diese Bescheinigung ohne Steuerzahlung zu erteilen. Dies sehen die Richtlinien des Finanzamtes so vor.[368] Außerdem erlischt die Steuerschuld des Erstehers nach durchgeführter Wiederversteigerung! Da dies nur für die „echte Wiederversteigerung" (Rn. 885) gilt, muss im Ersuchen der Antragsteller des Versteigerungsverfahrens genannt werden.

889

Auch für eine „unechte" Wiederversteigerung, welche aus einem bestehen gebliebenem Recht betrieben wird, erteilt das Finanzamt ohne Steuerzahlung die Unbedenklichkeitsbescheinigung. Allerdings erlischt in diesem Fall die Steuerforderung gegen den Ersteher nicht, so dass sich das Finanzamt um deren Beitreibung (meist natürlich vergeblich) bemühen, sich also z.B. der Versteigerung anschließen muss.

890

Will ein neuer Gläubiger des Erstehers die Versteigerung betreiben, muss die Unbedenklichkeitsbescheinigung zur Eintragung vorgelegt werden.

Tipp: Berechtigte bestehen gebliebener Grundpfandrechte sollten die Wiederversteigerung nur aus der übertragenen Forderung für Zinsen und Kosten, nicht aber aus der Hauptforderung betreiben, da sie sonst die Umschreibung ihres ursprünglichen Titels gegen den Ersteher nebst Zustellung benötigten.

---

368 Z.B. für Rheinland-Pfalz: Grunderwerbsteuerkartei OFD Koblenz § 22 Karte 3 und Rundverfügung vom 13.03.1989 (AZ.: S 4540A-St 53 4).

891 Für das gG gelten zunächst die allgemeinen Bestimmungen (Rn. 348 ff.), jedoch ergeben sich für die im Rahmen der Ausführung des Teilungsplans des Vorverfahrens eingetragenen Sicherungshypotheken aus den §§ 128, 129 ZVG Besonderheiten:
- Sofern eine der genannten Sicherungshypotheken in das gG fällt, ist sie in vollem Umfang bar zu decken (§ 128 Abs. 4 ZVG). Diese Regelung gilt nicht nur für das „echte Wiederversteigerungsverfahren", sondern für alle künftigen Fälle der Versteigerung des Grundstücks.
- Wegen des Befriedigungsranges, welchen die Sicherungshypotheken bieten, ist für jeden **einzelnen** Gläubiger § 129 ZVG zu beachten. Der Gläubiger einer Sicherungshypothek für einen in dieser Norm genannten Anspruch kann den sechs Monate nach der Eintragung eintretenden Rangverlust nur durch seinen eigenen vorherigen Antrag auf Wiederversteigerung verhindern.
- Das Grundbuch wird bezüglich des Ranges der Sicherungshypotheken unrichtig, wenn die Berechtigten den Antrag auf Wiederversteigerung nicht rechtzeitig stellen oder nach Fristablauf zurücknehmen. Diese Rechtsfolge muss im Ersuchen bezeichnet sein. Es genügt dann im Grundbuch die Bezugnahme auf das Ersuchen (§ 874 BGB). Die Berichtigung erfolgt nach § 22 GBO, also nicht auf Ersuchen des Vollstreckungsgerichts.

9. Kapitel
Erbbaurecht und Wohnungseigentum

A. Erbbaurecht

I. Allgemeines

892 Nach der verbindlichen Regel des § 93 BGB muss der Grundstückseigentümer auch Eigentümer des darauf errichteten Gebäudes sein. Dies hat schon früh zu Problemen geführt, da Bauland nicht in genügender Menge vorhanden war und die Eigentümer es auch nicht verkaufen wollten. Deshalb schuf der Gesetzgeber das Erbbaurecht. Man stelle sich vor, über das Grundstück sei ein unsichtbarer **„Rechts-Teppich"** gebreitet, auf welchem das Gebäude errichtet ist. Es steht nun – rechtlich gesehen – nicht mehr auf dem Grundstück, sondern auf dem „Rechts-Teppich" und damit kann das Gebäude ohne Verletzung des § 93 BGB Eigentum des Erbbauberechtigten sein. Das Gebäude wird wesentlicher Bestandteil des Erbbaurechts, nicht des Grundstücks (§ 12 ErbbauVO).

893 Die Entwicklung des Rechts führte zur Unterscheidung verschiedener Formen des Erbbaurechtes:
- Das „Uralt-Erbbaurecht", vor dem 22.01.1919 begründet, wird hier nicht mehr erörtert.
- Das seit dem 22.01.1919 mögliche Erbbaurecht nach der ErbbauVO[369].
- Das neue Erbbaurecht in der Form des Sachenrechtsänderungsgesetzes vom 21.09.1994.

894 Die beiden letztgenannten Formen des Erbbaurechts unterscheiden sich wesentlich nur in der Einordnung des Erbbauzinses (§§ 9 und 9a ErbbauVO). Auch heute noch könnte ein Erbbaurecht nach der älteren Form begründet werden, ebenso wie eine Umwandlung eines älteren Rechtes in die neue Form möglich[370] wäre. Beides wird nur selten der Fall sein.

895 Die Zwangsversteigerung des mit dem Erbbaurecht belasteten Grundstücks ist rechtlich möglich, jedoch in der Praxis selten. Als Verfahrensbesonderheit bleibt das Erbbaurecht kraft Gesetzes (§ 25 ErbbauVO) auf jeden Fall bestehen.

---
369 Verordnung über das Erbbaurecht vom 22.01.1919, zuletzt geändert durch Gesetz vom 22.05.2005; im *Schönfelder* abgedruckt unter Nr. 41.
370 Mit Zustimmung aller Berechtigten der dinglichen Rechte, die Vorrang vor oder Gleichrang mit der Erbbauzinsreallast haben (§ 9 Abs. 3 Satz 2 ErbbauVO).

II. Gemeinsame Regeln für die Zwangsversteigerung des Erbbaurechts

1. Anordnung der Zwangsversteigerung

Ein Erbbaurecht wird nach den gleichen Regeln zwangsversteigert wie ein Grundstück, soweit nachfolgend keine Abweichungen angegeben sind. Ersteigert wird das Recht (also der „Rechts-Teppich" der Rn. 892); das Eigentum am Gebäude folgt gem. § 93 BGB. Der Erwerber wird „Erbbauberechtigter". **896**

Bei der Bestellung des Erbbaurechts kann bestimmt sein, dass die Veräußerung des Erbbaurechtes nur mit **Zustimmung** des Grundstückseigentümers[371] zulässig ist (§ 5 Abs. 1 ErbbauVO). Diese im Grundbuch einzutragende Beschränkung gilt dann auch für die Veräußerung durch Zwangsversteigerung (§ 8 ErbbauVO). **897**

Der Gesetzgeber wollte dem Grundstückseigentümer gegen dessen sachlich begründetes Interesse keinen Erbbauberechtigten aufzwingen. Aus dieser „ratio" ergibt sich, **898**

- dass diese Zustimmung noch nicht bei der Anordnung der Zwangsversteigerung bzw. der Zulassung des Beitritts, sondern **erst zum Zuschlag** erforderlich ist (Rn. 908), und
- dass sie auch dann erforderlich ist, wenn die Zwangsversteigerung aus einem Grundpfandrecht betrieben wird, das mit Zustimmung (§ 5 Abs. 2 ErbbauVO) des Grundstückseigentümers eingetragen wurde.

Die Zustimmungspflicht schützt also nicht vor der Veräußerung als solcher, sondern vor einem unerwünschten Erwerber.

2. Einzelfragen

Der Grundstückseigentümer ist Beteiligter i.S. des § 9 ZVG (§ 24 ErbbauVO). **899**

Bei der Ermittlung des Verkehrswertes nach § 74a Abs. 5 ZVG sind zu bewerten **900**

- das Bauwerk (nach den allgemeinen Regeln) und
- der „Rechts-Teppich".

Da aber der Ersteher nicht Eigentümer des Grundstücks wird, muss das Erbbaurecht, also die Befugnis auf fremdem Boden ein Bauwerk zu haben (Rechts-Teppich), bewertet werden. Wichtige Anhaltspunkte hierfür sind **901**

- die restliche Laufzeit des Erbbaurechts und
- die Höhe des Erbbauzinses.

Je geringer der Erbbauzins und je länger die Laufzeit, desto höher ist (aus der Sicht des Erwerbers) der Wert des Erbbaurechts. Für Einzelheiten der Berechnung wird auf die Kommentarliteratur verwiesen.

Tipp: Auf die Laufzeit des Erbbaurechts achten.

Die öffentlichen Lasten ruhen auf dem Erbbaurecht, nicht auf dem Grundstück. Somit kann aus einer Forderung RK 3, die nach Bestellung des Erbbaurechts fällig geworden ist, keine Zwangsversteigerung des Grundstücks, wohl aber des Erbbaurechts beantragt werden. **902**

3. Grundsätze zum Erbbauzins

Die Erbbauzins-Reallast sowie die Vormerkung zur Sicherung einer künftigen Erhöhung (dazu Rn. 917) bleiben im Normalfall bestehen, weil **903**

- sie entweder einen besseren Rang als der bestbetreibende Gläubiger haben oder
- dies nach § 59 ZVG so vereinbart wurde oder
- diese Rechte bereits „Bestandschutz" (dazu Rn. 925) haben.

---

371 Oft auch „Ausgeber" des Erbbaurechts genannt.

904 Bleiben Erbbauzins-Reallast und Vormerkung bestehen, muss für sie ein Zuzahlungsbetrag nach §§ 51, 50 ZVG bestimmt werden:

905 • Für die Erbbauzins-Reallast kann zunächst auf die Berechnung Rn. 923 Bezug genommen werden. Der so ermittelte Betrag kommt aber allenfalls als Höchstbetrag in Betracht. Da sich der Zuzahlungsbetrag nach § 51 ZVG nach der Entlastung des Erstehers durch Wegfall eines übernommenen Rechtes richtet, muss beachtet werden, dass ein Ersteher durch Wegfall einer erst in vielen Jahren fälligen Rate angesichts der ständigen Geldentwertung weniger entlastet sein kann als durch sofortige Zahlung eines hohen Geldbetrages. Deshalb wird man den nach § 51 ZVG festzusetzenden Betrag wesentlich niedriger ansetzen müssen als einen nach § 92 Abs. 1 ZVG zahlbaren Ersatzbetrag. Die Verminderung ist unter Berücksichtigung des Einzelfalles zu schätzen.

906 • Die Vormerkung (Rn. 917) hat nur einen real feststellbaren Wert, wenn das von ihr gesicherte Erhöhungsverlangen bereits schuldrechtlich besteht, aber dinglich durch Eintragung des höheren Erbbauzinses noch nicht realisiert wurde. Eine künftige Erhöhung, die von Voraussetzungen abhängt, deren Eintritt ungewiss ist, entzieht sich einer Bewertung[372].

907 Die fälligen Raten des Erbbauzinses werden wie Zinsen eines Grundpfandrechtes behandelt (§ 1107 BGB). Also gilt für sie in der Zwangsversteigerung:
- Für die Unterscheidung „laufend" oder „rückständig" gelten die allgemeinen Regeln (Rn. 300 f.).
- Laufende Raten müssen nicht angemeldet werden (§ 45 Abs. 2 ZVG).
- Rückständige Raten müssen bei Meidung des Rangverlustes angemeldet werden und haben für zwei Jahre RK 4, ältere Raten nur noch RK 8.
- Aus dem Erlös erfolgt Befriedigung bis zum Tag vor dem Zuschlag und zwar auch dann, wenn diese Rate noch nicht fällig ist (**Beispiel** Rn. 923). Ab dem Zuschlag schuldet der Ersteher den Erbbauzins und zwar sowohl dinglich als auch persönlich (§ 1108 BGB). Erlischt ausnahmsweise (Rn. 919) der Erbbauzins, erhält der Grundstückseigentümer die lfd. Rate bis zum Verteilungstermin.

4. Zuschlag in der Zwangsversteigerung

908 Falls die Beschränkung des § 5 Abs. 1 ErbbauVO eingetragen ist, bedarf es zum Zuschlag der Zustimmung des Grundstückseigentümers (Rn. 897). Diese Zustimmung hat der **Meistbietende** zu beschaffen und dem Gericht nachzuweisen. Wird sie nicht erteilt und auch nicht ersetzt (Rn. 913), muss der Zuschlag versagt werden.

909 Dem Meistbietenden muss zur Beibringung der Zustimmung eine angemessene Frist gewährt und daher ein Verkündungstermin bestimmt werden. Die Frist des § 87 Abs. 2 ZVG reicht regelmäßig nicht aus, weshalb je nach Einzelfall die Verkündung auch später als eine Woche nach dem Versteigerungstermin erfolgen kann.

910 Die Zustimmung ist nicht formbedürftig. Sie kann daher schriftlich oder zu Protokoll der Geschäftsstelle oder des Gerichts (im Versteigerungstermin oder Verkündungstermin) erklärt werden. Erst nachdem sie dem Gericht nachgewiesen wurde, kann dem Meistbietenden der Zuschlag erteilt werden.

911 Der Grundstückseigentümer kann die Zustimmung nur aus den in § 7 ErbbauVO genannten Gründen **verweigern**, insbesondere also
- wenn der Meistbietende keine Gewähr für die Erfüllung der Pflichten aus dem Erbbaurecht bietet oder
- wenn durch den Zuschlag (Eigentumswechsel) der bei Bestellung des Erbbaurechts verfolgte Zweck wesentlich beeinträchtigt oder gefährdet würde (Bankdirektor ersteigert Erbbaurecht, das für Sozialhilfeempfänger gedacht war).

912 Nicht selten benutzen die Grundstückseigentümer, insbesondere also die Gemeinden, den Versteigerungsfall bzw. das Zustimmungserfordernis, um den Meistbietenden zu Zugeständnissen bei der

---

372 Hierzu *Stöber* (ZVG) § 51 Rn. 4.7 und *Streuer* Rpfleger 1997, 141.

Vertragsgestaltung zu „bewegen", auf welche sie keinen Anspruch haben. Versucht wird insbesondere

- die Korrektur eines Versteigerungsergebnisses nach Rn. 919 (Erbbauzins soll entgegen dem Zuschlag bestehen bleiben!),
- eine gewaltige Erhöhung des Erbbauzinses, auf welche weder ein gesetzlicher noch ein vertraglicher Anspruch besteht.

§ 7 Abs. 3 ErbbauVO sieht vor, dass das Amtsgericht in einem Verfahren nach den Regeln des FGG[373] (also nicht durch das Vollstreckungsgericht) eine ohne triftigen Grund verweigerte Zustimmung ersetzen kann. Antragsberechtigt ist aber nur der bisherige Erbbauberechtigte (Schuldner) sowie jeder Gläubiger des Zwangsversteigerungsverfahrens, **nicht** aber der Meistbietende![374] 913

Leider wissen die Grundstückseigentümer, dass der Meistbietende die gerichtliche Ersetzung der Zustimmung nicht selbst beantragen kann. Will er den Zuschlag, kann er nur einen Gläubiger (z.B. das bestbetreibende Kreditinstitut) bitten, seinerseits den Antrag zu stellen. Angesichts der Rechtslage wird dann die Zustimmung meist sofort erteilt. Anderenfalls bleibt nur, dem Ansinnen des Grundstückseigentümers nachzukommen oder die Versagung des Zuschlags hinzunehmen. 914

Tipp: Wird die Erteilung der Zustimmung von unberechtigten Bedingungen abhängig gemacht, sollte der Meistbietende den **bestbetreibenden Gläubiger** bitten, seinerseits die Ersetzung der Zustimmung zu beantragen. Schließlich ist dieser ja auch an der Erteilung des Zuschlags interessiert, damit er sein Geld bekommt.

5. Heimfall

Nach zeitlichem Ablauf des Erbbaurechtes oder bei Eintritt bestimmter (vereinbarter) Bedingungen kann der Grundstückseigentümer die Rückübertragung des Erbbaurechtes auf sich oder einen Dritten verlangen (§ 2 Nr. 4 ErbbauVO; Heimfall). Hierfür hat er grundsätzlich eine Entschädigung zu zahlen. 915

Wurde die Vereinbarung getroffen, dass die Anordnung einer Zwangsversteigerung den vorgenannten Heimfall auslöst, liegt darin für den Ersteher ein besonderes Risiko, da er nach Erteilung des Zuschlags dem Heimfallanspruch ausgesetzt ist. Das Gericht sollte daher sofort nach der Anordnung der Versteigerung dem Eigentümer einen Anordnungsbeschluss zuleiten und zugleich anfragen, ob er den Heimfallanspruch geltend machen will. Da die Versteigerungsverfahren meist länger als sechs Monate dauern, könnte bis zum Zuschlag Verjährung (§ 4 ErbbauVO) eingetreten sein.[375] 916

Tipp: Steht weder der Verzicht noch die Verjährung fest, sollten Bietinteressierte beim Grundstückseigentümer anfragen, ob der Heimfallanspruch geltend gemacht wird.

III. Erbbauzins beim „alten" Erbbaurecht

Der Anspruch auf Erbbauzins ist nicht Bestandteil des Rechts, sondern muss vereinbart und durch eine Eintragung in der zweiten Abteilung des Grundbuchs (Erbbauzins-Reallast § 9 Abs. 1 ErbbauVO) gesichert werden. Der Anspruch auf künftige Erhöhung des Erbbauzinses, der wirtschaftlichen Entwicklung entsprechend, kann durch eine Vormerkung dergestalt gesichert werden, dass der erhöhte Erbbauzins später den Rang der ursprünglichen Reallast erhält. 917

Da Erbbauzins-Reallast und Vormerkung in der Zwangsversteigerung wie jedes andere Recht der zweiten Abteilung des Grundbuchs zu behandeln sind, können beide Rechte durch den Zuschlag erlöschen (§ 91 Abs. 1 ZVG) und der Ersteher erlangt ein erbbauzinsloses Erbbaurecht. 918

---

373 Gesetz über die Angelegenheiten der freiwilligen Gerichtsbarkeit vom 17.05.1898, zuletzt geändert durch Gesetz vom 22.09.2005; im *Schönfelder* abgedruckt unter Nr. 112.
374 Früher streitig, heute allgemeine Meinung; so auch *OLG Köln* Rpfleger 1969, 300.
375 Einzelheiten bei *Stöber* (ZVG) § 15 Rn. 13.17.

1 Versteigerung eines Grundstücks

919 Sehr häufig haben die Grundstückseigentümer bei der Belastung des Erbbaurechts ihre Zustimmung erteilt, Belastungen mit Rang vor der Reallast einzutragen. Wird dann aus einem solchen Recht die Zwangsversteigerung betrieben, hätte dies das Erlöschen der rangschlechteren Rechte (Reallast/Vormerkung) zur Folge, was für den Ersteher von Vorteil ist und somit zu höheren Geboten führen kann. Erbbauzins und Vormerkung erlöschen auch, wenn (in der Praxis selten) die Zwangsversteigerung aus einer Forderung der RK 3 betrieben wird.

920 Die Grundstückseigentümer versuchen meist, diese unerwünschte Folge durch eine abweichende Versteigerungsbedingung (§ 59 ZVG; Rn. 388) zu verhindern, was aber oft an der Zustimmung der vorrangigen Gläubiger[376] scheitert und auch über ein Doppelausgebot nur selten zum erwünschten Erfolg führt. Auf das Gebot ohne Erbbauzins wird meist mehr geboten als auf das Gebot mit bestehen bleibendem Erbbauzins und dies erhöht die Zuteilung an die vorgehenden Rechte, die somit durch einen Zuschlag auf die Abweichung beeinträchtigt wären.

921 Würde die Erbbauzins-Reallast und/oder die Vormerkung durch den Zuschlag erlöschen, wird der Ersteher (Rn. 912) gehörig unter Druck gesetzt, dem Bestehenbleiben (§ 91 Abs. 2 ZVG) dieser Rechte zuzustimmen, auch wenn der Erlös für einen Ausgleich in Geld (Rn. 701) nicht ausreicht. Reicht ausnahmsweise der Erlös, erfolgt ein Ausgleich nach Rn. 701 mit der Berechnung Rn. 702.

922 Scheitert auch dies, hat der Eigentümer für die verlorene Reallast einen Anspruch auf Geldersatz durch einmalige Zahlung (Rn. 657 und 660), was jedoch ausreichenden Erlös an seiner Rangstelle voraussetzt. Die künftigen Erbbauzinsraten gelten als fällig (§ 111 ZVG). Da sie bis zur Fälligkeit unverzinslich sind, erhält der Eigentümer nur einen abgezinsten Betrag. Die Berechnung erfolgt mittels Tabellen oder Formeln (Rn. 660).

923 Beispiel für einen jährlich nachträglich fälligen Erbbauzins auf der Basis von 4 % Zinsen:

Beispiel

$$\text{Ersatzbetrag} = \frac{\text{Jahresrate} \times (1{,}04^n - 1)}{(1{,}04^n \times 0{,}04)}$$

Hierbei steht „n" für die Restlaufzeit in Jahren.

Für die fehlende Zeit vom Verteilungstermin bis zur nächsten Fälligkeit ist der entspr. Betrag zuzusetzen. Die lfd. Rate erhält der Eigentümer ohnehin anteilig bis zum Verteilungstermin (Rn. 600, 605), im folgenden Beispiel also 800,00 €.

Erloschener Erbbauzins jährlich 1.200,00 €, Verteilungstermin 01.03.2008; nächste Fälligkeit 01.07.2008 und ab dann noch Restlaufzeit von 35 Jahren.

Ersatzbetrag für 35 Jahre:

$$\text{Ersatzbetrag} = \frac{1.200{,}00\ \text{€} \times (3{,}946088 - 1)}{(3{,}946088 \times 0{,}04)}$$

$$\text{Ersatzbetrag} = \frac{1.200{,}00\ \text{€} \times 2{,}946088}{0{,}157844} = 22.397{,}47\ \text{€}$$

Diese Berechnung geht vom 01.07.2008 als Zahltag aus. Sie muss daher wie folgt rechnerisch ergänzt werden:
- Es fehlt der Ersatzbetrag für vier Monate, also vom 01.03. bis zum 30.06.2008, da diese 400,00 € nicht als „laufend" im Verteilungstermin bezahlt werden. Der errechnete Ersatzbetrag muss also auf 22.797,47 € erhöht werden.
- Da die Bezahlung des Ersatzbetrages im Verteilungstermin, also vier Monate vor der eigentlichen Fälligkeit erfolgt, muss eine entspr. Abzinsung stattfinden. Einen praxistauglichen Annäherungswert für diese Abzinsung erhält man, indem man den abzuzinsenden Betrag pro Jahr der Abzinsung mit 0,03951 multipliziert.

(Fortsetzung S. 145)

---

[376] Gemäß § 59 Abs. 3 ZVG bedarf es nicht der Zustimmung der nachstehenden Beteiligten; nach der hier vertretenen Auffassung (streitig) auch nicht der Zustimmung des Erbbauberechtigten. Hierzu *Mayer* Rpfleger 2003, 281.

- Da hier nur für vier Monate abzuzinsen ist, erfolgt die Multiplikation mit 1/3 dieses Jahresbetrages, also mit 0,01317. Dies ergibt dann: 22.797,47 € x 0,01317 = 300,24 €, die vom Ersatzbetrag abzuziehen sind:
22.797,47 € abzüglich 300,24 € ergibt 22.497,23 €.[377]
- Diese 22.497,23 € erhält der Grundstückseigentümer im Verteilungstermin.

Zum Vergleich: 35 Jahresraten + 400,00 € wären 42.400,00 €.

Für eine erloschene Vormerkung (Rn. 918) kommt ein Ersatzbetrag nur in Betracht, wenn zwar die Vormerkung, nicht aber der Erbbauzins erloschen ist. Da sich ein erloschener Erbbauzins nicht mehr erhöhen kann, ist die darauf gerichtete Vormerkung wertlos.

IV. Erbbauzins beim „neuen" Erbbaurecht

Für Erbbaurechte, die nach dem 01.10.1994[378] begründet oder durch eine vertragliche Änderung (Rn. 894) dem neuen Rechtsstand angepasst wurden, können bezüglich des Erbbauzinses die nachfolgenden Änderungen gegenüber den Darlegungen im Abschnitt III vereinbart sein. Es handelt sich hauptsächlich um eine Verbesserung der Position des Grundstückseigentümers[379], weshalb seit dieser Zeit kaum noch Erbbaurechte nach „altem Rechtsstand" begründet werden. Die noch vorhandenen Erbbaurechte alten Rechtes werden aber noch viele Jahre die im Abschnitt III genannten Probleme bei der Zwangsversteigerung aufwerfen.

Folgende **Änderungen** können als Inhalt des Erbbauzinses vereinbart sein:

- Es kann ein **Rangvorbehalt** für Grundpfandrechte vor dem Erbbauzins vereinbart sein (§ 9 Abs. 3 Satz 1 Nr. 2 ErbbauVO). Dies wird hier nicht weiter erörtert.
- Es kann ein Erbbauzins mit **„Bestandsschutz"** vereinbart sein. Dazu Rn. 927.
- Es kann eine **automatische Anpassung** des Erbbauzinses festgelegt sein. Dazu Rn. 930.

Es kann vereinbart sein (§ 9 Abs. 3 Satz 1 Nr. 1 ErbbauVO), dass der Erbbauzins (Stammrecht) gem. § 52 Abs. 2 Satz 2a ZVG bestehen bleibt (Bestandsschutz), wenn die Versteigerung

- vom Eigentümer des Grundstücks aus einer fälligen Erbbauzinsrate,
- von einer Wohnungseigentümergemeinschaft nach Rn. 953g oder
- vom Gläubiger eines vorrangigen **Grundpfandrechtes** betrieben wird.

Dieser Bestandsschutz gilt nur für das Stammrecht. Die Einordnung der fälligen Raten in das gG erfolgt nach den allgemeinen Regeln. Diese Raten stehen also nicht im gG, wenn die Zwangsversteigerung aus einem besserrangigen Recht betrieben wird.

Auch ein Erbbauzins (Stammrecht) mit Bestandsschutz erlischt, wenn die Versteigerung aus einem Anspruch der RK 3 (theoretisch auch der RK 2) betrieben wird.

Es kann vereinbart sein, dass sich der Erbbauzins ohne Eintragung im Grundbuch an bestimmte Veränderungen (§ 9 Abs. 1 ErbbauVO, § 1105 Abs. 1 BGB) in den Grenzen des § 9a ErbbauVO anpasst. Ist für den Erbbauzins Bestandsschutz vereinbart, gilt dieser auch für die Anpassungsklausel.

Wird ein solches Erbbaurecht versteigert, muss das Gericht von Amts wegen (§ 45 Abs. 2 ZVG) die „laufenden" Erbbauzinsraten an Hand des Grundbucheintrages[380] berechnen. Rückstände bedürfen der Anmeldung.

Nach wie vor kann die künftige Erhöhung des Erbbauzinses auch durch eine Vormerkung gesichert werden (§ 9a Abs. 3 ErbbauVO).

---

377 Zur Kontrolle: 22.497,23 € ergeben mit 4 % verzinst in vier Monaten 22.797,19 €. Die Rechendifferenz beträgt nur 0,21 €.
378 Ergänzt durch die Rechtsänderung vom 16.06.1998 (BGBl. I Seite 1242).
379 Ausführlich zur neuen Erbbauzins-Reallast: *Bräuer* Rpfleger 2005, 401.
380 Bezugnahme auf die Eintragungsbewilligung ist zulässig.

1 Versteigerung eines Grundstücks

933 Theoretisch kann auch eine solche Vereinbarung einmal nichtig sein, sodass der Ersteher von der Belastung nicht getroffen wird. Also muss sowohl für den Erbbauzins als auch für die Anpassungsklausel ein Zuzahlungsbetrag nach § 51 ZVG bestimmt werden. Dazu Rn. 904 ff.

B. Wohnungs- und Teileigentum

I. Allgemeines

934 Besonders in Ballungsgebieten reichte das Erbbaurecht nicht mehr aus, um möglichst vielen Bürgern eigenen Wohnraum zu bieten, da das Erbbaurecht eher zur Errichtung von Eigenheimen als für Mietshäuser gedacht ist. Deshalb wurde durch das WEG[381] die Möglichkeit geschaffen, innerhalb eines Gebäudes eine Wohnung, dazu evtl. Nebenräume und einen Garagenplatz einem Eigentümer als Sondereigentum zuzuweisen, während die gemeinschaftlichen Anlagen im Miteigentum aller verbleiben (§ 1 f. WEG). Häufig hat ein Wohnungseigentümer zusätzlich auch ein Sondernutzungsrecht, z.B. an einem PKW-Stellplatz, der zwar im gemeinschaftlichen Eigentum verblieben ist, dann aber ausschließlich von dem Berechtigten benutzt werden darf (§ 15 WEG).

935 Der Grundsatz des § 93 BGB wird dadurch gewahrt, dass das Grundstück Bruchteilseigentum aller Wohnungseigentümer wird (§ 1 Abs. 2 WEG). Das Gebäude kann auch auf einem Erbbaurecht errichtet sein; dann sind alle Wohnungseigentümer Mitberechtigte des Erbbaurechtes (§ 30 WEG).

936 Die Zwangsversteigerung zum Zwecke der Aufhebung einer Gemeinschaft (§§ 180 ff. ZVG) des Bruchteilseigentums (Rn. 935) ist grundsätzlich ausgeschlossen (§ 11 WEG; dort auch die Ausnahme). Sind aber mehrere Personen Eigentümer einer Wohnung (Sondereigentum) in Bruchteils- oder Gesamthandsgemeinschaft, kann insoweit die Teilungsversteigerung stattfinden.

937 Nach Begründung des Wohnungseigentums ist die Zwangsvollstreckung in das Grundstück nicht mehr zulässig. Es kann nur noch **in das jeweilige Sondereigentum vollstreckt** werden, auch wenn alle Wohnungen noch im Eigentum des Grundstückseigentümers stehen.

938 Die Verwaltung des Wohnungseigentums erfolgt gemeinsam (§§ 20 ff. WEG), im Normalfall durch einen gemeinsam bestellten Verwalter (der nicht mit dem oft vorhandenen Hausmeister verwechselt werden darf!).

939 Für Teileigentum, also Sondereigentum an nicht zu Wohnzwecken dienenden Räumen eines Gebäudes i.V.m. dem Miteigentumsanteil an dem gemeinschaftlichen Eigentum, zu dem es gehört (§ 1 Abs. 3 WEG), gelten die gleichen Regeln (§ 1 Abs. 6 WEG) und damit die Ausführungen zum Wohnungseigentum entsprechend.

II. Wohnungseigentum als Objekt der Zwangsversteigerung

1. Zustimmung

940 Die Versteigerung von Wohnungs- und Teileigentum erfolgt nach den allgemeinen Regeln.

941 Alle **Miteigentümer sind Beteiligte** (§ 9 ZVG) des Verfahrens, weshalb ihnen Beschlüsse, deren Zustellung an alle Beteiligte vorgesehen ist, zuzustellen sind. Allerdings kann wegen § 27 Abs. 2 Satz 1 WEG die Zustellung für alle an den Verwalter erfolgen (falls dieser nicht zufällig als Wohnungseigentümer der Vollstreckungsschuldner ist!). Dies gilt auch für oft vorhandene Rechte in der zweiten Abteilung des Grundstücks (z.B. Wegerechte, Leitungsrechte), die zu Gunsten aller Miteigentümer an jeder Wohnung eingetragen sind und die gemeinsame Benutzung sichern sollen.

941a Beim Wohnungserbbaurecht ist auch der Grundstückseigentümer „Beteiligter" (§ 24 ErbbauVO). Ihm ist immer separat zuzustellen.

---

[381] Gesetz über das Wohnungseigentum und das Dauerwohnrecht (Wohnungseigentumsgesetz) vom 15.03.1951, zuletzt geändert durch Gesetz vom 26.03.2007; im *Schönfelder* abgedruckt unter Nr. 37.

In geeigneten Fällen, insbesondere bei einer Wohnanlage mit vielen gleichartigen Wohnungen (z.B. Appartements), könnte die Bewertung im Vergleichswertverfahren erfolgen, wenn hierfür ausreichende Erkenntnisse vorliegen.[382] **942**

Es kann vereinbart sein, dass die Zwangsversteigerung des Wohnungseigentums nur mit Zustimmung der anderen Wohnungseigentümer oder eines Dritten (meist des Verwalters) erfolgen darf (§ 12 Abs. 1, Abs. 3 Satz 2 WEG). Dies gilt dann auch für eine Zwangsversteigerung auf Antrag des Berechtigten eines Grundpfandrechtes, dessen Eintragung (anders als beim Erbbaurecht) keiner Genehmigung bedurfte. Beim Wohnungserbbaurecht (§ 30 WEG) ist neben der **Zustimmung** nach § 12 WEG auch jene gem. § 5 ErbbauVO denkbar. **943**

Die Wohnungseigentümer können mit einfacher Mehrheit beschließen, dass das Zustimmungserfordernis künftig entfallen soll (§ 12 Abs. 4 WEG). **943a**

Die Zustimmung § 12 WEG ist nicht erforderlich, wenn **944**
- aus einem einheitlichen Titel alle Wohnungen versteigert werden sollen;[383]
- wegen einer Forderung der RK 3 vollstreckt wird, welche bereits vor der Aufteilung in Wohnungseigentum am Grundstück entstanden ist.

Die Zustimmung ist auch erforderlich, wenn die Wohnungseigentümergemeinschaft selbst (Rn. 953g) die Zwangsversteigerung betreibt. Allerdings kann die Eigentümergemeinschaft nach der hier vertretenen Auffassung beschließen, dass das Zustimmungserfordernis auch für eine einzelne Wohneinheit entfallen soll.

Ebenso wie beim Erbbaurecht ist die Zustimmung erst zur Erteilung des Zuschlags erforderlich. Rn. 908 ff. gelten entsprechend. Soweit die Zustimmung der anderen Wohnungseigentümer oder des Verwalters erforderlich ist und ohne wichtigen Grund (§ 12 Abs. 2 Satz 1 WEG) verweigert wird, kann im Prozessweg (§ 43 WEG) ersetzt werden. **945**

2. Geld der Wohnungseigentümer

Zur Bestreitung der gemeinsamen Ausgaben leisten die Wohnungseigentümer Zahlungen (Wohngeld oder Hausgeld genannt) in eine gemeinsame Kasse, von welcher der Verwalter die gemeinsamen Ausgaben bestreitet. Es ist auch denkbar, dass in Gemeinschaft verbliebenes Eigentum vermietet ist und Erträge in diese Kasse erbringt. Aus diesen Umlagen/Einnahmen wird meist auch eine Rücklage für evtl. größere Reparaturen (Instandsetzungsrücklage; § 21 Abs. 5 Nr. 4 WEG) gebildet. **946**

Diese Gelder sind nicht dinglich mit dem Wohnungseigentum verbunden, insbesondere nicht Zubehör. Somit erlangt der Ersteher kein Miteigentum am Geld, das am Zuschlagstag vorhanden ist, insbesondere nicht an der Instandsetzungsrücklage.[384] Andererseits haben der Schuldner und seine Gläubiger keinen Anspruch gegen die Gemeinschaft auf Auszahlung des Anteils. Auch die Gemeinschaft hat keinen Anspruch gegen den Ersteher, den vom früheren Eigentümer erbrachten Betrag nochmals in die Rücklage einzuzahlen. In Betracht kommen Ersatzansprüche zwischen Ersteher und bisherigem Eigentümer aus ungerechtfertigter Bereicherung, die außerhalb des Versteigerungsverfahrens zu verfolgen sind. **947**

Tipp: Für nicht aus der Teilungsmasse befriedigte Gläubiger bietet sich hier evtl. eine interessante Vollstreckungsmöglichkeit im Wege der Forderungspfändung. Zu pfänden ist der Anspruch des Schuldners gegen den Ersteher aus der Bereicherung durch vorhandene Rücklagen.

---

382 Hierzu *BGH* Rpfleger 2005, 40.
383 *BayObLG* NJW 1958, 2016.
384 *BayObLG*Z 1984, 198 (206). Dieser Teil der Entscheidung ist im Rpfleger nicht abgedruckt. Für den Fall des Verkaufs wird allgemein angenommen, dass der Anspruch auf die anteilige Instandsetzungsrücklage „mitverkauft" wurde, wenn kein gegenteiliger Vertragswille ersichtlich ist.

948 Der Ersteher schuldet der Gemeinschaft die Umlagen (Hausgeld und Sonderumlagen), die **nach** dem Zuschlag fällig werden (§ 56 ZVG). Die bereits vom Schuldner eingezahlten Beiträge kommen ihm zugute. Er haftet nicht für Zahlungen laut Wirtschaftsplan oder Sonderumlagen, die bereits **vor** dem Zuschlag fällig geworden sind. Dies gilt auch dann, wenn die im Wirtschaftsplan (vor dem Zuschlag) festgelegte Umlage zusammen mit dem Beschluss über die sie einbeziehende Jahresabrechnung (nach dem Zuschlag) nochmals bestätigt wird. Eine nach dem Zuschlag beschlossene „Abrechnungsspitze"[385] zum Ausgleich eines Fehlbetrages muss er auch dann zahlen, wenn der zu deckende Fehlbetrag vor dem Zuschlag entstanden ist. Nach der Neufassung[386] des § 23 Abs. 4 WEG muss jedoch der Ersteher gegen die Eigentümergemeinschaft klagen, wenn sie ihm Beträge auflasten will, die er nicht schuldet.

949 Sind allerdings Umlagen erst nach dem Zuschlag durch einen Beschluss der Eigentümergemeinschaft neu begründet – also nicht bereits vorher im Wirtschaftsplan beschlossen – worden (§ 28 Abs. 5 WEG), muss der Ersteher auch dann seinen Anteil erbringen, wenn die Notwendigkeit für diese Umlage bereits vor dem Zuschlag entstanden ist.

950 Umgekehrt hat die Gemeinschaft einen Überschuss, der bereits vor dem Zuschlag zur Auszahlung fällig geworden ist, noch an den bisherigen Eigentümer zu leisten. Beträge, die nach dem Zuschlag fällig werden, gebühren dem Ersteher. Solche Zahlungen werden aber nur anfallen, wenn umfangreiches Gemeinschaftseigentum vorhanden und vermietet ist.

3. Vermietung vor Aufteilung

951 Für den Ersteher ergeben sich Probleme, wenn das Objekt bereits vermietet war, **bevor** die Aufteilung in Wohnungseigentum erfolgte und die damaligen Mieter immer noch in ihren früheren Wohnungen (somit in der Eigentumswohnung, die jetzt versteigert werden soll) wohnen. Der Gutachter soll mit der Feststellung beauftragt werden, ob diese Voraussetzung bei der zu versteigernden Wohnung vorliegt. Ist dies der Fall, soll der Rechtspfleger die Beteiligten auf die nachgenannten Einschränkungen hinweisen.

952 Der Mieter hat ein gesetzliches Vorkaufsrecht (§ 577 BGB), das allerdings wegen § 471 BGB in der Vollstreckungsversteigerung nicht ausgeübt werden kann – wohl aber in der Teilungsversteigerung. Es besteht nur für den ersten Verkaufsfall und kann somit gegenüber dem Ersteher (wenn dieser verkaufen will) nicht mehr ausgeübt werden.[387]

953 Der Ersteher kann das Mietverhältnis 3 Jahre lang nicht kündigen, wenn er diese Kündigung auf
- Eigenbedarf (§ 573 Abs. 2 Satz 2 BGB) oder
- Verhinderung der angemessenen wirtschaftlichen Verwertung (§ 573 Abs. 2 Satz 3 BGB)

stützen will.

Diese Frist kann sich auf 10 Jahre verlängern (§ 577a Abs. 2 BGB).[388]

III. Forderungen der Eigentümergemeinschaft in der Zwangsversteigerung

1. Vorbemerkung

953a Blieb ein Miteigentümer der Gemeinschaft die nach § 16 Abs. 2 i.V.m. § 28 WEG an diese zu zahlenden Beträge schuldig, bestand bisher kaum eine Möglichkeit, dieses Geld im Rahmen der Zwangsversteigerung des Wohnungseigentums zu realisieren, da diese Forderung der Gemeinschaft nur RK 5 hatte, während der zur Zwangsversteigerung kommende Miteigentumsanteil regelmäßig mit vor-

---

[385] *OLG München* Rpfleger 2007, 416 (zum Zwangsverwalter).
[386] Zum früheren Recht: *BGH* Rpfleger 2000, 78.
[387] So mit ausführlicher Begründung (wenn auch zu früherem Recht) *BGH* BGHZ 141, 194.
[388] Soweit ersichtlich, hat bisher nur Bayern von dieser Möglichkeit Gebrauch gemacht (WoGeV vom 24.07.2001 (GVBl. S. 368), befristet bis 30.09.2011).

rangigen Forderungen (z.B. der RK 4) erlöserschöpfend belastet war. Neuerdings[389] haben die Ansprüche der Wohnungseigentümer mit **den nachgenannten Einschränkungen** die RK 2 (§ 10 Abs. 1 Nr. 2 ZVG).

Unter den gleichen Voraussetzungen und Beschränkungen haben Miteigentümer, welche für den säumigen Eigentümer in Vorlage treten mussten, wegen ihrer Ersatzansprüche (Rückgriffsansprüche) die RK 2.[390]

953b

2. Das Vorrecht der Eigentümergemeinschaft

Das Vorrecht der Eigentümergemeinschaft umfasst

953c

- die Vorschüsse, welche nach § 28 Abs. 2 WEG laut Wirtschaftsplan zu zahlen sind und
- Schluss- und Sonderzahlungen, welche die Gemeinschaft gemäß § 28 Abs. 5 WEG beschließt.[391]

Voraussetzung ist, dass die Beträge **vor dem Zuschlag** beschlossen und fällig wurden. Nach der hier vertretenen Auffassung können Beträge, die vor dem Zuschlag beschlossen wurden, aber erst nach diesem fällig werden, weder mit RK 2 verfolgt noch dem Ersteher aufgelastet werden.

Ähnlich wie bei RK 3, sind auch die Forderungen der RK 2 zeitlich beschränkt.

953d

In die RK 2 (§ 10 Abs. 1 Nr. 2 ZVG) fallen:

- laufende und rückständige Beträge aus dem Jahr der Beschlagnahme und den beiden vorhergehenden Jahren und
- entgegen dem Wortlaut des Gesetzes wohl auch jene, die nach dem Jahr der Beschlagnahme während der Dauer des Verfahrens fällig werden.

Es kommt somit – abweichend von § 13 ZVG – nicht auf die letzte Fälligkeit vor der Beschlagnahme an.

Das Vorrecht – einschließlich aller Nebenkosten (also auch jenen, für welche das Grundstück nach § 10 Abs. 2 ZVG haftet) – ist beschränkt auf 5 % des nach § 74a Abs. 5 ZVG festgesetzten Verkehrswertes (§ 10 Abs. 1 Nr. 2 Satz 3 ZVG).

953e

Dieser Höchstbetrag gilt gemeinsam für die Ansprüche der Gemeinschaft und für die unter Rn. 953b genannten Ersatzansprüche der Miteigentümer. Bei nicht ausreichender Summe erfolgt die Befriedigung im Verhältnis der Forderungen.

3. Die Verfolgung des Vorrechts

Wird die Zwangsversteigerung von einem anderen Gläubiger betrieben, erfolgt, je nach Art der Forderung, die Anmeldung durch die Gemeinschaft der Wohnungseigentümer bzw. durch die Inhaber der in Rn. 953b genannten Ersatzansprüche (§ 10 Abs. 1 Nr. 2 Satz 4 ZVG).

953f

Die Anmeldung bedarf der Glaubhaftmachung. Nach § 45 Abs. 3 ZVG kann diese erfolgen

- durch Vorlage eines Vollstreckungstitels oder
- durch Vorlage der Niederschriften (samt Anlagen) der Beschlüsse der Eigentümergemeinschaft oder
- in sonst geeigneter Weise.

Somit kann der Rechtspfleger nach pflichtgemäßem Ermessen entscheiden, welche Form der Glaubhaftmachung ihm genügt. Erforderlich ist allerdings, dass die Art der Forderung[392], der Bezugszeitraum und die Fälligkeit glaubhaft gemacht werden.

---

[389] Gesetz zur Änderung des Wohnungseigentumsgesetzes und anderer Gesetze vom 26.03.2007, BGBl. I Seite 370.
[390] Dazu *Böhringer/Hintzen* Rpfleger 2007, 353 (358).
[391] Einzelheiten bei *Böhringer/Hintzen* Rpfleger 2007, 353 (357).
[392] Also z.B. „Vorschüsse gem. Wirtschaftsplan", „Schlusszahlung gem. Wirtschaftsplan", „Sonderumlage".

953g Will die Eigentümergemeinschaft selbst die Zwangsversteigerung betreiben, ist zunächst einmal ein vollstreckbarer Titel erforderlich, aus dem sich „Art der Forderung", „Bezugszeitraum" und „Fälligkeit" ergeben sollen. Ergibt sich dies nicht eindeutig aus dem Titel[393], kann auch insoweit Glaubhaftmachung erfolgen.

Außerdem muss die Forderung höher sein als 3 % des Einheitswertes (§ 10 Abs. 1 Abs. 3 ZVG mit § 18 Abs. 2 Nr. 2 WEG).

Dies gilt analog für Miteigentümer, die wegen ihres Ersatzanspruches (Rn. 953b) Versteigerungsantrag stellen wollen. Nach der hier vertretenen Auffassung können mehrere Ansprüche verschiedener Miteigentümer nicht zusammengerechnet werden um die Mindestsumme zu erreichen; auch nicht mit Ansprüchen der Gemeinschaft.

953h Da dem Rechtspfleger bei der Anordnung des Verfahrens der künftige Verkehrswert des Wohnungseigentums nicht bekannt ist, empfiehlt es sich, folgenden Vermerk in den Anordnungsbeschluss aufzunehmen:

Der Betrag hat die Rangklasse 2 des § 10 Abs. 1 ZVG, soweit er 5 % des Verkehrswertes nicht übersteigt.

4. Bestehen bleibende Rechte

953i Häufig sind alle Miteigentumsanteile einheitlich mit Grunddienstbarkeiten und beschränkten persönlichen Dienstbarkeiten belastet, welche Rechte sichern, die für den Betrieb des Wohnungseigentums wichtig sind. Entgegen der allgemeinen Regel erlöschen diese nicht, wenn aus RK 2 die Zwangsversteigerung in einen Miteigentumsanteil betrieben wird (§ 52 Abs. 2 Satz 2 ZVG).

Dieser Schutz tritt aber nicht ein, wenn ein Grundpfandrecht oder eine Reallast mit Vorrang vorhanden ist, so dass ein Zwangsversteigerungsantrag in deren Rang ebenfalls zum Erlöschen der vorgenannten Rechte an einem Anteil führen würde. Wenn also die Gemeinschaft dieses Risiko des Erlöschens anderweitig eingegangen ist, kann sie sich nicht auf den Schutz nach Abs. 1 berufen.

5. Besonderheit

953j Die „Entziehung des Wohnungseigentums" (§§ 18, 19 WEG) erfolgt nicht mehr durch freiwillige Versteigerung, sondern durch Zwangsversteigerung nach den Regeln des ZVG. Da dieses Verfahren in der Praxis kaum vorkommt[394], wird wegen Einzelheiten auf die Kommentarliteratur verwiesen.

6. Übergangsrecht

953k Gemäß § 62 Abs. 1 WEG finden die in Rn. 953a bis 953j genannten Regelungen keine Anwendung auf Zwangsversteigerungsverfahren, welche vor dem 01.07.2007 anhängig geworden sind.[395] Dabei kommt es auf den Anordnungsbeschluss an, auch wenn weitere Gläubiger nach dem 01.07.2007 beigetreten sind und der erste Gläubiger bereits aus dem Verfahren ausgeschieden ist. Nach der hier vertretenen Auffassung können auch in den ab 01.07.2007 anhängig gewordenen Verfahren nur Ansprüche in RK 2 verfolgt werden, welche nach dem 01.07.2007 fällig geworden sind.

---

393 Offenbar ein Zugeständnis des Gesetzgebers an die Schlampigkeit von Klageschriften und Urteilstenor.
394 Und mit Rücksicht auf die Neuregelung Rn. 953a ff. künftig noch seltener vorkommen wird.
395 Für die Zwangsverwaltung siehe Rn. 1833i.

2. Abschnitt
Versteigerung *mehrerer* Grundstücke

A. Grundsatz der Einzelversteigerung

Das Zwangsversteigerungsgesetz geht vom Grundsatz der Einzelversteigerung aus, d.h. in **einem** Versteigerungsverfahren kommt grundsätzlich nur **ein** Grundstück zur Versteigerung.

954

B. Voraussetzungen für die gemeinsame Versteigerung

Die gemeinsame Versteigerung mehrerer Grundstücke ist die Ausnahme; ihre Voraussetzungen sind in **§ 18 ZVG** wie folgt geregelt:

955

I. Mehrheit von Grundstücken (Versteigerungsgegenständen)

§ 18 ZVG spricht zwar von der Versteigerung mehrerer Grundstücke, die Anwendung der Norm ist jedoch nicht auf Grundstücke im Rechtssinne (Rn. 10) beschränkt. Ihre allgemeine Bedeutung erschließt sich damit leichter, wenn man an Stelle der genannten „Grundstücke" von Versteigerungsgegenständen oder Vollstreckungsobjekten[396] spricht.

956

Die notwendige Mehrheit von Versteigerungsgegenständen liegt demnach vor, wenn zur Versteigerung kommen sollen

957

1. mehrere **Grundstücke** im Rechtssinne,
2. mehrere **Grundstücksbruchteile** (Rn. 11), wenn die Bruchteile in den ideellen Anteilen von Miteigentümern bestehen (§ 864 Abs. 2 ZPO); hierunter fällt auch das **Wohnungs- und Teileigentum** (Rn. 13),
3. mehrere **grundstücksgleiche Rechte** (z.B. Erbbaurecht, Rn. 12).

Denkbar ist auch eine gemeinsame Versteigerung von Versteigerungsgegenständen aus verschiedenen der genannten „Gruppen", etwa die Versteigerung eines Grundstücks im Rechtssinne und eines Grundstücksbruchteils in **einem** Verfahren.

958

Hinweis:
Wenngleich die nachfolgenden Ausführungen für alle genannten Versteigerungsgegenstände zutreffen, wird in der Folge aus Gründen leichterer Lesbarkeit grundsätzlich von der Versteigerung mehrerer **Grundstücke** gesprochen werden.

II. Zuständigkeit

Zur gemeinsamen Versteigerung mehrerer Grundstücke kann es nur kommen, wenn das Amtsgericht – Vollstreckungsgericht – für **alle** betroffenen Grundstücke örtlich zuständig ist (§ 1 ZVG; Rn. 19). Liegen die Grundstücke in den Bezirken verschiedener Vollstreckungsgerichte, muss nach § 2 Abs. 2 ZVG zunächst die Zuständigkeit bestimmt werden (zum diesbezüglichen Verfahren Rn. 19).

959

---

396 So *Böttcher* (ZVG) § 18 Rn. 2.

III. Identität

960 Der Begriff der Identität[397] steht für drei Voraussetzungen, an deren **alternatives** Vorliegen § 18 ZVG die gemeinsame Versteigerung mehrerer Grundstücke knüpft:

1. Eine Forderung gegen denselben Schuldner;
   beispielhaft sei hier der Gläubiger genannt, der wegen einer persönlichen Forderung gleichzeitig in mehrere Grundstücke desselben Schuldners vollstreckt.
2. Ein bestehendes Recht an jedem Grundstück;
   der Gläubiger vollstreckt z.B. seinen dinglichen Anspruch aus einem Gesamtgrundpfandrecht.
3. Eine Forderung gegen gesamtschuldnerisch haftende Eigentüme;
   als eine Möglichkeit sei hier die Geltendmachung einer persönlichen Forderung gegen zwei gesamtschuldnerisch haftende Ehegatten durch Zwangsversteigerung ihrer hälftigen Miteigentumsanteile genannt.

Tipp: Ein nur teilweise dinglich gesicherter Gläubiger kann durch die gleichzeitige Geltendmachung seiner persönlichen Forderung auch weitere (ihm bislang nicht als Sicherheit dienende) Grundstücke des Schuldners in ein Zwangsversteigerungsverfahren einbeziehen.

C. Allgemeine Auswirkungen

I. Beschlagnahmezeitpunkt

961 Die Frage, wann die Beschlagnahme wirksam wird, ist auch bei mehreren Grundstücken **allein nach § 22 ZVG** zu beantworten (Rn. 92 ff.). Jedes Grundstück hat seinen **eigenen Beschlagnahmezeitpunkt**. Innerhalb eines Versteigerungsverfahrens können demnach mehrere verschiedene Beschlagnahmezeitpunkte vorliegen. Beispielhaft sei die gemeinsame Versteigerung zweier Grundstücksbruchteile (ideelle Miteigentumsanteile) genannt. Denkbar sind hier verschiedene Beschlagnahmezeitpunkte z.B. bei zeitversetzter Zustellung des Anordnungsbeschlusses an den jeweiligen Eigentümer und späterem Eingang des Grundbuchersuchens beim Grundbuchamt.

Tipp: Verschiedene Beschlagnahmezeitpunkte beachten.

962 Klarstellend sei darauf hingewiesen, dass bei der Versteigerung mehrerer Grundstücke ein einheitlicher Beschlagnahmezeitpunkt auch **nicht** über § 13 Abs. 4 ZVG bestimmt werden kann. Der für die Abgrenzung der laufenden von den rückständigen wiederkehrenden Leistungen wichtige Tag der ersten Beschlagnahme (Rn. 301) gilt **„pro Grundstück"**, d.h., je Versteigerungsgegenstand ist ein solcher Tag der ersten Beschlagnahme zu ermitteln.

II. Grundstückswert (Verkehrswert)

963 Der Verkehrswert ist für jeden Versteigerungsgegenstand **getrennt** festzusetzen. Bei Grundstücksbruchteilen (ideellen Miteigentumsanteilen) gestaltet sich dies oft problematisch, da z.B. der Wert des hälftigen Miteigentumsanteils an einer Eigentumswohnung nicht automatisch 50 % des Verkehrswertes „der gesamten Wohnung" entspricht. Letztlich wird dem Gericht in der Praxis jedoch kaum anderes übrig bleiben, als den Verkehrswert des ideellen Miteigentumsanteils entsprechend dem Bruchteil am „Gesamtwert" festzusetzen. Jedoch sollte auch hier eine getrennte Festsetzung (Festsetzung pro Bruchteil) erfolgen.[398]

---

397 Zum Begriff der Identität siehe *Böttcher* (ZVG) § 18 Rn. 4.
398 A.A. *Stöber* (ZVG) § 74a Rn. 7.10, der vorschlägt, für Bruchteile eines Grundstücks von gleichem Wert den Wert nur für das Einzelgrundstück festzusetzen, da der Miteigentumsanteil zugleich den Wertanteil bestimme.

D. Ausgebotsarten und Verfahren

Bei der Versteigerung mehrerer Grundstücke kann man **drei** verschiedene Ausgebotsarten unterscheiden: 964
- Einzelausgebot
- Gesamtausgebot
- Gruppenausgebot

I. Einzelausgebot

Das Einzelausgebot stellt die gesetzliche Regel dar (§ 63 Abs. 1 ZVG). Grundsätzlich gibt es damit in einem Verfahren über mehrere Grundstücke so viele gG wie Grundstücke. 965

II. Gesamtausgebot

Beim Gesamtausgebot kommt es zur gemeinsamen Versteigerung **aller** vom Verfahren betroffenen Grundstücke (Versteigerung „en bloc"). 966

III. Gruppenausgebot

Bei einem Gruppenausgebot werden **einige**, aber eben nicht alle Grundstücke eines Verfahrens zusammen versteigert. Innerhalb eines Verfahrens sind auch mehrere Gruppenausgebote denkbar. Dabei kann z.B. ein Grundstück auch in mehreren Gruppen auftauchen, was dann jedoch zu nicht unerheblichen Problemen bei der Berechnung der Erhöhung nach § 63 Abs. 3 Satz 1 ZVG (Rn. 995) und bei der Zuschlagsentscheidung (Rn. 1002a) führt. 967

Das Gruppenausgebot stellt im Verhältnis zum Einzelausgebot ein Gesamtausgebot, im Verhältnis zum Gesamtausgebot ein Einzelausgebot dar.

> Zur gemeinsamen Versteigerung stehen heran: 968
> - ein Haus,
> - ein Garten, **Beispiel**
> - ein Bauplatz.
>
> Folgende Ausgebote sind z.B. (Auflistung nicht abschließend) möglich:
> - Alle drei Grundstücke werden einzeln ausgeboten (Einzelausgebot);
> - alle drei Grundstücke werden zusammen ausgeboten (Gesamtausgebot);
> - Haus und Garten werden zusammen ausgeboten (Gruppenausgebot), der Bauplatz separat (Einzelausgebot);
> - Haus und Bauplatz werden zusammen ausgeboten (Gruppenausgebot), der Garten separat (Einzelausgebot).

IV. Verfahren

Ob es in einem Versteigerungsverfahren zu einem Gesamtausgebot und/oder Gruppenausgebot(en) kommt, hängt, mit Ausnahme des in § 63 Abs. 1 Satz 2 ZVG genannten Falles der Überbauung mehrerer Grundstücke mit einem einheitlichen Bauwerk (hierzu Rn. 976), von den Verfahrensbeteiligten (§ 9 ZVG, Rn. 258)[399] ab. Der Gesetzgeber unterscheidet in der für das Verfahren maßgeblichen Norm (§ 63 Abs. 2 ZVG) nach 969
- **Verlangen** auf Gesamt- bzw. Gruppenausgebot und
- **Antrag** auf Gruppenausgebot.

---

399 Bei der gemeinsamen Versteigerung mehrerer Miteigentumsanteile ist ein Miteigentümer am Verfahren betreffend den „anderen" Miteigentumsanteil Beteiligter nach § 9 Nr. 1 ZVG.

970 Die Differenzierung hat praktische Bedeutung. Während das Vollstreckungsgericht einem Verlangen entsprechen muss, hat es bei einem Antrag einen Ermessensspielraum. Es gelten folgende Zusammenhänge:

Übersicht

> **Gesamtausgebot:** Jeder Beteiligte kann es **verlangen**.
>
> **Gruppenausgebot:** Liegt eine Gesamtbelastung einiger Grundstücke vor, kann jeder Verfahrensbeteiligte ein Gruppenausgebot dieser Grundstücke **verlangen**. Soweit eine Gesamtbelastung nicht besteht, können ein oder mehrere Gruppenausgebot(e) von einem Verfahrensbeteiligten **beantragt** werden.

971 Verlangen und Antrag sind formlos, somit mündlich oder vor Termin schriftlich möglich. Sie können nur bis zur Aufforderung zur Abgabe von Geboten gestellt werden (§ 63 Abs. 2 Satz 1 ZVG) und gelten jeweils nur für den konkret anstehenden Versteigerungstermin. Die Möglichkeit der Rücknahme von Verlangen und Antrag wird überwiegend bejaht[400], weshalb der Rechtspfleger **alle** diesbezüglichen Begehren (auch wenn sie auf die gleiche Ausgebotsart gerichtet sind) zu Protokoll nehmen muss. Möglich ist die Rücknahme jedoch nur bis zur Aufforderung zur Abgabe von Geboten.[401]

972 Kommt es zu einem Abbruch der Versteigerung und einer **Neufeststellung des gG**[402] im **gleichen Termin**, so wirkt das Verlangen/der Antrag fort. Auch kann für das neue gG ein Gesamtausgebot (Gruppenausgebot) jetzt erstmals verlangt werden. Wird ein **neuer Versteigerungstermin** durchgeführt, müssen Verlangen/Antrag wiederholt werden (keine Fortwirkung).

973 Unterblieben Gesamtausgebot und/oder Gruppenausgebot, obwohl die gesetzlichen Voraussetzungen dafür vorlagen, stellt dies einen Zuschlagsversagungsgrund dar (§ 83 Nr. 2 ZVG).

974 Der Gläubiger, welcher eine der Identitäts-Voraussetzungen des § 18 ZVG (Rn. 960) erfüllt und somit erst das Gesamtausgebot oder ein Gruppenausgebot ermöglicht, muss nicht gleichzeitig der bestbetreibende Gläubiger sein, nach welchem sich das gG richtet. Im Beispiel Rn. 975 ermöglicht in der 3. Alternative Z das Gesamtausgebot, obwohl er nur am Grundstück C bestbetreibender Gläubiger ist und dort das gG bestimmt.

Tipp: Sichern mehrere Grundpfandrechte als Einzelrechte (z.B. Zwangshypotheken) eine einheitliche Forderung, sollte die Versteigerung auch aus RK 5 betrieben werden, damit auch ein Gesamtausgebot möglich ist.

975

Beispiel

Sind z.B. drei Gläubiger X, Y, und Z vorhanden und sollen zwei Grundstücke (A, B) versteigert werden, sind folgende Kombinationen möglich:

1. Alternative:
X betreibt bestrangig in beide Grundstücke (Gesamtrecht). Er ermöglicht das Gesamtausgebot und bestimmt gleichzeitig das gG.

2. Alternative:
X betreibt bestrangig nur in Grundstück A. Y betreibt bestrangig in Grundstück B und zweitrangig (Gesamtrecht) in Grundstück A. Y ermöglicht das Gesamtausgebot und bestimmt am Grundstück B das gG. X bestimmt am Grundstück A das gG.

3. Alternative:
X betreibt bestrangig nur in Grundstück A. Y betreibt bestrangig nur in Grundstück B. Z betreibt zweitrangig in beide Grundstücke (Gesamtrecht). Z kann das gG nicht bestimmen, bildet aber die „Klammer", welche ein Gesamtausgebot ermöglicht. X an A und Y an B bestimmen das gG, auch für das Gesamtausgebot! Kommt es in diesem Fall jedoch auf Grund einer Bewilligung des Z zur einstweiligen Einstellung „seines" Verfahrens, kann kein Gesamtausgebot mehr stattfinden.

---

400 So z.B. *Böttcher* (ZVG) § 63 Rn. 9, *Stöber* (ZVG) § 63 Rn. 4.4.
401 *Stöber* (ZVG) § 63 Rn. 4.4.
402 Etwa nach Wegfall des bisher bestbetreibenden Gläubigers.

Versteigerung mehrerer Grundstücke **1**

Sind mehrere Grundstücke mit einem einheitlichen Bauwerk überbaut, so können sie auch gemeinsam ausgeboten werden (§ 63 Abs. 1 Satz 2 ZVG). Es steht im Ermessen des Gerichts, von Amts wegen (ohne Verlangen bzw. Antrag eines Beteiligten) ein Gesamtausgebot der überbauten Grundstücke durchzuführen. Am Grundsatz der Einzelversteigerung ändert die Möglichkeit eines amtswegigen Gesamtausgebots jedoch nichts, weshalb das Einzelausgebot nur unter den Voraussetzungen des § 63 Abs. 4 ZVG (dazu Rn. 977) wegfällt.[403]

976

V. Verhältnis der einzelnen Ausgebotsarten zueinander

1. Wegfall des Einzelausgebots

Da mehrere Grundstücke grundsätzlich einzeln auszubieten sind (Rn. 954), knüpft das Gesetz an ein Abweichen von diesem Grundsatz besondere Voraussetzungen. So darf das Einzelausgebot nur unterbleiben, wenn die anwesenden Beteiligten, deren Rechte bei der **Feststellung des gG nicht** zu berücksichtigen sind[404], hierauf **verzichtet** haben (§ 63 Abs. 4 ZVG). Dieser Verzicht ist bis spätestens vor der Aufforderung zur Abgabe von Geboten zu erklären und kann nach dieser Aufforderung nicht mehr zurückgenommen werden.[405]

977

Nach Auffassung des *BGH*[406] können die Beteiligten auch **teilweise** auf Einzelausgebote verzichten und mit einem solchen beschränkten Verzicht vorab dieselben Rechtsfolgen herbeiführen, welche eintreten, wenn auf einzelne Einzelausgebote keine Gebote abgegeben werden. Zur Zuschlagsentscheidung in diesem Fall Rn. 999a.

977a

Erscheint ein Verfahrensbeteiligter erst nach der Erstellung des gG, so ist seine Verzichtserklärung nicht mehr erforderlich.[407]

978

2. Reihenfolge der Ausgebotsarten

Obwohl im Gesetz nicht ausdrücklich geregelt, sollten die verschiedenen Ausgebotsarten gleichzeitig erfolgen. Die Versteigerung kann in jedem Fall für alle Ausgebotsarten nur **einheitlich** geschlossen werden.[408] Versteigert der Rechtspfleger in demselben Verfahren mehrere Grundstücke z.B. im Gesamtausgebot und im Einzelausgebot, so verstößt er gegen § 73 Abs. 1 Satz 2 ZVG, wenn er z.B. zunächst das höchste Gebot auf das Gesamtausgebot durch dreimaligen Aufruf verkündet, danach insoweit die Versteigerung schließt und hiernach mit dem dreimaligen Aufruf eines höchsten Gebots auf das Einzelausgebot fortfährt, dann dort die Versteigerung schließt usw.[409]

979

Richtig ist vielmehr folgende Verfahrensweise:
1. Nacheinander (Ausgebotsart für Ausgebotsart) werden alle letzten Gebote aller Ausgebotsarten dreimalig aufgerufen (§ 73 Abs. 2 ZVG).
2. Der Rechtspfleger fragt sodann, ob auf irgendeine Ausgebotsart noch ein weiteres Gebot abgegeben wird (§ 73 Abs. 1 Satz 2 ZVG). Ist dies der Fall, wird nach Gebotszulassung Schritt 1 wiederholt.
3. Werden keine weiteren Gebote abgegeben, verkündet der Rechtspfleger den Schluss der Versteigerung einheitlich (zeitgleich) für alle Ausgebotsarten.

---

403 *Stöber* (ZVG) § 63 Rn. 3.1; *Thüringer OLG* Rpfleger 2002, 637.
404 Zum Personenkreis *Böttcher* (ZVG) § 63 Rn. 3.
405 *Stöber* (ZVG) § 63 Rn. 2.3.
406 Rpfleger 2007, 95.
407 *Stöber* (ZVG) § 63 Rn. 2.2.
408 Arg. § 63 Abs. 3 Satz 1 ZVG; *LG Kassel* Rpfleger 2007, 97.
409 *BGH* Rpfleger 2003, 452.

E. Das geringste Gebot (gG)

Hinweis:
Eine ausführliche Darstellung und Berechnung eines geringsten Gebots anhand konkreter Daten findet sich im Fallbeispiel zum 1. Teil, 1. Abschnitt „Geringstes Gebot" (Rn. 1104).

I. Allgemeines

980   Für jede Ausgebotsart muss ein **gesondertes** gG aufgestellt werden. Dessen Aufstellung und Berechnung erfolgt grundsätzlich nach den allgemeinen Bestimmungen (Rn. 340 ff.); aus dem Umstand der Zwangsversteigerung mehrerer Grundstücke ergeben sich jedoch einige Besonderheiten.

II. Grundsätze

Zunächst sollen die Grundsätze wie folgt dargestellt werden:

981
Übersicht

Ausgebotsart	Im geringsten Gebot stehen:
Einzelausgebot	Alle Belastungen (bestehen bleibende Rechte) und alle Barbeträge (Mindestbargebot), die **dieses** Grundstück betreffen und dem bestbetreibenden Gläubiger dieses Grundstücks vorgehen (§ 44 ZVG). Gesamtbelastungen werden, sofern nicht eine Verteilung nach § 64 Abs. 1 ZVG erfolgt ist (Rn. 1009 ff.), bei jedem Grundstück **voll** angesetzt.
Gesamtausgebot	Alle Belastungen und Barbeträge, sofern sie **irgendeines** der zu versteigernden Grundstücke betreffen und dort bestehen bleiben (würden). Gesamtbelastungen werden **nur einmal** angesetzt.
Gruppenausgebot	Da das Gruppenausgebot im Verhältnis zum Einzelausgebot ein Gesamtausgebot darstellt, werden hier alle Belastungen und Barbeträge angesetzt, die irgendeines der zur Gruppe gehörenden Grundstücke belasten und dem dortigen bestbetreibenden Gläubiger vorgehen. Gesamtbelastungen finden sich entsprechend nur einmal.

III. Einzelausgebot

1. Verfahrenskosten

a) Gebühren

982   Die Gebühren werden einheitlich nach dem Gesamtwert (§ 54 Abs. 4 GKG) der Grundstücke berechnet und dann im Verhältnis der Verkehrswerte aufgeteilt.

b) Auslagen

983   Auch hier entspricht die Aufteilung der für alle Grundstücke entstandenen Auslagen im Verhältnis der Grundstücksverkehrswerte einer theoretisch korrekten Lösung. In der gerichtlichen Praxis werden die Auslagen wegen der Möglichkeit, dass letztlich nicht alle Grundstücke zugeschlagen werden könnten (siehe z.B. § 76 ZVG), oft bei jedem Grundstück in voller Höhe angesetzt. Sind jedoch Auslagen nur für ein Grundstück entstanden, werden sie auch nur bei diesem angesetzt.

2. Ansprüche der Rangklassen 1 bis 3

984   Ansprüche aus diesen RK sind im Einzelausgebot bei dem Grundstück anzusetzen, für welches sie angefallen sind. Das Vollstreckungsgericht hat daher auf eine **getrennte Anmeldung** zu achten bzw. hinzuwirken.

Dies ist bei öffentlichen Lasten von besonderer praktischer Bedeutung. Da es bei diesen keine Gesamthaft[410] gibt, muss der Anspruchsberechtigte bei der Anmeldung bezeichnen, auf welchen Grundstücken die Forderung dinglich ruht (getrennte Anmeldung).[411, 412]

985

3. Ansprüche der Rangklasse 4

Ansprüche aus Einzelrechten werden nur bei dem belasteten Grundstück angesetzt; Gesamtrechte werden, soweit keine Verteilung nach § 64 Abs. 1 ZVG erfolgt ist (Rn. 1009 ff.), bei jedem Grundstück in voller Höhe berücksichtigt.

986

4. Ansprüche der Rangklasse 5

Fällt ausnahmsweise ein persönlicher Gläubiger in das gG (Rn. 360), so gilt für seine Berücksichtigung das zu RK 4 Gesagte entsprechend. Betreibt demnach der Gläubiger aus einem persönlichen Anspruch die Zwangsversteigerung mehrerer Grundstücke, so wird er mit seinem Anspruch bei jedem Grundstück in voller Höhe berücksichtigt.

987

IV. Gesamtausgebot

Gerichtskosten und die Ansprüche der RK 1 bis 3 werden nur in einer Summe aufgeführt. Weiter finden alle Ansprüche Berücksichtigung, welche irgendein zum Zwangsversteigerungsverfahren gehörendes Grundstück belasten; Gesamtbelastungen werden jedoch nur **einmal** angesetzt. Sofern kein Gesamtrecht zu berücksichtigen ist, entspricht die Summe der gG aus dem Einzelausgebot damit dem gG des Gesamtausgebots.

988

Hinweis:
Das Gesamtausgebot ist unter strenger Wahrung des Deckungsgrundsatzes zu erstellen, d.h. alle Belastungen, welche dem **jeweilig** bestbetreibenden Gläubiger an einem Grundstück vorgehen, sind in das gG des Gesamtausgebots aufzunehmen (Gesamtbelastungen nur einmal). Es gibt keinen einheitlichen bestbetreibenden Gläubiger (Rn. 975).

989

In dem Zwangsversteigerungsverfahren betreffend die drei Grundstücke A, B, C soll auf Verlangen eines Beteiligten ein Gesamtausgebot erstellt werden. Auf Einzelausgebote wurde verzichtet. Die Grundstücke sind in der zweiten Abteilung lastenfrei und in der dritten Abteilung jeweils mit Grundschulden in der angegebenen Höhe belastet; bei dem an allen drei Grundstücken (zufällig) unter gleicher Nr. eingetragenen Recht Abt. III Nr. 2 handelt es sich um ein an allen drei Grundstücken lastendes Gesamtrecht.

990

Beispiel

Grundstück A Abt. III	Grundstück B Abt. III	Grundstück C Abt. III
1: 50.000,00 €	1: 70.000,00 €	1: 30.000,00 €
2: 40.000,00 €	2: 40.000,00 €	2: 40.000,00 €
3: 30.000,00 €	3: 20.000,00 €	3: 10.000,00 €
4: 20.000,00 €	4: 10.000,00 €	
5: 10.000,00 €		
6: 10.000,00 €		

(Fortsetzung S. 158)

---

410 Eine „Gesamtveranlagung" des Schuldners kann sich nur auf dessen persönliche Haftung beziehen.
411 So zutreffend *Glotzbach/Mayer* Rn. 246 bis 248 mit Hinweisen für die Praxis.
412 Die u.a. von *Stöber* (ZVG) § 63 Rn. 2.5. im Falle einer alle oder mehrere Grundstücke betreffenden gemeinsamen Anmeldung bei gleichzeitigem Fehlen von Anhaltspunkten für eine Einzelhaftung eines bzw. einiger Grundstücke vorgeschlagene Aufteilung der Ansprüche im Verhältnis der Werte der betroffenen Grundstücke ist vor dem Hintergrund einer nicht bestehenden Gesamthaft für öffentliche Lasten fragwürdig. Es ist hier sachgerechter, diese Aufteilung von dem diesbezüglich kompetenteren Anspruchsinhaber zu verlangen (getrennte Anmeldung).

> Obwohl nur ein Gesamtausgebot aufgestellt werden soll, muss zunächst für jedes einzelne Grundstück der dort bestbetreibende Gläubiger ermittelt werden.
> Im Beispiel soll von folgenden Angaben ausgegangen werden:
>
> **Bestbetreibender Gläubiger**
>
> | **Grundstück A** | **Grundstück B** | **Grundstück C** |
> |---|---|---|
> | Gläubiger X | Gläubiger Y | Gläubiger Z |
> | aus dem Recht III/5 | aus dem Recht III/4 | aus persönlichem |
> | (dinglicher Anspruch) | (dinglicher Anspruch) | Anspruch (in alle drei Grundstücke) |
>
> Die *kursiv* gedruckten Rechte bleiben demnach bestehen:
>
> | Grundstück A | Grundstück B | Grundstück C |
> |---|---|---|
> | Abt. III | Abt. III | Abt. III |
> | 1: 50.000,00 € | 1: 70.000,00 € | 1: 30.000,00 € |
> | 2: 40.000,00 € | 2: 40.000,00 € | 2: 40.000,00 € |
> | 3: 30.000,00 € | 3: 20.000,00 € | 3: 10.000,00 € |
> | 4: 20.000,00 € | **4: 10.000,00 €** | **Gläubiger Z** |
> | **5: 10.000,00 €** | | |
> | 6: 10.000,00 € | | |
>
> Zusammenfassung:
> In das gG des Gesamtausgebots fallen demnach folgende bestehen bleibende Rechte:
>
> Abt. III
> 1: 50.000,00 €   an Grundstück A
> 1: 70.000,00 €   an Grundstück B
> 1: 30.000,00 €   an Grundstück C
> 2: 40.000,00 €   an Grundstücken A, B, C (Gesamtrecht)
> 3: 30.000,00 €   an Grundstück A
> 3: 20.000,00 €   an Grundstück B
> 3: 10.000,00 €   an Grundstück C
> 4: 20.000,00 €   an Grundstück A

V. Gruppenausgebot

991 Da das Gruppenausgebot im Verhältnis zum Einzelausgebot ein Gesamtausgebot darstellt (Rn. 967), gilt das zum Gesamtausgebot Gesagte entsprechend.

VI. Erhöhung des geringsten Gebots

992 Wird bei einem Einzelausgebot auf eines der Grundstücke ein Meistgebot abgegeben, das mehr beträgt als das gG für dieses Grundstück, so erhöht sich bei dem Gesamtausgebot das gG um den Mehrbetrag (§ 63 Abs. 3 Satz 1 ZVG). Die gesetzlich eingetretene Erhöhung verändert zwar den bar zu zahlenden Teil, dennoch ist das gG nicht insgesamt neu festzustellen; bereits hierauf abgegebene Gebote bleiben wirksam.

993 Aus Gründen einer fairen Sitzungsleitung sollte die eingetretene Erhöhung **bekannt gemacht** werden. Ein Mitrechnen des Gerichts ist wegen der bei einer neuerlichen Gebotsabgabe erforderlichen Zulassungsentscheidung ohnehin unerlässlich.

994 **Beispiel**

In einem Zwangsversteigerungsverfahren werden die beiden Grundstücke A und B versteigert. Die Grundstücke sollen einzeln und im Gesamtausgebot ausgeboten werden.
Die geringsten Gebote lauten:

	Einzelausgebot Grundstück A	Einzelausgebot Grundstück B	Gesamtausgebot
BbR	80.000,00 €	100.000,00 €	80.000,00 €
			100.000,00 €
MBG	1.600,00 €	2.500,00 €	4.100,00 €

In der folgenden Übersicht wird die Erhöhung des gG beim Gesamtausgebot, jeweils in Abhängigkeit zu den im Einzelausgebot abgegebenen Geboten dargestellt:

	Einzelausgebot Grundstück A	Einzelausgebot Grundstück B	Erhöhung Gesamtausgebot um	auf
1. Gebot	2.000,00 €		400,00 €	4.500,00 €
2. Gebot		3.000,00 €	500,00 €	5.000,00 €
3. Gebot	2.100,00 €		100,00 €	5.100,00 €
4. Gebot	2.300,00 €		200,00 €	5.300,00 €
5. Gebot		3.300,00 €	300,00 €	5.600,00 €
6. Gebot	2.500,00 €		200,00 €	5.800,00 €

Ein Bieter, der nunmehr (7. Gebot) ein zulässiges Gebot auf das Gesamtausgebot abgeben wollte, müsste demnach mindestens 5.800,00 € bieten.

995 Da das Gruppenausgebot im Verhältnis zum Einzelausgebot wie ein Gesamtausgebot behandelt werden muss (Rn. 967), findet die Erhöhungsbestimmung des § 63 Abs. 3 Satz 1 ZVG auch auf das Gruppenausgebot Anwendung. Sehr problematisch gestaltet sich die Durchführung der Erhöhung wenn ein Grundstück an mehreren Gruppen beteiligt ist. *Heidrich*[413] schlägt vor, in diesem Fall zu allen abgegebenen Geboten jeweils den anteiligen Erhöhungsbetrag für die Gruppenausgebote bzw. das Gesamtausgebot sichtbar zu machen indem zunächst bei jedem Gruppen- und dem Gesamtausgebot die Mindestbargebote nach dem Wertverhältnis des § 74a ZVG auf die darin zusammengefassten Einzelobjekte betragsmäßig verteilt werden. Danach muss jeder Übergebotsbetrag im Wertverhältnis des § 74a ZVG auf die innerhalb jeder Gebotsgruppierung befindlichen Objekte aufgeteilt werden, damit so das jeweilige anteilige Mehrgebot pro Einzelobjekt (auch für weitere Erhöhungsprüfungen) erkennbar wird.

F. Zuschlagsentscheidung

996 Lagen im Verfahren verschiedene Ausgebotsarten vor, stellt sich im Rahmen der Zuschlagsentscheidung die Frage, welches Ausgebot den „Vorzug" erhält.

997 **Hinweis:**
Zum besseren Verständnis bleiben die Betrachtungen zunächst auf Einzelausgebot und Gesamtausgebot beschränkt.

998 Wurden demnach zwei Grundstücke sowohl in Einzelausgebot als auch im Gesamtausgebot versteigert, so lassen sich folgende Alternativen unterscheiden:
1. Wurden wirksame Gebote **nur auf eine der beiden Ausgebotsarten** abgegeben, erfolgt der Zuschlag auf diese, sofern dort Versagungsgründe (Rn. 493 ff., 1048 bis 1058) nicht gegeben sind.
2. Wurden wirksame Gebote **auf das Einzelausgebot und das Gesamtausgebot** abgegeben, ist zunächst § 63 Abs. 3 Satz 2 ZVG zu beachten. Danach wird der Zuschlag auf Grund des Gesamtausgebots nur erteilt, wenn das dortige Meistgebot höher ist als das Gesamtergebnis der Einzelausgebote. Es erfolgt also ein **Ergebnisvergleich** zwischen Einzelausgebot und Gesamtausgebot. „Ergebnis" bedeutet in diesem Zusammenhang die Summe aus dem abgegebenen Meistgebot

---
413 Rpfleger 1993, 11.

zzgl. evtl. bestehen bleibender Rechte (bei solchen der zweiten Abteilung des Grundbuchs ist der festgesetzte Zuzahlungsbetrag (Rn. 400 ff.) nach § 51 Abs. 2 ZVG anzusetzen).

999
Beispiel

Die beiden Grundstücke A und B werden in **einem** Verfahren versteigert. Es findet ein Einzelausgebot und ein Gesamtausgebot statt. Die gG gestalten sich wie folgt:

	Einzelausgebot A	Einzelausgebot B	Gesamtausgebot A B
BbR	II/1 Beschränkte persönliche Dienstbarkeit (Leitungsrecht); Zuzahlungsbetrag festgesetzt: 500,00 €		An Grundstück A: II/1 Beschränkte persönliche Dienstbarkeit (Leitungsrecht); Zuzahlungsbetrag festgesetzt: 500,00 €
	III/1 Grundschuld 100.000,00 €	III/1 Hypothek 200.000,00 €	An Grundstück A: III/1 Grundschuld 100.000,00 €
			An Grundstück B: III/1 Hypothek 200.000,00 €
	III/2 Grundschuld 80.000,00 € (Gesamtrecht mit III/2 an Grundstück B)	III/2 Grundschuld 80.000,00 € (Gesamtrecht mit III/2 an Grundstück A)	An Grundstück A und B: (Gesamtrecht) III/2 Grundschuld 80.000,00 €
MBG	10.000,00 €	20.000,00 €	30.000,00 €

Es wurden folgende Gebote abgegeben:

	Einzelausgebot A	Einzelausgebot B	Gesamtausgebot A B
Gebot 1			60.000,00 €
Gebot 2		30.000,00 €	
Gebot 3	20.000,00 €		

Ergebnisvergleich i.S.d. § 63 Abs. 3 Satz 2 ZVG:

	Einzelausgebot A	Einzelausgebot B	Gesamtausgebot A B
BbR	180.500,00 €	280.000,00 €	380.500,00 €
Meistgebot	20.000,00 €	30.000,00 €	60.000,00 €
Ergebnis (Summe)	200.500,00 €	310.000,00 €	440.500,00 €
Vergleich	510.500,00 €		440.500,00 €

Das Ergebnis beim Einzelausgebot ist höher; das Gesamtausgebot kommt für die Zuschlagserteilung demnach nicht in Betracht.

999a Haben die Beteiligten nicht vollständig auf Einzelausgebote verzichtet (Rn. 977a), so ist der Ergebnisvergleich des § 63 Abs. 3 Satz 2 ZVG nur zwischen den Meistgeboten auf die tatsächlich durchgeführten Ausgebote vorzunehmen.[414] Für die nicht die einzeln ausgebotenen Grundstücke ist somit ein rechnerisches Ergebnis von jeweils 0,00 € anzusetzen.

---

414 *BGH* Rpfleger 2007, 95.

Versteigerung mehrerer Grundstücke 1

Schon jetzt sei darauf hingewiesen, dass die Erteilung des Zuschlags auf das Gesamtausgebot trotz eines für das Gesamtausgebot positiven Ergebnisvergleichs dann nicht möglich ist, wenn auf ein Grundstück oder einige Grundstücke so viel geboten wird, dass der Anspruch des Gläubigers **gedeckt** ist (§ 76 ZVG). Einzelheiten unter Rn. 1063 ff.

1000

Werden die Grundstücke auch im Gruppenausgebot versteigert, so gestaltet sich der Vergleich nach § 63 Abs. 3 Satz 2 ZVG aufwändiger, jedoch (mit Ausnahme der unter Rn. 1002a dargestellten Besonderheit) nicht wesentlich schwieriger, wenn man nach dem folgenden, bereits erwähnten (Rn. 967) Merksatz vorgeht:

1001

Das Gruppenausgebot stellt im Verhältnis zum Einzelausgebot ein Gesamtausgebot, im Verhältnis zum Gesamtausgebot ein Einzelausgebot dar.

Die vier Grundstücke A, B, C und D werden in **einem** Verfahren versteigert. Es finden folgende Ausgebotsarten statt:

1002

Beispiel

Einzelausgebot	A	B	C	D
Gruppenausgebot	A B		C D	
Gesamtausgebot	A B C D			

Nach Schluss der Bietzeit werden zunächst die Ergebnisse beim Einzelausgebot mit den Ergebnissen beim Gruppenausgebot gem. § 63 Abs. 3 Satz 2 ZVG verglichen:
Ergebnis A + Ergebnis B zu vergleichen mit Ergebnis A B
Ergebnis C + Ergebnis D zu vergleichen mit Ergebnis C D

Annahme: Bei den Grundstücken A und B brachte das Einzelausgebot, bei den Grundstücken C und D das Gruppenausgebot das jeweils höhere und allgemein zuschlagsfähige Ergebnis:

Einzelausgebot	Ⓐ	Ⓑ	C	D
Gruppenausgebot	A B		Ⓒ Ⓓ	
Gesamtausgebot	A B C D			

Letzter Schritt:
Ergebnis A + Ergebnis B + Ergebnis C D zu vergleichen mit Ergebnis A B C D

Taucht ein Grundstück in verschiedenen Gruppen auf, kann selbstverständlich letztlich nur eine Gruppe für die Zuschlagsentscheidung heranstehen. Den Vorzug erhält die Gruppe, welche zusammen mit anderen Gruppen- oder Einzelausgeboten insgesamt das rechnerisch höchste Gesamtergebnis liefert.[415] Im Falle gleich hoher Zwischenergebnisse, soll nach *Heidrich*[416] die Gruppierung den Vorzug erhalten, für die das entscheidende Gebot zuerst abgegeben worden ist. Besser wäre es wohl, entsprechend den Überlegungen zu § 76 ZVG (Rn.1070) der Gruppierung den Vorzug zu geben, welche die für den Schuldner „entbehrlicheren" Grundstücke enthält.

1002a

Bringt der Vergleich nach § 63 Abs. 3 Satz 2 ZVG das (vorläufige) Ergebnis, der Zuschlag sei auf das Gesamtausgebot zu erteilen, kann jetzt noch ein weiteres Problem auftauchen, welches anhand des folgenden Beispiels erläutert werden soll:

1003

---

[415] *Heidrich* Rpfleger 1993, 11.
[416] Rpfleger 1993, 11 m.w.N.

1 Versteigerung mehrerer Grundstücke

1004

Beispiel

Die beiden Grundstücke A und B werden in **einem** Verfahren versteigert. Es findet ein Einzelausgebot und ein Gesamtausgebot statt. Die gG gestalten sich wie folgt:

Ausgebot	Einzelausgebot A	Einzelausgebot B	Gesamtausgebot A B
Bestehen bleibende Rechte	keine	keine	keine
Mindestbargebot	10.000,00 €	20.000,00 €	30.000,00 €

Gebote	Einzelausgebot A	Einzelausgebot B	Gesamtausgebot A B
Gebot 1	16.000,00 €		
Gebot 2			40.000,00 €
Gebot 3	25.000,00 €		

Der Ergebnisvergleich nach § 63 Abs. 3 Satz 2 ZVG zeigt, dass das Gesamtausgebot allgemein zuschlagsfähig wäre:

Ergebnis A	+	Ergebnis B	zu vergleichen	mit Ergebnis A B
25.000,00 €	+	0,00 €	<	40.000,00 €

Problematisch gestaltet sich die Lage wegen der nach § 63 Abs. 3 Satz 1 ZVG eingetretenen Erhöhungen.

Durch die Gebote auf das Einzelausgebot des Grundstücks A wurde das gG beim Gesamtausgebot zunächst um 6.000,00 € und sodann um weitere 9.000,00 € erhöht. Das gG (Mindestbargebot) des Gesamtausgebots steht nunmehr bei 45.000,00 €.

Würden auf das Gesamtausgebot erst jetzt 40.000,00 € geboten werden, wäre dieses Gebot als unzulässig zurückzuweisen.

1005 Obwohl der Gebotsvergleich zu Gunsten des Gesamtausgebots ausfällt, kann in diesem Fall auf das Gesamtausgebot der Zuschlag nicht erteilt werden. Vielmehr ist der Zuschlag gemäß § 81 Nr. 1 ZVG zu versagen.[417]

1006 Rn. nicht besetzt.

1007 An diese Feststellung schließt sich die Frage an, ob dann (wenigstens) die im Einzelausgebot abgegebenen Gebote zur Zuschlagsentscheidung herangezogen werden können. Das *OLG Frankfurt* hat dies in seiner lesenswerten Entscheidung vom 19.05.1995[418] bejaht.

1008 **Zusammenfassend** lässt sich damit festhalten:

1. Auch bei für das Gesamtausgebot positivem Ergebnisvergleich (§ 63 Abs. 3 Satz 2 ZVG) kann der Zuschlag auf dieses Ausgebot nur erteilt werden, wenn das Gebot im Lichte der Erhöhungsnorm (§ 63 Abs. 3 Satz 1 ZVG) nach wie vor „zulässig" ist.
2. Kommt das Gesamtausgebot wegen „Missachtung" der Erhöhungsnorm zur Zuschlagserteilung nicht in Betracht, können die im Einzelausgebot abgegebenen Gebote für die Zuschlagsentscheidung herangezogen werden.

---

417 BGH Rpfleger 2007, 95.
418 Rpfleger 1995, 512. Der *BGH* hat diese Frage in seiner Entscheidung Rpfleger 2007, 95 offen gelassen.

G. Verteilung von Gesamtgrundpfandrechten

Sind mehrerer Grundstücke mit einem Gesamtgrundpfandrecht belastet und werden diese Grundstücke auch im Einzelausgebot versteigert, so erreichen dort die gG oft große Höhen, da das Gesamtgrundpfandrecht **bei jedem Grundstück voll** in Ansatz zu bringen ist (Rn. 981). Hier soll § 64 Abs. 1 ZVG Abhilfe schaffen, der eine Verteilung des Gesamtgrundpfandrechts vorsieht.

1009

I. Voraussetzungen

1. Gesamtgrundpfandrecht

Nach § 64 Abs. 1 und 3 ZVG erfolgt eine Verteilung nur bei Gesamthypotheken, Gesamtgrundschulden oder Gesamtrentenschulden. Auf andere Gesamtrechte (z.B. Gesamtreallast) findet die Norm keine Anwendung; diese sind bei jedem Grundstück in voller Höhe anzusetzen.[419] Das Gesamtrecht kann nur zur Verteilung kommen, wenn es bestehen bleibt.

1010

Eine Verteilung nach § 64 Abs. 1 ZVG ist nicht mehr möglich, wenn bereits eine BGB-Verteilung (§ 1132 BGB) oder ein Teilverzicht (§§ 1168, 1175 BGB) erfolgt ist und dies dem Versteigerungsgericht spätestens bis zur Aufforderung zur Abgabe von Geboten nachgewiesen (Grundbuch) wird.

1011

Eine entspr. Anwendung des § 64 ZVG auf den Anspruch des persönlich betreibenden Gläubigers, welcher die Versteigerung mehrerer Grundstücke betreibt und (ausnahmsweise) in das gG fällt (Rn. 360), ist zu bejahen.[420]

1012

2. Einzel- oder Gruppenausgebot

Es muss überhaupt ein Einzelausgebot oder Gruppenausgebot stattfinden. Kommen die Grundstücke ausschließlich im Gesamtausgebot zur Versteigerung, scheidet eine Verteilung des Gesamtrechts aus.

1013

3. Antrag

Die Verteilung erfolgt nur auf Antrag. **Antragsberechtigt** sind der/die Gläubiger (zum Gläubigerbegriff Rn. 298), der Eigentümer und jeder dem Gesamtgrundpfandrechtsgläubiger gleich- oder nachstehende Beteiligte (§ 64 Abs. 1 Satz 2, Abs. 3 ZVG).

1014

Der Antrag ist **formlos**, somit mündlich oder vor Termin schriftlich möglich.

1015

Anders als in § 63 Abs. 2 ZVG legt das Gesetz einen spätesten Antragszeitpunkt hier **nicht** ausdrücklich fest. Einzig sachgerecht ist es jedoch, auch den Verteilungsantrag bis spätestens zur Aufforderung zur Abgabe von Geboten zu verlangen.[421] Eine Antragstellung während laufender Bietezeit hätte letztlich das Erlöschen der bereits abgegebenen Gebote zur Folge und würde die Neuberechnung des gG erforderlich machen; ein solcher Vorgang ist dem Zwangsversteigerungsverfahren, mit Ausnahme der Situation beim Wechsel der Person des bestbetreibenden Gläubigers, jedoch fremd.

1016

Der gestellte Verteilungsantrag gilt immer nur für den konkret anstehenden Versteigerungstermin. Falls der (ein) Antragsberechtigte(r) auch in einem evtl. weiteren Termin die Verteilung wünscht, muss ein neuer Antrag gestellt werden.

1017

II. Durchführung der Verteilung

Die Verteilung erfolgt in der Weise, dass das Gesamtgrundpfandrecht bei der Feststellung des geringsten Gebots für das einzelne Grundstück nur zu dem Teilbetrage berücksichtigt wird, der dem **Verhältnis des Wertes** des Grundstücks zu dem Wert der sämtlichen Grundstücke entspricht (§ 64 Abs. 1 ZVG).

1018

---

419 Abweichende Versteigerungsbedingungen (§ 59 ZVG) sind jedoch möglich; hierzu Rn. 388 ff.
420 So auch *Stöber* (ZVG) § 64 Rn. 2.3 m.w.N.
421 So auch *Stöber* (ZVG) § 64 Rn. 3.4.

1 Versteigerung mehrerer Grundstücke

1019 Dabei wird der Wert bei den einzelnen Grundstücken unter Abzug der Belastungen berechnet, die dem Gesamtgrundpfandrecht im Range vorgehen und bestehen bleiben (Wertkorrektur). Als abzugsfähiger Betrag ist dabei anzusetzen:

Bei Hypotheken und Grundschulden	der Kapitalbetrag ohne Kosten und Zinsen; vorgehende Gesamtgrundpfandrechte müssen hier bei jedem Grundstück voll abgezogen werden, es sei denn, sie werden ebenfalls nach § 64 Abs. 1 ZVG verteilt.
Bei Rentenschulden	die Ablösesumme.
Bei sonstigen Rechten	der Zuzahlungsbetrag nach § 51 Abs. 2 ZVG.

1020 Zur Aufnahme in das Mindestbargebot werden die **Kosten und wiederkehrenden Leistungen** aus dem zu verteilenden Gesamtgrundpfandrecht im gleichen Verhältnis aufgeteilt.

1021 Der Abzug der Vorbelastungen kann ergeben, dass diese den Wert eines Einzelgrundstücks erschöpfen. Das Gesamtgrundpfandrecht kommt dann an diesem Grundstück nicht zur Verteilung, sondern bleibt hier in voller Höhe bestehen.[422] Bleiben nicht mindestens zwei Grundstücke mit „positivem Verkehrswert" übrig, kommt eine Verteilung nach § 64 Abs. 1 ZVG nicht in Betracht.

1022 Auch die **gleichzeitige Verteilung** mehrerer Gesamtgrundpfandrechte ist (auf Antrag) möglich. Es wird dabei mit dem rangbesten Recht begonnen; bei der Wertkorrektur (Rn. 1019) kommt dann nur noch der nach Verteilung entstandene Betrag in Abzug.

1023 Beispiel

Die drei Grundstücke A, B und C werden in **einem** Verfahren versteigert. Das Verfahren wird nur von einem Gläubiger aus RK 5 betrieben. Es findet nur ein Einzelausgebot statt. Die Verkehrswerte und Belastungen gestalten sich wie folgt:

	Grundstück A	Grundstück B	Grundstück C
Verkehrswerte	120.000,00 €	60.000,00 €	35.000,00 €
Belastungen			
III/1	20.000,00 €		
III/2		10.000,00 €	
III/3			10.000,00 €
III/4 (Gesamtrecht)	70.000,00 €	70.000,00 €	70.000,00 €
III/5	15.000,00 €		
III/6 (Gesamtrecht)	30.000,00 €	30.000,00 €	30.000,00 €

Es wurde ein Antrag auf Verteilung der an allen drei Grundstücken lastenden Gesamtrechte III Nr. 4 und Nr. 6 gestellt.

Das gG (nur BbR) gestaltet sich wie folgt:

	Grundstück A	Grundstück B	Grundstück C
Verkehrswerte	120.000,00 €	60.000,00 €	35.000,00 €
Wertkorrektur			
III/1	– 20.000,00 €		
III/2		– 10.000,00 €	
III/3			– 10.000,00 €
Rest	100.000,00 €	50.000,00 €	25.000,00 €
Verhältnis	4	2	1
Aufteilung III/4	40.000,00 €	20.000,00 €	10.000,00 €
Wertkorrektur			
III/4	– 40.000,00 €	– 20.000,00 €	– 10.000,00 €
Rest	60.000,00 €	30.000,00 €	15.000,00 €
Wertkorrektur			
III/5	– 15.000,00 €		
Rest	45.000,00 €	30.000,00 €	15.000,00 €

---

[422] Die gänzliche Nicht-Berücksichtigung des Rechtes würde einen zu großen Eingriff in die Rechte des Gesamtgrundpfandrechtsgläubigers darstellen. Dem ist entgegen zu halten, dass, wenn für das Einzelgrundstück ein geringer Restverkehrswert „übrig bleibt", das Gesamtgrundpfandrecht zweifellos entsprechend dieses Anteiles verteilt werden kann.

Verhältnis	3	2	1
Aufteilung III/6	15.000,00 €	10.000,00 €	5.000,00 €
Summe BbR	90.000,00 €	40.000,00 €	25.000,00 €

Eine Verteilung nach § 64 Abs. 1 ZVG ist auch möglich, wenn nicht alle mit dem Gesamtgrundpfandrecht belasteten Grundstücke vom Versteigerungsverfahren erfasst sind. Dabei ist jedoch zu beachten, dass das nicht in die Versteigerung eingebundene Grundstück (bzw. die dortigen Belastungen) von der Versteigerung nicht tangiert wird. **1024**

Grundstücke	A	B	C
Gesamtrecht	300.000,00 €	300.000,00 €	300.000,00 €

1025 Beispiel

Von der Versteigerung sind nur die Grundstücke A und C erfasst. Das Gesamtgrundpfandrecht soll gem. § 64 Abs. 1 ZVG verteilt werden. Der Verkehrswert des Grundstücks A sei doppelt so hoch wie der Verkehrswert des Grundstücks C. Weitere Belastungen sind nicht vorhanden.

Grundstücke	A	C
Gesamtrecht	300.000,00 €	300.000,00 €
Verteilung	200.000,00 €	100.000,00 €

Sollte der Zuschlag rechtskräftig auf das Ausgebot nach § 64 Abs. 1 ZVG erteilt werden, würden die Mithaft unter den Einzelgrundstücken und das Gesamtgrundpfandrecht in Höhe des jeweils auf dieses Grundstück nicht verteilten Betrages erlöschen. In Höhe des bestehen bleibenden Betrages bestünde jedoch weiterhin die Gesamthaftung mit dem nicht versteigerten Grundstück.

Darstellung der Mithaft:

Grundstücke	A	B	C
Belastung	200.000,00 €	300.000,00 €	100.000,00 €
Mithaft A-B	Mithaft in Höhe von 200.000,00 €		
Mithaft B-C		Mithaft in Höhe von 100.000,00 €	

Selbstverständlich tritt durch die Verteilung eines Gesamtgrundpfandrechts im gG des **Gesamtausgebots** keine Veränderung ein, da das Gesamtrecht dort ohnehin nur „einfach" berücksichtigt war. **1026**

III. Gegenantrag

Der von der Verteilung betroffene Gesamtgrundpfandrechtsgläubiger kann verlangen, dass bei der Feststellung des gG für die Grundstücke nur die seinem Anspruch **vorgehenden** Rechte berücksichtigt werden (sog. Gegenantrag; § 64 Abs. 2 ZVG). **1027**

Warum der betroffene Gesamtgrundpfandrechtsgläubiger einen solchen Antrag überhaupt stellen sollte, ist auf den ersten Blick kaum verständlich, verliert er doch im Falle des Zuschlags auf diese Ausgebotsform seine (wenngleich verteilte) dingliche Sicherung komplett. Erst die Betrachtung von § 83 Nr. 3 ZVG erschließt die volle Bedeutung des Gegenantrags. Nach dieser Norm muss der Zuschlag versagt werden, wenn in den Fällen des § 64 Abs. 2 Satz 1, Abs. 3 die Hypothek, Grundschuld oder Rentenschuld oder das Recht eines gleich- oder nachstehenden Beteiligten, der dem Gläubiger vorgeht, durch das Gesamtergebnis der Einzelausgebote nicht gedeckt werden. Damit ist sichergestellt, dass bei einem Zuschlag auf diese Ausgebotsform der von der Verteilung betroffene Gesamtrechtsgläubiger wenigstens in voller Höhe **bar** befriedigt wird. **1028**

Tipp: Der Gesamtgrundpfandrechtsgläubiger kann sich gegen die Verteilung „wehren".

Voraussetzungen für die Verteilung nach § 64 Abs. 2 ZVG: **1029**
- Formloser,
- rechtzeitig gestellter
- Antrag
- des von der Verteilung betroffenen Gesamtgrundpfandrechtsgläubigers.

Es handelt sich um ein „Verlangen", weshalb ein Ermessensspielraum des Gerichts nicht besteht (hierzu Rn. 970). **1030**

1031 Nach dem Wortlaut des Gesetzes kann der Gesamtgrundpfandrechtsgläubiger die Abweichung nach § 64 Abs. 2 ZVG „bis zum Schlusse der Verhandlung im Versteigerungstermin" verlangen. Eine wörtliche Umsetzung dieser Regelung würde bedeuten, dass eine Antragstellung auch nach dem Schluss der Bietezeit noch zulässig wäre, sofern sie nur innerhalb des Versteigerungstermins erfolgt, da der Versteigerungstermin erst nach der Verhandlung über den Zuschlag beendet ist (§ 74 ZVG). Eine solche Verfahrensweise würde jedoch die dem ZVG fremde Wiedereröffnung der Bietezeit erfordern. Einzig sachgerecht ist es daher, den Antrag des Gesamtgrundpfandrechtsgläubigers nur bis zum Schluss der Versteigerung (§ 73 Abs. 2 Satz 1 ZVG) zuzulassen.[423]

Tipp: Auf rechtzeitige Stellung des Gegenantrags achten.

1032 Als Folge des zulässigen Antrags kommt es zu einem **Doppelausgebot.** Auf den Gegenantrag (Antrag nach § 64 Abs. 2 ZVG) des Gesamtgrundpfandrechtsgläubigers wird das gG so berechnet, als sei dieser Gläubiger **bestbetreibender** Gläubiger (es werden nur die diesem Gläubiger vorgehenden Belastungen berücksichtigt).

Die Grundstücke werden also wie folgt ausgeboten:
- Einzelausgebot mit verteiltem Gesamtgrundpfandrecht (§ 64 Abs. 1 ZVG);
- Einzelausgebot mit „fiktivem" bestbetreibenden Gläubiger (§ 64 Abs. 2 ZVG).

1033 Auch (siehe Rn. 1026) durch den Gegenantrag nach § 64 Abs. 2 ZVG kommt es **nicht** zu einer Veränderung des gG des Gesamtausgebots (Rn. 988 bis 990). Insbesondere wird kein verändertes Gesamtausgebot unter Zugrundelegung des Gegenantragstellers als fiktiv Bestbetreibender erstellt.

Dies folgt direkt aus dem Wortlaut des § 64 Abs. 2 ZVG, der sich auf § 64 Abs. 1 ZVG bezieht und dort ja lediglich die Aufteilung eines Gesamtrechts für das Einzelausgebot (… bei der Feststellung des geringsten Gebots für das einzelne Grundstück …) geregelt ist.

IV. Erhöhung nach § 63 Abs. 3 Satz 1 ZVG

1034 Erfolgt die Versteigerung im Doppelausgebot nach § 64 Abs. 1 und 2 ZVG und zugleich im Gesamtausgebot nach § 63 ZVG, bereitet die Umsetzung der Erhöhung nach § 63 Abs. 3 Satz 1 der ZVG erhebliche Schwierigkeiten. Dies folgt aus dem Umstand, dass das Gesamtausgebot vor dem Hintergrund der hinsichtlich des bestbetreibenden Gläubigers „wahren" Rechtslage erstellt wurde.

1035 Übersicht

	Geringstes Gebote bei				
	Gesamtausgebot § 63 ZVG Grundstücke A + B	Einzelausgebot § 64 Abs. 1 ZVG Grundstück A	Einzelausgebot § 64 Abs. 1 ZVG Grundstück B	Einzelausgebot § 64 Abs. 2 ZVG Grundstück A	Einzelausgebot § 64 Abs. 2 ZVG Grundstück B
	MBG				
		MBG	MBG		
				MBG	MBG

---

[423] *Stöber* (ZVG) § 63 Rn. 5.3 m.w.N.

Der durch ein Gebot auf das Ausgebot nach § 64 Abs. 2 ZVG entstehende Mehrbetrag (i.S. des das Mindestbargebot übersteigenden Betrages) kann rechnerisch im Gesamtausgebot bereits enthalten sein.

1036

Geringstes Gebote bei				
Gesamtausgebot § 63 ZVG Grundstücke A + B	Einzelausgebot § 64 Abs. 1 ZVG Grundstück A	Einzelausgebot § 64 Abs. 1 ZVG Grundstück B	Einzelausgebot § 64 Abs. 2 ZVG Grundstück A	Einzelausgebot § 64 Abs. 2 ZVG Grundstück B
MBG	MBG	MBG	Gebot / MBG	MBG

1037

Übersicht

Hier würde sich eine Erhöhung des gG beim Gesamtausgebot nicht ergeben.

Eine weitere Schwierigkeit besteht darin, dass, wie später (Rn. 1040 f.) zu zeigen sein wird, „der bei einem Einzelausgebot erzielte Mehrbetrag unter dem **Vorbehalt der Gesamtgläubigerwahl**" steht. Stöber[424] schlägt daher für die Praxis folgende Verfahrensweise vor:

1038

1. Gebote auf das Gesamtausgebot sind allein unter Zugrundelegung des **bei Beginn** der Bietezeit festgestellten geringsten Gebots zuzulassen. Eine Erhöhung wird nicht berücksichtigt.
2. Erst nach der Wahl des Gesamtgläubigers erfolgt im Rahmen der Zuschlagsentscheidung eine Prüfung des Meistgebots im Lichte der Erhöhungsnorm (§ 63 Abs. 3 Satz 1 ZVG). Für das weitere Verfahren gelten die Ausführungen Rn. 1005 f.

Dass auch dieser grundsätzlich praktikable Vorschlag an seine Grenzen stößt, soll abschließend mit folgendem Beispiel verdeutlicht werden:

1039

Beispiel

> Zwei Grundstücke werden im Einzelausgebot mit verteiltem Grundpfandrecht (§ 64 Abs. 1 ZVG) und im Gesamtausgebot ausgeboten. Ein Gebot auf das Ausgebot nach § 64 Abs. 1 ZVG führt zu einer Erhöhung des gG beim Gesamtausgebot (Rn. 1034 f.). Während noch laufender Bietezeit stellt ein Berechtigter zulässigerweise einen Antrag nach § 64 Abs. 2 ZVG, was jetzt zum Doppelausgebot führt. Die bereits eingetretene und bekannt gemachte Erhöhung kann hier nicht mehr ignoriert werden.

V. Zuschlagsentscheidung

Der Antragsteller des Gegenantrags nach § 64 Abs. 2 ZVG kann nach Schluss der Bietezeit **wählen**, welche Ausgebotsart der Zuschlagsentscheidung zu Grunde gelegt werden soll. Aus dem Versteigerungsprotokoll muss sich ergeben, in welcher Weise der Wahlberechtigte von seinem Recht Gebrauch gemacht hat.

1040

---

424 Stöber (ZVG) § 64 Rn. 6.3.

1041 Es gelten folgende **Zusammenhänge**:

Entscheidet sich der Gegenantragsteller für die Ausgebotsart nach **§ 64 Abs. 1 ZVG** oder gibt er **keine Erklärung** ab, dann

- **erlöschen** die Gebote auf den Gegenantrag und können einer Zuschlagsentscheidung nicht mehr zu Grunde gelegt werden;
- muss, falls neben den Einzelausgeboten noch Gesamt- oder Gruppenausgebote erfolgt sind, nunmehr die Prüfung nach § 63 Abs. 3 Satz 2 ZVG erfolgen.

1042 Sollte der Gegenantragsteller zu dem Zeitpunkt, zu welchem er eine Erklärung abgegeben sollte, den Sitzungssaal bereits verlassen haben, ist einzig sachgerecht, dieses Verhalten so zu werten, als hätte er keine Erklärung abgegeben.

1043 Entscheidet sich der Gegenantragsteller für die Ausgebotsart nach **§ 64 Abs. 2 ZVG**, dann

- **erlöschen** die Gebote auf die Ausgebotsart nach § 64 Abs. 1 ZVG und können einer Zuschlagsentscheidung nicht mehr zu Grunde gelegt werden;
- muss, falls neben den Einzelausgeboten noch Gesamt- oder Gruppenausgebote erfolgt sind, nunmehr die Prüfung nach § 63 Abs. 3 Satz 2 ZVG erfolgen;
- ist, falls der Zuschlag auf das Einzelausgebot erteilt werden soll, wegen der zu fordernden Wahrung des Deckungsgrundsatzes jetzt der Zuschlagsversagungsgrund nach § 83 Nr. 3 ZVG zu prüfen.

1044 Diese Prüfung des Zuschlagsversagungsgrundes erfolgt in **zwei Schritten**:

1. Gesamtsummenvergleich

1045 Da durch die Ausgebote nach § 64 Abs. 2 ZVG weder der Gesamtgrundpfandrechtsgläubiger noch die ihm gleichstehenden oder nachstehenden Rechte, soweit sie dem tatsächlich bestrangig betreibenden Gläubiger vorgehen, beeinträchtigt werden dürfen, muss das bare Meistgebot **aller** Einzelausgebote mindestens die Befriedigung **aller** dieser genannten Gläubiger ermöglichen. Ist der Gesamterlös nicht ausreichend, muss der Zuschlag versagt werden (§ 83 Nr. 3 ZVG); dieser Zuschlagsversagungsgrund ist heilbar (§ 84 ZVG).

1046 Bei der Durchführung des Gesamtsummenvergleichs gilt es zu beachten, dass die im Rahmen der Verteilung maßgeblichen Gerichtskosten in aller Regel mit dem Gerichtskostenbetrag aus dem gG nicht identisch sind, was insbesondere auf die Wertveränderung bei der Gebühr Nr. 2215 KVGKG zurückzuführen ist. Droht ein „knappes Ergebnis", muss deshalb schon jetzt eine Gerichtskostenberechnung mit den korrekten Werten durchgeführt werden.

Weiter ist zu beachten, dass die laufenden wiederkehrenden Leistungen der von § 83 Nr. 3 ZVG betroffenen Rechte (sie gehen dem tatsächlich bestrangig betreibenden Gläubiger vor, würden bei Zuschlag auf die Ausgebotsart § 64 Abs. 2 ZVG aber erlöschen) für den Gesamtsummenvergleich und den Einzelerlösvergleich (Rn. 1047) bis einen Tag vor dem (fiktiven) Verteilungstermin zu berechnen sind.

2. Einzelerlösvergleich

1047 Sollten Rechte betroffen sein, welche nur aus dem Erlös eines Grundstücks befriedigt werden dürfen, muss ebenfalls geprüft werden, ob dieser Einzelerlös hierfür ausreichend ist.

H. Zuschlagsversagung nach §§ 74a, 85a ZVG

1048 Selbstverständlich finden auch bei der Versteigerung mehrerer Grundstücke die §§ 74a, 85a ZVG Anwendung. Bevor diesen Vorschriften jedoch Beachtung geschenkt wird, ist stets gem. Rn. 998 f. bzw. Rn. 1040 bis 1047 zu prüfen, auf **welche Ausgebotsart** (Einzel-, Gruppen oder Gesamtausgebot) der Zuschlag allgemein erteilt werden soll.

I. Zuschlagsversagung nach § 74a ZVG

Ergibt sich eine allgemeine Zuschlagsfähigkeit der **Einzelausgebote,** muss das Vorliegen der Voraussetzungen des § 74a ZVG für jedes Grundstück gesondert geprüft werden.

1049

Ist das **Gruppen- oder Gesamtausgebot** allgemein zuschlagsfähig, müssen **zwei Fragen** beantwortet werden:

1050

1. Bleibt das Meistgebot auf das Gruppen- bzw. Gesamtausgebot einschließlich der bestehen bleibenden Rechte hinter 7/10 des zusammen gerechneten Verkehrswerts aller betroffenen Grundstücke zurück?
2. Ist im Falle des Vorliegens der Voraussetzungen zu 1. der Antragsteller antragsberechtigt i.S. des § 74a ZVG? Diese Prüfung setzt evtl. eine fiktive Erlösverteilung nach § 112 ZVG voraus.

Ist nach dem Ergebnis dieser Prüfung der Zuschlag auf das Gesamtausgebot bzw. Gruppenausgebot zu versagen, kann auf die im Einzelausgebot abgegebenen Gebote zurückgegriffen werden.[425] Jedoch muss dann auch dort § 74a ZVG geprüft werden.

1051

Denkbar ist, dass das Meistgebot einschließlich der bestehen bleibenden Rechte zwar 7/10 des Gesamtverkehrswertes erreicht, der Antragsteller jedoch bei der Erlösverteilung nach Sondermassenbildung gem. § 112 ZVG einen Ausfall deshalb erleidet, weil das Ergebnis an einem Grundstück hinter 7/10 des Verkehrswertes zurückbleibt. Hier wird das Interesse aller Beteiligten an dem Zuschlag über das Interesse des einzelnen Antragstellers gestellt und der Zuschlag erteilt.

1052

Da nach § 74a Abs. 4 ZVG in dem neuen Versteigerungstermin der Zuschlag weder aus den Gründen des § 74a Abs. 1 ZVG noch aus denen des § 85a Abs. 1 ZVG versagt werden darf, stellt sich die Frage, wie zu verfahren ist, wenn die von einer möglichen Zuschlagsversagung betroffene Ausgebotsart im „ersten" Termin noch überhaupt nicht vorlag.

1053

> Im ersten Versteigerungstermin wurden die Grundstücke lediglich im Gesamtausgebot zur Versteigerung gebracht und der Zuschlag nach § 74a ZVG versagt. Im zweiten Versteigerungstermin liegt lediglich ein Einzelausgebot vor.

1054

Beispiel

Da sich der Grundsatz der Einmaligkeit in § 74a Abs. 4 ZVG (und § 85a Abs. 2 ZVG) nicht auf den jeweiligen Antragsteller, sondern auf das einzelne Versteigerungsobjekt bezieht, ist eine erneute Geltendmachung der 7/10-Grenze (bzw. die erneute Beachtung der 5/10-Grenze) nicht möglich.

1055

Unter ganz besonderen Umständen ist es jedoch denkbar, dass eine Zuschlagsversagung nach § 74a ZVG für „ein" Grundstück tatsächlich zweifach erfolgt:

1056

> Im ersten Versteigerungstermin wurden die Grundstücke A und B im Einzelausgebot zur Versteigerung gebracht und den jeweiligen Meistgeboten der Zuschlag nach § 74a ZVG versagt. Zwischenzeitlich wird das Versteigerungsverfahren auch in ein neu hinzugekommenes Grundstück C geführt. Im nächsten Versteigerungstermin werden alle drei Grundstücke nur im Gesamtausgebot ausgeboten. Meistgebot und BbR erreichen die 7/10-Grenze nicht; zulässiger Zuschlagsversagungsantrag ist gestellt. Jetzt ist der Zuschlag (zum Schutz von Grundstück C) zu versagen; die Grundstücke A und B „erleben" diese Versagung somit zum zweiten Mal.

1057

Beispiel

II. Zuschlagsversagung nach § 85a ZVG

Für die Zuschlagsversagung wegen Nichterreichung der 5/10-Grenze (§ 85a ZVG) gelten die Ausführungen zu § 74a ZVG mit Ausnahme der sich auf Antrag und Antragsberechtigung beziehenden Darlegungen entsprechend.

1058

---

425 *OLG Frankfurt* Rpfleger 1995, 512.

I. Einstweilige Einstellung und Aufhebung

1059 Zunächst bleibt festzuhalten, dass bei der Versteigerung mehrerer Grundstücke die Einstellung des Verfahrens und dessen Aufhebung auch **wegen einzelner** (also nicht notwendig aller) **Grundstücke möglich** ist. Dies gilt selbst dann, wenn die Grundstücke nur im Gesamtausgebot versteigert werden (Rn. 977). Wegen der einzelnen Einstellungs- und Aufhebungsgründe sowie wegen des zu beachtenden Verfahrens wird auf die Ausführungen unter Rn. 145 ff. Bezug genommen.

1060 Als Besonderheit bei der Versteigerung mehrerer Grundstücke bleibt jedoch die Frage zu klären, welche Auswirkungen die Einstellung oder Aufhebung des Verfahrens über ein Grundstück auf die **anderen** Grundstücke hat.

1061

Beispiel

Die vier Grundstücke A, B, C und D werden in **einem** Verfahren versteigert. Es finden folgende Ausgebotsarten statt:

Einzelausgebot	A	B	C	D
Gruppenausgebot	A B		C D	
Gesamtausgebot	A B C D			

Nach dem Schluss der Bietezeit bewilligt der in Grundstück A bestrangig betreibende Gläubiger die einstweilige Einstellung des Verfahrens. Augenscheinlich kann ein Zuschlag auf ein Ausgebot, an welchem das Grundstück A beteiligt ist, nicht erteilt werden. Das Einzelausgebot A, das Gruppenausgebot AB und das Gesamtausgebot ABCD sind demnach nicht zuschlagsfähig.

1062 Ob auf die anderen Ausgebotsarten der Zuschlag grundsätzlich erteilt werden kann, ist umstritten[426], im Ergebnis jedoch abzulehnen. Eine Zuschlagsversagung (§ 33 ZVG) lässt sich mit folgenden Argumenten begründen:

- Durch den „Wegfall" des Grundstücks A ist der gem. § 63 Abs. 3 Satz 2 ZVG vorgeschriebene **Ergebnisvergleich** nicht mehr möglich.[427]
- *Stöber*[428]: „Geringstes Gebot, Meistgebot, Zuschlagsentscheidung bilden eine **Gesamtregelung**; auf Antrag muss Gesamtausgebot erfolgen; durch eine Teileinstellung oder Teilaufhebung ist das rückwirkend entgegen § 63 Abs. 2 ZVG nicht mehr geschehen; daher muss der Zuschlag nach § 83 Nr. 2 ZVG versagt werden, wobei § 84 ZVG eine Ausnahme nur mit Genehmigung aller Beeinträchtigten (auch des Schuldners) zulassen würde; es kommt hier nicht auf die fehlende Vergleichsmöglichkeit an, sondern auf die Beachtung der zwingenden Vorschriften des § 63 ZVG."

J. Einstellung nach § 76 ZVG

I. Allgemeines

1063 Auch bei der Vollstreckungsversteigerung mehrerer Grundstücke steht die **Befriedigung der Forderung** des Gläubigers im Vordergrund. Folgerichtig darf „nicht mehr versteigert werden, als für diese Forderungsbefriedigung notwendig ist". Diesem Umstand trägt § 76 ZVG Rechnung, den das Vollstreckungsgericht von Amts wegen zu beachten hat.

---

426 Zum Meinungsstand: *Stöber* (ZVG) § 63 Rn. 7.8.
427 *Böttcher* (ZVG) § 63 Rn. 16.
428 *Stöber* (ZVG) § 63 Rn. 7.8.

II. Voraussetzungen

Für die Anwendung von § 76 ZVG müssen folgende Voraussetzungen erfüllt sein: **1064**

- Versteigerung **mehrerer** Grundstücke (nicht ausschließlich im Gesamtausgebot). **1065**
- **Anspruch** des Gläubigers **gedeckt**. **1066**

Das (die) auf das Einzelausgebot/Gruppenangebot abgegebene(n) Meistgebot(e) bei einem oder mehreren (aber eben nicht allen) Grundstück(en) muss/müssen ausreichen, um den betreibenden Gläubiger zu befriedigen. Da die Erlösverteilung unter Beachtung der hierfür geltenden Bestimmungen vorzunehmen ist (Rn. 581 ff.), mithin insbesondere die Rangfolge der Ansprüche berücksichtigt werden muss, müssen die dem Gläubiger vorgehenden Ansprüche durch das Gebot/die Gebote ebenfalls gedeckt sein. Bei der Berechnung werden keine Bargebotszinsen berücksichtigt, da solche bei einer möglichen Hinterlegung des Bargebots nicht anfallen würden (Rn. 411). Die Forderung des Gläubigers sowie die ihm vorgehenden Ansprüche sind bis zum mutmaßlichen Verteilungstermin zu decken.

Wird das Verfahren von **mehreren Gläubigern** betrieben, so müssen grundsätzlich die Ansprüche aller[429] betreibenden Gläubiger bei der voraussichtlichen Erlösverteilung erfüllt werden. Hierbei finden lediglich solche Gläubiger **keine Berücksichtigung**, deren Verfahren eingestellt ist oder für die der Versteigerungstermin nicht stattfindet (Rn. 345), weil die Frist des § 43 Abs. 2 ZVG nicht gewahrt ist. **1067**

- Die Einstellung darf dem **berechtigten Interesse** des Gläubigers **nicht widersprechen**. Dies wäre etwa anzunehmen, wenn zu erwarten ist, dass Zuschlagsbeschwerde erhoben oder das Bargebot nicht gezahlt werden wird. **1068**

III. Verfahren

Das Gericht hat die Beteiligten vor der Einstellung anzuhören. Zwar könnte nach dem Wortlaut des § 76 ZVG über die Einstellung des Verfahrens unmittelbar nach Gebotsabgabe befunden werden, dies ist jedoch **nicht** zweckmäßig. Vielmehr sollte der **Schluss der Versteigerung** abgewartet und dann durch Zuschlagsversagung (§ 33 ZVG) hinsichtlich der nicht mehr „benötigten" Grundstücke entschieden werden. Diese Verfahrensweise hat gleich **zwei Vorteile**. Zum einen könnte eine Fehlentscheidung des Gerichts im Rahmen der Zuschlagsbeschwerde (Rn. 561 ff.) durch (nachträgliche) Zuschlagserteilung korrigiert werden.[430] Zum anderen kann der Umstand einer alternativen Anspruchsdeckung (Rn. 1070) berücksichtigt werden. **1069**

Sind die Ansprüche des/der betreibenden Gläubiger(s) **alternativ** aus den Meistgeboten mehrerer Grundstücke zu decken, so entscheidet das Gericht nach Anhörung der Beteiligten nach pflichtgemäßem Ermessen, für welche Grundstücke das Verfahren eingestellt bzw. der Zuschlag versagt wird.[431] Aus Gründen des Schuldnerschutzes sollte die Einstellung für das wertvollste Grundstück erfolgen. **1070**

§ 76 ZVG gilt auch, wenn neben Einzelausgeboten Gruppenausgebote und ein Gesamtausgebot stattfinden. Eine Einstellung muss selbst dann erfolgen, wenn das Ergebnis beim Gruppen- bzw. Gesamtausgebot höher ist als die Summe der Einzelausgebote. Anders als bei der Einstellung aus sonstigem Grund (Rn. 1062), stört z.B. die mangelnde Vergleichsmöglichkeit eine Zuschlagsentscheidung bei den „verbliebenen Grundstücken" hier nicht. **1071**

Hat ein Gläubiger ein berechtigtes Interesse an der Verfahrensfortsetzung, so kann er diese innerhalb einer Frist von **drei Monaten** nach dem Verteilungstermin verlangen (§ 76 Abs. 2 ZVG). Im Falle fruchtlosen Fristablaufes gilt der Versteigerungsantrag als zurückgenommen. Abweichend von ande- **1072**

---

429 Str.; zum Meinungsstand: *Stöber* (ZVG) § 76 Rn. 2.5.
430 Hätte das Gericht das Verfahren einstweilen eingestellt, wären die Gebote erloschen (§ 72 Abs. 3 ZVG), was eine nachträgliche Zuschlagserteilung unmöglich machen würde.
431 *OLG München* Rpfleger 1993, 121.

ren Einstellungsfällen mit Fortsetzungsmöglichkeit (z.B. Rn. 204), sieht das Gesetz eine diesbezügliche Belehrung des Gläubigers nicht vor.[432]

Tipp: **Fortsetzung rechtzeitig beantragen.**

IV. Rechtsbehelfe

1073 Die Zulässigkeit der Rechtsbehelfe hängt u.a. davon ab, ob das Gericht durch Einstellung oder Zuschlagsversagung entschieden hat. Es bestehen folgende Zusammenhänge:
- Gegen die **Einstellung des Verfahrens** kann der/die betroffene(n) Gläubiger sofortige Beschwerde einlegen. Für den Meistbietenden ergibt sich kein Beschwerderecht. Die Beschwerde hätte jedoch keinen Sinn, da die Gebote erloschen sind (§ 72 Abs. 3 ZVG) und die Fortsetzung des Verfahrens ohnehin auf Gläubigerantrag zu beschließen wäre. Gegen die rechtzeitige Fortsetzung des Verfahrens bleibt dem Schuldner nur die Erhebung einer Vollstreckungsgegenklage.
- Die **Zuschlagsversagung** kann sowohl von dem/den betroffenen Gläubiger(n) als auch vom Meistbietenden mit sofortiger Beschwerde angefochten werden.

1074 Unterlässt das Gericht eine Entscheidung nach § 76 ZVG, so ist die dann ergehende Entscheidung über den Zuschlag anzufechten (Rn. 561 ff.).

K. Erlösverteilung nach § 112 ZVG

Hinweis:
Eine ausführliche Darstellung und Berechnung eines Teilungsplans anhand konkreter Daten findet sich im Fallbeispiel zum 1. Teil (Rn. 1104 f.), 3. Abschnitt „Teilungsplan" (Rn. 1107).

I. Allgemeines

1075 Wie beim Verfahren über ein Grundstück schließt sich auch bei der Versteigerung mehrerer Grundstücke an die „erfolgreiche" Versteigerung die Erlösverteilung an.

1076 Wurde der Zuschlag auf das **Einzelausgebot** erteilt, steht für jedes Grundstück automatisch eine Teilungsmasse zur Verfügung, welche nach den bisher dargelegten Grundsätzen (Rn. 593 ff.) zur Verteilung kommt. Eine Besonderheit entsteht lediglich dann, wenn Gesamtrechte vorhanden sind, da diese selbstverständlich nicht aus dem Erlös jedes Grundstücks voll, sondern insgesamt nur einmal befriedigt werden. Dazu später (Rn. 1090 ff.) mehr.

1077 Ungleich schwieriger gestaltet sich das Verfahren, wenn der Zuschlag auf das **Gruppen- oder Gesamtausgebot** erteilt wurde. Hier steht für mehrere Grundstücke (zunächst) nur **eine** Teilungsmasse zur Verfügung. Da die Rechte und Ansprüche an verschiedenen Grundstücken nicht untereinander in einem Rangverhältnis stehen, ist eine Zuteilung aus dem „Gesamterlös" grundsätzlich nicht möglich. Vielmehr müssen meist zunächst sog. Einzelmassen[433] gebildet werden.

II. Voraussetzungen

1078 Die Einzelmassenbildung erfolgt nach § 112 ZVG, dessen Anwendung an folgende Voraussetzungen geknüpft ist:

1079
- Versteigerung mehrerer Grundstücke im selben Verfahren;
- Zuschlag auf Gruppenausgebot oder Gesamtausgebot;

---
432 Ob sie dennoch erfolgen sollte, ist in der Literatur umstritten (bejahend *Böttcher* (ZVG) § 76 Rn. 7).
433 Auch „Sondermassen" genannt.

- Notwendigkeit der Erlösverteilung.
  Nicht notwendig ist die Verteilung, wenn (alternativ)
  – sich alle Beteiligten auf einen anderen Verteilungsmaßstab verständigen;
  – als Meistgebot nur das gG geboten wurde;
  – aus einem das gG übersteigenden Betrag **nur** Gesamtrechte zu befriedigen sind, welche den Erlös ausschöpfen;
  – der Erlös alle Ansprüche deckt und die Grundstücke demselben Eigentümer gehörten (siehe aber Rn. 1080).

Zum letztgenannten Punkt bleibt anzumerken, dass bei unterschiedlicher Belastung der Grundstücke die Bildung der Einzelmassen selbst dann erfolgen muss, wenn das Meistgebot rechnerisch zur Deckung aller Ansprüche ausreicht. Da Ansprüche an einem Grundstück nur aus dem dortigen Erlös befriedigt werden können (zur Problematik der Gesamtrechte siehe Rn. 1090 ff.), ist nämlich denkbar und zulässig, dass Berechtigte an einem Grundstück bei der Erlösverteilung ganz oder teilweise ausfallen, während an einem anderen Grundstück ein Erlösüberschuss zu Gunsten des Schuldners entsteht.

III. Verfahren

Der Ablauf der Einzelmassenbildung ist in § 112 ZVG beschrieben und vollzieht sich in **vier Schritten**:

1. Schritt (§ 112 Abs. 1 ZVG)

Aus dem ungeteilten Erlös werden vorweg entnommen
- die Verfahrenskosten;
- alle im gG berücksichtigten Ansprüche, für welche der gesamte Grundbesitz haftet (also insbesondere die Kosten und Zinsen der bestehen bleibenden Gesamtrechte (RK 4)).

2. Schritt (§ 112 Abs. 2 Satz 2 ZVG)

Nunmehr wird der Gesamtbetrag der nach § 91 Abs. 1 ZVG nicht erlöschenden Rechte hinzugezählt. Rechnerische Größe ist bei Hypotheken und Grundschulden deren Kapitalbetrag, bei Rentenschulden der Ablösungsbetrag, bei anderen Rechten der nach § 51 Abs. 2 ZVG festgesetzte Zuzahlungsbetrag (Rn. 400). Gesamtrechte, die auf **allen** Grundstücken lasten, können unberücksichtigt bleiben, da sie später ohnehin wieder aufgeteilt werden müssten.

3. Schritt (§ 112 Abs. 2 Satz 1 ZVG)

Aufteilung der ermittelten Summe im Verhältnis der Grundstückswerte

Formel:

$$\text{Einzelmasse} = \frac{\text{Aktivmasse x Einzelgrundstückswert}}{\text{Summe der Grundstückswerte}}$$

4. Schritt (§ 112 Abs. 2 Satz 3 ZVG):

Abziehen der auf jedem Grundstück bestehen bleibenden Rechte von jeder Einzelmasse.

Beachte § 112 Abs. 2 Satz 4 ZVG:

Besteht ein solches Recht an mehreren der versteigerten Grundstücke, so ist bei jedem von ihnen nur ein dem Verhältnisse des Wertes der Grundstücke entspr. Teilbetrag in Anrechnung zu bringen.

Im Falle einer Liegenbelassungsvereinbarung (Rn. 697 ff.) wird jetzt vom Erlösanteil des betroffenen Grundstücks noch der liegenbelassene Betrag (Kapital und Zinsen) abgezogen, um den sich die Zahlungspflicht des Erstehers mindert.

1 Versteigerung mehrerer Grundstücke

IV. Fehlbetrag

1087 Es kann vorkommen, dass sich nach Abzug der bestehen bleibenden Rechte (o.g. 4. Schritt)
- ein **negativer** Betrag ergibt;
- nur noch ein Betrag ergibt, der **nicht** ausreichen würde, um bei diesem Grundstück alle dort im gG (Mindestbargebot) stehenden Ansprüche zu befriedigen.

Dieser Fehlbetrag muss ausgeglichen werden. Dabei muss das Grundstück mindestens „auf Null gestellt" werden. Sind jedoch aus dem Erlös **nur dieses** Grundstücks noch Ansprüche zwingend zu befriedigen (weil sie im gG dieses Grundstücks stehen), so ist auch der hierfür benötigte Betrag auszugleichen.

1088 Grundsätzlich erfolgt die Ausgleichung dadurch, dass der für das sog. „Not leidende Grundstück" erforderliche Betrag anteilig den Einzelmassen der anderen Grundstücke entnommen wird. Über die rechnerische Durchführung dieser Ausgleichung besteht in der Literatur jedoch keine Einigkeit.[434] Nach der hier vertretenen Ansicht führt die Aufteilung des Betrages auf die anderen Grundstücke **im Verhältnis** von deren **Grundstückswerten** zum gerechtesten Ergebnis.

1089 Beispiel

Die drei Grundstücke A, B und C werden in **einem** Verfahren versteigert. Bestbetreibender Gläubiger ist an allen drei Grundstücken der Berechtigte des Rechtes III Nr. 5 (RK 4).
Belastungsübersicht:

Grundstücke	A	B	C
Verkehrswerte	90.000,00 €	60.000,00 €	30.000,00 €
Belastungen[436]			
III/1			20.000,00 €
III/2 Gesamtrecht	10.000,00 €	10.000,00 €	10.000,00 €
III/3		5.000,00 €	
III/4	30.000,00 €		
III/5 Gesamtrecht	5.000,00 €	5.000,00 €	5.000,00 €
III/6			20.000,00 €

Auf das Gesamtausgebot in Höhe von 40.000,00 € wird der Zuschlag erteilt. Der Ersteher hinterlegt den Betrag am Tag des Zuschlags bei der Hinterlegungsstelle des Amtsgerichts und verzichtet auf das Recht der Rücknahme.
Die Schuldenmasse wurde im Teilungsplan wie folgt aufgelistet:

Verfahrenskosten	2.000,00 €
Kosten und Zinsen III/1	5.000,00 €
Kosten und Zinsen III/2	3.000,00 €
Kosten und Zinsen III/3	3.000,00 €
Kosten und Zinsen III/4	3.000,00 €
Kosten und Zinsen III/5	2.000,00 €
Kapital III/5	5.000,00 €
Kosten und Zinsen III/6	2.000,00 €
Kapital III/6	20.000,00 €

Es muss eine Einzelmassenbildung erfolgen, da keine der unter Rn. 1079 genannten Ausnahmen vorliegt.

1. Schritt (Rn. 1081)
Teilungsmasse	**40.000,00 €**
abzgl. Verfahrenskosten	– 2.000,00 €
abzgl. Gesamtbelastung, soweit im gG stehend (hier: Kosten und Zinsen III/2)	– 3.000,00 €
verbleibende Restteilungsmasse	35.000,00 €

(Fortsetzung S. 175)

---

434 Zum Meinungsstand: *Stöber* (ZVG) § 112 Rn. 5.4.
435 Aus Gründen besserer Übersichtlichkeit sind die Belastungen grundstücksübergreifend fortlaufend nummeriert (III/1, III/2 usw.), auch wenn dies in der Praxis wohl kaum vorkommen wird. Dort findet sich im vorgegebenen Fall (drei Grundstücke) wohl dreimal je ein Einzelrecht III/1.

2. Schritt (Rn. 1082)
zzgl. bestehen bleibende Rechte
ohne Gesamtrechte (III/1, III/3, III/4)   + 55.000,00 €
Aktivmasse   **90.000,00 €**
3. Schritt (Rn. 1083) = **Einzelmassenbildung**

Grundstück A	Grundstück B	Grundstück C
(Wert: 90.000,00 €)	(Wert: 60.000,00 €)	(Wert: 30.000,00 €)
45.000,00 €	30.000,00 €	15.000,00 €

4. Schritt (Rn. 1084) = **Abzug der bestehen bleibenden Rechte**

− 30.000,00 €	− 5.000,00 €	− 20.000,00 €
15.000,00 €	25.000,00 €	− 5.000,00 €

Die Sondermasse für das Grundstück C ist Not leidend. Der Fehlbetrag von 5.000,00 € erhöht sich noch um die 5.000,00 € Zinsen aus dem Recht III Nr. 1, die zu befriedigen sind, da sie im gG stehen (Deckungsgrundsatz). Der Betrag von 10.000,00 € muss aus den Sondermassen A und B im Verhältnis der dortigen Grundstückswerte entnommen werden, d.h. im Verhältnis 90.000,00 € zu 60.000,00 € (= 3:2).

Ausgleich § 112 Abs. 3 ZVG

Grundstück A	Grundstück B	Grundstück C
15.000,00 €	25.000,00 €	− 5.000,00 €
− 6.000,00 €	− 4.000,00 €	+ 10.000,00 €
9.000,00 €	21.000,00 €	5.000,00 €

Aus diesen Beträgen werden nunmehr alle im gG stehenden bar zu zahlenden Ansprüche, welche nicht bereits im 1. Schritt Berücksichtigung gefunden haben, befriedigt:

Grundstück A	Grundstück B	Grundstück C
9.000,00 €	21.000,00 €	5.000,00 €
III/4 − 3.000,00 €	III/3 − 3.000,00 €	III/1 − 5.000,00 €
6.000,00 €	18.000,00 €	0,00 €

Alle nach § 44 ZVG zu deckenden Ansprüche sind damit befriedigt. Aus den verbleibenden Beträgen aus beiden Grundstücken A und B erfolgt, soweit diese ausreichen, die Befriedigung der Berechtigten III Nr. 5 und III Nr. 6.

L. Erlösverteilung bei Gesamtrechten

I. Wesen des Gesamtrechts

Zum besseren Verständnis sei zunächst auf das Wesen des Gesamtrechts, konkret anhand der Gesamthypothek, hingewiesen.

§ 1132 Abs. 1 BGB: Besteht für die Forderung eine Hypothek an mehreren Grundstücken (Gesamthypothek), so haftet jedes Grundstück für die ganze Forderung. Der Gläubiger kann die Befriedigung nach seinem Belieben aus jedem der Grundstücke ganz oder zu einem Teile suchen.

II. Das Gesamtrecht in der Zwangsversteigerung

Der o.g. Grundsatz muss auch in der Zwangsversteigerung Berücksichtigung finden. Zunächst muss die Ausgangslage analysiert werden. Sind bei der Versteigerung mehrerer Grundstücke alle oder einige mit einem Gesamtrecht belastet, wurde der Zuschlag jedoch auf das Gesamtausgebot erteilt und konnte die Bildung von Einzelmassen nach § 112 ZVG unterbleiben (Rn. 1079), so stellt die Erlösverteilung hinsichtlich des Gesamtrechts kein Problem dar. Hier steht nur **eine** Verteilungsmasse zur Verfügung; allein aus dieser kann der Inhaber des Gesamtrechts befriedigt werden.

Wurde der Zuschlag jedoch auf das Einzelausgebot erteilt oder war (bei Zuschlag auf Gesamt- oder Gruppenausgebot) die Bildung von Einzelmassen erforderlich, so stellt sich die Frage, welche Verteilungsmasse in welcher Höhe für die Befriedigung des Gesamtberechtigten herangezogen wird. Hier greift § 122 ZVG ein, der auf den Überlegungen beruht, dass gesamtbelastete Grundstücke verhältnismäßig nach den erzielten Erlösen zur Befriedigung des Gesamtanspruchs beizutragen haben.

1093

Übersicht

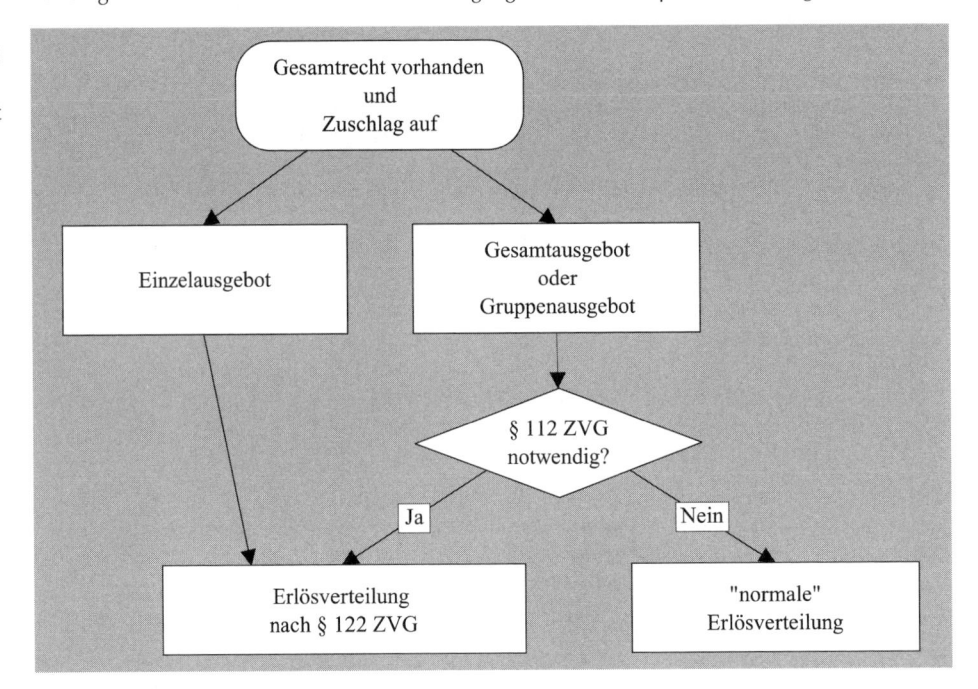

```
                    Gesamtrecht vorhanden
                            und
                        Zuschlag auf
                       ↙            ↘
              Einzelausgebot      Gesamtausgebot
                                       oder
                                  Gruppenausgebot
                                        ↓
                                   § 112 ZVG
                                   notwendig?
                                  ↙         ↘
                                Ja           Nein
                       ↓         ↓             ↓
                  Erlösverteilung          "normale"
                  nach § 122 ZVG          Erlösverteilung
```

III. Voraussetzungen für die Verteilung

Die Erlösverteilung nach § 122 ZVG ist an **fünf Voraussetzungen** geknüpft.

1. Gesamtrecht

1094 Zu beachten ist dabei, dass § 122 ZVG auf **alle Gesamtansprüche** Anwendung findet. Die Norm gilt demnach nicht nur für die Gesamtgrundpfandrechte und die Gesamtreallast, sondern auch für die Gesamtansprüche aus RK 3[436] und der persönlichen Gläubiger (RK 5).

2. Anspruch auf Barzahlung

1095 Die Erlösverteilung nach § 122 ZVG erfolgt daher
- bei erloschenen Gesamtgrundstücksrechten wegen aller Ansprüche;
- bei bestehen bleibenden Gesamtrechten hinsichtlich der Kosten und der Zinsen bis zum Zuschlag (Gesamtansprüche);
- bei Gesamtansprüchen der RK 5 (ggf. RK 3) wegen aller Ansprüche.

3. Einzelmassen

1096 Wie bereits dargelegt, findet eine Erlösverteilung nach § 122 ZVG nur statt, wenn Einzelmassen vorhanden sind. Diese können durch Zuschlag auf das Einzelausgebot oder Aufteilung gem. § 112 ZVG entstanden sein.

1097 Gesamtansprüche aus Gesamtrechten, die an allen Grundstücken bestehen geblieben sind, werden nur nach § 122 ZVG befriedigt, wenn der Zuschlag auf Einzelausgebote erteilt worden ist. Mussten

---

436 Soweit solche entgegen der hier vertretenen Ansicht im Verfahren zugelassen werden.

nach Zuschlag auf das Gesamtausgebot Sondermassen gem. § 112 ZVG gebildet werden, waren diese Ansprüche als im gG stehend vorweg zu befriedigen (§ 112 Abs. 1 ZVG; Rn. 1081).

4. Ein Versteigerungsverfahren

Wenigstens zwei der mit dem Gesamtrecht belasteten Grundstücke müssen in **einem** Verfahren versteigert werden, damit es zu einer Erlösverteilung nach § 122 ZVG kommen kann. Lastet das Gesamtrecht nur auf einem der versteigerten Grundstücke, findet § 122 ZVG keine Anwendung; die „außerhalb" des Verfahrens liegenden Grundstücke werden im Rahmen der Erlösverteilung nicht berücksichtigt. Sollte der Berechtigte des Gesamtrechts jedoch aus dem Erlös des Versteigerungsverfahrens befriedigt werden, so werden (falls kein Fall des § 1182 BGB vorliegt) die übrigen Grundstücke frei (§ 1181 Abs. 2 BGB).

5. Keine Verteilung nach § 1132 BGB

Liegt ein Gesamtgrundpfandrecht vor, so ist weiter zu beachten, dass § 122 Abs. 1 ZVG die Anwendung des § 1132 Abs. 1 Satz 2 BGB ausdrücklich ermöglicht. Der Berechtigte des Gesamtgrundpfandrechts kann die Verteilung des Rechtes willkürlich vornehmen. Dies geschieht durch Erklärung gegenüber dem Gericht, welche spätestens bis zur Feststellung des Teilungsplans im Verteilungstermin abgegeben sein muss. Da das Gesamtgrundpfandrecht durch Zuschlag erloschen ist, bedarf die Erklärung keiner besonderen (grundbuchmäßigen) Form.

IV. Durchführung der Verteilung

Wegen der Durchführung der Verteilung ist auf Grund der Sondervorschriften in § 122 Abs. 2 ZVG zwischen der Verfahrensweise bei Bezahlung des Bargebots und bei Nichtzahlung streng zu unterscheiden.

1. Verteilung bei bezahltem Bargebot

Grundlage der Verteilung sind bei Zuschlag auf das Einzelausgebot die jeweiligen Teilungsmassen, bei Zuschlag auf das Gesamtausgebot bzw. Gruppenausgebot die durch Aufteilung gem. § 112 ZVG gebildeten Einzelmassen.

Sodann ist in **zwei Schritten** vorzugehen:

1. Schritt
Von jedem Einzelerlös werden alle Beträge, die Rang vor dem Gesamtrecht haben und bar zu zahlen sind, abgezogen.

2. Schritt
Das Gesamtrecht wird im Verhältnis der Resterlöse, also nach folgender Formel, aufgeteilt:

$$\text{Einzelanteil} = \frac{\text{Resterlös des Einzelgrundstücks} \times \text{Gesamtrechtsanspruch}}{\text{Summe aller Resterlöse}}$$

2. Verteilung bei Nichtzahlung des Bargebots

Da sich das Gesamtrecht am Versteigerungserlös fortsetzt (Surrogationsgrundsatz), besteht auch das Wahlrecht des Gläubigers nach § 1132 Abs. 1 BGB bis zu dessen Befriedigung fort. Folgerichtig normiert § 122 Abs. 2 ZVG im Falle der Nichtzahlung des Meistgebots und der damit notwendigen Forderungsübertragung (Rn. 861 ff.) die volle Berücksichtigung des Gläubigeranspruchs bei jedem Grundstück. Zugleich muss eine Hilfsübertragung nach § 123 ZVG erfolgen. Die Forderungsübertragung geschieht also mit der Maßgabe, dass sich der Gläubiger aus den mehreren ihm übertragenen Forderungen insgesamt nur einmal in Höhe seines Anspruchs befriedigen darf. Wegen der Einzelheiten und der Formulierung der einzutragenden Sicherungshypotheken (Rn. 877 ff.) wird auf die Kommentarliteratur verwiesen.[437]

---

437 Z.B. *Stöber* (ZVG) § 122 Rn. 4.

Fallbeispiel zum 1. Teil (Vollstreckungsversteigerung)

1. Abschnitt
Geringstes Gebot (Rn. 340 ff.)

1104 Bei dem Amtsgericht Mannheim läuft ein Zwangsversteigerungsverfahren betreffend den aus anliegendem Grundbuchblatt ersichtlichen Grundbesitz.

Die Zwangsversteigerung wird von den nachfolgend genannten Gläubigern betrieben:

1. Gläubiger X, Mannheim
   in alle drei Grundstücke
   wegen seiner **persönlichen** Forderung aus dem Vollstreckungsbescheid des Amtsgerichts Stuttgart vom 10.11.2004,
   a) Hauptforderung 10.000,00 €
   b) 12 % Zinsen hieraus seit dem 01.03.2004
      gem. Anordnungsbeschluss vom 09.01.2005, dem Schuldner zugestellt am 10.01.2005.
      Das Ersuchen des Vollstreckungsgerichts um Eintragung des Zwangsversteigerungsvermerks ging bei dem zuständigen Grundbuchamt am 14.01.2005 ein.

2. B-Bank AG, Mannheim
   nur in das Grundstück 2
   wegen ihres **dinglichen** Anspruchs aus dem Recht Abt. III Nr. 2 und zwar
   a) Kapital 60.000,00 €
   b) 12 % Zinsen hieraus seit dem 01.10.2002
      gem. Beitrittsbeschluss vom 10.03.2005, dem Schuldner zugestellt am 11.03.2005.
      Auf Bewilligung der Gläubigerin wurde das Verfahren durch Beschluss vom 17.04.2005 einstweilen eingestellt und auf entspr. Antrag der Gläubigerin durch Beschluss vom 23.09.2005 fortgesetzt. Der Fortsetzungsbeschluss wurde dem Schuldner am 25.09.2005 zugestellt.

3. D-Bank AG, Mannheim
   nur in das Grundstück 2
   wegen ihres **dinglichen** Anspruchs aus dem Recht Abt. III Nr. 4 und zwar
   a) Kapital 10.000,00 €
   b) 15 % Zinsen hieraus seit dem 01.01.2005
      gem. Beitrittsbeschluss vom 12.05.2005, dem Schuldner zugestellt am 13.05.2005.

Die **Verkehrswerte** für die Versteigerungsobjekte wurden durch ordnungsgemäß erlassenen und bekannt gemachten Beschluss vom 17.06.2005 wie folgt festgesetzt:

Grundstück 1	Grundstück 2	Grundstück 3
50.000,00 €	120.000,00 €	100.000,00 €

Zu dem auf den 01.10.2005 ordnungsgemäß bestimmten und bekannt gemachten Versteigerungstermin liegen rechtzeitig folgende **Anmeldungen** vor:

1. Stadt – Stadtkasse – Mannheim:
Grundsteuer, vierteljährlich zur Quartalsmitte fällig, jeweils ab dem 01.07.2004

Grundstück 1	Grundstück 2	Grundstück 3
60,00 €	90,00 €	180,00 €
pro Quartal	pro Quartal	pro Quartal

Fallbeispiel zur Vollstreckungsversteigerung

2. A-Bank AG, Mannheim:
Zinsen aus dem Recht Abt. III Nr. 1
12 % aus 10.000,00 € seit dem 01.06.2002

Weitere Anmeldungen werden nicht abgegeben.

In dem Versteigerungstermin vom 01.10.2005 werden rechtzeitig folgende **Anträge** gestellt:
1. Gläubiger X beantragt, die Grundstücke auch zusammen auszubieten.
2. Ein Vertreter der D-Bank AG beantragt die Verteilung des Rechtes Abt. III Nr. 3 gem. § 64 Abs. 1 ZVG.
3. Ein Vertreter der C-Bank AG verlangt, dass bei der Feststellung des geringsten Gebots für die Grundstücke nur die dem Anspruch der C-Bank AG vorgehenden Rechte berücksichtigt werden (§ 64 Abs. 2 ZVG).

Die anwesenden Beteiligten geben zu diesen Anträgen keine Erklärungen ab.

Die gerichtlichen Auslagen (einschließlich geschätzter künftiger Auslagen) belaufen sich auf 1.191,00 €.

Vorüberlegungen für die geringsten Gebote

Gläubiger X ist Beteiligter (§ 9 ZVG) und kann als solcher spätestens im Versteigerungstermin vor der Aufforderung zur Abgabe von Geboten verlangen, dass neben dem Einzelausgebot alle Grundstücke zusammen ausgeboten werden (Gesamtausgebot, § 63 Abs. 2 ZVG, Rn. 970 f.).

Das Gericht hat dem Verlangen zu entsprechen (kein Ermessensspielraum).

→ Alle Grundstück sind (auch) im Gesamtausgebot auszubieten.

Das Einzelausgebot ist die gesetzliche Regel (§ 63 Abs. 1 ZVG). Es unterbleibt nur, wenn die anwesenden Beteiligten, deren Rechte bei der Feststellung des geringsten Gebots nicht zu berücksichtigen sind, hierauf verzichtet haben (§ 63 Abs. 4 ZVG), was vorliegend **nicht** geschehen ist (Rn. 977).

→ Alle Grundstücke sind (auch) im Einzelausgebot auszubieten.

Bestbetreibende(r) Gläubiger:

Wer bestbetreibender Gläubiger ist, muss **für jedes Grundstück getrennt** ermittelt werden. Um bestbetreibend zu sein, muss ein Gläubiger verschiedene Voraussetzungen erfüllen (Rn. 345):

Grundstück 1
- Einen Anordnungs- oder Beitrittsbeschluss hat nur Gläubiger X bewirkt.
- Für ihn ist das Verfahren derzeit nicht einstweilen eingestellt.
- Die 4-Wochen-Frist des § 43 Abs. 2 ZVG stellt für Gläubiger X kein Problem dar.

Damit bestimmt Gläubiger X das gG beim Einzelausgebot des Grundstücks 1.

Grundstück 2

Einen Anordnungs- oder Beitrittsbeschluss haben bewirkt:
1. Gläubiger X
2. B-Bank AG
3. D-Bank AG

Für keinen der drei Gläubiger ist das Verfahren derzeit einstweilen eingestellt.

Der Fortsetzungsbeschluss für die B-Bank AG wurde dem Schuldner erst am 25.09.2005 und damit nicht wenigstens vier Wochen vor dem Termin zugestellt (§ 43 Abs. 2 ZVG). Die B-Bank AG kann das gG damit nicht bestimmen (Rn. 345). Für die Gläubiger X und D-Bank AG stellt die 4-Wochen-Frist kein Problem dar.

Sind mehrere Gläubiger vorhanden, richtet sich das gG nach dem Gläubiger mit dem besten Rang (§ 44 Abs. 2 ZVG, Rn. 344). Gläubiger X betreibt aus RK 5 (Rn. 333), die D-Bank AG aus RK 4 (Rn. 322).

Damit bestimmt die D-Bank AG das gG beim Einzelausgebot des Grundstücks 2.

Grundstück 3

Es gilt das zu Grundstück 1 Gesagte entsprechend.

Damit bestimmt der Gläubiger X das gG beim Einzelausgebot des Grundstücks 3.

**Antrag der D-Bank AG
auf Verteilung des Gesamtrechts Abt. III Nr. 3 (Rn. 1009 f.)**

Voraussetzung für die Verteilung des Gesamtrechts ist u.a., dass es bestehen bleibt (Rn. 1010), was ebenfalls für jedes Grundstück getrennt zu ermitteln ist.

Da das Gesamtrecht sowohl dem Gläubiger X (welcher das gG bei den Grundstücken 1 und 3 bestimmt) als auch der Gläubigerin D-Bank AG (welche das gG bei Grundstück 2 bestimmt) im Range vorgeht, würde es an allen Grundstücken in voller Höhe bestehen bleiben (§ 52 ZVG).

Die D-Bank AG ist als (dem Gesamtrecht) nachstehende Beteiligte antragsberechtigt (§ 64 Abs. 1 Satz 2 ZVG).

Das Gesamtrecht ist bei der Feststellung des geringsten Gebots beim Einzelausgebot für jedes einzelne Grundstück nur zu dem Teilbetrage zu berücksichtigen, der dem Verhältnis des Wertes des Grundstücks zu dem Wert der sämtlichen Grundstücke entspricht; der Wert wird unter Abzug der Belastungen berechnet, die dem Gesamtrecht im Range vorgehen und bestehen bleiben (§ 64 Abs. 1, 3 ZVG, Rn. 1018 f.).

Gegenantrag der C-Bank AG gemäß § 64 Abs. 2 ZVG (Rn. 1027 f.)

Die C-Bank AG kann als Gläubigerin des zur Verteilung kommenden Gesamtrechts den sog. „Gegenantrag" nach § 64 Abs. 2 ZVG stellen. Die Grundstücke sind deshalb auch mit der dort genannten Anweichung auszubieten (Doppelausgebot). Bei den Ausgeboten nach § 64 Abs. 2 ZVG wird unterstellt, die C-Bank AG sei bestbetreibende Gläubigerin (Rn. 1032).

Es sind damit die folgenden geringsten Gebote zu erstellen:
- Einzelausgebot mit verteiltem Gesamtrecht Abt. III Nr. 3 nach § 64 Abs. 1 ZVG
- Einzelausgebot auf Grund Gegenantrags nach § 64 Abs. 2 ZVG
- Gesamtausgebot

Einzelausgebot (§ 64 Abs. 1 ZVG) Grundstück 1

I. Vorbericht

1. Die erste Beschlagnahme des Grundbesitzes erfolgte am 10.01.2005 durch Zustellung des Anordnungsbeschlusses an den Schuldner (Rn. 92, 301).
2. Endzeitpunkt nach § 47 ZVG: 15.10.2005 (Rn. 361).
3. Durch Beschluss vom 17.06.2005 wurde der
   Verkehrswert des Grundbesitzes festgesetzt auf: 50.000,00 €
   Der 5/10 Wert gem. § 85a ZVG beträgt demnach: 25.000,00 €
   Der 7/10 Wert gem. § 74a ZVG beträgt demnach: 35.000,00 €
4. Der Versteigerungstermin wurde ordnungsgemäß bekannt gemacht am … (Rn. 278, 283).
5. Bestbetreibender Gläubiger: Gläubiger X
   Dieser Gläubiger betreibt das Verfahren aus der RK 5.
6. An Anmeldungen liegen dem Gericht vor: Siehe oben

II. Bestehen bleibende Rechte

Abteilung II: Keine
Abteilung III: **Recht Nr. 1**
Grundschuld ohne Brief zu zehntausend Euro nebst 12 % Jahreszinsen, kalenderjährlich nachträglich fällig, vollstreckbar nach § 800 ZPO, für A-Bank AG in Mannheim. Gemäß Bewilligung vom 04.04.2002 (Notariat V Mannheim, 5 UR 44/02) eingetragen am 14.04.2002.
Recht Nr. 3
Grundschuld ohne Brief zu einhunderttausend Euro nebst 15 % Jahreszinsen, kalenderjährlich im Voraus fällig, für die C-Bank AG in Mannheim. Gemäß Bewilligung vom 03.11.2002 (Notariat V Mannheim, 5 UR 1144/02) eingetragen am 11.11.2002.
Das Recht kommt wie folgt zur Verteilung:

	Grundstück 1	Grundstück 2	Grundstück 3
Verkehrswert	50.000,00 €	120.000,00 €	100.000,00 €
Vorbelastung	III/1 10.000,00 €	III/2 60.000,00 €	keine
Bereinigter Verkehrswert	40.000,00 €	60.000,00 €	100.000,00 €
Verhältnis	2/10	3/10	5/10
Aufteilung III/3	**20.000,00 €**	30.000,00 €	50.000,00 €

100.000,00 €

An dem Grundstück 1 bleibt das Recht Abt. III Nr. 3 somit nur mit einem Betrag von 20.000,00 € nebst Zinsen bestehen.

III. Mindestbargebot

1. Kosten des Verfahrens (§ 109 ZVG, Rn. 356 f., 982 f.):
Wert: 270.000,00 € (bei Nr. 2215 KVGKG Wertangabe vorläufig)

½ Gebühr Nr. 2211 KVGKG:	953,00 €
½ Gebühr Nr. 2213 KVGKG:	953,00 €
½ Gebühr Nr. 2215 KVGKG:	953,00 €
Auslagen (einschl. geschätzter künftiger Auslagen):	1.191,00 €
Gesamtkosten:	4.050,00 €

Aufteilung der Kosten im Verhältnis der Grundstücksverkehrswerte

	Grundstück 1	Grundstück 2	Grundstück 3
Verkehrswert	50.000,00 €	120.000,00 €	100.000,00 €
Kostenanteil	**750,00 €**	1.800,00 €	1.500,00 €

2. Weitere Beträge (§ 10 Abs. 1 ZVG):
Allgemeiner Hinweis:
Die Zinsberechnungen im gesamten Fallbeispiel erfolgen bankmäßig (das Jahr mit 360 Tagen, jeder Monat mit 30 Tagen).

Rangklasse 3 (Rn. 314 f.):
Rechtzeitig angemeldet wurde regelfällige Grundsteuer
(= wiederkehrende Leistungen, Rn. 319 f.),
mit 60,00 € pro Quartal, ab dem 01.07.2004

Letzte Fälligkeit vor der Beschlagnahme:	15.11.2004
Laufende Leistungen:	
01.10.2004 – 15.10.2005 (= 375 Tage) =	250,00 €
Rückständige Leistungen:	
01.07.2004 – 30.09.2004 (= 90 Tage) =	60,00 €
Summe:	310,00 €

1 Fallbeispiel zur Vollstreckungsversteigerung

Rangklasse 4 (Rn. 322 f.):
Recht Abt. III Nr. 1:
Angemeldet wurden Zinsen (= wiederkehrende Leistungen) mit 12 % aus 10.000,00 €
seit dem 01.06.2002
Die Zinsen sind hier kalenderjährlich nachträglich fällig.
Letzte Fälligkeit vor der Beschlagnahme: 31.12.2004
Laufende Leistungen:
01.01.2004 – 15.10.2005 (= 645 Tage) = 2.150,00 €
Rückständige Leistungen:
01.06.2002 – 31.12.2003 (= 570 Tage) = 1.900,00 €
Die Rückstände liegen innerhalb der 2-Jahres-Frist des § 10 Abs. 1 Nr. 4 ZVG und sind daher in RK 4 zu berücksichtigen (Rn. 326).
Summe: **4.050,00 €**

Recht Abt. III Nr. 3:
Es liegt keine Anmeldung vor. Im gG werden jedoch die laufenden wiederkehrenden Leistungen (hier 15 % Zinsen aus 100.000,00 €) von Amts wegen berücksichtigt (§ 45 Abs. 2 ZVG).
Die Zinsen sind hier kalenderjährlich im Voraus fällig.
Letzte Fälligkeit vor der Beschlagnahme: 01.01.2005
Laufende Leistungen:
01.01.2005 – 15.10.2005 (= 285 Tage) = **11.875,00 €**
Da das Recht gem. § 64 Abs. 1, 3 ZVG verteilt wird, kommen auch nur anteilige Zinsen in das gG. Die Aufteilung der wiederkehrenden Leistungen erfolgt dabei im gleichen Verhältnis wie die Aufteilung des Hauptrechts (Rn. 1020).

	Grundstück 1	Grundstück 2	Grundstück 3
Verhältnis	2/10	3/10	5/10
Zinsen 11.875,00 €	**2.375,00 €**	3.562,50 €	5.937,50 €

Zusammenfassung
Bestehen bleibende Rechte: Abt. III Nr. 1 10.000,00 €
Abt. III Nr. 3 20.000,00 €
Mindestbargebot: 7.485,00 €

Einzelausgebot (§ 64 Abs. 1 ZVG) Grundstück 2

I. Vorbericht
1. Die erste Beschlagnahme des Grundbesitzes erfolgte am 10.01.2005 durch Zustellung des Anordnungsbeschlusses an den Schuldner.
2. Endzeitpunkt nach § 47 ZVG: 15.10.2005.
3. Durch Beschluss vom 17.06.2005 wurde der
Verkehrswert des Grundbesitzes festgesetzt auf: 120.000,00 €
Der 5/10 Wert gem. § 85a ZVG beträgt demnach: 60.000,00 €
Der 7/10 Wert gem. § 74a ZVG beträgt demnach: 84.000,00 €
4. Der Versteigerungstermin wurde ordnungsgemäß bekannt gemacht am ...
5. Bestbetreibende Gläubigerin: D-Bank AG.
Diese Gläubigerin betreibt das Verfahren aus der RK 4.
6. An Anmeldungen liegen dem Gericht vor: Siehe oben

II. Bestehen bleibende Rechte
Abteilung II: Keine
Abteilung III: **Recht Nr. 2**
Grundschuld ohne Brief zu sechzigtausend Euro nebst 12 % Jahreszinsen kalenderhalbjährlich im Voraus fällig, vollstreckbar nach § 800 ZPO für die B-Bank AG in Mannheim. Gemäß Bewilligung vom 24.07.2002 (Notariat V Mannheim, 5 UR 678/02) eingetragen am 01.08.2002.

Recht Nr. 3
Grundschuld ohne Brief zu einhunderttausend Euro nebst 15 % Jahreszinsen, kalenderjährlich im Voraus fällig, für die C-Bank AG in Mannheim. Gemäß Bewilligung vom 03.11.2002 (Notariat V Mannheim, 5 UR 1144/02) eingetragen am 11.11.2002.
An dem Grundstück 2 bleibt das Recht Nr. 3 wegen der oben dargestellten Verteilung nur mit einem Betrag von 30.000,00 € nebst Zinsen bestehen.

III. Mindestbargebot
1. Kosten des Verfahrens (§ 109 ZVG): **1.800,00 €**
2. Weitere Beträge (§ 10 Abs. 1 ZVG):

Rangklasse 3:
Rechtzeitig angemeldet wurde regelfällige Grundsteuer, mit 90,00 € pro Quartal, ab dem 01.07.2004.
Letzte Fälligkeit vor der Beschlagnahme: 15.11.2004
Laufende Leistungen:
01.10.2004 – 15.10.2005 (= 375 Tage) = 375,00 €
Rückständige Leistungen:
01.07.2004 – 30.09.2004 (= 90 Tage) = 90,00 €
Summe: **465,00 €**

Rangklasse 4:
Recht Abt. III Nr. 2:
Eine ausdrückliche Anmeldung liegt nicht vor. Die Zinsen (12 % aus 60.000,00 € seit dem 01.10.2002) ergeben sich jedoch aus dem Versteigerungsantrag und gelten daher als angemeldet (§ 114 Abs. 1 Satz 2 ZVG).
Die Zinsen sind hier kalenderhalbjährlich im Voraus fällig.
Letzte Fälligkeit vor der Beschlagnahme: 01.01.2005
Laufende Leistungen:
01.01.2005 – 15.10.2005 (= 285 Tage) = 5.700,00 €
Rückständige Leistungen:
01.01.2003 – 31.12.2004 (= 720 Tage) = 14.400,00 €
Summe: **20.100,00 €**

Die weiter geltend gemachten Zinsrückstände (01.10.2002 – 31.12.2002) liegen nicht innerhalb der 2-Jahres-Frist des § 10 Abs. 1 Nr. 4 ZVG und können daher in RK 4 nicht berücksichtigt werden. Sie würden eigentlich in RK 8 fallen (Rn. 337), da das Verfahren jedoch auch wegen dieser Beträge betrieben wird, gehören sie in RK 5 (Rn. 333). Im gG finden sie keine Berücksichtigung.

Recht Abt. III Nr. 3:
Da das Recht gem. § 64 Abs. 1 ZVG verteilt wird, kommen auch nur anteilige Zinsen in das gG. Nach der im Einzelausgebot für Grundstück 1 dargestellten Berechnung entfallen auf Grundstück 2 Zinsen in Höhe von: **3.562,50 €**

Zusammenfassung
Bestehen bleibende Rechte: Abt. III Nr. 2 60.000,00 €
Abt. III Nr. 3 30.000,00 €
Mindestbargebot: 25.927,50 €

Einzelausgebot (§ 64 Abs. 1 ZVG) Grundstück 3

I. Vorbericht
1. Die erste Beschlagnahme des Grundbesitzes erfolgte am 10.01.2005 durch Zustellung des Anordnungsbeschlusses an den Schuldner.
2. Endzeitpunkt nach § 47 ZVG: 15.10.2005
3. Durch Beschluss vom 17.06.2005 wurde der
Verkehrswert des Grundbesitzes festgesetzt auf: 100.000,00 €
Der 5/10 Wert gem. § 85a ZVG beträgt demnach: 50.000,00 €
Der 7/10 Wert gem. § 74a ZVG beträgt demnach: 70.000,00 €

4. Der Versteigerungstermin wurde ordnungsgemäß bekannt gemacht am ...
5. Bestbetreibender Gläubiger: Gläubiger X
   Dieser Gläubiger betreibt das Verfahren aus der RK 5.
6. An Anmeldungen liegen dem Gericht vor: Siehe oben

II. Bestehen bleibende Rechte

Abteilung II: Keine
Abteilung III: **Recht Nr. 3**
Grundschuld ohne Brief zu einhunderttausend Euro nebst 15 % Jahreszinsen, kalenderjährlich im Voraus fällig, für die C-Bank AG in Mannheim. Gemäß Bewilligung vom 03.11.2002 (Notariat V Mannheim, 5 UR 1144/02) eingetragen am 11.11.2002.
An dem Grundstück 3 bleibt das Recht Nr. 3, wegen der oben dargestellten Aufteilung, nur mit einem Betrag von 50.000,00 € nebst Zinsen bestehen.

III. Mindestbargebot

1. **Kosten** des Verfahrens (§ 109 ZVG):   **1.500,00 €**
2. **Weitere Beträge** (§ 10 Abs. 1 ZVG):

   Rangklasse 3:
   Rechtzeitig angemeldet wurde regelfällige Grundsteuer,
   mit 180,00 € pro Quartal, ab dem 01.07.2004
   Letzte Fälligkeit vor der Beschlagnahme: 15.11.2004
   Laufende Leistungen:
   01.10.2004 – 15.10.2005 (= 375 Tage) =   750,00 €
   Rückständige Leistungen:
   01.07.2004 – 30.09.2004 (= 90 Tage) =   180,00 €
   Summe: **930,00 €**

   Rangklasse 4:
   Recht Abt. III Nr. 3:
   Da das Recht gem. § 64 Abs. 1 ZVG verteilt wird, kommen auch nur anteilige Zinsen in das gG. Nach der im Einzelausgebot für Grundstück 1 dargestellten Berechnung entfallen auf Grundstück 3 Zinsen in Höhe von: **5.937,50 €**

Zusammenfassung
Bestehen bleibende Rechte: Abt. III Nr. 3:   50.000,00 €
Mindestbargebot: 8.367,50 €

Einzelausgebot (§ 64 Abs. 2 ZVG) Grundstück 1

I. Vorbericht

– siehe Vorbericht Einzelausgebot (§ 64 Abs. 1 ZVG) Grundstück 1 –

Für die Berechnung des gG wird die C-Bank AG als bestbetreibende Gläubigerin unterstellt.

II. Bestehen bleibende Rechte

Abteilung II: Keine
Abteilung III: **Recht Nr. 1**
Grundschuld ohne Brief zu zehntausend Euro nebst 12 % Jahreszinsen, kalenderjährlich nachträglich fällig, vollstreckbar nach § 800 ZPO, für A-Bank AG in Mannheim. Gemäß Bewilligung vom 04.04.2002 (Notariat V Mannheim, 5 UR 44/02) eingetragen am 14.04.2002.

Fallbeispiel zur Vollstreckungsversteigerung

III. Mindestbargebot

1. **Kosten** des Verfahrens (§ 109 ZVG):	750,00 €
2. **Weitere Beträge** (§ 10 Abs. 1 ZVG):	
Rangklasse 3:	
Grundsteuer Summe:	310,00 €
Rangklasse 4:	
Recht Abt. III Nr. 1:	
Zinsen Summe:	**4.050,00 €**
Zusammenfassung	
Bestehen bleibende Rechte: Abt. III Nr. 1:	10.000,00 €
Mindestbargebot:	5.110,00 €

Einzelausgebot (§ 64 Abs. 2 ZVG) Grundstück 2

I. Vorbericht

– siehe Vorbericht Einzelausgebot (§ 64 Abs. 1 ZVG) Grundstück 2 –

Für die Berechnung des gG wird die C-Bank AG als bestbetreibende Gläubigerin unterstellt.

II. Bestehen bleibende Rechte

Abteilung II: Keine
Abteilung III: Recht Nr. 2
Grundschuld ohne Brief zu sechzigtausend Euro nebst 12 % Jahreszinsen kalenderhalbjährlich im Voraus fällig, vollstreckbar nach § 800 ZPO für die B-Bank AG in Mannheim. Gemäß Bewilligung vom 24.07.2002 (Notariat V Mannheim, 5 UR 678/02) eingetragen am 01.08.2002.

III. Mindestbargebot

1. **Kosten** des Verfahrens (§ 109 ZVG):	1.800,00 €
2. **Weitere Beträge** (§ 10 Abs. 1 ZVG):	
Rangklasse 3:	
Grundsteuer Summe:	465,00 €
Rangklasse 4:	
Recht Abt. III Nr. 2:	
Zinsen Summe:	**20.100,00 €**
Zusammenfassung	
Bestehen bleibende Rechte: Abt. III Nr. 2:	60.000,00 €
Mindestbargebot:	22.365,00 €

Einzelausgebot (§ 64 Abs. 2 ZVG) Grundstück 3

I. Vorbericht

– siehe Vorbericht Einzelausgebot (§ 64 Abs. 1 ZVG) Grundstück 3 –

Für die Berechnung des gG wird die C-Bank AG als bestbetreibende Gläubigerin unterstellt.

II. Bestehen bleibende Rechte

Abteilung II: Keine
Abteilung III: Keine

III. Mindestbargebot

1. **Kosten** des Verfahrens (§ 109 ZVG):	1.500,00 €
2. **Weitere Beträge** (§ 10 Abs. 1 ZVG):	
Rangklasse 3:	
Grundsteuer Summe:	**930,00 €**

Zusammenfassung

Bestehen bleibende Rechte: Keine
Mindestbargebot: 2.430,00 €

Gesamtausgebot (Rn. 988 f.)

I. Vorbericht

Für das Gesamtausgebot wird vorliegend kein eigener Vorbericht erstellt, da sich die maßgeblichen Daten aus den Vorberichten zum Einzelausgebot nach § 64 Abs. 1 ZVG ergeben. Zu beachten bleibt, dass jedes Grundstück seinen eigenen Tag der ersten Beschlagnahme hat (Rn. 961) und ein einheitlicher bestbetreibender Gläubiger ebenso wenig existiert (Rn. 989).

II. Bestehen bleibende Rechte

Abteilung II: Keine

Abteilung III: **Recht Nr. 1 an Grundstück Nr. 1**
Grundschuld ohne Brief zu zehntausend Euro nebst 12 % Jahreszinsen, kalenderjährlich nachträglich fällig, vollstreckbar nach § 800 ZPO, für A-Bank AG in Mannheim. Gemäß Bewilligung vom 04.04.2002 (Notariat V Mannheim, 5 UR 44/02) eingetragen am 14.04.2002.
Recht Nr. 2 an Grundstück Nr. 2
Grundschuld ohne Brief zu sechzigtausend Euro nebst 12 % Jahreszinsen kalenderhalbjährlich im Voraus fällig, vollstreckbar nach § 800 ZPO für die B-Bank AG in Mannheim. Gemäß Bewilligung vom 24.07.2002 (Notariat V Mannheim, 5 UR 678/02) eingetragen am 01.08.2002.
Recht Nr. 3 an allen drei Grundstücken (Gesamtrecht)
Grundschuld ohne Brief zu einhunderttausend Euro nebst 15 % Jahreszinsen, kalenderjährlich im Voraus fällig, für die C-Bank AG in Mannheim. Gemäß Bewilligung vom 03.11.2002 (Notariat V Mannheim, 5 UR 1144/02) eingetragen am 11.11.2002.

III. Mindestbargebot

1. **Kosten** des Verfahrens (§ 109 ZVG): 4.050,00 €
2. **Weitere Beträge** (§ 10 Abs. 1 ZVG):
   Rangklasse 3:
   Gesamtsumme Grundsteuer: 1.705,00 €
   Rangklasse 4
   Zinsen aus dem Recht Abt. III Nr. 1: 4.050,00 €
   Zinsen aus dem Recht Abt. III Nr. 2: 20.100,00 €
   Zinsen aus dem Recht Abt. III Nr. 3: 11.875,00 €
   Summe: **41.780,00 €**

Zusammenfassung

	Geringste Gebote aller Ausgebotsarten						
	Einzelausgebot Grundstück 1		Einzelausgebot Grundstück 2		Einzelausgebot Grundstück 3		Gesamtangebot
	§ 64 ZVG		§ 64 ZVG		§ 64 ZVG		§ 63 Abs. 2 ZVG
	Abs. 1	Abs. 2	Abs. 1	Abs. 2	Abs. 1	Abs. 2	
BbR	30.000,00 €	10.000,00 €	90.000,00 €	60.000,00 €	50.000,00 €	Keine	170.000,00 €
MBG	7.485,00 €	5.110,00 €	25.927,50 €	22.365,00 €	8.367,50 €	2.430,00 €	41.780,00 €

2. Abschnitt
Zuschlagsentscheidung

Im Versteigerungstermin am 01.10.2005 werden folgende Gebote abgegeben: **1105**

Bieter	auf Ausgebotsart	Betrag
Walter Huber	Gesamtausgebot	42.000,00 €
Hans Schmitt	Einzelausgebot § 64 Abs. 1 ZVG Grundstück 1	8.000,00 €
Tina Mayer	Einzelausgebot § 64 Abs. 2 ZVG Grundstück 1	10.000,00 €
Ernst Deimer	Einzelausgebot § 64 Abs. 1 ZVG Grundstück 2	30.000,00 €
Siegfried Weng	Einzelausgebot § 64 Abs. 2 ZVG Grundstück 2	40.000,00 €
Sarah Schuster	Einzelausgebot § 64 Abs. 1 ZVG Grundstück 3	10.000,00 €
Andreas Noller	Einzelausgebot § 64 Abs. 2 ZVG Grundstück 3	30.000,00 €

Im Rahmen der Zuschlagsverhandlung erklärt der Vertreter der C-Bank AG auf entspr. Nachfrage des Gerichts, es mögen die auf das Einzelausgebot nach § 64 Abs. 1 ZVG abgegebenen Gebote der Zuschlagsentscheidung zu Grunde gelegt werden (Rn. 1040).

→ Die auf das Einzelausgebot nach § 64 Abs. 2 ZVG abgegebenen Gebote sind damit erloschen (Rn. 1041).

Das Gericht hat nunmehr den Ergebnisvergleich nach § 63 Abs. 3 Satz 2 ZVG durchzuführen (Rn. 1041, 998).

Ergebnisvergleich (§ 63 Abs. 3 Satz 2 ZVG)

(Summe der Ergebnisse beim Einzelausgebot verglichen mit dem Ergebnis beim Gesamtausgebot)

	Einzelausgebot § 64 Abs. 1 ZVG Grundstück 1	Einzelausgebot § 64 Abs. 1 ZVG Grundstück 2	Einzelausgebot § 64 Abs. 1 ZVG Grundstück 3	Gesamtausgebot
BbR	30.000,00 €	90.000,00 €	50.000,00 €	170.000,00 €
Meistgebot	8.000,00 €	30.000,00 €	10.000,00 €	42.000,00 €
Summe	38.000,00 €	120.000,00 €	60.000,00 €	212.000,00 €
Vergleich		218.000,00 €		**212.000,00 €**

Der Ergebnisvergleich zeigt, dass die auf das Einzelausgebot abgegebenen Gebote allgemein zuschlagsfähig sind.

Der für jedes Grundstück getrennt zu prüfende Zuschlagsversagungsgrund nach § 85a ZVG bietet keine Probleme (Rn. 505 f., 1058); Antrag nach § 74a ZVG (Rn. 507, 1049 ff.) ist nicht gestellt. Auch andere Zuschlagsversagungsgründe (Rn. 497 ff.) sind nicht gegeben.

Den Meistbietenden Schmitt, Deimer und Schuster ist daher je der Zuschlag zu erteilen (Rn. 527). Aus Gründen besserer Übersicht und wegen der denkbaren weiteren „Verwendungsmöglichkeiten" für den Zuschlagsbeschluss (z.B. als Vollstreckungstitel) sollte dies durch **drei getrennte** Beschlüsse erfolgen.

1 Fallbeispiel zur Vollstreckungsversteigerung

Zuschlagsbeschluss betreffend das Grundstück 1 (Rn. 532 ff.)

1106
Muster

Amtsgericht   Mannheim, den 01.10.2005
Aktenzeichen: 2 K 3/05

In dem Zwangsversteigerungsverfahren
zum Zwecke der Zwangsvollstreckung

betreffend das im Grundbuch von Mannheim Blatt 2000 unter laufender Nr. 1 eingetragene Grundstück der Gemarkung Mannheim
FlSt.Nr. 100
Gebäude- und Freifläche, Hauptstraße 1 zu 200 m^2
Eigentümer Tobias Mustermann, geb. am 01.03.1971, Mannheim, …
ergeht folgender

Beschluss

Vorgenannter Grundbesitz wird Hans Schmitt … (Geburtsdatum und Anschrift)
für den durch Zahlung zu berichtigenden Betrag von 8.000,00 € zugeschlagen zu folgenden Bedingungen:
1. Es bleiben folgende im Grundbuch eingetragenen Belastungen bestehen:
   Abt. III Nr. 1
   Grundschuld ohne Brief zu zehntausend Euro nebst 12 % Jahreszinsen, kalenderjährlich nachträglich fällig, vollstreckbar nach § 800 ZPO, für A-Bank AG in Mannheim.
   Gemäß Bewilligung vom 04.04.2002 (Notariat V Mannheim, 5 UR 44/02) eingetragen am 14.04.2002.
   Abt. III Nr. 3
   Grundschuld ohne Brief zu zwanzigtausend Euro nebst 15 % Jahreszinsen, kalenderjährlich im Voraus fällig, für die C-Bank AG in Mannheim. Gemäß Bewilligung vom 03.11.2002 (Notariat V Mannheim, 5 UR 1144/02) eingetragen am 11.11.2002.
   Die Grundschuld ist im Grundbuch über einen Betrag von 100.000,00 € eingetragen, kam im Zwangsversteigerungsverfahren jedoch zur Verteilung gem. § 64 Abs. 1 ZVG.
2. Das Bargebot in Höhe von 8.000,00 € ist vom Zuschlag an mit 4 % zu verzinsen und mit den Zinsen vom Ersteher im Verteilungstermin zu zahlen.
3. Die Kosten des Zuschlagsbeschlusses trägt der Ersteher.
4. Im Übrigen gelten die gesetzlichen Versteigerungsbedingungen. Ein Anspruch auf Gewährleistung findet nicht statt (§ 56 ZVG)

Gründe:

Hans Schmitt ist im Versteigerungstermin vom 01.10.2005 mit einem Gebot in o.g. Höhe auf das Einzelausgebot für genanntes Grundstück Meistbietender geblieben.

Die C-Bank AG als Antragstellerin nach § 64 Abs. 2 ZVG hat nach Schluss der Versteigerung erklärt, der Zuschlagsentscheidung mögen nur die Gebote auf das Einzelausgebot nach § 64 Abs. 1 ZVG zu Grunde gelegt werden; die auf die Anweisung (§ 64 Abs. 2 ZVG) abgegebenen Gebote sind damit erloschen.

Der gem. § 63 Abs. 3 Satz 2 ZVG durchzuführende Vergleich zwischen den Ergebnissen bei dem Einzelausgebot (§ 64 Abs. 1 ZVG) und dem Ergebnis des Gesamtausgebots erbrachte, dass der Zuschlag auf das Einzelausgebot zu erteilen war.

Alle Verfahrensvorschriften wurden beachtet (§§ 81-84 ZVG); Zuschlagsversagungsgründe bestehen nicht.

Rechtspfleger

3. Abschnitt: Teilungsplan

Termin zur Verteilung des Versteigerungserlöses wurde bestimmt auf den 01.12.2005. Auf die Teilungsmassen wurden bislang keine Zahlungen geleistet. Der Gläubiger X hat einen Gebührenvorschuss (§ 15 Abs. 1 GKG) von 1.906,00 € und einen Auslagenvorschuss (§ 17 Abs. 3 GKG) von 1.000,00 € bezahlt (Rn. 359).

1107

Die gerichtlichen Auslagen belaufen sich auf 1.291,00 €.

Es ist folgender Teilungsplan zu erstellen (Rn. 591 ff.):

A m t s g e r i c h t Mannheim
Vollstreckungsgericht

Aktenzeichen: 2 K 3/05

T e i l u n g s p l a n
für den Verteilungstermin am 01.12.2005

I. Vorbericht

1. Tag der ersten Beschlagnahme: 10.01.2005
2. Tag des Zuschlags: 01.10.2005
3. Verteilungstermin: 01.12.2005
4. Ersteher:

Grundstück 1	Grundstück 2	Grundstück 3
Hans Schmitt	Ernst Deimer	Sarah Schuster

5. An Anmeldungen zum Verteilungstermin liegen dem Gericht vor:
   – Die Stadt – Stadtkasse – Mannheim und die A-Bank AG haben Ihre bereits zum Versteigerungstermin eingereichten Anmeldungen wiederholt. –

II. Bestehen bleibende Rechte (Rn. 609)

Abteilung II:

Grundstück 1	Grundstück 2	Grundstück 3
keine	keine	keine

Abteilung III:

Grundstück 1	Grundstück 2	Grundstück 3
Recht Nr. 1 Grundschuld ohne Brief zu zehntausend Euro nebst 12 % Jahreszinsen, kalenderjährlich nachträglich fällig, vollstreckbar nach § 800 ZPO, für A-Bank AG in Mannheim. Gemäß Bewilligung vom 04.04.2002 (Notariat V Mannheim, 5 UR 44/02) eingetragen am 14.04.2002.	Recht Nr. 2 Grundschuld ohne Brief zu sechzigtausend Euro nebst 12 % Jahreszinsen kalenderhalbjährlich im Voraus fällig, vollstreckbar nach § 800 ZPO für die B-Bank AG in Mannheim. Gemäß Bewilligung vom 24.07.2002 (Notariat V Mannheim, 5 UR 678/02) eingetragen am 01.08.2002.	
Recht Nr. 3 Grundschuld ohne Brief zu zwanzigtausend Euro nebst 15 % Jahreszinsen, kalenderjährlich im Voraus fällig, für die C-Bank AG in Mannheim. Gemäß Bewilligung vom 03.11.2002 (Notariat V Mannheim, 5 UR 1144/02) eingetragen am 11.11.2002.	Recht Nr. 3 Grundschuld ohne Brief zu dreißigtausend Euro nebst 15 % Jahreszinsen, kalenderjährlich im Voraus fällig, für die C-Bank AG in Mannheim. Gemäß Bewilligung vom 03.11.2002 (Notariat V Mannheim, 5 UR 1144/02) eingetragen am 11.11.2002.	Recht Nr. 3 Grundschuld ohne Brief zu fünfzigtausend Euro nebst 15 % Jahreszinsen, kalenderjährlich im Voraus fällig, für die C-Bank AG in Mannheim. Gemäß Bewilligung vom 03.11.2002 (Notariat V Mannheim, 5 UR 1144/02) eingetragen am 11.11.2002.

III. Teilungsmassen

	Grundstück 1	Grundstück 2	Grundstück 3
Bargebot	8.000,00 €	30.000,00 €	10.000,00 €
Bargebotszinsen 4 % für die Zeit vom 01.10.2005 bis 30.11.2005	53,33 €	200,00 €	66,67 €
Teilungsmassen	8.053,55 €	30.200,00 €	10.066,67 €

IV. Schuldenmassen

1. Kosten des Verfahrens (§ 109 ZVG, Rn. 614 f.):

½ Gebühr Nr. 2211 KVGKG Wert 270.000,00 €	953,00 €
½ Gebühr Nr. 2213 KVGKG Wert 270.000,00 €	953,00 €
½ Gebühr Nr. 2215 KVGKG Wert 218.000,00 €	803,00 €
Auslagen (Rn. 615):	1.291,00 €
Gesamtkosten:	4.000,00 €

Aufteilung der Kosten im Verhältnis der Grundstücksverkehrswerte

	Grundstück 1	Grundstück 2	Grundstück 3
Verkehrswert	50.000,00 €	120.000,00 €	100.000,00 €
Kostenanteil	740,74 €	1.777,78 €	1.481,48 €
Vorschussanteil	**538,15 €**	**1.291,55 €**	**1.076,30 €**
Rest	**202,59 €**	**486,23 €**	**405,18 €**

Da der Zuschlag auf das Einzelausgebot erteilt wurde, sind die Schuldenmassen getrennt für jedes Grundstück darzustellen:

Grundstück 1
Weitere Ansprüche (in Befriedigungsrangfolge)

Rangklasse 3:
Stadt – Stadtkasse Mannheim –
Rechtzeitig angemeldet wurde regelfällige Grundsteuer (= wiederkehrende Leistungen), mit 60,00 € pro Quartal, ab dem 01.07.2004
Letzte Fälligkeit vor der Beschlagnahme: 15.11.2004
Laufende Leistungen:

01.10.2004 – 30.09.2005 (= 360 Tage) =	240,00 €
Rückständige Leistungen:	
01.07.2004 – 30.09.2004 (= 90 Tage) =	60,00 €
Summe:	**300,00 €**

Rangklasse 4:
A-Bank AG aus dem Recht Abt. III Nr. 1:
Angemeldet wurden Zinsen (= wiederkehrende Leistungen) mit 12 % aus 10.000,00 € seit dem 01.06.2002
Die Zinsen sind hier kalenderjährlich nachträglich fällig.
Letzte Fälligkeit vor der Beschlagnahme: 31.12.2004
Laufende Leistungen:

01.01.2004 – 30.09.2005 (= 630 Tage) =	2.100,00 €
Rückständige Leistungen:	
01.06.2002 – 31.12.2003 (= 570 Tage) =	1.900,00 €

Die Rückstände liegen innerhalb der 2-Jahres-Frist des § 10 Abs. 1 Nr. 4 ZVG und sind daher in RK 4 zu berücksichtigen.

Summe:	**4.000,00 €**

C-Bank AG aus dem Recht Abt. III Nr. 3 (nach Verteilung hier 20.000,00 €):

Es liegt keine Anmeldungen vor. Im Teilungsplan werden jedoch die laufenden wiederkehrenden Leistungen (hier 15 % Zinsen aus 20.000,00 €) von Amts wegen berücksichtigt (§ 114 Abs. 2 ZVG, Rn. 595).

Die Zinsen sind hier kalenderjährlich im Voraus fällig.
Letzte Fälligkeit vor der Beschlagnahme: 01.01.2005
Laufende Leistungen:
01.01.2005 – 30.09.2005 (= 270 Tage) =   **2.250,00 €**

Rangklasse 5:
Gläubiger X
Der Gläubiger betreibt das Verfahren; die sich aus dem Versteigerungsantrag ergebenen Beträge gelten als angemeldet (§ 114 Abs. 1 Satz 2 ZVG, Rn. 595).
a) 12 % Zinsen aus 10.000,00 €
   für die Zeit:
   01.03.2004 – 30.11.2005 (= 630 Tage) =   2.100,00 €
b) Hauptforderung   10.000,00 €
Summe: **12.100,00 €**

Da der Gläubiger X das Verfahren in alle drei versteigerten Grundstücke betreibt, ist bei der Erlösverteilung bei jedem einzelnen Grundstück nur ein nach dem Verhältnis der Erlöse zu bestimmender Betrag in den Teilungsplan aufzunehmen (§ 122 Abs. 1 ZVG, Rn. 1090 f.). Sobald die Resterlöse bei den anderen Grundstücken rechnerisch feststehen, ist auf diese Norm zurückzukommen, falls der Erlös für eine Zuteilung an Gläubiger X ausreicht.

Grundstück 2
Weitere Ansprüche (in Befriedigungsrangfolge)

Rangklasse 3:
Stadt – Stadtkasse Mannheim –
Rechtzeitig angemeldet wurde regelfällige Grundsteuer,
mit 90,00 € pro Quartal, ab dem 01.07.2004.
Letzte Fälligkeit vor der Beschlagnahme: 15.11.2004
Laufende Leistungen:
01.10.2004 – 30.09.2005 (= 360 Tage) =   360,00 €
Rückständige Leistungen:
01.07.2004 – 30.09.2004 (= 90 Tage) =   90,00 €
Summe: **450,00 €**

Rangklasse 4:
B-Bank AG aus dem Recht Abt. III Nr. 2:
Eine ausdrückliche Anmeldung liegt nicht vor. Die Zinsen (12 % aus 60.000,00 € seit dem 01.10.2002) ergeben sich jedoch aus dem Versteigerungsantrag und gelten daher als angemeldet (§ 114 Abs. 1 Satz 2 ZVG).
Die Zinsen sind hier kalenderhalbjährlich im Voraus fällig.
Letzte Fälligkeit vor der Beschlagnahme: 01.01.2005
Laufende Leistungen:
01.01.2005 – 30.09.2005 (= 270 Tage) =   5.400,00 €
Rückständige Leistungen:
01.01.2003 – 31.12.2004 (= 720 Tage) =   14.400,00 €
Summe: **19.800,00 €**

Die weiter geltend gemachten Zinsrückstände finden in RK 5 Berücksichtigung und werden daher unten dargestellt.

C-Bank AG aus dem Recht Abt. III Nr. 3 (nach Verteilung hier 30.000,00 €):

Es liegt keine Anmeldung vor. Im Teilungsplan werden jedoch die laufenden wiederkehrenden Leistungen (hier 15 % Zinsen aus 30.000,00 €) von Amts wegen berücksichtigt (§ 114 Abs. 2 ZVG).

Die Zinsen sind hier kalenderjährlich im Voraus fällig.

Letzte Fälligkeit vor der Beschlagnahme: 01.01.2005

Laufende Leistungen:

01.01.2005 – 30.09.2005 (= 270 Tage) =   **3.375,00 €**

D-Bank AG aus dem Recht Abt. III Nr. 4:

Eine ausdrückliche Anmeldung liegt nicht vor. Die Zinsen (15 % aus 10.000,00 € seit dem 01.01.2005) ergeben sich jedoch aus dem Versteigerungsantrag und gelten daher als angemeldet (§ 114 Abs. 1 Satz 2 ZVG).

a) Die Zinsen sind hier kalenderjährlich im Voraus fällig.
   Letzte Fälligkeit vor der Beschlagnahme: 01.01.2005
   Laufende Leistungen:
   01.01.2005 – 30.11.2005 (= 330 Tage) =   1.375,00 €
b) Hauptforderung (Rn. 595)   10.000,00 €
Summe: **11.375,00 €**

Rangklasse 5:
Gläubiger X
Der Gläubiger betreibt das Verfahren; die sich aus dem Versteigerungsantrag ergebenen Beträge gelten als angemeldet (§ 114 Abs. 1 Satz 2 ZVG).

a) 12 % Zinsen aus 10.000,00 €
   für die Zeit:
   01.03.2004 – 30.11.2005 (= 630 Tage) =   2.100,00 €
b) Hauptforderung   10.000,00 €
Summe: **12.100,00 €**

Da der Gläubiger X das Verfahren in alle drei versteigerten Grundstücke betreibt, ist bei der Erlösverteilung bei jedem einzelnen Grundstück nur ein nach dem Verhältnis der Erlöse zu bestimmender Betrag in den Teilungsplan aufzunehmen (§ 122 Abs. 1 ZVG). Sobald die Resterlöse bei den anderen Grundstücken rechnerisch feststehen, ist auf diese Norm zurückzukommen, falls der Erlös für eine Zuteilung an Gläubiger X ausreicht.

B-Bank AG aus dem Recht Abt. III Nr. 2):
Die weiter geltend gemachten Zinsrückstände
12 % aus 60.000,00 €
für die Zeit:
01.10.2002 – 31.12.2002 (= 90 Tage) =   **1.800,00 €**
würden eigentlich in RK 8 fallen, da das Verfahren auch wegen dieser Beträge betrieben wird, gehören sie in RK 5. Gegenüber Gläubiger X haben sie Nachrang, da die B-Bank AG die Beschlagnahme zeitlich später bewirkt hat (§ 11 Abs. 2 ZVG).

Grundstück 3
Weitere Ansprüche (in Befriedigungsrangfolge)

Rangklasse 3:
Stadt – Stadtkasse Mannheim –
Rechtzeitig angemeldet wurde regelfällige Grundsteuer,
mit 180,00 € pro Quartal, ab dem 01.07.2004
Letzte Fälligkeit vor der Beschlagnahme: 15.11.2004
Laufende Leistungen:

01.10.2004 – 30.09.2005 (= 360 Tage) =	720,00 €
Rückständige Leistungen:	
01.07.2004 – 30.09.2004 (= 90 Tage) =	180,00 €
Summe:	**900,00 €**

Rangklasse 4:
C-Bank AG aus dem Recht Abt. III Nr. 3 (nach Verteilung hier 50.000,00 €):
Es liegt keine Anmeldung vor. Im Teilungsplan werden jedoch die laufenden wiederkehrenden Leistungen (hier 15 % Zinsen aus 50.000,00 €) von Amts wegen berücksichtigt (§ 114 Abs. 2 ZVG).

Die Zinsen sind hier kalenderjährlich im Voraus fällig.
Letzte Fälligkeit vor der Beschlagnahme: 01.01.2005
Laufende Leistungen:

01.01.2005 – 30.09.2005 (= 270 Tage) =	**5.625,00 €**

Rangklasse 5:
Gläubiger X
Der Gläubiger betreibt das Verfahren; die sich aus dem Versteigerungsantrag ergebenen Beträge gelten als angemeldet (§ 114 Abs. 1 Satz 2 ZVG).

12 % Zinsen aus 10.000,00 €
für die Zeit:

01.03.2004 – 30.11.2005 (= 630 Tage) =	2.100,00 €
Hauptforderung	10.000,00 €
Summe:	**12.100,00 €**

Da der Gläubiger X das Verfahren in alle drei versteigerten Grundstücke betreibt, ist bei der Erlösverteilung bei jedem einzelnen Grundstück nur ein nach dem Verhältnis der Erlöse zu bestimmender Betrag in den Teilungsplan aufzunehmen (§ 122 Abs. 1 ZVG). Sobald die Resterlöse bei den anderen Grundstücken rechnerisch feststehen, ist auf diese Norm zurückzukommen, falls der Erlös für eine Zuteilung an Gläubiger X ausreicht.

V. Zuteilung

Da der Zuschlag auf das Einzelausgebot erteilt wurde, ist auch die Zuteilung getrennt für jedes Grundstück darzustellen:

Grundstück 1

Teilungsmasse	**8.053,55 €**
Anteil Gerichtskosten	– 202,59 €
Gläubiger X Anteil Kostenvorschuss	– 538,15 €
Stadt – Stadtkasse – Mannheim Grundsteuern	– 300,00 €
A-Bank AG Zinsen Recht Abt. III Nr. 1	– 4.000,00 €
C-Bank AG Zinsen Recht Abt. III Nr. 3	– 2.250,00 €
Zwischensumme (Rest Teilungsmasse)	762,81 €

Grundstück 2

Teilungsmasse	**30.200,00 €**
Anteil Gerichtskosten	– 486,23 €
Gläubiger X Anteil Kostenvorschuss	– 1.291,55 €
Stadt – Stadtkasse – Mannheim Grundsteuern	– 450,00 €
B-Bank AG	
Zinsen Recht Abt. III Nr. 2 (RK 4)	– 19.800,00 €
C-Bank AG Zinsen Recht Abt. III Nr. 3	– 3.375,00 €
D-Bank AG Zinsen Recht Abt. III Nr. 4	– 1.375,00 €
D-Bank AG; für Zuteilung auf das Kapital des	
Rechts Abt. III Nr. 4 restlich vorhanden:	– 3.422,22 €

Damit ist die Teilungsmasse erschöpft

Grundstück 3

Teilungsmasse	**10.066,67 €**
Anteil Gerichtskosten	– 405,18 €
Gläubiger X Anteil Kostenvorschuss	– 1.076,30 €
Stadt – Stadtkasse – Mannheim Grundsteuern	– 900,00 €
C-Bank AG Zinsen Recht Abt. III Nr. 3	– 5.625,00 €
Zwischensumme (Rest Teilungsmasse)	2.060,19 €

Gläubiger X, der das Verfahren in alle drei Grundstücke betreibt, erhält aus den Resterlösen der Grundstücke 1 und 3 insgesamt 2.823,00 € wie folgt zugeteilt:
a) 2.100,00 € auf die Zinsen,
b) 723,00 € auf die Hauptforderung.
Mit dem Rest seiner Hauptforderung (9.277,00 €) fällt der Gläubiger aus.

Zusammenfassende Übersicht der Zuteilung

Zuteilungsempfänger aus Grundstück

	1	2	3	
Gerichtskasse	202,59 €	486,23 €	405,18 €	1.094,00 €
Gläubiger X Kostenvorschuss	538,15 €	1.291,55 €	1.076,30 €	2.906,00 €
Stadt – Stadtkasse – Mannheim	300,00 €	450,00 €	900,00 €	1.650,00 €
A-Bank AG	4.000,00 €			4.000,00 €
B-Bank AG		19.800,00 €		19.800,00 €
C-Bank AG	2.250,00 €	3.375,00 €	5.625,00 €	11.250,00 €
D-Bank AG		4.797,22 €		4.797,22 €
Gläubiger X	762,81 €		2.060,19 €	2.823,00 €
Summe:				**48.320,22 €**

Kontrollberechnung

Teilungsmasse Grundstück 1	8.053,55 €
Teilungsmasse Grundstück 2	30.200,00 €
Teilungsmasse Grundstück 3	10.066,67 €
Summe:	**48.320,22 €**

Fallbeispiel zur Vollstreckungsversteigerung **1**

Amtsgerichtsbezirk Mannheim

Grundbuchamt Mannheim

Grundbuch

von

Mannheim

Nr. 2000

1 Fallbeispiel zur Vollstreckungsversteigerung

Amtsgerichtsbezirk	Grundbuchamt	Grundbuch von	Nummer
Mannheim	Mannheim	Mannheim	2000

Bestandsverzeichnis — 1

Lfd. Nr. der Grundstücke	Bisherige lfd. Nr. der Grd.st.	Bezeichnung der Grundstücke und der mit dem Eigentum verbundenen Rechte			Größe		
		a) Gemarkung (nur bei Abweichung vom Grundbuchbezirk)					
		b) Karte	Flurstück	c) Wirtschaftsart und Lage	ha	a	m²
1	2	3			4		
1			100	Gebäude- und Freifläche Hauptstraße 1		2	00
2			200	Gebäude- und Freifläche Hauptstraße 2		4	00
3			300	Gebäude- und Freifläche Hauptstraße 3		6	00

Bestandsverzeichnis — 1 R

Bestand und Zuschreibungen		Abschreibungen	
Zur lfd. Nr. der Grundstücke		Zur lfd. Nr. der Grundstücke	
5	6	7	8
1, 2, 3	Von Mannheim Band 10 Blatt 15 übertragen am 25.02.2002. *Unterschrift*		

Fallbeispiel zur Vollstreckungsversteigerung **1**

Amtsgerichtsbezirk	Grundbuchamt	Grundbuch von	Nummer
Mannheim	Mannheim	Mannheim	2000

Erste Abteilung | 1

Lfd. Nr. der Eintragungen	Eigentümer	Lfd. Nr. der Grundstücke im Bestandsverzeichnis	Grundlage der Eintragung
1	2	3	4
1	Tobias Mustermann, geb. am 01.03.1971, Mannheim	1, 2, 3	Aufgelassen am 07.02.2002, eingetragen am 25.02.2002. *Unterschrift*

Amtsgerichtsbezirk	Grundbuchamt	Grundbuch von	Nummer
Mannheim	Mannheim	Mannheim	2000

Zweite Abteilung | 1

Lfd. Nr. der Eintragungen	Laufende Nummer der betroffenen Grundstücke im Bestandsverzeichnis	Lasten und Beschränkungen
1	2	3
1	1, 2, 3	Die Zwangsversteigerung zum Zwecke der Zwangsvollstreckung ist angeordnet (Amtsgericht Mannheim 2 K 3/05). Eingetragen am 16.01.2005 *Unterschrift*

1 Fallbeispiel zur Vollstreckungsversteigerung

Amtsgerichtsbezirk	**Grundbuchamt**	**Grundbuch von**	**Nummer**
Mannheim	Mannheim	Mannheim	2000

Dritte Abteilung				1
Lfd. Nr. der Eintragungen	Laufende Nummer der belasteten Grundstücke im Bestandsverzeichnis	Betrag	Hypotheken, Grundschulden, Rentenschulden	
1	2	3	4	
1	1	10.000,00 €	Grundschuld ohne Brief zu zehntausend Euro nebst 12 % Jahreszinsen, kalenderjährlich nachträglich fällig, vollstreckbar nach § 800 ZPO, für A-Bank AG in Mannheim. Gemäß Bewilligung vom 04.04.2002 (Notariat V Mannheim, 5 UR 44/02) eingetragen am 14.04.2002. *Unterschrift*	
2	2	60.000,00 €	Grundschuld ohne Brief zu sechzigtausend Euro nebst 12 % Jahreszinsen kalenderhalbjährlich im Voraus fällig, vollstreckbar nach § 800 ZPO für die B-Bank AG in Mannheim. Gemäß Bewilligung vom 24.07.2002 (Notariat V Mannheim, 5 UR 678/02) eingetragen am 01.08.2002. *Unterschrift*	
3	1, 2, 3	100.000,00 €	Grundschuld ohne Brief zu einhunderttausend Euro nebst 15 % Jahreszinsen, kalenderjährlich im Voraus fällig, für die C-Bank AG in Mannheim. Gemäß Bewilligung vom 03.11.2002 (Notariat V Mannheim, 5 UR 1144/02) eingetragen am 11.11.2002. *Unterschrift*	
4	2	10.000,00 €	Grundschuld ohne Brief zu zehntausend Euro nebst 15 % Jahreszinsen, kalenderjährlich im Voraus fällig, für die D-Bank AG in Mannheim. Gemäß Bewilligung vom 03.12.2002 (Notariat V Mannheim, 5 UR 1432/02) eingetragen am 11.12.2002 *Unterschrift*	

2. Teil
Zwangsversteigerung zum Zwecke der Aufhebung einer Gemeinschaft (Teilungsversteigerung)

1. Kapitel
Begriffsklärung und systematische Einordnung

A. Verfahrenszweck

Das Zwangsversteigerungsgesetz regelt in seinem ersten Abschnitt die „Zwangsversteigerung und Zwangsverwaltung von Grundstücken im Wege der Zwangsvollstreckung". Diese sog. Vollstreckungsversteigerung[438] nimmt in der gerichtlichen Praxis den zahlenmäßig ersten Rang ein. 1108

An zweiter „Rangstelle" findet sich dann ein Verfahren, welches im Dritten Abschnitt des ZVG „Zwangsversteigerung und Zwangsverwaltung in besonderen Fällen", dort in den §§ 180 bis 185 ZVG behandelt wird, die Zwangsversteigerung zur Aufhebung einer Gemeinschaft. 1109

Während der Zweck der Vollstreckungsversteigerung in der zwangsweisen Realisierung einer Gläubigerforderung durch Substanzverwertung des betroffenen Grundbesitzes liegt, geht es bei der Zwangsversteigerung zum Zwecke der Aufhebung einer Gemeinschaft letztlich darum, eine **an dem Grundbesitz bestehende Eigentümergemeinschaft** *dort* **zu beenden**. 1110

B. Der Begriff „Teilungsversteigerung"

Die vom Gesetzgeber gewählte Formulierung „Zwangsversteigerung zur Aufhebung einer Gemeinschaft" ist schon wegen ihrer Länge für den ausschließlichen sprachlichen Gebrauch wenig geeignet. In der einschlägigen Literatur ist daher der Begriff der „Teilungsversteigerung" weit verbreitet. Wer ihn verwendet, sollte um die damit verbundene Ungenauigkeit wissen. So wird in der **Teilungsversteigerung tatsächlich nichts geteilt**, sondern lediglich der in aller Regel in natura unteilbare Versteigerungsgegenstand (Grundbesitz) in ein teilbares Surrogat (Geld) umgewandelt.[439] 1111

Die Gemeinschaft setzt sich an dem Versteigerungserlös fort; zu einer zwangsweisen Aufteilung des Geldes (Erlösüberschusses) unter den Miteigentümern kommt es im Rahmen des Zwangsversteigerungsverfahrens gerade nicht. 1112

Angesichts der Tatsache, dass der Begriff „Teilungsversteigerung" insbesondere in der einschlägigen Literatur eine weite Verbreitung gefunden hat und diese knappe Formulierung die Darstellung erleichtert, wird er auch in diesem Buch, trotz der dargestellten sprachlichen Unschärfen, Verwendung finden. 1113

C. Gesetzessystematik

Die Teilungsversteigerung ist im Dritten Abschnitt des ZVG „Zwangsversteigerung und Zwangsverwaltung in besonderen Fällen", dort in den §§ 180 bis 185 ZVG geregelt. § 180 Abs. 1 ZVG erklärt die Bestimmungen des Ersten und Zweiten Abschnitts für entsprechend anwendbar, soweit die §§ 181 bis 185 ZVG keine Besonderheiten ausweisen. Aus Gründen leichterer Lesbarkeit wird, soweit nachfolgend die entspr. Anwendung einer Norm aus dem Ersten und Zweiten Abschnitt erläutert wird, § 180 Abs. 1 ZVG in der Regel nicht hinzu zitiert. 1114

---

438 Der Begriff der „Vollstreckungsversteigerung" findet in diesem Werk durchgängig Verwendung für die „Zwangsversteigerung von Grundstücken im Wege der Zwangsvollstreckung", wie sie im Ersten Abschnitt des ZVG geregelt ist.
439 Siehe hierzu auch *BGH* Rpfleger 2004, 721 m.w.N.

D. Teilungsversteigerung als Zwangsvollstreckung?

1115 Umstritten ist die Frage, ob es sich bei der Teilungsversteigerung um eine Maßnahme der Zwangsvollstreckung handelt.

1116 Bei der Teilungsversteigerung handelt es um ein **Verfahren der Zwangsvollstreckung**[440]. Für diese Einordnung spricht insbesondere, dass
- das ZVG, welches die Teilungsversteigerung regelt, über § 869 ZPO Bestandteil des 8. Buches der ZPO ist,
- in der Teilungsversteigerung der Antragsteller seinen materiellen Anspruch auf Aufhebung der Gemeinschaft gegen den Antragsgegner **zwangsweise** durchsetzt,
- der Gesetzgeber in § 181 Abs. 1 ZVG bestimmt, dass ein vollstreckbarer Titel für die Durchführung des Verfahrens nicht erforderlich ist. Eine solche Regelung wäre, handelte es sich bei der Teilungsversteigerung ohnehin nicht um Zwangsvollstreckung, schlicht unnötig.

1117 Die gegenteilige Ansicht (Teilungsversteigerung ist nicht Zwangsvollstreckung) stützt sich im Wesentlichen auf eine Entscheidung des *BGH*[441] zum Vorkaufsrecht in der Teilungsversteigerung. Der *BGH* setzt dort den Erwerb im Rahmen der Teilungsversteigerung dem Erwerb durch freihändigen Kauf gleich. Zutreffend weist *Stöber*[442] darauf hin, dass hier nur eine Abgrenzung eines Vorkaufsfalls (§ 471 BGB) vorgenommen wurde, sich an der systematischen Einordnung des Teilungsversteigerungsverfahrens als Zwangsvollstreckung jedoch nichts ändert.

E. Verhältnis von Teilungsversteigerung zur Vollstreckungsversteigerung

1118 Während die sog. Vollstreckungsversteigerung unter dem Eindruck der zwangsweisen Forderungsrealisierung, betrieben von in der Regel mehreren Gläubigern, steht, fehlt es an dem Element der (direkten) Forderungsrealisierung in der Teilungsversteigerung. Dort steht das Begehren eines Mitglieds (oder mehrerer Mitglieder) der an dem Grundbesitz bestehenden **Eigentümergemeinschaft**, diese dort **zu beenden**, im Vordergrund. In zunehmendem Maße kommt es vor, dass ein Gläubiger eines Miteigentümers dessen Auseinandersetzungsanspruch pfändet (und sich zur Einziehung überweisen lässt) und aus dieser Pos. die Teilungsversteigerung betreibt (hierzu ab Rn. 1367). Obwohl es diesem Gläubiger letztlich zwar um die Realisierung seiner Forderung (aus dem Anteil seines Schuldner-Miteigentümers) geht, wird die Teilungsversteigerung dadurch nicht zur Vollstreckungsversteigerung. Die letztendliche Befriedigung des Pfändungsgläubigers ist folgerichtig kein regelmäßiges Element der Teilungsversteigerung. Auch hier setzt sich die Gemeinschaft an dem Versteigerungserlös fort; welche Auswirkungen auf die Erlösverteilung die Beteiligung des Pfändungsgläubigers an dieser Gemeinschaft hat, muss sich im Anschluss an die Teilungsversteigerung zeigen (hierzu ab Rn. 1406).

1119 Denkbar und in der gerichtlichen Praxis gelegentlich vorkommend ist jedoch, dass Teilungsversteigerung und Vollstreckungsversteigerung in zwei **getrennten** Verfahren **zeitgleich** bei Gericht anhängig sind.

1120 Obwohl nicht gesetzlich vorgeschrieben, empfiehlt sich für das Vollstreckungsgericht hier, wann immer möglich, bei der Durchführung der Verfahren, insbesondere im Rahmen der Terminierung und Durchführung der Versteigerungstermine folgende **prozessökonomische Reihenfolge** einzuhalten:
1. Vollstreckungsversteigerung
2. Teilungsversteigerung

Führt man nämlich das Teilungsversteigerungsverfahren (bis zum Zuschlag) vor der Vollstreckungsversteigerung durch, so wird letztgenannte durch den Eigentumswechsel in der Teilungsversteigerung nicht tangiert, sondern ist gegen den/die neuen Eigentümer (Ersteher) fortzusetzen.

---
440 So mittlerweile die ganz h.M. in der Literatur z.B. *Stöber* (ZVG) § 172 Rn. 1.3; *Böttcher* (ZVG) § 180 Rn. 3.
441 *BGH* BGHZ 13, 133.
442 *Stöber* (ZVG) § 172 Rn. 1.3.

Erteilt man dagegen zunächst in der Vollstreckungsversteigerung den Zuschlag, dann ist die Teilungsversteigerung wegen Wegfalls der von ihr betroffenen Eigentümergemeinschaft gem. § 28 ZVG aufzuheben.

Tipp: Für das Gericht bietet sich bei gleichzeitiger Anhängigkeit von Vollstreckungs- und Teilungsversteigerung eine „Reihenfolge" an.

2. Kapitel
Dem Verfahren zugängliche Gemeinschaften
Der Versteigerung entgegenstehende Rechte

In diesem Kapitel werden die der Teilungsversteigerung allgemein zugänglichen „Gemeinschaftstypen" dargestellt.

1121

Für viele dieser Gemeinschaften bestehen besondere Voraussetzungen für die Teilungsversteigerung. Auch kann die Auseinandersetzung einer Gemeinschaft kraft Gesetzes, auf Grund einer Vereinbarung oder durch letztwillige Verfügung ausgeschlossen sein.

Um dem Leser den Überblick zu erleichtern, werden bei der jeweiligen Gemeinschaft die hier bestehenden Voraussetzungen für die Teilungsversteigerung bzw. gesetzliche oder typische andere „Auseinandersetzungshindernisse" gleich mit dargestellt. Letztlich findet sich ausgeführt, auf welche Weise die der Auseinandersetzung entgegenstehenden Rechte in das Verfahren eingeführt werden, d.h. ob diese von dem Vollstreckungsgericht von Amts wegen berücksichtigt werden müssen oder ob der Antragsgegner diese im Rahmen des Versteigerungsverfahrens verfahrenshindernd gelten machen kann oder ob der Antragsgegner gar zunächst ein gesondertes Klagverfahren (§ 771 ZPO[443]) anstrengen muss.

A. Bruchteilsgemeinschaft

I. Allgemeine Erläuterungen zur Bruchteilsgemeinschaft

Bei der Bruchteilsgemeinschaft (§§ 741 ff. BGB) steht jedem Miteigentümer das Eigentum an seinem ideellen Bruchteil allein zu. Er kann über seinen **Miteigentumsanteil frei verfügen** (§ 747 Satz 1 BGB).

1122

Im Grundbuch erkennt man die Bruchteilsgemeinschaft (als eine Form des Miteigentums) daran, dass der Bruchteil in Form eines „gemeinen Bruches" (also z.B. „zur Hälfte" oder „zu einem Drittel") bezeichnet ist (Tipp zu Rn. 11).

Vereinigen sich die Bruchteile eines Erbaurechts in der Hand eines Inhabers, ist die Teilungsversteigerung (dennoch) zulässig, wenn ein Bruchteil dem Inhaber (nur) als Vorerben zusteht.[444] Dies folgt aus dem Umstand, dass die Verfügungsmacht der einzelnen Bruchteile unterschiedlich ausgestaltet ist und damit die Rechtszuständigkeit nach Bruchteilen erhalten bleibt.

1123

Jeder Miteigentümer der Eigentümergemeinschaft kann grundsätzlich (Ausnahmen Rn. 1126 f.) **jederzeit die Aufhebung** der Gemeinschaft verlangen (§ 749 Abs. 1 BGB); diese Aufhebung erfolgt bei Grundstücken nach dem Willen des Gesetzgebers durch Teilung in Natur (§ 752 BGB). Da sich

1124

---

443 Die h.M. wendet § 771 ZPO an, obwohl der „widersprechende" Miteigentümer nicht Dritter ist; hierzu *Storz* (TLV) B. 1.7.2 m.w.N.
444 *BGH* Rpfleger 2004, 721.

dies unter Berücksichtigung der tatsächlichen Gegebenheiten meist nicht realisieren lässt, ist **subsidiär** die **Zwangsversteigerung** gesetzlich vorgesehen (§ 753 Abs. 1 BGB).

1125 Selbstverständlich sind Zwangsmaßnahmen wie immer, so auch hier, nur dort erforderlich, wo eine gütliche Einigung der Parteien (hier: einverständliche Aufhebung der Eigentümergemeinschaft, etwa durch Übertragung des Eigentums an einen der Miteigentümer oder an einen Dritten zu alleinigem Eigentum) nicht zustande kommt. Unter bestimmten Umständen ist ein Miteigentümer sogar gehalten, einer Teilung in Natur (sog. Naturalteilung Rn. 1126 bis 1129) unter dem Aspekt von Treu und Glauben (Rn. 1130 bis 1132) zuzustimmen und auf die Teilungsversteigerung zu verzichten.[445]

II. Entgegenstehende Rechte

1. Naturalteilung (gesetzlicher Ausschluss)

1126 Der Gesetzgeber nennt in § 752 BGB als **regelmäßige Form der Aufhebung** einer Gemeinschaft die Teilung (der gemeinschaftlichen Sache) in Natur.

Erst wo es nicht möglich ist, den gemeinschaftlichen Gegenstand (bzw. alle gemeinschaftlichen Gegenstände) in gleichartige, den Anteilen der Miteigentümer entspr. Teile zu zerlegen, ohne dass bei den Gegenständen eine Wertminderung eintritt, kommt subsidiär die Teilungsversteigerung zum Zuge (§ 753 BGB).

Gerade bei Grundbesitz gestaltet sich eine den o.g. Maßstäben entspr. Naturalteilung[446] meist äußerst **schwierig** bzw. ist eine solche ausgeschlossen.

1127 A und B sind je hälftige Miteigentümer eines Bauplatzes.

Beispiel Die Teilungsversteigerung wäre durch die Möglichkeit der Naturalteilung nur ausgeschlossen, wenn durch diese Naturalteilung zwei nach Lage, Größe, Zuschnitt, Bodenbeschaffenheit, Zugangsmöglichkeiten, Verkehrsanschluss[448] etc. **vollkommen gleichwertige Grundstücksteile** entstehen würden.

1128 Dort wo Naturalteilung möglich ist, schließt sie die Teilungsversteigerung gesetzlich aus (§ 753 Abs. 1 BGB).

1129 Ein sich hierauf berufender (künftiger) Antragsgegner muss diesen Ausschlusstatbestand im Wege der Drittwiderspruchsklage (§ 771 ZPO) geltend machen.[448] Wegen der Auswirkungen eines solchen Klagverfahrens auf das Zwangsversteigerungsverfahren siehe Rn. 231 f.

2. Treu und Glauben (gesetzlicher Ausschluss)

1130 **Ausnahmsweise** kann der Teilungsversteigerung der Einwand **unzulässiger Rechtsausübung** (Verstoß gegen Treu und Glauben; § 242 BGB) entgegengesetzt werden[449], etwa dann, wenn der Antragsteller durch die Teilungsversteigerung dem Antragsgegner **bewusst Nachteile** zufügen will, ohne dass der Antragsteller durch die Ausübung seines Rechtes auf Auseinandersetzung selbst einen rechtlichen oder wirtschaftlichen Vorteil erlangen könnte.

1131 So kann in Einzelfällen aus § 242 BGB z.B. folgen, dass die Teilungsversteigerung eines Grundstücks zur Aufhebung der Bruchteilsgemeinschaft von Eheleuten nach Scheidung der Ehe unzulässig ist.[450]

1132 Der Antragsgegner muss den nach seiner Ansicht vorliegenden Verstoß gegen Treu und Glauben durch Drittwiderspruchsklage (§ 771 ZPO) geltend machen.

---

445 *BGH* Rpfleger 1972, 212.
446 Auch „Realteilung" genannt.
447 *OLG Hamm* NJW-RR 1992, 665.
448 *OLG Hamm* Rpfleger 1964, 341.
449 *OLG Karlsruhe* Rpfleger 1992, 266.
450 Hierzu *BGH* Rpfleger 1977, 245.

3. Anderweitige Auseinandersetzung vereinbart

Haben die Gemeinschafter (rechtswirksam) eine andere Art der Auseinandersetzung vereinbart, so ist die Teilungsversteigerung ebenfalls ausgeschlossen.[451] Eine solche Vereinbarung kann nur über Drittwiderspruchsklage (§ 771 ZPO) geltend gemacht werden.

1133

4. Ausschlussvereinbarung

Teilhaber einer Bruchteilsgemeinschaft (§§ 749 Abs. 2, 751 BGB) können ihr Recht, die Aufhebung der jeweiligen Gemeinschaft zu verlangen, durch entspr. Vereinbarung auf Zeit oder für immer **ausschließen**.

1134

Eine solche Vereinbarung wirkt auch gegen einen Sonderrechtsnachfolger, sofern sie in das Grundbuch eingetragen ist (§§ 751 Satz 1, 1010 BGB). Ein Pfändungsgläubiger ist jedoch durch die Vereinbarung des Auseinandersetzungsausschlusses nicht gehindert, die Teilungsversteigerung zu betreiben (§ 751 Satz 2 BGB; hierzu Rn. 1387). Mit *Storz*[452] sind die Verfasser der Auffassung, dass im Falle des Betreibens einer (eigentlich durch Vereinbarung ausgeschlossenen) Teilungsversteigerung durch einen Pfändungsgläubiger die einzelnen Gemeinschafter dem Verfahren (trotz Ausschlussvereinbarung) beitreten können.

1135

Die Teilungsversteigerung kann **trotz** Vorliegens einer Ausschlussvereinbarung von einem Gemeinschafter betrieben werden, wenn ein **wichtiger Grund** vorliegt (§ 749 Abs. 2 BGB).

1136

Der *BGH*[453] stellt für das Vorliegen eines wichtigen Grundes allgemein darauf ab, dass dem Teilhaber ein Verbleiben in der Gemeinschaft nicht zuzumuten ist. Ob konkret ein wichtiger Grund vorliegt, kann nur anhand des Einzelfalls entschieden werden.

Wer sich auf das Vorliegen eines wichtigen Grundes beruft, muss, falls der Aufhebungsausschluss in das Grundbuch eingetragen ist, bei Beantragung der Teilungsversteigerung durch einen prozessgerichtlichen Titel (Klage auf Duldung) die Durchsetzung seines Einwandes nachweisen.

Tipp: **Teilungsversteigerung ist aus wichtigem Grund trotz Ausschlussvereinbarung möglich.**

Im Einzelfall kann das Begehren auf Aufhebung der Gemeinschaft aber (trotz Vorliegens eines wichtigen Grundes) eine unzulässige Rechtsausübung darstellen, wenn die Aufhebung der Gemeinschaft für den Antragsgegner eine besondere Härte bedeutet, etwa wenn das Miteigentum der gemeinschaftlichen Berufsausübung dienen sollte.[454] Dann kann der Antragsteller verpflichtet sein, seinen Anteil (am Grundbesitz) auf den Antragsgegner gegen Zahlung eines Ausgleichs zu übertragen.[455]

1137

Der auf Zeit vereinbarte Auseinandersetzungsausschluss tritt im Zweifel mit dem Tode eines Teilhabers außer Kraft (§ 750 BGB).

1138

Ergibt sich die Vereinbarung des Ausschlusses der Auseinandersetzung aus dem Grundbuch (§ 1010 BGB), hat das Vollstreckungsgericht diese als ein „Recht", das der Zwangsversteigerung entgegensteht, von Amts wegen zu beachten (§ 28 Abs. 1 ZVG).

1139

Im Falle fehlender Grundbuchersichtlichkeit bleibt dem betroffenen Antragsgegner nur der Weg über die Drittwiderspruchsklage (§ 771 ZPO).

1140

III. Sonderfall: Zugewinngemeinschaft

Leben die Ehegatten im gesetzlichen Güterstand der Zugewinngemeinschaft, so ist/wird das Vermögen der Ehefrau und das Vermögen des Ehemannes nicht gemeinschaftliches Vermögen der Eheleute

1141

---

451 *Stöber* (ZVG) § 180 Rn. 9.6.
452 *Storz* (TLV) B. 1.7.1.2.
453 *BGH* BB 1962, 427.
454 *BGH* BB 2005, 234.
455 *BGH* a.a.O.

(§ 1363 Abs. 2 BGB); jeder Ehegatten verwaltet sein Vermögen selbstständig (§ 1363 BGB). In dieser Verwaltung ist jeder der beiden Eheleute gem. **§ 1365 BGB** jedoch insoweit beschränkt, als er zur Verfügung über sein **ganzes Vermögen** der Zustimmung des anderen Ehegatten bedarf. Sind etwa die Eheleute je hälftige Miteigentümer eines Grundstücks und handelt es sich bei dem Miteigentumsanteil des Ehemannes um dessen ganzes Vermögen, so benötigt er auch für die Teilungsversteigerung die (formlose) **Zustimmung** seiner Ehefrau. Zwar handelt es sich bei einem Antrag auf Teilungsversteigerung weder um eine Verfügung über das Grundstück noch um eine rechtsgeschäftliche Verpflichtung hierzu. Jedoch ist § 1365 BGB auf den Teilungsversteigerungsantrag entsprechend anwendbar.[456] Verweigert die Ehefrau diese Zustimmung ohne ausreichenden Grund und entspricht die Teilungsversteigerung den Grundsätzen einer ordnungsgemäßen Vermögensverwaltung kann das Vormundschaftsgericht die Zustimmung auf Antrag ersetzen (§ 1365 Abs. 2 BGB).[457]

Im Einzelnen ist die Anwendung des § 1365 BGB in der Teilungsversteigerung in vielen Punkten stark umstritten.[458] Es werden hier daher nur die Grundzüge dargestellt; im Übrigen wird auf die einschlägige Literatur verwiesen.

1. Zeitpunkt der Anwendung von § 1365 BGB

1142 Muss § 1365 BGB von dem Vollstreckungsgericht bereits bei der Anordnung des Verfahrens oder erst im Rahmen der Zuschlagsentscheidung beachtet werden?

§ 1365 BGB dient dem Schutz der wirtschaftlichen Grundlage der Familie. Folgerichtig verlangt die h.M.[459] seine Beachtung bereits im Rahmen der **Verfahrensanordnung**, weil nur so ein frühzeitiger und umfassender Schutz gewährleistet werden kann. Vor allem aber spricht der Gesichtspunkt der Verfahrenswirtschaftlichkeit für das Zustimmungserfordernis bereits bei Verfahrenanordnung.[460]

2. Berücksichtigung durch das Vollstreckungsgericht

1143 Das Vollstreckungsgericht hat § 1365 BGB wegen § 28 Abs. 2 ZVG zwar in jeder Lage des Verfahrens von Amts wegen nur zu beachten[461], dies jedoch nur, wenn seine Voraussetzungen „offen zu Tage treten."[462] Es besteht **keine Amtsermittlungspflicht**, jedoch hat das Gericht die Möglichkeit der Anhörung des Antragsgegners vor Anordnung der Versteigerung (Rn. 1195).[463]

3. Verfahren der Geltendmachung von § 1365 BGB

1144 Auf welche Weise muss sich der sich auf § 1365 BGB berufende Antragsgegner „zur Wehr setzen"?

Zwar sind aus dem Grundbuch nicht ersichtliche materielle Rechte grundsätzlich im Wege der Drittwiderspruchsklage (§ 771 ZPO) gelten zu machen, jedoch hat das Vollstreckungsgericht nach § 28 Abs. 2 ZVG auch der Zwangsversteigerung entgegenstehende, nicht aus dem Grundbuch ersichtliche Verfügungsbeschränkungen von Amts wegen zu beachten, wenn sie ihm bekannt sind. Mit der Erinnerung nach § 766 ZPO kann daher gerügt werden, das Vollstreckungsgericht habe unter Verletzung der §§ 180 Abs. 1, 28 Abs. 2 ZVG eine ihm bekannte Verfügungsbeschränkung unberücksichtigt gelassen.[464]

---

456 *BGH* Rpfleger 2007, 558.
457 *BGH* a.a.O.; *BayObLG* Rpfleger 1972, 368.
458 Zur Gesamtproblematik ausführlich *Böttcher* Rpfleger 1986, 271.
459 *Stöber* (ZVG) § 180 Rn. 3.13 m.w.N.
460 *BGH* Rpfleger 2007, 558.
461 *BGH* Rpfleger 2007, 558.
462 *OLG Bremen* Rpfleger 1984, 156.
463 Zu den Einzelheiten: *Stöber* (ZVG) § 180 Rn. 3.13.
464 *BGH* Rpfleger 2007, 558.

4. Geltungsdauer von § 1365 BGB

Ob die Norm nach rechtskräftiger Ehescheidung noch Anwendung findet, ist in Literatur und Rechtsprechung umstritten.[465] Da jeder Ehegatte nach Beendigung der Zugewinngemeinschaft (z.B. durch rechtskräftige Scheidung) seine uneingeschränkte Verfügungsbefugnis wiedererlangt, bedarf der Antrag auf Teilungsversteigerung ab diesem Zeitpunkt grundsätzlich[466] nicht der Zustimmung des anderen, früheren, Ehegatten. 1145

IV. Sonderfall: Lebenspartnerschaft

Auch auf die Lebenspartnerschaft findet § 1365 BGB entspr. Anwendung (§ 6 LPartG), weshalb auf die Ausführungen zur Zugewinngemeinschaft (Rn. 1141 bis 1145) verwiesen wird. Die Lebenspartner können jedoch ihre güterrechtlichen Verhältnisse durch Vertrag (Lebenspartnerschaftsvertrag; § 7 LPartG) regeln und dort auch § 1365 BGB abbedingen. 1146

V. Sonderfall: Wohnungseigentümergemeinschaft

Die Wohnungseigentümergemeinschaft ist eine Gemeinschaft nach Bruchteilen (§ 10 WEG), weshalb eigentlich eine Teilungsversteigerung mit dem Ziel der Auseinandersetzung der **gesamten** Gemeinschaft möglich sein müsste. Dies widerspräche jedoch dem Sinn und Zweck des Wohnungseigentums[467], weil hierdurch die angestrebte rechtliche Verselbstständigung der einzelnen „Wohneinheiten" konterkariert werden könnte. Der Gesetzgeber hat daher in **§ 11 Abs. 1 WEG** (dort auch zu den Ausnahmen) einen grundsätzlichen **Auseinandersetzungsausschluss** betr. die gesamte Eigentümergemeinschaft normiert, der auch für den Pfändungsgläubiger gilt (§ 11 Abs. 2 WEG). 1147

Auf die Auflösung einer Eigentümergemeinschaft an einem einzelnen Wohnungseigentumsanteil (Miteigentumsanteil)[468] findet dagegen die Teilungsversteigerung Anwendung.

B. Gesamthandsgemeinschaft

I. Allgemeine Erläuterungen zur Gesamthandsgemeinschaft

Das Vermögen der Gesamthandsgemeinschaft steht den Mitgliedern dieser Gemeinschaft gesamthänderisch zu. Gehört etwa Grundbesitz zu diesem Vermögen, so kann ein einzelnes Mitglied der Gesamthandsgemeinschaft nicht über seinen Anteil an dem Grundbesitz verfügen. 1148

Im Grundbuch erkennt man diese Form des Miteigentums daran, dass keine Bruchteile eingetragen sind, obwohl die Gesamthandsgemeinschaft als solche durchaus Bruchteile kennt. Vielmehr ist die Gemeinschaft als solche eingetragen. Zur Formulierung der Grundbucheintragung bei Gesamthandsgemeinschaft (am Beispiel der Erbengemeinschaft) siehe Tipp zu Rn. 11. 1149

Bei der Gesamthandsgemeinschaft ist zu beachten, dass diese jeweils **im Ganzen aufgehoben** werden muss, sich eine Auseinandersetzung demnach auf das gesamte gemeinschaftliche Vermögen erstrecken muss. Das Nichtvorliegen dieser vom Vollstreckungsgericht nicht überprüfbaren Voraussetzung ist vom Antragsgegner im Wege der Drittwiderspruchsklage (§ 771 ZPO) vorzubringen. 1150

---

465 Gute Fundstellengegenüberstellung bei *Eickmann* (TLV) Rn. 100.
466 Zu den denkbaren Ausnahmen *Eickmann* (TLV) Rn. 102.
467 Das Gesagte gilt für Teileigentum entsprechend.
468 Wenn z.B. die Eheleute A und B je zur Hälfte als Miteigentümer einer „Eigentumswohnung" eingetragen sind.

II. Erbengemeinschaft

1. Allgemeine Erläuterungen zur Erbengemeinschaft

1151 Jedes Mitglied einer Erbengemeinschaft hat grundsätzlich (Aufhebungsausschlüsse Rn. 1152 f.) das Recht, **jederzeit die Auseinandersetzung** der gesamten Erbengemeinschaft zu verlangen (§ 2042 Abs. 1 BGB). Hinsichtlich des im Eigentum der Erbengemeinschaft stehenden Grundbesitzes erfolgt diese Auseinandersetzung nach den für die Auseinandersetzung einer **Bruchteilsgemeinschaft** geltenden Bestimmungen (§ 2042 Abs. 2 BGB verweist auf § 753 BGB), letztlich damit auch durch Zwangsversteigerung.

2. Entgegenstehende Rechte

a) Naturalteilung/Treu und Glauben/Anderweitige Vereinbarung

1152 Die Möglichkeit der Naturalteilung (Rn. 1126 bis 1129) und der Einwand unzulässiger Rechtsausübung (Treu und Glauben; Rn. 1130 bis 1132) können der Teilungsversteigerung bei einer Erbengemeinschaft entgegenstehen. Auch kann eine anderweitige Vereinbarung (Rn. 1133) die Teilungsversteigerung verhindern.

b) Ausschlussvereinbarung

1153 Beteiligte an einer Erbengemeinschaft können ihr Recht, die Aufhebung der Gemeinschaft zu verlangen, durch entspr. Vereinbarung auf Zeit oder für immer ausschließen (§§ 2042 Abs. 2, 749 Abs. 2 BGB). Siehe hierzu Rn. 1134 f.

c) Besondere Gegenrechte bei der Erbengemeinschaft

1154 Die Auseinandersetzung einer Erbengemeinschaft ist in folgenden weiteren Fällen **kraft Gesetzes** ausgeschlossen:
1. Ungewissheit der Erbanteile wegen familienrechtlicher „Ereignisse" (§ 2043 BGB), z.B. wegen der zu erwartenden Geburt eines Miterben;
2. Aufgebotsverfahren zur Gläubigerermittlung läuft (§ 2045 BGB);
3. Ausschluss durch letztwillige Verfügung (§ 2044 BGB).

1155 Zu 3.
Der Erblasser kann durch **letztwillige Verfügung** anordnen, dass die Auseinandersetzung **ausgeschlossen** oder **beschränkt** ist (§ 2044 BGB). Eine solche Anordnung greift selbst dann, wenn gesetzliche Erbfolge eintritt.[469] Sie kann auf einzelne Nachlassgegenstände beschränkt sein oder den gesamten Nachlass betreffen. Die Verfügung wird grundsätzlich 30 Jahre nach Eintritt des Erbfalls unwirksam (§ 2044 Abs. 2 BGB).

Selbst wenn der Erblasser die Auseinandersetzung durch letztwillige Verfügung ausgeschlossen hat, ist eine solche aus wichtigem Grund dennoch möglich (§ 2044 i.V.m. § 749 Abs. 2 BGB).

1156 Einen nicht aus dem Grundbuch ersichtlichen Aufhebungsausschluss muss der sich hierauf berufende Antragsgegner über die Drittwiderspruchsklage (§ 771 ZPO) geltend machen.

1157 Ist der Ausschluss des Rechts, die Aufhebung der Gemeinschaft verlangen zu dürfen, als Belastung des Miteigentumsanteils des Antragstellers in das **Grundbuch** eingetragen, hat das Vollstreckungsgericht diesen von Amts wegen zu beachten (§ 28 ZVG).

1158 Erlangt das Vollstreckungsgericht von einer solchen Eintragung bereits vor der Anordnung des Verfahrens Kenntnis, hat es den Antragsteller aufklärend (§ 139 ZPO) aufzufordern, eine gerichtliche Entscheidung vorzulegen, wonach die Teilungsversteigerung hier dennoch zulässig ist. Gelingt dies dem Antragsteller nicht, wird sein Antrag zurückgewiesen.

---

469 *BayObLG* NJW 1967, 1136.

War die Anordnung bereits erfolgt und erfährt das Vollstreckungsgericht erst jetzt (z.B. wegen § 19 Abs. 2 ZVG) von der Ausschlussvereinbarung, fordert es den Antragsteller unter Fristsetzung auf, eine prozessgerichtliche Entscheidung über die Zulässigkeit der Anordnung der Teilungsversteigerung (Rn. 1136) beizubringen. Gelingt dies dem Antragsteller nicht, erfolgt Verfahrensaufhebung durch Beschluss.

1159

Von dem Auseinandersetzungsausschluss nach Rn. 1155 ist die ebenfalls durch letztwillige Verfügung mögliche Anordnung (§§ 2044 Abs. 1, 749, 753 BGB) des Erblassers, das Grundstück dürfe nicht an einen Dritten veräußert werden, zu unterscheiden. Hier könnte das Grundstück nur unter den Gemeinschaftern versteigert werden. Der Erblasser kann jedoch den Kreis der „Erwerbsberechtigten" weiter fassen, etwa anordnen, dass die Veräußerung (und damit auch die Teilungsversteigerung) nur unter den „Familienangehörigen" erfolgen darf. Zur Behandlung dieser **„Begrenzung des Bieterkreises"** im Versteigerungstermin siehe Rn. 1318 bis 1320.

1160

d) Nacherbenvermerk

Da die Teilungsversteigerung keine durch die §§ 2113, 2115 BGB verbotene Verfügung oder eine Zwangsvollstreckung wegen einer Geldforderung darstellt, hindert der Umstand, dass der Grundbesitz zum Nachlass einer Vor- und Nacherbschaft[470] gehört, die Anordnung der Teilungsversteigerung nicht.[471]

1161

Wegen § 2115 Satz 1 BGB, der den Nacherben davor schützen soll, dass Schulden des Vorerben, die den Nacherben nicht treffen, aus dem Nachlass beglichen werden, kann die Anordnung der Teilungsversteigerung auf Antrag eines Gläubigers des Vorerben mit Treu und Glauben unvereinbar sein.[472]

1162

Schon jetzt sei darauf hingewiesen, dass der Nacherbenvermerk als Verfügungsbeschränkung des Vorerben nicht in das gG fällt und nach Zuschlag zu löschen ist.[473] Jedoch bleibt ein aus der Zwangsversteigerung entstehender und damit der Gemeinschaft zustehender Erlösüberschuss Nachlassgegenstand (als Surrogat für den versteigerten Grundbesitz) und ist daher von dem Nacherbenrecht erfasst.

1163

III. BGB-Gesellschaft

Zu beachten ist hier, dass die Auseinandersetzung der Gesellschaft (und damit auch die Auseinandersetzung an dem zum Gesellschaftsvermögen gehörenden Grundbesitz) erst **nach Auflösung der Gesellschaft** zulässig ist (§ 730 Abs. 1 BGB). Soweit die Gesellschafter keine abweichende Vereinbarung getroffen haben, vollzieht sich die Auseinandersetzung nach den Bestimmungen der §§ 732 bis 735 BGB, also letztlich durch Überschussverteilung im Verhältnis der Gewinnanteile.

1164

Über § 731 Satz 2 BGB finden im Übrigen die Vorschriften über die Bruchteilsgemeinschaft Anwendung und damit auch die der Teilungsversteigerung (§ 753 BGB).

Einen nicht aus dem Grundbuch ersichtlichen Aufhebungsausschluss muss der sich hierauf berufende Antragsgegner über die Drittwiderspruchsklage (§ 771 ZPO) geltend machen.

1165

IV. Handelsrechtliche Personengesellschaft (OHG, KG)

Erste Voraussetzung der Auseinandersetzung ist auch bei der OHG und der KG die **Auflösung der Gesellschaft**; diese erfolgt nach den handelsrechtlichen Bestimmungen der §§ 131 f., 161 Abs. 2 HGB. Das HGB sieht nach der Auflösung als Form der Auseinandersetzung dann die Liquidation

1166

---

470 Zur Grundstücksversteigerung bei Vor- und Nacherbschaft ausführlich *Klawikowski* Rpfleger 1998, 100.
471 *BGH* Rpfleger 2004, 721.
472 *OLG Celle* NJW 1968, 801.
473 *OLG Hamm* Rpfleger 1968, 403.

der Gesellschaft vor (§§ 145 f., 161 Abs. 2 HGB). Raum für die Teilungsversteigerung ist daher nur dort, wo
1. diese Form als andere Art der Auseinandersetzung durch Gesellschaftervereinbarung bestimmt ist (§ 158 HGB),
2. die Teilungsversteigerung von allen Liquidatoren gemeinsam beantragt wird.[474]

Wegen der Geltendmachung des Aufhebungsausschlusses siehe Rn. 1165.

V. Partnerschaft und Europäische Wirtschaftliche Interessenvereinigung

1167 Für die Liquidation einer Partnerschaft und einer Europäischen Wirtschaftlichen Interessenvereinigung gilt letztlich das Recht der OHG (§ 10 Abs. 1 PartGG; § 1 EWIV-AusfG). Es kann daher auf die Ausführungen Rn. 1166 verwiesen werden.

VI. Gütergemeinschaft

1. Eheliche Gütergemeinschaft

1168 So lange die Gütergemeinschaft besteht, ist ein Teilungsbegehren eines Ehegatten und damit auch die Teilungsversteigerung **ausgeschlossen** (§ 1419 BGB).

1169 Mithin kann die Teilungsversteigerung hinsichtlich des zum Gesamtgut der ehelichen Gütergemeinschaft gehörenden Grundbesitzes **erst nach Beendigung dieses Güterstandes** beantragt werden (§ 1471 BGB), also nach
1. rechtskräftiger **Scheidung** der Ehe (§ 1564 BGB),
2. rechtskräftiger **Eheaufhebung** (§ 1313 BGB),
3. Aufhebung der Gütergemeinschaft durch notariellen **Aufhebungsvertrag** (Ehevertrag, § 1408 BGB) oder Eintritt der Rechtskraft eines den Güterstand aufhebenden **Urteils** (§§ 1449, 1470 BGB),
4. dem **Tod** eines Ehegatten, ohne dass die Gütergemeinschaft fortgesetzt wird, also wenn
   a) die Fortsetzung nicht vereinbart war (§ 1483 BGB) oder
   b) der Überlebende Ehegatte die Fortsetzung ablehnt (§ 1484 Abs. 2 BGB).

1170 Ob es dann zur Teilungsversteigerung des Grundbesitzes oder zu dessen Übernahme durch einen der (früheren) Ehegatten kommt, hängt, falls sich nicht eine einverständliche Regelung findet, von dem Umstand ab, ob das vorhandene Barvermögen zur Begleichung der Gesamtverbindlichkeiten ausreicht (§ 1475 BGB).

Im Grundsatz gilt:

Können jedoch alle Gesamtverbindlichkeiten aus dem vorhandenen Barvermögen befriedigt werden oder übernimmt der die Übernahme verlangende Ehegatte mit Zustimmung aller Gläubiger die Gesamtverbindlichkeiten als Alleinschuldner, genießt das Übernahmeverlangen dieses Ehegatten Vorrang vor der Zwangsversteigerung.[475]

Reicht das vorhandene Barvermögen zur Berichtigung der Gesamtverbindlichkeiten nicht aus, ist das Gesamtgut in Geld umzusetzen (§ 1475 Abs. 3 BGB), was im Falle der Uneinigkeit der (früheren) Ehegatten durch Zwangsversteigerung erfolgt (§ 753 BGB).[476]

2. Fortgesetzte Gütergemeinschaft

1171 Auch die Auseinandersetzung einer fortgesetzten Gütergemeinschaft (§§ 1483 f. BGB) kann erst nach deren **Beendigung** verlangt werden. Diese endet durch

---
474 *LG Kaiserslautern* Rpfleger 1985, 121.
475 *BGH* NJW 1985, 3066; *OLG Frankfurt* FamRZ 1984, 170, 171.
476 *Palandt/Diederichsen* § 1475 Rn. 2.

- Aufhebung (§ 1492 BGB);
- Wiederverheiratung oder Tod des überlebenden Ehegatten (§§ 1493, 1494 BGB);
- Eintritt der Rechtskraft eines den Güterstand aufhebenden Urteils (§§ 1495, 1496 BGB).

3. Kapitel
Verfahren über die Anordnung der Teilungsversteigerung

A. Versteigerungsobjekte

Der Teilungsversteigerung sind **grundsätzlich alle Versteigerungsobjekte** zugänglich, welche auch Gegenstand der Vollstreckungsversteigerung sein können, weshalb auf die diesbezüglichen Ausführungen (Rn. 10 bis 15) verwiesen wird. 1172

Mehrere Grundstücke können in einem Verfahren versteigert werden. Dabei ist in der Literatur jedoch umstritten, ob diese derselben Gemeinschaft gehören müssen[477] oder ob es ausreicht, dass die Grundstücke denselben Eigentümern (bei ansonsten verschiedenen Gemeinschaftsformen)[478] gehören.

B. Versteigerungsantrag

I. Zuständigkeit

Die sachliche, örtliche und funktionelle Zuständigkeit in der Teilungsversteigerung ist mit der Zuständigkeit in der Vollstreckungsversteigerung identisch; siehe Rn. 18 bis 21. 1173

II. Antragsrecht und Antragsteller

Im Sinne der über § 180 Abs. 1 ZVG entsprechend anzuwendenden Normen der Vollstreckungsversteigerung übernimmt der Antragsteller die Rolle des betreibenden Gläubigers ohne jedoch selbst Gläubiger zu sein. 1174

Die Teilungsversteigerung findet **nur auf Antrag** statt. 1175

Allgemein ist erforderlich, dass der Antragsteller als Eigentümer im Grundbuch eingetragen ist oder Erbe eines eingetragenen Eigentümers ist oder er das Recht des Eigentümers oder des Erben auf Aufhebung der Gemeinschaft ausübt (§ 181 Abs. 2 ZVG).

In der Folge wird dargestellt, wem bei den einzelnen Gemeinschaftstypen ein **Antragsrecht** zusteht bzw. welche **Beschränkungen** bestehen. 1176

1. Antragsrecht der Teilhaber

a) Bruchteilsgemeinschaft

§ 749 Abs. 1 BGB normiert das grundsätzliche Recht jedes Miteigentümers auf Auseinandersetzung, mithin auch das Recht der Beantragung der Teilungsversteigerung. 1177

Wegen evtl. bestehender Gegenrechte siehe Rn. 1126 f.

---
477 So Böttcher (ZVG) § 180 Rn. 24 m.w.N.
478 So Stöber (ZVG) § 180 Rn. 7.15.

2 Verfahren über die Anordnung der Teilungsversteigerung

Wegen der für in Zugewinngemeinschaft lebende Ehegatten aus § 1365 BGB resultierenden Besonderheiten siehe Rn. 1141 f.

b) Erbengemeinschaft

1178 Jeder Miterbe ist berechtigt, die Teilungsversteigerung zu beantragen (§ 2042 Abs. 1 BGB).

Wegen evtl. bestehender anderweitiger Vereinbarungen (§§ 2042 Abs. 2, 749 Abs. 2 BGB) siehe Rn. 1153, wegen gesetzlicher Auseinandersetzungsausschlüsse Rn. 1154, wegen Auseinandersetzungsausschlüssen aus letztwilliger Verfügung Rn. 1155.

1179 Eine Besonderheit liegt vor, wenn sich innerhalb einer Bruchteilsgemeinschaft eine Erbengemeinschaft befindet.

1180
Beispiel

A, B und C sind Miteigentümer des Grundstücks zu je einem Drittel. C verstirbt und wird von E1, E2 und E3 beerbt. E1 ist an der Auseinandersetzung der Erbengemeinschaft interessiert.

Es bestehen folgende Möglichkeiten:

E1 kann die Teilungsversteigerung des Miteigentumsanteils des verstorbenen C beantragen (sog. kleines Antragsrecht).

E1 kann jedoch auch die - wirtschaftlich weitaus sinnvollere - Teilungsversteigerung des **ganzen** Grundstücks beantragen (sog. **großes Antragsrecht**).[480]

Tipp: Bei Erbengemeinschaft innerhalb einer Bruchteilsgemeinschaft als Miterbe Teilungsversteigerung nicht auf den geerbten Bruchteil beschränken, sondern vom großen Antragsrecht Gebrauch machen.

2. Sonderfälle beim Antragsrecht der Teilhaber

a) Testamentsvollstreckung

1181 Ist Testamentsvollstreckung angeordnet, kann nur der Testamentsvollstrecker den Antrag auf Teilungsversteigerung stellen. Da der Testamentsvollstreckervermerk regelmäßig aus dem Grundbuch ersichtlich ist (§ 52 GBO), müsste das Vollstreckungsgericht den Antrag eines Erben zurückweisen (§ 28 ZVG). Betrifft die Testamentsvollstreckung nur einen Erbteil, so können sowohl der Testamentsvollstrecker für „seinen" Erben als auch die nicht von der Testamentsvollstreckung betroffenen Erben den Antrag stellen.

b) Vor-/Nacherbschaft

1182 Wie bereits ausgeführt (Rn. 1061 f.), handelt es sich bei der Teilungsversteigerung **nicht** um eine nach den §§ 2113, 2115 BGB verbotene **Verfügung**, weshalb auch der (nicht befreite) Vorerbe die Teilungsversteigerung letztlich mit Wirkung für und gegen den Nacherben betreiben kann.

Zum Antragsrecht eines Gläubigers des Vorerben siehe Rn. 1163.

c) Insolvenzverwalter

1183 Wegen der Zusammenhänge zwischen Teilungsversteigerung und Insolvenz siehe zunächst Rn. 1232 bis 1234.

Wurde über das Vermögen eines Miteigentümers das Insolvenzverfahren eröffnet, so kann diesbezüglich nur der Insolvenzverwalter als Antragsteller (bzw. Antragsgegner) auftreten, da (und so lange) ihm allein die Verwaltungs- und Verfügungsbefugnis zusteht (§ 80 InsO).

---

479 *BGH* FamRZ 2006, 697; *Eickmann* (TLV) Rn. 57 m.w.N.

d) Vormund/Betreuer

Diese Personen können für den von ihnen Vertretenen den Antrag auf Teilungsversteigerung stellen, benötigen hierfür jedoch die Genehmigung des Vormundschaftsgerichts (§ 181 Abs. 2 Satz 2 ZVG). **1184**

Um diese Genehmigung muss sich der Vertreter kümmern. Sie wird vom Vormundschaftsgericht gegenüber dem Vormund/Betreuer erklärt (§§ 1828, 1908i BGB) und ist dem Vollstreckungsgericht von diesem vorzulegen.

e) Eltern

Für Eltern, welche als gesetzliche Vertreter für ihr Kind die Teilungsversteigerung beantragen wollen, gilt das o.g. Genehmigungserfordernis nicht. **1185**

Sind die Eltern an der gesetzlichen Vertretung ihres Kindes etwa auf Grund einer Interessenkollision[480] verhindert, so ist durch das Vormundschaftsgericht ein Pfleger (Ergänzungspfleger, § 1909 BGB) zu bestellen. Dies hat das Vollstreckungsgericht von Amts wegen zu beachten.

f) Nachlasspfleger/Nachlassverwalter

Diese können ebenfalls die Teilungsversteigerung beantragen, benötigen hierfür jedoch die Genehmigung des Nachlassgerichts[481] (§§ 1961, 1975, 1915 BGB), das für die Nachlasspflegschaft (und insoweit auch für die Nachlassverwaltung) an die Stelle des Vormundschaftsgerichts tritt (§ 1962 BGB). Für das Verfahren gilt das unter Rn. 1184 Gesagte entsprechend. **1186**

g) Nießbrauch

Unproblematisch ist ein am **ganzen Grundstück** bestehender Nießbrauch, da dieser gem. § 182 ZVG in der Teilungsversteigerung bestehen bleibt (siehe Rn. 1291 f.). Da der Nießbraucher somit keine Beeinträchtigung erfährt, bestehen für die Antragsberechtigung der Teilhaber keine Besonderheiten. **1187**

Besteht das Nießbrauchsrecht **nur an einem Miteigentumsanteil**, so erfährt das Antragsrecht der anderen, nicht mit dem Nießbrauch belasteten Miteigentümer, keine Einschränkung. Im Falle des Zuschlags in der Teilungsversteigerung würde das Nießbrauchsrecht erlöschen (§ 182 ZVG) und der Nießbraucher hätte einen Anspruch auf eine Rente (Rn. 651 f.) aus dem anteiligen Erlös. **1188**

Schwierig gestaltet sich allerdings der Fall, dass der Miteigentümer, dessen Anteil mit dem Nießbrauch belastet ist, selbst den Antrag auf Teilungsversteigerung stellen will. Allein nach den Bestimmungen des ZVG (§ 182 ZVG) würde das Nießbrauchsrecht bestehen bleiben. Da jedoch mit dem Zuschlag der belastete Miteigentumsanteil des Antragstellers seine Selbstständigkeit verliert, geht auch der daran bestehende Nießbrauch mit dem Zuschlag unter. Dem Nießbraucher bleibt (nur) ein Anspruch an dem Erlösanteil.[482] Um den Nießbraucher in dieser Konstellation vor einem (überraschenden) Rechtsverlust zu schützen, hat der Gesetzgeber in **§ 1066 Abs. 2 BGB** bestimmt, dass der Miteigentümer des belasteten Anteils die Aufhebung der Gemeinschaft nur zusammen mit dem Nießbraucher verlangen kann. **1189**

Dabei bejaht die Literatur[483] eine Verpflichtung des Nießbrauchers zur Mitwirkung bei diesem nur gemeinsam auszuübenden Antragsrecht für die Teilungsversteigerung, wenn die Aufhebung der Gemeinschaft einer ordnungsgemäßen Wirtschaft entspricht.

---

480 *Stöber* (ZVG) § 180 Rn. 3.15 verneint eine Interessenkollision für den Fall, dass Eltern und Kinder Verfahrensbeteiligte sind und bei der Auseinandersetzung ohne dass Ausgleichsansprüche bestehen, sich über die Teilung des Erlöses gemäß einer gesetzlichen Erbfolge einig sind.
481 *Stöber* (ZVG) § 181 Rn. 6.5 und 6.6.
482 *Storz* (TLV) B. 1.5.5.
483 *Eickmann* (TLV) Rn. 89 m.w.N.

3. Antragsrecht der Gläubiger

1190 Zum Antragsrecht des Gläubigers, der sich die Pos. seines Schuldners in dessen Eigenschaft als Miteigentümer durch Pfändung und Überweisung verschafft, siehe Ausführungen ab Rn. 1367.

III. Antragsgegner

1191 Antragsgegner im Teilungsversteigerungsverfahren sind alle[484] anderen (außer dem Antragsteller) Mitglieder der „aufzuhebenden" Gemeinschaft.

Eine Besonderheit des Verfahrens (im Unterschied zur Vollstreckungsversteigerung) besteht darin, dass ein Antragsgegner durch Verfahrensbeitritt (hierzu ab Rn. 1205) selbst Antragsteller werden kann und dann beide Positionen in seiner Person vereint.

Im Sinne der über § 180 Abs. 1 ZVG entsprechend anzuwendenden Normen der Vollstreckungsversteigerung übernimmt der Antragsgegner die Rolle des Schuldners ohne jedoch Schuldner zu sein.

Ist der Anteil des Antragsgegners gepfändet, so wird der Pfändungsgläubiger neben dem (pfändungsschuldnerischen) Antragsgegner Beteiligter.

IV. Antragsinhalt und Nachweisungen

1. Inhalt

1192 Im Versteigerungsantrag sind folgende Angaben erforderlich (§§ 16 Abs. 1, 180 ZVG, §§ 253, 130 ZPO):
- Bezeichnung des angerufenen **Gerichts** (Rn. 18, 19),
- **Name** und (zustellungsfähige) **Anschrift** des Antragstellers und der (des) Antragsgegner(s),
- Bezeichnung des **Grundstücks** (Rn. 36, 37),
- Das aufzuhebende **Gemeinschaftsverhältnis**,
- Die Beteiligung des Antragstellers, bzw. falls sich dessen Antragsberechtigung aus anderen Umständen herleitet auch diese Umstände,
- Ein **bestimmter Antrag** auf Anordnung der Zwangsversteigerung zur Aufhebung einer Gemeinschaft/ Anordnung der Teilungsversteigerung.

Eine Begründung des Antrags ist regelmäßig nicht erforderlich.

> **Tipp:** Als Antragsteller unbedingt auf die Aktualität der Anschriften der Antragsgegner achten, da sonst mit Verfahrensverzögerung gerechnet werden muss.

2. Nachweisungen

1193 Dem Antrag sind folgende **Unterlagen beizufügen** (§ 181 Abs. 2 ZVG):
- Ein Grundbuchzeugnis (§ 17 Abs. 2 ZVG) oder ein beglaubigter Grundbuchauszug (beides möglichst aktuell), soweit eine Bezugnahme auf das Grundbuch nicht möglich ist; siehe Rn. 24,
- Ggf. Erbnachweise (§§ 181 Abs. 3, 17 Abs. 3 ZVG), falls der Antragsteller Erbe eines eingetragenen „Gemeinschafters" ist,
- Ggf. ein Nachweis darüber, dass der Antragsteller das Recht eines eingetragenen „Gemeinschafters" oder eines Erben eines verstorbenen eingetragenen Gemeinschafters, die Aufhebung dieser Gemeinschaft zu verlangen, ausüben darf (z.B. Ausfertigung eines ordnungsgemäß erlassenen und zugestellten Pfändungs- und Überweisungsbeschlusses; dazu Rn. 1394 f.).

1194 Die Vorlage eines Vollstreckungstitels ist nicht erforderlich (§ 181 Abs. 1 ZVG).

---

484 Wird in diesem Buch von „dem Antragsgegner" gesprochen, sind grundsätzlich alle Antragsgegner gemeint.

C. Entscheidung über den Antrag

I. Gewährung rechtlichen Gehörs

Anders als in der Vollstreckungsversteigerung, wo sich eine Anhörung des Schuldners verbietet (Rn. 79), wird für die Teilungsversteigerung die Anhörung des Antragsgegners vor der Anordnung des Verfahrens als Ausfluss aus Art. 103 GG diskutiert. Die in Rn. 79 für die Vollstreckungsversteigerung beschriebene „Gefahr" geht von dieser Anhörung nicht aus, da die entspr. Beschlagnahme in der Teilungsversteigerung ohnehin keine Verfügungsbeschränkung i.S. des § 23 ZVG bewirkt (Rn. 1214 f.). Nach Auffassung der Verfasser sollte die vorherige Anhörung des Antragsgegners in der gerichtlichen Praxis aus Gründen einer zügigen Verfahrensabwicklung jedoch auf die Fälle beschränkt bleiben, in denen ein die Anordnung des Verfahrens letztlich verhinderndes Vorbringen des Antragsgegners denkbar ist.

1195

II. Entgegenstehende Rechte

Die speziell für das Verfahren der Teilungsversteigerung denkbaren entgegenstehenden Rechte wurden u.a. bereits bei der Vorstellung der einzelnen Gemeinschaftstypen erörtert. Auf diese Ausführungen (Rn. 1122 f.) wird verwiesen.

1196

Auch für die Teilungsversteigerung gilt (über § 180 Abs. 1 ZVG) § 28 ZVG, weshalb insoweit auf die Darlegungen Rn. 67, 68 Bezug genommen wird.

1197

III. Beanstandung des Antrags

Liegt nach der Auffassung des Gerichts ein **innerhalb angemessener Frist behebbarer** Mangel vor, weist es den Antragsteller auf diesen Mangel (bzw. alle Mängel) hin, zeigt alle Behebungsmöglichkeiten auf und setzt unter Hinweis auf die Folgen eines fruchtlosen Fristablaufes eine Frist zur Behebung.

1198

Liegt ein nicht behebbarer Mangel vor oder ist die in Rn. 1198 gesetzte Frist fruchtlos verstrichen, weist das Gericht den Antrag auf Anordnung der Teilungsversteigerung durch begründeten Beschluss zurück.

1199

IV. Anordnungsbeschluss

Die Zwangsversteigerung zum Zwecke der Aufhebung einer Gemeinschaft wird durch Beschluss des Gerichts angeordnet (Anordnungsbeschluss).

1200

1. Inhalt

Für den Inhalt des Beschlusses gilt zunächst das unter Rn. 80 Gesagte entsprechend.

1201

Inhalt des Anordnungsbeschlusses in der Teilungsversteigerung

Checkliste

- Vollstreckungsgericht
- Rubrum (Antragsteller/Antragsgegner, evtl. Dritter, der Recht des Antragstellers ausübt)
- Grundstück
- Gemeinschaftsverhältnis
- Ausspruch: Anordnung der ZV zum Zwecke der Aufhebung (vorgenannter) Gemeinschaft (konstitutiv)
- Ausspruch: Beschlagnahme (deklaratorisch)
- Unterschrift und Amtsbezeichnung (Rechtspfleger)

2. Bekanntmachung der Anordnung und Grundbuchersuchen

1202 Der Anordnungsbeschluss muss allen Antragsgegnern **förmlich zugestellt** werden. Die §§ 4 bis 7 ZVG finden wegen § 8 ZVG keine Anwendung, weshalb die Zustellung gem. der §§ 166 ff. ZPO erfolgen muss. Zusammen mit dem Anordnungsbeschluss ist eine **Belehrung** nach den §§ 180 Abs. 2 Satz 2, Abs. 3 Satz 2, 30b ZVG über die Möglichkeit einstweiliger Einstellung zuzustellen.

1203 Der Antragssteller erhält den Beschluss formlos. Eine Zustellung erfolgt nur dann, wenn seinem Antrag nicht in vollem Umfang stattgegeben wurde. Diese Möglichkeit hat für die Teilungsversteigerung jedoch nur dort praktische Bedeutung, wo ein Gläubiger eines Miteigentümers dessen Recht auf Auseinandersetzung ausübt.

Auch im Teilungsversteigerungsverfahren sind die weiteren Mitteilungen nach der MiZi (Rn. 83) zu beachten.

1204 Hinsichtlich des Grundbuchersuchens (Eintragung des Zwangsversteigerungsvermerks) und des weiteren Verfahrens beim Grundbuchamt gilt das unter Rn. 84 und 85 Gesagte entsprechend.

D. Beitritt zum Verfahren

1205 Nach § 27 ZVG, welcher über § 180 Abs. 1 ZVG Anwendung findet, ist auch ein Beitritt zum Verfahren möglich. Dies gilt natürlich nur für solche „Personen", welche ebenfalls ein Recht auf das angestrebte Verfahrensziel, nämlich die Aufhebung der Gemeinschaft haben. Damit kann nur ein anderer Teilhaber[485] der Gemeinschaft beitreten. Er vereinigt damit in seiner Person zwei verfahrensrechtliche Positionen; er war und **bleibt** Antragsgegner und **wird** auch Antragsteller.

Gleiches gilt „mit umgekehrten Vorzeichen" für den bisherigen alleinigen Antragsteller. Die einzelnen Verfahren behalten dabei ihre rechtliche Selbstständigkeit (Grundsatz von der Selbstständigkeit der Einzelverfahren[486]).

1206 Ob ein Teilhaber dem Verfahren beitritt, hängt natürlich davon ab, welche verfahrensrechtliche Rolle (passiv oder aktiv) er künftig spielen möchte. Zu Recht bezeichnet *Storz*[487] den Beitritt als „eine der wichtigsten Schutzmaßnahmen gegen die bzw. in der Teilungsversteigerung."

Dass der Beitritt auch Gefahren birgt, wird von *Eickmann*[488] unter Hinweis auf § 183 Satz 1 BGB zutreffend beschrieben und soll mit folgendem Beispiel verdeutlicht werden:

1207
Beispiel

A betreibt die Teilungsversteigerung der Eigentümergemeinschaft A, B.

B ist gegen die Teilungsversteigerung und sieht für sich die Möglichkeit, materielle Einwendungen über § 771 ZPO durchzusetzen. Dennoch tritt er der Teilungsversteigerung bei, um dort eine aktive Rolle einzunehmen.

Im Verfahren gem. § 771 ZPO droht ihm nun, dass das Prozessgericht in seinem Beitritt eine unwiderrufliche (§ 183 Satz 1 BGB) Zustimmung zur Teilungsversteigerung sieht.

Tipp: Dem Verfahren nicht unüberlegt beitreten.

1208 Betreibt ein **Pfändungsgläubiger** zulässigerweise (Rn. 1135) die Teilungsversteigerung in eine Gemeinschaft, deren Auseinandersetzung durch Vereinbarung ausgeschlossen ist, stellt sich die interessante Frage, ob ein Beitritt der anderen Miteigentümer trotz des Aufhebungsausschlusses möglich ist. Das Betreiben des Pfändungsgläubigers stellt hier wohl einen wichtigen Grund (i.S.d. § 749 Abs. 2 Satz 1 BGB) dar; der Beitritt sollte deshalb zugelassen werden.[489]

---

485 Zum Beitritt eines Pfändungsgläubigers eines Teilhabers siehe Rn. 1396.
486 *Eickmann* (TLV) Rn. 122.
487 *Storz* (TLV) C. 3.4.1 m.w.N.
488 *Eickmann* (TLV) Rn. 120 und 121.
489 *Storz* (TLV) B. 1.7.1.16.

Für die **Zustellung** gelten die Ausführungen zum Anordnungsbeschluss (Rn. 1202). Auch hier muss eine Belehrung gem. den §§ 180 Abs. 2 Satz 3, 30b Abs. 1 ZVG zugestellt werden; diese Zustellung der Belehrung muss an alle Antragsgegner erfolgen, selbst an den, der das Verfahren schon als Antragsteller betreibt. 1209

Es wird **kein neuer Zwangsversteigerungsvermerk** in das Grundbuch eingetragen (Rn. 89). 1210

Ein Gläubiger, der die Vollstreckungsversteigerung betreiben möchte, kann nicht zu diesem Zweck einer Teilungsversteigerung beitreten (Verschiedenheit der Verfahrensarten).[490] 1211

E. Beteiligte

Antragsteller und (alle) Antragsgegner sind Beteiligte des Verfahrens. Dies ergibt sich aus § 9 ZVG; i.S. dieser Norm nehmen sie die Rolle von Gläubiger (Antragsteller) und Schuldner (alle Antragsgegner) ein. Ebenso verfahrensbeteiligt ist ein Pfändungsgläubiger, welcher die Rechte eines potenziellen Antragstellers ausübt. 1212

§ 9 ZVG legt auch die weiteren Verfahrensbeteiligten fest.[491]

F. Beschlagnahme

Auch die Teilungsversteigerung kennt eine Beschlagnahme des Grundbesitzes. Für den Eintritt der Beschlagnahme gilt das unter Rn. 92 bis 94 Gesagte mit der Maßgabe, dass an der Stelle des Gläubigers der Antragsteller und an der Stelle des Schuldners der (die) Antragsgegner tritt (treten). 1213

Handelt es sich um eine Bruchteilsgemeinschaft, so tritt, falls die Zustellung maßgeblich ist (Rn. 93), die Beschlagnahme, anders als bei der Versteigerung mehrerer Grundstücke, erst mit der Zustellung des Anordnungsbeschlusses an den letzten antragsgegnerischen Miteigentümer ein.

Aus dem Umstand, dass die Beschlagnahme dazu dient, die Erreichung des Verfahrensziels sicherzustellen, dieses Verfahrensziel in der Teilungsversteigerung jedoch gerade nicht auf Verwertung des Grundbesitzes für einen Gläubiger lautet, folgt dass diese **Beschlagnahme nicht** die **Wirkungen des § 23 ZVG** zeitigt. Denn während in der Vollstreckungsversteigerung ein Gläubiger so vor weiteren Verfügungen über das Grundstück zu schützen ist, ist ein solcher Schutz des Antragstellers aus folgenden Gründen (scheinbar; siehe Rn. 1217) nicht erforderlich: 1214

- Steht der Grundbesitz im Eigentum einer Gesamthandsgemeinschaft, ist der Antragsteller durch den Umstand, dass alle Gemeinschafter verfügen müssten, hinreichend geschützt.
- Liegt eine Bruchteilsgemeinschaft vor, gilt für eine mögliche Verfügung über den **gesamten** Grundbesitz Entsprechendes über § 747 Satz 2 BGB.

Belastet ein Bruchteils-Miteigentümer (Antragsgegner der Teilungsversteigerung) nach der Beschlagnahme *seinen* Anteil (was zulässig ist), erfährt der Antragsteller Schutz über § 182 ZVG (hierzu Rn. 1294 f.). 1215

Im Falle einer (ebenfalls zulässigen) Veräußerung seines Anteils tritt der Erwerber nach § 26 ZVG an die Stelle des insoweit ausgeschiedenen Antragsgegners, womit der Antragsteller erneut nicht beeinträchtigt ist. 1216

---

490 *Stöber* (ZVG) § 180 Rn. 8.6. und Rn. 14.
491 Siehe hierzu unter Rn. 258.

1217 **Problematisch** gestaltet sich das **Fehlen der Verfügungsbeschränkung** jedoch in folgendem Fall:

Gläubiger G, der den Auseinandersetzungsanspruch des A hinsichtlich der Bruchteilsgemeinschaft A, B gepfändet hat (und dem dieser zur Einziehung überwiesen wurde), betreibt die Teilungsversteigerung in ein landwirtschaftliches Grundstück. Nunmehr ereignet sich Folgendes:

1. A belastet seinen Anteil mit einer den Verkehrswert des Anteils weit übersteigenden Grundschuld. Diese Belastung ist dem Pfändungsgläubiger gegenüber wirksam, da sich das Arrestatorium aus dem Pfändungsverfahren (§ 829 ZPO) auf den Auseinandersetzungsanspruch und nicht auf das Grundstück bezieht.[492]
Die Grundschuld würde bestehen bleiben (§ 182 ZVG), was die Versteigerung des Grundstücks unwahrscheinlich macht.

2. A und B sind sich in dem Bestreben, dem G „nichts zukommen zu lassen" einig und veräußern alle zu dem Grundstück gehörenden wertvollen Zubehörstücke.
Da die Beschlagnahme keine Verfügungsbeschränkung und damit auch keine Beschränkungen i.S.d. §§ 1121, 1122 BGB bewirkt[493], ist die Veräußerung wirksam.

Eickmann[494] zeigt hier für den Gläubiger den einzigen Schutz bringenden Weg auf. Der Gläubiger muss mit seinem Zahlungstitel zunächst auf dem Anteil seines Schuldners eine Zwangshypothek eintragen lassen.

Im Fall 1 müsste der Gläubiger dann die Vollstreckungsversteigerung aus der Zwangshypothek in den Bruchteil seines Schuldners betreiben; die später eingetragene (neue) Grundschuld, würde nach den allgemeinen Regeln (§§ 44, 52 ZVG) erlöschen.

Im Fall 2 böte die Zwangshypothek Schutz über §§ 1134, 1135 BGB. Dieser müsste prozessual verfolgt werden.

G. Rechtsbehelfe im Verfahren über Anordnung und Beitritt

I. Rechtsbehelf des Antragsgegners

1218 Der Systematik des 8. Buches der ZPO folgend, welches, da das ZVG über § 869 ZPO Bestandteil der ZPO ist, Anwendung findet, hängt die Art des Rechtsbehelfs von der Frage ab, ob der Antragsgegner vor Erlass des Anordnungsbeschlusses (alles Gesagte gilt auch für den Beitrittsbeschluss) von dem Vollstreckungsgericht angehört wurde (Anhörung möglich Rn. 1195).

1219 Wurde **nicht angehört**, so stellt die Anordnung „lediglich" eine Vollstreckungsmaßnahme dar, welche von dem (jedem) Antragsgegner mit **Erinnerung** gem. **§ 766 ZPO** anzufechten ist. Zum weiteren Verfahren siehe Rn. 127 bis 129.

1220 Lag eine **Anhörung** vor, ist das Rechtsmittel der **sofortigen Beschwerde (§ 793 ZPO)** gegeben, da die Anordnung eine Entscheidung darstellt. Zum weiteren Verfahren siehe Rn. 130.

1221 Für beide Rechtsbehelfe ist jedoch zu beachten, dass damit nur ein **Verstoß gegen die formellen Bestimmungen** gerügt werden kann. Denkbar sind hier z.B.
- eine Verletzung von § 181 Abs. 2 ZVG (Rn. 1193),
- die Nichtbeachtung von § 28 ZVG (grundbuchersichtliches Gegenrecht).

1222 Die für die Teilungsversteigerung wesentlich bedeutsameren **materiellen Einwendungen** können von dem Antragsgegner nur im Rahmen einer **Drittwiderspruchsklage** (§ 771 ZPO) vorgebracht werden.

Frühestens über die einstweilige Einstellung, welche grundsätzlich das Prozessgericht zu beschließen hätte (Ausnahme § 769 Abs. 2 ZPO) und den entspr. Ausführungsbeschluss des Vollstreckungsge-

---

492 So auch *Eickmann* (TLV) Rn. 116, *Storz* (TLV) C. 3.3.
493 *Eickmann* (TLV) Rn. 113.
494 *Eickmann* (TLV) Rn. 117.

richts (§§ 775 Nr. 2, 776 ZPO) würde die Drittwiderspruchsklage Auswirkungen auf das Teilungsversteigerungsverfahren zeitigen. Siehe hierzu Rn. 231, 232.

Tipp: Bei materiellen Einwendungen ist Klagerhebung erforderlich.

II. Rechtsbehelf des Antragstellers

Wurde der Versteigerungsantrag des Antragstellers ganz oder teilweise (Rn. 1199) zurückgewiesen, gestaltet sich das Rechtsbehelfsverfahren entsprechend den Ausführungen Rn. 130, 131 (sofortige Beschwerde). 1223

H. Kosten im Verfahren über Anordnung und Beitritt

Für die Gerichts- und Rechtsanwaltskosten gelten gegenüber der Vollstreckungsversteigerung keine Besonderheiten, weshalb auf die Ausführungen Rn. 132 ff. verwiesen werden kann. 1224

Ergänzend sei angemerkt, dass im Falle einer Antragsrücknahme § 269 Abs. 3 ZPO keine Anwendung findet, da es sich bei den Kosten der Teilungsversteigerung nicht um Prozesskosten handelt.[495] Die Kosten können mithin nicht dem Antragsgegner auferlegt werden. Eine evtl. Ausgleichung/Kostenerstattung müssen die Teilhaber außerhalb des Versteigerungsverfahrens untereinander regeln. 1225

4. Kapitel
Einstweilige Einstellung und Aufhebung des Verfahrens

A. Das System und seine Anwendung

Wie für die Vollstreckungsversteigerung ausführlich dargestellt (Rn. 145 ff.), sind die Möglichkeiten der einstweiligen Einstellung oder Aufhebung eines bereits angeordneten Verfahrens vielfältig und kaum zu systematisieren. 1226

Da § 180 ZVG für das Verfahren der Teilversteigerung die Vorschriften §§ 1 bis 171n ZVG (Erster und Zweiter Abschnitt des Zwangsversteigerungsgesetzes) für entsprechend anwendbar erklärt, soweit sich aus den §§ 181 bis 185 ZVG nicht ein anderes ergibt, wurde folgende Darstellung gewählt: 1227
1. Einstellungs- und Aufhebungsnormen aus dem Bereich der Vollstreckungsversteigerung, welche (evtl. mit Besonderheiten) auch im Verfahren der Teilungsversteigerung anzuwenden sind.
2. Speziell für die Teilungsversteigerung bestehende Einstellungsbestimmungen.

Die Darstellung zu 1. folgt dabei dem in diesem Werk für die Vollstreckungsversteigerung gewählten Aufbau.

B. Gegenrechte (§ 28 ZVG)

§ 28 ZVG findet auch in der Teilungsversteigerung Anwendung. Allgemein wurde auf **entgegenstehende Rechte** bereits bei der Vorstellung der einzelnen Gemeinschaftstypen (ab Rn. 1122) eingegangen. 1228

Die Anwendung von § 28 Abs. 1 ZVG erfordert die **Grundbuchersichtlichkeit** der entgegenstehenden Rechte. Gemessen an ihrer Praxisrelevanz, soll an dieser Stelle auf zwei Fallkonstellationen etwas näher eingegangen werden:

---
495 *LG Düsseldorf* JurBüro 1981, 1415.

I. Aufhebungsausschluss bei Bruchteilsgemeinschaften

1229   Der **eingetragene** Aufhebungsausschluss (§ 1010 BGB) hindert die Anordnung der Teilungsversteigerung. Beruft sich der (künftige) Antragsteller materiell-rechtlich auf einen wichtigen Grund i.S.d. § 749 Abs. 2 Satz 1 BGB, durch dessen Vorliegen die Teilungsversteigerung trotz Aufhebungsausschlusses zulässig werden würde, muss er dies zunächst zivilprozessual gegen den (künftigen) Antragsgegner durchsetzen (Duldungsklage).[496]

II. Eigentumswechsel nach Verfahrensanordnung

1230   Auf Antragsgegnerseite ist ein Eigentumswechsel wegen § 26 ZVG ohne Einfluss auf das Verfahren.

1231   Auf Antragstellerseite ist der Eigentumswechsel ebenfalls ohne Auswirkung (Verfahren läuft weiter); jedoch kann der neue Eigentümer natürlich die Antragsrücknahme erklären (§ 29 ZVG).

Mit *Eickmann*[497] erscheint es zweifelhaft, in dem Umstand, dass sich der neue Eigentümer nicht bei Gericht meldet, die Bewilligung der einstweiligen Einstellung (§ 30 ZVG) zu sehen.[498] *Storz*[499] verlangt wohl ebenfalls ein aktives Handeln des neuen Eigentümers (ein „Eintreten" in die Rolle des Antragstellers).

Es empfiehlt sich schlicht eine klarstellende Nachfrage des Gerichts beim neuen Eigentümer.

Tipp: Der nicht an eine Teilungsversteigerung interessierte neue Eigentümer des Antragstelleranteils sollte den Antrag auf Teilungsversteigerung zurücknehmen.

C. Teilungsversteigerung und Insolvenz

1232   Zur Beurteilung der Frage, welche Auswirkungen die Eröffnung des Insolvenzverfahrens auf die bereits angeordnete oder künftig anzuordnende Teilungsversteigerung hat, muss zunächst wie folgt differenziert werden:
- nur ein Grundstücksanteil fällt in die Insolvenzmasse
- das ganze Grundstück fällt in die Insolvenzmasse

1233   Fällt nur ein **Grundstücksanteil** in die Insolvenzmasse, erfolgt die **Auseinandersetzung** nach den Bestimmungen des **Insolvenzrechts** (§ 84 InsO) außerhalb des Insolvenzverfahrens. Mithin tritt der Insolvenzverwalter an die Stelle des Schuldners (= Mitglied der auseinanderzusetzenden Gemeinschaft). In dieser Eigenschaft agiert er als Antragsteller oder Antragsgegner in der Teilungsversteigerung; er kann diese beantragen oder fortsetzen bzw. Rechtsbehelfe einlegen, Einstellungsanträge stellen usw.

1234   Gehört (etwa in der Nachlassinsolvenz) der **gesamte Grundbesitz** zur Insolvenzmasse, kann die Teilungsversteigerung wegen § 80 InsO nur angeordnet bzw. fortgesetzt werden, wenn der Insolvenzverwalter das Grundstück **freigibt**. Anderenfalls kann die Teilungsversteigerung nicht angeordnet bzw. muss aufgehoben werden (§ 28 ZVG).

---

496 *Stöber* (ZVG) § 180 Rn. 9.10, § 181 Rn. 2.3.
497 *Eickmann* (TLV) Rn. 145.
498 So aber *Stöber* (ZVG) § 180 Rn. 6.9.
499 *Storz* (TLV) C. 3.3.

D. Einstweilige Einstellung und Aufhebung auf Grund einer Verfahrenshandlung

I. Antragsrücknahme

§ 29 ZVG findet uneingeschränkt Anwendung, weshalb die Ausführungen Rn. 198 f. entsprechend gelten. **1235**

II. Bewilligung der einstweiligen Einstellung durch den Antragsteller

Auch hier besteht „Parallelität" zur Vollstreckungsversteigerung; siehe deshalb Rn. 203 f. **1236**

III. Einstweilige Einstellung auf Antrag des Antragsgegners nach § 180 ZVG

§ 30a ZVG, der die Aussicht auf ein Vermeiden der Zwangsversteigerung u. a. unter Berücksichtigung der wirtschaftlichen Verhältnisse des Schuldners voraussetzt, ist in der Teilungsversteigerung **nicht** anwendbar. **1237**

An seine Stelle treten § 180 Abs. 2 ZVG (sog. allgemeiner Schutz[500]) und § 180 Abs. 3 ZVG (sog. Kinderschutz[501]).

Für die Darstellung ist eine durch die beiden Absätze vorgegebene Gliederung sinnvoll. Ausgeführt werden nur die Grundzüge; im Übrigen wird auf die Kommentarliteratur verwiesen.

1. Der allgemeine Schutz (§ 180 Abs. 2 ZVG)

a) Antragsberechtigung

Die einstweilige Einstellung setzt einen **Antrag** des Antragsgegners voraus. Klarstellend sei darauf hingewiesen, dass bei mehreren Antragsgegnern jeder selbstständig zur Antragstellung berechtigt ist (Grundsatz der Selbstständigkeit der Einzelverfahren[502]). Dies gilt selbst für Antragsgegner des „jetzigen" Einzelverfahrens, die in ihrer Person auf Grund früheren Anordnungs- oder Beitrittsbeschlusses auch Antragsteller sind. **1238**

Der Einstellungsantrag nach § 180 Abs. 2 ZVG eines selbst betreibenden Antragstellers ist jedoch nur Erfolg versprechend, wenn dieser Antragsteller hinsichtlich „seines" Verfahrens die einstweilige Einstellung bewilligt (§ 30 ZVG).[503] **1239**

Tipp: Wer als „jetziger" Antragsgegner und immer noch Antragsteller das Versteigerungsverfahren über § 180 Abs. 2 (oder Abs. 3) ZVG zum Stillstand bringen will, sollte zunächst (oder zeitlich mit dem Einstellungsantrag nach § 180 ZVG) die einstweilige Einstellung des von ihm betriebenen Verfahrens bewilligen.

Ob, wenn ein Pfändungsgläubiger die Teilungsversteigerung betreibt, auch der Pfändungsschuldner die Einstellung beantragen darf, ist umstritten. Siehe hierzu Rn. 1402. **1240**

---

500 Begriff aus *Eickmann* (TLV) vor Rn. 166.
501 Begriff aus *Eickmann* (TLV) vor Rn. 189.
502 *Eickmann* (TLV) Rn. 146.
503 *Stöber* (ZVG) § 180 Rn. 12.6; *BGH* Rpfleger 1981, 187.

2 Einstweilige Einstellung und Aufhebung des Verfahrens

b) Antragsfrist

1241 Für die Antragsfrist verweist § 180 Abs. 2 ZVG auf § 30b ZVG; siehe deshalb Rn. 215. Die Notfrist gilt auch schon für den **ersten** Antrag nach § 180 Abs. 2 ZVG und nicht erst dann, wenn das Verfahren bereits einmal eingestellt war.[504]

c) Selbstständigkeit der Einzelverfahren

1242 Wegen des Grundsatzes der Selbstständigkeit der Einzelverfahren (Rn. 1205) muss der Antragsgegner im Falle des Beitritts eines weiteren Antragstellers erneut einen Einstellungsantrag stellen.

d) Materielle Voraussetzungen

1243 Verglichen mit § 30a ZVG (Rn. 211, 212) sind die materiellen Voraussetzungen einer einstweiligen Einstellung nach § 180 Abs. 2 ZVG weniger konkret gefasst und damit für das Gericht schwer zu überprüfen.

Deutlich wird bei einem Vergleich der Normen jedoch, dass es bei § 30a ZVG um ein (endgültiges) Vermeiden der Zwangsversteigerung geht, während **§ 180 Abs. 2 ZVG lediglich einen Aufschub** gewähren soll.[505]

Dass das Moratorium aber auch dazu genutzt werden kann, um so die Zwangsversteigerung endgültig zu verhindern, ist selbstverständlich.

1244 Die Einstellung hat „bei Abwägung der widerstreitenden Interessen der mehreren Miteigentümer angemessen zu erscheinen" (§ 180 Abs. 2 Satz 1 ZVG).

Der *BGH* hat in einer Entscheidung[506] aus dem Jahre 1981 den Grundgedanken des § 180 Abs. 2 ZVG wie folgt bezeichnet:

„Die einstweilige Einstellung des Teilungsversteigerungsverfahrens soll nach ihrem Grundgedanken durch Abwägung der widerstreitenden Interessen verhindern, dass ein wirtschaftlich Stärkerer unter Ausnutzung vorübergehender Umstände die Versteigerung „zur Unzeit" durchsetzt, um den wirtschaftlich Schwächeren zu ungünstigen Bedingungen aus dem Grundstück zu drängen."

1245 Gute Auflistungen von berücksichtigungsfähigen und nicht berücksichtigungsfähigen Umständen aus Literatur und Rechtsprechung finden sich bei *Eickmann* (TLV) Rn. 176 f., *Stöber* (ZVG) § 180 Rn. 12.3 und Rn. 12.4 und *Storz* (TLV) B. 3.2.2.1.

1246 Es soll nochmals deutlich auf den **temporären Aspekt** des § 180 Abs. 2 ZVG (Rn. 1243) hingewiesen werden. Deshalb sind **auf Dauer** angelegte Umstände, auch solch schwer wiegende wie eine gesundheitliche Beeinträchtigung i.d.R. **nicht** geeignet, eine einstweilige Einstellung nach § 180 Abs. 2 ZVG zu rechtfertigen.[507]

1247 Wegen der hohen Praxisbedeutung sei ebenfalls herausgestellt, dass der Sachvortrag des Antragsgegners, ihm stehe ein **materiell rechtliches** Versteigerungshindernis zur Seite, ebenfalls **nicht** zur Einstellung führen kann; hier muss der Antragsgegner den Weg über §§ 769, 771 ZPO beschreiten. Zum Verfahren siehe auch Rn. 231, 232.

Für das Verfahren bis zur Entscheidung, Form und Bekanntmachung der Entscheidung selbst und die Fortsetzung eines ehemals eingestellten Verfahrens gilt das unter Rn. 217 f. Gesagte entsprechend.

Die einmalige Wiederholung der Einstellung ist zulässig (§ 180 Abs. 2 Satz 2 ZVG; hierzu auch Rn. 223)

---

504 *BGH* Rpfleger 1981, 187.
505 *Eickmann* (TLV) Rn. 174.
506 *BGH* JW 1981, 2065.
507 *BGH* Rpfleger 2004, 722.

2. Der Kinderschutz (§ 180 Abs. 3 ZVG)

Mit dem im Jahre 1986[508] in das Gesetz eingefügten dritten Abs. des § 180 ZVG wollte der Gesetzgeber erreichen, dass bei einer zwischen Ehegatten (bzw. früheren Ehegatten) betriebenen Teilungsversteigerung die **Interessen eines gemeinschaftlichen Kindes** in besonderer Weise berücksichtigt werden.

1248

a) Antragsberechtigung

Diese liegt nach dem Wortlaut des Gesetzes bei dem antragsgegnerischen (früheren) Ehegatten. Die Literatur[509] erweitert die Antragsberechtigung auch auf das betroffene Kind, sofern es selbst Antragsgegner ist.

1249

b) Antragsfrist

Da nach § 180 Abs. 3 Satz 3 ZVG auch hier § 30b ZVG entsprechend gilt, ist auch der Antrag nach § 180 Abs. 3 ZVG binnen einer Notfrist von zwei Wochen zu stellen; die Frist beginnt mit der Zustellung der entspr. Belehrung (§ 30b ZVG).

1250

In diesem Zusammenhang empfiehlt *Storz*[510] zu Recht, dass das Gericht in allen „einschlägigen", also zwischen (auch früheren) Ehegatten betriebenen Teilungsversteigerungsverfahren **immer**, also auch ohne konkrete Anhaltspunkte für das Vorhandensein gemeinschaftlicher Kinder, **nach § 180 Abs. 3 ZVG belehrt**, u.a. um so späteren Verfahrensverzögerungen vorzubeugen. *Eickmann*[511] gibt dem Antragsteller in diesem Zusammenhang einen guten

Tipp: Der Antragsteller sollte bereits im Versteigerungsantrag Angaben über im Haus (in der Wohnung) wohnende gemeinsame Kinder machen.

Antragsgegner, welche sowohl Einstellungsantrag nach § 180 Abs. 2 ZVG als auch nach § 180 Abs. 3 ZVG stellen wollen, müssen dies, wegen des ab der Zustellung der jeweiligen Belehrung drohenden Fristablaufes zwar nicht gleichzeitig[512] tun, beide Anträge aber eben **fristgerecht** einreichen.

1251

Es wäre falsch anzunehmen, die 2-Wochen-Frist des § 30b ZVG laufe für den Antrag nach § 180 Abs. 3 ZVG erst nach Ablauf einer Einstellung nach § 180 Abs. 2 ZVG.[513]

Wo beide Einstellungsgründe in Frage kommen, sollte der Antragsgegner unbedingt beachten, dass ihm eine Einstellung nach § 180 Abs. 3 ZVG wegen der potenziell längeren Einstellungszeiträume und der im Unterschied zu § 180 Abs. 2 ZVG[514] **mehrfachen** Wiederholbarkeit die „besseren" Möglichkeiten bietet.

1252

Tipp: Antragsgegner, die Antrag nach § 180 Abs. 2 ZVG und § 180 Abs. 3 ZVG stellen können, sollten unbedingt beide Anträge (rechtzeitig) stellen.

c) Materielle Voraussetzungen

Nach dem Wortlaut des Gesetzes ist die Anwendung von § 180 Abs. 3 ZVG auf das Teilungsversteigerungsverfahren beschränkt, an welchem mit Antragsteller und Antragsgegner insgesamt nur zwei Personen („und keine mehr") beteiligt sind, die noch untereinander verheiratet sind oder früher miteinander verheiratet waren.

1253

---

508 BGBl. I Seite 301.
509 *Eickmann* (TLV) Rn. 197.
510 *Storz* (TLV) B. 3.3.3.
511 *Eickmann* (TLV) Rn. 198.
512 Insoweit missverständliche Formulierung „zugleich" bei *Eickmann* (TLV) Rn. 198.
513 *Eickmann* (TLV) Rn. 198.
514 Das Gesetz ermöglicht dort nur eine einmalige Wiederholung.

2 Einstweilige Einstellung und Aufhebung des Verfahrens

1254 Die Literatur[515] hat hier **systemgerechte Erweiterungen** vorgenommen:
- Es ist unschädlich, wenn das zu schützende Kind selbst Miteigentümer ist.[516]
- Übt ein Dritter das Recht des einen Ehegatten auf Aufhebung der Gemeinschaft aus[517], so ist Einstellung nach § 180 Abs. 3 ZVG dennoch möglich.[518]
- Die Anwendung von § 180 Abs. 3 ZVG ist auch dann noch möglich, wenn die Erben des verstorbenen Ehegatten die Teilungsversteigerung gegen den anderen Ehegatten betreiben.[519]

1255 Die vorgeschriebene Gemeinschaft muss zum Zeitpunkt des Erlasses des Anordnungsbeschlusses (Beitrittsbeschlusses) bestehen; es kann eine Bruchteils- oder Erbengemeinschaft sein.

1255a Für das zu schützende Kind gilt nach dem Gesetzeswortlaut, dass es ein **gemeinschaftliches** Kind sein muss. Das Kind muss also in einem Kindschaftsverhältnis sowohl zu dem Antragsteller als auch zu dessen (früherem) Ehegatten stehen.[520] Gemeinschaftliches Kind (§ 180 Abs. 3 ZVG) ist nur, wer von dem Antragsteller und seinem (früheren) Ehegatten abstammt, wobei es allerdings nicht darauf ankommt, ob das Kindschaftsverhältnis durch Geburt oder durch Annahme als Kind entstanden ist.[521] Auf ein Pflegekind kann § 180 Abs. 3 ZVG damit nicht (auch nicht entsprechend) angewendet werden.[522] Die teilweise von der Literatur[523] für die Anwendung des § 180 Abs. 3 ZVG vorgenommene Gleichstellung von leiblichen und angenommene Kinder des **Antragstellers** mit den **gemeinschaftlichen** Kindern ist im Lichte der Rechtssprechung des *BGH*[524] nicht mehr vertretbar. Die Belange nicht gemeinschaftlicher Kinder können über § 765a ZPO Berücksichtigung finden.[525]

1256 Eine Altersbegrenzung bestimmt das Gesetz nicht, weshalb der Schutz grundsätzlich **auch für volljährige Kinder** gewährt werden kann.[526]

Je älter das Kind ist, desto schwieriger wird es jedoch werden, in seiner Person die Erfüllung des Normzwecks anzunehmen.

1257 Zweck der Norm ist der Schutz der körperlichen, geistigen und seelischen (nicht aber des materiellen) Wohls des Kindes.

1258 Sehr schwierig zu beantworten und umstritten ist in diesem Zusammenhang die Frage, ob schon eine Verletzung des von § 180 Abs. 3 ZVG geschützten Kindeswohls vorliegt, wenn als Folge der Teilungsversteigerung „nur" Beeinträchtigungen auftreten, die mit jedem Wohnortwechsel verbunden sind.

Während die *Landgerichte Berlin*[527], *Frankenthal (Pfalz)*[528] und *Essen*[529] „allgemeine Wohnsitzwechselfolgen" als nicht genügend ansehen, will *Eickmann*[530] auf die Persönlichkeit des betroffenen Kindes abstellen.

1259 Wegen der im Einzelnen anerkannten und nicht anerkannten Gründe wird auf die einschlägige Kommentarliteratur verwiesen. Eine gute Gegenüberstellung findet sich auch bei *Storz*[531].

1260 Für das Verfahren bis zur Entscheidung gilt das unter Rn. 217 Gesagte entsprechend.

---

515 *Stöber* (ZVG) § 180 Rn. 13.2; *Eickmann* (TLV) Rn. 191, 192.
516 *Storz* (TLV) B. 3.3.2.1 sieht auch kein Problem im Miteigentum weiterer gemeinschaftlicher nicht gefährdeter Kinder.
517 Die Teilungsversteigerung wird z.B. von einem Pfändungsgläubiger betrieben.
518 *Stöber* (ZVG) § 180 Rn. 13.3.
519 *Stöber* (ZVG) § 180 Rn. 13.2.
520 *BGH* Rpfleger 2007, 408.
521 *BGH* a.a.O.
522 *BGH* a.a.O.
523 *Storz* (TLV) B. 3.3.2.1; *Eickmann* (TLV) Rn. 193.
524 *BGH* Rpfleger 2007, 408.
525 *BGH* a.a.O.
526 *LG Berlin* Rpfleger 1987, 515.
527 Rpfleger 1987, 514.
528 Rpfleger 1987, 124.
529 FamRZ 1988, 1191.
530 *Eickmann* (TLV) Rn. 200.
531 *Storz* (TLV) B. 3.3.2.1.

2 Einstweilige Einstellung und Aufhebung des Verfahrens

Die Entscheidung ergeht durch Beschluss. Im Falle einer Antragsstattgabe erfolgt einstweilige Einstellung des Verfahrens solange dies zum Schutz des Kindeswohls erforderlich ist (also nicht auf sechs Monate begrenzt), höchstens jedoch für fünf Jahre (§ 180 Abs. 4 ZVG). **1261**

Beruft sich der Antragsgegner zur Begründung seines Erstantrags (seiner Anträge) sowohl auf § 180 Abs. 2 ZVG als auch § 180 Abs. 3 ZVG (hierzu Rn. 1252) und erachtet das Gericht beide Normen für begründet, so legt es in einer einheitlichen Entscheidung, gestützt auf beide Normen, eine **einheitliche Einstellungsdauer** fest[532], die zwar die für § 180 Abs. 2 ZVG genannten sechs Monate, nicht aber die fünf Jahre des Absatzes 4 übersteigen darf. **1262**

Die einstellende Entscheidung ist dem Antragsteller (des Versteigerungsverfahrens) und allen Antragsgegnern zuzustellen (§ 32 ZVG). **1263**

Das eingestellte Verfahren wird, nach Ablauf der Einstellungsfrist **nur auf Antrag fortgesetzt** (§ 180 Abs. 1 ZVG i.V.m. § 31 ZVG). Hierzu und zur erforderlichen Belehrung Rn. 220, 221. **1264**

Eine mehrfache Wiederholung der Einstellung ist zulässig (§ 180 Abs. 3 Satz 2 ZVG), weshalb das Gericht die Antragsgegner nach jeder Verfahrensfortsetzung entsprechend zu **belehren** hat (§§ 180 Abs. 3 Satz 3, 30b ZVG). **1265**

Die **Einstellungshöchstdauer** aus § 180 Abs. 4 ZVG (**fünf Jahre**) darf jedoch insgesamt nicht überschritten werden; zu diesen fünf Jahren zählen aber nur die **reinen Einstellungszeiten**, demnach insbesondere nicht die Zeit, die der Antragsteller des Verfahrens nach Ablauf einer Einstellungsfrist bis zur Verfahrensfortsetzung (§ 31 ZVG) verstreichen lässt.

Tipp: Der (an der Verfahrensfortsetzung interessierte) Antragsteller sollte den Fortsetzungsantrag unmittelbar nach Ablauf der Einstellungsfrist stellen.

Der „**Kinderschutz**" des § 180 Abs. 3 ZVG weist noch eine verfahrensrechtliche Besonderheit auf: Das Gericht kann seinen (einstellenden) Beschluss auf Antrag **aufheben oder ändern**, wenn dies mit Rücksicht auf eine Änderung der Sachlage geboten ist (§ 180 Abs. 3 Satz 4 ZVG). **1266**

Das Vollstreckungsgericht muss bei entspr. Antragstellung beachten, dass es eben um eine Änderung der Sachlage geht und nicht um die vom Antragsteller des Änderungsantrags gewünschte Neubewertung eines zum Zeitpunkt der Einstellungsentscheidung bereits bekannten und verbeschiedenen Umstandes.

Antragsteller des Änderungsantrags können sowohl der Antragsteller des Versteigerungsverfahrens als auch der dortige Antragsgegner sein. Ersterer begehrt die Aufhebung der Einstellungsentscheidung oder auch eine Verkürzung der Einstellung; Letzterer eine, ebenfalls von § 180 Abs. 3 Satz 4 ZVG erfasste Verlängerung der Einstellungsdauer. **1267**

Als zwei wichtige Umstände, die zu einer Änderung der Einstellungsentscheidung (hier sogar zu deren Aufhebung) führen können, seien genannt
- der Tod des geschützten Kindes[533],
- dessen Auszug aus dem Versteigerungsobjekt[534].

Im Übrigen wird auf die einschlägige Literatur verwiesen

Obwohl § 180 Abs. 3 ZVG **nicht auf wirtschaftliche Aspekte** abstellt und anders als bei § 180 Abs. 2 ZVG auch eine Abwägung widerstreitender Interessen nicht stattfindet, stehen die Gerichte im Rahmen einer Entscheidung nach § 180 Abs. 3 ZVG immer wieder vor einer Fallkonstellation, die gerade diese beiden Aspekte aufweist. **1268**

Wenn nämlich im Falle des Scheiterns einer jungen Ehe die Teilungsversteigerung eingestellt werden soll, weil der im „neuen" Haus verbliebene (Noch)Ehegatte dort das ehegemeinschaftliche Kind erzieht, stellen sich oft massive wirtschaftliche Schwierigkeiten ein, da das Haus neben der zusätz-

---
532 *Eickmann* (TLV) Rn. 206 m.w.N.
533 *Storz* (TLV) B. 3.3.2.4.
534 *Eickmann* (TLV) Rn. 210.

lich erforderlich gewordenen Wohnung für den ausgezogenen (Noch)Ehegatten finanziell nicht zu halten ist.

Lässt sich der wirtschaftlichen Situation im Einzelfall klar entnehmen, dass für das Haus „unhaltbare Zustände" bereits eingetreten sind oder eintreten werden, droht in letzter Konsequenz gar die Zwangsversteigerung im Wege der Zwangsvollstreckung. Lässt sich also letztlich der Verlust des Hauses ohnehin nicht vermeiden, darf nicht über eine Einstellung nach § 180 Abs. 3 ZVG die Verschuldung unnötig in die Höhe getrieben werden.[535]

IV. Einstweilige Einstellung auf Antrag des Antragsgegners nach § 765a ZPO

1269   § 765a ZPO ist in der Teilungsversteigerung anwendbar. Obwohl die Norm nicht im verwiesenen (§ 180 Abs. 1 ZVG) ersten und zweiten Abschnitt des ZVG steht, muss der Antragsgegner auf diese allgemeine Schuldnerschutzbestimmung zugreifen können. Die Regelungen des (allgemeinen) Schuldnerschutzes bestimmen das Zwangsversteigerungsverfahren wesentlich und sind daher auch in der Teilungsversteigerung anwendbar.[536]

1270   Dabei darf jedoch das im Rn. 228 bis 230 Gesagte nicht vergessen werden; § 765 ZPO ist (und bleibt es auch für die Teilungsversteigerung) eine extreme **Ausnahmevorschrift**, welche nur zur Verfahrenseinstellung führt, wenn die Teilungsversteigerung für den Antragsgegner zur einem untragbaren Ergebnis führen würde.[537] Dabei kann sich der Antragsgegner nur auf eigene und nicht auf Belange Dritter berufen, jedoch sind die persönlichen Belange von Angehörigen in die Betrachtungen einzubeziehen.[538]

E. Einstellung durch das Prozessgericht

1271   Wie bereits mehrfach erwähnt, sind die der Teilungsversteigerung entgegenstehenden materiellrechtlichen Einwendungen über die **Drittwiderspruchsklage** (§ 771 ZPO) durchzusetzen.

Deshalb kommt einer prozessgerichtlichen Einstellung eine nicht unerhebliche Bedeutung für die Teilungsversteigerung zu; auf die Ausführungen Rn. 231 und 232 kann verwiesen werden. Dies geschieht jedoch mit der Maßgabe, dass eine Einstellung nach § 775 Nr. 1 ZPO im Teilungsversteigerungsverfahren mangels eines Vollstreckungstitels nur ausnahmsweise Anwendung finden wird, etwa wenn für die Teilungsversteigerung ein Duldungstitel notwendig ist.[539]

> **Tipp:** Die Einstellungsentscheidung des Prozessgerichts muss dem Vollstreckungsgericht (in Ausfertigung) vorgelegt werden; das Vollstreckungsgericht kann erst dann die Teilungsversteigerung einstellen.

F. Sonstige Einstellungsfälle

1272   §§ 775 Nr. 3 und Nr. 4 ZPO bleiben in ihrer Anwendbarkeit auf **Ausnahmefälle** (analog Rn. 1271; Duldungstitel notwendig) beschränkt. § 775 Nr. 5 ZPO scheidet aus, da diese Variante die Zwangsvollstreckung wegen eines Geldanspruchs betrifft.

1273   § 75 ZVG, der von der **Befriedigung des Gläubigers** spricht, ist demgemäß in der Teilungsversteigerung nur dort (und damit ausnahmsweise) anwendbar, wo es einen „betreibenden" Gläubiger gibt, also bei von einem Pfändungsgläubiger betriebenen Verfahren. Zu beachten ist natürlich, dass des-

---

535 So auch *Storz* B. 3.3.2.1; a.A. *Stöber* (ZVG) § 180 Rn. 13.4.
536 *BGH* Rpfleger 2007, 408; so auch schon *Eickmann* (TLV) Rn. 152.
537 *BGH* Rpfleger 2007, 408.
538 So für Pflegekinder: *BGH* a.a.O.
539 *Eickmann* (TLV) Rn. 153.

sen Befriedigung nur dann zu einer kompletten Verfahrenseinstellung bzw. Zuschlagsversagung führt, wenn nicht noch weitere Antragsteller das Verfahren betreiben (und ggf. der Versteigerungstermin auch für sie stattfindet).

§ 76 ZVG findet in der Teilungsversteigerung **keine** Anwendung. 1274

Werden in einem Termin **keine Gebote** abgegeben, so führt dies auch in der Teilungsversteigerung zur Verfahrenseinstellung (§ 77 Abs. 1 ZVG), im Wiederholungsfall zur Verfahrensaufhebung. Die in § 77 Abs. 2 Satz 2 ZVG genannte Möglichkeit der Anordnung einer Zwangsverwaltung besteht in der Teilungsversteigerung jedoch nicht. 1275

Eine Verfahrenseinstellung nach § 30d ZVG (Einstweilige Einstellung während des Insolvenzverfahrens) scheidet in der Teilungsversteigerung aus (und damit auch die Anwendung der §§ 30e, 30f ZVG). 1276

G. Rechtsbehelfe bei einstweiliger Einstellung und Aufhebung

Es gilt das unter Rn. 236 Gesagte entsprechend. 1277

H. Kosten bei einstweiliger Einstellung und Aufhebung

Es gilt das unter Rn. 237, 238 Gesagte entsprechend. 1278

5. Kapitel
Verfahren bis zum Versteigerungstermin

A. Die nächsten Schritte (Überblick)

Für die von dem Gericht nunmehr vorzunehmenden nächsten Schritte gilt das unter Rn. 239 bis 242 Gesagte entsprechend (in Rn. 239 tritt an die Stelle des Antrags nach § 30a ZVG der nach § 180 Abs. 2 und 3 ZVG). 1279

B. Wertfestsetzung

Auch in der Teilungsversteigerung muss das Gericht den Verkehrswert des Grundstückes ermitteln und festsetzen. Die Vorgehensweise gleicht der für die Vollstreckungsversteigerung beschriebenen; siehe deshalb Rn. 243 ff. 1280

Auf **zwei Aspekte** sei gesondert hingewiesen:

1. Privatgutachten 1281

Im Vorfeld einer (einseitig) geplanten Auseinandersetzung werden oft von einzelnen (selten allen) Teilhabern einer Gemeinschaft Gutachten zum Wert des betroffenen Grundbesitzes eingeholt.

Da das Zwangsversteigerungsgesetz dem Rechtspfleger nicht vorschreibt, wie er zu den seine Wertfestsetzung stützenden Erkenntnissen kommt, ist die Verwertung solcher Gutachten nicht verboten.

Dass es sich oft dennoch **nicht empfiehlt**, hängt damit zusammen, dass
- diese Gutachten meist wenig „bieterfreundlich" gestaltet sind (dazu Rn. 250) und damit den Versteigerungserfolg nicht fördern,
- zwischen den Teilhabern oft ein großes Konfliktpotenzial besteht und Parteigutachten damit zu erheblichen Verfahrensverzögerungen im Bereich der Anhörung zur Wertfestsetzung und Anfechtung des Wertfestsetzungsbeschlusses führen können.

1282 2. „Mehrere" Grundstücke

Auch in der Teilungsversteigerung ist, falls mehrere Grundstücke (Versteigerungsgegenstände, Rn. 956) betroffen sind, der Verkehrswert für jedes Grundstück getrennt festzusetzen (Rn. 963).

Dies gilt jedoch **nicht** für die einzelnen Miteigentumsanteile, da ja gerade „das ganze Grundstück" Gegenstand der Teilungsversteigerung ist und es nicht zu einer (auch) getrennten Versteigerung der einzelnen Miteigentumsanteile kommt.

C. Beurkundung eines Vergleichs zur Verfahrensbeendigung

1283 Nach Anordnung der Teilungsversteigerung kann der Rechtspfleger zur Beendigung des Verfahrens einen gerichtlichen Vergleich beurkunden und hierbei auch eine Auflassungserklärung entgegennehmen. Wenn also nach dem Eindruck des Gerichts hinsichtlich des bisherigen Verhaltens der Beteiligten die Möglichkeit besteht, dass sich diese unter dem „Druck" der bevorstehenden Bestimmung des Versteigerungstermins einigen können, sollte der Rechtspfleger einen (nichtöffentlichen) **Vortermin** (§ 62 ZVG analog) bestimmen und mit den Beteiligten über eine Abwicklung ohne Versteigerung verhandeln.

Zu beachten ist dabei, dass auch die Regelung der Schuldübernahme bzw. die Löschung „überflüssiger" Rechte erörtert werden sollte, wenn der Grundbesitz belastet ist.

1284 Besteht Grund zu der Annahme, dass ein Grundpfandrecht nicht mehr valutiert[540] ist, sollte der Rechtspfleger in jedem Fall auf eine vorherige Löschung hinwirken und die Beteiligten auf die ärgerlichen Folgen hinweisen, welche anderenfalls bei der Auseinandersetzung entstehen könnten.[541]

1285 Weiter hat das Gericht zu beachten, dass eine **Auflassung** nur **unbedingt** erklärt werden darf (§ 925 Abs. 2 BGB); wird die Auflassung im Vergleich erklärt, darf dieser daher nicht mit einer Widerrufsklausel versehen werden.

Tipp: Für einen solchen Vergleich entstehen keine zusätzlichen Gerichtskosten; auch sparen die Beteiligten die Kosten eines Notars.

1286 Der Rechtspfleger muss einen solchen Vergleich dem zuständigen Finanzamt zuleiten, damit dort die Frage der Grunderwerbsteuer geklärt werden kann. Gelangt die steuerliche Unbedenklichkeitsbescheinigung zu den Gerichtsakten, kann das Gericht den Vergleich dem Grundbuchamt unmittelbar zur Eintragung zuleiten, wenn die Beteiligten im Vergleich die Eintragung der Rechtsänderungen bewilligt und beantragt haben und ggf. erforderliche Bewilligungen der Grundpfandrechtsgläubiger beigebracht wurden.

1287 Ein **Muster** für einen gerichtlich protokollierten Vergleich zur Abwendung einer Teilungsversteigerung findet sich unter Rn. 1416.

---

540 Korrekte Formulierung bei einer Grundschuld: „… dass der Rückgewähr-Fall eingetreten ist …".
541 *Mayer* ab Seite 119.

D. Bestimmung des Versteigerungstermins

Für Terminstag und Terminsort gelten die Ausführungen Rn. 269 bis 279 entsprechend. **1288**

Hinsichtlich des Inhaltes der Terminsbestimmung gelten die Rn. 280 und 281; wegen § 37 Nr. 3 ZVG hat das Gericht anzugeben, dass die Zwangsversteigerung zu dem **Zweck der Aufhebung einer Gemeinschaft** stattfindet. **1289**

Ein diesbezügliches „Versehen" des Rechtspflegers (etwa bei unveränderter Verwendung des Formulars oder der Computermaske für die Vollstreckungsversteigerung) stellt einen **unheilbaren Zuschlagsversagungsgrund** dar (§§ 83 Nr. 7, 43 Abs. 1 ZVG).

Die Bekanntmachung der Terminsbestimmung bzw. des Versteigerungstermins erfolgt nach den Grundsätzen Rn. 282 bis 285.

E. Das geringste Gebot

Zum Begriff des gG siehe Rn. 340. **1290**

I. Der Deckungsgrundsatz in der Teilungsversteigerung

Der Deckungsgrundsatz des § 44 ZVG (Rn. 342) **gilt auch** in der Teilungsversteigerung. Seine „Umsetzung" und damit die Aufstellung des gG würde im Falle einer unveränderten Übernahme der Bestimmungen der Vollstreckungsversteigerung in das Verfahren der Teilungsversteigerung jedoch daran scheitern, dass es dort einen bestbetreibenden Gläubiger nicht gibt. In der Teilungsversteigerung setzt (grundsätzlich) ein Teilhaber seinen Auseinandersetzungsanspruch durch. Da dieser Anspruch zu den eingetragenen Rechten nicht in einem Rangverhältnis steht, lässt sich „anhand" der Antragstellung auch kein Vor-/ bzw. Nachrang i.S.d. § 44 ZVG feststellen. **1291**

Eickmann[542] weist zu Recht darauf hin, dass in der Teilungsversteigerung eine mit der Vollsteckungsversteigerung vergleichbare Interessenlage der Beteiligten besteht. Auch hier stehen sich Rechtsdurchsetzungsinteresse (des Antragstellers) und Sicherungsinteresse (der eingetragenen Berechtigten) gegenüber.

Dem Normzweck des § 44 ZVG folgend, hat der Gesetzgeber das Sicherungsinteresse vor das Rechtsdurchsetzungsinteresse gestellt und da dies mangels Rangverhältnis nicht „teilweise" geschehen konnte, ist dies grundsätzlich in vollem Umfang erfolgt. **1292**

Damit bleiben im **Grundsatz** (zu den Ausnahmen ab Rn. 1294) in der Teilungsversteigerung **alle eingetragenen Rechte bestehen** und sind von dem Ersteher zu übernehmen. **1293**

In das **Mindestbargebot** fallen nach Maßgabe der unter Rn. 295 ff. dargestellten Grundsätze, die Kosten und Zinsen dieser bestehen bleibenden Rechte sowie die diesen Ansprüchen vorgehenden bar zu zahlenden Beträge (siehe hierzu Rn. 355 ff.).

II. Sonderfall: Bruchteilsgemeinschaft

Der dargestellte Grundsatz (Rn. 1293) des Bestehen Bleibens aller eingetragenen Rechte findet seine uneingeschränkte Umsetzung, wenn das Grundstück im Eigentum einer Gesamthandsgemeinschaft (Rn. 1148 ff.) steht. **1294**

Für die Bruchteilsgemeinschaft hat sich der Gesetzgeber (§ 182 ZVG) für eine Modifikation entschieden, da hier (im Unterschied zur Gesamthandsgemeinschaft) eine **unterschiedliche Belastung** der einzelnen Anteile **möglich** ist (§§ 747, 1114 BGB).

---

542 *Eickmann* (TLV) Rn. 225.

2 Verfahren bis zum Versteigerungstermin

1. *Ein* Antragsteller

1295 Das gG orientiert sich am Antragsteller. Nach § 182 Abs. 1 ZVG sind alle Rechte zu berücksichtigen, die den Anteil des Antragstellers
- belasten (Einzelrechte),
- mitbelasten (Gesamtrechte) oder
- einem dieser Rechte vorgehen oder gleichstehen.

Auf diese Weise (zu sehen z.B. an nachfolgendem Beispiel) kann z.B. eine Einzelbelastung an einem Anteil eines nicht betreibenden Teilhabers erlöschen (Gefahr für Grundpfandrechtsberechtigte).

Vorbemerkungen:

Für alle nachfolgenden **Beispiele** (Rn. 1296 bis 1299) gilt, dass die Teilungsversteigerung **allein** von **Miteigentümer A betrieben** wird. In der **zweiten Abteilung** bestehen (mit Ausnahme des Zwangsversteigerungsvermerks) **keine Eintragungen.**

1296 Beispiel

A und B sind je hälftige Miteigentümer eines Grundstücks, welches wie folgt belastet ist:

Dritte Abteilung

Lfd. Nr. der Eintragungen	Lfd. Nummer der belasteten Grundstücke im Bestandsverzeichnis	Betrag	Hypotheken, Grundschulden, Rentenschulden
1	2	3	4
1	1	50.000,00 €	Auf dem Anteil des **B**: Grundschuld zu …
2	1	30.000,00 €	Auf dem Anteil des **A**: Grundschuld zu …

Lösung:

In das gG kommt nur die Grundschuld auf Anteil A (= III/2). Die Grundschuld auf Anteil B hat hierzu kein Rangverhältnis, kann also nicht vorgehen oder gleichstehen. Die beiden Bruchteile sind wie gesonderte Grundstücke anzusehen.

1297 Beispiel

A und B sind je hälftige Miteigentümer eines Grundstücks, welches wie folgt belastet ist:

Dritte Abteilung

Lfd. Nr. der Eintragungen	Lfd. Nummer der belasteten Grundstücke im Bestandsverzeichnis	Betrag	Hypotheken, Grundschulden, Rentenschulden
1	2	3	4
1	1	50.000,00 €	Auf dem Anteil des **A**: Grundschuld zu …
2	1	30.000,00 €	Auf dem Anteil des **B**: Grundschuld zu …
3	1	20.000,00 €	Grundschuld zu …

Lösung:

Bestehen bleiben das Recht III/1 als den Anteil des A belastend, das Recht III/3 als den Anteil des A mitbelastend (Gesamtrecht) und das Recht III/2 als einer Mitbelastung des Anteils A vorgehend.

Verfahren bis zum Versteigerungstermin **2**

1298
Beispiel

A und B sind je hälftige Miteigentümer eines Grundstücks, welches wie folgt belastet ist:
Dritte Abteilung

Lfd. Nr. der Eintragungen	Lfd. Nummer der belasteten Grundstücke im Bestandsverzeichnis	Betrag	Hypotheken, Grundschulden, Rentenschulden
1	2	3	4
1	1	50.000,00 €	Auf dem Anteil des **A**: Grundschuld zu …
2	1	30.000,00 €	Grundschuld zu …
3	1	20.000,00 €	Auf dem Anteil des **B**: Grundschuld zu …

Lösung:

Bestehen bleiben das Recht III/1 als den Anteil des A belastend und das Recht III/2 als den Anteil des A mitbelastend. Das Recht III/3 geht dem Recht III/2 im Range nach und wird daher im gG nicht berücksichtigt.

1299
Beispiel

A, B und C sind je zu einem Drittel Miteigentümer eines Grundstücks, welches wie folgt belastet ist:
Dritte Abteilung

Lfd. Nr. der Eintragungen	Lfd. Nummer der belasteten Grundstücke im Bestandsverzeichnis	Betrag	Hypotheken, Grundschulden, Rentenschulden
1	2	3	4
1	1	60.000,00 €	Auf dem Anteil des **A**: Grundschuld zu …
2	1	40.000,00 €	Auf dem Anteil des **C**: Grundschuld zu …
3	1	30.000,00 €	Auf den Anteilen des **B und C**: Grundschuld zu …
4	1	20.000,00 €	Auf den Anteilen des **A und B**: Grundschuld zu …

Lösung:

Bestehen bleiben das Recht III/1 als den Anteil des A belastend und das Recht III/4 als den Anteil des A mitbelastend. Das Recht III/3 geht dem Recht III/4 im Range vor und bleibt daher ebenfalls bestehen. Das Recht III/2 geht aber dem bestehen bleibenden Recht III/3 im Range vor, weshalb auch III/2 bestehen bleibt.

2. Mehrere Antragsteller

Ist die Berechnung des gG bei einem von **einem** Bruchteilseigentümer betriebenen Verfahren, weil § 182 ZVG eindeutig anwendbar ist, problemlos möglich, bereitet das Betreiben durch mehrere Antragsteller hier einige Schwierigkeiten.

1300

Diese resultieren schlicht aus dem Umstand, dass ein Ausrichten des gG an einem Antragsteller insbesondere einem Rangbesten (es existiert kein Rangverhältnis unter den Antragstellern!) nicht möglich und damit das System des § 182 ZVG nicht umsetzbar ist.

1301 Dass es sich dabei nicht (mehr) um ein allein theoretisches Problem handelt, zeigt u.a. die jüngere gerichtliche Verfahrenspraxis auf. Immer häufiger wird versucht, die mit der Aufstellung des gG bei mehreren Antragstellern verbundenen Schwierigkeiten für „Verfahrensblockaden" zu missbrauchen. Dabei wird in der Regel nach folgendem Schema vorgegangen:

Der „versteigerungsunwillige" Antragsgegner der Teilungsversteigerung belastet seinen Grundstückbruchteil weit über den Verkehrswert hinaus. Dann tritt der dem Verfahren bei. Dem Grundsatz (Rn. 1295) folgend, müsste jetzt auch diese Belastung in das gG aufgenommen und vom Ersteher übernommen werden, was potenzielle Bietinteressierte abschreckt.

1302 Die Literatur hat zur „Lösung" der Frage, wie das gG bei Mehrfach-Betreibern zu berechnen ist, unterschiedliche Theorien[543] entwickelt. Um den Umfang dieses Buches nicht zu überziehen, beschränken sich die Verfasser hier auf die Darstellung der nach ihrer Einschätzung „zutreffenden" Vorgehensweise und verweisen im Übrigen auf die einschlägige Literatur.[544]

1303 Die hier favorisierte sog. **Niedrigstgebot-Theorie** führt zu folgender Vorgehensweise:

1. Terminsrelevante Antragsteller ermitteln,

Zunächst prüft das Gericht, welche Antragsteller überhaupt der Berechnung des gG für den anstehenden Termin allgemein zugrunde gelegt werden können.

Entsprechend Rn. 345 bedeutet dies

- der Teilhaber (bzw. Pfändungsgläubiger; Rn. 1367 f.) muss einen Anordnungs- oder Beitrittsbeschluss erwirkt haben (nur das macht ihn zum Antragsteller),
- sein Verfahren darf nicht (mehr) einstweilen eingestellt sein,
- sein Anordnungs-, Beitritts- oder Fortsetzungsbeschluss muss allen jeweiligen Antragsgegnern mindestens vier Wochen vor Termin zugestellt sein (§ 43 Abs. 2 ZVG).

2. für jeden terminsrelevanten Antragsteller „sein" geringstes Gebot errechnen

Nun wird für jeden so ermittelten Betreibenden getrennt und unter jeweiliger Beachtung von § 182 ZVG ein (sein) gG errechnet.

3. und dann das Niedrigste nehmen.

Unter allen gem. Nr. 2 errechneten gG wird als das entscheidende gG jenes ausgewählt, welches am niedrigsten ist.

3. Ausgleichsbetrag

a) Begründung

Die Notwendigkeit der Festlegung eines Ausgleichsbetrags erschließt sich sofort bei Betrachtung folgenden Beispiels:

1304 Beispiel

Das Grundstück steht im hälftigen Miteigentum von A und B. A hat seinen Anteil mit einer Hypothek von 80.000,00 € belastet. Die Hypothek ist noch voll valutiert. Der Miteigentumsanteil des B ist lastenfrei.
A betreibt die Teilungsversteigerung allein.
In das gG fällt die genannte Hypothek, da sie den Anteil des A belastet (§ 182 ZVG).
E, der als Ersteher für ein Gebot von 30.000,00 € den Zuschlag erhält, übernimmt die Hypothek und gem. § 53 Abs. 1 ZVG auch die persönliche Schuld.
Nimmt man jetzt aus Vereinfachungsgründen an, die vollen 30.000,00 € ständen als Erlösüberschuss der Eigentümergemeinschaft zu und unterstellt man weiter, A und B hätten im Innenverhältnis vereinbart, B solle alles erhalten, so hätte dennoch A den „höheren" Profit aus der Teilungsversteigerung geschlagen, da er seine Schuld in Höhe von 80.000,00 € losgeworden ist.

---

543 Totalbelastungs-Theorie, Zustimmungswegfall-Theorie, Niedrigstgebots-Theorie, Korrealbelastungs-Theorie.
544 *Böttcher* (ZVG) § 182 Rn. 12 f.; *Eickmann* (TLV) Rn. 238; *Stöber* (ZVG) § 182 Rn. 3.4; *Storz* (TLV) B. 5.4.2.

Deshalb ist in allen Fällen der **Ungleichbelastung von Grundstücksbruchteilen** nach § 182 Abs. 2 ZVG dem geringsten Gebot, genauer dem bar zu zahlenden Teil (Mindestbargebot), ein sog. Ausgleichsbetrag zuzuschlagen. **1305**

Der Gesetzgeber schafft so die wirtschaftlichen Voraussetzungen dafür, dass der Miteigentümer, der seinen Anteil weniger stark belastet hat, einen finanziellen Ausgleich erhalten kann. **1306**

Ob und in welcher Höhe dies dann letztlich tatsächlich geschieht, müssen die Teilhaber jedoch untereinander regeln; dem Vollstreckungsgericht fällt hier keine Rolle als Entscheidungsträger zu. Bei Uneinigkeit der erlösüberschussberechtigten Teilhaber wird der evtl. Erlösüberschuss (Rn. 1349 ff.), der ja rechnerisch auch aus dem Ausgleichsbetrag resultiert, für alle Teilhaber hinterlegt.[545]

Tipp: Es wäre falsch, anzunehmen, der Ausgleichsbetrag werde dem Erlös vorweg entnommen und dem „Berechtigten" ausbezahlt.

b) Berechnung

Zunächst sei darauf hingewiesen, dass bei der Berechnung des Ausgleichsbetrags „Gesamtansprüche", welche **alle** Grundstücksbruchteile belasten, damit also die **Verfahrenskosten** sowie Kosten, Zinsen und Hauptanspruch von (an allen Grundstücksbruchteilen lastenden) **Gesamtrechten** aus Gründen der Vereinfachung **außer Betracht** bleiben können, da sie das Ergebnis nicht beeinflussen. **1307**

Dann ist wie folgt vorzugehen: **1308**

1. Feststellung der **absoluten** Belastung eines jeden Anteils.
   Gesamtrechte, welche nicht auf allen Anteilen lasten (sonst Rn. 1307), werden dabei auf die einzelnen Anteile nach Bruchteilen (Größe der Anteile) verteilt.
2. Feststellung der **relativen** Belastung eines jeden Anteils.
   Um festzustellen, welcher Miteigentümer seinen Anteil am höchsten belastet hat, müssen vergleichbare Verhältnisse geschaffen werden.[546]
3. Berechnung des **Ausgleichsbetrags**.
   Für dessen konkrete Berechnung stehen **alternativ zwei Wege** zur Verfügung:
- die Freund'sche Formel:[547] **1309**
   „Der am stärksten belastete Anteil multipliziert mit dem gemeinsamen Nenner und nach Abzug der bestehen bleibenden Rechte und der bar zu zahlenden Beträge ergibt den Ausgleichsbetrag."
   Anders ausgedrückt:
   Multipliziert man den am stärksten belasteten Miteigentumsanteil mit dem gemeinsamen Nenner (der für alle Bruchteile gilt), dann erhält man als Resultat das geringste Gebot, bestehend aus: Summe der bestehen bleibenden Rechte, Mindestbargebot („normal berechnet"); Ausgleichsbetrag. Da die ersten beiden Punkte betragsmäßig bereits feststehen, kann auch der dritte Punkt (= Ausgleichsbetrag) ganz leicht ermittelt werden.
- bei **jedem** Anteil Berechnung nach folgender Formel: **1310**
$$(HB - RB) \times Z = AA$$
   HB = Am stärksten relativ belasteter Anteil
   RB = relative Belastung des konkreten Anteils
   Z = Zähler vom gemeinsamen Nenner des Anteils
   AA = Ausgleichsanspruch für jeden einzelnen Anteil

Der Ausgleichsbetrag ergibt sich dann aus der **Addition** dieser Beträge von allen Anteilen.

Die Berechnung eines Ausgleichsbetrags (mit alternativer Darstellung der beiden o.g. Möglichkeiten) findet sich im Fallbeispiel zum 2. Teil (ab Rn. 1414).

---

545 *Eickmann* (TLV) Rn. 274 m.w.N.
546 Eine absolute Belastung eines Viertel-Anteils mit 60.000,00 € ist relativ mehr als die Belastung des hälftigen Anteils mit 100.000,00 €.
547 *Freund* Zwangsvollstreckung in Grundstücke 1901, Seite 226 bis 228.

F. Grundsätze für das weitere Verfahren

1311 Die Einführung einer Forderung in das Verfahren (Rn. 295 bis 298) und die Berechnung der wiederkehrenden Leistungen (Rn. 299 bis 309) erfolgt nach den für die Vollstreckungsversteigerung geltenden Regeln, auf welche verwiesen wird.

G. Rangklassen

1312 Auch die Rangklassen des § 10 ZVG gelten grundsätzlich in der Teilungsversteigerung, dabei sind jedoch einige Besonderheiten zu beachten:
- Ansprüche aus RK 1 sind in der Teilungsversteigerung nicht denkbar.
- Da RK 5 das Betreiben eines **persönlichen** Gläubigers voraussetzt, ist auch diese in der Teilungsversteigerung nicht möglich.
- Öffentliche Lasten (dazu Rn. 314 f.), die auf Grund ihres Alters statt in RK 3 jetzt in RK 7 (Rn. 337) fallen, gehen rangmäßig dem Auseinandersetzungsanspruch der Eigentümer vor und stehen daher (nach Anmeldung) im gG.[548]
- Gleiches gilt für die Nebenleistungen der bestehen bleibenden Rechte, die auf Grund ihres Alters in die RK 8 fallen. Auch sie fallen in das gG.

Tipp: Auch „ältere" wiederkehrende Leistungen unbedingt anmelden.

6. Kapitel
Der Versteigerungstermin

A. Vom Aufruf der Sache bis zur Aufforderung, Gebote abzugeben

I. Erste Schritte

1313 Der Versteigerungstermin in der Teilungsversteigerung entspricht in seiner Gliederung (Rn. 371), der Öffentlichkeit seiner Durchführung (Rn. 372) und der Notwendigkeit der Protokollierung (Rn. 373) dem Versteigerungstermin der Vollstreckungsversteigerung.

Auch die ersten Schritte, nämlich die Feststellung der Beteiligten (Rn. 335 und 336) und die Bekanntmachungen (Rn. 374 f.) sind identisch, wobei natürlich hier an die Stelle des Gläubigers der Antragsteller tritt.

II. Ausgebotsarten

1314 Wie unter Rn. 957 dargestellt, handelt es sich, wenn von der Versteigerung mehrere Grundstücksbruchteile betroffen sind, eigentlich um die Versteigerung mehrerer Grundstücke, welche, der gesetzlichen Regel folgend, einzeln ausgeboten werden müssten (Rn. 965).

Dies kann für die Teilungsversteigerung einer Bruchteilsgemeinschaft **nicht** gelten, weil ja hier die Auseinandersetzung der Gemeinschaft an dem „gesamten" Grundstück gerade Ziel des Verfahrens ist.[549]

---

[548] Dazu *Glotzbach/Mayer* Rn. 231.
[549] *Storz* (TLV) B. 5.6.

Folgerichtig handelt es sich in diesem Fall (Bruchteilsgemeinschaft an einem Grundstück) von vornherein um **ein einheitliches** Verfahren[550]; eine Verbindung nach § 18 ZVG ist nicht erforderlich.

Auch finden hier, **ohne** dass ein Verzicht nach § 63 Abs. 2 ZVG (Rn. 977) erforderlich wäre, **keine Einzelausgebote** statt; die Grundstücksbruchteile werden nur zusammen (Gesamtausgebot) ausgeboten und damit das „Grundstück" als Ganzes versteigert. 1315

Dennoch kann es auch in der Teilungsversteigerung zur Versteigerung mehrerer Grundstücke kommen, wenn eben die aufzuhebende Gemeinschaft Eigentümerin mehrerer Grundstücke ist und diese zum Gegenstand des Verfahrens werden. 1316

Für dieses Verfahren gelten die Ausführungen im 1. Teil dieses Buches (ab Rn. 954) entsprechend.

III. Miet- und Pachtverhältnisse

Auch in der Teilungsversteigerung gilt der durch § 57 ZVG normierte Grundsatz „Zuschlag bricht nicht Miete". Diesbezüglich kann daher auf die Ausführungen Rn. 382 ff. verwiesen werden. Darüber hinaus bestimmt § 183 ZVG, dass in der Teilungsversteigerung die §§ 57a und 57b ZVG keine Anwendung finden. Damit besteht für den Ersteher in der Teilungsversteigerung gegen den Mieter kein außerordentliches Kündigungsrecht. Es bleibt bei den vertraglichen und den gesetzlichen Kündigungsmöglichkeiten. 1317

Die gesetzliche Versteigerungsbedingung § 183 ZVG kann auf Antrag eines Verfahrensbeteiligten gem. § 59 ZVG abgeändert werden; da hier jedoch die Beeinträchtigung der Rechte der Mieter (und Pächter) feststeht, ist deren Zustimmung erforderlich (siehe Rn. 388 f.).

IV. Begrenzung des Bieterkreises

Bei der Begrenzung des Bieterkreises (zum Begriff und Zustandekommen Rn. 1160) handelt es sich um eine im Versteigerungstermin bekannt zu machende **gesetzliche Versteigerungsbedingung**. 1318

Das Vollstreckungsgericht hat diese von Amts wegen zu beachten, wenn Sie
- grundbuchersichtlich ist
  oder
- von allen Miteigentümern einvernehmlich behauptet wird.

Anderenfalls muss ein die Existenz einer Begrenzung des Bieterkreises behauptender Miteigentümer über § 771 ZPO (Drittwiderspruchsklage) vorgehen.

Problematisch ist, ob eine Bieterkreisbeschränkung gegenüber einem die Teilungsversteigerung betreibenden Pfändungsgläubiger wirkt. 1319

Getreu dem allgemeinen Grundsatz, der Pfändungsgläubiger darf nicht mehr als „sein" Vollstreckungsschuldner darf, würde eine wirksame Bieterkreisbeschränkung auch für und gegen den Pfändungsgläubiger gelten. Dass dies wohl aber dann nicht gelten kann, wenn die Bieterkreisbeschränkung erst **nach** der Pfändung (zwischen dem Vollstreckungsschuldner und den anderen Miteigentümern) vereinbart wird, legt *Eickmann*[551] zutreffend dar.

Ist eine Begrenzung des Bieterkreises zu beachten, so muss das Vollstreckungsgericht dies im Versteigerungstermin bekannt machen und Gebote „Außenstehender" zurückweisen (§ 71 ZVG). 1320

---

550 *Storz* (TLV) B. 5.6. m.w.N.
551 *Eickmann* (TLV) Rn. 299 f.

V. Weiterer Ablauf und Aufforderung zur Abgabe von Geboten

1321 Anträge auf abweichende Versteigerungsbedingungen (Rn. 388 bis 392) und wegen „schuldner"-fremden Zubehörs (Rn. 393 bis 399) sowie die Festsetzung eines Zuzahlungsbetrags (Rn. 400 bis 405) sind auch in der Teilungsversteigerung möglich bzw. erforderlich.

Wie in der Vollstreckungsversteigerung wird der Bekanntmachungsteil (Rn. 406 f., 1318 f.) durch die Aufforderung des Gerichts zur Abgabe von Geboten beendet (siehe Rn. 421).

B. Die Bietezeit

I. Abgabe von Geboten, Zulassung, Zurückweisung, Widerspruch

1322 Für die Abgabe von Geboten (Rn. 422 bis 432) sowie deren Zulassung, Zurückweisung und die möglichen Widersprüche (Rn. 433 bis 440) gelten die Ausführungen zur Vollstreckungsversteigerung entsprechend.

1323 Manchmal gehen bietinteressierte Miteigentümer davon aus, nur den „nicht auf sie selbst entfallenden Erlösanteil" im Verteilungstermin zahlen zu müssen. Erkennt das Vollstreckungsgericht diese Fehlannahme eines bietwilligen Miteigentümers bereits im Versteigerungstermin, sollte es möglichst vor Gebotsabgabe einen Hinweis (§ 139 ZPO) erteilen.

Tipp: Unbedingt beachten sollte ein bietender Miteigentümer, dass er im Falle des Zuschlags das volle Bargebot (ggf. nebst Bargebotszinsen) an das Vollstreckungsgericht zu zahlen hat. Das Bargebot wird nicht „um seinen Anteil am Versteigerungsobjekt" reduziert.

II. Sicherheitsleistung

1324 Die Bestimmungen über die Sicherheitsleistung (§§ 67 bis 70 ZVG) sind grundsätzlich auch in der Teilungsversteigerung anwendbar (§ 180 Abs. 1 ZVG); siehe deshalb Rn. 441 bis 474.

Nach § 184 ZVG gilt jedoch für das Gebot eines Miteigentümers eine **Besonderheit**: Steht diesem Miteigentümer nämlich ein durch das Gebot ganz oder teilweise gedecktes Grundpfandrecht zu, so muss er für das Gebot keine Sicherheit leisten. Eine teilweise Deckung i.S.d. §§ 184 ZVG stellt auch schon die mögliche Zuteilung auf Zinsen eines bestehen bleibenden Rechts dar[552]; siehe auch Rn. 449.

1325 Eine weitere Privilegierung für Miteigentümer besteht nicht. Insbesondere ist die in der Praxis häufige Berufung auf die **Mitberechtigung** am Grundstück beziehungsweise dem Erlösüberschuss **nicht** geeignet, die Verpflichtung zur Sicherheitsleistung entfallen zu lassen.

Tipp: Auch für das Gebot eines Miteigentümers kann grundsätzlich Sicherheit verlangt werden.

1326 § 68 Abs. 3 ZVG findet in der Teilungsversteigerung **keine** Anwendung. Zwar tritt im Rahmen der grundsätzlichen Anwendung der Bestimmungen der Vollstreckungsversteigerung (§ 180 Abs. 1 ZVG) in der Teilungsversteigerung an die Stelle des Schuldners der Antragsgegner, da dem Antragsteller anders als dem Gläubiger in der Vollstreckungsversteigerung jedoch keine vollstreckbare Forderung zusteht, ist § 68 Abs. 3 ZVG nicht einschlägig.[553]

---

552 Str. aber wohl h.M., z.B. *Eickmann* (TLV) Rn. 291 m.w.N.
553 So auch *Eickmann* (TLV) Rn. 293 m.w.N.

III. Vorzeitige Beendigung des Termins

1. Aufhebung oder einstweilige Einstellung

Auch in der Teilungsversteigerung kann der Versteigerungstermin durch die Bewilligung der einstweiligen Einstellung bzw. durch die Antragsrücknahme Veränderungen bis hin zum vorzeitigen (vor Zuschlagsentscheidung) Ende erfahren. Die Ausführungen Rn. 475 bis 478 gelten mit der Maßgabe, dass an die Stelle des Gläubigers der Antragsteller tritt. Im Sinne der Rn. 477 bestimmt (bei mehreren Antragstellern) ein Antragsteller das gG, wenn er nach der hier vertretenen Niedrigstgebot-Theorie (Rn. 1303) dieses niedrigste gG ermöglichte.

1327

2. Zahlung

Eine Einstellung nach § 75 ZVG (hierzu Rn. 479 f.) setzt selbstverständlich voraus, dass die Zwangsversteigerung wegen einer Geldforderung betrieben wird. Dies ist bei der Teilungsversteigerung, in welcher „lediglich" der Auseinandersetzungsanspruch eines Miteigentümers „realisiert" wird, regelmäßig nicht der Fall. Ausnahmsweise, nämlich dann, wenn ein Pfändungsgläubiger die Teilungsversteigerung betreibt (hierzu ab Rn. 1367), ist jedoch die Vorlage eines Zahlungsnachweises / eine Zahlung (Rn. 479 f.) im Termin mit der Folge der einstweiligen Einstellung (bzw. Zuschlagsversagung; § 33 ZVG) möglich.[554]

1328

3. Ablösung

Für die Ablösung gilt das unter Rn. 480 und Rn. 482 Gesagte entsprechend.

1329

C. Schlussverhandlung

Der Schluss der Teilungsversteigerung entspricht dem Schluss der Vollstreckungsversteigerung (Rn. 483, 484).

1330

Natürlich ist auch ein ergebnisloser Termin i.S. des §§ 77 ZVG denkbar (Rn. 485, 486), **nicht** jedoch die in § 77 Abs. 2 Satz 2 ZVG genannte Möglichkeit der Zwangsverwaltung.

Ist mindestens ein nicht erloschenes Gebot vorhanden, erfolgt jetzt, wie in der Vollstreckungsversteigerung (Rn. 487 bis 492), die Zuschlagsverhandlung. An die Zuschlagsverhandlung schließt sich die Entscheidung über den Zuschlag an. Auch in der Teilungsversteigerung kann hierfür ein gesonderter Verkündungstermin (§ 87 ZVG) bestimmt werden.

1331

---

554 So auch (für § 75 ZVG a.F.) *Eickmann* (TLV) Rn. 158 und *Storz* (TLV) B. 3.4.4.

7. Kapitel
Zuschlag

A. Entscheidung über den Zuschlag

I. Versagung des Zuschlags

1332 Auch in der Teilungsversteigerung muss das Gericht das mögliche Vorliegen von Zuschlagsversagungsgründen prüfen. Die diesbezüglichen Ausführungen zur Vollstreckungsversteigerung (Rn. 493 f.) gelten entsprechend.

Wegen ihrer Bedeutung für die gerichtliche Praxis seien die aus einem **nicht ausreichenden Meistgebot** resultierenden Zuschlagsversagungsgründe kurz näher erläutert:

1333 § 85a ZVG - Nichterreichung der 5/10-Grenze - (Rn. 505, 506) findet in der Teilungsversteigerung Anwendung. § 85a **Abs. 3** ZVG (Rn. 506) spielt dabei jedoch nur eine sehr untergeordnete Rolle.

1334 Bei § 74a ZVG – Nichterreichung der 7/10-Grenze – (Rn. 507 f.) ist ein besonderes Augenmerk auf das dortige (§ 74a Abs. 1 ZVG) Antragserfordernis (genauer die **Antragsberechtigung**) zu lenken. Weder Antragsteller noch Antragsgegner sind in dieser Eigenschaft antragsberechtigt, weil es ihnen an einem Befriedigungsrecht aus dem Grundstück mangelt. Auch der Pfändungsgläubiger eines Miteigentümers ist nicht antragsberechtigt. Damit beschränkt sich das Antragsrecht des § 74a Abs. 1 ZVG auf Befriedigungsberechtigte (Grundpfandrechtsgläubiger), deren Rechte im Verfahren der Teilungsversteigerung durch Zuschlag erlöschen würden und welche von einem Gebot in Höhe der 7/10-Grenze „profitieren" würden.

II. Erteilung des Zuschlags

1335 Es gilt das unter Rn. 527 bis 531 Gesagte entsprechend.

Auch in der Teilungsversteigerung sind Strohmanngebote und die Abtretung der Rechte aus dem Meistgebot zulässig.

B. Inhalt, Bekanntmachung, Wirkungen

1336 Es gilt das unter Rn. 532 bis 560 Gesagte entsprechend.

1337 Mit dem Zuschlag ist die Gemeinschaft, welche an dem Versteigerungsobjekt bestanden hat, **dort, soweit die Teilungsversteigerung reicht**, beendet. Diese setzt sich an dem Erlös (Surrogat für das Versteigerungsobjekt) fort.

1338 Im Hinblick auf die Ausführungen Rn. 560 (keine Zwangsräumung von besitzberechtigten Personen) sei nochmals (Rn. 1317) darauf hingewiesen, dass der Ersteher bestehende Miet- und Pachtverhältnisse gegen sich gelten lassen muss, ohne dass ihm ein Sonderkündigungsrecht zusteht (§ 183 ZVG).

C. Rechtsbehelfe bei der Entscheidung über den Zuschlag

I. Allgemeines

1339 Wie in der Vollstreckungsversteigerung ist auch in der Teilungsversteigerung gegen den Zuschlag und die Versagung des Zuschlags das Rechtsmittel der **sofortigen Beschwerde** gegeben (§ 97 ZVG), weshalb auf die Ausführungen Rn. 561 bis 570 verwiesen werden kann.

Auf einige **Besonderheiten** soll nachfolgend hingewiesen werden:

II. Gesamthandsgemeinschaften

Da es sich bei der Anfechtung der Zuschlagsentscheidung **nicht** um eine **Verfügung** handelt, ist jeder Beteiligte einer Gesamthandsgemeinschaft **einzeln** und ohne Zustimmung der anderen berechtigt, Rechtsmittel einzulegen.[555]

1340

III. Bei gepfändetem Miteigentumsanteil

Ist bei einer Gesamthandsgemeinschaft der Anteil eines Miteigentümers gepfändet und dem Gläubiger zur Einziehung überwiesen, so kann dennoch dieser Miteigentümer ohne Zustimmung des Pfandgläubigers den Zuschlag anfechten. Auch dem Pfandgläubiger steht ein Rechtsmittel zu.[556]

1341

IV. Antragsgegner gegen Zuschlagsversagung

Wie unter Rn. 564 ausgeführt, ist nach h.M. der Schuldner in der Vollstreckungsversteigerung nicht berechtigt, allein aus dieser Pos. heraus die Versagung des Zuschlags anzufechten.

1342

Übertragen auf die Teilungsversteigerung würde dies bedeuten, dass Gemeinschafter, welche das Verfahren nicht aktiv betreiben, also „**Nur-Antragsgegner**" sind, im Falle einer Zuschlagsversagung ebenfalls nicht **rechtsmittelberechtigt** wären. Diese könnte jedoch in bestimmten Fällen der Intention dieser Antragsgegner entgegenlaufen. Denn anders als der Schuldner in der Vollstreckungsversteigerung wird es sicher Antragsgegner eines Teilungsversteigerungsverfahrens geben, die ihrerseits ein Interesse an der Versteigerung des Grundbesitzes haben. Dass sie dem Verfahren nicht beigetreten sind, mag verschiedene Gründe (etwa die Sorge um die Kostenhaftung) gehabt haben, lässt ihr schützenswertes Interesse an der Versteigerung jedoch nicht entfallen. Die Antragsgegner können daher die zuschlagsversagende Entscheidung (mit sofortiger Beschwerde) anfechten.[557]

D. Kosten für den Versteigerungstermin und die Entscheidung über den Zuschlag

I. Allgemeines

Grundsätzlich gilt das zu den im Rahmen der Vollstreckungsversteigerung entstehenden Kosten Gesagte (Rn. 571 bis 580) entsprechend.

1343

II. Reduzierung des Geschäftswerts bei Zuschlagsgebühr

Wird der Zuschlag einem Miteigentümer erteilt, so wird der Geschäftswert für die Berechnung der Zuschlagsgebühr Nr. 2214 KVGKG (Rn. 572) um den Anteil ermäßigt, der bereits bisher dem Ersteher gehörte (§ 54 Abs. 2 Satz 2 GKG). Dies gilt auch für einen Anteil an einer Gesamthandsgemeinschaft.

1344

> A, B und C sind Miterben zu je einem Drittel (Gesamthandsgemeinschaft). A erhält den Zuschlag für ein Gebot von 120.000,00 €. Es bleiben keine Rechte bestehen. Die Zuschlagsgebühr berechnet sich aus einem (gem. § 54 Abs. 2 Satz 2 GKG reduzierten) Wert von 80.000,00 €.

1345

Beispiel

Tipp: Ist Ersteher ein früherer Miteigentümer des Grundstücks, berechnet sich die Zuschlagsgebühr aus einem geringeren Wert.

---
555 *Stöber* (ZVG) § 97 Rn. 2.5.
556 *Stöber* (ZVG) § 97 Rn. 2.5.
557 So im Ergebnis, jedoch ohne Begründung, auch *Storz* (TLV) C. 8.1.5.

8. Kapitel
Verteilung des Erlöses

A. Allgemeines

1346 Auch in der Teilungsversteigerung erfolgt alsbald nach dem Zuschlag die Verteilung des Versteigerungserlöses. Diese richtet sich grundsätzlich nach den für die Vollstreckungsversteigerung geltenden Bestimmungen, weshalb auf die Ausführungen Rn. 581 f. Bezug genommen werden kann.

Nachfolgend soll auf **Einzelheiten** näher eingegangen werden:

B. Teilungsmasse

1347 Wie in der Vollstreckungsversteigerung hat der Ersteher das Bargebot nebst Bargebotszinsen[558] im Verteilungstermin zu zahlen. Diese Zahlungsverpflichtung betrifft, soweit nicht ausnahmsweise eine Ermäßigung der Zahlungspflicht auf Grund einer Liegenbelassungsvereinbarung (Rn. 697 bis 704) eintritt, das Bargebot in **voller** Höhe. Dies gilt selbst dann, wenn der Ersteher aus dem Kreis der (ehemaligen) **Miteigentümer** des Grundstücks stammt und zu den potenziell Erlösüberschussberechtigten gehört.[559]

C. Einzelmassenbildung bei Bruchteilseigentum

1348 Waren die einzelnen Bruchteile (Miteigentumsanteile) des Versteigerungsobjektes **unterschiedlich belastet**, muss vor der Erlösverteilung die Bildung von Einzelmassen nach **§ 112 ZVG** erfolgen (Rn. 1075 f.). Wie in der Vollstreckungsversteigerung gilt auch in der Teilungsversteigerung, dass ein nur an einem Miteigentumsanteil bestehender Anspruch **nur** aus dem auf diesen Miteigentumsanteil entfallenen Erlös befriedigt werden darf. Die Rechte und Ansprüche an verschiedenen Miteigentumsanteilen stehen **nicht** untereinander in einem Rangverhältnis.

Eine Berechnung von Einzelmassen findet sich im Fallbeispiel zum 2. Teil (Rn. 1415).

D. Erlösüberschuss

1349 Wie in der Vollstreckungsversteigerung (Rn. 648), so gebührt auch in der Teilungsversteigerung ein Erlösüberschuss den **letzten Grundstückseigentümern**.

1350 Dass es in Teilungsversteigerungsverfahren weitaus häufiger zu einem Erlösüberschuss kommt als in der Vollstreckungsversteigerung, liegt zum Einen an der gänzlich anderen Ausgangslage; nicht eine gegen die Eigentümer (bzw. „deren Grundbesitz") gerichtete Geldforderung, sondern der Auseinandersetzungswille mindestens eines Miteigentümers ist regelmäßig Motivation für die Teilungsversteigerung.

---

558 Soweit nicht ein Fall des § 49 Abs. 4 ZVG vorliegt.
559 RGZ 135, 19.

Verteilung des Erlöses

Weiter ist zu beachten, dass in der Teilungsversteigerung grundsätzlich alle im Grundbuch eingetragenen Rechte bestehen bleiben (Rn. 1293; zu den Ausnahmen Rn. 1294 f.). Für diese Rechte muss aus der Teilungsmasse weitaus weniger Geld aufgewendet werden, als im Falle ihres Erlöschens.

Der Erlösüberschuss tritt (als Teil der Teilungsmasse) als Surrogat an die Stelle des versteigerten Objekts (Surrogationsgrundsatz; Rn. 550). So wie die Eigentümergemeinschaft an dem Versteigerungsobjekt bestand, setzt sie sich am Erlösüberschuss fort. Damit bleibt der **Erlösüberschuss unverteilt**.[560]

1351

Mit der Umwandlung des unteilbaren Versteigerungsobjekts in teilbares Surrogat (Geld) ist der Verfahrenszweck der Teilungsversteigerung (Rn. 1108 f.) erreicht.

Das Vollstreckungsgericht hat zwar den Erlösüberschuss im Rahmen des Verteilungsverfahrens zu ermitteln; dessen Verteilung unter den Mitgliedern der Eigentümergemeinschaft ist jedoch **nicht** seine Aufgabe.[561]

1352

Gerade Miteigentümer, welche die Teilungsversteigerung angestrengt haben, ohne sich vorab eingehend über deren Ziel zu informieren, werden von diesem „Ergebnis" oft überrascht; einige fühlen sich gar in der Weise „betrogen", als sie zwar den Grundbesitz verloren, ihr Ziel, die Vermögensauseinandersetzung jedoch noch immer nicht erreicht haben. Schnell wird dann der Ruf nach dem Vollstreckungsgericht laut, welches nach Meinung dieser Miteigentümer in die Verteilung des Erlösüberschusses unter den Gemeinschaftern „eingreifen" soll.

1353

Literatur[562] und Rechtsprechung sehen es als Anstandspflicht des Vollstreckungsgerichts, den Beteiligten bei einer Einigung über die Verteilung behilflich zu sein; wenigstens sei das Vollstreckungsgericht berechtigt, bei der Überschussverteilung mitzuwirken.[563]

1354

Das Vollstreckungsgericht kann überhaupt nur dahingehend tätig werden, eine Einigung der bisherigen Miteigentümer zu **beurkunden** um dann entsprechend dieser Einigung den anteiligen Erlös auszuzahlen. Irgendwelche Entscheidungen kann es in diesem Zusammenhang nicht treffen.

1355

Daraus ergeben sich folgende **Möglichkeiten**:

1. Nicht alle Miteigentümer sind im Teilungstermin anwesend oder ordnungsgemäß[564] vertreten und es liegt auch keine schriftliche Einigung in gehöriger Weise[565] vor – oder aber, die Miteigentümer sind zwar anwesend, einigen sich aber nicht.
Folge: Der Erlös bleibt unverteilt und wird zugunsten aller bisherigen Miteigentümer hinterlegt. Ab jetzt kann das Vollstreckungsgericht nichts mehr veranlassen. Die Beteiligten müssen sich gegenüber der Hinterlegungsstelle einigen (übereinstimmender Auszahlungsantrag) oder aber ihren Streit prozessual austragen (**§ 13 Abs. 2 HinterlO**). In diesem Fall muss ein Miteigentümer als Ersteher das volle Meistgebot (ggf. nebst Bargebotszinsen) an das Versteigerungsgericht zahlen.

1356

2. Alle Miteigentümer sind im Termin anwesend oder ordnungsgemäß vertreten und sind sich über die Verteilung des Gesamterlöses einig.
Folge: Der Rechtspfleger beurkundet im Terminsprotokoll diese Einigung und zahlt gem. dieser Einigung die Teilbeträge an die jeweiligen Empfänger aus.[566] War der Ersteher (vor dem Zuschlag) Miteigentümer am Versteigerungsobjekt, so kann er sich bezüglich seines Anteils am Erlösüberschuss für befriedigt erklären (beurkunden!) und nur den Rest einzahlen.

1357

---

560 *OLG Hamm* Rpfleger 1970, 215.
561 *Stöber* (ZVG) § 180 Rn. 18.1 m.w.N.
562 *Stöber* (ZVG) § 180 Rn. 18.3 m.w.N.
563 *Stöber* (ZVG) a.a.O.
564 Für die Vollmacht gibt es keine bindende Formvorschrift. Es entscheidet der Rechtspfleger, ob ihm die vorliegende Vollmacht genügt. Dabei muss er § 181 BGB beachten.
565 Eine verbindliche Formvorschrift besteht nicht, somit entscheidet der Rechtspfleger nach pflichtgemäßem Ermessen, ob ihm die privatschriftlich vorliegende Zustimmung genügt.
566 Der Rechtspfleger sollte daher nicht vergessen, die Bankverbindungen der Anwesenden zu notieren. Auf Vollmachten sollten die Vollmachtgeber ebenfalls ihre Bankverbindung vermerken.

1358 3. Alle Miteigentümer sind im Termin anwesend oder ordnungsgemäß vertreten. Es bleibt jedoch die Verteilung eines Teilbetrages des Meistgebotes streitig.
Folge: Der Rechtspfleger hinterlegt diesen Teilbetrag zugunsten aller Miteigentümer und beurkundet die Einigung über den Rest. Sodann zahlt er die Teilbeträge dieses Restes an die jeweiligen Empfänger aus.

Ist ein Teilbetrag nur zwischen einigen, nicht aber zwischen allen Miteigentümern streitig, soll ihn der Rechtspfleger dennoch zugunsten **aller** hinterlegen. Die Miteigentümer können dann ihre Zustimmung zur Auszahlung gegenüber der Hinterlegungsstelle erklären.

> **Tipp:** Falls zwischen den Miteigentümern nicht über den gesamten Erlösüberschuss Streit besteht, sollte wenigstens wegen des unstreitigen Teiles eine einverständliche Erklärung abgegeben werden, um die Hinterlegung auch dieses Teiles zu vermeiden.

9. Kapitel
Schlussabwicklung

1359 Die Schlussabwicklung (Auszahlung des Erlöses, Grundbuchersuchen etc.) in der Teilungsversteigerung entspricht der in der Vollstreckungsversteigerung, weshalb auf die Ausführungen Rn. 827 bis 859 verwiesen werden kann.

10. Kapitel
Nichtzahlung des Bargebots

A. Allgemeines

1360 Im Fall der Nichtzahlung des Bargebots in der Teilungsversteigerung erfolgt die Ausführung des Teilungsplans, wie in der Vollstreckungsversteigerung, durch **Forderungsübertragung** (§ 118 ZVG). Auch in der Teilungsversteigerung werden die übertragenen Forderungen durch die Eintragung von **Sicherungshypotheken** (§ 128 ZVG) abgesichert. Insgesamt (auch für die Geltendmachung der übertragenen Forderung) kann daher auf die Darlegungen Rn. 860 bis 891 verwiesen werden.

Im Hinblick auf die **Besonderheiten der Teilungsversteigerung** soll auf folgende Punkte direkt hingewiesen werden:

B. Ehemaliger Miteigentümer als Ersteher

1361 Wurde einem der bisherigen Miteigentümer der Zuschlag erteilt, ist er, wie bereits dargelegt, verpflichtet, das Bargebot (ggf. nebst Bargebotszinsen) in voller Höhe zu bezahlen. Selbst wenn er nach späterer Auseinandersetzung mit den anderen Miteigentümern einen (erheblichen) Teil dieses Geldes als Erlösüberschuss zugeteilt erhalten würde, ist er nicht berechtigt, diesen Anteil „vorweg" abzuziehen. Ein solcher Abzug würde eine teilweise Nichtzahlung des Bargebots darstellen und wäre von dem Vollstreckungsgericht nach hierfür geltenden allgemeinen Regeln (Rn. 860 ff.) zu behandeln.

Haben sich jedoch alle früheren Miteigentümer über die konkrete Verteilung des Erlösüberschusses geeinigt und wurde dies dem Vollstreckungsgericht nachgewiesen, ist z.B. hinsichtlich des auf den Ersteher entfallenden Anteils eine Befriedigungserklärung möglich.[567] Diese hat zur Folge, dass der Ersteher den von ihr erfassten Betrag nicht mehr an das Gericht zahlen muss. Dies gilt natürlich nur insoweit, als auf den Ersteher nach dem Teilungsplan auch ein Betrag in dieser Höhe entfiele. 1362

C. Zuweisung des Erlösüberschusses

Der Erlösüberschuss gebührt den ehemaligen **Miteigentümern**. Da den ehemaligen Miteigentümern ohnehin ein Anspruch gegen den Ersteher auf Zahlung des gesamten Bargebots[568], also „Ausgleich" für den Verlust des versteigerten Grundbesitzes zusteht, ist es **nicht** nötig (nicht möglich), den Miteigentümern im Fall der Nichtzahlung des Bargebots den Erlösüberschussanspruch zu **übertragen**. Es reicht die bloße Feststellung des Vollstreckungsgerichts aus, wonach den ehemaligen Miteigentümern gegen den Ersteher eine Forderung in Höhe von … (Erlösüberschuss) in dem Gemeinschaftsverhältnis … zusteht. 1363

Die Eintragung einer Sicherungshypothek erfolgt dann nach § 128 **Abs. 2** ZVG. 1364

Liegt dem Vollstreckungsgericht eine Einigung der ehemaligen Miteigentümer über die Verteilung des Erlösüberschusses vor, wird die Forderung gegen den Ersteher auf die einzelnen Miteigentümer einzeln übertragen. 1365

D. Wiederversteigerung

Auch aus der für die ehemaligen Miteigentümer (in dem bestehenden Gemeinschaftsverhältnis) nach § 128 Abs. 2 ZVG eingetragenen Sicherungshypothek kann die Wiederversteigerung (Rn. 885 f.) beantragt werden. Zu beachten ist hierbei, dass **jeder** einzelne der als Gläubiger eingetragenen früheren Miteigentümer die Wiederversteigerung auch ohne die Zustimmung der anderen früheren Miteigentümer beantragen kann.[569] 1366

11. Kapitel
Teilungsversteigerung auf Antrag eines Gläubigers

A. Allgemeines

Ein Gläubiger eines Miteigentümers kann ebenfalls die Teilungsversteigerung beantragen. Erforderlich ist hierzu, dass er sich die Pos. seines Schuldners in dessen Eigenschaft als Miteigentümer durch Pfändung und Überweisung verschafft. Sowohl für die Pfändung als auch für die spätere Durchführung der Teilungsversteigerung ergeben sich erhebliche Unterschiede aus dem Beteiligungsverhältnis des Schuldners. 1367

Da nur die Pfändung **und** Überweisung dem Gläubiger das alleinige Antragsrecht (ohne Mitwirkung des Schuldners) verschafft, kann er den Antrag auf Teilungsversteigerung nicht stellen, wenn die Pfän- 1368

---

[567] *BGH* Rpfleger 1988, 495.
[568] Ggf. mit Bargebotszinsen (§ 49 Abs. 2 ZVG).
[569] *OLG Frankfurt* NJW 1953, 1877.

dung nur im Wege der Sicherungsvollstreckung nach § 720a ZPO erfolgt war. Vielmehr muss dann die Überweisung nach Leistung der Sicherheit oder Rechtskraft des Urteils durch einen eigenen Beschluss des Vollstreckungsgerichts nachgeholt werden.

1369 Auch dem Pfandgläubiger steht das „große Antragsrecht" (Rn. 1180) zu.

B. Schuldner ist Miteigentümer in Bruchteilsgemeinschaft

I. Pfändung

1370 Im Grundbuch erkennt man die Bruchteilsgemeinschaft (als eine Form des Miteigentums) daran, dass der Bruchteil in Form eines „gemeinen Bruches" (also z.B. „zur Hälfte" oder „zu einem Drittel") bezeichnet ist (Tipp zu Rn. 11).

1371 Da es sich bei diesem Miteigentum um „reales Eigentum" handelt, könnte der Gläubiger auch eine Vollstreckungsversteigerung nach den allgemeinen Regeln in den Bruchteil seines Schuldners betreiben (§ 864 Abs. 2 ZPO), wozu er keiner besonderen Pfändung/Überweisung bedürfte. Versteigert würde dann aber nur der auf den Namen des Schuldners eingetragene Bruchteil des Grundstücks. Der wirtschaftliche Erfolg einer solchen Maßnahme ist äußerst zweifelhaft. Dies gilt zum einen auf Grund des Umstandes, dass der Kreis der Bietinteressierten für Grundstücksbruchteile naturgemäß äußerst gering ist. Weiter stellen sich Bruchteile in der Vollstreckungsversteigerung oft wirtschaftlich überbelastet dar, da alle am gesamten Grundstück lastenden und dem Gläubiger vorgehenden Gesamtrechte in voller Höhe am Grundstücksbruchteil bestehen bleiben.

1372 Die Versteigerung des ganzen Grundstücks kann ein Gläubiger, der keinen Titel gegen alle Bruchteils-Miteigentümer hat, nur im Wege der Teilungsversteigerung erreichen. Hierzu bedarf es einer Pfändung. Da jedoch ein Grundstücksbruchteil reales Eigentum darstellt, kommt eine Pfändung des Anteils an der Gemeinschaft – also eben des Bruchteils – nicht in Betracht. Dem Miteigentümer (Schuldner) steht aber grundsätzlich der Anspruch zu, jederzeit die Aufhebung der Bruchteilsgemeinschaft zu verlangen. Hierbei handelt es sich zwar nicht um ein selbstständig übertragbares Recht, so dass an sich ein Pfändungsverbot nach § 851 ZPO denkbar wäre. Da jedoch die Ausübung einem Dritten überlassen werden kann, ergibt sich die Pfändbarkeit aus § 857 Abs. 3 ZPO.[570]

Gepfändet und zur Einziehung überwiesen wird also der Anspruch des Schuldners, die Aufhebung der Bruchteilsgemeinschaft, bestehend am Grundstück …, zu verlangen. Damit allein hat er aber noch keine Aussicht, auch anteiliges Geld zu erlangen. Also muss zugleich der Anspruch des Schuldners gegen den/die Miteigentümer auf Teilung des Erlöses und Auszahlung des Erlösanteiles gepfändet und überwiesen werden.

1373 Die genaue Bezeichnung im Antrag auf Erlass des Pfändungsbeschlusses lautet daher[571]:

Gepfändet werden die angeblichen Ansprüche des Schuldners an … (Drittschuldner) auf

- Aufhebung der Gemeinschaft nach Bruchteilen, die hinsichtlich des Eigentums an dem im Grundstück … (genaue Bezeichnung) besteht;
- Zustimmung zu einer den Miteigentumsanteilen entspr. Teilung des Erlöses;
- Auszahlung (Auskehrung) des außerhalb des Zwangsversteigerungsverfahrens zu verteilenden Erlöses.

1374 Die Eintragung der Pfändung im Grundbuch ist **nicht** möglich und somit auch für den Antrag auf Teilungsversteigerung nicht erforderlich.

---

570 *BGH* Rpfleger 2006, 204.
571 Formulierung aus *Stöber* (Fpf.) Rn. 1542.

II. Das Problem mangelnder Erfolgsaussicht

Nach erfolgter Pfändung kann unter Vorlage des Pfändungs- und Überweisungsbeschlusses samt der erforderlichen Zustellungsnachweise an alle Miteigentümer (= Drittschuldner) und an den Schuldner die Teilungsversteigerung beantragt werden. Die erneute Vorlage des Titels ist daneben nicht erforderlich; auch für den Gläubiger gilt § 181 Abs. 1 ZVG.

1375

Zunächst wäre jedoch zu prüfen, ob ein Antrag auf Teilungsversteigerung unter **wirtschaftlichen Gesichtspunkten** überhaupt gestellt werden sollte. Hierbei muss Folgendes erwogen werden:

1376

Für das geringste Gebot und somit für die Frage, ob sich für das Grundstück unter wirtschaftlichen Gesichtspunkten überhaupt ein Bieter finden wird, gelten zunächst die allgemeinen Regeln (Rn. 1290 f.). Ist also der Bruchteil des Schuldners bereits erheblich belastet, bleiben diese Belastungen bestehen (§ 182 Abs. 1 ZVG). Weiter führen diese Belastungen regelmäßig noch dazu, dass sich das Mindestbargebot um den Ausgleichsbetrag des § 182 Abs. 2 ZVG (Rn. 1304 bis 1310) erhöht.

1377

Eigentümer des Grundstücks sind Kain zu einem Drittel und sein Bruder Abel zu zwei Dritteln. Kain hat seinen Bruchteil mit einer Grundschuld über 10.000,00 € belastet.

1378

Beispiel

Würde ein Gläubiger des Kain die Teilungsversteigerung beantragen, so ergäbe sich, ohne Berücksichtigung der Gerichtskosten und evtl. Ansprüche nach § 10 Abs. 1 ZVG, folgendes geringstes Gebot:

	1/3-Anteil Kain		2/3-Anteil Abel
Bestehen bleibende Rechte	Grundschuld	10.000,00 €	keine

In das Mindestbargebot wäre (ohne Berücksichtigung evtl. Zinsen aus dem Recht III/1) ein Ausgleichsbetrag nach § 182 Abs. 2 ZVG (Rn. 1304 bis 1310) von 20.000,00 € aufzunehmen.

Ein evtl. Ersteher müsste für das Grundstücke daher wirtschaftlich[572] mindestens 30.000,00 € aufwenden.

Ist das Grundstück verkehrswertbedingt zu diesem Preis nicht „veräußerbar", hat der Antrag des Gläubigers auf Durchführung der Teilungsversteigerung keinen wirtschaftlichen Sinn.

Weiter muss bedacht werden, dass die Pfändung (nur) des Anspruchs auf Aufhebung der Gemeinschaft weder eine Grundbuchsperre noch ein relatives Veräußerungsverbot für den Bruchteil bewirkt (also auch kein Recht auf Befriedigung aus dem Grundstück), so dass der Gläubiger keinen Schutz gegen eine Belastung des Anteils mit Rang nach dem Zwangsversteigerungsvermerk genießt. Da § 10 Abs. 1 Nr. 6 ZVG deshalb hier keine Anwendung findet, kommen auch nachträglich eingetragene Rechte ins geringste Gebot, wozu nur deren rechtzeitige Anmeldung (§ 37 Nr. 4 ZVG) erforderlich ist. Der Schuldner kann also noch bis zum Versteigerungstermin an **seinem** Anteil Grundpfandrechte etc. eintragen lassen und damit die Versteigerung faktisch verhindern.

1379

Weiterführung von Beispiel Rn. 1378:

1380

Kain lässt **nach** der Pfändung/Überweisung an seinem Anteil noch eine Grundschuld über 100.000,00 € eintragen. Nun ergibt sich:

Beispiel

	1/3-Anteil Kain		2/3-Anteil Abel
Bestehen bleibende Rechte	Grundschuld Grundschuld	10.000,00 € 100.000,00 €	keine

In das Mindestbargebot wäre (ohne Berücksichtigung evtl. Zinsen aus den bestehen bleibenden Rechten) ein Ausgleichsbetrag von 220.000,00 € aufzunehmen.

Ein evtl. Ersteher müsste für das Grundstück daher wirtschaftlich mindestens 330.000,00 € aufwenden.

---

572 Bargebot zzgl. bestehen bleibende Rechte, da letztgenannte ja „irgendwann" vom Ersteher auch bezahlt werden müssen.

2 Teilungsversteigerung auf Antrag eines Gläubigers

1381 Ist der Anteil des Schuldners nicht oder nur unwesentlich belastet und reicht die Forderung des Gläubigers aus[573], um eine Zwangssicherungshypothek eintragen zu lassen, so wäre zu erwägen, eine solche Eintragung vornehmen zu lassen, bevor der Antrag auf Teilungsversteigerung gestellt wird.

Das weitere Verfahren kann sich nun wie folgt entwickeln:

Das Grundstück wird versteigert; die Sicherungshypothek bleibt bestehen und der Ersteher zahlt dem Gläubiger der Zwangssicherungshypothek später deren Valuta gegen Löschungsbewilligung.

1382

Beispiel

	1/3-Anteil Kain	2/3-Anteil Abel
Bestehen bleibende Rechte	Grundschuld 10.000,00 € Zwangssicherungshypothek 8.000,00 €	keine

1383 In das Mindestbargebot wäre (ohne Berücksichtigung evtl. Zinsen aus den bestehen bleibenden Rechten) ein Ausgleichsbetrag von 36.000,00 € aufzunehmen.

Ein evtl. Ersteher müsste für das Grundstück daher wirtschaftlich mindestens 54.000,00 € aufwenden.

1384 Angenommen, das Grundstück wird für ein Meistgebot von 40.000,00 € zugeschlagen. Der Gläubiger der Zwangssicherungshypothek erhält aus dem Versteigerungserlös die dort eingetragenen Kosten und Zinsen (bis 1 Tag vor Zuschlag; Rn. 600). Sodann fordert er vom Ersteher das Kapital der Sicherungshypothek und die Zinsen ab Zuschlag (Rn. 601) Zug um Zug gegen Löschungsbewilligung.

1385 **Weiterführung Beispiel Rn. 1382**

Nach Eintragung der Zwangssicherungshypothek und Anordnung der Teilungsversteigerung belastet Kain seinen Anteil mit einer Grundschuld (im Rang nach der Zwangssicherungshypothek) über 100.000,00 €.

	1/3-Anteil Kain	2/3-Anteil Abel
Bestehen bleibende Rechte	Grundschuld 10.000,00 € Zwangssicherungshypothek 8.000,00 € Grundschuld 100.000,00 €	keine

Damit ergäbe sich für das geringste Gebot folgende Berechnung:

In das Mindestbargebot wäre (ohne Berücksichtigung evtl. Zinsen aus den bestehen bleibenden Rechten) ein Ausgleichsbetrag von 236.000,00 € aufzunehmen.

Ein evtl. Ersteher müsste für das Grundstück daher wirtschaftlich mindestens 354.000,00 € aufwenden.

Ist das Grundstück gemessen am Verkehrswert „zu diesem Preis" nicht zu versteigern, ist die Teilungsversteigerung gescheitert.

1386 Falls der Gläubiger jetzt noch Nerven und Geld hat, käme Folgendes in Betracht:

Der Gläubiger bewilligt die einstweilige Einstellung der aussichtslos gewordenen Teilungsversteigerung. Sodann beantragt er im Range der Zwangssicherungshypothek die Vollstreckungsversteigerung des 1/3-Anteils des Kain. Hierbei bleibt nur die erstrangige Grundschuld über 10.000,00 € bestehen. Der Gläubiger erwartet, dass kaum jemand auf einen 1/3-Anteil bietet. Bei der Wertfestsetzung sollte er, notfalls durch Einwendungen, darauf hinwirken, dass nicht einfach ein Drittel des „Gesamtwertes" als Verkehrswert festgesetzt wird, sondern dem Umstand, dass Bruchteile kaum einen Markt haben, durch Reduzierung des Wertes Rechnung getragen wird.[574] Sodann ersteigert er (billig) den An-

---

573 Die Forderung (regelmäßig ohne Zinsen) muss mehr als 750,00 € betragen (§ 866 Abs. 3 ZPO).
574 Zur Problematik der Verkehrswertfestsetzung bei Grundstückbruchteilen siehe Rn. 963.

teil und setzt die Teilungsversteigerung fort. Wenn er Glück hat, kann er so einen Gewinn erzielen, der weit über die Forderung hinausgeht.

Tipp: **Der Gläubiger eines Miteigentümers sollte prüfen, ob er nicht zunächst eine Zwangshypothek am Miteigentumsanteil „seines" Schuldners eintragen lassen soll und erst dann die Teilungsversteigerung beantragt; so erhält sich der Gläubiger mehrere Optionen.**

III. Hindernisse für die Teilungsversteigerung

Grundsätzlich stehen dem Antrag des Gläubigers die gleichen Hindernisse entgegen, die auch dem Antrag des Miteigentümers entgegenstehen würden (Rn. 1126 f.). In zwei Fällen ist jedoch der **Gläubiger besser gestellt** als es der Schuldner (Miteigentümer) als Antragsteller wäre: 1387

- Haben die Miteigentümer die Aufhebung der Gemeinschaft auf Dauer oder Zeit ausgeschlossen oder von einer Kündigung abhängig gemacht, kann der Gläubiger dennoch ohne diese Beschränkung die Teilungsversteigerung beantragen (§ 751 Satz 2 BGB).
- Ist der Schuldner ein in Zugewinngemeinschaft lebender Ehegatte und die Ehe noch nicht rechtskräftig geschieden, so steht dem Antrag des Gläubigers des schuldnerischen Miteigentümers § 1365 BGB nicht entgegen.[575]

C. Schuldner ist Miteigentümer in Gesamthandsgemeinschaft

I. Pfändung

Im Grundbuch erkennt man diese Form des Miteigentums daran, dass keine Bruchteile eingetragen sind, obwohl die Gesamthandsgemeinschaft als solche durchaus Bruchteile kennt. Vielmehr ist die Gemeinschaft als solche eingetragen. In Betracht kommen 1388

- die Erbengemeinschaft (§§ 2032 ff. BGB),
- die Gütergemeinschaft (§§ 1415 ff. BGB) und
- die BGB-Gesellschaft (§§ 705 ff. BGB).

Der Anteil an einer Gütergemeinschaft ist so lange der Pfändung nicht unterworfen, wie die Gütergemeinschaft besteht (§ 860 Abs. 1 ZPO). In dieser Zeit ist dem Gläubiger also der Weg der Teilungsversteigerung verwehrt. Es bleibt ihm nur die Vollstreckungsversteigerung. Hat er dort nur einen Titel gegen einen der Ehegatten, kann er nur unter besonderen Voraussetzungen (Rn. 27 f.) vollstrecken. 1389

Die Pfändung des Anteils einer Gesamthandsgemeinschaft an **einem** bestimmten **Gegenstand** ist grundsätzlich nicht möglich. Nur der **Anteil** an der Gemeinschaft als solcher kann gepfändet werden (§ 859 Abs. 1 ZPO für die BGB-Gesellschaft; § 859 Abs. 2 ZPO für die Erbengemeinschaft; § 860 Abs. 2 ZPO für die Gütergemeinschaft). Somit wäre es **unzulässig**, „...den Erbanteil des Schuldners am Grundstück ..." zu pfänden. 1390

Gepfändet wird immer **der Anteil an der Gemeinschaft**. Diese Pfändung schließt den Auseinandersetzungsanspruch ein. Es ist jedoch nicht unzulässig, diesen und den Anspruch auf Teilung und Auszahlung des Erlöses mit zu pfänden, wie dies in der Praxis meist geschieht. 1391

Der Antrag könnte also lauten:

Gepfändet und zur Einziehung überwiesen wird der Erbanteil des Schuldners an der Erbengemeinschaft nach dem am ... (Todestag) verstorbenen ... (Name des Erblassers), zusammen mit dem Anspruch auf Auseinandersetzung dieser Erbengemeinschaft und dem Anspruch auf Teilung des Erlöses und Auszahlung des auf den Schuldner entfallenden Erlösanteils.

---

575 *BGH* Rpfleger 2006, 204 und Rpfleger 2007, 259; *OLG Karlsruhe* Rpfleger 2004, 235.

Das Grundstück wird im Pfändungs- und Überweisungsbeschluss nicht erwähnt. Drittschuldner sind die (alle) Miteigentümer (hier die Miterben). Die Eintragung der Erbteilpfändung im Grundbuch ist möglich, aber für den Antrag auf Teilungsversteigerung nicht erforderlich.

II. Das geringste Gebot

1392 Da im Normalfall[576] das ganze Grundstück nur einheitlich belastet sein kann, bleiben alle eingetragenen Rechte bestehen. Das durch die **Pfändung** bewirkte relative Verfügungsverbot bewirkt, dass Rechte, die unter Verstoß gegen dieses Verfügungsverbot eingetragen wurden, dem Pfandgläubiger gegenüber unwirksam sind. Somit bleiben die Rechte, die nach der Wirksamkeit der Pfändung dem Zwangsversteigerungsvermerk eingetragen wurden, nicht bestehen. Sind sie ausnahmsweise dem Pfandgläubiger gegenüber wirksam, muss dies prozessual durchgesetzt werden; außerdem ist natürlich Anmeldung (§ 37 Nr. 4 ZVG) erforderlich. Sind Rechte im Grundbuch bereits vor dem Zwangsversteigerungsvermerk eingetragen, aber dem Pfandgläubiger gegenüber unwirksam, muss er dies ebenfalls im Prozessweg durchsetzen. Im Grunde gelten die Regeln der Vollstreckungsversteigerung, wobei die Wirksamkeit der Pfändung an die Stelle der Beschlagnahme tritt.

III. Hindernisse für die Teilungsversteigerung

1393 Grundsätzlich gelten die Hindernisse, welche dem Antrag des Schuldners auf Teilungsversteigerung entgegengestanden hätten, auch für den antragstellenden Gläubiger. Aber auch für ihn kommen Erleichterungen in Betracht:
- Hat der Erblasser durch letztwillige Verfügung die Auseinandersetzung ausgeschlossen oder beschränkt, kann sie der Gläubiger trotzdem verlangen, wenn sein Titel nicht nur vorläufig vollstreckbar ist (§§ 2044, 751 Satz 2 BGB).
- Unter der gleichen Voraussetzung kann ein Gläubiger nach Pfändung eines Anteils an der BGB-Gesellschaft diese kündigen und die Auseinandersetzung verlangen (§ 751 Satz 2 BGB), obwohl die Gesellschafter dies gesellschaftsvertraglich ausgeschlossen hatten.

D. Gemeinsame Verfahrensregeln

I. Anordnung und Beitritt

1394 Auch auf Antrag eines Pfändungsgläubigers wird eine Teilungsversteigerung angeordnet, keine Vollstreckungsversteigerung, so dass die Regeln für die Teilungsversteigerung anwendbar sind, soweit sich aus der Tatsache der Pfändung/Überweisung keine Besonderheiten ergeben.

Wegen des Antragsinhalts und der beizufügenden Nachweisungen siehe Rn. 1192, 1193.

1395 Der Pfändungsgläubiger eines schuldnerischen Miteigentümers kann einer gegen diesen Schuldner angeordneten *Vollstreckungs*versteigerung allein aus seiner Rechtsstellung als Pfändungsgläubiger nicht beitreten.

Umgekehrt ist auch ein Beitritt eines „normalen" Gläubigers zu einer Teilungsversteigerung allein auf Grund einer titulierten Forderung nicht möglich.

1396 Ist die Teilungsversteigerung bereits angeordnet, gilt Folgendes:
- Wurde die Teilungsversteigerung auf Antrag eines anderen Miteigentümers (also nicht des Schuldners) angeordnet, tritt der Gläubiger dem Verfahren bei.
- Wurde die Teilungsversteigerung auf Antrag des Schuldners angeordnet, ist kein Beitritt erforderlich, da der Pfändungsgläubiger ja aus der gleichen Rechtsposition betreiben würde. In diesem Fall

---

576 Ausnahmen siehe *Stöber* (ZVG) § 182 Rn. 2.6.

genügt die Anmeldung der Pfändung/Überweisung unter Vorlage des Beschlusses mit Zustellungsnachweisen. Die Folge ist nun, dass keiner von beiden allein den Antrag wieder zurücknehmen kann. Die anderen Miteigentümer können beitreten.

1397 Ob der Schuldner nach Pfändung/Überweisung **gegen den Willen** des Gläubigers **allein** die Teilungsversteigerung betreiben darf, ist sehr umstritten.[577] Nach der hier vertretenen Auffassung steht ihm dieses Recht zu. Der Gläubiger betreibt gegen den Schuldner die Zwangsvollstreckung und ist daher gehalten, die Verwertung des gepfändeten Gegenstandes nicht gegen den Willen des Schuldners zu verzögern. Schuldner und Pfändungsgläubiger stehen im Verfahren nebeneinander; der Schuldner ist nicht etwa aus seiner Rechtsposition verdrängt. Er darf nur die auf Befriedigung gerichteten Interessen des Gläubigers durch sein Verhalten nicht beeinträchtigen, nur insoweit ist er „relativ verfügungsbeschränkt"[578]. Die Verzögerung der Verwertung ist dem Gläubigerinteresse aber grundsätzlich entgegengesetzt. Ob im Einzelfall der Gläubiger ausnahmsweise an der Verzögerung ein schützenswertes Interesse hat, wäre für diesen Einzelfall zu entscheiden.

1398 Der Anordnungsbeschluss und auch die Beitrittsbeschlüsse sollen klarstellen, dass das Verfahren zum Zwecke der Aufhebung einer Gemeinschaft erfolgt und dass der Gläubiger in der Rechtsposition des Schuldners handelt. Unbeschadet der dem Schuldner verbliebenen Beteiligungsrechte, ist er nach der hier vertretenen Auffassung nicht „Antragsgegner"[579] im formellen Sinne. Der Antrag wird aus seiner Rechtsposition – also **„für ihn"** und nicht „gegen ihn" gestellt.

1399 In der Praxis wird gelegentlich die Geldsumme angegeben, wegen welcher die Pfändung erfolgt ist und wegen der somit jetzt die Versteigerung betrieben wird. Obwohl die Antragsgegner und auch der Schuldner dies aus dem Pfändungsbeschluss bereits wissen, werden sie dadurch nochmals darauf hingewiesen, welche Summe zur Abwendung dieser Versteigerung aufzubringen ist. Auch die Antragsgegner können gem. § 267 BGB an den Gläubiger zahlen; in Sonderfällen[580] wird ihnen sogar ein Ablösungsrecht (§ 268 BGB) zugestanden.

Der Anordnungsbeschluss könnte daher etwa folgenden Wortlaut haben:

Anordnungsbeschluss (Teilungsversteigerung) auf Antrag eines Pfändungsgläubigers

Muster

1400

In der Zwangsversteigerungssache
… (Gläubiger)
vertreten durch …
infolge Pfändungs- und Überweisungsbeschlusses des Amtsgerichts … vom … (Aktenzeichen)
in der Rechtsposition des … (Vollstreckungsschuldner)
wegen einer Forderung von …   zzgl. … (Zinsen und Kosten)
– Antragsteller –
gegen
… (Miteigentümer)
… (Miteigentümer)
– Antragsgegner –
wird die Zwangsversteigerung folgender Grundstücke …
zum Zwecke der Aufhebung einer Erbengemeinschaft angeordnet.

Der Anordnungsbeschluss ist dem Vollstreckungsschuldner und den beiden Antragsgegnern zuzustellen. Der Gläubiger-Vertreter erhält ihn formlos.

---

577 Das *OLG Hamburg* (MDR 1958, 45) und die überwiegende Literatur wollen ihm dieses Recht versagen; das *OLG Hamm* (Rpfleger 1958, 269) sowie das *Thüringer OLG* (Rpfleger 2001, 445) billigen ihm ein Antragsrecht zu. Zum Meinungsstand auch *Stöber* (ZVG) § 180 Rn. 11.10i.
578 *OLG Hamm* Rpfleger 1961, 201.
579 So aber *Stöber* (ZVG) § 180 Rn. 11.10g.
580 Hierzu *Stöber* (ZVG) § 180 Rn. 11.10k bis 11.10m.

II. Einstweilige Einstellung des Verfahrens

1401 Für die Antragsgegner ergibt sich keine Besonderheit. Sie können gegen den Antrag des Pfandgläubigers einen Antrag auf einstweilige Einstellung des Verfahrens nach § 180 Abs. 2 ZVG (Rn. 1238 f.) und auch nach § 180 Abs. 3 ZVG (Rn. 1248 f.) stellen. Hierbei sind ihre Interessen nur gegenüber jenen des Miteigentümers (Schuldners) abzuwägen. Für ihren Antrag ist es bedeutungslos, dass das Verfahren nicht vom Miteigentümer selbst sondern von seinem Gläubiger betrieben wird.

1402 Ob auch der Miteigentümer, aus dessen Rechtsposition die Zwangsversteigerung betrieben wird, einen solchen Einstellungsantrag stellen darf, ist umstritten.[581] Nach der hier vertretenen Auffassung kann er einen solchen Antrag stellen, da der Pfandgläubiger nicht an seine Stelle, sondern neben ihn getreten ist und die Rechtsordnung Anträge eines Schuldners auf Verzögerung der Verwertung kennt und somit nicht grundsätzlich missbilligt.
Weiter gilt es zu beachten, dass besonders im Bereich § 180 Abs. 3 ZVG (Gefährdung des Kindeswohls) für den Schuldner eine Möglichkeit gegeben sein muss, diese Gefährdung von seinem Kind abzuwenden.

Die Abwägung widerstreitender Interessen wird, wie in der Teilungsversteigerung ohne Pfandgläubigerbeteiligung, ohnehin nur in besonders gelagerten Fällen zur einstweilen Einstellung führen, da der Auseinandersetzungsanspruch grundsätzlich durchgesetzt werden muss.

Wegen des Antragsrechts des Schuldners ist auch ihm eine Belehrung gem. § 180 Abs. 2 Satz 3 ZVG i.V.m. § 30b ZVG zuzustellen.

Tipp: Auch der Schuldner kann einen Einstellungsantrag (§ 180 Abs. 2, Abs. 3 ZVG) stellen.

III. Verfahren bis zum Verteilungstermin

1403 Zur beabsichtigten Wertfestsetzung sind neben den weiteren Beteiligten (hierzu Rn. 1212) sowohl der Gläubiger als auch der Schuldner zu hören; beide erhalten den Wertfestsetzungsbeschluss und die Terminsbestimmung zugestellt.

1404 Für den Versteigerungstermin ergeben sich keine Besonderheiten. Neben dem Gläubiger kann auch der Schuldner Sicherheit für das Gebot eines Dritten oder eines Miteigentümers (Ausnahme § 184 ZVG, Rn. 1324) verlangen. Bietet der Schuldner, kann der Gläubiger Sicherheit verlangen, falls nicht ebenfalls ausnahmsweise § 184 ZVG greift. Bietet der Gläubiger, können jedenfalls die übrigen Beteiligten Sicherheit verlangen, auch wenn wegen § 184 ZVG auf ein Gebot des schuldnerischen Miteigentümers keine Sicherheit zu leisten wäre. Da das Sicherheitsverlangen die Verwirklichung des Pfandrechtes des Gläubigers nicht beeinträchtigt, kann aber auch der Schuldner für ein Gebot des Gläubigers Sicherheit verlangen.

IV. Verteilungstermin

1405 Wie üblich entnimmt das Gericht dem Erlös zunächst die Kosten des Verfahrens, die öffentlichen Lasten sowie die Zinsen und Nebenleistungen der bestehen gebliebenen Rechte. Hierbei kann der Gläubiger, falls er ein Grundpfandrecht am Bruchteil hatte, die hierauf entfallenden Zinsen und die Kosten der Eintragung des Grundpfandrechtes (für welche das Grundstück nach § 1118 BGB haftet) ohne weiteres entgegennehmen.

Hierzu bedarf es keiner Auseinandersetzung; § 182 Abs. 2 ZVG schützt die Rechte der anderen Miteigentümer.

---

581 Zum Meinungsstand *Stöber* (ZVG) § 180 Rn. 11.12a.

Da der Schuldner durch die Pfändung/Überweisung seines Anspruchs auf Auseinandersetzung (= Teilung des Erlöses) aus dem Beteiligungsrecht nicht vollständig ausgeschieden ist, bedarf die Erlösteilung auch seiner Zustimmung. Es können sich daher im Verteilungstermin folgende Situationen ergeben: **1406**

1. Gläubiger, Schuldner und die anderen Miteigentümer erscheinen im Termin und erklären ihre Zustimmung zur Teilung des Erlöses gem. der aufzulösenden Gemeinschaft. Sodann erklärt der Schuldner sein Einverständnis, den geschuldeten Betrag an den Gläubiger auszukehren. **1407**
   Folge: Jeder der Miteigentümer erhält seinen Anteil ausgezahlt/überwiesen, der Schuldner gekürzt um die Forderung des Gläubigers. Dieser wird wegen seiner Forderung aus dem Anteil des Schuldners befriedigt.

2. Der Schuldner oder auch nur einer der anderen Miteigentümer verweigert die Zustimmung zur Teilung des Erlöses. Oder aber, es fehlt eine dieser Zustimmungen im Verteilungstermin. **1408**
   Folge: Der Erlös bleibt ungeteilt. Das Gericht ordnet die Hinterlegung für sämtliche Miteigentümer (einschließlich Schuldner) und den Gläubiger als Pfändungsgläubiger des Schuldners an. Für das Versteigerungsgericht ist damit die Angelegenheit abgeschlossen. Weitere Erledigung erfolgt durch Einigung gegenüber der Hinterlegungsstelle oder auf dem Prozessweg.

3. Der Schuldner und die übrigen Miteigentümer einigen sich über die Erlösteilung. Der Gläubiger stimmt zu. Dann verweigert der Schuldner die Entnahme der Gläubigerforderung aus seinem Anteil. **1409**
   Folge: Zunächst einmal erhalten die anderen Miteigentümer ihren Anteil am Erlös ausgezahlt/überwiesen. Die Weigerung des Schuldners hat keine Rechtsfolgen. Die Auseinandersetzung als solche – bei welcher der Schuldner trotz Pfändung mitwirken musste – ist ja vollzogen. Somit zahlt das Gericht jetzt gem. dem Pfändungs- und Überweisungsbeschluss an den Gläubiger; den Rest an den Schuldner. Die Situation ist vergleichbar mit der Pfändung einer Gläubigerforderung durch einen Dritten im Verteilungstermin einer Vollstreckungsversteigerung.

In gleicher Weise ist zu verfahren, wenn infolge der Nichtzahlung des Meistgebotes die Übertragung der Forderung gegen den Ersteher auf die bisherigen Miteigentümer erforderlich wird. Es wird also entweder die Gesamtforderung auf alle einschließlich Gläubiger übertragen oder aber – der Auseinandersetzung entsprechend – die Anteile auf die einzelnen Beteiligten. Im unter obiger Nr. 3 genannten Fall (der in der Praxis sehr selten sein dürfte) erhält der Gläubiger eine eigene Übertragung für seine Forderung, der Schuldner für den Rest. **1410**

Für die im Falle einer Forderungsübertragung einzutragenden Sicherungshypotheken (Rn. 877 f.) gilt hinsichtlich ihrer Rangfolge: **1411**

Ist die Auseinandersetzung erfolgt und hat der Schuldner der Zuteilung des gepfändeten Betrages an den Gläubiger zugestimmt (obige Nr. 1) oder hat der Schuldner (nach Auseinandersetzung) einer Zuteilung an den Gläubiger widersprochen (obige Nr. 3), erhält die für den Gläubiger einzutragende Sicherungshypothek Gleichrang mit jenen der anderen Miteigentümer, aber Vorrang gegenüber jener des Schuldners. **1412**

Kommt es nicht zu einer Auseinandersetzung (obige Nr. 2), so wird nur eine (einheitliche) Sicherungshypothek für sämtliche Miteigentümer und den Gläubiger als Berechtigte eingetragen. **1413**

Fallbeispiel zum 2. Teil (Teilungsversteigerung)

1. Abschnitt
Geringstes Gebot (Rn. 1290 f.)

1414 Bei dem Amtsgericht Kaiserslautern läuft ein Zwangsversteigerungsverfahren zum Zwecke der Aufhebung einer Gemeinschaft betreffend den aus **anliegendem Grundbuchblatt** ersichtlichen Grundbesitz.

Auf Antrag der Annika Wald aus Kaiserslautern vom 27.01.2007 wurde am 31.01.2007 die Teilungsversteigerung des Grundbesitzes ordnungsgemäß angeordnet. Dem Versteigerungsantrag war die Ausfertigung eines Erbscheins des Amtsgerichts Kaiserslautern vom 21.12.2006 beigefügt, wonach der am 17.11.2006 in Kaiserslautern, seinem letzten Wohnsitz, verstorbene Carl Wald von seiner Ehefrau Bärbel Wald geb. Feld, in Kaiserslautern, zu 1/2-Anteil und von seinen beiden Kindern Annika Wald, in Kaiserslautern und David Wald, in Kaiserslautern, zu je 1/4-Anteil auf Grund gesetzlicher Erbfolge beerbt worden ist.

Der Anordnungsbeschluss wurde allen Antragsgegnern am 03.02.2007 zugestellt. Das Ersuchen um Eintragung des Zwangsversteigerungsvermerks ging am 05.02.2007 beim Grundbuchamt ein und wurde an gleichen Tag vollzogen.

Durch Beschluss vom 02.05.2007 wurde der Verkehrswert des Grundstücks auf 500.000,00 € festgesetzt.

Versteigerungstermin bestimmt das Vollstreckungsgericht auf den 17.07.2007.

Zu diesem Termin meldet die A-Bank AG ihre Zinsen aus der Grundschuld Abt. III Nr. 1 als rückständig seit dem 01.04.2006 an.

Die Auslagen des Gerichts bis zum Termin betragen einschließlich der geschätzten künftigen Auslagen 1.066,00 €.

„Lösungshinweise"

Die Antragstellerin ist (Mit)Erbin eines eingetragenen Miteigentümers (§ 181 Abs. 2 ZVG; Rn. 1193). Die Erbfolge wurde ordnungsgemäß glaubhaft gemacht (§§ 181 Abs. 3, 17 Abs. 3 ZVG).

Die Grundstücksbruchteile sind ungleich belastet; nach § 182 Abs. 2 ZVG ist dem geringsten Gebot (im Mindestbargebot), ein sog. Ausgleichsbetrag zuzuschlagen (Rn. 1304 f.).

Bei dessen Berechnung können „Gesamtansprüche", hier also die Verfahrenskosten sowie Kosten, Zinsen und Hauptanspruch des auf allen Grundstücksbruchteilen lastenden Gesamtrechts Abt. III Nr. 2 aus Gründen der Vereinfachung außer Betracht bleiben können, da sie das Ergebnis nicht beeinflussen (Rn. 1307).

Gesamtrechte, welche nicht auf allen Anteilen lasten, hier das Recht Abt. III Nr. 3, werden dabei auf die einzelnen Anteile nach Bruchteilen (Größe der Anteile) verteilt.

Fallbeispiel zur Teilungsversteigerung **2**

Geringstes Gebot

A m t s g e r i c h t Kaiserslautern
Vollstreckungsgericht

Aktenzeichen: 2 K 3/07

Vorläufiges geringstes Gebot
berechnet für den Versteigerungstermin am 17.07.2007

In dem Zwangsversteigerungsverfahren
zum Zwecke der Aufhebung einer Gemeinschaft
betreffend das Grundstück der Gemarkung Kaiserslautern,
eingetragen im Grundbuch von Kaiserslautern Blatt 2000, lfd. Nr. 1 des Bestandsverzeichnisses
FlSt.Nr.100/5 Gebäude- und Freifläche, Am hohen Berg 12 zu 1520 m^2

I. Vorbericht

1. Die erste Beschlagnahme des Grundbesitzes erfolgte am 03.02.2007 durch Zustellung des Anordnungsbeschlusses an alle Antragsgegner (Rn. 1213).
2. Endzeitpunkt nach § 47 ZVG: 31.07.2007.
3. Durch Beschluss vom 02.05.2007 wurde der
   Verkehrswert des Grundbesitzes festgesetzt auf: 500.000,00 €
   Der 5/10 Wert gem. § 85a ZVG beträgt demnach: 250.000,00 €
   Der 7/10 Wert gem. § 74a ZVG beträgt demnach: 350.000,00 €
4. Der Versteigerungstermin wurde ordnungsgemäß bekannt gemacht am …
5. Antragstellerin: Annika Wald aus ihrem von Carl Wald anteilig (Gesamthand) geerbten 3/8-Anteil.
6. An Anmeldungen liegen dem Gericht vor:
   A-Bank AG, Zinsen aus der Grundschuld Abt. III Nr. 1, rückständig seit dem 01.04.2006.

II. Bestehen bleibende Rechte

Abteilung II: Keine
Abteilung III: **Recht Nr. 1**
         Auf 1/4-Anteil des Anton Feld (Abt. I Nr. 1a):
         Grundschuld ohne Brief in Höhe von fünfzigtausend Euro nebst 9 % Jahreszinsen, kalendervierteljährlich nachträglich fällig, für die A-Bank AG in Kaiserslautern. Vollstreckbar nach § 800 ZPO. Gemäß Bewilligung vom 11.03.2003 (Notar Dr. Schlau, Kaiserslautern, UR 44/03) eingetragen am 28.04.2003.
         Das Recht lastet auf dem Anteil Abt. I Nr. 1a.
         Es bleibt bestehen, weil es der Gesamtbelastung Abt. III Nr. 2 im Rang vor geht (§ 182 Abs. 1 ZVG; Rn. 1295).
         Recht Nr. 2
         Grundschuld ohne Brief in Höhe von achtzigtausend Euro nebst 7,5 % Jahreszinsen, monatlich jeweils am 1. im Voraus fällig, für die B-Bank AG in Kaiserslautern. Vollstreckbar nach § 800 ZPO. Gemäß Bewilligung vom 27.04.2003 (Notar Dr. Schlau, Kaiserslautern, UR 213/03) eingetragen am 01.06.2003.
         Das Recht bleibt bestehen, weil es sich um eine Gesamtbelastung handelt.
         Recht Nr. 3
         Auf 3/8-Anteilen Bärbel und Carl Wald (Abt. I Nr. 1b und c):
         Hypothek (Darlehn) ohne Brief in Höhe von sechzigtausend Euro nebst 10 % Jahreszinsen für die C-Bank AG in Kaiserslautern. Vollstreckbar nach § 800 ZPO. Gemäß Bewilligung vom 27.12.2003 (Notar Dr. Schlau, Kaiserslautern, UR 600/03) eingetragen am 01.02.2004.
         Das Recht lastet auf den Anteilen Abt. I Nr. 1b und c.
         Es bleibt bestehen, weil es den Anteil der Antragstellerin (Abt. I Nr. 1c als Erbin des Carl Wald) mitbelastet.

2 Fallbeispiel zur Teilungsversteigerung

III. Mindestbargebot

1. Kosten des Verfahrens (§ 109 ZVG, Rn. 356, 366):
Wert: 500.000,00 € (bei Nr. 2215 KVGKG Wertangabe vorläufig)

½ Gebühr Nr. 2211 KVGKG:	1.478,00 €
½ Gebühr Nr. 2213 KVGKG:	1.478,00 €
½ Gebühr Nr. 2215 KVGKG:	1.478,00 €
Auslagen (einschl. geschätzter künftiger Auslagen):	1.066,00 €
Gesamtkosten:	5.500,00 €

2. Weitere Beträge (§ 10 Abs. 1 ZVG):

Allgemeiner Hinweis:
Die Zinsberechnungen im gesamten Fallbeispiel erfolgen bankmäßig (das Jahr mit 360 Tagen, jeder Monat mit 30 Tagen).

Rangklasse 3:
Keine Anmeldung

Rangklasse 4:
Recht Abt. III Nr. 1:
Angemeldet wurden Zinsen (= wiederkehrende Leistungen) mit 9 % aus 50.000,00 €
seit dem 01.04.2006
Die Zinsen sind hier kalendervierteljährlich nachträglich fällig.

Letzte Fälligkeit vor der Beschlagnahme:	31.12.2006
Laufende Leistungen:	
01.10.2006 – 31.07.2007 (= 300 Tage) =	3.750,00 €
Rückständige Leistungen:	
01.04.2006 – 30.09.2006 (= 180 Tage) =	2.250,00 €

Die Rückstände liegen innerhalb der 2-Jahres-Frist
des § 10 Abs. 1 Nr. 4 ZVG und sind daher in RK 4
zu berücksichtigen (Rn. 326).

Summe:	**6.000,00 €**

Recht Abt. III Nr. 2:
Mangels Anmeldung werden nur die laufenden Zinsen berücksichtigt.
7,5 % aus 80.000,00 €
Die Zinsen sind hier mtl. jeweils am 1. im Voraus fällig.

Letzte Fälligkeit vor der Beschlagnahme:	01.02.2007
Laufende Leistungen:	
01.02.2007 – 31.07.2007 (= 180 Tage) =	3.000,00 €
Summe:	**3.000,00 €**

Recht Abt. III Nr. 3:
Mangels Anmeldung werden nur die laufenden Zinsen berücksichtigt.
Für deren Berechnung gilt § 488 Abs. 2 BGB analog.
Die Zinsen gelten also als jährlich nachträglich fällig.
10 % aus 60.000,00 €

Letzte Fälligkeit vor der Beschlagnahme:	31.01.2007
Laufende Leistungen:	
01.02.2006 – 31.07.2007 (= 540 Tage) =	9.000,00 €
Summe:	**9.000,00 €**

Ausgleichsbetrag

Feststellung der *absoluten* Belastung eines jeden Anteils:

1/4-Anteil Anton Feld	3/8-Anteil Bärbel Wald	3/8-Anteil Carl Wald (jetzt Erbengemeinschaft Bärbel, Annika und David Wald)
Recht III/1 **50.000,00 €**	Recht III/3 (Anteil) **30.000,00 €**	Recht III/3 (Anteil) **30.000,00 €**
Zinsen III/1 **6.000,00 €**	Zinsen III/1 (Anteil) **4.500,00 €**	Zinsen III/1 (Anteil) **4.500,00 €**
56.000,00 €	**34.500,00 €**	**34.500,00 €**

Feststellung der *relativen* Belastung eines jeden Anteils:

Um festzustellen, welcher Miteigentümer seinen Anteil am höchsten belastet hat, müssen vergleichbare Verhältnisse geschaffen werden (Rn. 1308).

Hier bedeutet dies die „Herunterrechnung" auf 1/8-Anteil.

1/4-Anteil (= 2/8) Anton Feld	3/8-Anteil Bärbel Wald	3/8-Anteil Carl Wald (jetzt Erbengemeinschaft Bärbel, Annika und David Wald)
Recht III/1 **50.000,00 €**	Recht III/3 (Anteil) **30.000,00 €**	Recht III/3 (Anteil) **30.000,00 €**
Zinsen III/1 **6.000,00 €**	Zinsen III/1 (Anteil) **4.500,00 €**	Zinsen III/1 (Anteil) **4.500,00 €**
56.000,00 €	**34.500,00 €**	**34.500,00 €**
dies entspricht der Belastung eines **1/8-Anteils (= gemeinsamer Nenner)** in Höhe von:		
28.000,00 €	**11.500,00 €**	**11.500,00 €**

Als Zwischenergebnis lässt sich jetzt festhalten, dass Anton Feld seinen Anteil am höchsten belastet hat; für die beiden anderen Anteile muss ein **Ausgleichsbetrag** angesetzt werden.

Für die konkrete Berechnung des Ausgleichsbetrags stehen **alternativ zwei Wege** zur Verfügung (Rn. 1309 f.):

1. Weg: Die Freund'sche Formel:

„Der am stärksten belastete Anteil multipliziert mit dem gemeinsamen Nenner und nach Abzug der bestehen bleibenden Rechte und der bar zu zahlenden Beträge ergibt den Ausgleichsbetrag."

Anders ausgedrückt:

Multipliziert man den am stärksten belasteten Miteigentumsanteil (**hier: 28.000,00 €**) mit dem gemeinsamen Nenner (**hier: 8**), dann erhält man als Resultat das geringste Gebot, bestehend aus: Summe der bestehen bleibenden Rechte (**hier: 110.000,00 €**, da die Gesamtbelastung Abt. III Nr. 2 nicht berücksichtigt wurde), Mindestbargebot (hier: Zinsen Abt. III Nr. 1 und Abt. III Nr. 3, **also 15.000,00 €**; auch hier wurden die Gesamtbelastungen (Gerichtskosten und Zinsen Abt. III Nr. 2 nicht berücksichtigt) und Ausgleichsbetrag.

28.000,00 € x 8 – 110.000,00 € – 15.000,00 € = **99.000,00 €** (= Ausgleichsbetrag)

2. Weg: Berechnung bei *jedem* Anteil nach folgender Formel:

$$(HB - RB) \times Z = AA$$

HB = Am stärksten relativ belasteter Anteil (**hier: 28.000,00 €**)
RB = relative Belastung des konkreten Anteils
    (**Anteil Bärbel Wald und Anteil Carl Wald: je 11.500,00 €**)
Z = Zähler vom gemeinsamen Nenner des Anteils
    (**Anteil Bärbel Wald und Anteil Carl Wald: je 3**)
AA = Ausgleichsanspruch für jeden einzelnen Anteil

Anteil Bärbel Wald
(28.000,00 € – 11.500,00 €) x 3 =   49.500,00 €

Anteil Carl Wald (jetzt Erbengemeinschaft)
(28.000,00 € – 11.500,00 €) x 3 =   49.500,00 €

Summe: **99.000,00 €**

Zusammenfassung geringstes Gebot:
Summe bestehen bleibender Rechte: 190.000,00 €
Summe Mindestbargebot: 122.500,00 €

2. Abschnitt
Teilungsplan (Rn. 1346 ff.)

1415 In dem Versteigerungstermin bleibt Bärbel Wald geb. Feld, geb. am 17.04.1957, aus Kaiserslautern mit einem Bargebot von 250.000,00 € Meistbietende. Für dieses Gebot wird ihr am 01.08.2007 der Zuschlag erteilt. Verteilungstermin wird auf den 31.10.2007 bestimmt.

Außer der Anmeldung zum Versteigerungstermin liegen keine weiteren Anmeldungen vor.

Auf die Teilungsmasse wurden bislang keine Zahlungen geleistet. Die Antragstellerin Annika Wald hat einen Gebührenvorschuss (§ 15 Abs. 1 GKG) von 2.956,00 € und einen Auslagenvorschuss (§ 17 Abs. 3 GKG) von 1.000,00 € bezahlt (Rn. 359).

Die gerichtlichen Auslagen belaufen sich auf 1.116,00 €.

Die Ersteherin zahlt das Bargebot nebst Bargebotszinsen im Verteilungstermin bar an das Gericht. Weitere Beteiligte sind nicht erschienen.

„Lösungshinweise"

Obwohl es sich bei der Ersteherin um eine „ehemalige" Miteigentümerin handelt, muss sie das Bargebot nebst Bargebotszinsen in voller Höhe an das Gericht zahlen (Rn. 1347).

Es ist folgender Teilungsplan zu erstellen:

A m t s g e r i c h t   Kaiserslautern
Vollstreckungsgericht

Aktenzeichen: 2 K 3/07

T e i l u n g s p l a n

für den Verteilungstermin am 31.10.2007

I. Vorbericht

1. Tag der ersten Beschlagnahme: 03.02.2007
2. Tag des Zuschlags: 01.08.2007
3. Verteilungstermin: 31.10.2007
4. Ersteherin: Bärbel Wald geb. Feld, Kaiserslautern
5. Meistgebot: 250.000,00 €
6. An Anmeldungen zum Verteilungstermin liegen dem Gericht vor:
    Außer der Anmeldung zum Versteigerungstermin liegen keine weiteren Anmeldungen vor.

II. Bestehen bleibende Rechte

Abteilung III: **Recht Nr. 1**
Grundschuld ohne Brief in Höhe von fünfzigtausend Euro nebst 9 % Jahreszinsen, kalendervierteljährlich nachträglich fällig, für die A-Bank AG in Kaiserslautern. Vollstreckbar nach § 800 ZPO. Gemäß Bewilligung vom 11.03.2003 (Notar Dr. Schlau, Kaiserslautern, UR 44/03) eingetragen am 28.04.2003.
Das Recht lastet auf dem ehemaligen Anteil Abt. I Nr. 1a.
Recht Nr. 2
Grundschuld ohne Brief in Höhe von achtzigtausend Euro nebst 7,5 % Jahreszinsen, monatlich jeweils am 1. im Voraus fällig, für die B-Bank AG in Kaiserslautern. Vollstreckbar nach § 800 ZPO. Gemäß Bewilligung vom 27.04.2003 (Notar Dr. Schlau, Kaiserslautern, UR 213/03) eingetragen am 01.06.2003.
Das Recht bleibt als ehemaliges Gesamtrecht bestehen.
Recht Nr. 3
Hypothek (Darlehn) ohne Brief in Höhe von sechzigtausend Euro nebst 10 % Jahreszinsen für die C-Bank AG in Kaiserslautern. Vollstreckbar nach § 800 ZPO. Gemäß Bewilligung vom 27.12.2003 (Notar Dr. Schlau, Kaiserslautern, UR 600/03) eingetragen am 01.02.2004.
Das Recht lastet auf den ehemaligen Anteilen Abt. I Nr. 1b und c.

III. Teilungsmasse

Bares Meistgebot	250.000,00 €
Bargebotszinsen 4% vom 01.08. bis 30.10.2007 (= 90 T.)	2.500,00 €
Summe:	**252.500,00 €**

IV. Schuldenmasse

1. Kosten des Verfahrens (§ 109 ZVG, Rn. 613 f.):	
½ Gebühr Nr. 2211 KVGKG Wert 500.000,00 €	1.478,00 €
½ Gebühr Nr. 2213 KVGKG Wert 500.000,00 €	1.478,00 €
½ Gebühr Nr. 2215 KVGKG Wert 440.000,00 €	1.328,00 €
Auslagen:	1.116,00 €
Gesamtkosten:	**5.400,00 €**

Vorschussweise wurden auf diesen Betrag von der Antragstellerin Annika Wald ein Gebührenvorschuss von 2.956,00 € und einen Auslagenvorschuss von 1.000,00 €, zusammen mithin 3.956,00 € bezahlt.
Damit gestaltet sich die Schuldenmasse hinsichtlich der Gerichtskosten wie folgt:

Landesjustizkasse (restliche Gerichtskosten)	1.444.00 €
Annika Wald (Rückerstattung Vorschuss)	3.956,00 €

Rangklasse 4:
Recht Abt. III Nr. 1:
Angemeldet wurden Zinsen (= wiederkehrende Leistungen)
mit 9 % aus 50.000,00 € seit dem 01.06.2002

Die Zinsen sind hier kalendervierteljährlich nachträglich fällig.	
Letzte Fälligkeit vor der Beschlagnahme:	31.12.2006
Laufende Leistungen:	
01.10.2006 – 31.07.2007 (= 300 Tage) =	3.750,00 €
Rückständige Leistungen:	
01.04.2006 – 30.09.2006 (= 180 Tage) =	2.250,00 €
Die Rückstände liegen innerhalb der 2-Jahres-Frist des § 10 Abs. 1 Nr. 4 ZVG und sind daher in RK 4 zu berücksichtigen.	
Summe:	**6.000,00 €**

Recht Abt. III Nr. 2:
Mangels Anmeldung werden nur die laufenden Zinsen berücksichtigt.
7,5 % aus 80.000,00 €
Die Zinsen sind hier mtl. jeweils am 1. im Voraus fällig.

Letzte Fälligkeit vor der Beschlagnahme:	01.02.2007
Laufende Leistungen:	
01.02.2007 – 31.07.2007 (= 180 Tage) =	3.000,00 €
Summe:	**3.000,00 €**

Recht Abt. III Nr. 3:
Mangels Anmeldung werden nur die laufenden Zinsen berücksichtigt.
Für deren Berechnung gilt § 488 Abs. 2 BGB analog.
Die Zinsen gelten also als jährlich nachträglich fällig.
10 % aus 60.000,00 €

Letzte Fälligkeit vor der Beschlagnahme:	31.01.2007
Laufende Leistungen:	
01.02.2006 – 31.07.2007 (= 540 Tage) =	9.000,00 €
Summe:	**9.000,00 €**

Recht Abt. III Nr. 4:
Mangels Anmeldung werden nur die laufenden Zinsen berücksichtigt.
15 % aus 10.000,00 €
Die Zinsen sind hier kalenderhalbjährlich im Voraus fällig.

Letzte Fälligkeit vor der Beschlagnahme:	01.01.2007
Laufende Leistungen:	
01.01.2007 – 30.10.2007 (= 300 Tage) =	1.250,00 €
Kapital	10.000,00 €
Summe:	**11.250,00 €**

V. Zuteilung

Es muss eine Verteilung gem. **§ 112 ZVG** erfolgen (Rn. 1348).

1. Schritt:

Zunächst befriedigt werden die Ansprüche,
für welche der gesamte Grundbesitz haftet:

Teilungsmasse	252.500,00 €
abzgl. Gerichtskosten	– 5.400,00 €
abzgl. Zinsen des Rechts Abt. III Nr. 2 (Gesamtrecht)	– 3.000,00 €
Verbleibender Überschuss:	244.100,00 €

2. Schritt:

Dem Überschuss von	244.100,00 €
sind die bestehen bleibenden Rechte Abt. III Nr. 1 und 3 mit	110.000,00 €
hinzuzurechnen (§ 112 Abs. 2 Satz 2 ZVG).	

Am gesamten Grundbesitz lastende Gesamtrechte (hier Abt. III Nr. 2)
können außer Betracht bleiben.

3. Schritt:

Der Gesamtbetrag von   354.100,00 €
ist auf die Anteile entsprechend ihres Wertverhältnisses (= Anteilsgröße)
zu verteilen (§ 112 Abs. 2 Satz 1 ZVG)

Anteilsgröße	A (2/8)	B (3/8)	C (3/8)
Anteile	88.525,00 €	132.787,50 €	132.787,50 €
4. Schritt Abzug der bestehen bleibenden Rechte (§ 112 Abs. 2 Satz 3, 4 ZVG)	− 50.000,00 €	− 30.000,00 €	− 30.000,00 €
Resterlös	**38.525,00 €**	**102.787,50 €**	**102.787,50 €**
Weitere Zuteilung:			
Zinsen III/1	− 6.000,00 €		
Zinsen III/3		− 4.500,00 €	− 4.500,00 €
Zinsen und Kapital III/4	− 11.250,00 €		
Resterlös	**21.275,00 €**	**98.287,50 €**	**98.287,50 €**

Der Resterlös von insgesamt 217.850,00 € bleibt unverteilt und steht den bisherigen Eigentümern in Bruchteils- bzw. Erbengemeinschaft zu. Bei Auseinandersetzung durch übereinstimmende Erklärung aller Miteigentümer kann Auszahlung, andernfalls nur Hinterlegung für die bisherigen Eigentümer als Gesamtberechtigte nach § 432 BGB erfolgen (Rn. 1356 bis 1358).

Amtsgericht Kaiserslautern

Grundbuch

von

Kaiserslautern

Blatt 2000

Fallbeispiel zur Teilungsversteigerung **2**

Amtsgericht	Grundbuch von	Blatt	Bestandsverzeichnis	
Kaiserslautern	Kaiserslautern	2000		Bogen 1

Laufende Nummer der Grundstücke	Bisherige laufende Nummer der Grundstücke	Bezeichnung der Grundstücke und der mit dem Eigentum verbundenen Rechte			Größe
		Gemarkung (Vermessungsbezirk)	Karte	Wirtschaftsart und Lage	
			Flur | Flurstück		
		a	b	c	m²
1	2	3			4
1		Kaiserslautern	100/5	Gebäude- und Freifläche Am hohen Berg 12	1520

Amtsgericht	Grundbuch von	Blatt	Bestandsverzeichnis	
Kaiserslautern	Kaiserslautern	2000		Bogen 1

Bestand und Zuschreibungen		Abschreibungen	
Zur lfd. Nr. der Grundstücke		Zur lfd. Nr. der Grundstücke	
5	6	7	8
1	Von Blatt 19 hierher übertragen am 15.07.2002. *Unterschrift*		

261

2 Fallbeispiel zur Teilungsversteigerung

Amtsgericht	Grundbuch von	Blatt	Erste Abteilung	
Kaiserslautern	Kaiserslautern	2000		Bogen 1

Laufende Nummer der Eintragungen	Eigentümer	Laufende Nummer der Grundstücke im Bestandsverzeichnis	Grundlage der Eintragung
1	2	3	4
1 a)	Anton Feld, geb. am 01.03.1965 - Miteigentümer zu 1/4 -	1	Aufgelassen am 15.03.2002, eingetragen am 15.07.2002. *Unterschrift*
b)	Bärbel Wald geb. Feld, geb. am 17.04.1957 - Miteigentümerin zu 3/8 -		
c)	Carl Wald, geb. am 26.07.1955 - Miteigentümer zu 3/8 -		

Amtsgericht	Grundbuch von	Blatt	Zweite Abteilung	
Kaiserslautern	Kaiserslautern	2000		Bogen 1

Laufende Nummer der Eintragungen	Laufende Nummer der betroffenen Grundstücke im Bestandsverzeichnis	Lasten und Beschränkungen
1	2	3
1	1	Die Zwangsversteigerung zum Zwecke der Aufhebung der Gemeinschaft ist angeordnet (Amtsgericht Kaiserslautern 2 K 3/07). Eingetragen am 05.02.2007 *Unterschrift*

Fallbeispiel zur Teilungsversteigerung **2**

Amtsgericht	**Grundbuch von**	**Blatt**	**Dritte Abteilung**
Kaiserslautern	Kaiserslautern	2000	Bogen 1

Laufende Nummer der Eintragungen	Laufende Nummer der belasteten Grundstücke im Bestandsverzeichnis	Betrag	Hypotheken, Grundschulden, Rentenschulden
1	2	3	4
1	1	50.000,00 €	Auf 1/4-Anteil des Anton Feld (Abt. I Nr. 1a): Grundschuld ohne Brief in Höhe von fünfzigtausend Euro nebst 9 % Jahreszinsen, kalendervierteljährlich nachträglich fällig, für die A-Bank AG in Kaiserslautern. Vollstreckbar nach § 800 ZPO. Gemäß Bewilligung vom 11.03.2003 (Notar Dr. Schlau, Kaiserslautern, UR 44/03) eingetragen am 28.04.2003. *Unterschrift*
2	1	80.000,00 €	Grundschuld ohne Brief in Höhe von achtzigtausend Euro nebst 7,5 % Jahreszinsen, monatlich jeweils am 1. im Voraus fällig, für die B-Bank AG in Kaiserslautern. Vollstreckbar nach § 800 ZPO. Gemäß Bewilligung vom 27.04.2003 (Notar Dr. Schlau, Kaiserslautern, UR 213/03) eingetragen am 01.06.2003. *Unterschrift*
3	1	60.000,00 €	Auf 3/8-Anteilen Bärbel und Carl Wald (Abt. I Nr. 1b und c): Hypothek (Darlehn) ohne Brief in Höhe von sechzigtausend Euro nebst 10 % Jahreszinsen für die C-Bank AG in Kaiserslautern. Vollstreckbar nach § 800 ZPO. Gemäß Bewilligung vom 27.12.2003 (Notar Dr. Schlau, Kaiserslautern, UR 600/03) eingetragen am 01.02.2004. *Unterschrift*
4	1	10.000,00 €	Auf 1/4-Anteil des Anton Feld (Abt. I Nr. 1a): Grundschuld ohne Brief in Höhe von zehntausend Euro nebst 15 % Jahreszinsen, kalenderhalbjährlich im Voraus fällig, für die D-Bank AG in Kaiserslautern. Vollstreckbar nach § 800 ZPO. Gemäß Bewilligung vom 03.02.2005 (Notar Dr. Schlau, Kaiserslautern, UR 57/05) eingetragen am 01.03.2005. *Unterschrift*

Gerichtlich protokollierter Vergleich
zur Abwendung der Teilungsversteigerung

A m t s g e r i c h t Tübingen – Vollstreckungsgericht –	Tübingen, den 29.04.2008

K 5/08

Anwesend:
Amtsrat Schmidt, als Rechtspfleger
Justizobersekretärin Schreib, als Urkundsbeamtin der Geschäftsstelle des Amtsgerichts

Protokoll

in dem Zwangsversteigerungsverfahren
zum Zwecke der Aufhebung der Gemeinschaft Mustermann, Tübingen,
hinsichtlich des Grundstücks der Gemarkung Tübingen,
eingetragen im Grundbuch von Tübingen Blatt 2000
lfd. Nr. 1 des Bestandsverzeichnisses, FlSt.Nr. 100,
Gebäude- und Freifläche, Hauptstraße 1 zu 400 qm.

In dem gem. § 62 ZVG[582] auf heute anberaumten Termin erschienen nach Aufruf der Sache folgende Beteiligte:

1. Frau Klara Mustermann, Hintergasse 3, 72760 Reutlingen
   – Antragstellerin –
   mit ihrem Verfahrensbevollmächtigten, Rechtsanwalt Dr. Schlau, 72760 Reutlingen
2. Herr Tobias Mustermann, Hauptstraße 1, 72074 Tübingen
   – Antragsgegner –
   mit seinem Verfahrensbevollmächtigten, Rechtsanwalt Dr. Wissend, 72074 Tübingen

Es wurde zunächst Folgendes festgestellt:

Frau Klara Mustermann und Herr Tobias Mustermann sind je zur Hälfte Eigentümer des Grundstücks der Gemarkung Tübingen, eingetragen im Grundbuch von Tübingen Blatt 2000
lfd. Nr. 1 des Bestandsverzeichnisses, FlSt.Nr. 100,
Gebäude- und Freifläche, Hauptstraße 1 zu 400 qm.

Die Ehe der Parteien ist rechtskräftig geschieden.

Die Eigentümer beabsichtigen, die Bruchteilsgemeinschaft hinsichtlich des vorstehend näher bezeichneten Grundstücks auseinander zu setzen.

Nach eingehender Erörterung der Sach- und Rechtslage schließen die Parteien folgenden

Vergleich:

Zur Aufhebung der Bruchteilsgemeinschaft verpflichtet sich die Antragstellerin, ihren Miteigentumsanteil auf den Antragsgegner zu übertragen.

Als Gegenleistung bezahlt der Antragsgegner an die Antragstellerin 50.000,00 Euro (i. W.: fünfzigtausend Euro). Dieser Betrag ist bereits treuhänderisch bei dem Verfahrensbevollmächtigten des Antragsgegners hinterlegt, er wird an die Antragstellerin nach erfolgter Auflassung ausbezahlt werden.

Als weitere Gegenleistung übernimmt der Antragsgegner die auf dem Objekt lastenden Verbindlichkeiten, nämlich

1. 45.000,00 Euro, Buchgrundschuld für die A-Bank AG, Tübingen, eingetragen in vorgenanntem Grundbuch Abt. III lfd. Nr. 1,
2. 15.000,00 Euro, Grundschuld für die B-Bank AG, Tübingen, eingetragen in vorgenanntem Grundbuch Abt. III lfd. Nr. 2.

Insoweit wird eine Schuldübernahme vereinbart.

Für den Fall der Nichtgenehmigung der Schuldübernahme gilt Erfüllungsübernahme als vereinbart.

---

582 Ein Vergleich mit dem Ziel der „gütlichen Beilegung" des Verfahrens kann auch in einem Termin im Rahmen des Verfahrens nach §§ 180 Abs. 2, 30a ZVG verhandelt und geschlossen werden. Auch im Versteigerungstermin selbst ist dies noch möglich, wenngleich wegen der dann vor den Bietinteressierten auszutragenden Verhandlungen zwischen den Parteien wenig zweckmäßig.

Die vorgenannten Grundpfandrechte sind teilweise nicht mehr valutiert. Die Antragstellerin tritt sämtliche ihr in Bezug auf die Grundpfandrechte zustehenden Ansprüche, insbesondere diejenigen auf Rückübertragung der Grundschulden und Herausgabe der Grundschuldbriefe, sowie eine etwa entstehende Eigentümergrundschuld an den Antragsgegner ab, welcher die Abtretung annimmt.

Damit sind sämtliche Ansprüche der Parteien gegeneinander, insbesondere der Anspruch auf Zugewinnausgleich erledigt.

Die Besitzübergabe des Übernahmegegenstandes erfolgt sofort.

Im Übrigen gelten folgende weitere Bestimmungen:
1. Für Sachmängel und den Messgehalt wird keine Gewähr geleistet.
2. Die Rechtsmängelhaftung bestimmt sich nach dem Gesetz.
3. Von dem Tage der Besitzübergabe an gehen Nutzen, Lasten und die Gefahr des zufälligen Unterganges oder der zufälligen Verschlechterung auf den Antragsgegner über.
4. Die Grundsteuer übernimmt der Antragsgegner ab 01.01.2009.
5. Die gerichtlichen Kosten des Zwangsversteigerungsverfahrens tragen die Parteien je zur Hälfte; jede Partei trägt ihre eigenen außergerichtlichen Kosten.

Hierauf erklären die erschienenen Parteien bei gleichzeitiger Anwesenheit folgende unbedingte

Auflassung:

Die Parteien sind sich darüber einig, dass das Eigentum am Vergleichsgegenstand, dem hälftigen Miteigentumsanteil der Antragstellerin Klara Mustermann an dem Grundstück der Gemarkung Tübingen, eingetragen im Grundbuch von Tübingen Blatt 2000, lfd. Nr. 1 des Bestandsverzeichnisses, FlSt.Nr. 100, Gebäude- und Freifläche, Hauptstraße 1 zu 400 qm auf den Antragsgegner, Tobias Mustermann, übergehen soll.

Beide Parteien bewilligen, Herr Tobias Mustermann beantragt die Eintragung der Eigentumsänderung im Grundbuch.

vorgelesen und genehmigt

Hierauf erklärt der Verfahrensbevollmächtigte der Antragstellerin:

Namens der Antragstellerin nehme ich den Zwangsversteigerungsantrag vom 10.01.2008 zurück.

Sodann erging folgender

Beschluss

Das Zwangsversteigerungsverfahren zum Zwecke der Aufhebung der Gemeinschaft Mustermann (K 5/08) wird aufgehoben.

Gründe

Die Antragstellerin hat ihren Versteigerungsantrag zurückgenommen (§ 29 ZVG).

Schmidt	*Schreib*
(Schmidt)	(Schreib)
Rechtspfleger	Justizobersekretärin als Urkundsbeamtin der Geschäftsstelle des Amtsgerichts

3. Teil
Zwangsverwaltung

1. Kapitel
Systematische Einordnung und Allgemeines

A. Zwangsverwaltung als Maßnahme der Immobiliarvollstreckung

Neben der Zwangsversteigerung und der Eintragung einer Zwangshypothek stellt die Zwangsverwaltung eine **weitere Art der Immobiliarvollstreckung** dar (§ 866 Abs. 1 ZPO). Sie steht **selbstständig** und **gleichwertig** neben den beiden anderen Maßregeln (§ 866 Abs. 2 ZPO).

1417

B. Verfahrenszweck

Während in der Zwangsversteigerung der Gläubiger die Befriedigung aus der Substanz des Grundstücks, d.h. aus dem Erlös des zwangsweise verwerteten Objekts, sucht, soll er dagegen in der Zwangsverwaltung **aus den Erträgnissen des Grundbesitzes befriedigt** werden (arg. §§ 148 Abs. 1, 155 ZVG).

1418

Die Befriedigung des Gläubigers erfolgt in der Zwangsverwaltung aus den Erträgnissen und nicht aus der Substanz. Daher bewirkt die Beschlagnahme in der Zwangsverwaltung für den Zwangsverwalter kein Recht, über dieses Grundstück zu verfügen. Das Grundstück kann daher während der Zwangsverwaltung ohne Zustimmung des Verwalters veräußert werden. Die Beschlagnahme bewirkt also keine Grundbuchsperre. Die Aufhebung des Verfahrens kann nur durch die Antragsrücknahme des bzw. der (betreibenden) Gläubiger bewirkt werden. Im Gegensatz zum Insolvenzverwalter kann der Zwangsverwalter deshalb auch ein Grundstück nicht aus der Zwangsverwaltung freigeben.

Ein vom Gericht ermächtigter Zwangsverwalter verschafft sich den Besitz am schuldnerischen Grundstück und zieht die Nutzungen aus diesem Objekt. Dem Schuldner wird durch die Beschlagnahme die Verwaltung und Benutzung des Grundstücks entzogen (§ 148 Abs. 2 ZVG). Regelmäßig bestehen die Nutzungen aus den **Miet- oder Pachtforderungen.** Der Verwalter hat aber auch die Nutzungen, die in Natur bestehen, zu ziehen (also zu ernten) und, soweit diese Nutzungen entbehrlich sind, diese in Geld umzusetzen. Zu denken ist an landwirtschaftliche oder gärtnerische Erzeugnisse, die der Verwalter erntet und veräußert und den Erlös zur Zwangsverwaltungsmasse zieht.

1419

Die Zwangsverwaltung soll nicht nach starren Regeln durchgeführt werden. Vielmehr sollen der Zwangsverwalter und das ihn überwachende Gericht wie ein verantwortungsbewusster Eigentümer handeln.[583] Deshalb soll der Zwangsverwalter auch dafür sorgen, dass das beschlagnahmte Objekt in einem **guten Zustand erhalten** bleibt bzw. ein schlechter Zustand beseitigt wird. Hiervon hängt nicht nur der Erfolg des Zwangsverwaltungsverfahrens, sondern auch ein gutes Ergebnis eines evtl. später oder parallel durchgeführten Zwangsversteigerungsverfahrens ab.

1420

Eine Zwangsverwaltung kann auch deshalb einen Sinn für einen Gläubiger haben, weil er durch den Zwangsverwalterbericht sofort über die exakten Miet- und Pachtverhältnisse informiert wird. So erfährt er z.B. ob Mietvorauszahlungen geleistet wurden.

1421

Außerdem kann der Zwangsverwalter die für die Zwangsversteigerung wichtige Frage (Rn. 387) klären, ob die Mieter Mietsicherheiten (Kautionen) geleistet haben.

---

583 *Stöber* (ZVG) § 146 Rn. 2.3.

C. Verhältnis der Zwangsverwaltung zur Zwangsversteigerung

1422 Zwangsverwaltung und Zwangsversteigerung können **nebeneinander** betrieben werden (§ 866 Abs. 2 ZPO). Beide Verfahren sind jedoch voneinander **unabhängig** und daher verfahrensmäßig **getrennt** zu halten. Wird über dasselbe Grundstück bei gleichzeitigem Antrag Zwangsverwaltung und Zwangsversteigerung angeordnet, so muss dies daher auch in getrennten Beschlüssen erfolgen.

Es gibt jedoch **einige Berührungspunkte** der beiden Verfahren:

I. Bestimmte Zwangsverwaltungsvorschüsse

1423 Ein Gläubiger im Zwangsversteigerungsverfahren kann gem. § 10 Abs. 1 Nr. 1 ZVG die **Aufwendungen**, die er im Zwangsverwaltungsverfahren für die Erhaltung oder nötige Verbesserung des Grundstücks gemacht hat (sog. bestimmte Zwangsverwaltungsvorschüsse), im Zwangsversteigerungsverfahren erstattet erhalten, wenn die Zwangsverwaltung bis zum Zuschlag fortgedauert hatte und die Ausgaben nicht aus den Nutzungen des Grundstücks erstattet werden konnten.

II. Zwangsverwaltung zur Sicherung

1424 Ist eine Zwangsversteigerung angeordnet und ist während des Verfahrens zu besorgen, dass durch das Verhalten des Schuldners die ordnungsmäßige Wirtschaft gefährdet wird, so hat das Vollstreckungsgericht auf Antrag des Gläubigers die zur Abwendung der Gefährdung erforderlichen Maßregeln anzuordnen, was auch durch Anordnung einer Zwangsverwaltung geschehen kann (§ 25 ZVG).[584]

III. Überleitung einer ergebnislosen Zwangsversteigerung

1425 Bleibt die Zwangsversteigerung auch in einem zweiten Termin **ergebnislos**, so wird dieses Verfahren grundsätzlich aufgehoben (§ 77 Abs. 1 Satz 1 ZVG; Rn. 485). Liegen jedoch die Voraussetzungen für die Anordnung einer Zwangsverwaltung vor, so kann gem. § 77 Abs. 2 Satz 2 ZVG das Gericht auf Antrag eines Gläubigers anordnen, dass das Verfahren als Zwangsverwaltung fortgeführt wird.

IV. Zwangsverwaltung und Zuschlag

1426 Wird in der Zwangsversteigerung der Zuschlag erteilt, so endet mit dem Erlass des Beschlusses über die Aufhebung der Zwangsverwaltung die auch noch nach dem Zuschlag weiter vorhandene Verwaltungsbefugnis des Zwangsverwalters bezüglich der vom Zuschlag umfassten Gegenstände.[585]

V. Gerichtliche Verwaltung gem. § 94 ZVG

1427 Bekanntlich (Rn. 544) wird der Ersteher bereits mit dem Zuschlag Eigentümer des Versteigerungsobjekts, sofern der Zuschlag nicht im Beschwerdeweg rechtskräftig aufgehoben wird (§ 90 Abs. 1 ZVG). Auf die Zahlung des Meistgebots kommt es nicht an. Damit kann ein Ersteher zwar nicht über den ersteigerten Grundbesitz, jedoch z.B. über die mitversteigerten Gegenstände verfügen; auch kann er die Grundstücksnutzungen (z.B. Miete) ziehen und auch über evtl. Mietverträge „verfügen". Insge-

---

584 Dazu *Depré/Mayer* ab Rn. 773.
585 Dazu *Eickmann* ZfIR 2003, 1021.

samt lässt sich also festhalten, dass der Ersteher den Grundbesitz in einer Weise „beeinträchtigen" kann, welche dessen, wegen der bisherigen Nichtzahlung des Meistgebots drohende, Wiederversteigerung erlöstechnisch erheblich erschweren würde. Vor einer derartigen Verschlechterung soll § 94 ZVG all jene schützen, welche aus dem bisherigen Versteigerungsergebnis eine Zuteilung erwarten dürfen.

Diese Beteiligten und der Schuldner[586] können, solange der Ersteher des Bargebot (noch) nicht gezahlt oder befreiend hinterlegt (§ 49 Abs. 4 ZVG) hat, versuchen, ihren möglichen Schaden dadurch abzuwenden, dass das Grundstück für Rechnung des Erstehers in gerichtliche Verwaltung genommen wird. Den hierauf gerichteten Antrag können sie schon im Versteigerungstermin stellen (§ 94 Abs. 1 ZVG). Auf das Verfahren finden einige Bestimmungen der Zwangsverwaltung Anwendung, so etwa die für die Bestellung des Verwalters und dessen Rechte und Pflichten bestehenden Regelungen (§ 94 Abs. 2 ZVG). Soweit durch die vom Verwalter vorzunehmende Einziehung von Nutzungen Überschüsse (§ 155 Abs. 2 ZVG) entstehen, erfolgt deren Verteilung nach den in der Zwangsverwaltung geltenden Regeln (Rn. 1751) mithin gem. eines aufzustellenden Teilungsplans nur an Berechtigte, welche auf Grund des Zuschlags einen Anspruch gegen den Ersteher haben, z.B. für Zinsen aus den bestehen bleibenden Rechte oder öffentliche Lasten ab Zuschlag.

1428

Gläubiger der durch die Zwangsversteigerung erloschenen Rechte werden hieran ebenso wenig beteiligt wie persönliche Gläubiger „des Zwangsversteigerungsverfahrens", da diese eben nur aus dem (bislang nicht gezahlten) Versteigerungserlös, nicht jedoch aus Zwangsverwaltungsüberschüssen befriedigt werden.

1429

Die Sicherungsverwaltung nach § 94 ZVG dient aus den o.g. Gründen eben nur dem Schutz gegen tatsächliche Verfügung des Erstehers, nicht jedoch der Befriedigung der aus dem Bargebot zu deckenden Berechtigten.

1430

Abschließend sei angemerkt, dass, obwohl für dieses Verfahren einige Bestimmungen der Zwangsverwaltung gelten, § 149 ZVG keine Anwendung findet, da der Schuldner durch den Zuschlagsbeschluss bereits sein Eigentum verloren hat und ihm daher ein „Wohnrecht" nicht mehr zugebilligt werden kann.

1431

2. Kapitel
Dingliche Mietpfändung – Alternative zur Zwangsverwaltung?

A. Miete als Vollstreckungsobjekt

Wie bereits dargelegt (Rn. 1418) kommt den Nutzungen aus dem Grundbesitz in der Zwangsverwaltung erhebliche Bedeutung zu. Gerade das vermietete Objekt verspricht dem Gläubiger der Zwangsverwaltung eher die zumindest teilweise Befriedigung seiner Forderung.

1432

Da es sich bei dem Anspruch des Vermieters gegen den Mieter auf Zahlung von Miete[587] jedoch um eine „normale" Forderung handelt, ist auch ein Vollstreckungszugriff durch **Pfändung** (und Überweisung) nach den §§ 828 ff. ZPO denkbar. Ohne Frage ist diese Forderungspfändung **schneller** und weitaus **kostengünstiger** durchführbar als die Zwangsverwaltung. Problematisch gestaltet sich die Sachlage in der Praxis oft allein dadurch, dass für eine solche Pfändung das Prioritätsprinzip des § 804 Abs. 3 ZPO gilt. Wer nicht zuerst pfändet, hat meist das Nachsehen.

1433

---

586 Mit guten Argumenten bejahen *Depré/Mayer* (Rn. 795) das Antragsrecht des Schuldners entgegen der h.M.
587 Soweit in diesem Kapitel von Miete gesprochen wird, gelten die Ausführungen entsprechend für die Pacht.

B. Zwangsverwaltung „bricht" Mobiliarpfändung

1434 In das unter obiger Rn. 1433 dargestellte Prioritätsprinzip der Mobiliarvollstreckung greift § 1124 Abs. 2 BGB ein. Nach dieser Norm wird wenigstens die i.S.d. § 1124 Abs. 2 BGB künftige Miete trotz Vorausverfügung wieder der Hypothekenhaftung unterstellt[588]. Klarstellend sei angemerkt, dass zu einer Vorausverfügung i.S. dieser Norm auch eine solche im Wege der Zwangsvollstreckung (hier Mobiliarpfändung) gehört.[589] Damit wird durch eine gegenüber der Mobiliarpfändung nachträgliche Beschlagnahme in der Zwangsverwaltung die künftige[590] Miete allein den Befriedigungsregeln des Zwangsverwaltungsverfahrens unterstellt. Da in der Zwangsverwaltung die Befriedigung der Gläubiger aus den Überschüssen (Rn. 1763) überwiegend[591] nicht nach dem Prioritätsprinzip, sondern nach den Rangklassen des § 10 ZVG erfolgt (§ 155 Abs. 2 ZVG), stellt die Beantragung (mit nachfolgender Anordnung) der Zwangsverwaltung besonders für den dinglichen Gläubiger einen Weg dar, trotz vorliegender „vorrangiger" (Mobiliar-)Pfändung der Miete hieraus Befriedigung zu erfahren.

C. Alternativ: Auch „dingliche Pfändung" bricht Mobiliarpfändung

1435 Die Mietforderungen unterliegen gem. § 1123 BGB der Hypothekenhaftung.[592] Der Grundstückseigentümer (Vermieter) kann über diese Mieten verfügen, solange der Berechtigte eines Grundpfandrechts seine Hypothekenhaftung noch nicht verwirklicht hat. Die Hypothekenhaftung ist zwar latent vorhanden, der dingliche Gläubiger kann aber auf die Erträge erst zugreifen, wenn er die Haftung durch Beschlagnahme aktiviert hat.

1436 Wird vor dieser Beschlagnahme die Miete eingezogen oder wird in anderer Weise über sie verfügt, so ist diese Verfügung[593] dem Hypothekengläubiger gegenüber wirksam (§ 1124 Abs. 1 BGB).

1437 Verfügungen jedweder Art über die Miete vor Haftungsverwirklichung durch den Hypothekengläubiger sind jedoch ihm gegenüber insoweit **unwirksam**, soweit sie sich auf die Miete für die spätere Zeit als bis zur Zeit der Beschlagnahme laufenden Kalendermonat beziehen. Erfolgt die Beschlagnahme nach dem fünfzehnten Tage des Monats, so ist die Verfügung jedoch insoweit wirksam, als sie sich auf die Miete für den folgenden Kalendermonat bezieht (§ 1124 Abs. 2 BGB).

1438 Die von § 1124 BGB geforderte **Beschlagnahme** der Miete tritt jedoch nicht allein durch die Zwangsverwaltung (Rn. 1503 ff.), sondern auch durch die **Pfändung** der Miete auf Grund eines **dinglichen** Titels (sog. Duldungstitel) ein.[594]

1439 Diesen dinglichen Titel hält ein Grundpfandrechtsgläubiger meist schon in Händen, weil sich der Eigentümer regelmäßig bei der Grundpfandrechtsbestellung in einer notariellen Urkunde der Zwangsvollstreckung aus dem einzutragenden Recht in das Grundstück unterwirft (Titel nach § 794 Abs. 1 Nr. 5 ZPO). Anderenfalls müsste der Gläubiger gegen den Schuldner über eine Duldungsklage diesen dinglichen Titel (dann Titel nach § 704 ZPO) erwirken.

1440 Nimmt der dingliche Gläubiger demnach eine Pfändung der Miete (durch Pfändungsbeschluss des Vollstreckungsgerichts) auf Grund seines dinglichen Titels (Duldungstitels) vor, aktiviert er damit den Haftungsverband des Grundpfandrechts. Dies hat nicht nur die relative Unwirksamkeit der bisherigen Mietpfändung im Rahmen des § 1124 Abs. 2 BGB zur Folge. Der dingliche Gläubiger nimmt durch die Mietpfändung auch **exklusiv** Zugriff auf diese Forderung, d.h. er allein wird aus der Pfän-

---

588 *Depré/Mayer* Rn. 168.
589 *Palandt/Bassenge* § 1124 Rn. 5.
590 § 1124 Abs. 2 BGB.
591 Ausnahme: RK 5; hier richtet sich der Befriedigungsrang nach der zeitlichen Reihenfolge der Beschlagnahmen.
592 Wegen § 1192 Abs. 1 BGB gilt dies entsprechend für die Grundschuld und die Rentenschuld.
593 Darunter fallen auch solche im Wege der Zwangsvollstreckung.
594 *RG* 103, 137; *Palandt/Bassenge* § 1123 Rn. 5 m.w.N.

dung befriedigt, unabhängig etwa von § 10 ZVG oder dem Grundbuchrang seines Grundpfandrechts.

Aus dieser starken Pos. kann der dingliche Gläubiger nur **vertrieben** werden wenn

1441

1. ein weiterer dinglicher Gläubiger aus einem rangbesseren Grundpfandrecht ebenfalls die dingliche Mietpfändung bewirkt oder
2. die Beschlagnahme der Miete in einem später angeordneten Zwangsverwaltungsverfahren bewirkt wird.

zu 1.

In der Konkurrenz mehrerer dinglicher Gläubiger gilt nicht der Zeitpunkt der Beschlagnahme, sondern der **Grundbuchrang** der Rechte (§ 879 BGB), aus denen die Zwangsvollstreckung betrieben wird.[595]

zu 2.

Erfolgt die Beschlagnahme im Rahmen einer Zwangsverwaltung, hat diese in jedem Falle Vorrang, d.h. das Recht des Zwangsverwalters, die Miete einzuziehen (§ 148 ZVG) und diese nach Maßgabe der §§ 155 ff. ZVG auszuschütten geht (im Rahmen des § 1124 Abs. 2 BGB) vor.[596] Dies gilt selbst dann, wenn die Zwangsverwaltung von einem gegenüber dem pfändenden dinglichen Gläubiger nachrangigen Grundpfandrechtsgläubiger[597] oder „nur" von einem persönlichen Gläubiger betrieben wird. Die bisher ausgebrachten Pfändungen der Miete werden aber nicht gegenstandslos, sondern ruhen für die Zeit der Zwangsverwaltung und leben nach deren Aufhebung wieder auf.[598]

Somit lässt sich für die Mietpfändung abschließend folgende „Rangfolge" festhalten:

1442

1. Rangstelle	Beschlagnahme in der **Zwangsverwaltung**; liegen mehrere dieser Beschlagnahmen vor, gilt § 10 ZVG
2. Rangstelle	Beschlagnahme aus **dinglichem** Anspruch; liegen mehrere dieser Beschlagnahmen vor, gilt § 879 BGB
3. Rangstelle	Pfändung aus **persönlichem** Titel; liegen mehrere Pfändungen vor, gilt § 804 Abs. 3 ZPO

D. Prozessökonomisches Gläubigerverhalten

Für welche Maßnahme sich ein Gläubiger letztlich entscheiden sollte, wird an einem Beispiel verdeutlicht.

Der Schuldner und Grundstückseigentümer (und Vermieter) E kann mtl. 1.500,00 € an Mieten einziehen. Diese Mieteinnahmen verwendet er, um die in gleicher Höhe mtl. anfallenden Zins- und Tilgungsleistungen gegenüber seiner Bank B, die über eine Hypothek an erster Rangstelle im Grundbuch abgesichert ist, zu begleichen. B verfügt ebenfalls über einen persönlichen Titel gegen E in Höhe des Grundschuldbetrages.

Dem persönlichen Gläubiger G steht gegen E ein vollstreckbarer Anspruch in Höhe von 50.000,00 € zu. Er erwirkt wegen dieses Anspruchs einen Pfändungs- und Überweisungsbeschluss, mit welchem er die genannten Mietforderungen des E pfändet und sich zur Einziehung überweisen lässt. E sieht sich jetzt nicht mehr in der Lage, seine laufenden Verbindlichkeiten gegenüber seiner Bank zu erbringen. B erwägt den Vollstreckungszugriff auf die Mietforderungen.

1443

Beispiel

---

595 *RG* a.a.O.
596 *OLG Celle* JR 1955, 267; *LG Braunschweig* ZIP 1996, 193.
597 So für den Fall der Abtretung des Mietanspruchs *BGH* Rpfleger 2005, 684.
598 *OLG Frankfurt* JW 27, 861.

3 *Verfahren über die Anordnung der Zwangsverwaltung*

Theoretisch kommen hierfür **drei Möglichkeiten** in Betracht:

1444 **1. Forderungspfändung aus dem persönlichen Titel**
Wegen § 804 Abs. 3 ZPO ist dies nicht Erfolg versprechend; das Pfandrecht von G würde B vorgehen. Wegen der hohen Forderung des G kann B in absehbarer Zeit nicht mit einer Befriedigung rechnen.

1445 **2. Beantragung der Zwangsverwaltung**
Durch die Beschlagnahme in der Zwangsverwaltung würde die Hypothekenhaftung aktiviert; nach § 1124 Abs. 2 BGB wäre die Pfändung der Miete durch G den Berechtigten aus der Zwangsverwaltung gegenüber unwirksam, soweit sie die i.S. dieser Norm künftigen Ansprüche betrifft. In der Zwangsverwaltung würde eine Befriedigung aus den Überschüssen in der Rangfolge des § 10 ZVG erfolgen. Da B zu diesen Berechtigten gehört (RK 4) und eine gute Grundbuch-Rangstelle einnimmt, könnte auch sie mit einer Zuteilung rechnen. Nach den Regelungen der Zwangsverwaltung müsste sich der vom Gericht bestellte Zwangsverwalter zunächst den Besitz des Objekts verschaffen und danach die Mieten einziehen. Aus diesem Erlös hätte er vorab die laufenden Beträge der öffentlichen Grundstückslasten (§ 156 Abs. 1 ZVG; Rn. 1762) zu begleichen und die Beträge für die voraussichtlich entstehenden Kosten der Verwaltung und die Kosten des Verfahrens (§ 155 Abs. 1 ZVG) zu berücksichtigen. Danach hätte er, falls einschlägig, dem Gericht mitzuteilen, dass genügend Masse vorhanden ist, um einen Verteilungstermin zu bestimmen (§ 156 Abs. 2 ZVG). Erst nach dessen Erstellung könnte Gläubiger B mit einer Zuteilung rechnen.

1446 **3. Forderungspfändung aus dem dinglichen Titel**
Wählt B diesen Weg, würde sie wegen § 1124 Abs. 2 BGB den persönlichen Gläubiger G alsbald vom ersten Pfändungsrang verdrängen und erhielte exklusiven[599] Zugriff auf die Miete. Auch ist das Forderungspfändungsverfahren verglichen mit der Zwangsverwaltung schnell und kostengünstig[600]. Aus Sicht der Bank einziger „Nachteil" ist der Umstand, dass jeder im Wege einer Pfändung aus dinglichem Anspruch eingenommene Euro von der Pfändungsgläubigerin natürlich auch auf die dingliche Forderung verrechnet werden muss. Über Grundschulden gesicherte Kreditinstitute versuchen solches soweit möglich zu vermeiden. Im Rahmen der Darlehensgewährung wird daher meist vereinbart, dass jede Zahlung des Schuldners auf das über die Sicherungsabrede mit der Grundschuld verbundene Darlehen (= persönliche Forderung der Bank) gezahlt wird. So wird erreicht, dass die Grundschuld bis zur Rückgewähr der Sicherheit für evtl. weitere Sicherungszwecke zur Verfügung stehen kann.

1447 Weiter ist für den Fall, dass über das Vermögen des Schuldners das Insolvenzverfahren eröffnet wird, zu beachten, dass ein dinglicher Gläubiger in einem Insolvenzverfahren die Absonderung nur auf Grund der Vorschriften über die Zwangsverwaltung durchführen kann (§ 49 InsO). Auf Grund der Pfändung mit dem dinglichen Titel ist der Gläubiger zwar absonderungsberechtigt, kann diese Absonderung aber im Insolvenzverfahren nicht durchsetzen. Hier bleibt also nur die Beantragung der Zwangsverwaltung.

3. Kapitel
Verfahren über die Anordnung der Zwangsverwaltung

A. Objekte der Zwangsverwaltung

1448 Gegenstand der Zwangsverwaltung können Grundstücke, auch mehrere Grundstücke, ideelle Grundstücksbruchteile und grundstücksgleiche Rechte sein.

1449 Die Verfahren über **mehrere Grundstücke** können unter den Voraussetzungen des § 18 ZVG (Rn. 956) verbunden werden.

---

599 Unabhängig von der Rangstelle seines Rechts im Grundbuch und nur durch die unter Rn. 1441 geschilderten Umstände zu beeinträchtigen.
600 Festgebühr von 15,00 € (Nr. 2110 KVGKG) zzgl. Zustellungsauslagen des Gerichtsvollziehers.

In der Zwangsverwaltung ist jedoch zu beachten, dass die Grundstückserträge **getrennt** zu halten sind und daher auch die Verteilung gesondert durchzuführen ist. Daher darf grundsätzlich ein umfangreicher Ertrag eines Grundstücks nicht zur Befriedigung der gegen ein anderes (ertragsschwächeres) Grundstück gerichteten Ansprüche verwendet werden. Dies ist jedoch zulässig, wenn und soweit eine Gesamtbelastung vorliegt.

Wird die Zwangsverwaltung in den **Bruchteil eines Grundstücks** betrieben (§§ 866 Abs. 1, 864 Abs. 2 ZPO), so ist der Zwangsverwalter an die von den Eigentümern getroffenen Verwaltungs- und Benutzungsregelungen gebunden. Diese Regelungen wirken auch gegenüber dem Zwangsverwalter (§§ 745, 746, 1010 BGB). Der Verwalter kann daher nur die Rechte ausüben, die dem Schuldner auch zustehen.[601] Allerdings kann während eines angeordneten Zwangsverwaltungsverfahrens weder der Zwangsverwalter noch der Schuldner allein, sondern es können nur beide gemeinsam den Anspruch auf Aufhebung der Gemeinschaft gem. § 749 BGB, §§ 180 ff. ZVG durchsetzen. Das Recht der übrigen Miteigentümer, die Aufhebung der Gemeinschaft zu verlangen, bleibt unberührt. **1450**

Die Zwangsverwaltung kann auch über ein **Erbbaurecht** und in andere grundstücksgleiche Rechte[602] angeordnet werden. Die oft als Inhalt des Erbbaurechts vereinbarte Beschränkung nach § 5 Abs. 1 ErbbauVO hindert die Zwangsverwaltung nicht, da das Grundstück in deren Rahmen nicht veräußert wird. **1451**

Auch **Wohnungs- oder Teileigentum** kann Gegenstand der Zwangsverwaltung sein. Da die Zwangsverwaltung, wie bereits dargelegt, keine Veräußerung des Grundbesitzes bedeutet, stellt eine als Inhalt des Sondereigentums evtl. vereinbarte Veräußerungsbeschränkung nach § 12 WEG kein Hindernis dar. Zur Anordnung der Zwangsverwaltung ist die Zustimmung des Wohnungseigentumsverwalters oder der Wohnungseigentümer nicht erforderlich, auch dann nicht, wenn dies für den Fall der Zwangsversteigerung so vereinbart sein sollte. **1452**

Die Zwangsverwaltung ist **nicht zulässig** bei Luftfahrzeugen (§ 171a ZVG), Schiffen und Schiffsbauwerken (§ 870a Abs. 1 ZPO). Es kann jedoch deren Bewachung und Verwahrung angeordnet werden (§§ 165 Abs. 2, 171c Abs. 3 ZVG). **1453**

B. Antrag auf Zwangsverwaltung

Die Zwangsverwaltung wird nur auf Antrag eines Gläubigers durch das Vollstreckungsgericht angeordnet (§§ 146 Abs. 1, 15 ZVG). **1454**

Auf die Anordnung der Zwangsverwaltung finden die Vorschriften über die Anordnung der Zwangsversteigerung entspr. Anwendung, soweit sich nicht aus den §§ 147 bis 151 ZVG etwas anderes ergibt (§ 146 Abs. 1 ZVG). Deshalb kann zunächst auf die Ausführungen Rn. 17 bis 59 verwiesen werden. **1455**

I. Zuständigkeit

Die Zuständigkeit bestimmt sich nach den zwangsversteigerungsrechtlichen Bestimmungen (§ 146 Abs. 1 mit §§ 1 und 2 ZVG). **1456**

Für die Durchführung der Zwangsverwaltung ist damit grundsätzlich das Amtsgericht zuständig, in dessen Bezirk das Grundstück liegt. Wegen der Zentralisierung und Zuständigkeitsbestimmung wird auf Rn. 19 verwiesen.

Die funktionelle Zuständigkeit liegt beim Rechtspfleger (§ 3 Nr. 1 i RPflG).

---

601 Dazu ausführlich *Depré/Mayer* Rn. 378 ff.
602 Eine Auflistung findet sich bei *Stöber* (ZVG) Einl. 13.1 und 13.2.

II. Antragsvoraussetzungen

1. Vollstreckungstitel

1457 Wie die Vollstreckungsversteigerung erfolgt die Zwangsverwaltung ebenfalls nur auf Grund eines vollstreckbaren Titels.

2. Schuldner muss Besitzer sein

1458 Wie bei der Zwangsversteigerung darf die Zwangsverwaltung grundsätzlich nur angeordnet werden, wenn der Schuldner als **Eigentümer** im Grundbuch eingetragen ist oder wenn er Erbe des eingetragenen Eigentümers ist (§ 17 Abs. 1 ZVG). Zu den Ausnahmen und zur Nachweisfrage siehe Rn. 25 ff.

1459 Da die Zwangsverwaltung auf die Grundstücksnutzungen abzielt (Rn. 1418), muss sich der Eigentümer des Grundstücks (Schuldner) auch in einer Position befinden, aus der heraus er solche grundsätzlich ziehen kann. Die Zwangsverwaltung setzt daher **Eigenbesitz** des Eigentümers am Objekt der Zwangsverwaltung voraus.[603] Unerheblich ist dabei, ob der Schuldner unmittelbaren Besitz (er nutzt das Objekt selbst) oder mittelbaren Besitz (Grundstück ist vermietet oder verpachtet) hat.

1460 Im Falle **vollständiger Besitzaufgabe** ist die Anordnung der Zwangsverwaltung gegen den Eigentümer nicht möglich. Es kommt jedoch jetzt die Zwangsverwaltung gegen den Eigenbesitzer in Frage (Rn. 1464).

3. Zwangsverwaltung gegen den Eigenbesitzer

a) Besitz und Eigenbesitz

1461 Normalerweise ist der Eigentümer auch der Besitzer des Grundstücks (entweder unmittelbarer oder mittelbarer Eigenbesitzer).

1462 Ausnahmsweise kann jedoch die Zwangsverwaltung auf Grund eines Antrags eines dinglichen Gläubigers auch dann angeordnet werden, wenn ein Schuldner nicht Eigentümer des Grundstücks ist, aber das Grundstück in **Eigenbesitz** hat, also das Grundstück **als ihm gehörend**[604] besitzt (§ 147 Abs. 1 ZVG, § 872 BGB).

1463 Beispiel
B kauft von A ein Grundstück. Der Eigentümer A hat sein Grundstück an B aufgelassen[606] und ihm bereits übergeben. Die Umschreibung des Eigentums im Grundbuch steht noch aus. Es fehlt somit zum Erwerb des Eigentums durch B noch dessen Eintragung im Grundbuch (§ 873 BGB). B ist aber bereits Besitzer des Grundstücks.

b) Voraussetzungen

1464
- Schuldner ist **Eigenbesitzer.**
- Anspruch aus einem **eingetragenen Recht.**
  Nur die Ansprüche aus einer Hypothek, Grundschuld, Rentenschuld oder Reallast können gegen einen Eigenbesitzer vollstreckt werden (§ 147 Abs. 1 ZVG). Auch aus einer Zwangshypothek ist diese Vollstreckung möglich.[606]

---

603 *BGH* Rpfleger 1986, 26.
604 Eigenbesitzer ist damit nicht, wer sein Recht zum Besitz von einem Dritten auf Grund eines dinglichen oder persönlichen (z.B. Mietvertrag) Nutzungsrecht ableitet.
605 Auflassung ist für die Bejahung von Eigenbesitz nicht erforderlich.
606 So zutreffend *Depré/Mayer* Rn. 30.

- **Vollstreckungstitel** gegen den Eigenbesitzer (Schuldner).
  Auch die Zwangsvollstreckung (durch Zwangsverwaltung) gegen den Eigenbesitzer erfordert seitens des Gläubigers einen Vollstreckungstitel. Dieser muss sich gegen den Eigenbesitzer richten; ein Vollstreckungstitel nur gegen den Eigentümer reicht daher nicht aus.[607] Weiter muss es sich, weil aus einem eingetragenen Recht vorgegangen wird, dabei um einen Duldungstitel handeln. Meist wird der Berechtigte aus dem eingetragenen Grundpfandrecht (Gläubiger) einen solchen Titel (z.B. notarielle Urkunde; § 794 Abs. 1 Nr. 5 ZPO) nur gegen den eingetragenen Eigentümer (welcher das Grundpfandrecht bestellt hat), nicht jedoch gegen den Eigenbesitzer in Händen halten.
  In diesem Fall ist die Umschreibung des Titels nach § 727 ZPO (Rechtsnachfolgeklausel) erforderlich. In diesem Verfahren muss der Eigenbesitz, sofern nicht offenkundig, von dem Gläubiger durch öffentliche oder öffentlich beglaubigte Urkunden nachgewiesen werden (§ 727 Abs. 1 ZPO).
  Verfügt der Gläubiger noch nicht über einen Titel, muss der diesen über eine Duldungsklage gegen den Eigenbesitzer erwirken.
  Vor Beginn der Zwangsvollstreckung ist weiter das Zustellungserfordernis nach § 750 Abs. 1 und 2 ZPO zu beachten.
- **Offenkundigkeit** oder **Glaubhaftmachung** des Eigenbesitzes (§ 147 Abs. 2 ZVG).
  Sofern der Eigenbesitz nicht bei Gericht offenkundig ist, also entweder allgemein bekannt oder dem Gericht auf Grund seiner jetzigen oder einer früheren amtlichen Tätigkeit bekannt ist, muss dieser glaubhaft gemacht werden. § 147 Abs. 2 ZVG beschränkt dabei die Möglichkeiten des Gläubigers nicht auf öffentliche oder öffentlich beglaubigte Urkunden. Neben behördlichen Bescheinigungen kommt insbesondere die notarielle Kaufurkunde, aus welcher sich der Besitzübergang an den Käufer ergibt, in Betracht. An diese kann der Gläubiger wegen § 792 ZPO gelangen. Das Vollstreckungsgericht entscheidet die Frage der Offenkundigkeit/Glaubhaftmachung des Eigenbesitzes nach pflichtgemäßem Ermessen.

Besitzt der Dritte nicht als **Eigen**besitzer oder steht dem Gläubiger „nur" eine persönliche Forderung gegen den Eigentümer zu (Rn. 50), so bleibt dem Gläubiger nur folgender (Um)Weg: **1465**

Der Gläubiger muss einen etwaigen Herausgabeanspruch des Eigentümers gegen den Besitzer pfänden und sich zur Einziehung überweisen lassen, sodann einen Herausgabetitel gegen den Besitzer erwirken, um schließlich nach erfolgter Herausgabe die Zwangsverwaltung durchführen zu lassen.[608]

III. Inhalt des Antrags und Anlagen

Wie der Zwangsversteigerungsantrag hat auch der Antrag auf Anordnung der Zwangsverwaltung zu enthalten (§§ 146, 16 ZVG): **1466**
- Bezeichnung des angerufenen Gerichts (Rn. 18, 19);
- Name und Anschrift (zustellungsfähig) des Gläubigers und des Schuldners (Rn. 25 f.);
- Bezeichnung des Grundstücks (Rn. 36);
- Bezeichnung der Forderung, wegen welcher die Zwangsverwaltung angeordnet werden soll (Rn. 38 ff.);
- Bezeichnung des vollstreckbaren Titels (Rn. 50 ff.).

Auf die Ausführungen Rn. 23 f. wird verwiesen.

Wegen der beizufügenden Unterlagen wird auf Rn. 24 verwiesen. **1467**

---

607 *BGH* Rpfleger 1986, 26.
608 *BGH* a.a.O.

Antrag auf Anordnung der Zwangsverwaltung

1468

Muster

Stadtsparkasse Musterstadt Musterstadt, 22.01.2008
Sparkassenplatz 1
66666 Musterstadt

An das
Amtsgericht
66666 Musterstadt

Antrag auf Anordnung der Zwangsverwaltung

In der Zwangsvollstreckungssache

Stadtsparkasse Musterstadt, vertreten durch den Vorstand
Sparkassenplatz 1
66666 Musterstadt
– Gläubigerin –

g e g e n

Tina Schuld
Hintergasse 1
66666 Musterstadt
– Schuldnerin –

Die Schuldnerin ist Eigentümerin des Grundstücks der Gemarkung Musterstadt, eingetragen im Grundbuch von Musterstadt Blatt 3000 unter lfd. Nr. 1 des Bestandsverzeichnisses FlSt.Nr. 555 Hof- und Gebäudefläche, Waldstraße 14 zu 600 m²

Auf Grund der beigefügten vollstreckbaren Urkunde des Notars Dr. Schlau in Musterstadt vom 22.03.2006 – Urk. Rolle Nr. 254/06 – steht der Gläubigerin gegen die Schuldnerin ein dinglicher Anspruch aus der im Grundbuch in Abt. III Nr. 1 eingetragenen Grundschuld zu, und zwar:

1. Hauptforderung   120.000,00 €
2. 15 % Zinsen hieraus seit 01.04.2006   p.m.
3. Kosten der gegenwärtigen Rechtsverfolgung

Wir beantragen hiermit die Zwangsverwaltung des im o.g. Grundbuch auf den Namen der Schuldnerin eingetragenen Grundstücks.
Ein Zeugnis gem. § 17 Abs. 2 ZVG fügen wir zum Nachweis der Eigentumsverhältnisse bei.
Die Auswahl des Zwangsverwalters stellen wir in das Ermessen des Gerichts.

Stadtsparkasse Musterstadt

(Unterschrift)   (Unterschrift)

Anlagen:
- Urkunde des Notars Dr. Schlau vom 22.03.2006 mit Vollstreckungsklausel und Zustellungsnachweis
- Zeugnis gem. § 17 Abs. 2 ZVG vom 16.01.2008

C. Entscheidung über den Antrag

I. Prüfung durch das Vollstreckungsgericht

1. Allgemeine Prüfung

a) Tätigkeit der Geschäftsstelle

1469 Die Geschäftsstelle trägt den Antrag ins Vollstreckungsregister II Spalte „L" ein. Soweit im Antrag für die Eintragung des Schuldners im Grundbuch auf die Grundakten Bezug genommen wird (§ 17 Abs. 2 Satz 2 ZVG), werden diese beigezogen.

b) Allgemeine Prozessvoraussetzungen

Auch vor Beginn einer Zwangsverwaltung sind die allgemeinen Prozessvoraussetzungen[609] zu prüfen, nämlich z.B. **1470**
- Parteifähigkeit (§ 50 ZPO);
- Prozessfähigkeit (§§ 51 bis 53 ZPO);
- Rechtsschutzbedürfnis.
  Wird ein Zwangsverwaltungsantrag erkennbar nur deshalb gestellt, um wegen eines laufenden oder geplanten Zwangsversteigerungsverfahrens einem Gutachter oder den Bietinteressierten den Zutritt zu dem Objekt zu verschaffen, so fehlt diesem Antrag das Rechtsschutzinteresse; er muss zurückgewiesen werden.[610]

c) Allgemeine und besondere Vollstreckungsvoraussetzungen

Neben den stets zu beachtenden allgemeinen Vollstreckungsvoraussetzungen hat der Rechtspfleger zu prüfen, ob der vorgelegte Titel gegen den im Grundbuch eingetragenen Eigentümer (Rn. 50) oder gegen den Eigenbesitzer (Rn. 1464) vollstreckbar ist (§§ 17, 147 Abs. 1 ZVG). **1471**

2. Besondere Prüfung (§ 28 ZVG)

Auch der Zwangsverwaltung können **Rechte Dritter** entgegenstehen. **1472**

Wie in der Zwangsversteigerung gilt daher auch hier, dass das Gericht zu prüfen hat, ob durch die Durchführung des Verfahrens die Rechte Dritter verletzt würden. Wegen der Frage, wann diese Prüfung zu geschehen hat (vor oder nach der Verfahrensanordnung), wird auf die Ausführungen Rn. 67 Bezug genommen.

Besonders im Lichte der Entscheidung des Bundesgerichtshofs vom 14.03.2003[611] zum am künftigen Zwangsverwaltungsobjekt eingetragenen Nießbrauch empfiehlt es sich für das Vollstreckungsgericht dringend, sich **vor der Verfahrensanordnung** über den vollständigen aktuellen Grundbuchstand zu informieren. **1473**

Einzelheiten zu den entgegenstehenden Rechten unter **Beanstandung des Antrags** (Rn. 67 bis 69), **Hindernisse für die Anordnung** (Rn. 71) und **Gegenrechte und Verfügungsbeschränkungen** (Rn. 72 bis 77). **1474**

II. Entscheidung des Vollstreckungsgerichts

1. Beanstandung des Antrags

Ein Anordnungsbeschluss kann **nicht** erlassen werden, wenn das Vollstreckungsgericht zu der Auffassung kommt, dass **1475**
- die beantragte Zwangsvollstreckung unzulässig ist oder
- ein formaler Mangel vorliegt.

Dies ist insbesondere der Fall, wenn **1476**
- wichtige Angaben im Antrag fehlen; dazu Rn. 23;
- kein Vollstreckungstitel vorliegt und offenbar auch nicht vorhanden ist;
- der im Vollstreckungstitel ausgewiesene Schuldner nicht als Eigentümer im Grundbuch eingetragen ist und auch nicht eine Ausnahme – Schuldner ist Erbe des eingetragenen Eigentümers (Rn. 25 ff.) oder Zwangsvollstreckung gegen den Eigenbesitzer (Rn. 1464) – vorliegt;

---

609 Einzelheiten werden als bekannt vorausgesetzt. Eine gute Zusammenstellung der Prozessvoraussetzungen findet sich z.B. bei *Schellhammer* (ZPO) Rn. 355 f.
610 *Depré/Mayer* Rn. 8; *Haarmeyer/Wutzke/Förster/Hintzen* § 146 Rn. 29; *LG Ellwangen* Rpfleger 1995, 427; a.M. *Böttcher* (ZVG) § 146 Rn. 6.
611 Rpfleger 2003, 378.

- ein für den Gläubiger nicht überwindbares Hindernis der Anordnung entgegensteht. Die wichtigsten Anordnungshindernisse werden ab Rn. 1477 besprochen;
- eine Verfügungsbeschränkung grundbuchersichtlich oder dem Gericht bekannt ist (§ 28 ZVG). Die **wichtigsten Verfügungsbeschränkungen** werden ab Rn. 1486 dargestellt.

2. Hindernisse für die Anordnung

a) Grundproblematik bei Nießbrauch, Altenteil (Leibgeding) und Wohnungsrecht

1477 Während ein Nießbrauch die Anordnung der Zwangsversteigerung nicht hindert (Rn. 168), kann ein solches Recht der Anordnung der Zwangsverwaltung sehr wohl entgegenstehen. Ähnliches gilt für Altenteil (Leibgeding) und Wohnungsrecht. Der Grund hierfür liegt im Wesen der vorgenannten Rechte, was sich am Beispiel des Nießbrauchs leicht zeigen lässt: Dem Nießbraucher steht die dingliche Berechtigung zu, die Nutzungen des belasteten Grundstücks zu ziehen (§ 1030 Abs. 1 BGB) und es zu besitzen (§ 1036 Abs. 1 BGB). Damit tangiert der Nießbrauch exakt die Ansprüche, auf welche im Rahmen der Zwangsverwaltung zugegriffen werden soll bzw. die dem Zwangsverwalter dort zustehen sollen (Rn. 1418).

1478 Da auch ein Altenteil (Leibgeding) und ein Wohnungsrecht zum Besitz des Grundstücks berechtigen (§§ 1036, 1093 BGB), erwachsen aus diesen Rechten für die Zwangsverwaltung ähnliche Probleme.

b) Nießbrauch

1479 Während früher für die Prüfung der Zulässigkeit der Anordnung des Zwangsverwaltungsverfahrens auf das Rangverhältnis zwischen dem Recht des Gläubigers und dem Nießbrauch abgestellt wurde und darüber hinaus einiges streitig war, hat der *BGH* mit seiner Entscheidung vom 14.03.2003[612] jetzt folgende Lage geschaffen:

Auch ein im Verhältnis zum Nießbrauch vorrangiger dinglicher Gläubiger benötigt zur unbeschränkten Anordnung der Zwangsverwaltung einen Titel gegen den Nießbraucher. Diesen erhält er meist durch „Umschreibung" der Vollstreckungsklausel entsprechend § 727 ZPO[613]; der Nießbraucher wird insoweit als Rechtsnachfolger behandelt. Kann der Gläubiger auf diesem Weg keinen Titel gegen den Nießbraucher erlangen und liegt auch nicht dessen Zustimmung zur **unbeschränkten** Zwangsverwaltung vor, muss er den Titel im Wege einer Duldungsklage gegen den Nießbraucher erwirken. Anderenfalls (also ohne Titel gegen den Nießbraucher) bleibt dem Gläubiger nur die **beschränkte** Zwangsverwaltung (hierzu Rn. 1482).

1480 Bei **unbeschränkter**[614] Zwangsverwaltung kann der Nießbraucher aus dem Besitz gesetzt werden. Dies geschieht auf Basis des Anordnungsbeschlusses mit Zustellungsvermerk und Ermächtigung nach § 150 Abs. 2 ZVG im Auftrag des Zwangsverwalters durch einen Gerichtsvollzieher. Der Nießbraucher hat keinen Anspruch auf Belassung von Wohnräumen nach § 149 Abs. 1 ZVG.

1481 Der Zwangsverwalter kann bei unbeschränkter Zwangsverwaltung selbst jene Mieten einziehen, welche auf Grund eines Vertrages zu zahlen sind, den der Nießbrauchsberechtigte im Rahmen seines Rechts abgeschlossen hat.[615]

1482 Hat der bevorrechtigte dingliche Gläubiger nur einen Titel gegen den Eigentümer oder wird die Zwangsverwaltung aus einem Recht – dinglich oder persönlich – betrieben, welches dem Nießbrauchsrecht im Range nachgeht, kann die Zwangsverwaltung zwar angeordnet werden, die Rechte des Nießbrauchers dürfen jedoch dadurch nicht berührt werden, d.h. der Zwangsverwalter ist an die Beschränkungen gebunden, die sich aus dem Nießbrauchsrecht ergeben. Die Tatsache, dass es sich

---

612 Rpfleger 2003, 378.
613 *OLG Dresden* Rpfleger 2006, 92.
614 Duldungstitel gegen den Nießbraucher liegt vor.
615 *Depré/Mayer* Rn. 56.

um eine derartig beschränkte Zwangsverwaltung handelt, hat das Vollstreckungsgericht bereits im Anordnungsbeschluss zu erwähnen.[616] Die beschränkte Zwangsverwaltung ist nur ausnahmsweise sinnvoll, da der Zwangsverwalter keine Zugriffsmöglichkeiten auf die zu ziehenden Nutzungen des Grundstücks hat. Der Zwangsverwalter hat dann lediglich die Funktion, das Grundstück und den Nießbrauchsberechtigten zu überwachen und die Rechte auszuüben, die der Eigentümer gegen den Nießbrauchsberechtigten geltend machen könnte.[617]

Ein für den Eigentümer bestehender Nießbrauch hindert in keinem Fall die Anordnung der unbeschränkten Zwangsverwaltung. **1483**

c) Altenteil (Leibgeding) und Wohnungsrecht

Für Altenteil (Leibgeding) und Wohnungsrecht gilt das zum Nießbrauch Gesagte entsprechend. **1484**

Unbeschränkte Zwangsverwaltung erfordert auch hier einen Duldungstitel gegen den Berechtigten aus dem jeweiligen Recht. Eine beschränkte Zwangsverwaltung ist für den Gläubiger nur dann sinnvoll, wenn es aus dem Grundstück neben dem Altenteil bzw. Wohnungsrecht noch Erträge gibt, welche ohne Zwangsverwaltung dem Grundstückseigentümer zustehen würden.

d) Besitzaufgabe durch den Eigentümer

Ist der Eigentümer ausnahmsweise (etwa wegen laufender Eigentumsübertragung) noch nicht einmal mehr mittelbarer Besitzer des zur Zwangsverwaltung heranstehenden Objekts, kann die Zwangsverwaltung nicht mehr gegen ihn, sondern allenfalls gegen den Eigenbesitzer (Voraussetzungen und Verfahren siehe Rn. 1464) angeordnet werden. **1485**

3. Verfügungsbeschränkungen

a) Eröffnung des Insolvenzverfahrens gegen den Eigentümer

Die Folgen dieser Verfügungsbeschränkung werden unter Rn. 1630 ff. ausführlich dargestellt. **1486**

b) Anordnung der Testamentsvollstreckung

Für die Zwangsverwaltung im Fall bestehender Testamentsvollstreckung gelten die diesbezüglichen Ausführungen zur Zwangsversteigerung (Rn. 74, 75) entsprechend. **1487**

c) Schuldner ist nur Vorerbe

Da sich § 2115 BGB nur auf die Zwangsversteigerung bezieht, hindert ein Nacherbenvermerk die Anordnung und Durchführung der Zwangsverwaltung gegen den Vorerben nicht. Da bis zum Eintritt des Nacherbfalls dem **Vorerben** die **Nutzungen** des Grundstücks zustehen (§ 2111 BGB) und sich die Zwangsverwaltung um diese Nutzungen dreht (Rn. 1418), erfolgt die Anordnung der Zwangsverwaltung (auch) mit einem Titel, der allein den Vorerben als Schuldner ausweist (Gläubiger ist sog. Eigengläubiger des Vorerben). **1488**

Weiter kann die Anordnung erfolgen wegen **1489**
- des dinglichen Anspruchs eines Grundpfandrechtsgläubigers,
- eines persönlichen Anspruchs, wenn der Gläubiger Nachlassgläubiger ist.

Mit **Eintritt des Nacherbfalls** fällt die Erbschaft dem Nacherben an. Er wird Erbe des Erblassers. Der Vorerbe ist daher nicht mehr Erbe, damit auch nicht mehr Grundstückseigentümer (§ 2139 BGB). **1490**

---

616 *Stöber* (ZVG) § 146 Rn. 11.7.
617 *Stöber* (ZVG) § 146 Rn. 11.7.

1491 Die weitere Zwangsvollstreckung hat der Nacherbe (nur) zu dulden, wenn eine der folgenden Voraussetzungen vorliegt:
- Die Zwangsverwaltung erfolgt aus einem Grundpfandrecht (dinglicher Anspruch), welches auch dem Nacherben gegenüber wirksam ist. Dies gilt, wenn das Recht zum Zeitpunkt des Erbfalls bereits eingetragen war oder mit Einwilligung des Nacherben von dem Vorerben bestellt wurde (§ 2115 Satz 2 BGB). Der Eintritt der Nacherbfolge hat dann auf den Fortgang der von dem Gläubiger eines solchen Anspruchs oder Rechts betriebenen Zwangsverwaltung keinen Einfluss.
Die erforderliche Bezeichnung des Nacherben als Schuldner im Vollstreckungstitel ermöglicht eine Klauselumschreibung nach § 728 ZPO mit § 727 ZPO.
- Die Zwangsverwaltung erfolgt wegen des persönlichen Anspruchs eines Nachlassgläubigers. Auch hier ist Titelumschreibung (§§ 728, 727 ZPO) möglich.

1492 Findet die Zwangsverwaltung jedoch für einen Eigengläubiger des Vorerben oder aus einem dinglichen Recht statt, welches gegenüber dem Nacherben nicht wirksam ist (§ 2113 BGB), muss diese gem. § 28 ZVG aufgehoben werden.

d) Auflassungsvormerkung

1493 Eine eingetragene Auflassungsvormerkung hindert die Anordnung der Zwangsverwaltung nicht. Wegen weiterer Einzelheiten siehe Rn. 1626.

4. Anordnungsbeschluss

1494 Die Zwangsverwaltung wird durch Beschluss des Gerichts angeordnet (§§ 146, 15 ZVG), falls die gerichtliche Prüfung des Antrags kein Hindernis ergeben hat.

1495 Eine vorherige Anhörung des Schuldners findet nicht statt.

1496 Der **Mindestinhalt** des Anordnungsbeschlusses entspricht der Vorgabe des **§ 16 ZVG** für den Versteigerungsantrag. Daneben ist der Ausspruch, dass hiermit die Zwangsverwaltung angeordnet wird, konstitutiv.

1497 Darüber hinaus sollte das Gericht, soweit möglich (Rn. 1548, 1549), den Zwangsverwalter bereits im Anordnungsbeschluss bestellen (§ 150 Abs. 1 ZVG) und zugleich anordnen, wie der Verwalter in den Besitz des Grundstücks kommen soll (hierzu Rn. 1686 ff.). Zur Auswahl des Zwangsverwalters siehe Rn. 1540 ff.

1498 Eine Begründung des die Zwangsverwaltung anordnenden Beschlusses ist regelmäßig nicht erforderlich.

Inhalt des Anordnungsbeschlusses in der Zwangsverwaltung
- Vollstreckungsgericht
- Rubrum
- Eigentümer
- Grundstück
- Titel
- Anspruch des Gläubigers
- Ausspruch: Anordnung der Zwangsverwaltung (konstitutiv)
- Bestellung Zwangsverwalter (soweit jetzt schon möglich)
- Regelung zur Besitzerlangung durch Zwangsverwalter (sofern Zwangsverwalter bestellt wurde)
- Unterschrift und Amtsbezeichnung (Rechtspfleger)

Tipp: Zusammen mit dem Anordnungsbeschluss sollte das Gericht den Gläubiger und den Schuldner auffordern, unverzüglich den Verwalter gem. § 9 Abs. 3 ZwVwV[618] zu informieren.

---

618 Der Text der Zwangsverwalterverordnung (ZwVwV) findet sich im Anh. zum 3. Teil dieses Buches (Rn. 1839).

5. Bekanntmachung der Anordnung und Grundbuchersuchen

Der Anordnungsbeschluss ist dem Schuldner förmlich (wegen § 8 ZVG ohne „Erleichterung" nach den §§ 4-7 ZVG) zuzustellen. Eine Belehrung (etwa entsprechend § 30b ZVG) ist mangels diesbezüglicher Einstellungsmöglichkeit (Rn. 1666) nicht vorgesehen. **1499**

Für die Bekanntmachung an den Gläubiger gilt Rn. 81 entsprechend.

An den Zwangsverwalter wird der Anordnungsbeschluss regelmäßig formlos übersandt.

Sind weitere Beteiligte (§ 9 ZVG) bereits bekannt, so werden diese schon jetzt von der Anordnung formlos benachrichtigt; andernfalls muss dies nach Eingang der Mitteilung des Grundbuchamts (§ 19 Abs. 2 ZVG) nachgeholt werden (§ 146 Abs. 2 ZVG).

Wegen der Bekanntmachung nach MIZI wird auf die Ausführungen Rn. 82 verwiesen.

Außerdem hat das Vollstreckungsgericht das zuständige Grundbuchamt um **Eintragung des Zwangsverwaltungsvermerks** zu ersuchen (§§ 146, 19 Abs. 1 ZVG); die Beifügung des Anordnungsbeschlusses ist dabei lediglich zweckmäßig, aber nicht vorgeschrieben. **1500**

Wegen der weiteren Veranlassung des Grundbuchamtes (§ 19 Abs. 2 und 3 ZVG) siehe Rn. 84 und 85.

6. Beitritt weiterer Gläubiger zum Verfahren

Auch einer angeordneten Zwangsverwaltung können weitere Gläubiger beitreten. Für das Verfahren gelten die Ausführungen Rn. 87 bis 90 entsprechend. Es wird kein neuer Zwangsverwalter ernannt; auch wird kein weiterer Zwangsverwaltungsvermerk in das Grundbuch eingetragen. **1501**

Der Beitrittsbeschluss wird dem Schuldner zugestellt, was (auch) die Beschlagnahme zugunsten des Beitrittsgläubigers bewirkt. Wegen § 151 Abs. 2 ZVG wird der Beitrittsbeschluss auch dem Verwalter zugestellt, was ebenfalls die Beschlagnahme zugunsten des Beitrittsgläubigers auslösen kann. An den Beitrittsgläubiger erfolgt die Zustellung des Beitrittsbeschlusses nur, falls seinem Antrag nicht vollumfänglich entsprochen worden ist (siehe Rn. 65). **1502**

Tipp: Für die Gemeindekasse:
Ist noch keine Zwangsversteigerung anhängig und droht Privilegverlust durch Zeitablauf, sichert der Beitritt wegen § 13 Abs. 4 ZVG die RK 3 bis zur Beschlagnahme in der Zwangsversteigerung.

D. Beschlagnahme

I. Eintritt der Beschlagnahme

Die Anordnung der Zwangsverwaltung bewirkt, wie in der Zwangsversteigerung (Rn. 91 ff.), zu Gunsten des Gläubigers die Beschlagnahme des Grundstücks. **1503**

In der Zwangsverwaltung wird die Beschlagnahme nach den **allgemeinen Bestimmungen** (siehe hierzu Rn. 92) wirksam, also **1504**
- mit Zustellung des Anordnungsbeschlusses an den Schuldner (§§ 146 Abs. 1, 22 Abs. 1 Satz 1 ZVG),
- in dem Zeitpunkt, in welchem das Ersuchen um Eintragung des Zwangsverwaltungsvermerks beim Grundbuchamt zugeht, sofern auf das Ersuchen die Eintragung demnächst erfolgt (§§ 146 Abs. 1, 22 Abs. 1 Satz 2 ZVG).

Gemäß § 151 Abs. 1 ZVG wird die Beschlagnahme **auch dadurch** wirksam, dass der Zwangsverwalter nach § 150 ZVG den Besitz des Grundstücks erlangt. **1505**

3 Verfahren über die Anordnung der Zwangsverwaltung

1506 Gem. § 150 Abs. 2 ZVG hat das Gericht dem Verwalter durch einen Gerichtsvollzieher oder durch einen sonstigen Beamten das Grundstück zu übergeben oder ihm die Ermächtigung zu erteilen, sich selbst den Besitz zu verschaffen.

1507 Der insgesamt **früheste** Zeitpunkt ist maßgeblich.

1508 Wird für einen weiteren Beteiligten der **Beitritt** zum Zwangsverwaltungsverfahren zugelassen, so wird die Beschlagnahme für ihn wie folgt wirksam:
- mit Zustellung des Beitrittsbeschlusses an den Schuldner (§§ 146 Abs. 1, 22 Abs. 1 Satz 2 ZVG) oder
- mit der Zustellung des Beitrittsbeschlusses an den Zwangsverwalter, sofern dieser bereits im Besitz des Grundstücks ist (§ 151 Abs. 2 ZVG).

Auch hier ist der **früheste** Zeitpunkt maßgeblich.

1509 Der Vollstreckungsgläubiger, der die Anordnung der Zwangsverwaltung erwirkt hat und die weiteren dem Verfahren beitretenden Gläubiger betreiben bezüglich der Beschlagnahme jeweils ihr „Einzelverfahren", das jedoch zu einem gemeinsamen Teilungsplan führt.

II. Wirkung der Beschlagnahme

1. Relatives Veräußerungsverbot

1510 Die Beschlagnahme hat die Wirkung eines Veräußerungsverbots (§§ 146, 23 ZVG) und zwar eines relativen Veräußerungsverbots i.S. der §§ 135, 136 BGB. Wie bei der Zwangsversteigerung führt damit auch die Anordnung der Zwangsverwaltung nicht zu einer Grundbuchsperre; der Schuldner kann trotz der Beschlagnahme sein Grundstück weiterhin belasten und veräußern. Belastung und Veräußerung sind jedoch dem Beschlagnahmegläubiger gegenüber unwirksam.

2. Aktivierung des Haftungsverbandes/Befriedigungsrecht

1511 Betreibt der Gläubiger die Zwangsverwaltung aus einem Grundpfandrecht, wird mit der Beschlagnahme die Hypothekenhaftung des Grundstücks (§ 1113 BGB) bzw. die Haftung der Gegenstände des Hypothekenhaftungsverbandes (§§ 1120 ff. BGB) aktiviert (dazu auch Rn. 103). Betreibt der Gläubiger aus einem persönlichen Recht, entsteht mit der Beschlagnahme (erstmals) ein Recht auf Befriedigung aus dem Grundstück (Rn. 104). Anders als in der Zwangsversteigerung bezieht sich dieses Befriedigung natürlich nicht auf die Substanz des Grundstücks, sondern nur auf dessen Erträge.

3. Grundstücksverwaltung und -benutzung

1512 Mit dem Eintritt der Beschlagnahme wird dem Schuldner das Recht, das Grundstück zu verwalten und zu benutzen, entzogen (§ 148 Abs. 2 ZVG).

4. Wirkung gegenüber Drittschuldnern

1513 Damit die Beschlagnahme gegenüber einem Drittschuldner wirkt, muss sie diesem bekannt sein oder ihm ein Zahlungsverbot zugestellt werden (§ 22 Abs. 2 Satz 2 ZVG). Deswegen verpflichtet § 4 ZwVwV[619] den Verwalter, u.a. alle betroffenen Mieter und Pächter (= Drittschuldner von Miet- und Pachtforderungen) unverzüglich über die Zwangsverwaltung zu informieren.

1514 Der Verwalter (§ 151 Abs. 3 ZVG) kann, wie jeder Gläubiger auch (§ 22 Abs. 2 ZVG), beim Vollstreckungsgericht beantragen, ein Zahlungsverbot gegen den Drittschuldner zu erlassen.

---

619 Der Text der Zwangsverwalterverordnung (ZwVwV) findet sich im Anh. zum 3. Teil dieses Buches (Rn. 1839).

III. Umfang der Beschlagnahme

1. Grundsätzliches

Die Beschlagnahme umfasst zunächst alle Gegenstände, die auch eine **Zwangsversteigerungsbeschlagnahme** umfasst (§§ 146 Abs. 1, 20, 21 ZVG). 1515

2. Erweiterter Umfang in der Zwangsverwaltung

Die Beschlagnahme in der Zwangsverwaltung erfasst **zusätzlich** folgende Gegenstände (§ 148 Abs. 1 Satz 1 ZVG): 1516

- **Land- und forstwirtschaftliche Erzeugnisse** (auch die Forderung aus einer Versicherung solcher Erzeugnisse), die nicht mehr mit dem Boden verbunden oder nicht Zubehör des Grundstücks sind, die aber noch der Hypothekenhaftung unterliegen (§ 20 Abs. 2 ZVG, §§ 1120 bis 1122 BGB),
- **Miet- und Pachtforderungen** nach Maßgabe von § 1124 Abs. 2 BGB.
  Rechtsgeschäftliche (dazu zählen auch Pfändungen) Vorausverfügungen über diese Forderungen gelten gegenüber dem Zwangsverwalter nur noch für den laufenden Kalendermonat der Beschlagnahme; bei Beschlagnahme nach dem 15. Tag des Monats gelten diese Vorausverfügungen noch für den folgenden Monat.
  Auf rückständige Mietforderungen erstreckt sich die Beschlagnahme nach Maßgabe des § 1123 Abs. 2 BGB. Fällige Forderungen bleiben mit dem Ablauf eines Jahres ab ihrer Fälligkeit beschlagnahmefrei.
  Erfolgte die Vermietung oder Verpachtung durch einen dem Gläubiger der Zwangsverwaltung gegenüber rangbesseren Nießbraucher, so werden die Mieten oder Pachten durch die Beschlagnahme nicht erfasst.
- Ansprüche aus einem mit dem Eigentum am Grundstück **verbundenen Recht** auf wiederkehrende Leistungen gem. § 1126 BGB.
- Das dem Eigentümer gehörende **Zubehör** des Grundstücks sowie das vor der Beschlagnahme veräußerte, aber nicht aus dem Hypothekenhaftungsverband ausgeschiedene Zubehör (§§ 1121, 1122 Abs. 2 BGB).
  Zubehör, das im Eigentum eines Dritten steht, wird von der Zwangsverwaltung nicht erfasst; § 55 Abs. 2 ZVG ist in der Zwangsverwaltung nicht anzuwenden.
  Die Zwangsverwaltung erstreckt sich ebenso wie die Zwangsversteigerung auf schuldnerfremde, aber noch verhaftete und deshalb gem. §§ 146 Abs. 1, 20 Abs. 2 ZVG, §§ 1120, 1121 BGB beschlagnahmte Zubehörstücke.[620]

Für den Eintritt der Beschlagnahmewirkung ist es im Übrigen ohne Bedeutung, ob die Zwangsverwaltung aus dinglichen oder persönlichen Ansprüchen betrieben wird. 1517

3. Exkurs: Räume des Schuldners

a) Privaträume

Auch während der Zwangsverwaltung hat der Schuldner für sich und seine Familie Anspruch auf kostenlose Überlassung derjenigen Räume auf dem Grundstück, die für seinen Hausstand unentbehrlich sind (§ 149 Abs. 1 ZVG). 1518

b) Geschäftsräume

Für die Geschäftsräume ist im ZVG keine Ausnahme von dem grundsätzlichen Benutzungsverbot des § 148 Abs. 2 ZVG vorgesehen. Daher darf der Schuldner in der Zwangsverwaltung diese nicht un- 1519

---

620 *BGH* Rpfleger 1985, 161.

entgeltlich benutzen. Der Verwalter kann dem Schuldner die Geschäftsräume gegen Mietzahlung überlassen. Dabei ist ein schriftlicher Mietvertrag abzufassen (§ 6 Abs. 1 ZwVwV).

1520 Wird kein Mietvertrag abgeschlossen und bezahlt der Schuldner auch die dann zu fordernde **Nutzungsentschädigung** nicht, ist der Schuldner im Auftrag des Verwalters von einem Gerichtsvollzieher außer Besitz zu setzen. Vollstreckungstitel ist der Beschluss über die Anordnung der Zwangsverwaltung zusammen mit der Ermächtigung zur Besitzverschaffung nach § 150 Abs. 2 ZVG.

c) Zwangsräumung wegen Gefährdung

1521 Gefährdet der Schuldner schuldhaft, nicht zwingend vorsätzlich, das Grundstück oder die Zwangsverwaltung, dann hat ihm das Gericht auf Antrag die Räumung des Objekts aufzugeben (§ 149 Abs. 2 ZVG).

Als Gefährdung nennt *Stöber*[621] exemplarisch die Vernachlässigung der Wohnung, das widerrechtliche Beziehen von dem Schuldner nicht zur Benutzung zustehenden Räumen, das Bereiten von Schwierigkeiten für den Zwangsverwalter und das Abschrecken von Miet- und Pachtinteressenten. Wesentliches Beurteilungskriterium ist, dass das Verhalten des Schuldners den Ertrag des Grundstücks gefährdet.

Nach Auffassung von *Depré/Mayer*[622] genügt es, dass der Schuldner beharrlich die Nebenkosten für die Wohnung nicht zahlt, obwohl er sie zahlen könnte.

1522 Die Gefährdung kann durch den Vollstreckungsschuldner selbst oder durch ein Mitglied seines Hausstandes erfolgen. Der Schuldner hat für das Verhalten seines Angehörigen einzustehen.

1523 Berechtigt, einen Antrag nach § 149 Abs. 2 ZVG zu stellen, sind
- der Zwangsverwalter,
- jeder Gläubiger,
- auch jeder sonstige Verfahrensbeteiligte, weil durch die Gefährdung des Grundstücks auch seine Interessen berührt sind.

1524 Das Gericht kann mündliche Verhandlung (mit allen Beteiligten) anordnen, was wegen der erheblichen Auswirkungen der gerichtlichen Entscheidung wenigstens dann erfolgen sollte, wenn eine anderweitige Lösung im Bereich des Möglichen liegt.

1525 Das Gericht entscheidet nach pflichtgemäßem Ermessen. In seiner dem Antrag stattgebenden Entscheidung kann es die sofortige Räumung beschließen oder dem Schuldner eine Räumungsfrist bewilligen. Der Schuldner genießt weder Mieterschutz noch kann er Räumungsschutz nach § 721 ZPO verlangen.[623]

1526 Gegen die Entscheidung findet die **sofortige Beschwerde** statt. Diese kann, bei Erlass des Räumungsbeschlusses der Schuldner, im Falle der Ablehnung des Antrags nach § 149 Abs. 2 ZVG jeder Gläubiger und jeder sonstige Antragsberechtigte einlegen. Dem Zwangsverwalter steht jedoch kein Rechtsmittel zu, denn er unterliegt den Anweisungen des Gerichts.

1527 Der Räumungsbeschluss stellt einen **Vollstreckungstitel** dar, da gegen ihn die sofortige Beschwerde zulässig ist (§§ 794 Abs. 1 Nr. 3, 793 ZPO).

Der Beschluss bedarf nach allgemeiner Meinung in der Literatur[624] keiner Vollstreckungsklausel, obwohl eine solche für Titel nach § 794 ZPO wegen der Verweisung in § 795 Satz 1 ZPO grundsätzlich[625] vorgesehen ist.

---

621 *Stöber* (ZVG) § 149 Rn. 3.1.
622 Rn. 471. So jetzt auch *Amtsgericht Heilbronn* Rpfleger 2004, 236.
623 *Stöber* (ZVG) § 149 Rn. 3.5.
624 *Dassler/Schiffhauer/Gerhardt/Muth* § 149 Rn. 10, *Depré/Mayer* Rn. 469, *Haarmeyer/Wutzke/Förster/Hintzen* § 149 Rn. 11, *Stöber* (ZVG) § 149 Rn. 3.8.
625 Zu den Ausnahmen siehe §§ 795a ff. ZPO.

Der erforderliche Zustellungsnachweis (§ 750 Abs. 1 ZPO) kann über eine Bescheinigung der Geschäftsstelle gem. § 169 Abs. 1 ZPO erfolgen.

Die Vollstreckung aus dem Räumungstitel bedarf **keines** richterlichen Durchsuchungsbeschlusses (§ 758a Abs. 2 ZPO). 1528

E. Rechtsbehelfe im Verfahren über Anordnung und Beitritt

I. Rechtsbehelf des Schuldners

Gegen die Anordnung der Zwangsverwaltung und die Zulassung des Beitritts steht dem Schuldner der Rechtsbehelf der unbefristeten Vollstreckungserinnerung (§ 766 ZPO) zu. Es gilt das unter Rn. 127 bis 129 Gesagte entsprechend; siehe dort auch zum weiteren Verfahren nach amtsrichterlicher Entscheidung. 1529

II. Rechtsbehelfe des Gläubigers

Es gilt das unter Rn. 130 und 131 Gesagte entsprechend; grundsätzlich steht dem Gläubiger demnach die sofortige Beschwerde zu, welcher der Rechtspfleger abhelfen kann. 1530

F. Kosten im Verfahren über Anordnung und Beitritt

I. Kosten des Gerichts

Für die Entscheidung über den Antrag auf Anordnung der Zwangsverwaltung fällt eine **Pauschalgebühr** von 50,00 € (Nr. 2220 KVGKG) an, ohne dass es auf den Wert des Grundstücks oder die Höhe der Forderung ankäme. Die Gebühr **entsteht mit der Entscheidung**, mithin sowohl für die Anordnung als auch für die Zurückweisung des Antrags. Wird der Antrag vor Entscheidung zurückgenommen, fällt keine Gebühr an. 1531

Hierzu kommen die Auslagen für die Zustellung des Beschlusses (Nr. 9002 KVGKG). 1532

Für die Entscheidung über jedes Beitrittsgesuch fällt die vorgenannte Gebühr erneut an. 1533

II. Rechtsbehelf gegen den Kostenansatz

Der Kostenschuldner kann gegen die Kostenberechnung des Gerichts unbefristete Erinnerung gem. § 66 Abs. 1 GKG einlegen. Es gelten die Ausführungen Rn. 136 bis 140 entsprechend. 1534

III. Rechtsanwaltskosten

Der Rechtsanwalt erhält für die Vertretung **eines Gläubigers** im Verfahren über die Anordnung oder den Beitritt eine Verfahrensgebühr in Höhe von 4/10 der vollen Gebühr (Nr. 3311 Ziff. 3 VVRVG). Gegenstandswert ist die gesamte Forderung des Gläubigers, einschließlich Nebenforderungen (§ 27 Satz 1 RVG). Bei Ansprüchen auf wiederkehrende Leistungen ist der Wert der Leistungen eines Jahres maßgebend. 1535

Besonders zu vergüten sind 1536
- die Vertretung eines Gläubigers im weiteren Verfahren einschließlich des Verteilungsverfahrens (Nr. 3311 Ziff. 4 VVRVG); dazu Rn. 1793 ff.

- die Mitwirkung bei Anträgen auf einstweilige Einstellung des Verfahrens (dazu Rn. 1662 ff.) oder bei Verhandlungen zwischen Gläubiger und Schuldner mit dem Ziel der Aufhebung des Verfahrens (Nr. 3311 Ziff. 6 VVRVG).

1537 Für die **Vertretung des Schuldners** erhält der Rechtsanwalt im ganzen Verfahren einschließlich des Verteilungsverfahrens eine Verfahrensgebühr in Höhe von 4/10 der vollen Gebühr (Nr. 3311 Ziff. 5 VVRVG). Eine zusätzliche Gebühr für die Vertretung des Schuldners im Verfahren über die Anordnung oder den Beitritt entsteht nicht, wohl aber die Gebühr Nr. 3311 Ziff. 6 VVRVG. Der Gegenstandswert bestimmt sich nach dem zusammengerechneten Wert aller Ansprüche, wegen derer das Verfahren beantragt ist (§ 27 Satz 2 RVG).

4. Kapitel
Der Zwangsverwalter

A. Bedeutung für das Verfahren

1538 Ähnlich dem Insolvenzverwalter, wenngleich in weniger weit gehendem Umfang, nimmt der Zwangsverwalter eine zentrale Stellung im Verfahren ein. Mit seiner Person und der Qualität seiner Amtsführung stehen und fallen Verlauf und Ergebnis des Verfahrens. Dies gilt sowohl aus Sicht der Gläubiger und sonstigen Zuteilungsberechtigten als auch für das Vollstreckungsgericht hinsichtlich der Art und des Umfangs seiner Aufsichtsführung.

B. Theorien der Amtsführung

1539 Ohne dass dies wesentliche Bedeutung für die Praxis der Zwangsverwaltung hätte, herrscht seit Jahren besonders in der Literatur Streit darüber, nach welcher Theorie das Amt des Zwangsverwalters zu beurteilen ist. Vertreten werden die „**Organtheorie**" (= Verwalter als Organ einer als Rechtsträger zu behandelnden selbstständigen Vermögensmasse), die „**Vertretertheorie**" (= Verwalter als gesetzlicher Vertreter des Schuldners hinsichtlich des beschlagnahmten Vermögens), die „**Amtstheorie**" (= Verwalter verwaltet das beschlagnahme Vermögen des Schuldners aus eigenem Recht; er ist Partei kraft Amtes) und die „**Neutralitätstheorie**".

Nach der heute stark im Vordringen begriffenen Neutralitätstheorie handelt der Zwangsverwalter weder einseitig im Interesse der Gläubiger oder des Schuldners noch im Interesse des Staates, sondern nur neutral bezogen auf das beschlagnahmte Grundstück.[626]

C. Bestellung

I. Bestellung durch das Vollstreckungsgericht

1540 Der Verwalter wird vom Vollstreckungsgericht bestellt (§ 150 Abs. 1 ZVG). In seiner Auswahl ist das Gericht, abgesehen von den Ausnahmen nach § 150a ZVG (Institutsverwalter; dazu Rn. 1576 ff.) und § 150b ZVG (Schuldner als Verwalter; dazu Rn. 1584 ff.) frei, also an Vorschläge der Beteiligten **nicht** gebunden.

---

626 *Stöber* (ZVG) § 152 Rn. 2.2c; *Berges* KTS 1970, 99.

Die Entscheidung über die Bestellung des Zwangsverwalters ist ein Akt der rechtsprechenden Gewalt und die dabei vorgenommene Auswahl der Person des für das konkrete Verfahren „geeigneten" Verwalters ist eine in den Grenzen des § 1 Abs. 2 ZwVwV zu treffende Ermessensentscheidung des Vollstreckungsgerichts.[627]

1541

II. Person und Qualifikation

Bestellt werden kann nur eine **natürliche** Person (§ 1 Abs. 2 ZwVwV). Diese muss **geschäftskundig** sein und nach Qualifikation und Büroausstattung die Gewähr für die ordnungsgemäße Gestaltung und Durchführung der Zwangsverwaltung bieten (§ 1 Abs. 2 ZwVwV).

1542

Wegen des Erfordernisses der Geschäftskunde, welche auch die notwendige Qualifikation des Insolvenzverwalters beschreibt (§ 56 Abs. 1 InsO), muss auch der Zwangsverwalter die wirtschaftlichen Verhältnisse der Gegenwart richtig beurteilen können und sollte zumindest über Grundkenntnisse im Immobiliarsachenrecht, Mietrecht und Steuerrecht verfügen.

1543

Obwohl weder im ZVG noch in der ZwVwV ausdrücklich genannt, muss der Zwangsverwalter (ebenfalls wie der Insolvenzverwalter – § 56 Abs. 1 InsO) von den Verfahrensbeteiligten **unabhängig** sein.[628]

1544

In Betracht kommen somit insbesondere Rechtsanwälte, Wirtschaftsprüfer, Steuerberater, gewerbliche Hausverwalter u.a.

1545

Da eine Verpflichtung zur Amtsübernahme nicht besteht, ist es grundsätzlich erforderlich, den Ausgewählten vor der Bestellung zu seiner **Bereitschaft zur Amtsübernahme** zu befragen. Häufig kommt es jedoch vor, dass Mitarbeitende von auf Zwangsverwaltung spezialisierten Kanzleien im Voraus ihre Zustimmung zur Auswahl generell gegeben haben, was eine Nachfrage im Einzelfall entbehrlich macht.

1546

Wer sich als Verwalter bestellen lässt, muss das Amt ordnungsgemäß ausführen. Er kann es auch nicht jederzeit niederlegen, sondern muss seine Entlassung beantragen.

1547

III. Zeitpunkt der Bestellung

Die Bestellung des Zwangsverwalters erfolgt regelmäßig und zweckmäßigerweise bereits im Anordnungsbeschluss, denn eine Zwangsverwaltung ohne einen eingesetzten Zwangsverwalter ist nicht durchführbar.

1548

Sollte diese sofortige Bestellung nicht möglich sein, weil eine geeignete und bereite Person nicht gleich gefunden werden kann, ist zunächst die Zwangsverwaltung anzuordnen[629] und die Bestellung dann umgehend durch einen weiteren Beschluss nachzuholen.

1549

IV. Ausweis

Der Zwangsverwalter erhält eine **Bestallungsurkunde** (§ 2 ZwVwV; dort auch zu deren Inhalt). Die Übersendung einer Ausfertigung des Beschlusses, durch den die Zwangsverwaltung angeordnet und seine Bestellung erfolgt ist, sollte zusätzlich erfolgen.

1550

---

627 *BGH* ZIP 1986, 319.
628 *Stöber* (ZVG) § 150 Rn. 2.5.
629 Also ist eine Anordnung der Zwangsverwaltung ohne Verwalterbestellung durchaus „möglich" und wirksam.

V. Rechtsbehelf gegen die Auswahl

1551 Die Beteiligten (§ 9 ZVG) können die Auswahl des Verwalters, nicht jedoch die Bestellung eines Zwangsverwalters als solche, anfechten. Da die Beteiligten meist nicht vorher angehört wurden, steht ihnen regelmäßig die unbefristete Vollstreckungserinnerung gem. § 766 ZPO zu; fand ausnahmsweise eine Anhörung statt, ist die sofortige Beschwerde (§ 793 ZPO) gegeben.

D. Aufgaben

I. Allgemeines

1552 Der Verwalter ist allen am Verfahren beteiligten Personen gleichermaßen gegenüber verantwortlich und verpflichtet.

Er hat seine Aufgabe objektiv nach dem Verfahrenszweck der Zwangsverwaltung auszuüben und auszufüllen.

Er hat aus den Erträgnissen des Grundstücks die bestmögliche Befriedigung der Gläubiger und sonstigen Zuteilungsberechtigten zu ermöglichen und zugleich das dem Schuldner nach wie vor gehörende Grundstück in seinem wirtschaftlichen Bestand zu erhalten.[630]

1553 Die Aufgaben des Zwangsverwalters sind allgemein in § 152 ZVG festgelegt. Danach hat er
- das Recht und die Pflicht, alle Handlungen vorzunehmen, die erforderlich sind, um das Grundstück in seinem wirtschaftlichen Bestand zu erhalten und ordnungsgemäß zu benutzen,
- die beschlagnahmten Ansprüche geltend zu machen und
- entbehrliche Nutzungen in Geld umzusetzen.

1554 Der Zwangsverwalter hat im Rahmen seiner Aufgabe der ordnungsgemäßen Benutzung regelmäßig die Art der Benutzung des Grundstücks, die bis zur Anordnung der Zwangsverwaltung bestand, beizubehalten.

Seine Stellung ist insoweit der eines Nießbrauchers vergleichbar, der nach § 1037 Abs. 1 BGB ebenfalls nicht berechtigt ist, die Sache umzugestalten oder wesentlich zu verändern.

Das Vorhaben des Zwangsverwalters, ein beschlagnahmtes Gebäude durch Umbau nachhaltig zu verändern oder in die vom Schuldner dem Objekt zugedachte Nutzung in einer Weise einzugreifen, die die wirtschaftliche Beschaffenheit des Grundstücks in ihrem Gesamtcharakter berührt, ist durch das Vollstreckungsgericht nicht genehmigungsfähig.[631]

1555 In den §§ 3-16 ZwVwV werden einige Aufgaben des Zwangsverwalters, etwa die Besitzergreifung, Auskunftserteilung etc. konkret geregelt.

Weiter gehende Antrags- und Verfügungsrechte hat der Zwangsverwalter nicht, z.B. kein Antrags- und Bewilligungsrecht gegenüber dem Grundbuchamt.[632]

> **Tipp:** Falls Umsatzsteuer in Betracht kommt, sollte der Zwangsverwalter keinesfalls über die Steuernummer des Schuldners abrechnen, sondern vom Finanzamt eine eigene Steuernummer für die Masse fordern.

---

630 *Haarmeyer/Wutzke/Förster/Hintzen* § 152 Rn. 2a.
631 *BGH* Rpfleger 2005, 210.
632 *LG Bonn* Rpfleger 1983, 324.

II. Rechnungslegung

1. Pflicht zur Rechnungslegung

Nach § 154 Satz 2 ZVG hat der Zwangsverwalter gegenüber dem Gläubiger und dem Schuldner[633] die Pflicht zur Rechnungslegung. Da der Verwalter der Aufsicht des Gerichts untersteht, ist diese Rechnungslegung beim Gericht einzureichen (§ 154 Satz 3 ZVG), damit dieses seine Kontrollpflichten nach § 153 ZVG wahrnehmen kann. Dem Gericht obliegt es darüber zu wachen, dass der Verwalter die Rechnungen fristgerecht einreicht.   1556

Kommt der Verwalter seinen Pflichten nicht nach, kann das Gericht ihm gegenüber ein Zwangsgeld festsetzen und ihn sogar entlassen (§ 153 Abs. 2 ZVG).

Da gegenüber dem Gläubiger und dem Schuldner eine **Rechnungslegungspflicht** des Verwalters besteht, haben diese auch einen **einklagbaren Anspruch** auf Rechnungslegung; § 154 Satz 3 ZVG schließt die Geltendmachung dieses Anspruchs im Klageweg nicht aus.[634]

Der Verwalter hat jährlich (sog. **Jahresbericht**) sowie nach Beendigung der Verwaltung (sog. **Schlussbericht**) Rechnung zu legen (§ 154 Satz 2 ZVG). Das Rechnungsjahr ist das **Kalenderjahr** (§ 14 Abs. 2 ZwVwV), soweit nicht auf Wunsch eines Beteiligten oder des Verwalters mit Zustimmung des Gerichts ein anderer Zeitabschnitt vereinbart wird.   1557

Das Gericht kann unabhängig von der regelmäßigen Rechnungslegung während des gesamten Zwangsverwaltungsverfahrens im Rahmen der Aufsichtspflicht vom Verwalter jederzeit eine Rechnungslegung verlangen (§ 153 Abs. 2 ZVG). Diese Überwachung der Amtsführung des Zwangsverwalters ist für das Vollstreckungsgericht Amtspflicht i.S. des § 839 BGB.   1558

2. Inhalt der Rechnungslegung

Die Rechnungslegung und das ihr zugrunde liegende Belegwesen ist in den §§ 14, 15 ZwVwV geregelt.   1559

In die Rechnung sind die Einnahmen und Ausgaben aufzunehmen, welche im Laufe des Rechnungsabschnitts angefallen sind. Die Einnahmen und Ausgaben sind gem. § 15 ZwVwV zu gliedern. Die Belege über Einnahmen und Ausgaben sind beizufügen (§ 13 Abs. 3 Satz 4 ZwVwV).   1560

Wegen der Schlussrechnung siehe § 14 Abs. 3 und 4 ZwVwV.   1561

3. Prüfung und Einwendungen

Dem Gericht obliegt im Rahmen seiner Aufsichtspflicht die Prüfung der rechnerischen und sachlichen Richtigkeit. Auch in diesem Zusammenhang gibt § 16 ZwVwV dem Gericht die Möglichkeit, zur Beseitigung von Unklarheiten von dem Verwalter zusätzliche Auskünfte und Unterlagen zu verlangen.   1562

Unter den Voraussetzungen des § 259 Abs. 2 BGB hat der Zwangsverwalter auf Antrag des Gläubigers oder des Schuldners[635] die Richtigkeit seiner Angaben an Eides Statt zu versichern (§ 259 BGB). Jeder auskunftsberechtigte Beteiligte[636] kann im Falle der Verweigerung dieser eidesstattlichen Versicherung Klage erheben.   1563

Stellt das Gericht fest, dass die Rechnungslegung i.S. des § 259 BGB formell nicht zu beanstanden, also rechnerisch richtig und vollständig ist, spricht man auch von der „Abnahme" der Rechnungslegung durch das Gericht. Damit geht jedoch nicht automatisch eine „Entlastung" des Zwangsverwalters einher. Vielmehr können der (alle) Gläubiger und der Schuldner auch jetzt noch Einwendungen   1564

---
633 Nicht jedoch gegenüber dem Vollstreckungsgericht!
634 *OLG Celle* NdsRpfl 1997, 25; a.A. *Stöber* (ZVG) § 154 Rn. 4.4.
635 Das Vollstreckungsgericht kann die eidesstattliche Versicherung nicht erzwingen.
636 Also der/die (betreibenden) Gläubiger oder der Schuldner.

erheben. Das Gericht wird den Verwalter hierzu anhören, eine Klärung versuchen und dann entscheiden,
- ob es zur weiteren Klärung gegen den Verwalter im Aufsichtsweg vorgeht oder
- hierzu keine Veranlassung sieht und den Beteiligten, der die Einwendung erhoben hat, auf den Prozessweg (Klage gegen den Verwalter) verweist.

1565 In der Literatur umstritten ist die Frage, wie die **Nichtäußerung** (Schweigen) der Beteiligten zur übersandten Rechnungslegung zu werten ist. Von einem Anerkenntnis ist dann nicht auszugehen.[637] Unter besonderen Umständen, nämlich der Erhebung von Einwendungen lange nach Ablauf der von dem Gericht den Beteiligten gesetzten Äußerungsfrist, wird sich der Verwalter wohl auf die Verwirkung der Einwendungen berufen können.[638]

E. Haftung

I. Allgemeines

1566 Die Haftung des Zwangsverwalters kann resultieren aus
1. § 154 Satz 1 ZVG und/oder
2. den allgemeinen Vorschriften des BGB.

Weiter wird zu unterscheiden sein, ob
- der Verwalter persönlich oder
- „nur" die zwangsverwaltete Masse haftet.

II. Haftung nach § 154 ZVG

1567 Gem. § 154 Satz 1 ZVG ist der Verwalter für die Erfüllung der ihm obliegenden Verpflichtungen allen Beteiligten gegenüber verantwortlich. Diese Verantwortlichkeit trifft auch den Schuldner als Zwangsverwalter (Rn. 1584 ff.) und die ihm zur Seite gestellte Aufsichtsperson (Rn. 1590 ff.). Bei der Institutsverwaltung haftet anstelle des Verwalters das Institut, bei welchem er fest angestellt ist (§ 150a Abs. 2 Satz 2 ZVG).

1568 Nach h.M.[639] besteht die Haftung **nur gegenüber den Beteiligten** i.S.d. § 9 ZVG. Bei solchen Beteiligten, die ihre Beteiligtenposition erst durch Anmeldung oder Glaubhaftmachung erlangen (§ 9 Nr. 2 ZVG) kommt die Haftung schon dann zum Tragen, wenn sie die Anmeldung oder die Glaubhaftmachung noch nicht vorgenommen haben.[640]

1569 Der Zwangsverwalter haftet auch gegenüber dem **Ersteher**, obwohl dieser nicht Beteiligter i.S. des § 9 ZVG ist, wenn die Zwangsverwaltung nach dem Zuschlag im Zwangsversteigerungsverfahren noch fortgeführt wird. Haftungsgrundlage ist ein gesetzliches Schuldverhältnis, welches eine Geschäftsbesorgung zum Gegenstand hat.[641]

1570 Nicht beteiligte Dritte können keinen Anspruch gegen den Verwalter persönlich herleiten.[642] Ansprüche gegen die Masse sind möglich, wenn der Dritte mit dem Zwangsverwalter in einem Vertragsverhältnis steht.

---

637 *Depré/Mayer* Rn. 624.
638 *Depré/Mayer* Rn. 624.
639 *Stöber* (ZVG) § 154 Rn. 2.2; *BGH* Rpfleger 1990, 132.
640 *Steiner/Hagemann* § 154 Rn. 8.
641 *Depré/Mayer* Rn. 631.
642 Schleswig-Holsteinisches OLG NJW-RR 1991, 1489: Eine nicht im Sinne des § 9 ZVG beteiligte Mieterin hatte im Mietobjekt einen Wasserschaden. Hier haftet ihr der Verwalter nicht persönlich wegen mangelnder Heizung oder mangelnder Versicherung.

Der Zwangsverwalter haftet z.B. aus unerlaubter Handlung für Vorsatz und Fahrlässigkeit (§ 276 BGB). Soweit Mitarbeiter für den Verwalter gehandelt haben, beruht seine Haftung auf § 278 BGB.

1571

Der Zwangsverwalter muss die Gefahr für das seiner Obhut anvertraute Eigentum durch Feststellungen vor Ort aufklären, wenn er nach erhaltenen Hinweisen mit der Möglichkeit zu rechnen hat, dass ein Mieter durch seinen vertragswidrigen Gebrauch der Wohnung den Schuldner nicht unwesentlich schädigt.

1572

Versäumt der Zwangsverwalter die für ein wirksames Eingreifen gegen eine Wohnungsverwahrlosung erforderlichen Feststellungen, trifft ihn die Beweislast, dass der bei Aufhebung der Zwangsverwaltung bestehende Verwahrlosungsschaden an der Mietwohnung nicht auf seinem Unterlassen beruht.[643]

III. Haftung nach dem BGB

Neben der Haftung nach § 154 Satz 1 ZVG kann auch eine Haftung nach den Vorschriften des BGB in Betracht kommen. Personen, welche nicht am Verfahren beteiligt sind, haftet der Zwangsverwalter nach allgemeinen Grundsätzen vertraglich und aus unerlaubter Handlung.

1573

IV. Geltendmachung der Ansprüche und Verjährung

Die Ansprüche auf Schadensersatz gegen den Verwalter können die Beteiligten bereits während des laufenden Zwangsverwaltungsverfahrens auf dem Prozessweg (nicht beim Vollstreckungsgericht) geltend machen.

1574

Die Ansprüche gegen den Verwalter verjähren in drei Jahren (regelmäßige Verjährungsfrist; § 195 BGB).[644]

1575

F. Besondere Verwalter

I. Institutsverwalter

1. Vorschlagsrecht und Bestellung

Die in § 150a ZVG näher bezeichneten Institute, insbesondere also Banken, Sparkassen, Versicherungsgesellschaften und Bausparkassen können vom Gericht die Bestellung eines sog. „Institutsverwalters" verlangen, wenn sie Beteiligte (§ 9 ZVG) des Verfahrens sind.

1576

Die neuere Literatur[645] bezeichnet die Institutszwangsverwaltung zu Recht als missbrauchsanfällig und überholt. Gegen die Institutszwangsverwaltung spricht insbesondere, dass diese Art der Verwaltung nicht auf neutrale Regelungen hin konzipiert ist und daher den Grundsätzen eines Zwangsvollstreckungsverfahrens zuwider läuft.

1577

Durch die Einsetzung eines Institutsverwalters soll das Verfahren wirtschaftlicher gestaltet werden, da der Institutsverwalter für seine Tätigkeit keine Vergütung erhält (§ 150a Abs. 2 Satz 2 ZVG). Auch bietet sich für den vorschlagenden Beteiligten i.S.d. § 150a Abs. 1 ZVG so die Möglichkeit, wesentlichen Einfluss auf das Verfahren zu nehmen.

1578

Schlägt der hierzu berechtigte Beteiligte einen Institutsverwalter vor, muss[646] das Gericht ihn bestellen (§ 150a Abs. 2 ZVG), wenn folgende Voraussetzungen vorliegen:

1579

---

643 *BGH* Rpfleger 2005, 616.
644 *OLG Köln* NJW 1956, 835 für den ehemaligen Konkursverwalter.
645 *Mayer* ZfIR 2005, 809. Für die Gegenmeinung: *Selke* ZfIR 2005, 457.
646 Das Gericht hat dann kein Ermessen.

3 Der Zwangsverwalter

- Der Vorgeschlagene muss bei dem Institut **fest angestellt** sein. In den Diensten eines Beteiligten steht i.S. von § 150a ZVG nur eine Person, die sich in einem Beamten- oder festen Arbeitsverhältnis zu diesem befindet.[647] Daher können freie Mitarbeiter nicht bestellt werden.
- Gegen den Vorgeschlagenen dürfen, auch mit Rücksicht auf seine Person oder die Art der Verwaltung, keine Bedenken bestehen. Er muss also persönlich und fachlich geeignet sein, das Amt des Zwangsverwalters auszuüben. Es handelt sich bei § 150a ZVG um ein Vorschlagsrecht, nicht um ein Benennungsrecht.
- Das vorschlagende Institut muss die Haftung nach § 154 Satz 1 ZVG übernehmen.

1580 Schlagen mehrere hierzu berechtigte Institute **verschiedene Verwalter** vor, trifft das Gericht die Wahl, wobei die Reihenfolge des § 10 Abs. 1 Nr. 4 ZVG nicht entscheidet. Es wird dem Vorschlag jenes Institutes folgen, das an der Verwaltung das größte Interesse hat.

2. Rechtsstellung

1581 Hinsichtlich seiner Stellung unterscheidet sich der Institutsverwalter nicht von einem nach § 150 ZVG bestellten Zwangsverwalter.

Das Gericht hat ihn ebenfalls nach Anhörung des Gläubigers und des Schuldners mit der erforderlichen Anweisung für die Verwaltung zu versehen (§ 153 ZVG).

Auch der Institutsverwalter unterliegt der Aufsicht und den Weisungen des Vollstreckungsgerichts. Auch er muss dem Gericht Bericht erstatten und ist an den gerichtlichen Teilungsplan gebunden.

1582 Seine Entlassung aus wichtigem Grund ist ebenfalls zulässig. Wichtiger Grund ist dabei etwa, dass das Institut während der Zwangsverwaltung durch Ablösung oder Abtretung des Rechts seine Beteiligtenstellung verliert. Scheidet das Institut jedoch im Laufe der Zwangsverwaltung aus dem Verfahren aus, ist dies noch kein Grund, den Verwalter abzuberufen.[648]

1583 Der Institutsverwalter darf keine Vergütung aus der Masse oder vom Vollstreckungsschuldner beanspruchen.[649] Ersetzt werden können ihm nur die baren Auslagen (§ 155 Abs. 1 ZVG).

II. Schuldner als Verwalter

1. Zweck der Regelung

1584 Bei landwirtschaftlich, forstwirtschaftlich oder gärtnerisch genutzten Grundstücken ist grundsätzlich der Schuldner zum Verwalter zu bestellen (§ 150b Abs. 1 Satz 1 ZVG).

Die Verwaltung derartiger Grundstücke erfordert besondere Kenntnisse und Erfahrungen, die bei der Bewirtschaftung genutzt werden sollen. Eine ordnungsgemäße Führung der Verwaltung wird, eben wegen des Erfordernisses dieser Spezialkenntnisse, nur durch den Schuldner zu erwarten sein. Steht daher von vornherein fest, dass der Schuldner nicht bereit ist, das Amt des Verwalters zu übernehmen, sollten die Gläubiger von einem Zwangsverwaltungsantrag eher Abstand nehmen, da andere Verwalter regelmäßig mit der „Bewirtschaftung" des speziellen Grundbesitzes überfordert sein werden.

1585 Ist das Grundstück verpachtet, so findet § 150b ZVG keine Anwendung, da die Bewirtschaftung des Grundstücks dann nicht der Zwangsverwaltung unterliegt.[650]

1586 Die Bestellung darf nur dann nicht erfolgen, wenn der Schuldner **ungeeignet oder nicht bereit** ist, das Amt zu übernehmen (§ 150b Abs. 1 Satz 2 ZVG). An einer ordnungsgemäßen Durchführung der

---

[647] *BGH* Rpfleger 2005, 457.
[648] *Haarmeyer/Wutzke/Förster/Hintzen* § 150a Rn. 31.
[649] Besoldet wird der Verwalter von dem Institut, bei dem er fest angestellt ist.
[650] *Stöber* (ZVG) § 150b Rn. 2.4.

Zwangsverwaltung wird der Schuldner schon allein deshalb interessiert sein, weil er seinen notwendigen Unterhalt nur aus den erwirtschafteten Erträgen erhält (§ 149 Abs. 3 ZVG).

Steht nicht von Anfang an fest, dass der Schuldner die Verwaltung übernehmen kann und wird, kann bei der Anordnung der Zwangsverwaltung zunächst nur ein vorläufiger Verwalter bestellt werden. Falls möglich, sollte dies die spätere Aufsichtsperson (dazu Rn. 1590) sein. **1587**

Liegen die Voraussetzungen für die Bestellung des Schuldners zum Verwalter vor, hat das Gericht nach § 150b Abs. 2 ZVG hierzu vor der Bestellung anzuhören **1588**
- den (betreibenden) Gläubiger,
- etwaige Beteiligte der in § 150a ZVG bezeichneten Art (hierzu Rn. 1576),
- die untere Verwaltungsbehörde, das ist regelmäßig das Landratsamt.[651]

Die Anhörung dieser Beteiligten dient vornehmlich der Überprüfung der Frage, ob der Schuldner Eignung zu diesem Amt besitzt.

Ist der Schuldner zur Amtsführung nicht geeignet, so kann unter den Voraussetzungen des § 150a ZVG Institutsverwaltung (dazu Rn. 1576) angeordnet werden. Wird kein entspr. Verwalter vorgeschlagen, ist der vorläufig eingesetzte Verwalter (Rn. 1487) zum endgültigen Verwalter zu bestellen. **1589**

2. Aufsichtsperson

Zugleich mit der Bestellung des Schuldners als Verwalter muss das Vollstreckungsgericht eine Aufsichtsperson bestellen (§ 150c Abs. 1 ZVG). Dabei kann es sich um eine **natürliche oder juristische** Person oder sogar eine Behörde handeln (§ 150c Abs. 1 Satz 2 ZVG). **1590**

Der Schuldner darf zwar als Verwalter über die Nutzungen des Grundstücks und deren Erlös verfügen, bedarf aber hierzu der **Zustimmung** der Aufsichtsperson (§ 150d Satz 1 ZVG). Nicht zwingend vorgeschrieben, aber zweckmäßig ist es, die Beteiligten vor Bestellung der Aufsichtsperson zu hören. An Vorschläge zur Person ist das Vollstreckungsgericht jedoch nicht gebunden. Auch die Aufsichtsperson muss für das Amt in persönlicher und fachlicher Hinsicht geeignet und von den Beteiligten unabhängig sein. Die Bestellung ist erst wirksam, wenn die ausgewählte Person sich ausdrücklich zur Übernahme bereit erklärt hat, da niemand verpflichtet ist, ein solches Amt zu übernehmen. **1591**

Ladungen, Verfügungen und Beschlüsse über Anordnung, Beitritt, Einstellung und Aufhebung des Verfahrens, die an den Schuldner zugestellt oder mitgeteilt werden müssen, sind auch der Aufsichtsperson zuzustellen bzw. mitzuteilen (§ 150c Abs. 2 Satz 2 ZVG). **1592**

Beide, Schuldner und Aufsichtsperson, stehen unter der Aufsicht des Vollstreckungsgerichts und sind dessen Weisungen unterworfen. **1593**

Im Interesse der Gläubiger hat die Aufsichtsperson den Schuldnerverwalter zu beaufsichtigen. Die Aufsichtsperson ist für die Erfüllung der ihm obliegenden Verpflichtungen allen Beteiligten gegenüber verantwortlich (§§ 150c Abs. 2 Satz 1, 154 ZVG). Zur Vergütung der Aufsichtsperson Rn. 1599. **1594**

Der Schuldner, der die Verwaltung unter dieser Aufsicht führt, ist verpflichtet, der Aufsichtsperson jederzeit über das Grundstück, den Betrieb und die mit der Bewirtschaftung zusammenhängenden Rechtsverhältnisse Auskunft zu geben und Einsicht in vorhandene Aufzeichnungen zu gewähren (§ 150c Abs. 4 ZVG). Verletzt der Schuldner seine Pflichten als Verwalter, muss die Aufsichtsperson dies dem Vollstreckungsgericht unverzüglich anzeigen (§ 150c Abs. 3 ZVG). **1595**

Verfügungen des Schuldners als Verwalter über die Nutzungen des Grundstücks und deren Erlös bedürfen der Zustimmung der Aufsichtsperson. Die Entschließung der Aufsichtsperson hat der Schuldner dann rechtzeitig einzuholen, wenn es sich um Geschäfte handelt, die über den Rahmen der laufenden Wirtschaftsführung hinausgehen (§ 150c Abs. 4 ZVG). **1596**

---

651 Die Behörde bestimmt sich nach Landesrecht.

1597 Die Begleichung der Verwaltungsausgaben, die Zahlung der Verfahrenskosten und die Begleichung der laufenden Beträge öffentlicher Lasten, wie z.B. Grundsteuerbeträge, fallen nicht hierunter, da sie vorweg aus dem Erlös zu entnehmen sind.

G. Vergütung

I. Allgemeines

1598 Der Zwangsverwalter hat für seine Verwaltertätigkeit Anspruch auf eine **angemessene Vergütung** für seine **gesamte Geschäftsführung**, also nicht nur für Vermietung und Verpachtung. Dabei ist die Höhe der Vergütung an der Art und dem Umfang der Aufgabe sowie an der Leistung des Zwangsverwalters auszurichten, wobei Mindest- und Höchstsätze vorgesehen sind (§ 152a ZVG).

1599 Obwohl das ZVG dies nicht erwähnt, wird heute überwiegend angenommen[652], dass das Gericht der Aufsichtsperson (Rn. 1590 ff.) eine Vergütung in entspr. Anwendung der Normen zur Vergütung des Verwalters festzusetzen hat.

II. Regelvergütung

1600 Für die Regelvergütung maßgeblich ist die eingezogene **Miete** oder Pacht. Alle im Rahmen der Darstellung der Vergütung zur Miete gemachten Aussagen gelten für die **Pacht entsprechend**.

1601 Die **Regelvergütung** beträgt im **Normalfall 10 % des Bruttobetrages** (Einnahmen **zzgl.** Nebenkosten) der für den Zeitraum der Verwaltung eingezogenen Miete. Diese Regelvergütung deckt in den Fällen der vollständigen oder teilweisen Vermietung die eigentliche Zwangsverwaltertätigkeit sowie die Tätigkeit der nicht gesondert vergüteten Mitarbeiter ab. Außerdem werden mit der Vergütung auch die allgemeinen Geschäftskosten des Verwalters abgegolten (§ 21 Abs. 1 ZwVwV). Zu den allgemeinen Geschäftskosten gehört der Büroaufwand des Verwalters einschließlich der Gehälter seiner Angestellten, also jene Aufwendungen, die bei dem Verwalter auch dann angefallen wären, wenn er diese Zwangsverwaltung nicht übernommen hätte.

1602 Gem. § 18 Abs. 1 Satz 2 ZwVwV erhält der Verwalter für vertraglich geschuldete, nicht eingezogene Mieten[653] 20 % der **Vergütung** (das entspricht 2 % der Regelvergütung), die er erhalten hätte, wenn diese Mieten eingezogen worden wären. Werden zunächst nicht eingezogene Mietrückstände später gezahlt, ist eine nach dieser Vorschrift erhaltene Vergütung auf die nach den nunmehr eingezogenen Mieten zu berechnende Vergütung anzurechnen. Für den Verwalter soll durch diese Regelung ein Anreiz geschaffen werden, sich um den Einzug geschuldeter Mieten zu kümmern.

III. Verminderung/Erhöhung der Regelvergütung

1603 Im Einzelfall kann sich zwischen der Tätigkeit des Verwalters und der Regelvergütung ein **Missverhältnis** ergeben. Daher bestimmt § 18 Abs. 2 ZwVwV, dass der Regelsatz von 10 % bis auf 5 % **vermindert** oder bis auf 15 % **angehoben** werden kann. Diese Verminderungs- oder Erhöhungskriterien bewirken auch eine Veränderung der Vergütung für vertraglich geschuldete, aber nicht eingezogene Mieten. Kann der Verwalter eine Regelvergütung von 15 % beanspruchen, so bemisst sich die Vergütung für diese nicht eingezogenen Mieten 20 % hiervon, mithin also 3 %. Durch Abweichen von der Regelvergütung wird der Tatsache Rechnung getragen, dass dies zur Herstellung eines leistungsadäquaten Vergütungsniveaus im konkreten Einzelfall zulässig sein muss.

---

652 Depré/Mayer Rn. 108 m.w.N.
653 Also geschuldete, aber nicht bezahlte Mieten, nicht etwa auch der Mietwert leer stehender Räume.

Hat der Zwangsverwalter ein gewerbliches Objekt unter Wahrung der sich daraus ergebenden umsatzsteuerlichen Pflichten und der Herstellung des Versicherungsschutzes zu verwalten, erlaubt dies einen Vergütungszuschlag von 2 % auf insgesamt 12 %.[654]

1604

IV. Vergütung nach Zeitaufwand

1. Voraussetzungen

§ 19 ZwVwV regelt die Zeitvergütung, die in **zwei Fällen** gilt:

1605

1. In allen Fällen, in denen der Verwalter nicht nach § 18 ZwVwV abrechnen kann, weil **keine Vermietung** vorliegt.
2. Bei nur **teilweiser Vermietung** erfolgt die Vergütung nach Zeitaufwand, wenn über § 18 ZwVwV (auch nach entspr. Erhöhung gem. Rn. 1603) keine angemessene Vergütung des Verwalters erreicht werden kann (§ 19 Abs. 2 ZwVwV).

Es ist nicht (mehr) zulässig, einen Teil des Objekts nach Ertrag und den Rest nach Zeitaufwand abzurechnen. Wenn überhaupt Erträge vorhanden sind, muss immer zunächst eine Berechnung nach § 18 ZwVwV stattfinden und erst wenn deren Ergebnis „offensichtlich unangemessen" wäre, erfolgt die Abrechnung nach § 19 ZwVwV. Im Bereich der Kosten- oder Vergütungsfestsetzung wird eine Abweichung von mehr als 20 % bis 25 % der Regelvergütung als unbillig angesehen.[655]

1606

2. Berechnung

Wird die Vergütung nach Zeitaufwand abgerechnet, so erhält der Verwalter für jede Stunde der für die Verwaltung erforderlichen Zeit, die er oder einer seiner qualifizierten Mitarbeiter[656] aufgewendet hat, eine Vergütung von mindestens 35,00 € und höchstens 95,00 €, wobei der Stundensatz für den jeweiligen Abrechnungszeitraum einheitlich zu bemessen ist (§ 19 Abs. 1 ZwVwV).

1607

Die Stundenvergütung bemisst sich für den Verwalter und seine qualifizierten Mitarbeiter nach der **Schwierigkeit** des jeweiligen Verfahrens. Der Mindestsatz kommt dann in Betracht, wenn die Verwaltungstätigkeit ganz überwiegend aus einfachsten Aufgaben besteht, die hauptsächlich von gering qualifizierten Mitarbeitern und Hilfskräften erledigt werden können. Abgedeckt werden dabei die Tätigkeit des Verwalters, seiner qualifizierten Hilfskräfte sowie die entstandenen Geschäftskosten. Handelt es sich nach der Verfahrensstruktur um ein sog. Normal- oder Regelverfahren, soll der angemessene Stundensatz 71,00 € betragen.[657] Eine „Über-Qualifikation" des Verwalters hat keinen Einfluss auf die Vergütung.[658]

1608

V. Mindestvergütung

1. Bei erlangtem Besitz

Auch wenn der Verwalter das Grundstück in Besitz genommen hat, berechnet sich seine Vergütung im Jahr der Besitzergreifung grundsätzlich nach §§ 18 und 19 ZwVwV. Diese Vergütung darf jedoch nicht geringer sein als 600,00 € (Mindestvergütung). Die Mindestvergütung ist somit keine Pauschale

1609

---

654 *Amtsgericht Nordhausen* Rpfleger 2004, 646.
655 *OLG Düsseldorf* Rpfleger 2002, 271; *OLG München* FamRZ 2003, 466; *LG Dortmund* Rpfleger 1991, 33; *OLG Hamm* Rpfleger 1999, 565; *LG Göttingen* Rpfleger 2002, 481, *Haarmeyer* ZinsO 2004, 18, 21.
656 „Qualifizierte Mitarbeiter" meint jene Personen, welche nicht nur „unterstützend" tätig werden (also z.B. Schreibkräfte), sondern selbständig unter Aufsicht des Verwalters Handlungen vornehmen, welche ansonsten der Verwalter selbst vornehmen müsste (§ 1 Abs. 3 Satz 3 und 4 ZwVwV).
657 *Haarmeyer* ZinsO 2004, 18 ff.
658 *BGH* Rpfleger 2007, 414.

für die Besitzergreifung. Im Laufe eines Verfahrens kann sie nur einmal anfallen (Mindest-Gesamtvergütung).[659]

Es ist umstritten, wie zu verfahren ist, wenn der Verwalter im (ersten) Jahr der Besitzergreifung nach § 18 oder § 19 ZwVwV weniger als 600,00 € zu erhalten hat. Es wird Folgendes vertreten:

- Er erhält in diesem Jahr nur die nach §§ 18 und 19 ZwVwV verdiente Vergütung und die Mindestvergütung erst, wenn feststeht, dass seine Gesamtvergütung anderenfalls geringer als 600,00 € wäre (so *LG Essen* Rpfleger 2005, 211);
- Er erhält sofort die Mindestvergütung, also 600,00 €, da ja seine Gesamtvergütung nicht mehr geringer werden kann. Das Gericht berechnet (endgültig) die tatsächlich in diesem Jahr verdiente Vergütung; die Differenz zu 600,00 € ist Vorschuss für das nächste Jahr (so *LG Potsdam* Rpfleger 2005, 620).

1609a Sind mehrere Grundstücke Gegenstand eines (§ 18 ZVG) Zwangsverwaltungsverfahrens, so fällt die Mindestvergütung für jedes in Besitz genommene Grundstück gesondert an, sofern die Grundstücke keine wirtschaftliche Einheit bilden.[660] Dies gilt auch für vermietete Objekte sowohl im verbundenen als im nicht verbundenen Verfahren.

Ob eine Zwangsverwaltung unverhältnismäßig hohe Kosten verursacht hat, ist nicht bei der Festsetzung der Vergütung, sondern bei der Vollstreckung dieser Kosten oder im Rechtsstreit des Schuldners gegen den Gläubiger auf Erstattung der aus Verwaltereinnahmen berichtigten Kosten zu prüfen.[661]

Tipp: **Ist der erste Berichtszeitraum (Rumpfjahr) sehr kurz, die Mindestvergütung fordern, wenn die §§ 18, 19 ZwVwV weniger als 600,00 € ergeben.**

2. Ohne Besitzerlangung

1610 Wird die Zwangsverwaltung beendet, bevor der Verwalter das Objekt in Besitz genommen hat, so erhält er eine Vergütung von 200,00 €. Voraussetzung ist aber, dass er bereits tätig geworden ist. Der Verwalter muss also bereits Handlungen vorgenommen haben, welche die Inbesitznahme vorbereiten. Ob bereits eine lediglich interne Tätigkeit nach Bekanntgabe der Bestellung genügt, also z.B. Anlage der Akten, Kontoeröffnung, Entwurf eines Briefes an die Mieter etc.[662], muss noch entschieden werden. Verzögert sich, insbesondere durch das Verhalten des Schuldners, die Inbesitznahme und nimmt der Gläubiger dann den Antrag alsbald zurück, kann infolge des Zeitaufwandes (§ 19 ZwVwV) durchaus bereits eine höhere Vergütung als 200,00 € verdient sein.

VI. Auslagen

1611 Mit der Vergütung werden zwar die **allgemeinen Geschäftskosten** abgegolten, jedoch können dem Verwalter **besondere Kosten**, die ihm im Einzelfall entstehen, erstattet werden, soweit sie angemessen sind (§ 21 ZwVwV). Diese Auslagen, zu denen neben den in § 21 Abs. 2 ZwVwV beispielhaft genannten besonderen Kosten vor allem die in einem konkreten Verfahren anfallenden Post- und Telekommunikationsentgelte zählen, können entweder im Einzelfall nachgewiesen oder pauschal erstattet werden. Insoweit hat der Verwalter eine Wahlmöglichkeit. Die Pauschale beträgt 10 % der Vergütung, ist jedoch begrenzt auf höchstens 40,00 € für jeden angefangenen Monat seiner Tätigkeit, also 480,00 € pro Verwaltungsjahr. Der Verwalter ist zum Abschluss einer Vermögenshaftpflichtversicherung von mindestens 500.000,00 € verpflichtet (§ 1 Abs. 4 ZwVwV). Wenn aber das Gericht den Abschluss einer höheren Versicherung für den Einzelfall anordnet, können diese zusätzlich auf-

---

659 *BGH* Rpfleger 2006, 490.
660 *BGH* Rpfleger 2006, 151.
661 *BGH* Rpfleger 2007, 274.
662 So *Depré/Mayer* Rn. 670.

gewendeten Kosten als Auslagen erstattet werden und zwar neben der vorgenannten Pauschale.[663] Ansonsten sind die Kosten der Haftpflichtversicherung mit der Vergütung abgegolten.

Zusätzlich zur Vergütung und den Auslagen kann der Verwalter die Festsetzung seiner zu zahlenden Umsatzsteuer verlangen (§ 17 Abs. 2 ZwVwV). **1612**

VII. Besonderheiten

1. Fertigstellung von Bauvorhaben

Erstmalig geregelt ist die Vergütung für die nunmehr mögliche Bautätigkeit (Fertigstellung von Bauvorhaben) unter Aufsicht des Zwangsverwalters (§ 18 Abs. 3 ZwVwV). Sie beträgt 6 % der verwalteten Bausumme und ist vom Zeitaufwand unabhängig, kann also seitens des Gerichts weder erhöht noch ermäßigt werden. § 19 ZwVwV findet keine Anwendung. **1613**

2. Besondere Sachkunde

Bringt der Verwalter im Einzelfall seine besondere Sachkunde als Rechtsanwalt, als Steuerberater oder eine sonstige besondere Qualifikation in die Zwangsverwaltung ein, so kann er diese Leistung im Einzelfall entsprechend seiner Vergütungsordnung abrechnen. Die Zwangsverwaltungsmasse wäre nämlich mit denselben Beträgen belastet worden, wenn sich ein nicht sachkundiger Zwangsverwalter hierfür eines sachkundigen Dritten bedient hätte. Wichtigster Einzelfall: Ein Anwalt als Zwangsverwalter führt einen Rechtsstreit.[664] **1614**

VIII. Vorschuss

Vor einer jeweiligen Festsetzung kann der Verwalter aus den Einnahmen einen Vorschuss auf die Vergütung und Auslagen mit Einwilligung des Gerichts entnehmen (§ 22 Abs. 2 ZwVwV). **1615**

IX. Festsetzung durch das Gericht

Die Festsetzung der dem Verwalter zu erstattenden Vergütung und Auslagen erfolgt für den jeweils festgelegten Rechnungszeitraum, also kalenderjährlich oder aber jährlich, wenn das Gericht zu dieser Abweichung die Zustimmung erteilt hat. Bei Aufhebung des Verfahrens erfolgt sie im Anschluss an die Schlussrechnung (§ 22 Abs. 1 ZwVwV). **1616**

Der Beschluss, durch welchen die Vergütung festgesetzt wird, ist, auch bei Zuerkennung der Regelvergütung, zu begründen. Setzt das Gericht weniger fest als beantragt, muss der Beschluss eingehend begründet werden. **1617**

Der Beschluss ist dem Schuldner und dem Gläubiger zuzustellen, dem Verwalter nur, wenn von seinem Antrag abgewichen wurde. **1618**

Die Entscheidung ist grundsätzlich mit **sofortiger Beschwerde** anfechtbar, auf welche nach h.M.[665] § 567 Abs. 2 ZPO anzuwenden ist. Somit findet **sofortige Erinnerung** nach § 11 Abs. 2 RPflG statt, wenn die Beschwer 200,00 € oder weniger beträgt. Die dann zu treffende Entscheidung des Referatsrichters ist gebührenfrei und unanfechtbar. **1619**

---

663 *Depré/Mayer* Rn. 684.
664 Hierzu ausführlich *Depré/Mayer* Rn. 687 ff.
665 *Haarmeyer/Wutzke/Förster/Hintzen* § 22 ZwVwV Rn. 11.12.

X. Durchsetzung des Anspruchs

1620 Nach der Festsetzung (Rn. 1505) kann der Verwalter den zuerkannten Betrag der Verwaltungsmasse entnehmen (§ 155 Abs. 1 ZVG).

1621 Reicht diese nicht aus, kann der Verwalter den betreibenden Gläubiger in Anspruch nehmen, was sich aus den §§ 155 Abs. 1 und 3, 161 Abs. 3 ZVG ergibt. Diese Inanspruchnahme kann selbst dann erfolgen, wenn der Verwalter keine Vorschüsse verlangt hat.[666]

5. Kapitel
Einstweilige Einstellung und Aufhebung

A. Das System und seine Anwendung

1622 Für die Zwangsverwaltung gelten die unter Rn. 145 bis 148 gemachten Ausführungen über das System der einstweiligen Einstellung und Verfahrensaufhebung entsprechend.

B. Gegenrechte und Verfügungsbeschränkungen

I. Allgemeine Vorbemerkung

1623 Wegen des Umstandes, dass Gegenrechte und Verfügungsbeschränkungen systematisch sowohl im Rahmen der Prüfung des Antrags (Rn. 1472 ff.) als auch noch nach der Anordnung zu thematisieren sind siehe Rn. 149, 150 und Rn. 1625 ff.

II. Neues Eigentum

1624 Ob die Zwangsverwaltung durch den Umstand, dass das Eigentum an dem Vollstreckungsobjekt wechselt, tangiert wird, hängt davon ab, ob der Eigentumswechsel im Lichte der Beschlagnahme dem Gläubiger gegenüber wirksam erfolgt ist.

1625 Im Grundsatz gilt:
Im Falle einer wirksamen Eigentumsübertragung muss das Verfahren aufgehoben werden (§ 28 Abs. 1 ZVG), während die nicht wirksame Eigentumsübertragung allenfalls, wegen einer erforderlichen Titelumschreibung, zu einer kurzzeitigen einstweiligen Einstellung führt. Siehe hierzu die entsprechend geltenden Ausführungen zur Zwangsversteigerung Rn. 96 ff.

III. Auflassungsvormerkung

1626 Eine eingetragene Auflassungsvormerkung hindert nicht die Anordnung der Zwangsverwaltung. Wird jedoch nach der Beschlagnahme der neue Eigentümer auf Grund einer vorher eingetragenen Auflassungsvormerkung eingetragen, kann dies wegen § 28 Abs. 1 ZVG mit § 883 BGB das Zwangsverwaltungsverfahren tangieren. Wegen der Einzelheiten siehe Rn. 158 bis 162.

---

666 *BGH* Rpfleger 2004, 579.

IV. Testamentsvollstreckung

Es gelten die zur Zwangsversteigerung gemachten Ausführungen (Rn. 74, 75) entsprechend. **1627**

V. Nachlassverwaltung

Es gelten die zur Zwangsversteigerung gemachten Ausführungen (Rn. 166) entsprechend. **1628**

VI. Vorerbe und Nacherbe

Ob und inwieweit eine angeordnete Nacherbschaft das Zwangsverwaltungsverfahren tangiert, wird unter Rn. 1490 dargelegt. **1629**

C. Zwangsverwaltung und Insolvenz

I. Insolvenzeröffnung als Vollstreckungshindernis

Auch für das Zwangsverwaltungsverfahren kann die Insolvenzeröffnung ein Vollstreckungshindernis darstellen. Wie in der Zwangsversteigerung (Rn. 169 f.) sind dabei verschiedene „Grade" der Beeinträchtigung denkbar. So kann die Insolvenzeröffnung die Zwangsverwaltung völlig „unbeeindruckt lassen", d.h. trotz Eröffnung des Insolvenzverfahrens ist die Anordnung der Zwangsverwaltung möglich bzw. wird ein bereits laufendes Verfahren unverändert fortgesetzt. Andererseits kann die Insolvenzeröffnung auch die Anordnung einer Zwangsverwaltung verbieten bzw. muss ein bereits laufendes Verfahren aufgehoben werden. **1630**

Zu welcher Folge die Insolvenzeröffnung auf Seiten der Zwangsverwaltung letztlich führt, hängt ab, **1631**
1. von der „Person" des vollstreckenden Gläubigers (hierzu Rn. 169 bis 173) und
2. vom Zeitpunkt der Beschlagnahme in der Zwangsverwaltung im Verhältnis zur Insolvenzeröffnung (hierzu Rn. 174 bis 185).

Auf die praxisrelevantesten Fälle beschränkt, lässt sich zusammenfassend festhalten: **1632**
- dem absonderungsberechtigten Gläubiger (Rn. 171) ist die Zwangsverwaltung möglich, während
- der „Nur"-Insolvenzgläubiger (Rn. 170) am Vollstreckungsverbot des § 89 InsO scheitert.

Wegen der Einzelheiten – auch zu den Problemen der Titelumschreibung, Rückschlagsperre (§ 88 InsO) und dem Vorgehen aus einer Zwangshypothek – wird auf die Ausführungen Rn. 169 bis 185 verwiesen. **1633**

Zusammenwirken von Beschlagnahme in der Zwangsverwaltung, Insolvenzeröffnung, Absonderungsrechten und der Rückschlagsperre **1634**

Beispiel

Durch Beschluss des Vollstreckungsgerichts vom 06.02. wurde die Zwangsverwaltung des schuldnerischen Grundbesitzes angeordnet und zwar wegen eines persönlichen Anspruchs des Gläubigers G. Dieser Anordnungsbeschluss wurde dem Schuldner S am 07.02. zugestellt. Das Ersuchen um Eintragung des Zwangsverwaltungsvermerks ging am 08.02. beim Grundbuchamt ein und wurde noch am selben Tage vollzogen.

Die Inbesitznahme des Grundstücks durch den Zwangsverwalter erfolgte am 09.02.

S stellte am 10.02. Antrag auf Eröffnung des Insolvenzverfahrens, welches dann durch Beschluss des Amtsgerichts vom 13.02. eröffnet wurde.

§ 89 InsO verbietet die Zwangsvollstreckung für Insolvenzgläubiger während des Insolvenzverfahrens. G hatte schon zur Zeit der Insolvenzeröffnung eine persönliche Forderung gegen S; er ist damit Insolvenzgläubiger (§ 38 InsO; Rn. 170) und eigentlich von § 89 InsO tangiert.

(Fortsetzung S. 302)

> Jedoch hat G im Rahmen der Zwangsverwaltung die Beschlagnahme des Grundstücks erwirkt. Die Beschlagnahme wurde wirksam am 07.02. durch Zustellung des Anordnungsbeschlusses an den Schuldner (Rn. 1504). Damit hat G ein Recht auf Befriedigung aus dem Grundstück erworben (§ 10 Abs. 1 Nr. 5 ZVG). Wer an einem Grundstück ein Befriedigungsrecht hat, ist im Insolvenzverfahren absonderungsberechtigt (§ 49 InsO) und insoweit gerade nicht Insolvenzgläubiger. G wird daher von dem Vollstreckungsverbot des § 89 InsO nicht erfasst. Auf den ersten Blick scheint G daher die Zwangsverwaltung fortsetzen zu können. Er hat jedoch sein Absonderungsrecht innerhalb der Frist des § 88 InsO erworben (Fristberechnung erfolgt nach § 139 InsO). Mit der Eröffnung des Insolvenzverfahrens ist diese Sicherung (hier das Recht auf abgesonderte Befriedigung) daher unwirksam geworden.
>
> G kann – als im Ergebnis „nur" persönlicher Gläubiger (Insolvenzgläubiger) – die Zwangsverwaltung wegen § 89 InsO nicht fortsetzen; das Zwangsverwaltungsverfahren ist vom Vollstreckungsgericht gem. § 28 Abs. 2 ZVG (nach Anhörung des G) aufzuheben.
>
> Unterbleibt die Aufhebung, kann der Insolvenzverwalter Erinnerung (§ 766 ZPO) einlegen, über die das Insolvenzgericht (§ 89 Abs. 3 InsO) entscheidet.

1635 Gem. § 89 InsO dürfen auch Neugläubiger, also Gläubiger, die ihre Forderungen erst nach der Insolvenzverfahrenseröffnung erworben haben, nicht in die Insolvenzmasse vollstrecken. Daher muss ein Zwangsverwaltungsantrag, der während des Insolvenzverfahrens von einem derartigen Gläubiger gestellt wird, als unzulässig zurückgewiesen werden.

II. Einstweilige Einstellung auf Antrag des Insolvenzverwalters

1636 Ist über das Vermögen des Schuldners das Insolvenzverfahren eröffnet, so kann auf Antrag des Insolvenzverwalters die vollständige oder teilweise einstweilige Einstellung eines gegen den Schuldner anhängigen Zwangsverwaltungsverfahrens erfolgen (§ 153b ZVG).

1637 Voraussetzung für die einstweilige Einstellung ist, dass der Insolvenzverwalter glaubhaft macht, dass durch die Fortsetzung der Zwangsverwaltung eine wirtschaftlich sinnvolle Nutzung der Insolvenzmasse wesentlich erschwert wird. Einige Aspekte dieser Einstellungsmöglichkeit sollen nachfolgend näher erläutert werden.

1. Materielle Voraussetzungen

1638 Grundvoraussetzung einer einstweiligen Einstellung nach § 153b ZVG ist ein Nebeneinander von Zwangsverwaltung und Insolvenzverfahren. Welches der beiden Verfahren zuerst angeordnet wurde, ist dabei unerheblich; damit kommt eine Einstellung auch des Zwangsverwaltungsverfahrens in Betracht, welches erst nach der Insolvenzeröffnung (also unter den Voraussetzungen Rn. 1632) angeordnet wurde.[667]

1639 Das von § 153b Abs. 1 ZVG geforderte wesentliche Erschweren einer wirtschaftlich sinnvollen Nutzung der Insolvenzmasse liegt nicht schon allein dadurch vor, dass dem Insolvenzverwalter die Verwaltung und Benutzung des zwangsverwalteten Grundbesitzes wegen § 148 Abs. 2 ZVG entzogen ist. Der für die Praxis bedeutendste Fall einer Erschwerung wird wohl meist dann gegeben sein, wenn der Insolvenzverwalter das Grundstück zur Fortführung des schuldnerischen Unternehmens unbedingt benötigt und er über diese Art der Nutzung mit dem Zwangsverwalter nicht zu einer vernünftigen Absprache kommt.

2. Verfahren

1640 Der Antrag des Insolvenzverwalters ist nicht an eine Frist gebunden und kann wiederholt gestellt werden. Der Insolvenzverwalter muss die antragsbegründenden Umstände glaubhaft machen.[668]

---

667 *Haarmeyer/Wutzke/Förster/Hintzen* § 153b Rn. 3; dazu auch ausführlich *Depré/Mayer* ab Rn. 756.
668 § 294 ZPO.

Das Gesetz (§ 153b Abs. 3 ZVG) verlangt eine vorherige Anhörung des Zwangsverwalters und der betreibenden[669] Gläubiger. Mündliche Verhandlung ist möglich, aber nicht vorgeschrieben.

3. Entscheidung

Zu Recht weisen *Depré/Mayer*[670] darauf hin, dass, obwohl so im Gesetz nicht ausdrücklich bezeichnet, in § 153b ZVG allenfalls eine **einstweilige** Einstellung gemeint sein kann. Die (einstweilige) Einstellung kann vollständig oder teilweise erfolgen. Teilweise bedeutet in diesem Zusammenhang die Beschränkung der (einstweiligen) Einstellung auf einzelne beschlagnahmte Gegenstände; denkbar sind hier auch reale Grundstücksbruchteile.[671] **1641**

Die (einstweilige) Einstellung ist mit der Auflage zu verbinden, dass die Nachteile, die dem (betreibenden) Gläubiger aus der Einstellung erwachsen, durch lfd. Zahlungen aus der Insolvenzmasse ausgeglichen werden (§ 153b Abs. 2 ZVG). **1642**

Den Gläubigern, also allen (und nur diesen), welche die Zwangsverwaltung betreiben, darf durch die (einstweilige) Einstellung kein wirtschaftlicher Nachteil entstehen. Ein solcher Nachteil würde aber nur auftreten, wenn der Gläubiger im Falle der Fortführung der Zwangsverwaltung aus den dort eingezogenen überschüssigen (§ 156 Abs. 2 ZVG) Nutzungen überhaupt eine Zuteilung zu erwarten hätte. Die für die Anordnung des Nachteilsausgleichs (§ 153b Abs. 2 ZVG) somit erforderliche Prognose[672] des Vollstreckungsgerichts gestaltet sich (wie jeder ernst gemeinte Blick in die Zukunft) „schwierig". **1643**

Streitig ist, ob der Gläubiger die „dinglichen Zinsen" oder nur die Zinsen der gesicherten persönlichen Forderung zu erhalten hat. Nach der hier vertretenen Auffassung gebühren ihm die dinglichen Zinsen.[673] **1644**

Zu beachten ist jedoch unbedingt, dass das Gesetz nur einen Nachteilsausgleich für (betreibende) Gläubiger vorsieht; ein Berechtigter, der nach dem Teilungsplan im Zwangsverwaltungsverfahren zwar vor diesem Gläubiger mit einer Zahlung rechnen könnte, ist dennoch nicht in die Entscheidung nach § 153b Abs. 2 ZVG einzubeziehen, wenn er das Verfahren nicht betreibt. **1645**

Demgegenüber sind, weil es um alle Gläubiger geht, im Rahmen von § 153b Abs. 2 ZVG auch solche zu berücksichtigen, die dem Zwangsverwaltungsverfahren später beitreten. In diesem Fall wird von Amts wegen eine Änderung der gerichtlichen Entscheidung notwendig. **1646**

Tipp: Durch ihren Beitritt zur Zwangsverwaltung können insbesondere „Nur-Berechtigte" i.S.d. § 10 Abs. 1 Nr. 4 ZVG erreichen, über die Auflage nach § 153b Abs. 2 ZVG vom Insolvenzverwalter Zahlungen zu erhalten.

4. Folgen der (einstweiligen) Einstellung

Wie bereits dargelegt, bedeutet die (einstweilige) Einstellung des Verfahrens nicht die Aufhebung der Zwangsverwaltung und/oder die „Entlassung" des Zwangsverwalters. Vielmehr bleibt die Beschlagnahme bestehen, jedoch wird ein Verfahrensfortgang aufgehalten. Konkret bedeutet dies, dass der Zwangsverwalter seine Verwalterrechte nicht wahrnehmen kann, sondern die Verwaltung und Benutzung des Grundbesitzes von dem Insolvenzverwalter (§ 80 InsO) vorgenommen wird. **1647**

---

669 Wenn das ZVG von Gläubigern spricht, meint es **betreibende** Gläubiger. In § 153b Abs. 3 ZVG ausdrücklich von „betreibenden" Gläubigern zu sprechen, war daher nicht nötig.
670 Rn. 757.
671 *Stöber* (ZVG) § 153b Rn. 2.4.
672 *Stöber* (ZVG) § 153b Rn. 5.2.; *Depré/Mayer* Rn. 764.
673 So auch *Haarmeyer/Wutzke/Förster/Hintzen* § 153b Rn. 15; A.M. *LG Göttingen* Rpfleger 2000, 228; *LG Stade* Rpfleger 2002, 472.

1648 Die bis zur Einstellung erwirtschafteten Nutzungen sind nach § 155 Abs. 1 ZVG zu verwenden, Überschüsse (§ 156 Abs. 2 ZVG) sind nach Teilungsplan (Rn. 1751) auszuzahlen.[674]

1649 Dem Zwangsverwalter steht für die Dauer der (einstweiligen) Einstellung keine Vergütung zu.

5. Rechtsbehelfe

1650 Nach derzeitiger Rechtslage[675] ist gegen die Entscheidung das Rechtsmittel der sofortigen Beschwerde gegeben (§ 793 ZPO). Diese steht im Falle der stattgebenden (einstellenden) Entscheidung dem Gläubiger, bei zurückweisender Entscheidung dem Insolvenzverwalter zu. Dem Zwangsverwalter, dem Schuldner und den übrigen Verfahrensbeteiligten steht kein Rechtsbehelf zu.

III. Fortsetzung der Zwangsverwaltung

1. Materielle Voraussetzungen

1651 Unter welchen Voraussetzungen das (einstweilen) eingestellte Zwangsverwaltungsverfahren seine Fortsetzung findet, bestimmt § 153c ZVG, welcher vier Konstellationen unterscheidet:
1. **Wegfall** der Einstellungsvoraussetzungen;
d.h., durch die Fortsetzung der Zwangsverwaltung wird die wirtschaftliche Nutzung der Insolvenzmasse nicht mehr wesentlich erschwert. Beispiel: Der Insolvenzverwalter hat den schuldnerischen Geschäftsbetrieb, für welchen das Grundstück „erforderlich" war, mittlerweile eingestellt.
2. **Nichterfüllung** der Auflagen nach § 153b Abs. 2 ZVG;
3. **Zustimmung** des Insolvenzverwalters;
4. **Beendigung** des Insolvenzverfahrens
durch Aufhebung (§§ 200 Abs. 1, 258 InsO), Einstellung (§§ 201 Abs. 1, 212, 213 InsO) oder Freigabe des Grundstücks durch den Insolvenzverwalter.

2. Verfahren

1652 Während die Verfahrensfortsetzung auf Grund eines Umstandes nach o.g. Nr. 1 bis 3 den Antrag eines (betreibenden) Gläubigers erfordern, erfolgt diese im Fall Nr. 4 „automatisch" d.h. die Wirkungen der einstellenden Anordnung fallen kraft Gesetzes weg.[676]

1653 Zum Antrag des Gläubigers, die (einstweilige) Einstellung des Verfahrens aufzuheben (das Verfahren fortzusetzen), ist der Insolvenzverwalter zu hören. Bestreitet dieser das Vorliegen der Voraussetzungen für die Aufhebung, muss der die Fortsetzung beantragende Gläubiger diese glaubhaft machen. Das Vollstreckungsgericht entscheidet durch zu begründenden Beschluss.

D. Einstweilige Einstellung und Aufhebung auf Grund einer Verfahrenshandlung

I. Antragsrücknahme durch den Gläubiger

1654 § 29 ZVG findet (über § 161 Abs. 4 ZVG) Anwendung; für den Gläubiger, welcher seinen Antrag zurückgenommen hat, ist das Verfahren durch Beschluss aufzuheben.

Tipp: Vor der Antragsrücknahme sollte der Gläubiger vom Gericht klären lassen, ob die Aufwendungen (§ 155 Abs. 1 ZVG) gedeckt sind, da der Gläubiger für einen evtl. Fehlbetrag haftet.

---

674 Stöber (ZVG) § 153b Rn. 7.2.
675 Zum eigentlichen gesetzgeberischen Willen, die Entscheidung unanfechtbar auszugestalten, siehe *Depré/Mayer* Rn. 766.
676 Hier ist entgegen der sonstigen Systematik des ZVG (siehe § 31) kein Fortsetzungsantrag erforderlich (*Depré/Mayer* Rn. 769).

1655 Zur Wirksamkeit der Antragsrücknahme nach überkommender Ansicht siehe Rn. 201. Entgegen *Haarmeyer/Wutzke/Förster/Hintzen*[677] ist dieser Streit für die Zwangsverwaltung durch die Neufassung der ZwVwV (leider) noch nicht entschieden, da der ZwVwV die Verordnungskompetenz für einen Eingriff in die Beschlagnahme fehlt (§ 152a ZVG).

1656 Nach dem Urteil des *BGH* vom 08.05.2003[678] kann ein Gläubiger bestimmte Gegenstände von seiner Antragsrücknahme ausnehmen. Hierauf ergeht ein „eingeschränkter" Aufhebungsbeschluss des Gerichts; die „ausgenommenen" Gegenstände bleiben unter der Verwaltung des Zwangsverwalters.

1657 Nach Eingang der „uneingeschränkten" Antragsrücknahme hat das Gericht für diesen Gläubiger einen Aufhebungsbeschluss zu erlassen und dem Gläubiger und dem Schuldner zuzustellen. Der Zwangsverwalter erhält den Beschluss formlos übersandt.

1658 Welche Fortsetzung das Verfahren nimmt, hängt davon ab, ob die Zwangsverwaltung noch von mindestens einem weiteren Gläubiger betrieben wird. Ist dies nicht der Fall, kommt es zur Abwicklung des Verfahrens. Anderenfalls ist lediglich eine Ergänzung (i.S. einer Berichtigung) der Auszahlungsanordnung zum Teilungsplan (Rn. 1775) erforderlich.

1659 Kommt es zur Abwicklung des Verfahrens, sind zusätzlich folgende Schritte zu beachten:

Das Gericht **1660**

- ersucht das Grundbuchamt um Löschung des Zwangsverwaltungsvermerks;
- teilt dem Zwangsverwalter die Aufhebung mit.

Der Zwangsverwalter **1661**

- stellt alle Verwaltungshandlungen ein;
  Allenfalls unaufschiebbare Handlungen darf er noch vornehmen. *Depré/Mayer*[679] weisen zu Recht darauf hin, dass § 12 ZwVwV trotz scheinbar anders lautender Formulierung keine tragfähige Rechtsgrundlage für die Ermächtigung des Zwangsverwalters zur Vornahme von unaufschiebbaren Handlungen bietet.
- unterrichtet die Mieter/Pächter von der Verfahrensaufhebung;
- begleicht die von ihm begründeten Verbindlichkeiten aus den noch vorhandenen Einnahmen und, soweit vorhanden und deren Verwendung zulässig ist, aus den Gläubigervorschüssen;
- legt dem Gericht eine Schlussrechnung vor (§ 14 Abs. 3 ZwVwV);
- fügt der Schlussrechnung seinen Antrag auf Festsetzung der Vergütung bei.

II. Bewilligung der einstweiligen Einstellung durch den Gläubiger

1662 Da nach § 146 Abs. 1 ZVG auf die Zwangsverwaltung die Vorschriften über die Zwangsversteigerung entspr. Anwendung finden, soweit sich nicht aus den §§ 147 bis 161 ZVG ein Anderes ergibt, müsste auch die einstweilige Einstellung des Verfahrens auf Bewilligung des Gläubigers (§ 30 ZVG) möglich sein. Dies ist in der Literatur stark umstritten.[680] Zu Recht wird die Möglichkeit der Verfahrenseinstellung nach § 30 ZVG von der neueren Literatur abgelehnt.

1663 Dies lässt sich nicht allein damit begründen, dass das Zwangsverwaltungsverfahren seiner Art nach „auf Dauer angelegt" ist. Denn auch die Einstellungsbefürworter verkennen nicht, dass besonders in der Person des Zwangsverwalters, genauer in seiner Verwaltungs- und Benutzungsbefugnis (§ 148 Abs. 2 ZVG), eine gewisse Kontinuität bestehen muss. So wollen auch die Einstellungsbefürworter durch die einstweilige Einstellung die Beschlagnahme nicht berührt sehen.[681] Aber auch die Verwaltungs- und Benutzungsbefugnis des Zwangsverwalters sowie dessen Berechtigung (Verpflichtung) zur Begleichung der öffentlichen Lasten (§ 156 Abs. 1 ZVG) sollen fortbestehen. Letztlich verbleibt als

---

677 § 12 ZwVwV Rn. 2
678 Rpfleger 2003, 458.
679 Rn. 324.
680 Zum Meinungsstand: *Stöber* (ZVG) § 146 Rn. 6.5.
681 Hier liegt eine folgerichtige Übereinstimmung zur einstweiligen Einstellung in der Zwangsversteigerung vor.

(einzige) Wirkung der einstweiligen Einstellung der Umstand, dass der Zwangsverwalter die eingezogenen Nutzungen nicht mehr an den Gläubiger, welcher die einstweilige Einstellung bewilligt hat, auszahlen darf, sondern diese hinterlegen bzw. zinsbringend anlegen muss. Zu Recht stellen *Depré/Mayer*[682] die Frage, ob eine solche einstweilige Einstellung einen von der Rechtsordnung gebilligten Zweck erfüllen kann. Bedenkt man weiter, dass die auf die Nichtannahme von Nutzungen durch den Gläubiger reduzierte einstweilige Einstellung den Schuldner sogar ausdrücklich schädigen[683] kann, ist die Möglichkeit der Bewilligung der einstweiligen Einstellung (§ 30 ZVG) abzulehnen.

1664 Vorgesehen ist eine einstweilige Einstellung nur auf Antrag des Insolvenzverwalters nach § 153b ZVG (hierzu Rn. 1636 ff.). Dies ist kein Widerspruch zur Versagung der einstweiligen Einstellung nach § 30 ZVG, da infolge des Insolvenzverfahrens eine andere Nutzung möglich und sinnvoll geworden ist, welche das Zwangsverwaltungsverfahren als Maßnahme einer Einzelvollstreckung nicht ermöglicht[684] und die auch nicht verhindert werden soll.

1665 Rechtspflegerinnen und Rechtspflegern der Vollstreckungsgerichte, welche die Anwendbarkeit von § 30 ZVG im Zwangsverwaltungsverfahren entgegen der hier geäußerten Ansicht bejahen, sei an dieser Stelle vorgeschlagen, sich dann, entgegen einiger Ansätze in der Literatur, nicht „allzu weit" von der diesbezüglichen **Systematik** des ZVG zu entfernen. So sollte die **Zahl** der einem Gläubiger zustehenden Einstellungsbewilligungen auf zwei beschränkt bleiben (§ 30 Abs. 1 ZVG), i.S. einer zügigen Verfahrensdurchführung die **6-Monats-Frist** des § 31 Abs. 1 ZVG Anwendung finden und die **Verfahrensfortsetzung** einen diesbezüglichen Antrag des Gläubigers (§ 31 Abs. 1 ZVG) voraussetzen.

III. Einstweilige Einstellung auf Schuldnerantrag nach § 30a ZVG

1666 Eine einstweilige Einstellung des Zwangsverwaltungsverfahrens auf Antrag des Schuldners nach § 30a ZVG kann nicht erfolgen. Diese auf die Zwangsversteigerung zugeschnittene Norm findet in der Zwangsverwaltung keine Anwendung.

IV. Antrag des Schuldners nach § 765a ZPO

1667 In besonderen Ausnahmesituationen kann auf Schuldnerantrag die einstweilige Einstellung und sogar die Aufhebung des Verfahrens nach der für alle ZPO-Vollstreckungsverfahren geltenden „Notbremse" § 765a ZPO erfolgen. Nach heutigem Sozialverständnis kann dem Schuldner Unterhalt aus der Masse nur nach den §§ 149 Abs. 3, 150e ZVG und nicht auch nach § 765a ZPO gewährt werden.[685]

1668 Wird ausnahmsweise ein Verfahren einstweilen eingestellt, bleibt die Beschlagnahme unberührt; auch bleibt der Zwangsverwalter im Amt und zieht weiterhin die Nutzungen ein. An den von der Zwangsverwaltungseinstellung betroffenen Gläubiger darf aber nichts mehr ausbezahlt werden. Das Geld ist für ihn zu hinterlegen, wobei die Notwendigkeit der Zustimmung des Verwalters zur Auszahlung zu vermerken ist. Auf Antrag oder aber auch von Amts wegen kann der Einstellungsbeschluss geändert werden, wenn dies mit Rücksicht auf eine Änderung der Sachlage geboten ist (§ 765a Abs. 4 ZPO).

---

682 Rn. 182; Darstellung des Meinungsstandes und ausführliche Kritik Rn. 180, 181.
683 Angenommen, die Forderung des Gläubigers wäre ohne einstweilige Einstellung längst bezahlt. Da der Gläubiger während der einstweiligen Einstellung aber gerade keine Zahlungen beziehen darf, hält er die Zwangsverwaltung so künstlich „am Leben".
684 *Depré/Mayer* Rn. 184.
685 *LG Saarbrücken* Rpfleger 1995, 265.

V. Entscheidung des Prozessgerichts und sonstige Einstellungsfälle nach § 775 ZPO

Auch in der Zwangsverwaltung kann es durch Entscheidung des zuständigen Prozessgerichts z.B. nach § 767 ZPO (Vollstreckungsabwehrklage) oder § 771 ZPO (Drittwiderspruchsklage) i.V.m. einer ausführenden Entscheidung des Vollstreckungsgerichts (nach den §§ 775 Nr. 1 und 2, 776 ZPO) zu einer Einstellung oder gar einer Aufhebung des Verfahrens kommen (hierzu Rn. 231). 1669

Denkbar, wenngleich im Zwangsverwaltungsverfahren mangels „dringlicher Situationen" weitaus weniger häufig, ist auch eine Eilentscheidung des Vollstreckungsgerichts nach § 769 Abs. 2 ZPO. Diesbezüglich wird auf die Ausführungen Rn. 232 mit der Maßgabe verwiesen, dass das fristgerechte Beibringen einer Einstellungsbewilligung (§ 30 ZVG) wegen Rn. 1662 ff. ausscheidet. 1670

E. Aufhebung der Zwangsverwaltung nach § 161 ZVG

I. Befriedigung des Gläubigers (§ 161 Abs. 2 ZVG)

Das Verfahren ist aufzuheben, wenn der Gläubiger befriedigt ist (§ 161 Abs. 2 ZVG). Die Befriedigung des Gläubigers kann auf verschiedene Arten erfolgen. 1671

1. Befriedigung durch Zahlung des Zwangsverwalters

Hat der Zwangsverwalter die Beschlagnahmeforderung des Gläubigers befriedigt, muss die Zwangsverwaltung für diesen Gläubiger aufgehoben werden. Sollten noch weitere Gläubiger vorhanden sein, wird für diese das Verfahren fortgesetzt. 1672

Der Verwalter darf die Verwaltung nicht von sich aus beenden. Vielmehr zeigt er die erfolgte Befriedigung unverzüglich dem Gericht an (§ 12 Abs. 4 Satz 1 ZwVwV), welches nach Anhörung des Gläubigers durch konstitutiven Beschluss das Verfahren aufhebt, falls der Gläubiger nicht von sich aus den Antrag zurücknimmt. Es soll stets angeordnet werden, dass die Wirkungen der Aufhebung erst mit Rechtskraft eintreten. 1673

Der Verwalter führt die Verwaltung weiter, bis ihm die Aufhebung mitgeteilt wird. Das Gericht kann aus gegebenem Anlass eine Ermächtigung nach § 12 Abs. 2 ZwVwV erteilen. 1674

2. Befriedigung durch Zahlung außerhalb des Verfahrens

Erfährt der Zwangsverwalter vom Gläubiger, dass dieser außerhalb des Zwangsverwaltungsverfahrens befriedigt wurde, teilt er dies unverzüglich dem Gericht mit (§ 12 Abs. 4 Satz 2 ZwVwV). Dies ist kein Fall des § 161 ZVG. Somit erfolgt eine Aufhebung erst nach Antragsrücknahme durch den Gläubiger (Rn. 1654) oder aber nachdem der Schuldner seinen Anspruch auf Beendigung des Verfahrens prozessual (Vollstreckungsgegenklage) durchgesetzt hat (Rn. 1669). 1675

3. Befriedigung aus dem Erlös der Zwangsversteigerung

Dieser Fall ist gesetzlich nicht geregelt. Nach der hier vertretenen Auffassung ist § 161 Abs. 2 ZVG entsprechend anzuwenden, da die Befriedigung in einem ZVG-Verfahren erfolgt und im Protokoll des Verteilungstermins dokumentiert ist. 1676

II. Aufhebung mangels Vorschusszahlung (§ 161 Abs. 3 ZVG)

Hat der Verwalter mangels ausreichender Einziehung von Nutzungen keine finanziellen Mittel, die erforderlichen Aufwendungen des § 155 Abs. 1 ZVG zu zahlen, muss der Gläubiger einen Vorschuss leisten. Üblich ist, dass der Verwalter die Notwendigkeit dem Gericht anzeigt und dieses die Zahlung anordnet. Hierbei bestimmt es dem Gläubiger eine Zahlungsfrist und weist ihn darauf hin, dass man- 1677 gels fristgemäßer Zahlung die Aufhebung des Verfahrens (§ 161 Abs. 3 ZVG) erfolgt. Der Aufhebungsbeschluss ist konstitutiv und es sollte stets angeordnet werden, dass die Wirkungen der Aufhebung erst mit Rechtskraft eintreten. Dies schützt nicht nur das Gericht, sondern ermöglicht dem Gläubiger eine Zahlung bis zur Rechtskraft, worauf nach sofortiger Beschwerde des Gläubigers der Rechtspfleger im Wege der Abhilfe seinen Aufhebungsbeschluss wieder aufzuheben hätte.

1678 Im Übrigen haftet der Gläubiger dem Verwalter für angefallene Aufwendungen nach § 155 Abs. 1 ZVG auch dann, wenn kein Vorschuss angefordert oder geleistet worden ist.[686]

F. Zuschlag in der Zwangsversteigerung

I. Allgemeines

1679 Wird das Grundstück in einem gleichzeitigen Zwangsversteigerungsverfahren (möglich gem. § 866 Abs. 2 ZPO) zugeschlagen, muss dies Auswirkungen auf die anhängige Zwangsverwaltung haben. Es ist umstritten, welche Auswirkungen dies sind. Im Wesentlichen streitet man über drei Punkte:
- Welche unmittelbare Wirkung hat der Zuschlagsbeschluss auf die Zwangsverwaltung?
- Welche Rechtsstellung hat der Verwalter in der Zeit zwischen Zuschlag und Aufhebung des Zwangsverwaltungsverfahrens?
- Welche Wirkung hat der Aufhebungsbeschluss auf die nicht versteigerten Gegenstände (Guthaben beim Verwalter, Mietrückstände aus der Zeit vor dem Zuschlag, haftende, aber z.B. infolge Freigabe nicht mitversteigerte bewegliche Sachen)?

Die Verfasser gehen davon aus, dass sich durch den richtungsweisenden Aufsatz von *Eickmann*[687] wohl künftig die nachgenannten Auffassungen durchsetzen werden. Wegen des Meinungsstreits wird auf die Literatur[688] verwiesen.

1680 Nach dem Zuschlag hat das Vollstreckungsgericht einen Aufhebungsbeschluss zu erlassen. Mit Rücksicht auf die unsichere Rechtslage wird folgender Tenor vorgeschlagen[689]:

„In Sachen ... werden das Grundstück samt der mitversteigerten Gegenstände sowie die nach dem Zuschlag angefallenen Erträge, soweit diese bisher noch beschlagnahmt waren, aus der von der Zwangsverwaltung bewirkten Beschlagnahme freigegeben."

II. Wirkung des Zuschlagsbeschlusses

1681 Da der Ersteher mit dem Zuschlag Eigentümer des Grundstücks und der mitversteigerten Gegenstände wird (§ 90 ZVG), hat künftig der Gläubiger kein Recht mehr auf Befriedigung aus diesen Gegenständen. Wegen § 56 Satz 2 ZVG verliert er auch das durch die Beschlagnahme bewirkte Recht zur Befriedigung aus den Erträgen, welche für die Zeit nach dem Zuschlag anfallen. Insoweit erlischt auch das nur zum Schutz der Beschlagnahme durch diese bewirkte Veräußerungsverbot. Hierzu bedarf es keiner zusätzlichen Entscheidung mit konstitutiver Wirkung. Die in der Literatur häufig erwähnte „Rückwirkung des Aufhebungsbeschlusses auf den Zeitpunkt des Zuschlags" wurde inzwischen als Leerformel entlarvt und sollte künftig als Argument bedeutungslos werden.

III. Verwaltungsbefugnis zwischen Zuschlag und Aufhebung

1682 Nicht beendet ist jedoch die durch den Anordnungsbeschluss begründete Verwaltungsbefugnis des Zwangsverwalters. Sie muss, ebenso wie eine durch Pfändung bewirkte Verstrickung, durch einen

---
686 *BGH* Rpfleger 2004, 579.
687 ZflR 2003, 1021.
688 Unvollständige Zusammenfassung des Meinungsstandes bei *Mayer* RpflStud. 2003, 112.
689 *Depré/Mayer* Rn. 377.

hoheitlichen Akt aufgehoben werden. Es wird allgemein anerkannt, dass dieser hoheitliche Akt (also die Aufhebung der Zwangsverwaltung) erst ergehen darf, wenn der Zuschlagsbeschluss rechtskräftig ist. Dies mag mit Rücksicht auf § 90 ZVG unsystematisch sein, ist jedoch vom Ersteher hinzunehmen, zumal er mit dem Zuschlag zwar Eigentum, aber eben Eigentum temporär in der Schwebe, erworben hat. Würde nämlich der Zuschlag vom Beschwerdegericht aufgehoben werden, könnten die Folgen einer vorzeitigen Beendigung der Zwangsverwaltung kaum noch rückgängig gemacht werden. Unter Abwägung der Interessen der Gläubiger und des Schuldners einerseits und des Erstehers (der ja weiß, dass er ein unter Zwangsverwaltung stehendes Grundstück erworben hat) andererseits, mutet die allgemeine Meinung dem Ersteher eine solche Verzögerung zu. Die Aufhebung hat jedoch alsbald nach Rechtskraft des Zuschlagsbeschlusses zu erfolgen. Wegen der weiteren Verwaltungsbefugnis des Verwalters und des Verhältnisses von Verwalter und Ersteher siehe *Depré/Mayer* ab Rn. 357.

Der Zwangsverwalter schuldet dem Ersteher Auskunft über seine Verwaltung in dieser Zeit und die Auskehr der für diese Zeit eingenommenen Beträge nach Abzug der Aufwendungen des § 155 Abs. 1 ZVG.[690] **1683**

IV. Nicht versteigerte Gegenstände

Der Aufhebungsbeschluss ergeht nur im Verhältnis Ersteher und Gläubiger und beendet die Verwaltungsbefugnis des Verwalters für die versteigerten Gegenstände. Der Schuldner ist daran nicht beteiligt. Der Ersteher hat auf Grund seines Eigentums einen Anspruch auf Beendigung der Verwaltung, den er eigentlich nach § 771 ZPO durchsetzen müsste. Da jedoch § 28 ZVG die Erledigung solcher Ansprüche im ZVG-Verfahren dekretiert, erfolgt die „Freigabe" der versteigerten Gegenstände aus der fortwirkenden Verwaltung durch Beschluss im Zwangsverwaltungsverfahren. **1684**

Daraus ergibt sich, dass die nicht versteigerten Gegenstände (Rn. 1679) weiterhin beschlagnahmt sind. Insoweit geht die Zwangsverwaltung weiter, bis sie nach § 29 oder § 161 ZVG beendet wird. Sich noch ergebende Beträge hat der Zwangsverwalter gem. dem Teilungsplan auszukehren (wobei er die Befriedigung in der Zwangsversteigerung zu beachten hat), soweit er sie nicht nach § 155 Abs. 1 ZVG benötigt. Einer „Ermächtigung" nach § 12 Abs. 2 ZwVwV bedarf es nicht. **1685**

Tipp: Beteiligte, deren dingliche Zinsen im Teilungsplan der Zwangsverwaltung stehen, sollten sich vor dem Verteilungstermin der Zwangsversteigerung beim Zwangsverwalter erkundigen, ob von dort noch eine Zuteilung zu erwarten ist. Ggf. wäre an eine „Minderanmeldung" bezüglich der laufenden Zinsen zu denken, falls der Versteigerungserlös keine volle Befriedigung gewährt. Damit hält sich der Beteiligte die Möglichkeit offen, aus der Teilungsmasse der Zwangsverwaltung die laufenden Zinsen zu kassieren.

---

690 Es ist streitig, ob der Ersteher dem Verwalter für diese Zeit eine Vergütung schuldet. Richtig dürfte sein, dass ein materieller Anspruch aus einem „gesetzlichen Schuldverhältnis" besteht, der aber mangels Beteiligung des Erstehers am Verfahren nicht gegen diesen festgesetzt werden kann. Der Verwalter kann also allenfalls mit Beträgen aufrechnen oder den Prozessweg bestreiten. Im Übrigen schuldet ihm die Masse, notfalls der Gläubiger, auch für diesen Zeitraum die übliche Vergütung.

6. Kapitel
Verfahren bis zum Verteilungstermin

A. Inbesitznahme des Grundstücks

I. Allgemeines

1686 Zunächst hat der Verwalter das Grundstück in Besitz zu nehmen.

Diese Besitzergreifung kann auf verschiedene Arten erfolgen. § 150 Abs. 2 ZVG sieht vor, dass der Verwalter in den Besitz des Grundstücks durch einen Gerichtsvollzieher oder sonstigen Beamten eingewiesen werden kann oder ihm die Ermächtigung erteilt werden kann, sich selbst den Besitz zu verschaffen.

1687 Das Vollstreckungsgericht muss dafür Sorge tragen, dass der Verwalter unverzüglich die tatsächliche Gewalt über das Grundstück erhält. Dabei ist die vom Gericht ermächtigte Erlaubnis, sich selbst den Besitz zu verschaffen, in der Praxis allgemein üblich.[691]

1688 Der Verwalter muss persönlich handeln, wenn er in den unmittelbaren Besitz eingewiesen werden soll oder wenn er sich diesen selbst verschaffen will. Er kann sich vertreten lassen, wenn ihm nur der mittelbare Besitz übertragen werden soll.

1689 Für die Ergreifung des Besitzes ist zunächst maßgebend, ob der Schuldner unmittelbarer oder nur mittelbarer Besitzer ist.

II. Schuldner ist unmittelbarer Besitzer

1. Freiwillige Besitzübergabe

1690 Wenn der Schuldner dem Verwalter den (unmittelbaren) Besitz freiwillig verschafft, gibt es keine Schwierigkeiten. Wegen der Möglichkeit, dem Schuldner die für seinen Hausstand unentbehrlichen Räume zu belassen, siehe Rn. 1518 ff.

1691 Das Besitzrecht des Verwalters umfasst nicht nur das Grundstück, sondern auch die mithaftenden Gegenstände betreffenden Unterlagen und Nachweise, wie z.B. Grundsteuerbescheide, Versicherungspolicen, Miet- und Kaufverträge etc. Diese sind an den Zwangsverwalter herauszugeben.

2. Zwangsweise Besitzeinweisung

1692 Hat das Gericht die Besitzeinweisung durch einen Gerichtsvollzieher oder sonstigen Beamten angeordnet, übergibt dieser dem Verwalter den Besitz.

1693 Wenn das Vollstreckungsgericht im Anordnungsbeschluss den Zwangsverwalter ermächtigt hat, sich den Besitz an dem Grundstück selbst zu verschaffen, kann dieser einen Widerstand des Schuldners mit Hilfe des Gerichtsvollziehers nach § 892 ZPO beseitigen. Vollstreckungstitel ist der Anordnungsbeschluss mit der darin enthaltenen gerichtlichen Ermächtigung zur Besitzergreifung.[692] Für die Besitzergreifung bedarf es keines Durchsuchungsbeschlusses nach § 758a Abs. 2 ZPO.

III. Schuldner ist mittelbarer Besitzer

1694 Ist der Schuldner nur mittelbarer Besitzer, kann sich der Verwalter auch nur den mittelbaren Besitz verschaffen. Die Besitzergreifung erfolgt durch Verständigung der Mieter. Diese werden vom Verwalter gleichzeitig aufgefordert, die Miete ab sofort auf das Konto des Zwangsverwalters zu zahlen.

---

691 *Depré/Mayer* Rn. 444.
692 *Amtsgericht Ottweiler* Rpfleger 1998, 533.

Damit die Beschlagnahme einem Dritten gegenüber wirkt, muss sie diesem bekannt werden. Gem. § 4 ZwVwV hat der Verwalter eine Mitteilungspflicht. Dem Drittschuldner wird eine Beschlagnahme auch dann bekannt, wenn ihm ein gerichtliches Zahlungsverbot zugestellt wird (Rn. 1514). **1695**

IV. Bericht über die Besitzerlangung

Der Verwalter hat über die Inbesitznahme und die Umstände der Beschlagnahme einen Bericht zu fertigen und dem Gericht vorzulegen. Einzelheiten, auch zum Inhalt des Berichts, ergeben sich aus § 3 ZwVwV. **1696**

B. Geltendmachung beschlagnahmter Ansprüche

I. Miete und Pacht

Die überwiegende Zahl der Verfahren ist dadurch gekennzeichnet, dass es sich bei den beschlagnahmten Objekten um Mietshäuser handelt. **1697**

Ist das Grundstück vor der Beschlagnahme bereits einem Mieter oder Pächter überlassen, dann ist der Miet- oder Pachtvertrag dem Verwalter gegenüber wirksam (§ 152 Abs. 2 ZVG). Ein „Überlassen" wird bereits dann angenommen, wenn der Mieter schon im Besitz der Schlüssel ist, nicht jedoch, wenn der Schuldner lediglich einen Miet- oder Pachtvertrag abgeschlossen hat. Der Verwalter muss dann den Mietvertrag nicht erfüllen. Erfüllung wird er nur wählen, wenn dies wirtschaftlich sinnvoll ist. **1698**

Gem. § 20 Abs. 2 ZVG erfasst eine Grundstücksbeschlagnahme auch diejenigen Gegenstände, auf die sich bei einem Grundstück die Hypothek erstreckt. Die Hypothek erstreckt sich nach § 1123 BGB auf die Miet- oder Pachtforderung. In der **Zwangsversteigerung** sind diese Forderungen jedoch von der Beschlagnahme ausgenommen (§ 21 Abs. 2 ZVG). Dagegen bestimmt § 148 Abs. 1 ZVG, dass in einem **Zwangsverwaltungsverfahren** gerade diese Gegenstände von der Beschlagnahme erfasst werden. Dabei ist es gleichgültig, ob die Beschlagnahme zugunsten eines dinglichen oder eines persönlichen Gläubigers erfolgte. Nachdem sich die Beschlagnahme auf diese Ansprüche erstreckt, hat der Verwalter die Miete/Pacht geltend zu machen (§ 152 Abs. 1 ZVG). **1699**

Gesetzlich oder vertraglich mögliche Mieterhöhungen hat der Verwalter grundsätzlich geltend zu machen. **1700**

Miet- und Pachtforderungen können von der Hypothekenhaftung frei werden. Sind sie schon vor Beschlagnahme von dieser Haftung freigeworden, dann können sie auch nicht mehr beschlagnahmt werden. **1701**

Miet- und Pachtforderungen werden von der **Hypothekenhaftung frei**,
1. wenn der Eigentümer die fälligen Ansprüche einzieht. Der Einziehung steht jedes Erfüllungssurrogat gleich, also auch Aufrechnung durch den Mieter (Pächter), Hingabe an Erfüllungs Statt usw.[693]
2. wenn eine ein Jahr oder länger zurückliegend fällige Miete/Pacht noch nicht eingezogen worden ist (§ 1123 Abs. 2 BGB). Diese älteren Forderungen darf dann der Eigentümer einziehen.
3. für den in § 1123 Abs. 2 BGB genannten Fälligkeitszeitraum nach Beschlagnahme, wenn die Leistung im Voraus fällig wird und noch nicht eingezogen ist.
4. durch Trennung der Miet-/Pachtforderung vom Eigentum, sei es durch Abtretung der Forderung (§ 1124 Abs. 2 BGB) oder Veräußerung des Grundstücks ohne die Forderung.
5. durch eine Vorausverfügung über noch nicht fällige Leistungen. Eine Verfügung im Wege der Zwangsvollstreckung (Pfändung der Miet- oder Pachtforderung) steht einer rechtsgeschäftlichen Verfügung gleich.[694]

---
693 Wegen der Einzelheiten siehe *Haarmeyer/Wutzke/Förster/Hintzen* § 8 ZwVwV Rn. 6.
694 Allgemeine Meinung; vgl. auch § 110 Abs. 2 Satz 2 InsO, welcher dies ausdrücklich regelt.

1702 Liegen Vorausverfügungen über noch nicht fällige Leistungen vor, so sind diese auch der Zwangsverwaltung gegenüber wirksam (§ 1124 Abs. 1 Satz 1 BGB), jedoch mit der Einschränkung (siehe § 1124 Abs. 2 BGB), dass diese Vorausverfügungen ab einem bestimmten Zeitpunkt der Zwangsverwaltungsmasse gegenüber zurückzutreten haben. Erfolgte die Beschlagnahme nach dem 15. eines Monats (also am 16. und später), so sind die Vorausverfügungen auch noch für den Folgemonat wirksam, ansonsten nur noch für den Monat der Beschlagnahme.

1703
Beispiel

Angenommen, die Miete wird mtl. im Voraus fällig; der Eigentümer hat die Mietforderung vor der Beschlagnahme in der Zwangsverwaltung abgetreten (= Vorausverfügung).
Die Beschlagnahme in der Zwangsverwaltung erfolgte am 16. Januar. Die Vorausverfügung ist noch wirksam für den Monat Februar, ab März hat der Verwalter diese Miete einzuziehen. Erfolgte die Beschlagnahme dagegen schon am 15. Januar, muss der Verwalter schon die Februarmiete einziehen.

1704 Die Beschlagnahme hat gem. § 23 Abs. 1 ZVG die Wirkung eines relativen Veräußerungsverbots i.S. der §§ 136, 135 BGB, weshalb Verfügungen nach Beschlagnahme dem Beschlagnahmegläubiger gegenüber unwirksam sind.

1705 Grundsätzlich ist damit auch eine Zahlung des Mieters (Pächters) an den Schuldner nach Beschlagnahme unwirksam. Hat ein Mieter oder Pächter die Miet- oder Pachtforderung trotz Beschlagnahme dennoch an den Schuldner bezahlt, so wird er von der nochmaligen Zahlung nur befreit, wenn

- ihm die Beschlagnahme nicht bekannt war (fahrlässige Unkenntnis genügt nicht) und
- ihm auch kein Zahlungsverbot nach § 22 Abs. 2 Satz 1 ZVG zugestellt wurde.

1706 Der Zwangsverwalter hat daher dafür Sorge zu tragen, dass die Mieter/Pächter umgehend von der Anordnung der Zwangsverwaltung benachrichtigt werden, um sie „bösgläubig" zu machen, denn durch diese Benachrichtigung gilt die Beschlagnahme als bekannt. Sie gilt wegen § 23 Abs. 2 Satz 1 ZVG auch als bekannt, wenn der Mieter/Pächter den **Antrag** auf Zwangsverwaltung kennt. Dabei ist es gleichgültig, ob dieser Antrag fehlerhaft war oder nicht.[695] Dagegen bewirkt die Eintragung des Zwangsverwaltungsvermerks in das Grundbuch keine Bösgläubigkeit des Mieters, da § 23 Abs. 2 Satz 2 ZVG nur von beweglichen **Sachen** spricht.

1707 Hat der Mieter/Pächter befreiend geleistet, so hat der Verwalter nur noch unter den Voraussetzungen der §§ 812 ff. BGB einen Bereicherungsanspruch gegen den Schuldner oder gegen den Dritten, welcher die Leistung erhalten hat.

1708 Hat der Mieter/Pächter nicht befreiend geleistet, so hat der Verwalter die gezahlten Beträge nochmals einzuziehen. Diese Verpflichtung ergibt sich aus § 152 Abs. 1 ZVG; sie wird in § 8 ZwVwV nochmals hervorgehoben und dort gleichzeitig klarstellt, dass der Gläubiger auf die Einziehung (Rechtsverfolgung) verzichten kann, obwohl die Beträge auf Grund der Rangfolge des § 10 Abs. 1 ZVG im Rahmen der späteren Verteilung der Nutzungen möglicherweise nicht ihm, sondern anderen zugute gekommen wären. Das ZVG geht von der Dispositionsbefugnis des Gläubigers aus, da es sich um eine Einzelzwangsvollstreckung und nicht Gesamtzwangsvollstreckung handelt.[696]

1709 Letztendlich darf der Mieter/Pächter mit einer beschlagnahmten Forderung gegenüber dem Hypothekengläubiger nicht aufrechnen (§ 1125 BGB).

1710 Bei einer gezahlten Mietsicherheit (§ 551 BGB), auch **Mietkaution** genannt, muss der Verwalter versuchen, in den Besitz dieser Mietsicherheit zu gelangen, welche der Mieter dem Schuldner übergeben hat. Wenn der Schuldner korrekt gehandelt und diese Kaution getrennt von seinem Vermögen angelegt hat (§ 551 Abs. 3 BGB), dürfte dies für den Verwalter problemlos möglich sein. Gibt der Schuldner die getrennt angelegte Mietkaution nicht freiwillig an den Verwalter heraus, kann der Verwalter die Wegnahmevollstreckung (§ 883 ZPO) betreiben. Vollstreckungstitel hierfür ist der Beschluss über die Anordnung der Zwangsverwaltung zusammen mit der Ermächtigung des Zwangsverwalters zur Besitzergreifung.[697]

---
695 *Stöber* (ZVG) § 23 Rn. 5.1.
696 *Depré/Mayer* Rn. 165.
697 *BGH* Rpfleger 2005, 463.

Hat der Schuldner die Kaution jedoch nicht getrennt von seinem Vermögen angelegt, bleibt dem Verwalter nur Zahlungsklage gegen den Schuldner zu führen.

Der Verwalter einer Mietwohnung ist dem Mieter gegenüber, wenn die sonstigen Voraussetzungen gegeben sind, zur Herausgabe einer von diesem an den Vermieter geleisteten Kaution verpflichtet, selbst wenn der Vermieter (Schuldner) dem Zwangsverwalter die Kaution nicht ausgefolgt hat.[698] Notfalls muss der Verwalter hierfür sogar einen Vorschuss nach § 161 ZVG vom Gläubiger verlangen, denn der vom *BGH* geschaffene Rückzahlungsanspruch ist „Aufwand" i.S.d. § 155 Abs. 1 ZVG.[699]

1711

Die Einfügung von § 566a in das BGB, auf welchen § 57 ZVG verweist, hat dazu geführt, dass ein Ersteher in der Zwangsversteigerung dem Mieter die Rückgabe der Kaution schuldet, auch wenn er diese nicht vom damaligen Eigentümer (also dem Schuldner) erlangt hat (hierzu Rn. 418).

1712

Damit übernimmt der Ersteher außerhalb des Zuschlagsbeschlusses eine Verbindlichkeit, deren Höhe ihm oftmals nicht bekannt sein wird. Deshalb ist damit zu rechnen, dass besonders Banken künftig den Verwalter veranlassen und ihm entspr. Vorschüsse zahlen werden, den Schuldner auf Zahlung der Kaution an den Zwangsverwalter zu verklagen, damit diese später dem Ersteher übergeben werden kann. Auch der Mieter kann klageweise vom Schuldner verlangen, dass dieser die Kaution dem Verwalter aushändigt.[700]

II. Mietverträge des Verwalters

Bereits bestehende Mietverhältnisse hat der Verwalter unter den Voraussetzungen von § 152 Abs. 2 ZVG (Rn. 1698) zu übernehmen. Stellt der Verwalter fest, dass Räume des beschlagnahmten Objekts unvermietet sind oder Mieter gekündigt haben, so hat er diese (wieder) zu vermieten. Nicht genutzte land- oder forstwirtschaftliche Grundstücke hat er zu verpachten (§ 152 Abs. 1 ZVG i.V.m. § 5 ZwVwV).

1713

Mietverträge mit dem Schuldner sind grundsätzlich zulässig.[701] Sie werden insbesondere in Betracht kommen, wenn der Schuldner eng mit der Wohnung verbundene gewerbliche Räume oder Wohnräume nutzen will, die ihm nicht nach § 149 ZVG mietfrei überlassen werden müssen.

1714

Der Verwalter hat die Miet- oder Pachtverträge sowie Änderungen solcher Verträge **schriftlich** abzuschließen (§ 6 Abs. 1 ZwVwV). Inhaltlich hat er sich dabei an der ortsüblichen Miete/Pacht zu orientieren und die in § 6 Abs. 2 ZwVwV genannten Punkte vertraglich zu vereinbaren.

1715

Der an Stelle des Vermieters (Schuldners) tretende Zwangsverwalter ist auch verpflichtet, die Nebenkosten wie Strom, Wasser, Straßenreinigung und Müllabfuhr etc. auf die Mieter/Pächter umzulegen.[702]

1716

Bei Abschluss von Mietverträgen mit Dritten hat der Verwalter einerseits zu beachten, dass die abgeschlossenen Verträge auch nach Aufhebung der Zwangsverwaltung den Schuldner binden[703], andererseits hat er auch die Interessen der Gläubiger bei gleichzeitiger Zwangsversteigerung zu berücksichtigen. Bietinteressierte könnten durch vorhandene Miet- bzw. Pachtverträge abgeschreckt werden. Wegen der besonderen Vereinbarung zur Begründung eines Haftungsausschlusses siehe § 6 Abs. 2 ZwVwV.[704]

1717

Bei Abschluss eines neuen Miet- oder Pachtvertrages ist der Zwangsverwalter berechtigt und im Interesse der Gläubiger sogar verpflichtet, das Risiko eines Mietausfalls durch die Forderung einer Mietsi-

1718

---

698 *BGH* Rpfleger 2005, 463; früher schon *BGH* Rpfleger 2003, 217 mit abl. Anm. *Alff/Hintzen* Rpfleger 2003, 265.
699 Zur Gesamtproblematik *Mayer* Rpfleger 2006, 175.
700 *Amtsgericht Düsseldorf* ZMR 1992, 549.
701 Str., aber h.M., dazu *Depré/Mayer* Rn. 513.
702 Wegen der Verpflichtung zur Abrechnung für die Vergangenheit siehe *BGH* Rpfleger 2003, 456.
703 *BGH* NJW 1992, 3041; *Stöber* (ZVG) § 152 Rn. 12.6.
704 Formulierungsvorschlag bei *Depré/Mayer* Rn. 516.

cherheit (Kaution) zu verringern. Diese Kaution ist getrennt vom Vermögen des Verwalters anzulegen.[705] Für die Form der Anlegung gilt § 551 BGB.

III. Zubehör

1719 § 865 ZPO bestimmt, dass sich die Zwangsvollstreckung in das unbewegliche Vermögen auch auf die Gegenstände bezieht, die der Hypothekenhaftung unterliegen. Gem. § 865 Abs. 2 ZPO können Zubehörstücke nicht gepfändet werden. Sie sollen „den Weg des Hauptgrundstückes gehen."

1720 Gem. § 1120 BGB haften der Hypothek auch die Zubehörstücke mit Ausnahme des Zubehörs, welches bei Begründung der Hypothekenhaftung nicht im Eigentum des Schuldners stand und auch später nicht dieser Haftung unterstellt wurde.

1721 Daher ist gem. § 20 Abs. 2 ZVG **schuldnereigenes Zubehör** von der Beschlagnahme erfasst. In der Zwangsverwaltung gilt jedoch, dass die Substanz nicht verwertet werden darf, somit scheidet auch eine Verwertung des Zubehörs grundsätzlich aus. Ob und unter welchen Voraussetzungen der Zwangsverwalter Zubehörstücke ausnahmsweise veräußern darf und was mit dem Erlös zu geschehen hat, ist umstritten.[706]

1722 Dagegen kann der Verwalter das Grundstück zusammen mit dem Zubehör verpachten. Er kann auch ein Zubehörstück, das für den Betrieb des Grundstücks nicht benötigt wird, separat verpachten.

IV. Weitere beschlagnahmte Gegenstände

1723 Die Schlüssel des Gebäudes sind Zubehör und daher ebenfalls beschlagnahmt. Da der Anordnungsbeschluss Vollstreckungstitel ist (§ 794 Abs. 1 Nr. 3 ZPO), kann der Verwalter mit einer Ausfertigung des Anordnungsbeschlusses den Gerichtsvollzieher mit der Wegnahme dieser Gegenstände beauftragen. Auch Urkunden, wie Baupläne, Mietverträge und Versicherungsverträge, können auf diesem Wege vom Gerichtsvollzieher weggenommen werden. Dies muss in analoger Anwendung zu der Herausgabevollstreckung nach § 883 ZPO auch für den Verwalter gelten, obwohl diese Urkunden kein Zubehör darstellen.[707]

V. Prozessführung

1. Allgemeines

1724 Soweit dem Schuldner durch die Beschlagnahme die Verwaltung entzogen ist, verliert er auch die Prozessführungsbefugnis; diese erlangt der Zwangsverwalter (§§ 148 Abs. 2, 152 Abs. 1 ZVG). Der Schuldner bleibt zwar auch nach Anordnung der Zwangsverwaltung partei- und prozessfähig, das aktive und passive Prozessführungsrecht geht jedoch hinsichtlich aller der Zwangsverwaltung unterliegenden Rechte, Verpflichtungen und Ansprüche auf den Zwangsverwalter über.[708] Der Verwalter ist daher befugt, sämtliche Ansprüche prozessual zu verfolgen, welche sich auf die beschlagnahmten Gegenstände beziehen. Er kann auch wegen der seiner Verwaltung unterliegenden Gegenstände als Verwalter gerichtlich in Anspruch genommen werden.

1725 Eine von ihm erhobene Klage muss erkennen lassen, dass er als Zwangsverwalter die Klage erhoben hat.

---

705 *Kammergericht* NJW-RR 1999, 738; *LG Stuttgart* ZMR 1997, 472; *LG Bochum* NJW-RR 1997, 1099.
706 *Depré/Mayer* Rn. 134 ff. m. w. N.
707 *OLG München* Rpfleger 2002, 373.
708 *BGH* Rpfleger 1992, 402. Dies soll aber nicht gelten, wenn ein Rechtsstreit bereits anhängig ist. Dazu *OLG Naumburg* OLG-NL 2001, 20.

> **Beispiel für das Rubrum:**
>
> Klage
> des ...
> **als Zwangsverwalter** des im Grundbuch von ... auf den Namen des ... (Schuldner) eingetragenen Grundstücks
> – Kläger –
> gegen ...

1726

Beispiel

Der Zwangsverwalter kann auch Forderungen und Gestaltungsrechte aus Miet- und Pachtverträgen und Entschädigung für entgangene Nutzung[709] einklagen, Vermieterpfandrechte geltend machen und Forderungen gegen Versicherungen (für beschlagnahmte Gegenstände) durchsetzen. Er hat auch die gesetzlich zulässigen Mieterhöhungen fristgerecht zu veranlassen und ggf. gerichtlich durchzusetzen.[710] Im Falle des Unterlassens ist er u.U. schadensersatzpflichtig.[711]

1727

Der Zwangsverwalter hat alle seiner Prozessführungsbefugnis unterliegenden Ansprüche, insbesondere also die Miet- und Pachtforderungen, im Rahmen seines pflichtgemäßen Ermessens zeitnah geltend zu machen (§ 7 ZwVwV). Er muss daher darauf achten, dass keine Verjährung eingewendet werden kann und er bei Vollstreckungsmaßnahmen für seine etwaigen Pfändungspfandrechte einen günstigen Rang erhält.

1728

Fällige Mieten sollte der Verwalter daher nach schriftlicher Mahnung und kurzer Frist z.B. im gerichtlichen Mahnverfahren geltend machen. Bei rückständiger Miete oder Pacht wird er regelmäßig von dem gesetzlich oder vertraglich begründeten Kündigungsrecht Gebrauch machen, wenn nicht inzwischen alle Rückstände getilgt sind.

1729

Liegt über eine nunmehr vom Verwalter geltend zu machende Forderung bereits ein Vollstreckungstitel vor, so muss er diese im Wege der Zwangsvollstreckung durchsetzen. Dabei hat er den Vollstreckungstitel analog § 727 ZPO auf sich umschreiben zu lassen. Weiter ist insbesondere § 750 Abs. 2 ZPO zu beachten.

1730

2. Rechtsstreit ist bereits anhängig

Ist bezüglich eines der Verwaltung unterliegenden Anspruchs bereits eine Klage anhängig, so werden hinsichtlich der Wirkung der Zwangsverwaltungsbeschlagnahme insbesondere folgende Ansichten vertreten:
- Das Verfahren wird in analoger Anwendung von § 240 ZPO (Unterbrechung anhängiger Verfahren bei Insolvenzeröffnung) unterbrochen.[712]
- Die Unterbrechung erfolgt in analoger Anwendung von § 239 ZPO (Tod der Partei).[713]

1731

Nach h.M. findet **keine** Unterbrechung statt; der Verwalter kann nur gem. § 263 ZPO in den Rechtsstreit eintreten, wenn der Gegner einverstanden ist oder das Gericht dies für sachdienlich erachtet.[714]

3. Ende der Prozessführungsbefugnis

Die Prozessführungsbefugnis endet grundsätzlich mit dem Wegfall der Beschlagnahme (§ 152 Abs. 1 ZVG).

1732

Ein Verwalter, der auf Rückgabe einer Mietsicherheit klageweise in Anspruch genommen wird, ist zur Führung des Prozesses jedenfalls dann nicht mehr befugt, wenn die Zwangsverwaltung vor Rechts-

1733

---
709 *OLG Stuttgart* Rpfleger 1994, 77.
710 *Kammergericht* Rpfleger 1978, 335.
711 *Kammergericht* a.a.O.
712 *Haarmeyer/Wutzke/Förster/Hintzen* § 7 ZwVwV Rn. 5 ff.
713 *Steiner/Hagemann* § 152 ZVG Rn. 178 m.w.N.
714 *Stöber* (ZVG) § 152 Rn. 14.4; *Böttcher* (ZVG) § 152 Rn. 57.

hängigkeit der Streitsache aufgehoben worden ist. In diesem Fall ist die Klage mangels Prozessführungsbefugnis des als Zwangsverwalter in Anspruch genommenen Beklagten als unzulässig abzuweisen.[715]

1734 Wird der Zwangsverwaltungsantrag zurückgenommen, so endet die Beschlagnahme nach veralteter Ansicht bereits mit dem Eingang der Rücknahmeerklärung bei Gericht (§ 130 Abs. 1, 3 BGB). Der Gläubiger kann auch seine Rücknahme einschränken und damit eine Teilaufhebung erreichen.[716]

1735 Bei Beendigung des Verfahrens ergeht stets ein Aufhebungsbeschluss (§ 161 Abs. 1 ZVG i.V.m. § 12 Abs. 1 ZwVwV). Erst wenn dem Zwangsverwalter dieser Beschluss zugegangen ist, hat er seine Verwaltungstätigkeit gegenüber den Gläubigern und dem Schuldner einzustellen, hierzu bedarf es nicht der Rechtskraft des Aufhebungsbeschlusses.[717]

1736 Um jedoch einen ordnungsgemäßen Abschluss des Verfahrens zu ermöglichen, kann ihn das Gericht ermächtigen, „seine Tätigkeit in Teilbereichen fortzusetzen" (§ 12 Abs. 2 ZwVwV), wozu wohl auch die Weiterführung eines Rechtsstreites gehört, bis Klarheit besteht, ob der Prozess vom Schuldner weitergeführt oder beendet werden soll.

1737 In den Fällen des § 161 Abs. 2 und 3 ZVG endet die Beschlagnahme mit der Wirksamkeit des Aufhebungsbeschlusses. Das Vollstreckungsgericht kann jedoch bestimmen, dass diese Wirkungen erst mit dessen Rechtskraft eintreten sollen.

1738 Bei Aufhebung des Zwangsverwaltungsverfahrens nach Zuschlag sind die Beendigung der Beschlagnahme und die weitere Abwicklung sehr streitig. Nach dem richtungsweisenden Aufsatz von *Eickmann*[718] wird sich wohl folgende Auffassung durchsetzen:

- Bezüglich Grundstück und mitversteigerten Gegenständen beendet der Zuschlag die Beschlagnahme und damit auch die Prozessführungsbefugnis, jedoch nicht die weiterwirkende Verwaltungsbefugnis des Verwalters.
- Bezüglich dieser Gegenstände endet diese Verwaltungsbefugnis mit der konstitutiven Entscheidung über die Aufhebung, die nicht zurückwirkt.
- Bezüglich der nicht mitversteigerten Gegenstände (z.B. Mietrückstände aus der Zeit vor Zuschlag), endet die Beschlagnahme erst mit der Freigabe durch den Gläubiger. Es handelt sich hierbei also nicht um eine „nachwirkende" sondern eine auf Grund des Fortbestandes der Beschlagnahme weiterbestehende Prozessführungsbefugnis, die keiner Anordnung nach § 12 Abs. 2 ZwVwV bedarf, sich über Jahre hinaus erstrecken kann und auch den Beginn neuer Rechtsstreite einschließt.[719]

C. Verwaltung des beschlagnahmten Objekts

I. Einzelheiten zur Verwaltung

1739 Wie jeder andere Vermögensverwalter hält auch der Zwangsverwalter die von ihm verwaltete Masse als **Treuhänder** im Rahmen seines gerichtlichen Auftrages.[720] Daraus folgt u.a., dass die Masse weder mit den eigenen Beständen des Verwalters noch mit anderen Massen vermengt werden darf.

1740 Zu Beginn der Zwangsverwaltung hat der Verwalter daher ein Zwangsverwalterkonto als Treuhandkonto, das auch ein Rechtsanwaltsanderkonto sein kann, zu eröffnen (§ 13 Abs. 2 ZwVwV).

1741 Für das Objekt muss er die im Einzelfall notwendigen (siehe § 9 Abs. 2 ZwVwV) Versicherungen abschließen, soweit er nicht auf vorhandene Versicherungen zurückgreifen kann. Er selbst muss für

---

715 *BGH* Rpfleger 2005, 559.
716 *BGH* Rpfleger 2003, 458.
717 RGZ 59, 87, 89; *OLG Hamm* NJW 1956, 125.
718 ZfIR 2003, 1021.
719 *Depré/Mayer* Rn. 563.
720 Vgl. zur Rechenschaftspflicht des Treuhänders auch *BGH* NJW 1954, 70 sowie RGZ 164, 350.

seine eigene Haftung auf eigene Kosten eine Haftpflichtversicherung für Vermögensschäden mit einer Deckungssumme von mindestens 500.000,00 € vorhalten (§ 1 Abs. 4 ZwVwV), falls das Gericht (auf Massekosten) keine höhere Versicherung im Einzelfall fordert.

Tipp: Die vorgeschriebene Versicherung gegen Vermögensschäden deckt keine Sachschäden. Der Verwalter kann aber fahrlässig solche verursachen (z.B. unterlassener Winterdienst). Diese Frage muss mit der Versicherung geklärt sein, bevor eine Zwangsverwaltung übernommen wird.

Die Steuerkasse der zuständigen Gemeinde ist vom Verwalter zu unterrichten. Diese hat er zu ersuchen, künftige Bescheide über die laufenden öffentlichen Lasten (Grundsteuer etc.) an ihn zu übersenden und ihm die Höhe der laufenden wiederkehrenden Leistungen mitzuteilen. **1742**

Der Verwalter hat auch die Versorgungsträger für Energie und Wasser, den Kaminkehrer und den Müllentsorger von der Beschlagnahme zu unterrichten. Bei Wohnungseigentum hat er den WEG-Verwalter zu ermitteln und ebenfalls zu informieren. **1743**

Das Finanzamt erhält von ihm eine Mitteilung, wenn es sich beim beschlagnahmten Objekt um ein gewerblich genutztes Objekt handelt oder wenn gewerbliche Miete (Mehrwertsteuer) eingeht.[721] **1744**

Der Verwalter hat das beschlagnahmte Objekt zu sichern und ggf. winterfest zu machen. **1745**

Weiter obliegt ihm, **1746**

- den Bericht über die Inbesitznahme für das Vollstreckungsgericht zu fertigen; dessen inhaltliche Erfordernisse ergeben sich aus § 3 ZwVwV;
- eine Vorschussanforderung durch das Vollstreckungsgericht zu beantragen, wenn zu erwarten ist, dass die Kosten des § 155 Abs. 1 ZVG nicht alsbald durch Einnahmen gedeckt werden;
- die Überwachung der Mieteingänge (Pachteingänge).

II. Fortführung eines Gewerbebetriebs

Grundsätzlich hat der Zwangsverwalter nur das beschlagnahmte **Grundstück** zu verwalten und ordnungsgemäß zu nutzen. Problematisch gestaltet sich das Verfahren daher, wenn der Schuldner auf dem Grundstück einen Gewerbebetrieb ausübt. Dieser soll nach älterer Rechtsprechung und Literatur vom Zwangsverwalter für Rechnung der Masse weiter betrieben werden dürfen und zwar zeitweise oder dauernd[722] oder auch durch Verpachtung genutzt werden können.[723] **1747**

Entgegen dieser Ansicht geht die neue Literatur[724] davon aus, dass der Verwalter in der Regel nicht befugt ist, dem Schuldner einen Gewerbebetrieb im Ganzen zu entziehen und selbst zu betreiben oder zu verpachten. Dies ergibt sich nicht zuletzt daraus, dass es ein Ziel der Insolvenzordnung ist, einen Betrieb im Rahmen einer Sanierung oder übertragenden Sanierung zu erhalten. **1748**

Trotzdem kann die Fortführung auf Grund der Besonderheiten im Einzelfall möglich sein. Besteht ein Gewerbebetrieb fast ausschließlich darin, das Grundstück als solches zu nutzen (z.B. Betreiben eines Parkplatzes) oder Bodenbestandteile mittels beschlagnahmten Zubehörs auszubeuten (z.B. eine Sandgrube, die mittels eines beschlagnahmten Baggers ausgebeutet wird), darf der Verwalter dies in eigener Regie tun oder von einem Pächter vornehmen lassen. In der Regel wird der Verwalter dem Schuldner das so genutzte Betriebsgrundstück gegen entspr. Entgelt belassen oder den Betrieb anderweitig verpachten. **1749**

---

721 Zu den Steuerpflichten ausführlich *Depré/Mayer* Rn. 568.
722 *RG* 93, 1 und 135, 197; *BArbG* NJW 1980, 2148; *ArbG Lübeck* BB 1979, 989 mit Anm. *Dauenheimer*.
723 *LG Oldenburg* Rpfleger 1984, 195.
724 Dazu ausführlich *Haarmeyer/Wutzke/Förster/Hintzen* § 5 ZwVwV Rn. 14 ff.

Weitgehend hat der *BGH*[725] (jedoch für einen richtig zu würdigenden Einzelfall[726]) unter Zurückstellung der Bedenken der neuen Literatur (Rn. 1748) entschieden, dass eine Weiterführung des Gewerbebetriebs nicht grundsätzlich rechtswidrig sei. Diese Frage sei vielmehr im Einzelfall unter Beachtung aller Umstände zu prüfen; Rechtswidrigkeit scheide aus, wenn sich die Weiterführung angesichts der Alternative (Schließung des Betriebes) als für den Schuldner günstiger erweist.

D. Zahlungen aus dem Erlös

I. Allgemeines

1750 Der Zwangsverwalter hat auch Zahlungen z.B. aus den gezogenen Nutzungen zu bewirken. Dabei sind solche Zahlungen, für welche er keine Anordnung des Gerichts, also keines Teilungsplans bedarf (Rn. 1754 ff.) von jenen zu unterscheiden, die er nur nach Aufstellung eines Teilungsplans (Rn. 1763) bewirken darf.

1751 Im Einzelnen darf er folgende **Zahlungen** leisten:
1. Aufwendungen gem. § 155 Abs. 1 ZVG ohne gerichtliche Anordnung aus den Einnahmen oder einem Gläubigervorschuss (§ 161 ZVG);
2. Zahlungen gem. § 156 Abs. 1 ZVG ohne gerichtliche Anordnung, also ohne Teilungsplan, aus den Einnahmen (§ 11 Abs. 1 ZwVwV);
3. Zahlungen an Beteiligte erst, wenn ein Teilungsplan aufgestellt und eine Auszahlungsanordnung des Gerichts ergangen ist (§§ 156 Abs. 2, 157 ZVG, § 11 Abs. 2 ZwVwV).

1752 Das Gericht muss daher einen Verteilungstermin bestimmen, wenn nach der Mitteilung des Zwangsverwalters oder nach der eigenen Kenntnis des Gerichts zu erwarten ist, dass sich in der Zwangsverwaltung Überschüsse ergeben, welche eine Auszahlung nach obiger Nr. 3 möglich machen. Der Termin wird erst nach dem Eingang der Mitteilungen des Grundbuchamts nach § 19 Abs. 2 ZVG bestimmt. In diesem Termin wird ein Teilungsplan erstellt. Im Gegensatz zu dem in der Zwangsversteigerung aufzustellenden Teilungsplan wirkt dieser Plan für die Zukunft, bestimmt also, wie die Überschüsse zukünftig zugeteilt werden. In der Praxis kommt es regelmäßig nur zur Zuteilung hinsichtlich der laufenden Zinsen des erstrangigen Grundpfandrechts. Daher werden von den Gerichten die Ansprüche der nachrangigen Berechtigten meist nicht mehr errechnet und in den Plan aufgenommen. Dies ist jedoch nicht korrekt. Der Teilungsplan muss **alle** zum Zeitpunkt der Erstellung feststehenden Ansprüche enthalten und betragsmäßig ausweisen.

1753 Da während eines Zwangsverwaltungsverfahrens verschiedene Rechtsänderungen auftreten können (z.B. Abtretung eines Rechts), muss der Teilungsplan dann berichtigt bzw. ergänzt werden, wenn diese Änderungen bekannt bzw. vom Grundbuchamt mitgeteilt werden.

II. Aufwendungen nach § 155 Abs. 1 ZVG

1754 Aus den vom Zwangsverwalter eingenommenen Beträgen, den von ihm gezogenen Nutzungen des Grundstücks also, sind zunächst die Ausgaben der Verwaltung einschließlich der dem Verwalter zustehenden Vergütung sowie die Kosten des Verfahrens vorweg zu bestreiten (§ 155 Abs. 1 ZVG[727]). Der Verwalter hat daher von den Einnahmen die Beträge (Liquidität) zurückzubehalten, die für Ausgaben der Verwaltung einschließlich der Verwaltervergütung und der Kosten des Verfahrens vorgehalten werden müssen (§ 9 Abs. 1 ZwVwV). Verpflichtungen soll der Verwalter nur eingehen, wenn diese durch Einnahmen oder Vorschüsse (oder eine praxisübliche Zusage des Gläubigers zur Kostenübernahme) gedeckt sind (§ 9 Abs. 2 ZwVwV).

---

725 Rpfleger 2005, 557.
726 *Schmidt-Räntsch* ZinsO 2006, 303.
727 Für die in § 155 Abs. 1 ZVG genannten Beträge hat sich der zusammenfassende Begriff „Aufwendungen" durchgesetzt.

1755 Sehr oft ergibt sich nach Anordnung der Zwangsverwaltung, dass keine[728] oder kaum nennenswerte Einkünfte zu erzielen sind, die Liquidität also nicht ausreicht, um die gesamten Ausgaben der Verwaltung und die Verfahrenskosten zu decken. Damit sich der Verwalter nicht persönlichen Haftungsgefahren aussetzt, hat er über das Vollstreckungsgericht rechtzeitig Vorschüsse vom betreibenden Gläubiger anzufordern, wenn die Fortsetzung des Verfahrens Aufwendungen erfordert, für die in der Masse keine Mittel vorhanden sind. Eine solche Vorschusszahlung (§ 161 Abs. 3 ZVG) kann auch von Amts wegen angeordnet werden. Der Gläubiger soll dabei durch Beschluss unter kurzer Fristsetzung und Androhung der möglichen Aufhebung des Verfahrens im Falle der Nichtzahlung des Vorschusses (§ 161 Abs. 3 ZVG) aufgefordert werden, den entspr., betragsmäßig bezifferten Vorschuss zu zahlen. Der Beschluss ist dem Gläubiger zuzustellen; dem Zwangsverwalter und dem Schuldner ist er nur formlos mitzuteilen, da beiden kein Rechtsbehelf zusteht.

1756 Sind die Gläubiger zur Vorschusszahlung nicht bereit, wird das Gericht das Verfahren regelmäßig aufheben müssen (§ 161 Abs. 3 ZVG), auch wenn es sich dabei formal um eine Ermessensentscheidung handelt. Vor der Aufhebung müssen die Gläubiger und der Zwangsverwalter gehört werden.

1757 Beispiel

Beispiel für eine Aufforderung zur Vorschusszahlung (Beschlusstenor):
Dem Gläubiger … wird auf Antrag des Zwangsverwalters aufgegeben, diesem bis spätestens … (Fristsetzung) einen Vorschuss für die Aufwendungen § 155 Abs. 1 ZVG in Höhe von … € zur Verfügung zu stellen. Bei fruchtlosem Fristablauf wird das Verfahren aufgehoben (§ 161 Abs. 3 ZVG).

III. Einzelheiten zu § 155 Abs. 1 ZVG

1. Die Kosten des Verfahrens

1758 Kosten des Verfahrens sind die Gerichtskosten, welche für die Durchführung des Verfahrens anfallen, mit Ausnahme[729] der Kosten, welche durch die Anordnung oder den Beitritt eines Gläubigers entstanden sind (§ 155 Abs. 1 ZVG).

1759 Die Gebühr für die Durchführung des Verfahrens bestimmt sich nach dem Gesamtwert der Einkünfte (§ 55 GKG). Für jedes Kalenderjahr wird die Hälfte der vollen Gebühr erhoben. Dies gilt auch für das Jahr der Beschlagnahme und der Aufhebung. Die Mindestgebühr beträgt 100,00 € für ein volles Jahr, für das Teil-Jahr der Beschlagnahme und der Aufhebung jeweils 50,00 € (Nr. 2221 KVGKG). Hinzu kommen die Auslagen wie Zustellungskosten etc.

2. Ausgaben der Verwaltung

1760 Unter die Ausgaben der Verwaltung fallen:
1. Beträge, welche der Zwangsverwalter bezahlen muss, um seiner Aufgabe (§ 152 Abs. 1 ZVG) zu entsprechen, das Grundstück in seinem wirtschaftlichen Bestand zu erhalten und ordnungsgemäß zu benutzen. Darunter fallen z.B. die Versicherungen für das Objekt (§ 9 Abs. 3 ZwVwV).
2. Die Vergütung und Auslagen des Zwangsverwalters, dazu Rn. 1600 ff.
3. Ansprüche Dritter, welche aus einem gegen den Zwangsverwalter ergangenen oder umgeschriebenen Vollstreckungstitel in die Zwangsverwaltungsmasse vollstrecken dürfen.
4. Neuerdings auch Mietsicherheiten (Kautionen), die der Verwalter bei Beendigung eines Mietverhältnisses zurückzahlen muss (Rn. 1710) und die Rückvergütung auf Nebenkostenabschläge aus einer von ihm für die Vergangenheit vorzunehmenden Abrechnung.[730]

---

[728] Die Zwangsverwaltung kann auch zum Zwecke der Sicherung des Grundstücks angeordnet werden, ohne dass Einnahmen zu erwarten sind; hierzu *Depré/Mayer* Rn. 4 ff.
[729] Vgl. auch § 109 ZVG für das Zwangsversteigerungsverfahren.
[730] *BGH* Rpfleger 2006, 488.

1761 Die Ausgaben der Verwaltung sind mit den Kosten des Verfahrens (Rn. 1758) gleichrangig.[731]

Vom Schuldner-Zwangsverwalter sind die Ausgaben der Verwaltung ohne Genehmigung der Aufsichtsperson des § 150c ZVG zu leisten.

IV. Öffentliche Lasten

1762 Auch die auf dem Grundstück ruhenden öffentlichen Lasten, soweit „wiederkehrend" (Rn. 319) und „laufend" (Rn. 270), sind ohne weitere Anordnung des Gerichts durch den Zwangsverwalter zu zahlen, wenn ihm hierfür Einnahmen zur Verfügung stehen und soweit er hierdurch nicht die RK 1 und 2 des § 10 Abs. 1 ZVG beeinträchtigt[732] (§ 156 Abs. 1 ZVG). Aus einem Gläubigervorschuss darf er die öffentlichen Lasten nicht begleichen, da sonst ein nachrangiger Gläubiger einen vorrangigen befriedigen würde, was systemwidrig wäre.[733] Wegen der Vorabbefriedigung bestimmter „WEG-Ansprüche" siehe Rn. 1833f.

V. Überschüsse

1763 „Überschüsse" sind die aus den Bruttoeinnahmen nach der Entnahme der Ausgaben der Verwaltung und der Kosten des Verfahrens noch verbleibenden Beträge. Es ist also nicht jener Betrag, der nach Aufhebung des Verfahrens noch an den Schuldner oder an den Ersteher (bei Aufhebung des Verfahrens wegen Zuschlag) auszuzahlen ist.

Aus diesen Überschüssen kann der Verwalter nur Zahlungen gem. einem gerichtlichen Teilungsplan leisten. Dieser wird im Verteilungstermin aufgestellt.

E. Bestimmung des Verteilungstermins

1764 Sobald die Erträge aus dem Grundstück ausreichen, um hieraus auch Zahlungen auf Ansprüche der Rangklassen 1, 2, 4 und 5 zu leisten, muss der Verwalter dies dem Gericht unter Angabe des voraussichtlichen Betrages dieser Überschüsse und der Zeit ihres Eingangs anzeigen (§ 11 Abs. 2 Satz 2 ZwVwV).

1765 Unter der Voraussetzung, dass die Mitteilung des Grundbuchamts nach § 19 Abs. 2 ZVG schon eingegangen ist, bestimmt das Vollstreckungsgericht nunmehr unverzüglich einen Termin zur Aufstellung des Teilungsplans für die ganze Dauer des Zwangsverwaltungsverfahrens (§ 156 Abs. 2 Satz 1 ZVG).

1766 Wie im Zwangsversteigerungsverfahren (für die Terminsbestimmung zum Verteilungstermin) ist auch im Zwangsverwaltungsverfahren der Inhalt der Terminsbestimmung nicht ausdrücklich gesetzlich geregelt. Damit sie ihren Zweck erfüllen kann, sollte sie enthalten:[734]
- Gericht und Aktenzeichen,
- Verfahrensbezeichnung,
- Benennung als „Bestimmung eines Verteilungstermins zur Aufstellung eines Teilungsplans",
- Terminszeit (Datum und Uhrzeit),

---

731 Stöber (ZVG) § 155 Rn. 4.5; a.A. *Drischler* Rpfleger 1957, 212 und RpflJahrbuch 1969, 369: Wenn die Mittel nicht für beide voll ausreichen, sind die Ausgaben vor den Kosten zu zahlen.
732 Stöber (ZVG) § 156 Rn. 2.1 und 2.2.
733 Abweichend von der gesamten Literatur vertreten *Depré/Mayer* (Rn. 243 ff.) die Auffassung, § 155 Abs. 2 ZVG ordne die öffentlichen Lasten nur für den Umfang der möglichen Befriedigung in die RK 3 ein, während § 156 ZVG für die **Auszahlung** sie den Aufwendungen zuordne. Dies hätte die Folge, dass es keine Konkurrenz zu den RK 1 und 2 gäbe und eine Befriedigung aus dem Gläubigervorschuss möglich wäre.
734 Nach *Böttcher* (ZVG) § 156 Rn. 6.

- Terminsort (Lage des Gerichtsgebäudes; Zimmer- bzw. Saalnummer),
- Bitte[735] an die Beteiligten, ihre Ansprüche an die Teilungsmasse bei Gericht anzumelden.

Sinnvoll ist es, in der Terminsbestimmung weiter darauf hinzuweisen, dass im Teilungsplan in den Rangklassen § 10 Abs. 1 Nr. 2 bis Nr. 4 nur Ansprüche auf lfd. wiederkehrende Leistungen berücksichtigt werden können (§ 155 Abs. 2 ZVG).

Die Terminsbestimmung wird den Beteiligten und dem Zwangsverwalter zugestellt (§ 156 Abs. 2 Satz 3 ZVG), wobei die Zustellung nach den §§ 3-7 ZVG zu erfolgen hat. Als (zu ladende) Beteiligte gelten auch diejenigen, die ihr Recht erst glaubhaft zu machen haben (§ 156 Abs. 2 Satz 4 i.V.m. § 105 Abs. 2 Satz 2 ZVG). **1767**

Der Verteilungstermin ist nicht öffentlich. **1768**

Über die Vorgänge im Verteilungstermin wird ein Protokoll gefertigt. **1769**

F. Anmeldungen zum Verteilungstermin

I. Allgemeines

Um im Teilungsplan Berücksichtigung zu finden, müssen Ansprüche, soweit sie nicht grundbuchersichtlich sind, angemeldet werden. Dies gilt auch für gezahlte Vorschüsse der betreibenden Gläubiger, die in RK 1 berücksichtigt werden sollen. **1770**

In den Teilungsplan sind daher jene Ansprüche aufzunehmen, deren Betrag zur Zeit der Eintragung des Zwangsverwaltungsvermerks aus dem Grundbuch ersichtlich war und zwar nach dem Inhalt des Grundbuchs. Andere Ansprüche nur, wenn sie spätestens im Verteilungstermin angemeldet werden (§ 156 Abs. 2 Satz 4 i.V.m. § 114 Abs. 2 ZVG). Die Ansprüche der (betreibenden) Gläubiger gelten als angemeldet, soweit sie sich aus dem Zwangsverwaltungsantrag bzw. einem Beitrittsgesuch ergeben (§ 156 Abs. 2 Satz 4 i.V.m. § 114 Abs. 1 Satz 2 ZVG). **1771**

Laufende Beträge der grundbuchersichtlichen wiederkehrenden Leistungen brauchen nicht angemeldet zu werden (§ 114 Abs. 2 ZVG). **1772**

II. Anzumeldende Ansprüche

- Ansprüche der RK 1 **1773**
  In die RK 1 gehören die Ansprüche der die Zwangsverwaltung betreibenden Gläubiger auf Ersatz ihrer Auslagen zur Erhaltung oder nötigen Verbesserung des Grundstücks, gleichgültig, ob dieser Vorschuss freiwillig oder auf Verlangen des Gerichts nach § 161 Abs. 3 ZVG gezahlt wurde. Sie haben untereinander Gleichrang.
- Ansprüche der RK 2 und RK 3
  Da die dort genannten laufenden Ansprüche („WEG-Ansprüche" und öffentliche Lasten) gemäß § 156 Abs. 1 ZVG von dem Verwalter ohne weiteres Verfahren (mithin bereits ohne Teilungsplan) zu berücksichtigen sind, erfolgt keine Anmeldung (bei dem Gericht) dieser Forderungen zum Teilungsplan. Wenigstens für die „WEG-Ansprüche" sollte jedoch eine Bekanntgabe gegenüber dem Zwangsverwalter erfolgen, da dieser die Ansprüche der RK 2, anders als bei den öffentlichen Lasten, wohl kaum vollumfänglich selbständig ermitteln kann.
- Ansprüche der RK 4
  Nebenleistungen der dinglichen Rechte am Grundstück, die sich nicht aus dem Grundbuchinhalt ergeben und

---

735 Es ergeht keine Aufforderung, da die Beteiligten nicht anmelden müssen und da die grundbuchersichtlichen Ansprüche von Amts wegen berücksichtigt werden.

Kosten der dinglichen Rechtsverfolgung (§ 10 Abs. 2 ZVG), die bei dem geltend gemachten Anspruch berücksichtigt werden sollen.

Soweit der Berechtigte wiederkehrende Sachleistungen aus einem Recht der RK 4 zu erhalten hat (z.B. Reallast) ist die lfd. Sachleistung, falls grundbuchersichtlich, ohne Anmeldung an der entspr. Rangstelle einzustellen, andernfalls werden diese Leistungen nur auf Anmeldung berücksichtigt.[736]

- Ansprüche der RK 5
  In diese RK fallen die Ansprüche der persönlichen Gläubiger, soweit diese das Verfahren betreiben, also einen Anordnungs- oder Beitrittbeschluss erwirkt haben. Kosten ihrer dinglichen Rechtsverfolgung können auf Anmeldung bei dem geltend gemachten Anspruch berücksichtigt werden (§ 10 Abs. 2 ZVG). Diese gelten als angemeldet, soweit sie sich aus dem Versteigerungsantrag ergeben (§ 156 Abs. 2 Satz 4 i.V.m. § 114 Abs. 1 Satz 2 ZVG). Obwohl die Gerichtskosten für Anordnung und Beitritt bekannt sind, sollte man sie anmelden.

1774 Gem. § 1197 Abs. 2 BGB gebühren bei einem Eigentümerrecht dem Eigentümer Zinsen für die Dauer der Zwangsverwaltung, wenn das Grundstück auf Antrag eines anderen zum Zwecke der Zwangsverwaltung in Beschlag genommen worden ist. Daher werden in RK 4 auch die laufenden Zinsen einer Eigentümergrundschuld berücksichtigt.

1775 Da es bei der Aufstellung des Teilungsplans nicht um die Auszahlung, sondern um die **Feststellung** eines Empfangsberechtigten für künftig fällig werdende Zinsen geht, muss bei Briefrechten der Brief im Verteilungstermin vorgelegt werden.[737] Der Zwangsverwalter kann danach ohne erneute Briefvorlage laut Teilungsplan zahlen. Ein nachträglicher Gläubigerwechsel bedürfte einer Planänderung.

III. Rechtsanwaltskosten für die Anmeldung

1776 Für die Anmeldung der Forderung erhält der Rechtsanwalt eine 4/10 Gebühr (Nr. 3311 Ziff. 4 VVRVG) aus dem angemeldeten Betrag, Nebenkosten eingeschlossen (§ 27 RVG). Umfasst die Anmeldung Forderungen der RK 4 und RK 5, muss die Gebühr aufgeteilt werden.[738] Es handelt sich um notwendige Kosten der Zwangsvollstreckung, obwohl die laufenden Beträge eines Grundpfandrechts auch von Amts wegen berücksichtigt worden wären.

1777 Hatte der Rechtsanwalt einen Antrag auf Anordnung des Verfahrens bzw. ein Beitrittsgesuch gestellt, wurde hierdurch bereits eine 4/10 Gebühr verdient (Nr. 3311 Ziff. 3 VVRVG), die jetzt angemeldet werden kann.

7. Kapitel
Verteilung der Überschüsse

A. Die Rangklassen in der Zwangsverwaltung

1778 § 155 ZVG regelt zunächst, in welcher Rangfolge die im Verfahren zu berücksichtigenden Ansprüche zu entrichten sind, wobei § 156 Abs. 1 ZVG ergänzend dazu ausführt, dass die öffentlichen Lasten vom Verwalter ohne weiteres Verfahren zu berichtigen sind. Für die Ansprüche der RK 2, 3 und 4 gilt, dass hier nur Ansprüche auf **laufende wiederkehrende Leistungen**, einschließlich der Rentenleistungen, sowie auf diejenigen Beträge, die zur allmählichen Tilgung einer Schuld als Zuschlag zu den Zinsen zu entrichten sind, Berücksichtigung finden.

---

736 Depré/Mayer Rn. 286.
737 Depré/Mayer Rn. 289.
738 Dazu Depré/Mayer Rn. 267.

Im Range des jeweiligen Anspruchs können auch die Kosten der dinglichen Rechtsverfolgung angemeldet werden. Dies sind z.B. auch die Kosten eines damit beauftragten Rechtsanwalts. 1779

I. Rangklassen 1 und 1a

In der RK 1 stehen die Zwangsverwaltungsvorschüsse. Es handelt sich um die Vorschüsse, welche ein Gläubiger zur Erhaltung und Verbesserung des Grundstücks gegeben hat und die auch für diesen Zweck tatsächlich verwendet worden sind. Hierzu gehören also nicht die Vorschüsse, welche für die übrigen Aufwendungen des § 155 Abs. 1 ZVG geleistet worden sind. 1780

Hat der Zwangsverwalter Düngemittel, Saatgut oder Futtermittel angeschafft, dann sind die Ansprüche aus diesen Lieferungen im Rahmen des § 155 Abs. 4 ZVG solche der RK 1. Dies gilt auch für den zum Verwalter bestimmten Schuldner, der derartige Mittel mit Zustimmung der Aufsichtsperson angeschafft hat. Auch Kredite, die zur Bezahlung dieser Lieferungen in der für derartige Geschäfte üblichen Weise aufgenommen worden sind, fallen in RK 1. 1781

Einen Anspruch nach RK 1 hat nur ein Gläubiger (Anordnungs- bzw. Beitrittsgläubiger), nicht der Antragsteller der Sicherungsmaßnahmen nach § 25 ZVG oder der Beteiligte, der die gerichtliche Verwaltung nach § 94 ZVG veranlasst hat. 1782

Mehrere Ansprüche in der RK 1 haben untereinander Gleichrang. 1783

Das Vorrecht der RK 1a hat für das Zwangsverwaltungsverfahren keine Bedeutung. 1784

II. Rangklasse 2

In dieser RK werden die laufenden Ansprüche auf Zahlung der Beiträge zu den Lasten und Kosten des gemeinschaftlichen Eigentums oder des Sondereigentums, die nach § 16 Abs. 2, § 28 Abs. 2 und 5 des WEG geschuldet werden, einschließlich der Vorschüsse und Rückstellungen sowie der Rückgriffsansprüche einzelner Wohnungseigentümer berücksichtigt. 1785

III. Rangklasse 3

In RK 3 gehören die laufenden wiederkehrenden öffentlichen Lasten. Diese sind im Zwangsverwaltungsverfahren vom Zwangsverwalter ohne weiteres Verfahren zu berichtigen. Zu den laufenden wiederkehrenden öffentlichen Lasten, die der Verwalter vorweg zu berichten hat, gehören insbesondere die laufenden Grundsteuern. Zur Regelfälligkeit der Grundsteuern siehe Rn. 319. 1786

IV. Rangklasse 4

In die RK 4 des § 10 ZVG gehören die laufenden wiederkehrenden Leistungen der im Grundbuch in Abt. II und III eingetragenen Rechte. Die Rangfolge mehrerer dieser Rechte bestimmt sich nach § 879 BGB. 1787

Zu berücksichtigen sind insbesondere 1788
- **laufende Zinsen** der Grundpfandrechte; die weiteren Zinsen und – im Rahmen des § 158 ZVG – das Kapital kann der Berechtigte des Rechts nur in RK 5 und damit nur unter der Voraussetzung erhalten, dass er das Verfahren wegen dieser Ansprüche betreibt;
- wiederkehrende Leistungen aus **Reallasten**, insbesondere der Erbbauzins, aber auch Rentenleistungen (§ 155 Abs. 2 Satz 2 ZVG);
- **Tilgungsbeträge**, die als Zuschlag zu den Zinsen zu zahlen sind und der allmählichen Tilgung dienen[739] (§ 155 Abs. 2 Satz 2 ZVG). In Höhe der einzelnen Tilgungsbeträge erlischt das Recht, da

---
739 Bei gleich bleibender Leistung werden die Zinsen immer geringer, die Tilgungsbeträge immer höher.

aus dem Grundstück bezahlt wird. Daher ist das Grundbuchamt um Löschung in entspr. Anwendung des § 158 ZVG zu ersuchen;
- **Abzahlungsbeträge** auf eine unverzinsliche Schuld bis zu 5 % der Schuldsumme (§ 155 Abs. 2 Satz 3 ZVG);
- laufende Zinsen aus einem **Eigentümerrecht** (§ 1197 Abs. 2 BGB).

Betreibt ein Pfändungsgläubiger aus einem Eigentümerrecht, so erhält er in der RK 4 die laufenden wiederkehrenden Leistungen.

V. Rangklasse 5

1789 Hierher gehören:
- Kapital und „rückständige" Zinsen (§ 13 ZVG) der Grundpfandrechte,
- Leistungen aus Reallasten, die nicht mehr „laufend" sind,
- alle titulierten persönlichen Forderungen.

1790 Alle diese Ansprüche werden nur berücksichtigt, wenn wegen ihnen das Zwangsverwaltungsverfahren betrieben wird.

VI. Weitere Rangklassen

1791 Die RK 7 und 8 können in der Zwangsverwaltung nicht vorkommen. Die RK 6 ist nur im Zusammenhang mit einem „relativen Rang" denkbar.[740]

1792
Beispiel

Ein persönlicher Gläubiger erwirkt die Zwangsverwaltungsbeschlagnahme am 10.05.2008.
Am 15.09.2008 belastet der Schuldner das Grundstück, an welchem zum Zeitpunkt der Beschlagnahme die Grundschulden Abt. III Nr. 1 und 2 bestanden haben mit einer Hypothek, welche unter Abt. III Nr. 3 eingetragen wird.
In einem aufzustellenden Teilungsplan genießen die dinglichen Rechte grundsätzlich das Vorrecht der Rangklasse 4 des § 10 ZVG.
Die Hypothek wurde jedoch nach der Beschlagnahme zugunsten des persönlichen Gläubigers eingetragen, daher ist sie diesem Gläubiger gegenüber unwirksam. Der persönliche Gläubiger ist in der RK 5 zu befriedigen. Da die Hypothek dem Beschlagnahmegläubiger gegenüber unwirksam ist, würde sie eigentlich in RK 6 fallen. Diese kann es begrifflich in der Zwangsverwaltung jedoch nicht geben.[743]

B. Aufstellung des Teilungsplans

I. Allgemeines

1793 Der Teilungsplan wird im Verteilungstermin nach Anhörung der anwesenden Beteiligten vom Vollstreckungsgericht für die ganze Dauer des Zwangsverwaltungsverfahrens aufgestellt (§§ 113 Abs. 1, 156 Abs. 2 ZVG).

1794 Für „die Form" des Teilungsplans gibt es keine gesetzlichen Vorgaben, jedoch hat sich auch hier (wie in der Zwangsversteigerung) ein bestimmtes Schema bewährt. So findet sich in den meisten Teilungsplänen auch ein **Vorbericht**, in welchem die für die Planaufstellung wesentlichen Angaben zusammengefasst werden. Hier steht z.B. der Tag der ersten Beschlagnahme, da dieses Datum für die Frage, welche Ansprüche „laufend" sind, von Bedeutung ist. Außerdem werden der betreibende Gläubiger und bereits erfolgte Anmeldungen in den Vorbericht aufgenommen.

---

740 Dazu *Depré/Mayer* Rn. 310 ff.
741 Hierzu und zum „Zwischenrecht" siehe *Depré/Mayer* Rn. 275 und 310 ff.

Gegenstand der Verteilung sind nicht bloß die bereits vorhandenen, sondern auch die bis zur vollen Befriedigung des vollstreckenden Gläubigers zu erwartenden zukünftigen Erträgnisse. Deshalb wird im Teilungsplan (im Gegensatz zum Teilungsplan in der Zwangsversteigerung) **keine Teilungsmasse** aufgeführt, sondern nur die Schuldenmasse festgestellt.

1795

Laufende Beträge öffentlicher Lasten (§ 10 Abs. 1 Nr. 3 ZVG) sind **nicht** in den Teilungsplan aufzunehmen.[742] Jedoch ist in der Praxis ein Hinweis auf diese Ansprüche zulässig und üblich, damit sie der Verwalter nicht übergeht und damit auch die Beteiligten des Verfahrens über die Befriedigungsfolge im Bilde sind.

1796

Für die jeweiligen Anspruchsberechtigten werden die Beträge ausgewiesen, die ab dem besonderen Fälligkeitstermin nach § 13 ZVG bis zur nächsten Fälligkeit nach dem Verteilungstermin angefallen sind. Im Übrigen wird nur unter Angabe des weiteren Fälligkeitstermins der jeweilige Betrag bestimmt.

1797

Am Schluss angefügt wird meist der Satz, dass der Verwalter auf nachrangige Beträge nur Zahlung leisten darf, wenn er damit rechnen kann, vorrangige Beträge am Fälligkeitstag zu befriedigen.[743]

1798

Für die Auszahlung selbst ist dann der Zwangsverwalter verantwortlich, für welchen der Teilungsplan verbindlich ist.

1799

Teilungsplan in der Zwangsverwaltung[744]

1800

Muster

Amtsgericht Musterstadt   Musterstadt, 28.03.2008
66666 Musterstadt
Aktenzeichen: 1 L 14/08

Teilungsplan

in dem Zwangsverwaltungsverfahren gegen
Tina Schuld, Hintergasse 1, 66666 Musterstadt
– Schuldnerin –

betreffend
das Grundstück der Gemarkung Musterstadt,
eingetragen im Grundbuch von Musterstadt Blatt 3000
unter lfd. Nr. 1 des Bestandsverzeichnisses
FlSt.Nr. 555, Hof- und Gebäudefläche, Waldstraße 14 zu 600 m^2

I. Vorbericht
1. Das Zwangsverwaltungsverfahren wurde auf Antrag der Stadtsparkasse Musterstadt vom 22.01.2008 angeordnet durch Beschluss vom 24.01.2008.
2. Tag der ersten Beschlagnahme: 26.01.2008, durch Zustellung des Anordnungsbeschlusses an die Schuldnerin.
3. An Anmeldungen liegen dem Gericht vor: …
4. Der Zwangsverwalter … hat mit Schreiben vom 22.02.2008 mitgeteilt, dass er über die Kosten des Verfahrens und die öffentlichen Lasten hinaus Erträge erwartet.

II. Vorwegentnahmen
Aus den Nutzungen des Grundstücks sind die Auslagen für die Verwaltung sowie die Kosten des Verfahrens, mit Ausnahme derjenigen, welche durch die Anordnung oder den Beitritt eines Gläubigers entstanden sind oder noch entstehen, vorweg zu bestreiten (§ 155 Abs. 1 ZVG).

(Fortsetzung S. 326)

---

742 So auch *Stöber* (ZVG) § 156 Rn. 4.4 m.w.N., auch für die Gegenansicht.
743 *Depré/Mayer* Rn. 283.
744 Die Daten zum Verfahren und zum betreibenden Gläubiger basieren auf dem Antragsmuster Rn. 1468.

3 Verteilung der Überschüsse

III. Überschüsse

Die Überschüsse sind auf die in § 10 Abs. 1 Nr. 1 bis 5 ZVG bezeichneten Ansprüche zu verteilen (§ 155 Abs. 2 ZVG), nach Maßgabe ihrer Rangordnung, bei Gleichrang nach dem Verhältnis der Beträge, im Einzelnen wie folgt:

Ansprüche in **Rangklasse 1 und 2** des § 10 Abs. 1 ZVG sind gegenwärtig nicht vorhanden.

In **Rangklasse 3** des § 10 Abs. 1 ZVG (unter sich mit gleichem Rang) zu befriedigende laufende wiederkehrende Leistungen der öffentlichen Lasten des Grundstücks (§ 155 Abs. 2 ZVG) hat der Verwalter ohne weiteres Verfahren zu berichtigen (§ 156 Abs. 1 ZVG). In Zweifelfällen hat er die Weisung des Gerichts einzuholen (§ 153 Abs. 1 ZVG).

In **Rangklasse 4** des § 10 Abs. 1 ZVG sind Ansprüche auf laufende wiederkehrende Leistungen (§ 155 Abs. 2 ZVG) aus den Rechten am Grundstück in nachstehender Reihenfolge, welche der Rangfolge der Forderungen entspricht, zu befriedigen. Dabei darf der Verwalter auf jeweils nachrangige Forderungen nur Zahlungen leisten, wenn er am Fälligkeitstag hinreichende Mittel zur Verfügung hat, um die vorrangigen Forderungen zu befriedigen.

1. Stadtsparkasse Musterstadt
aus der Grundschuld, eingetragen in Abt. III Nr. 1, nämlich

sofort 15 % Zinsen aus 120.000,00 €, mithin	18.000,00 €
fällig am 31.12.2007 für die Zeit vom 01.01.2007 bis 31.12.2007 sowie sofort	
Gerichtskosten für die Anordnung des Verfahrens[747]	53,50 €
und jeweils am 31.12. eines jeden Jahres	
15 % Zinsen aus 120.000,00 €, mithin	18.000,00 €
für das entsprechende abgelaufene Kalenderjahr, erstmals am 31.12.2008.	

2. Volksbank Musterstadt e.G.
aus der Grundschuld, eingetragen in Abt. III Nr. 2, nämlich

sofort 16 % Zinsen aus 100.000,00 €, mithin	16.000,00 €
fällig am 31.12.2007 für die Zeit vom 01.01.2007 bis 31.12.2007	
und jeweils am 31.12. eines jeden Jahres	
16 % Zinsen aus dem 100.000,00 €, mithin	16.000,00 €
für das entsprechende abgelaufene Kalenderjahr, erstmals am 31.12.2008.	

In **Rangklasse 5** des § 10 Abs. 1 ZVG sind Ansprüche des betreibenden Gläubigers in folgender Reihenfolge zu befriedigen:

Stadtsparkasse Musterstadt
aus der Grundschuld, eingetragen in Abt. III Nr. 1, nämlich

15 % Zinsen aus 120.000,00 € für die Zeit vom 01.04.2006 bis 31.12.2006, mithin	13.500,00 €
Kapital	120.000,00 €

Zahlungen auf das Kapital der Grundschuld dürfen nur in einem von dem Gericht gesondert zu bestimmenden Termin erfolgen; die Terminsbestimmung ist von dem Verwalter zu beantragen, sobald Kapitalzahlungen in Betracht kommen (§ 158 Abs. 1 ZVG).

II. Verhandlung über den Teilungsplan

1801 Das Vollstreckungsgericht wird in Vorbereitung des Verteilungstermins einen „vorläufigen Teilungsplan" entwerfen. Über diesen vorläufigen Teilungsplan wird im Verteilungstermin verhandelt (§ 156 Abs. 2 Satz 4, § 115 Abs. 1 Satz 1 ZVG). Ergeben sich aus dieser Verhandlung keine Änderungen und wird auch kein Widerspruch erhoben, beschließt das Vollstreckungsgericht, dass der bisherige Entwurf (vorläufiger Teilungsplan) zum endgültigen Plan erklärt wird und dass der Verwalter dem Plan entspr. Zahlungen zu leisten hat.

1802 Der Plan wird verkündet und den Beteiligten formlos mitgeteilt; eine Zustellung erfolgt nicht.

---

745 Die Kosten werden in RK 4 berücksichtigt, da die Gläubigerin das Verfahren auch wegen der Zinsen betreibt.

Protokoll Verteilungstermin

Amtsgericht Musterstadt 66666 Musterstadt Aktenzeichen: 1 L 14/08 Anwesend: Name, Rechtspfleger(in)	Musterstadt, 28.03.2008

Protokoll

in dem Zwangsverwaltungsverfahren gegen
Tina Schuld, Hintergasse 1, 66666 Musterstadt
– Schuldnerin –
betreffend
das Grundstück der Gemarkung Musterstadt,
eingetragen im Grundbuch von Musterstadt Blatt 3000
unter lfd. Nr. 1 des Bestandsverzeichnisses
FlSt.Nr. 555, Hof- und Gebäudefläche, Waldstraße 14 zu 600 m²

Im heutigen nichtöffentlichen Termin zur Verteilung des Erlöses
erschienen nach Aufruf der Sache …

Die Rechtspflegerin machte den Grundbuchinhalt und den Inhalt des Anordnungsbeschlusses bekannt. Weiter gab sie folgende Anmeldungen bekannt: …
Weitere Anmeldungen wurden nicht abgegeben.

Nach Anhörung der erschienenen Beteiligten wurde der aus der Anlage ersichtliche Teilungsplan aufgestellt und sofort darüber verhandelt.

Widersprüche wurden nicht erhoben. Es wurde festgestellt, dass keine der vorliegenden Anmeldungen zugleich als Widerspruch gegen den Teilungsplan gilt (§ 115 Abs. 2 ZVG).

Es erging sodann folgender

Beschluss

Es wird gem. § 157 Abs. 1 ZVG die planmäßige Zahlung der Beträge an die Berechtigten nach Maßgabe des Teilungsplans angeordnet.

Unterschrift
Rechtspfleger(in)

1803

Muster

III. Rechtsbehelfe

Auch der Teilungsplan in der Zwangsverwaltung ist mit Widerspruch oder sofortiger Beschwerde anfechtbar. Wie in der Zwangsversteigerung (Rn. 685) gilt folgende Zuordnung:

- Wer einen **Verfahrensfehler** des Gerichts bei der Aufstellung des Plans rügen will, hat **sofortige Beschwerde**.
- Wer der Auffassung ist, er habe ein besseres **materielles Recht** als für ihn derzeit berücksichtigt, wehrt sich mit **Widerspruch**.

1804

1. Sofortige Beschwerde

Mit sofortiger Beschwerde gegen den Teilungsplan werden formelle Mängel gerügt, z.B. die falsche Berechnung der Zinsen eines Rechts oder die Aufnahme einer Forderung in den Plan, welche in diesem Verfahren nicht berücksichtigt werden kann. Die Beschwerdefrist beginnt mit der Verkündung des Plans im Termin.[746]

1805

Wird sofortige Beschwerde eingelegt, sollte das Gericht den Verwalter anweisen, den hiervon betroffenen Betrag bis zur endgültigen Entscheidung zurückzuhalten, da die Beschwerde insoweit unzulässig wird, als Auszahlung erfolgt ist.[747]

1806

---

[746] Sehr streitig, aber h.M. Hierzu *Stöber* (ZVG) § 113 Rn. 6.3 m.w.N. auch für die Gegenmeinung.
[747] *Depré/Mayer* Rn. 285.

2. Widerspruch

1807 Ein Widerspruch zielt darauf ab, die aus der Sicht des Widersprechenden geltende materielle Rechtslage im Rahmen des Teilungsplans umzusetzen. So könnte der Widersprechende z.B. vortragen, er habe einen besseren Rang als bisher im Plan angenommen oder einem dort Aufgenommenen stehe überhaupt kein Recht zu.

1808 Ist ein vor dem Verteilungstermin angemeldeter Anspruch nicht nach Antrag in den Plan aufgenommen, so gilt die Anmeldung als Widerspruch (§ 156 Abs. 2 Satz 4 mit § 115 Abs. 2 ZVG).

1809 Für die Abwicklung des Widerspruchs gelten die Ausführungen Rn. 684 ff. entsprechend.

1809a Wegen der nachträglichen Änderung eines Teilungsplanes siehe *BGH* Rpfleger 2007, 336.

C. Zahlungen auf das Kapital

1810 Betreibt ein Grundpfandrechtsgläubiger das Verfahren auch aus dem Kapital des Grundpfandrechts (zu berücksichtigen in RK 5) darf der Verwalter von sich aus hierauf keine Zahlungen leisten.

1811 Damit auf den Kapitalzahlungsanspruch des dinglichen Gläubigers eine Zahlung überhaupt erfolgen kann, müssen

- alle diesem Recht im Range **vorgehenden,** zurzeit fälligen **wiederkehrenden** Leistungen befriedigt sein,
- auch alle diesem Recht im Range **nachgehenden**, zurzeit fälligen Beträge an **wiederkehrenden** Leistungen befriedigt sein und
- für die diesbezüglich **künftig** fälligen Beträge **Deckung** vorhanden oder zu erwarten sein.

1812 Sodann muss der Verwalter dem Gericht anzeigen, welchen Betrag er auf welches Kapital eines Grundpfandrechts zahlen will (§ 11 Abs. 3 ZwVwV).

1813 Kapitalzahlung auf Grundpfandrechte darf nur in einem hierfür bestimmten **besonderen Termin** erfolgen (§ 158 Abs. 1 Satz 1 ZVG). Der Grund liegt darin, dass der Hauptsachebetrag des Grundpfandrechts in Höhe der Bezahlung erlischt, da „aus dem Grundstück" bezahlt wird. Demzufolge wird das Grundbuch unrichtig (§§ 1181, 1192 BGB). Das Grundbuchamt ist insoweit um Löschung zu ersuchen (§ 158 Abs. 2 ZVG).

1814 Zum Termin werden Gläubiger, Schuldner und Zwangsverwalter geladen.

Im Termin wird sodann an den Berechtigten bezahlt (§ 158 Abs. 3 ZVG i.V.m. § 117 Abs. 1 ZVG). Nur die Bezahlung an den Berechtigten oder ein Erfüllungssurrogat bringt das Recht zum Erlöschen.

8. Kapitel
Jahresrechnung und Schlussrechnung

A. Der Bericht

1815 Gem. § 154 ZVG hat der Verwalter jährlich (= Jahresrechung) und nach Beendigung der Verwaltung (= Schlussrechnung) Rechnung zu legen und zwar gegenüber dem Gläubiger und dem Schuldner. Die Jahresrechnungslegung erfolgt grundsätzlich jährlich nach Kalenderjahren; das Gericht kann einen kürzeren, jedoch keinen längeren Abrechnungszeitraum gestatten (§ 14 Abs. 2 ZwVwV i.V.m. § 154 ZVG).

Im Jahr der Anordnung der Zwangsverwaltung (sog. Rumpfjahr) wird der Verwalter mit Zustimmung des Gerichts einen besonderen Bericht erstatten, zumal er dann die Vergütung des § 22 Satz 1 ZwVwV fordern kann.

Die sich aus § 153 ZVG ergebende Befugnis des Gerichts, jederzeit Zwischenberichte und Auskünfte zu verlangen, bleibt unberührt (§ 16 ZwVwV), wird aber nur aus besonderem Anlass in Betracht kommen. **1816**

Der Verwalter kann durch Androhung von Zwangsgeld zur Berichterstattung gezwungen werden (§ 153 Abs. 2 ZVG). Notfalls kann sich auch die Frage der Entlassung stellen. **1817**

Der für die Vergütungsfestsetzung maßgebende Abrechnungszeitraum ist das Kalenderjahr (§ 22 ZwVwV) falls kein anderer Abrechnungszeitraum festgelegt wurde. Dagegen rechnet sich die gerichtliche Verfahrensgebühr in Höhe der Hälfte der vollen Gebühr (Nr. 2221 KVGKG) jährlich ab dem Tag der Beschlagnahme (§§ 7 Abs. 2, 55 GKG). Der Verwalter hat daher in seiner Abrechnung dem Gericht die Möglichkeit zu geben, die Einnahmen dem jeweiligen Rechnungszeitraum zuzuordnen. **1818**

Der Bericht des Verwalters gliedert sich in zwei Teile, nämlich **1819**
1. den sog. darstellenden Teil (Rn. 1821) und
2. die eigentliche Rechnungslegung, aufgeschlüsselt nach Einnahmen und Ausgaben (§§ 13-15 ZwVwV), wobei die Kontoauszüge und Belege beizufügen sind.

Bei Aufhebung der Zwangsverwaltung hat der Verwalter die Schlussrechnung „in Form einer abgebrochenen Jahresrechnung" (§ 14 Abs. 3 ZwVwV) zu legen. **1820**

In dem sog. darstellenden Teil des Berichts wird der Verwalter darlegen, was er im Berichtszeitraum unternommen hat, welche Mietverträge z.B. neu abgeschlossen und welche Mietverhältnisse beendet wurden. Der Bericht gibt auch Auskunft darüber, ob die Mieten pünktlich bezahlt werden oder ob Mietaußenstände bestehen und was insoweit unternommen wurde. Auch wird er über den Zustand des zwangsverwalteten Objekts und evtl. Reparaturmaßnahmen berichten. Die Gründe für einen fortlaufenden Leerstand und seine Bemühungen zur Beseitigung dieses Zustandes sind ebenfalls darzulegen. **1821**

Bei der Aufstellung der Einnahmen und Ausgaben ist § 15 ZwVwV und hierbei insbesondere zu beachten: **1822**
- Es muss ersichtlich sein, welche Beträge der Einnahmen auf **Mieten** und welche auf Abschläge für **Nebenkosten** entfallen (§ 15 Abs. 1 ZwVwV).
- Eine bereits eingegangene Mietvorauszahlung, die für den folgenden Zeitraum bestimmt ist, muss als solche kenntlich gemacht werden.
- Eingetriebene oder nachgezahlte Mieten aus dem Vorjahr sind gesondert darzustellen.

Entsprechend der Einteilung der Einnahmen nach sachlichen Kriterien sind auch die Ausgaben nach den wirtschaftlichen Eckdaten zu gliedern (§ 15 Abs. 3 ZwVwV). Bei den öffentlichen Grundstückslasten ist der Erhebungszeitraum anzugeben. Zahlungen an die Gläubiger sind den Positionen des Teilungsplans zuzuordnen. Daher sollte sich ein Verwalter mit dem Vollstreckungsgericht in dieser Hinsicht absprechen. **1823**

B. Prüfung durch das Gericht

Aus § 153 ZVG resultiert für das Vollstreckungsgericht die **Pflicht**, die Rechnungen des Verwalters sachlich und rechnerisch zu prüfen. Es kann für die Prüfung einen Sachverständigen heranziehen, was jedoch selten vorkommt. **1824**

Sind seitens des Gerichts keine Beanstandungen zu erheben, so leitet es Abschriften des Berichts (ohne Belege) den Gläubigern und dem Schuldner zu. Werden innerhalb einer vom Gericht gesetzten Frist keine Einwendungen erhoben, wird das Gericht durch einen Vermerk feststellen, dass die Rechnung formell ordnungsgemäß, vollständig, sowie sachlich und rechnerisch richtig ist und dies den Beteiligten mitteilen. Die Belege gehen an den Verwalter zurück, der sie – zu seiner eigenen Sicherheit – verwahrt. **1825**

Werden Einwendungen erhoben, prüft das Gericht, ob diese gerechtfertigt sind. Ist nach der Auffassung des Gerichts die Einwendung unbegründet, so wird dem Beteiligten mitgeteilt, dass kein Anlass **1826**

3 Wohnungseigentum

für ein Einschreiten des Gerichts bestehe. Will der Beteiligte seine Einwendungen weiter verfolgen, muss er den Prozessweg beschreiten. Sind die vorgebrachten Einwendungen nach Auffassung des Gerichts berechtigt, wird der Verwalter dazu gehört. Werden die Einwendungen nicht ausgeräumt, hat das Gericht im Rahmen seiner Aufsichtspflicht einen ordnungsgemäßen Bericht zu erzwingen.

1827 Die Ablehnung des Vollstreckungsgerichts, eine vom Gläubiger oder Schuldner verlangte Aufsichtsmaßnahme zu ergreifen, ist nach Anhörung der Beteiligten eine Entscheidung des Gerichts und ergeht durch Beschluss. Gegen ihn haben die – angehörten – Beteiligten die Möglichkeit der sofortigen Beschwerde; bei Nichtanhörung ist Erinnerung nach § 766 ZPO gegeben.[748]

1828 Wird das Verfahren aufgehoben oder wird der Verwalter entlassen und ein anderer Verwalter bestellt, dann ist ein **Schlussbericht** einzureichen.

9. Kapitel
Wohnungseigentum

A. Allgemeines

1829 Zunehmend wird auch Wohnungseigentum unter Zwangsverwaltung gestellt. Es ergeben sich eine Reihe spezifischer Probleme, deren genaue Darstellung den Rahmen dieses Grundrisses übersteigen würde. Daher werden nur die wichtigsten Fragen kurz dargestellt und im Übrigen auf die Spezialliteratur[749] verwiesen.

B. Verfahren

I. Zustimmung

1830 Für die Anordnung des Verfahrens gelten keine Besonderheiten. Insbesondere ist eine Zustimmung (des WEG-Verwalters oder der anderen Miteigentümer) nicht erforderlich, auch wenn dies ausnahmsweise für die Anordnung der Zwangsversteigerung erforderlich wäre.

II. Verfahrensverbindung

1831 Hat der Schuldner mehrere Eigentumswohnungen und wird die Zwangsverwaltung für alle beantragt, sollte grundsätzlich keine Verbindung erfolgen.[750] Dies könnte allenfalls ausnahmsweise geschehen, wenn jedes der Objekte seine Betriebskosten (§ 155 Abs. 1 ZVG) und die Grundsteuer erwirtschaften könnte und der Überschuss nur auf die Zinsen von Gesamtrechten zuzuteilen wäre.

C. Beschlagnahme

1832 Die Beschlagnahme umfasst das Sondereigentum, ein evtl. vorhandenes Sondernutzungsrecht, den Anteil an evtl. vorhandenem Gemeinschaftseigentum und die mit dem Eigentum verbundenen Rechte des Eigentümers, insbesondere das Stimmrecht[751]. Die „Kasse der Eigentümergemeinschaft" ist nicht beschlagnahmt, jedoch sind Auszahlungen[752] auch dann an den Verwalter zu leisten, wenn der entsprechende Beschluss nach der Beschlagnahme gefasst wurde und auch wenn die auszuzahlenden Beträge aus Einzahlungen des Schuldners (Überschüsse) stammen.

---

748 *Depré/Mayer* Rn. 623.
749 Z.B. *Depré-Mayer* ab Rn. 397.
750 Das Gericht sollte beachten, dass eine Verfahrensanordnung in einem (einzigen) Beschluss als Verfahrensverbindung verstanden werden könnte.
751 Ob der Verwalter das Stimmrecht auch dann ausüben darf, wenn die zur Entscheidung anstehende Frage die Vermietung nicht betrifft, ist streitig. Einer baulichen Veränderung oder einer Nutzungsänderung soll er gegen den Willen des Schuldners regelmäßig nicht zustimmen. Im Übrigen *Depré-Mayer* Rn. 399, 400.
752 Z.B. aus Gemeinschaftseigentum oder Überschüsse des Verwaltungsetats.

D. Geld der Wohnungseigentümer

Nach dem bisherigen Recht konnten die zur Bestreitung der gemeinsamen Ausgaben von den Wohnungseigentümern zu leistenden Zahlungen (Wohngeld oder Hausgeld genannt) gegen einen Wohnungseigentümer sowohl in der Zwangsversteigerung als auch in der Zwangsverwaltung nur durch Betreiben in der RK 5 geltend gemacht werden. 1833

Durch das Gesetz zur Änderung des Wohnungseigentumsgesetzes vom 26.03.2007[753] sind hier wesentliche Änderungen eingetreten.

Die aus dem Wohnungseigentum fälligen Ansprüche auf Zahlung der Beiträge zu den Lasten und Kosten des gemeinschaftlichen Eigentums oder des Sondereigentums, die nach § 16 Abs. 2, § 28 Abs. 2 und 5 WEG geschuldet werden einschließlich der Vorschüsse und Rückstellungen, finden sich nunmehr, auch für die Zwangsverwaltung, in der RK 2 des § 10 Abs. 1 ZVG. In der Zwangsverwaltung werden jedoch nur „laufende Beträge" (also z.B. keine „Abrechnungsspitze"[754]) berücksichtigt. 1833a

Kosten des Sondereigentums gehören nur dazu, wenn sie über die Gemeinschaft abgerechnet werden, wie etwa Wasser- oder Stromkosten, ihre Tilgung somit gemeinschaftliche Aufgabe der Wohnungseigentümer ist. Dies gilt nicht, soweit sie vom Lieferanten beim Wohnungseigentümer (Schuldner) unmittelbar eingezogen werden. 1833b

Bevorrechtigt (RK 2) sind ebenso Rückgriffsansprüche (Regressansprüche) eines einzelnen Wohnungseigentümers, der gemeinschaftliche Lasten und Kosten beglichen hat. Solche Ansprüche entstehen vornehmlich in einer Zweiergemeinschaft, wenn kein Verwalter bestellt ist und Verwaltungskosten durch einen Miteigentümer beglichen werden mussten. 1833c

Die in § 10 Abs. 1 Nr. 2 ZVG zu findenden Forderungen sind somit **nicht mehr „Aufwand"** im Sinne des § 155 Abs. 1 ZVG sondern „Rangklasse-Forderung" (§ 155 Abs. 2 ZVG) und dürfen daher - ebenso wie die öffentlichen Lasten - nicht mehr aus einem Gläubigervorschuss beglichen werden. 1833d

Betreibt die Wohnungseigentümergemeinschaft durch Anordnung oder Beitritt die Zwangsverwaltung selbst, gilt Rn. 953g entsprechend. Die Begrenzung auf 5 % des festgesetzten Wertes (§ 10 Abs. 1 Nr. 2 Satz 3 ZVG) findet **keine Anwendung** (§ 156 Abs. 1 letzter Satz ZVG), da ja in der Zwangsverwaltung keine Wertfestsetzung erfolgt. 1833e

Ohne Betreiben der Wohnungseigentümergemeinschaft hat der Zwangsverwalter die laufenden Beträge der aus dem Wohnungseigentums fälligen Ansprüche auf Zahlung der Beiträge zu den Lasten und Kosten des gemeinschaftlichen Eigentums oder des Sondereigentums, die nach § 16 Abs. 2, § 28 Abs. 2 und 5 des WEG geschuldet werden, einschließlich der Vorschüsse und Rückstellungen sowie der Rückgriffsansprüche einzelner ohne weiteres Verfahren zu berücksichtigen (§ 156 Abs. 1 S. 2 ZVG). 1833f

Dies geschieht während der gesamten Dauer der Zwangsverwaltung vorweg, also ohne gerichtlichen Teilungsplan. Es bedarf keines Titels und - da keine Anmeldung beim Gericht zu erfolgen hat - auch keiner Glaubhaftmachung. Der Zwangsverwalter muss die Forderung in eigener Verantwortung prüfen. 1833g

Auf rückständige Forderungen aus RK 2 kann nur gezahlt werden, wenn wegen dieses Anspruchs vollstreckt wird (§ 155 Abs. 2 ZVG) und auch erst dann, wenn die laufenden Ansprüche aus den RK 2 bis 4 berichtigt worden sind. Die Zahlung auf Rückstände erfordert also „Betreiben" in RK 5 1833h

---

753 Gesetz zur Änderung des Wohnungseigentumsgesetzes und anderer Gesetze vom 26.03.2007, in Kraft getreten am 01.07.2007, BGBl. I Seite 370.
754 Hierunter versteht man den Betrag, welchen die WEG-Gemeinschaft nach Ablauf des Wirtschaftsjahres beschließt, weil die Vorschüsse (Hausgeld) nicht ausgereicht haben.

3 Wohnungseigentum

und die Aufstellung eines Teilungsplans (§ 156 Abs. 2 ZVG). Gleiches gilt für „einmalige Leistungen", z.B. also eine Sonderumlage oder eine Abrechnungsspitze.

1833i Da die Zwangsverwaltung in § 62 WEG (Übergangsvorschrift) nicht genannt ist, gelten die neuen Regeln auch für Zwangsverwaltungsverfahren, die bereits vor dem 01.07.2007 anhängig geworden sind. Nach der hier vertretenen Auffassung gilt dies dort jedoch nur für Beträge, die nach dem 30.06.2007 fällig geworden sind.

1834 Wird auf das Hausgeld auf Grund eines Wirtschaftsplanes eine monatliche Vorauszahlung geleistet, so zahlt der Zwangsverwalter nur die nach Beschlagnahme fällig gewordenen Beträge. Der Eigentümergemeinschaft verbleibt der Anspruch gegen den Schuldner auf den Rückstand, der also nicht beschlagnahmt ist. Dies gilt auch dann, wenn der Wirtschaftsplan am Rechnungsjahresschluss durch einen Beschluss über die Gesamtabrechnung „verstärkt" wird[755]. Beschließt die Gemeinschaft am Schluss ihres Rechnungsjahres[756] eine Umlage, da der Vorschuss nicht reichte, muss der Verwalter den Anteil zahlen, auch wenn damit der Verlust durch die Nichtzahlung seitens des Schuldners abgedeckt wird. Unwirksam oder zumindest anfechtbar wäre ein Beschluss, dass der Verwalter den Schuldnersaldo allein nachzuzahlen habe.

E. Grundsteuer und Nebenkosten

1835 Die Grundsteuer wird normalerweise pro Einheit direkt vom Einzeleigentümer erhoben.

Für den Verwalter gilt:
- Ist die Wohnung vermietet, dann ist die Grundsteuer üblicherweise per Mietvertrag auf den Mieter umgelegt und somit aus dessen Nebenkostenzahlungen abzuführen.
- Ist die Wohnung vermietet, ohne dass die Grundsteuer „umgelegt" wäre, muss sie der Verwalter ohne Teilungsplan (§ 156 Abs. 1 ZVG) aus der Miete zahlen.
- Ist die Wohnung nicht vermietet, darf der Verwalter die Grundsteuer nicht aus dem Gläubiger-Vorschuss zahlen, da die allgemeine Meinung die Grundsteuer nicht § 155 Abs. 1 ZVG sondern § 155 Abs. 2 ZVG unterstellt.

1836 Darüber hinaus gelten für die Nebenkostenabrechnung mit den Mietern, die vom Verwalter vorzunehmen ist, keine Besonderheiten. Er muss lediglich unterscheiden, welche Beträge er aus den Abschlägen der Mieter auf die Nebenkosten (Sondermasse) entnimmt und welche er aus Miete bzw. Vorschuss erbringen muss.

1837 Hat der Schuldner ein unentgeltliches Wohnrecht in der beschlagnahmten Wohnung (§ 149 Abs. 1 ZVG), muss er dennoch zur Begleichung der Nebenkosten die Abschläge an den Verwalter zahlen, welche gegenüber einem Mieter umlagefähig wären.

F. Vergütung des Verwalters

1838 Für die Verwaltervergütung ergeben sich keine Besonderheiten. Mehrere Einheiten, deren Verfahren nicht verbunden wurden, werden für die Abrechnung und für die Vergütung als getrennte Vorgänge behandelt mit der Folge, dass aus den Mieteinkünften einer Einheit nicht der Aufwand für den Leerstand der anderen Einheit gedeckt werden darf und dass für jede Einheit die Mindestvergütung nach § 20 ZwVwV festzusetzen[757] ist, falls die Regelvergütung für den gesamten Zeitraum der Verwaltung geringer wäre.

---

755 Hierzu *BGH* BGHZ 131, 228 und *BayObLG* Rpfleger 1999, 408.
756 Also nach der Beschlagnahme.
757 Hierzu *LG Potsdam* Rpfleger 2005, 620 und *Depré-Mayer* Rn. 694.

Zwangsverwalterverordnung (ZwVwV)

vom 19. Dezember 2003
(BGBl. 2003 I Seite 2804)

Auf Grund des § 152a des Gesetzes über die Zwangsversteigerung und die Zwangsverwaltung in der im Bundesgesetzblatt Teil III, Gliederungsnummer 310-14, veröffentlichten bereinigten Fassung, der durch Artikel 7 Abs. 23 des Gesetzes vom 17. Dezember 1990 (BGBl. I S. 2847) eingefügt worden ist, in Verbindung mit Artikel 35 des Gesetzes vom 13. Dezember 2001 (BGBl. I S. 3574), verordnet das Bundesministerium der Justiz:

§ 1 Stellung

(1) Zwangsverwalter und Zwangsverwalterinnen führen die Verwaltung selbständig und wirtschaftlich nach pflichtgemäßem Ermessen aus. Sie sind jedoch an die vom Gericht erteilten Weisungen gebunden.

(2) Als Verwalter ist eine geschäftskundige natürliche Person zu bestellen, die nach Qualifikation und vorhandener Büroausstattung die Gewähr für die ordnungsgemäße Gestaltung und Durchführung der Zwangsverwaltung bietet.

(3) Der Verwalter darf die Verwaltung nicht einem anderen übertragen. Ist er verhindert, die Verwaltung zu führen, so hat er dies dem Gericht unverzüglich anzuzeigen. Zur Besorgung einzelner Geschäfte, die keinen Aufschub dulden, kann sich jedoch der Verwalter im Fall seiner Verhinderung anderer Personen bedienen. Ihm ist auch gestattet, Hilfskräfte zu unselbständigen Tätigkeiten unter seiner Verantwortung heranzuziehen.

(4) Der Verwalter ist zum Abschluss einer Vermögensschadenshaftpflichtversicherung für seine Tätigkeit mit einer Deckung von mindestens 500.000 Euro verpflichtet. Durch Anordnung des Gerichts kann, soweit der Einzelfall dies erfordert, eine höhere Versicherungssumme bestimmt werden. Auf Verlangen der Verfahrensbeteiligten oder des Gerichts hat der Verwalter das Bestehen der erforderlichen Haftpflichtversicherung nachzuweisen.

§ 2 Ausweis

Der Verwalter erhält als Ausweis eine Bestallungsurkunde, aus der sich das Objekt der Zwangsverwaltung, der Name des Schuldners, das Datum der Anordnung sowie die Person des Verwalters ergeben.

§ 3 Besitzerlangung über das Zwangsverwaltungsobjekt, Bericht

(1) Der Verwalter hat das Zwangsverwaltungsobjekt in Besitz zu nehmen und darüber einen Bericht zu fertigen. Im Bericht sind festzuhalten:
1. Zeitpunkt und Umstände der Besitzerlangung;
2. eine Objektbeschreibung einschließlich der Nutzungsart und der bekannten Drittrechte;
3. alle der Beschlagnahme unterfallenden Mobilien, insbesondere das Zubehör;
4. alle der Beschlagnahme unterfallenden Forderungen und Rechte, insbesondere Miet- und Pachtforderungen, mit dem Eigentum verbundene Rechte auf wiederkehrende Leistungen sowie Forderungen gegen Versicherungen unter Beachtung von Beitragsrückständen;
5. die öffentlichen Lasten des Grundstücks unter Angabe der laufenden Beträge;
6. die Räume, die dem Schuldner für seinen Hausstand belassen werden;
7. die voraussichtlichen Ausgaben der Verwaltung, insbesondere aus Dienst- oder Arbeitsverhältnissen;
8. die voraussichtlichen Einnahmen und die Höhe des für die Verwaltung erforderlichen Kostenvorschusses;
9. alle sonstigen für die Verwaltung wesentlichen Verhältnisse.

(2) Den Bericht über die Besitzerlangung hat der Verwalter bei Gericht einzureichen. Soweit die in Absatz 1 bezeichneten Verhältnisse nicht schon bei Besitzübergang festgestellt werden können, hat der Verwalter dies unverzüglich nachzuholen und dem Gericht anzuzeigen.

§ 4 Mitteilungspflicht

Der Verwalter hat alle betroffenen Mieter und Pächter sowie alle von der Verwaltung betroffenen Dritten unverzüglich über die Zwangsverwaltung zu informieren. Außerdem kann der Verwalter den Erlass von Zahlungsverboten an die Drittschuldner bei dem Gericht beantragen.

§ 5 Nutzungen des Zwangsverwaltungsobjektes

(1) Der Verwalter soll die Art der Nutzung, die bis zur Anordnung der Zwangsverwaltung bestand, beibehalten.

(2) Die Nutzung erfolgt grundsätzlich durch Vermietung oder Verpachtung. Hiervon ausgenommen sind:
1. landwirtschaftlich oder forstwirtschaftlich genutzte Objekte in Eigenverwaltung des Schuldners gemäß § 150b des Gesetzes über die Zwangsversteigerung und die Zwangsverwaltung;
2. die Wohnräume des Schuldners, die ihm gemäß § 149 des Gesetzes über die Zwangsversteigerung und die Zwangsverwaltung unentgeltlich zu belassen sind.

(3) Der Verwalter ist berechtigt, begonnene Bauvorhaben fertig zu stellen.

§ 6 Miet- und Pachtverträge

(1) Miet- oder Pachtverträge sowie Änderungen solcher Verträge sind vom Verwalter schriftlich abzuschließen.

(2) Der Verwalter hat in Miet- oder Pachtverträgen zu vereinbaren,
1. dass der Mieter oder Pächter nicht berechtigt sein soll, Ansprüche aus dem Vertrag zu erheben, wenn das Zwangsverwaltungsobjekt vor der Überlassung an den Mieter oder Pächter im Wege der Zwangsversteigerung veräußert wird;
2. dass die gesetzliche Haftung des Vermieters oder Verpächters für den vom Ersteher zu ersetzenden Schaden ausgeschlossen sein soll, wenn das Grundstück nach der Überlassung an den Mieter oder Pächter im Wege der Zwangsversteigerung veräußert wird und der an die Stelle des Vermieters oder Verpächters tretende Ersteher die sich aus dem Miet- oder Pachtverhältnis ergebenden Verpflichtungen nicht erfüllt;
3. dass der Vermieter oder Verpächter auch von einem sich im Fall einer Kündigung (§ 57a Satz 1 des Gesetzes über die Zwangsversteigerung und die Zwangsverwaltung, § 111 der Insolvenzordnung) möglicherweise ergebenden Schadensersatzanspruch freigestellt sein soll.

§ 7 Rechtsverfolgung

Der Verwalter hat die Rechtsverfolgung seiner Ansprüche im Rahmen des pflichtgemäßen Ermessens zeitnah einzuleiten.

§ 8 Rückstände, Vorausverfügungen

Die Rechtsverfolgung durch den Verwalter erstreckt sich auch auf Rückstände nach § 1123 Abs. 1 und 2 des Bürgerlichen Gesetzbuchs und unterbrochene Vorausverfügungen nach § 1123 Abs. 1, §§ 1124 und 1126 des Bürgerlichen Gesetzbuchs, sofern nicht der Gläubiger auf die Rechtsverfolgung verzichtet.

§ 9 Ausgaben der Zwangsverwaltung

(1) Der Verwalter hat von den Einnahmen die Liquidität zurückzubehalten, die für Ausgaben der Verwaltung einschließlich der Verwaltervergütung und der Kosten des Verfahrens vorgehalten werden muss.

(2) Der Verwalter soll nur Verpflichtungen eingehen, die aus bereits vorhandenen Mitteln erfüllt werden können.

(3) Der Verwalter ist verpflichtet, das Zwangsverwaltungsobjekt insbesondere gegen Feuer-, Sturm-, Leitungswasserschäden und Haftpflichtgefahren, die vom Grundstück und Gebäude ausgehen, zu versichern, soweit dies durch eine ordnungsgemäße Verwaltung geboten erscheint. Er hat diese Versicherung unverzüglich abzuschließen, sofern
1. Schuldner oder Gläubiger einen bestehenden Versicherungsschutz nicht innerhalb von 14 Tagen nach Zugang des Anordnungsbeschlusses schriftlich nachweisen und
2. der Gläubiger die unbedingte Kostendeckung schriftlich mitteilt.

§ 10 Zustimmungsvorbehalte

(1) Der Verwalter hat zu folgenden Maßnahmen die vorherige Zustimmung des Gerichts einzuholen:
1. wesentliche Änderungen zu der nach § 5 gebotenen Nutzung; dies gilt auch für die Fertigstellung begonnener Bauvorhaben;
2. vertragliche Abweichungen von dem Klauselkatalog des § 6 Abs. 2;
3. Ausgaben, die entgegen dem Gebot des § 9 Abs. 2 aus bereits vorhandenen Mitteln nicht gedeckt sind;
4. Zahlung von Vorschüssen an Auftragnehmer im Zusammenhang insbesondere mit der Erbringung handwerklicher Leistungen;
5. Ausbesserungen und Erneuerungen am Zwangsverwaltungsobjekt, die nicht zu der gewöhnlichen Instandhaltung gehören, insbesondere wenn der Aufwand der jeweiligen Maßnahme 15 Prozent des vom Verwalter nach pflichtgemäßem Ermessen geschätzten Verkehrswertes des Zwangsverwaltungsobjektes überschreitet;
6. Durchsetzung von Gewährleistungsansprüchen im Zusammenhang mit Baumaßnahmen nach § 5 Abs. 3.

(2) Das Gericht hat den Gläubiger und den Schuldner vor seiner Entscheidung anzuhören.

§ 11 Auszahlungen

(1) Aus den nach Bestreiten der Ausgaben der Verwaltung sowie der Kosten des Verfahrens (§ 155 Abs. 1 des Gesetzes über die Zwangsversteigerung und die Zwangsverwaltung) verbleibenden Überschüssen der Einnahmen darf der Verwalter ohne weiteres Verfahren nur Vorschüsse sowie die laufenden Beträge der öffentlichen Lasten nach der gesetzlichen Rangfolge berichtigen.

(2) Sonstige Zahlungen an die Berechtigten darf der Verwalter nur aufgrund der von dem Gericht nach Feststellung des Teilungsplans getroffenen Anordnung leisten. Ist zu erwarten, dass solche Zahlungen geleistet werden können, so hat dies der Verwalter dem Gericht unter Angabe des voraussichtlichen Betrages der Überschüsse und der Zeit ihres Einganges anzuzeigen.

(3) Sollen Auszahlungen auf das Kapital einer Hypothek oder Grundschuld oder auf die Ablösesumme einer Rentenschuld geleistet werden, so hat der Verwalter zu diesem Zweck die Anberaumung eines Termins bei dem Gericht zu beantragen.

§ 12 Beendigung der Zwangsverwaltung

(1) Die Beendigung der Zwangsverwaltung erfolgt mit dem gerichtlichen Aufhebungsbeschluss. Dies gilt auch für den Fall der Erteilung des Zuschlags in der Zwangsversteigerung.

(2) Das Gericht kann den Verwalter nach dessen Anhörung im Aufhebungsbeschluss oder auf Antrag durch gesonderten Beschluss ermächtigen, seine Tätigkeit in Teilbereichen fortzusetzen, soweit dies für den ordnungsgemäßen Abschluss der Zwangsverwaltung erforderlich ist. Hat der Verwalter weiterführende Arbeiten nicht zu erledigen, sind der Anordnungsbeschluss und die Bestallungsurkunde mit der Schlussrechnung zurückzugeben, ansonsten mit der Beendigung seiner Tätigkeit.

(3) Unabhängig von der Aufhebung der Zwangsverwaltung bleibt der Verwalter berechtigt, von ihm begründete Verbindlichkeiten aus der vorhandenen Liquidität zu begleichen und bis zum Eintritt der Fälligkeit Rücklagen zu bilden. Ein weitergehender Rückgriff gegen den Gläubiger bleibt unberührt. Dies gilt auch für den Fall der Antragsrücknahme.

(4) Hat der Verwalter die Forderung des Gläubigers einschließlich der Kosten der Zwangsvollstreckung bezahlt, so hat er dies dem Gericht unverzüglich anzuzeigen. Dasselbe gilt, wenn der Gläubiger ihm mitteilt, dass er befriedigt ist.

§ 13 Masseverwaltung

(1) Der Massebestand ist von eigenen Beständen des Verwalters getrennt zu halten.

(2) Der Verwalter hat für jede Zwangsverwaltung ein gesondertes Treuhandkonto einzurichten, über das er den Zahlungsverkehr führt. Das Treuhandkonto kann auch als Rechtsanwaltsanderkonto geführt werden.

(3) Der Verwalter hat die allgemeinen Grundsätze einer ordnungsgemäßen Buchführung zu beachten. Die Rechnungslegung muss den Abgleich der Solleinnahmen mit den tatsächlichen Einnahmen ermöglichen. Die Einzelbuchungen sind auszuweisen. Mit der Rechnungslegung sind die Kontoauszüge und Belege bei Gericht einzureichen.

(4) Auf Antrag von Gläubiger oder Schuldner hat der Verwalter Auskunft über den Sachstand zu erteilen.

§ 14 Buchführung der Zwangsverwaltung

(1) Die Buchführung der Zwangsverwaltung ist eine um die Solleinnahmen ergänzte Einnahmenüberschussrechnung.

(2) Die Rechnungslegung erfolgt jährlich (Jahresrechnung) nach Kalenderjahren. Mit Zustimmung des Gerichts kann hiervon abgewichen werden.

(3) Bei Aufhebung der Zwangsverwaltung legt der Verwalter Schlussrechnung in Form einer abgebrochenen Jahresrechnung.

(4) Nach vollständiger Beendigung seiner Amtstätigkeit reicht der Verwalter eine Endabrechnung ein, nachdem alle Zahlungsvorgänge beendet sind und das Konto auf Null gebracht worden ist.

§ 15 Gliederung der Einnahmen und Ausgaben

(1) Die Soll- und Isteinnahmen sind nach folgenden Konten zu gliedern:
1. Mieten und Pachten nach Verwaltungseinheiten,
2. andere Einnahmen.

(2) Der Saldo der vorigen Rechnung ist als jeweiliger Anfangsbestand vorzutragen.

(3) Die Gliederung der Ausgaben erfolgt nach folgenden Konten:
1. Aufwendungen zur Unterhaltung des Objektes;
2. öffentliche Lasten;
3. Zahlungen an die Gläubiger;
4. Gerichtskosten der Verwaltung;
5. Vergütung des Verwalters;
6. andere Ausgaben.

(4) Ist zur Umsatzsteuer optiert worden, so sind Umsatzsteueranteile und Vorsteuerbeträge gesondert darzustellen.

§ 16 Auskunftspflicht

Der Verwalter hat jederzeit dem Gericht oder einem mit der Prüfung beauftragten Sachverständigen Buchführungsunterlagen, die Akten und sonstige Schriftstücke vorzulegen und alle weiteren Auskünfte im Zusammenhang mit seiner Verwaltung zu erteilen.

§ 17 Vergütung und Auslagenersatz

(1) Der Verwalter hat Anspruch auf eine angemessene Vergütung für seine Geschäftsführung sowie auf Erstattung seiner Auslagen nach Maßgabe des § 21. Die Höhe der Vergütung ist an der Art und dem Umfang der Aufgabe sowie an der Leistung des Zwangsverwalters auszurichten.

(2) Zusätzlich zur Vergütung und zur Erstattung der Auslagen wird ein Betrag in Höhe der vom Verwalter zu zahlenden Umsatzsteuer festgesetzt.

(3) Ist der Verwalter als Rechtsanwalt zugelassen, so kann er für Tätigkeiten, die ein nicht als Rechtsanwalt zugelassener Verwalter einem Rechtsanwalt übertragen hätte, die gesetzliche Vergütung eines Rechtsanwalts abrechnen. Ist der Verwalter Steuerberater oder besitzt er eine andere besondere Qualifikation, gilt Satz 1 sinngemäß.

§ 18 Regelvergütung

(1) Bei der Zwangsverwaltung von Grundstücken, die durch Vermieten oder Verpachten genutzt werden, erhält der Verwalter als Vergütung in der Regel 10 Prozent des für den Zeitraum der Verwaltung an Mieten oder Pachten eingezogenen Bruttobetrags. Für vertraglich geschuldete, nicht eingezogene Mieten oder Pachten erhält er 20 Prozent der Vergütung, die er erhalten hätte, wenn diese Mieten eingezogen worden wären. Soweit Mietrückstände eingezogen werden, für die der Verwalter bereits eine Vergütung nach Satz 2 erhalten hat, ist diese anzurechnen.

(2) Ergibt sich im Einzelfall ein Missverhältnis zwischen der Tätigkeit des Verwalters und der Vergütung nach Absatz 1, so kann der in Absatz 1 Satz 1 genannte Prozentsatz bis auf 5 vermindert oder bis auf 15 angehoben werden.

(3) Für die Fertigstellung von Bauvorhaben erhält der Verwalter 6 Prozent der von ihm verwalteten Bausumme. Planungs-, Ausführungs- und Abnahmekosten sind Bestandteil der Bausumme und finden keine Anrechnung auf die Vergütung des Verwalters.

§ 19 Abweichende Berechnung der Vergütung

(1) Wenn dem Verwalter eine Vergütung nach § 18 nicht zusteht, bemisst sich die Vergütung nach Zeitaufwand. In diesem Fall erhält er für jede Stunde der für die Verwaltung erforderlichen Zeit, die er oder einer seiner Mitarbeiter aufgewendet hat, eine Vergütung von mindestens 35 Euro und höchstens 95 Euro. Der Stundensatz ist für den jeweiligen Abrechnungszeitraum einheitlich zu bemessen.

(2) Der Verwalter kann für den Abrechnungszeitraum einheitlich nach Absatz 1 abrechnen, wenn die Vergütung nach § 18 Abs. 1 und 2 offensichtlich unangemessen ist.

§ 20 Mindestvergütung

(1) Ist das Zwangsverwaltungsobjekt von dem Verwalter in Besitz genommen, so beträgt die Vergütung des Verwalters mindestens 600 Euro.

(2) Ist das Verfahren der Zwangsverwaltung aufgehoben worden, bevor der Verwalter das Grundstück in Besitz genommen hat, so erhält er eine Vergütung von 200 Euro, sofern er bereits tätig geworden ist.

§ 21 Auslagen

(1) Mit der Vergütung sind die allgemeinen Geschäftskosten abgegolten. Zu den allgemeinen Geschäftskosten gehört der Büroaufwand des Verwalters einschließlich der Gehälter seiner Angestellten.

(2) Besondere Kosten, die dem Verwalter im Einzelfall, zum Beispiel durch Reisen oder die Einstellung von Hilfskräften für bestimmte Aufgaben im Rahmen der Zwangsverwaltung, tatsächlich entstehen, sind als Auslagen zu erstatten, soweit sie angemessen sind. Anstelle der tatsächlich entstandenen Auslagen kann der Verwalter nach seiner Wahl für den jeweiligen Abrechnungszeitraum eine Pauschale von 10 Prozent seiner Vergütung, höchstens jedoch 40 Euro für jeden angefangenen Monat seiner Tätigkeit, fordern.

(3) Mit der Vergütung sind auch die Kosten einer Haftpflichtversicherung abgegolten. Ist die Verwaltung jedoch mit einem besonderen Haftungsrisiko verbunden, so sind die durch eine Höherversicherung nach § 1 Abs. 4 begründeten zusätzlichen Kosten als Auslagen zu erstatten.

§ 22 Festsetzung

Die Vergütung und die dem Verwalter zu erstattenden Auslagen werden im Anschluss an die Rechnungslegung nach § 14 Abs. 2 oder die Schlussrechnung nach § 14 Abs. 3 für den entspr. Zeitraum auf seinen Antrag vom Gericht festgesetzt. Vor der Festsetzung kann der Verwalter mit Einwilligung des Gerichts aus den Einnahmen einen Vorschuss auf die Vergütung und die Auslagen entnehmen.

§ 23 Grundstücksgleiche Rechte

Die vorstehenden Bestimmungen sind auf die Zwangsverwaltung von Berechtigungen, für welche die Vorschriften über die Zwangsverwaltung von Grundstücken gelten, entsprechend anzuwenden.

§ 24 Nichtanwendbarkeit der Verordnung

(1) Die Vorschriften dieser Verordnung gelten nicht, falls der Schuldner zum Verwalter bestellt ist (§§ 150b bis 150e des Gesetzes über die Zwangsversteigerung und die Zwangsverwaltung).

(2) Die Vorschriften dieser Verordnung gelten ferner nicht, falls die durch die §§ 150, 153, 154 des Gesetzes über die Zwangsversteigerung und die Zwangsverwaltung dem Gericht zugewiesene Tätigkeit nach landesgesetzlichen Vorschriften von einer landschaftlichen oder ritterschaftlichen Kreditanstalt übernommen worden ist.

§ 25 Übergangsvorschrift

In Zwangsverwaltungen, die bis einschließlich zum 31. Dezember 2003 angeordnet worden sind, findet die Verordnung über die Geschäftsführung und die Vergütung des Zwangsverwalters vom 16. Februar 1970 (BGBl. I S. 185), zuletzt geändert durch Artikel 9 des Gesetzes vom 13. Dezember 2001 (BGBl. I S. 3574), weiter Anwendung; jedoch richten sich die Vergütung des Verwalters und der Auslagenersatz ab dem ersten auf den 31. Dezember 2003 folgenden Abrechnungszeitraum nach den §§ 17 bis 22 dieser Verordnung.

§ 26 Inkrafttreten, Außerkrafttreten

Diese Verordnung tritt am 1. Januar 2004 in Kraft. Gleichzeitig tritt die Verordnung über die Geschäftsführung und die Vergütung des Zwangsverwalters vom 16. Februar 1970 (BGBl. I S. 185), zuletzt geändert durch Artikel 9 des Gesetzes vom 13. Dezember 2001 (BGBl. I S. 3574), außer Kraft.

4. Teil
Zwangsversteigerung auf Antrag des Insolvenzverwalters

1. Kapitel
Einordnung, Gesetzessystematik, Zweck

A. Einordnung des Verfahrens

Bei der Zwangsversteigerung auf Antrag des Insolvenzverwalters (kurz: Insolvenzverwalterversteigerung) handelt es sich um eines von drei Verfahren, welche im dritten und letzten Abschnitt des Zwangsversteigerungsgesetzes (§§ 172 bis 185 ZVG) geregelt sind. **1840**

Im Einzelnen finden sich in dort: **1841**
- die Zwangsversteigerung (und Zwangsverwaltung) auf Antrag des Insolvenzverwalters (§§ 172 bis 174a ZVG);
- die Zwangsversteigerung auf Antrag des Erben (§§ 175 bis 179 ZVG);
- die Zwangsversteigerung zum Zwecke der Aufhebung einer Gemeinschaft (§§ 180 bis 185 ZVG; hier dargestellt ab Rn. 1108).

Gemeinsam haben alle diese Verfahren, welche der Gesetzgeber insgesamt mit „Zwangsversteigerung und Zwangsverwaltung **in besonderen Fällen**" überschreibt, dass es in ihnen zwar um die Ausübung eines rechtlichen Zwangs geht, es sich dabei aber nicht um Zwangsvollstreckung wegen einer Geldforderung handelt.[758] **1842**

B. Gesetzliche Systematik

Nach § 172 ZVG finden auf das Zwangsversteigerungsverfahren auf Antrag des Insolvenzverwalters die Bestimmungen des ersten und zweiten Abschnitts des Zwangsversteigerungsgesetzes entspr. Anwendung, soweit sich nicht aus den §§ 173, 174 und 174a ZVG etwas Anderes ergibt. **1843**

Dieser Vorgabe folgend, werden hier in der Regel nur die Verfahrensbesonderheiten dargestellt und wegen der sonstigen Abläufe auf die Ausführungen zur Vollstreckungsversteigerung (1. Teil dieses Buches; ab Rn. 10) verwiesen. **1844**

C. Zweck des Verfahrens – Insolvenzrechtliches

I. Aufgaben eines Insolvenzverwalters

Nach der Eröffnung des Insolvenzverfahrens hat der Insolvenzverwalter das gesamte zur Insolvenzmasse gehörende Vermögen sofort in Besitz und Verwaltung zu nehmen (§ 148 InsO). Zur Insolvenzmasse zählt das gesamte Vermögen des Schuldners, das zur Zeit der Eröffnung des Verfahrens in dessen Eigentum steht oder von ihm während des Verfahrens erlangt wird (§ 35 InsO). Dass nach § 36 InsO bestimmte unpfändbare Gegenstände nicht in die Insolvenzmasse fallen, ist für das hier darzustellende Verfahren ohne Bedeutung. **1845**

Um die gemeinschaftliche Befriedigung der Gläubiger (= Ziel des Insolvenzverfahren; siehe § 1 InsO) zu gewährleisten, ist es grundsätzlich erforderlich, dass die Insolvenzmasse verwertet, also in Geld „umgewandelt" wird. Sofern die Gläubigerversammlung (Berichtstermin) nicht einen anderen Fortgang des Verfahrens beschließt (§ 157 InsO), hat der Insolvenzverwalter unverzüglich nach dem Berichtstermin mit der Verwertung zu beginnen (§ 159 InsO). **1846**

---

758 *Stöber* (ZVG) § 172 Rn. 1.1.

1847 Für die Verwertung unbeweglicher Gegenstände sieht § 165 InsO vor, dass der Insolvenzverwalter u.a. die Zwangsversteigerung betreiben kann. Dies gilt selbst dann, wenn an dem unbeweglichen Gegenstand ein Absonderungsrecht besteht (§ 165 InsO). Ein solches Absonderungsrecht haben nach § 49 InsO diejenigen Gläubiger, welchen ein Recht auf Befriedigung aus dem Grundstück zusteht (siehe hierzu Rn. 171).

1848 Neben der Zwangsversteigerung steht dem Insolvenzverwalter als Verwertungsmöglichkeit auch der freihändige Verkauf zur Verfügung. Nach § 160 InsO hat der Insolvenzverwalter für einen solchen Verkauf „aus freier Hand" die Zustimmung des Gläubigerausschusses bzw. der Gläubigerversammlung einzuholen. Tätigt der Insolvenzverwalter das Rechtsgeschäft ohne diese Zustimmung, so ist es dennoch wirksam.

II. Aufgaben eines Treuhänders

1849 Im sog. „Vereinfachten Insolvenzverfahren" (§§ 311 f. InsO), welches im Rahmen einer Verbraucherinsolvenz (§§ 304 ff. InsO) meist zur Durchführung kommt, werden die Aufgaben des Insolvenzverwalters von einem Treuhänder wahrgenommen (§ 313 Abs. 1 InsO). Sofern, wie in der Praxis meist der Fall, an dem unbeweglichen Gegenstand Absonderungsrechte bestehen, ist der Treuhänder zur Verwertung des unbeweglichen Gegenstandes nicht berechtigt (§ 313 Abs. 3 Satz 1 InsO). Hierzu ist der (absonderungsberechtigte) Gläubiger berufen.

1850 Ausnahmsweise, nämlich über ein Verfahren nach den §§ 313 Abs. 3 Satz 3, 173 Abs. 2 InsO, kann der Treuhänder verwertungszuständig werden.

1851 Soweit im 4. Teil dieses Buches von dem Insolvenzverwalter gesprochen wird, gelten die Ausführungen für den Treuhänder im Rahmen seiner Zuständigkeit entsprechend, sofern nicht etwas Anderes dargelegt wird.

III. Verwertung nach Wahl des Insolvenzverwalters

1852 Wie bereits dargestellt (Rn. 1847, 1848), stehen dem Insolvenzverwalter für die Verwertung von Grundbesitz folgende Möglichkeiten zu:
- **Freihändiger Verkauf** und
- **Zwangsversteigerung** (§ 165 InsO, §§ 172 f. ZVG).

Er wählt zwischen diesen Möglichkeiten nach **pflichtgemäßem** Ermessen.

1853 Gegenüber dem freihändigen Verkauf hat die **Zwangsversteigerung** folgende **Vorteile**:
- Gewährleistungsansprüche sind ausgeschlossen (§ 56 ZVG);
- Evtl. bestehende Vorkaufsrechte können dort nicht ausgeübt werden;
- Über § 174a ZVG, also der abweichenden Feststellung des geringsten Gebots (hierzu ab Rn. 1914), kann auch ein hoch belastetes Grundstück verwertet werden;
- Anders als beim freihändigen Verkauf, können Schadensersatzansprüche gegen den Insolvenzverwalters wegen zu geringen Erlöses aus der Zwangsversteigerung nicht resultieren;
- Eine Zustimmung des Gläubigerausschusses bzw. der Gläubigerversammlung (§ 160 ZVG) ist nicht erforderlich.

D. Verhältnis zu anderen Versteigerungsverfahren

1854 Ein Zwangsversteigerungsverfahren auf Antrag des Insolvenzverwalters und eine Vollstreckungsversteigerung können nebeneinander laufen; möglich sind auch eine gleichzeitige Zwangsversteigerung zum Zwecke der Aufhebung einer Gemeinschaft oder eine Zwangsversteigerung auf Antrag des Erben.

Ähnlich wie bei einem Nebeneinander von Vollstreckungsversteigerung und Teilungsversteigerung (hierzu Rn. 1118 bis 1120), gibt es auch hier eine „sinnvolle" Reihenfolge bei der Durchführung der Verfahren. Im Falle einer erfolgreichen Vollstreckungsversteigerung erübrigt sich nämlich ein weiteres Durchführen der Insolvenzverwalterversteigerung. 1855

2. Kapitel
Verfahren über die Anordnung der Insolvenzverwalterversteigerung

A. Versteigerungsobjekte

Gegenstände der Zwangsversteigerung auf Antrag des Insolvenzverwalters können u.a. sein 1856
- Grundstücke,
- Grundstücksbruchteile (Rn. 11),
- Grundstücksgleiche Rechte, insbesondere das Erbbaurecht,
- Wohnungs- und Teileigentum.

Die ebenfalls mögliche Insolvenzverwalterversteigerung von Schiffen, Schiffsbauwerken und Luftfahrzeugen wird im Rahmen dieses Buches nicht dargestellt. 1857

B. Versteigerungsantrag

I. Zuständigkeit

Für die Zuständigkeit gelten die allgemeinen Bestimmungen, also die §§ 1, 2 ZVG (Rn. 18 bis 21). 1858

II. Antragsberechtigung

Die Anordnung der Zwangsversteigerung erfolgt nur auf Antrag. Antragsberechtigt in dem besonderen Verfahren nach § 172 f. ZVG ist allein der Insolvenzverwalter. 1859

Besondere Antragszuständigkeiten bestehen 1860
- im **Verbraucherinsolvenzverfahren** für den ausnahmsweise zuständigen (Rn. 1850) **Treuhänder;**
- bei angeordneter **Eigenverwaltung** (§§ 270 bis 285 InsO) für den **Schuldner.** Eine Mitwirkung des Sachwalters (§§ 270 Abs. 3, 274 InsO) ist im Außenverhältnis und damit auch gegenüber dem Vollstreckungsgericht nicht gesetzlich vorgeschrieben.

III. Voraussetzungen und Inhalt des Antrags

Wie in der Vollstreckungsversteigerung, ist die Anordnung des Verfahrens an bestimmte Voraussetzungen und die Vorlage bestimmter Unterlagen (Nachweise) geknüpft. Der gesetzlichen Systematik (Rn. 1843) folgend, werden hier nur die von der Vollstreckungsversteigerung abweichenden „Besonderheiten" dargestellt. 1861

- Das Insolvenzverfahren gegen den Schuldner muss noch bestehen. 1862
- Der Antragsteller muss Insolvenzverwalter in diesem Verfahren sein.
  Nachweis: Vorlage der Bestallung (§ 56 Abs. 2 InsO).
- Das Versteigerungsobjekt (Rn. 1856), nachfolgend kurz „Grundstück" genannt, muss der Insolvenzmasse (§ 35 InsO) zugehören. Nachweis: Insolvenzvermerk im Grundbuch (§ 32 InsO).

- Der Schuldner (des Insolvenzverfahrens) muss als **Eigentümer** des Grundstücks im Grundbuch eingetragen oder dessen Erbe sein. Nachweis: § 17 ZVG (Rn. 24).
Wegen der hier bestehenden Ausnahme im Falle erfolgreicher Anfechtung einer Eigentumsübertragung durch den Insolvenzverwalter (§§ 129 ff. InsO) siehe *Stöber* (ZVG) § 172 Rn. 5.1.

1863 Einen Vollstreckungstitel benötigt der Insolvenzverwalter nicht.[759]

1864 Wird der Versteigerungsantrag ausnahmsweise von einem **Treuhänder** gestellt, so hat dieser neben seiner Bestallung auch nachzuweisen, dass er auf Grund der besonderen Umstände (Rn. 1850) verwertungsbefugt ist.

1865 Besteht für den Schuldner an seinem Grundstück ein Eigentümergrundpfandrecht, so ist es auch möglich, dass der Insolvenzverwalter die Zwangsversteigerung daraus betreibt. § 1197 Abs. 1 BGB, der dem Schuldner (Eigentümer) verbietet, die Zwangsversteigerung aus einem Eigentümergrundpfandrecht zu betreiben, findet nach richtiger Ansicht in der Literatur keine Anwendung. Der Schutz, welchen § 1197 Abs. 1 BGB den Grundpfandrechtsgläubigern bietet, tritt bei eröffneter Insolvenz zu Gunsten des einen optimalen Erlös erstrebenden Verwertungsrechts des Insolvenzverwalters zurück.

1866 Bei dieser Versteigerung aus dem Eigentümergrundpfandrecht handelt es sich aber **nicht** um eine Insolvenzverwalterversteigerung i.S. der §§ 172 ff. ZVG, sondern um eine „normale" Vollstreckungsversteigerung.

C. Entscheidung über den Antrag

I. Anordnungsbeschluss

1867 Die Anordnung erfolgt durch Beschluss.

1868 Für den Inhalt des Beschlusses ergeben sich abweichend von den Ausführungen in Rn. 80 einige Besonderheiten, welche aus dem Fehlen der typischen Gläubiger-Schuldner-Konstellation und aus dem Umstand folgen, dass der Beschluss nicht als Beschlagnahme des Grundstücks gilt (§ 173 ZVG; Rn. 1875).

Anordnungsbeschluss im Verfahren der Insolvenzverwalterversteigerung

1869
Muster

Amtsgericht Musterstadt Musterstadt, 23.01.2008
Aktenzeichen: 3 K 23/08

Auf Antrag des Insolvenzverwalters
Rechtsanwalt Maximilian Beispiel, Marktplatz 4, 66666 Musterstadt
wird gemäß § 172 ZVG die

Z w a n g s v e r s t e i g e r u n g

des Grundstücks der Gemarkung Musterstadt,
eingetragen im Grundbuch von Musterstadt Blatt 1000 unter lfd. Nr. 1 des Bestandsverzeichnisses
FlSt.Nr. 444
Gebäude- und Freifläche, Bebelstraße 1 zu 500 m²
a n g e o r d n e t.

Das Grundstück ist eingetragen auf den Namen des Schuldners
Aloisius Hinterher, Bebelstraße 1, 66666 Musterstadt.

Im Sinne der §§ 13, 55 ZVG ist die Zustellung des Beschlusses an den Insolvenzverwalter als Beschlagnahme des Grundbesitzes anzusehen.

Rechtspfleger(in)

---

759 Ausnahme: Zwangsvollstreckung gegen Dritten auf Grund Duldungstitels nach erfolgreicher Anfechtung; hierzu *Stöber* (ZVG) § 172 Rn. 5.1.

II. Bekanntmachung der Anordnung und Grundbuchersuchen

Der Anordnungsbeschluss wird dem Insolvenzverwalter zugestellt. Die Zustellung an den Schuldner ist nicht gesetzlich vorgeschrieben. Der Schuldner ist noch nicht einmal Beteiligter (§ 9 ZVG) des Verfahrens. Dies folgt aus der Tatsache, dass die Verwaltungs- und Verfügungsbefugnis hinsichtlich der Insolvenzmasse mit der Eröffnung des Insolvenzverfahrens auf den Insolvenzverwalter übergegangen ist (§ 80 Abs. 1 InsO). Der Insolvenzverwalter nimmt damit, verfahrensrechtlich argumentiert, sowohl die Pos. des (betreibenden) Gläubigers als auch, mit gewissen Ausnahmen, die des antragsgegnerischen Schuldners ein. 1870

Aus dem unter Rn. 1881 dargestellten Grund empfiehlt sich die Zustellung des Anordnungsbeschlusses an den Schuldner. 1871

Für die Praxis sei darauf hingewiesen, dass die Zustellungen an den Schuldner wegen einer evtl. angeordneten Postsperre (§ 99 InsO) den Zusatz tragen sollten: „Gerichtspost – trotz evtl. Postsperre zustellen." 1872

Der in das Grundbuch auf Ersuchen des Vollstreckungsgerichts einzutragende Zwangsversteigerungsvermerk (§ 19 Abs. 1 ZVG) sollte erkennen lassen, dass es sich um ein Versteigerungsverfahren auf Antrag des Insolvenzverwalters handelt. Kommen parallel weitere Zwangsversteigerungsverfahren zur Anordnung (Rn. 1854), so sind in den dortigen Verfahren auch weitere Vermerke in das Grundbuch einzutragen. 1873

III. Beitritt zum Verfahren

Ob der Beitritt eines Vollstreckungsgläubigers[760] zu der angeordneten Insolvenzverwalterversteigerung möglich ist, wird in der Literatur zwar vereinzelt bejaht[761], ist jedoch mit der h.M.[762] wegen der grundsätzlichen Verschiedenartigkeit der Verfahren **abzulehnen**. Gleiches gilt für den umgekehrten Fall eines (damit ebenfalls nicht möglichen) Beitritts des Insolvenzverwalters nach § 172 f. ZVG zu einem bereits über ein schuldnerisches Grundstück laufenden Zwangsversteigerungsverfahren. 1874

D. Beschlagnahme

I. Kein Veräußerungsverbot

Nach § 173 ZVG hat die Anordnung des Verfahrens in dieser Verfahrensart nur eine beschränkte Beschlagnahmewirkung. Der Eigentümer des Versteigerungsobjektes und Schuldner des Insolvenzverfahrens ist nämlich (schon) in letztgenannter Eigenschaft nicht (mehr) in der Lage, wirksam über das zur Insolvenzmasse gehörende Grundstück zu verfügen (§§ 80, 81 InsO). Die Verfügungsbefugnis über die zur Insolvenzmasse gehörenden Gegenstände steht dem Insolvenzverwalter zu. An beiden Umständen darf die Anordnung der Zwangsversteigerung auf Antrag des Insolvenzverwalters nichts ändern, weshalb die Anordnung das für die „normale" Beschlagnahme ansonsten typische relative Veräußerungsverbot (§ 23 Abs. 1 ZVG, §§ 136, 135 BGB) nicht bewirkt. 1875

---

760 Vorausgesetzt, dieser könnte trotz § 89 InsO die Zwangsversteigerung betreiben. Er müsste also absonderungsberechtigt sein.
761 *Dassler/Schiffhauer/Gerhardt/Muth* § 172 Rn. 15.
762 *Stöber* (ZVG) § 172 Rn. 7.1. m.w.N. auch für die Gegenmeinung.

II. Verbliebene Wirkungen

1876 Nach § 173 Satz 2 ZVG gilt jedoch die Zustellung des Anordnungsbeschlusses an den Insolvenzverwalter[763] in zweifacher Hinsicht als Beschlagnahme, nämlich
- für die rechnerische Abgrenzung der rückständigen von den laufenden wiederkehrenden Leistungen (§ 13 ZVG; hierzu Rn. 300 f.);
- für die Bestimmung der von der Versteigerung erfassten Gegenstände (§ 55 ZVG).

1877 Da der Insolvenzverwalter jedoch, mangels „normaler" Beschlagnahmewirkung (Rn. 1875), nicht in seiner Verfügungsbefugnis beschränkt ist, kann er über Zubehör und die sonstigen mithaftenden Gegenstände frei verfügen. Damit erwirbt der Ersteher durch Zuschlag nur (noch) die „restlichen" Gegenstände. Nach § 90 Abs. 2 ZVG erwirbt der Ersteher damit alle Gegenstände, „auf die sich die Zwangsversteigerung erstreckt haben würde, wenn das Verfahren auf Antrag eines Gläubigers angeordnet worden wäre, mit Ausnahme diejenigen, welche der Insolvenzverwalter in der Zwischenzeit bis zum Versteigerungstermin kraft seiner gesetzlichen Befugnisse anderweitig veräußert hat"[764].

1878 Auch § 55 Abs. 2 ZVG findet Anwendung, jedoch ist in der Literatur umstritten, ob es dabei allein auf den Besitz des Insolvenzverwalters ankommt oder ob auch der Besitz des Schuldners genügt.

E. Rechtsbehelfe im Verfahren über die Anordnung

1879 Gegen die **Zurückweisung** seines Antrags auf Anordnung der Insolvenzverwalterversteigerung steht dem Insolvenzverwalter das Rechtsmittel der sofortigen Beschwerde zu.

1880 Im Falle der Anordnung des Verfahrens ist ein Rechtsmittel, mit Ausnahme des unter Rn. 1881 dargestellten Falls bereits erfolgter Freigabe, nicht „denkbar". Ein Rechtsmittel des Insolvenzverwalters wäre mangels Beschwer unzulässig. Der Schuldner kann ein solches mangels Verfügungsbefugnis nicht einlegen.

1881 Möglich, jedoch kaum praxisrelevant, ist, dass das Grundstück von dem Insolvenzverwalter bereits freigegeben wurde, der Insolvenzvermerk zum Zeitpunkt der Verfahrensanordnung jedoch noch immer im Grundbuch stand und daher das Verfahren zu Unrecht angeordnet wurde. Hier müsste sich der Schuldner durch die Einlegung der Vollstreckungserinnerung nach § 766 ZPO zur Wehr setzen.

---

763 Der Zeitpunkt des Eingangs des Ersuchens beim Grundbuchamt ist ohne jede Bedeutung.
764 *Stöber* (ZVG) § 173 Rn. 2.5.

3. Kapitel
Einstweilige Einstellung und Aufhebung

A. Einstweilige Einstellung und Aufhebung auf Grund einer Verfahrenshandlung

I. Antragsrücknahme durch den Insolvenzverwalter

Nimmt der Insolvenzverwalter seinen Antrag zurück, ist das Verfahren aufzuheben (§ 29 ZVG). **1882**

II. Bewilligung der einstweiligen Einstellung durch den Insolvenzverwalter

Der Insolvenzverwalter kann die einstweilige Einstellung des Verfahrens gem. § 30 ZVG bewilligen; hinsichtlich der im Rahmen der Einstellungsentscheidung erforderlichen Belehrung (§ 31 Abs. 3 ZVG) und der Verfahrensfortsetzung (§ 31 Abs. 1 ZVG) sowie der Möglichkeit und der Folgen einer erneuten Einstellungsbewilligung (§ 31 Abs. 1 Satz 2 und 3 ZVG) gelten die Bestimmungen der Vollstreckungsversteigerung (Rn. 203 f.) entsprechend. **1883**

III. Einstweilige Einstellung auf Antrag nach § 30a ZVG

Einstellungsantrag nach § 30a ZVG ist nicht möglich, da der Insolvenzverwalter (da er insoweit auch die Position des Schuldners einnimmt) diesen gegen sich selbst stellen müsste. **1884**

Dem Schuldner steht (erneut aus den Gründen mangelnder Verfügungsbefugnis) weder ein Antragsrecht nach § 30a ZVG noch ein solches nach § 765a ZPO zu. **1885**

B. Besondere Beendigungsgründe

I. Freigabe des Grundbesitzes

Hat der Insolvenzverwalter das Grundstück (durch einseitige, empfangsbedürftige Willenserklärung gegenüber dem Schuldner) aus der Insolvenzmasse freigegeben, endet damit die Insolvenzverwalterversteigerung nicht automatisch. In der Regel wird der Insolvenzverwalter seinen Antrag jedoch zurücknehmen und danach das Verfahren aufgehoben werden (Rn. 1882). **1886**

Erklärt der Insolvenzverwalter keine Antragsrücknahme, so ist das Verfahren nach Löschung des Insolvenzvermerks im Grundbuch wegen § 28 ZVG von dem Vollstreckungsgericht von Amts wegen aufzuheben. Das „Gegenrecht" i.S.d. § 28 ZVG, nämlich der Umstand, dass es sich nunmehr um insolvenzfreies Eigentum des Schuldners handelt, ergibt sich, nach Löschung des Insolvenzvermerks, direkt aus dem Grundbuch. **1887**

Der Insolvenzverwalter kann dieses Gegenrecht auch nicht „überwinden", fehlt ihm doch nach der Freigabe die Verfügungsbefugnis (Verwertungsbefugnis) hinsichtlich des Grundstücks. Deshalb ist eine Antragsrücknahme des Insolvenzverwalters für die Aufhebung nicht erforderlich.[765] **1888**

II. Aufhebung des Insolvenzverfahrens

Im Fall der Aufhebung des Insolvenzverfahrens, hat das Vollstreckungsgericht das Verfahren nach Löschung des Insolvenzvermerks im Grundbuch von Amts wegen aufzuheben; die Ausführungen in Rn. 1887 gelten entsprechend. **1889**

---

765 A.A. *Stöber* (ZVG) § 172 Rn. 5.2.

4. Kapitel
Weiteres Verfahren

A. Wertfestsetzung

1890 Auch in der Insolvenzverwalterversteigerung muss der Verkehrswert des Grundbesitzes festgesetzt werden. Erforderlich ist dies insbesondere für die Anwendung von § 85a ZVG (Zuschlagsversagung wegen Nichterreichung der 5/10-Grenze; dazu Rn. 505). Ausnahmsweise, wenn nämlich für den Schuldner am Versteigerungsobjekt ein Eigentümergrundpfandrecht besteht (Rn. 510), ist auch denkbar, dass der Insolvenzverwalter einen Antrag auf Zuschlagsversagung nach § 74a ZVG (Nichterreichung der 7/10-Grenze) stellt, dessen Verbescheidung ebenfalls eine Verkehrswertfestsetzung voraussetzt.

B. Bestimmung des Versteigerungstermins

1891 Der Mussinhalt der Terminsbestimmung nach § 37 ZVG ist anzupassen. Nach § 37 Nr. 3 ZVG ist also in der Terminsbestimmung anzugeben, dass „die Versteigerung auf Antrag des Insolvenzverwalters erfolgt".

Weiter muss der Wortlaut der Aufforderung nach § 37 Nr. 4 ZVG dahingehend verändert werden, dass an die Stelle des potenziell widersprechenden Gläubigers der Insolvenzverwalter tritt.

C. Das geringste Gebot

I. Umsetzung des Deckungsgrundsatzes

1892 Auch in der Insolvenzverwalterversteigerung ist ein gG aufzustellen, welches sich aus den bestehen bleibenden Rechten und dem Mindestbargebot zusammensetzt. Der für alle Versteigerungsverfahren geltende Deckungsgrundsatz (§ 44 ZVG; Rn. 342) erfordert, dass Berechtigte an dem Grundstück, die dem bestbetreibenden Gläubiger vorgehen, im Zwangsversteigerungsverfahren keine Beeinträchtigung erfahren dürfen. Da es in der Insolvenzverwalterversteigerung an einem bestbetreibenden Gläubiger fehlt, stellt sich die Frage, wie hier der Deckungsgrundsatz umgesetzt wird. In der Literatur werden **zwei Auffassungen** vertreten:

1893 1. Nach einer Ansicht soll für die Aufstellung des gG der Insolvenzverwalter so behandelt werden, als betreibe er das Zwangsversteigerungsverfahren als persönlicher Gläubiger aus der RK 5.

1894 2. Nach der heute wohl als h.M.[766] zu bezeichnenden Gegenansicht sind über die nach der unter 1. geschilderten Auffassung zu berücksichtigenden Ansprüche **hinaus** auch solche im gG aufzunehmen, welche in die RK 7 oder RK 8 fallen.

1895 Der zweitgenannten Ansicht ist zu folgen. Die Insolvenzverwalterversteigerung dient der Verwertung des Grundbesitzes. Rechte, welche Dritte an dem Grundbesitz wirksam erlangt haben, kann der Insolvenzverwalter im Rahmen dieser Verwertung nicht übergehen.[767] Mithin steht der Insolvenzmasse aus der Verwertung des Grundbesitzes nur der Betrag zu, welcher für die Befriedigung der aus dem Grundstück Befriedigungsberechtigten nicht benötigt wird. Da auch die Ansprüche der RK 7 und RK 8 ein Recht auf Befriedigung aus dem Grundstück gewähren (§ 10 Abs. 1 ZVG), sind auch diese

---

766 Z.B. *Stöber* (ZVG) § 174 Rn. 2.2.; *Muth* ZIP 1999, 945 (948).
767 Wegen der Möglichkeit der abweichenden Feststellung des gG nach § 174a ZVG siehe Rn. 1914 f.

"vorab" zu begleichen; mithin müssen auch solche Ansprüche, soweit die übrigen Voraussetzungen für ihre dortige Berücksichtigung erfüllt sind, in das gG aufgenommen werden.

Als **bestehen bleibend** werden alle Rechte im gG aufgenommen, die vor dem Zwangsversteigerungsvermerk in das Grundbuch eingetragen wurden. Diese formelle und praxisgerechte Vorgehensweise steht nicht zwingend mit der materiellen Rechtslage in Einklang. 1896

Aus materiell-rechtlicher Sicht entscheidend ist nämlich die Frage, ob das eingetragene Recht im Lichte des mit der Insolvenzeröffnung einhergehenden absoluten Verfügungsverbots (§ 81 Abs. 1 Satz 1 InsO) und des Ausschlusses des sonstigen Rechtserwerbs (§ 91 Abs. 1 InsO) wirksam ist. In der Regel wird dies zu verneinen sein, weshalb Rechte, die zwar **vor** dem **Zwangsversteigerungsvermerk**, aber **nach** Insolvenzeröffnung in das Grundbuch eingetragen wurden, meist unwirksam sind. Dass sie trotz Insolvenzeröffnung im Grundbuch überhaupt zur Eintragung kommen, setzt voraus, dass das Grundbuchamt noch keine Kenntnis von der Insolvenzeröffnung hat oder der Insolvenzverwalter im Rahmen der Bewilligung mitgewirkt hat. 1897

Da § 91 Abs. 2 InsO durch Verweisung auf die §§ 878, 892 BGB jedoch Möglichkeiten eröffnet, wie trotz Insolvenzeröffnung wirksam Rechte am Grundstück erworben werden können und ebenso denkbar ist, dass der Insolvenzverwalter die Eintragung des Rechts bewilligt hat, stellt weder die Eröffnung des Insolvenzverfahrens noch die Eintragung des Insolvenzvermerks im Grundbuch ein geeignetes Kriterium für das nach formellem Recht arbeitende Versteigerungsgericht dar, um für die Aufstellung des gG wirksame von unwirksamen Rechten voneinander zu scheiden. 1898

Es bleibt, obwohl in der Insolvenzverwalterversteigerung die „sonst übliche" (§ 23 Abs. 1 ZVG) Beschlagnahmewirkung des relativen Veräußerungsverbots gerade nicht eintritt (§ 173 Satz 1 ZVG), also der Zwangsversteigerungsvermerk als formell entscheidendes Kriterium (§ 37 Nr. 4 ZVG) für die Frage der Aufnahme von Rechten in das gG. 1899

Möchte der Insolvenzverwalter erreichen, dass ein Recht, welches so Einzug in das gG hält, dort keine Berücksichtigung findet, da er dessen Wirksamkeit im Lichte der Insolvenzeröffnung bestreitet, muss er dies außerhalb des Zwangsversteigerungsverfahrens verfolgen. 1900

II. Abweichende Feststellung auf Antrag eines Gläubigers (§ 174 ZVG)

Nach § 174 ZVG kann ein „bestimmter" (Rn. 1905) Gläubiger verlangen, dass bei der Feststellung des gG nur die seinem Anspruch vorgehenden Rechte berücksichtigt werden. 1901

1. Zweck der Regelung

Für das Verständnis von § 174 ZVG ist ein Blick in die Insolvenzordnung hilfreich: 1902

Nach § 52 InsO sind Gläubiger, die abgesonderte Befriedigung beanspruchen können, Insolvenzgläubiger, soweit ihnen der Schuldner auch persönlich haftet. Zur (anteilsmäßigen) Befriedigung aus der Insolvenzmasse sind sie jedoch nur berechtigt, soweit sie auf eine abgesonderte Befriedigung verzichten oder bei ihr ausgefallen sind.

Folglich und wegen § 190 InsO ist ein Insolvenzgläubiger, welchem auch ein Absonderungsrecht zusteht, interessiert, baldmöglichst zu erfahren, ob und inwieweit er dieses Absonderungsrecht realisieren konnte, um so letztlich wegen der verbliebenen Restforderung als Insolvenzgläubiger anteilige Befriedigung zu erlangen.

Die Aufstellung des gG nach dem Deckungsgrundsatz führt, wie oben (Rn. 1892 f.) dargestellt, zum Bestehen bleiben des für den Absonderungsberechtigten am Grundstück eingetragenen Rechts. Auf diese Weise kann er also einen Ausfall nicht nachweisen. Lässt man aber (über die abweichende Feststellung des gG) zu, dass das Recht des Absonderungsberechtigten keine Aufnahme im gG findet, zeigt sich als Ergebnis der Zwangsversteigerung sofort, ob und inwieweit der Absonderungsberechtigte aus dieser Rechtsposition befriedigt wurde. 1903

4 Weiteres Verfahren

1904 Die nach § 174 ZVG vorzunehmende abweichende Feststellung des gG hat darüber hinaus den keinesfalls zu unterschätzenden „Nebeneffekt", dass das Grundstück, wegen der bei „konventioneller" Aufstellung des gG in der Insolvenzverwalterversteigerung (nachfolgend als „Ausgebot nach § 172 ZVG" bezeichnet) meist viel zu hohen Summe der bestehen bleibenden Rechte, erst nach dieser abweichenden Feststellung wirtschaftlich sinnvoll versteigerbar wird.

2. Voraussetzungen und Verfahren

a) Antrag und Antragsberechtigung

1905 Die abweichende Feststellung des gG nach § 174 ZVG erfolgt nur auf Antrag. Um antragsberechtigt zu sein, muss der Gläubiger Inhaber einer persönlichen Forderung, die Insolvenzforderung ist, gegen den Schuldner sein (§ 174 ZVG ... für seine Forderung gegen den Schuldner des Insolvenzverfahrens ...). Daneben muss diesem Gläubiger für die Forderung zugleich ein Recht auf Befriedigung aus dem Grundstück zustehen, welches vom Insolvenzverwalter anerkannt wurde.

Nur für einen Gläubiger, der diese beiden Voraussetzungen erfüllt, stellt sich nämlich die unter Rn. 1902, 1903 thematisierte Frage der Ungewissheit über den Forderungsausfall.

1906 Sind diese beiden Voraussetzungen auf Grund insoweit eindeutiger Gesetzeslage noch unstreitig, herrscht hinsichtlich nahezu aller weiteren Punkte zu § 174 ZVG in der Literatur Streit. Im Einzelnen geht ist dabei um

1. den spätesten Zeitpunkt der Antragstellung (Rn. 1907);
2. die Möglichkeit der Antragsrücknahme (Rn. 1908);
3. die Verfahrensweise bei Antragstellung durch mehrere Gläubiger (Rn. 1910);
4. die Zuschlagsentscheidung (Rn. 1911 bis 1913).

Um den Umfang des Buches nicht zu überziehen, zeigt dieses Werk den Benutzern jeweils einen nach Einschätzung der Verfasser gesetzeskonformen und praktikablen Weg auf, ohne alle anderen Ansichten detailliert darzustellen. Diesbezüglich wird auf die umfangreiche Literatur verwiesen.

b) Zeitpunkt der Antragstellung

1907 Der Antrag kann schriftlich vor dem Versteigerungstermin, mündlich zu Protokoll in einem Vortermin (§ 62 ZVG) oder mündlich zu Protokoll im Versteigerungstermin gestellt werden. Er ist, unter insoweitiger teleologischer Reduktion des Gesetzeswortlauts, bis spätestens zum **Schluss der Versteigerung** zu stellen.[768] Die in der Literatur[769] auf Grund wörtlicher Anwendung des Gesetzes überwiegend zugelassene Antragstellung bis zum Schluss der Verhandlung über den Zuschlag, würde, was von den Vertretern dieser Meinung durchaus gesehen wird, zu einer Wiedereröffnung der Bietezeit führen, was dem ZVG fremd und aus systematischen Gründen abzulehnen ist.

c) Antragsrücknahme

1908 Der Antrag kann bis zur Entscheidung über den Zuschlag zurückgenommen werden.[770] Die mit dieser Möglichkeit verbundene Folge, dass nämlich der Antragsteller nach § 174 ZVG das Ergebnis des Verfahrens willkürlich beeinflussen kann, ist dem ZVG nicht fremd. Die Ausübung des Wahlrechts durch den Gegenantragsteller des § 64 Abs. 2 Satz 2 ZVG (Rn. 1040) führt zur gleichen Problematik. Selbstverständlich bringt die Möglichkeit einer späten Antragsrücknahme viel Unsicherheit für die Beteiligten und Bietinteressierten in das Verfahren. Solche Risiken zu reduzieren, war sicherlich Motivation für den Gesetzgeber § 59 ZVG mit Wirkung vom 01.08.1998[771] zu ändern; dort kann der Antrag nur (noch) bis spätestens zur Aufforderung zur Abgabe von Geboten zurückgenommen wer-

---

[768] So zutreffend *Muth* ZIP 1999, 945 (949).
[769] Z.B. *Stöber* (ZVG) § 174 Rn. 3.7.
[770] H.M. z.B. *Stöber* (ZVG) § 174 Rn. 3.6.
[771] Gesetz zur Änderung des Gesetzes über die Zwangsversteigerung und die Zwangsverwaltung und anderer Gesetze vom 18.02.1998, BGBl. I Seite 866.

den. Dennoch besteht ein bemerkenswerter Unterschied zwischen dem Antrag nach § 174 ZVG und einem Antrag auf abweichende Versteigerungsbedingungen nach § 59 ZVG. Während nämlich erstgenannter zwingend zu einem Doppelausgebot führt (§ 174 letzter Halbsatz ZVG), kann der Antrag nach § 59 ZVG zur Folge haben, dass **nur** nach den abgeänderten Versteigerungsbedingungen ausgeboten wird.[772] Ließe man hier (§ 59 ZVG) eine Antragsrücknahme nach Schluss der Bietezeit zu, wären damit, mangels anderweitiger Ausgebotsart, überhaupt keine potenziell zuschlagsfähigen Gebote mehr vorhanden.

d) Rechtsfolge

Der zulässige Antrag nach § 174 ZVG führt dazu, dass neben (Doppelausgebot) dem „normalen" gG[773] ein solches aufgestellt wird, für das der antragstellende Gläubiger als bestbetreibend unterstellt wird. Sein Recht und alle nachrangigen Ansprüche finden damit im gG keine Berücksichtigung.

1909

e) Antragstellung durch mehrere Gläubiger

Erfüllen gleich mehrere Beteiligte die Voraussetzungen des § 174 ZVG, so ist für **jeden Antragsteller** ein eigenes Ausgebot zu erstellen. Die h.M.[774] in der Literatur indes erstellt nur ein einziges abgeändertes Ausgebot unter Zugrundelegung des antragstellenden Gläubigers, welcher das niedrigste gG ermöglicht. Diese Verfahrensweise ist im Hinblick auf die zeitlich weit gehenden Möglichkeiten der Antragsrücknahme (Rn. 1908) sehr problematisch. Würde nämlich gerade der das gG bestimmende Gläubiger seinen Antrag nach § 174 ZVG kurz vor der Zuschlagsentscheidung zurücknehmen, stünde für diese Entscheidung nur noch die nicht abgeänderte Ausgebotsart (Rn. 1901 f.) zur Verfügung. Auf diese Weise wäre es den anderen antragstellenden Gläubigern entgegen der Intention des § 174 ZVG nicht möglich, ihren Ausfall zu ermitteln. Und dies zu vermeiden, bleibt nur die von *Muth*[775] aufgezeigte Möglichkeit, pro Antragsteller ein gG aufzustellen.

1910

f) Zuschlagsentscheidung

Unproblematisch sind die Verfahren, in denen **kein wirksames Gebot** abgegeben wurde (dann Entscheidung nach § 77 ZVG; Rn. 485), solche, in denen eine **Zuschlagversagung** nach § 85a ZVG oder § 74a ZVG erfolgen muss und jene, in denen **nur auf eine Ausgebotsart** geboten wurde, ohne dass dort ein Zuschlagsversagungsgrund besteht (dann Zuschlagserteilung hierauf).

1911

Wurden jedoch auf mehrere nebeneinander gelaufene Ausgebotsarten zulässige Gebote abgegeben, gestaltet sich die Entscheidung ungleich schwieriger, da es an einer ausdrücklichen **gesetzlichen Regelung für diesen Fall** fehlt. Kommt es an anderer Stelle im ZVG zu einem Doppelausgebot (etwa § 64 Abs. 2 Satz 1 ZVG), hat der Gesetzgeber dort auch geregelt, nach welchen Kriterien die Konkurrenz der beiden Ausgebotsarten zu entscheiden ist.[776] Worauf *Muth*[777] richtig hinweist, hilft § 81 ZVG, wonach der Zuschlag dem Meistbietenden zu erteilen ist, nicht weiter, da diese Norm nur den Zuschlagsanspruch innerhalb einer Ausgebotsart, nicht jedoch das Verhältnis verschiedener Ausgebotsarten zueinander regelt.

1912

Nach h.M.[778] ist der Zuschlag im Verhältnis von Ausgebot nach § 172 ZVG zu Ausgebot nach § 174 ZVG immer auf die abweichende Ausgebotsart (§ 174 ZVG) zu erteilen, da nur so der gesetzlichen Intention der Feststellung des Forderungsausfalls des Absonderungsberechtigten Rechnung getragen

1913

---

772 Dies kann geschehen, wenn feststeht, dass es trotz abgeänderter Versteigerungsbedingungen nicht zur Beeinträchtigung des Rechtes eines anderen Beteiligten kommt.
773 Geringstes Gebot unter Wahrung des Deckungsgrundsatzes.
774 *Stöber* (ZVG) § 174 Rn. 3.10. m.w.N.
775 *Muth* ZIP 1999, 945 (948).
776 Im Falle des § 64 Abs. 2 Satz 1 ZVG über das Wahlrecht des Gegenantragstellers nach § 64 Abs. 2 Satz 2 ZVG.
777 ZIP 1999, 945 (950).
778 *Stöber* (ZVG) § 174 Rn. 3.11. m.w.N.

werden kann. Liegen Gebote auf mehrere (Rn. 1910) abweichende Ausgebotsarten nach § 174 ZVG vor, ist das Meistgebot auf die Ausgebotsart des bestrangigen Antragstellers maßgeblich.[779]

III. Abweichende Feststellung auf Antrag des Insolvenzverwalters (§ 174a ZVG)

1914 § 174a ZVG wurde mit In-Kraft-Treten der Insolvenzordnung am 01.01.1999 neu in das ZVG eingefügt und stellt, gemessen an den Regelungen unter der Konkursordnung, eine wesentliche Änderung der Möglichkeiten des Insolvenzverwalter dar. Auch § 174a ZVG führt zu einem abweichenden Ausgebot.

1. Zweck der Regelung und Kritik

1915 Bei § 174a ZVG geht es um Ansprüche aus der RK 1a des § 10 ZVG (siehe Rn. 312). Der Insolvenzverwalter soll so die Möglichkeit erhalten, den Anspruch auf Ersatz der Feststellungskosten (RK 1a) zugunsten der Insolvenzmasse zu realisieren.

1916 Um dies zu erreichen, nimmt der Gesetzgeber in Kauf, dass bei der Versteigerung des Grundstücks in der nach § 174a ZVG abweichenden Ausgebotsform noch nicht einmal mehr der Bestand erstrangiger Grundstücksrechte gesichert ist. Dies trifft nicht nur Kreditinstitute hinsichtlich ihrer Grundpfandrechte, sondern, worauf *Stöber*[780] zu Recht hinweist, z.B. auch den Berechtigten einer (erstrangigen) Auflassungsvormerkung oder die „versteigerungsfeste" (Rn. 927) Erbbauzinsreallast.

1917 Die Feststellungskosten nach RK 1a in dieser Weise zu „schützen" war auch nicht veranlasst. Der Anspruch nach § 10 Abs. 1 Nr. 1a ZVG findet, rechtzeitige Anmeldung vorausgesetzt, schon bei konventioneller Versteigerung, also unter strenger Wahrung des Deckungsgrundsatzes, in jedem gG (Mindestbargebot) Raum. Damit reduziert sich der eigentliche Anwendungsbereich der Norm auf die Tatsache, dass über eine Abweichung nach § 174a ZVG die Verwertung selbst eines hoch belasteten Grundstücks erreicht werden kann. Berücksichtigt man den Umstand, dass, wie *Muth*[781] darlegt, selbst bei einem besonders hohen Zubehöranteil von z.B. 60 %[782] der Feststellungskostenanspruch[783] gerade mal 2,4 % des Grundstückswerts ausmacht, erscheint die mit § 174a ZVG verbundene Gefährdung der im Grundbuch eingetragenen Rechte ein zu hoher Preis.

2. Voraussetzungen und Verfahren

a) Antrag und Antragsberechtigung

1918 Die abweichende Feststellung des gG erfolgt nur auf Antrag. Nur der Insolvenzverwalter ist antragsberechtigt. Andere Beteiligte können den Antrag nach § 174a ZVG selbst dann nicht stellen, wenn auf sie ein Anspruch gem. § 10 Abs. 1 Nr. 1a ZVG auf Grund Ablösung kraft Gesetzes übergegangen ist.

b) Zeitpunkt der Antragstellung

1919 Wie bei § 174 ZVG (Rn. 1907) ist die gesetzliche Formulierung „… bis zum Schluss der Verhandlung im Versteigerungstermin …" teleologisch zu reduzieren. Der Insolvenzverwalter muss den Antrag bis zum Schluss der Versteigerung stellen.

---

779 *Muth* ZIP 1999, 945 (951).
780 NJW 2000, 3600.
781 ZIP 1999, 945 (953).
782 Denkbar etwa bei Fabrik- oder Hotelgrundstücken mit „hohem Zubehöranteil".
783 Pauschal 4 % von dem nach § 74a Abs. 5 Satz 2 ZVG für die Zubehörstücke festgesetzten Wert (§ 10 Abs. 1 Nr. 1a ZVG).

c) Anspruch nach § 10 Abs. 1 Nr. 1a ZVG

Es muss ein Kostenerstattungsanspruch nach § 10 Abs. 1 Nr. 1a ZVG bestehen und dieser muss vom Insolvenzverwalter rechtzeitig angemeldet worden sein. Auf die Höhe des Anspruchs kommt es nicht an.

1920

d) Antragsrücknahme

Der Antrag kann bis zur Entscheidung über den Zuschlag zurückgenommen werden.

1921

e) Rechtsfolge

Der zulässige Antrag nach § 174a ZVG führt dazu, dass neben (Doppelausgebot) dem Ausgebot nach § 172 ZVG ein solches aufgestellt wird, für das der Insolvenzverwalter als aus RK 1a betreibend unterstellt wird. Das gesamte gG besteht in der Abweichung daher ausschließlich aus einem Mindestbargebot, in welchem sich nur die Gerichtskosten (§ 109 ZVG) und, sofern angemeldet, auch Ansprüche nach RK 1 finden.

1922

f) Antrag nach § 174a ZVG neben Antrag nach § 174 ZVG

Während in der Literatur[784] meist angenommen wird, dass sich das Verfahren, wenn Antrag nach § 174 ZVG und nach § 174a ZVG gestellt wurde, nach dem Insolvenzverwalterantrag (§ 174a ZVG) richtet, da dieser als weitestgehend das niedrigste gG ermöglicht, ist den von *Muth* für die Antragstellung durch mehrere Gläubiger nach § 174 ZVG entwickelten Grundsätzen (dargestellt unter Rn. 1910) zu folgen und ein Doppelausgebot vorzunehmen.

1923

g) Zuschlagsentscheidung

Auch hier sind die unter Rn. 1911 aufgezeigten unproblematischen Konstellationen denkbar und wie dort angegeben zu lösen.

1924

Für den Fall, dass auf mehrere nebeneinander gelaufene Ausgebotsarten zulässige Gebote abgegeben wurden, fehlt ebenfalls (Rn. 1912) eine ausdrückliche gesetzliche Regelung. Stellt man jedoch den eigentlichen Zweck des § 174a ZVG, also den Schutz des Anspruchs auf Ersatz der Feststellungskosten (RK 1a) in den Vordergrund, kommt man zu dem Ergebnis, dass bei Geboten auch auf das Ausgebot nach § 172 ZVG immer[785] hierauf der Zuschlag zu erteilen ist, da die Feststellungskosten (RK 1a) dort voll gedeckt sind und damit ein Rechtsschutzinteresse für den Zuschlag auf das Ausgebot nach § 174a ZVG nicht besteht.[786]

1925

Fanden die Ausgebotsarten § 172 ZVG, § 174 ZVG und § 174a ZVG parallel statt und liegen nur Gebote auf die beiden letztgenannten Ausgebotsarten vor, dann ist, den unter Rn. 1925 dargestellten Grundsätzen folgend, der Zuschlag auf die Ausgebotsart nach § 174 ZVG zu erteilen.

1926

Bei alledem darf jedoch nicht übersehen werden, dass sobald den Bietinteressierten die Ausgebotsart nach § 174a ZVG angeboten wird, Gebote auf eine andere Ausgebotsform wenig wahrscheinlich erscheinen.

1927

---

784 *Stöber* (ZVG) § 174a Rn. 2.5.
785 Natürlich nur, sofern keine Zuschlagsversagungsgründe greifen.
786 So auch *Muth* ZIP 1999, 945 (951); *Stöber* (ZVG) § 174a Rn. 2.4.

5. Teil
Zwangshypothek

1. Kapitel
Rechtsnatur, Zweck

A. Rechtsnatur

Die Zwangshypothek ist eine Sicherungshypothek, für die die Vorschriften der §§ 1184 bis 1186 BGB anwendbar sind. Die rechtsgeschäftlich bestellte Sicherungshypothek und die Zwangshypothek unterscheiden sich lediglich in ihrem Entstehungstatbestand grundlegend[787] und in der weiteren Möglichkeit des Übergangs auf den Eigentümer (§ 868 ZPO). Der Gläubiger erlangt damit die Rechtsstellung des Inhabers einer Sicherungshypothek nach den Vorschriften des bürgerlichen Gesetzbuches.   1928

B. Zweck

Die Eintragung einer Zwangshypothek führt im Gegensatz zur Zwangsversteigerung und Zwangsverwaltung noch nicht zur Befriedigung des Gläubigers. Sie dient vielmehr der Sicherung der titulierten Forderung. Im Einzelnen gewährt sie dem Gläubiger folgende Vorteile: 1929

Sie verschafft dem Gläubiger im Falle der Zwangsversteigerung und Zwangsverwaltung entspr. ihrer Rangeintragung (§ 879 BGB) eine Erlöszuteilung vor nachrangig eingetragenen Rechten.   1930

Sie gewährt dem Gläubiger einen gesetzlichen Löschungsanspruch nach § 1179a BGB gegenüber vorrangigen oder gleichstehenden Eigentümergrundschulden.   1931

Der Gläubiger kann nach § 771 ZPO der Pfändung von Gegenständen, auf die sich nach §§ 1120 ff. BGB die Hypothekenhaftung erstreckt (Zubehör, Miet- und Pachtforderungen, Versicherungsforderungen usw.) widersprechen, soweit der Anspruch des pfändenden Gläubigers der Zwangshypothek im Range nachgeht.   1932

In einem von einem anderen (dinglichen oder persönlichen) Gläubiger betriebenen Zwangsversteigerungsverfahren ist der Zwangshypothekengläubiger Beteiligter (§ 9 ZVG).   1933

Der Gläubiger der Zwangshypothek kann selbst aus seinem dinglichen Recht die Zwangsversteigerung und/oder Zwangsverwaltung betreiben und zwar aus der RK des § 10 Abs. 1 Nr. 4 ZVG (dinglicher Gläubiger). Wegen der Besonderheiten siehe Rn. 53, 54.   1934

Die Zwangshypothek gibt dem Gläubiger das Recht, auch gegen einen rechtsgeschäftlichen Erwerber des Grundstücks (der nicht Forderungsschuldner ist), die Zwangsversteigerung oder die Zwangsverwaltung zu betreiben (§ 1147 BGB).   1935

Nach überwiegender Auffassung ist der rechtsgeschäftliche Erwerber bzw. ein Ersteher nicht Rechtsnachfolger des im Zahlungstitel bezeichneten Schuldners; der Titel kann mithin nicht auf den neuen Grundstückseigentümer nach § 727 ZPO umgeschrieben werden.[788]   1936

Eine Gegenmeinung[789] hält dagegen mit beachtlichen Gründen eine Umschreibung des Zahlungstitels auf einen rechtsgeschäftlichen Erwerber oder Ersteher für zulässig, nachdem dieser durch die Übernahme der eingetragenen Zwangshypothek Rechtsnachfolger in die dingliche Schuld geworden ist. Damit steht der Erteilung einer dinglichen Rechtsnachfolgeklausel gegen den neuen Eigentümer nichts im Wege.

---

787 *BGH* Rpfleger 2002, 17.
788 *Zöller/Stöber* 867 Rn. 20, *Stöber* (ZVG) Einl. Rn. 69.3; *MünchKomm-ZPO/Eickmann* § 867 Rn. 57; *Schuschke/Walker* § 867 Rn. 25; *Musielak/Becker* § 867 Rn. 11.
789 *Böttcher* (ZV im GB) Rn. 108; *Alff* Rpfleger 2001, 385 (394).

1937 Die Verjährung der dinglichen Haftung des Grundstücks nach § 1147 BGB wird ausgeschlossen (§ 902 BGB).

1938 Als Inhaber der Zwangshypothek ist der Gläubiger i.S.d. § 1150 BGB zur Ablösung berechtigt.

2. Kapitel
Eintragungsvoraussetzungen

A. Allgemeines

1939 Die Eintragung der Zwangshypothek hat **Doppelcharakter**:

Sie ist einerseits ein **Akt der Zwangsvollstreckung**, zugleich aber auch **verfahrensrechtlich Grundbuchgeschäft**.[790] Das Grundbuchamt wird somit als Vollstreckungsorgan und als Organ der freiwilligen Gerichtsbarkeit (Grundbuchführung) tätig. Es hat mithin sowohl die vollstreckungsrechtlichen Voraussetzungen der ZPO als auch die grundbuchrechtlichen Eintragungsvoraussetzungen nach der GBO selbstständig zu prüfen.

B. Vollstreckungsantrag

1940 Wie bei jeder Vollstreckungsmaßnahme setzt auch die Eintragung einer Zwangshypothek einen Vollstreckungsantrag des Gläubigers voraus (§ 867 Abs. 1 Satz 1 ZPO). Antragstellung durch den Schuldner verbietet sich. Der Antrag ist an das zuständige Grundbuchamt zu richten.

I. Zuständigkeit

1. Sachliche Zuständigkeit

1941 Die sachliche Zuständigkeit für die Entscheidung über den Antrag auf Eintragung einer Zwangshypothek obliegt dem Amtsgericht (Grundbuchamt) bei dem die Grundbücher geführt werden (§ 1 Abs. 1 Satz 1 GBO).

1942 Eine Ausnahme besteht für Baden-Württemberg. Dort werden die Grundbücher von den in den Gemeinden eingerichteten staatlichen Grundbuchämtern bzw. von den staatlichen Notariaten geführt (§§ 1 ff. BaWüLFGG, § 143 GBO).

2. Örtliche Zuständigkeit

1943 Örtlich ist das Grundbuchamt zuständig, in dessen Bezirk das zu belastende Grundstück gelegen ist (§ 1 Abs. 1 Satz 2 GBO).

3. Funktionelle Zuständigkeit

1944 Funktionell zuständig ist im Rahmen der Vollübertragung der Rechtspfleger (§ 3 Nr. 1 h RPflG). Zu diesen dem Rechtspfleger des Grundbuchamts übertragenen Geschäften gehört auch die Entscheidung über Anträge auf Eintragung einer Zwangshypothek.[791] Die Tätigkeit des Rechtspflegers beim Grundbuchamt ist Gerichtsbarkeit und keine Verwaltung. Seine Entscheidungen können somit nur

---

790 *BGH* Rpfleger 2002, 17; *Zöller/Stöber* § 867 Rn. 1; *Demharter* Anh. zu § 44 Rn. 67; *Schuschke/Walker* § 867 Rn. 1.
791 *Demharter* § 1 Rn. 16.

mit den in der GBO vorgesehenen Rechtsbehelfen (hierzu Rn. 2204 ff.), nicht jedoch mit der Dienstaufsichtsbeschwerde angefochten werden. In Baden-Württemberg ist neben dem Rechtspfleger auch der beamtete Notar als Grundbuchbeamter zuständig.

II. Form und Inhalt des Antrags

1. Form

Einfache Schriftform für den Antrag genügt, ist wegen § 13 Abs. 2 Satz 1 GBO aber auch erforderlich. Der Antrag kann auch zur Niederschrift des Grundbuchamts erklärt werden (§ 13 Abs. 2 Satz 3 GBO). Anwaltszwang besteht nicht (§ 78 ZPO). Eine Unterschriftsbeglaubigung ist entbehrlich (§ 30 GBO).

1945

2. Inhalt

Im Antrag sind zu benennen:

1946

- Bezeichnung des zuständigen Grundbuchamts;
- Bezeichnung von Gläubiger und Schuldner/Eigentümer;
- die verlangte Vollstreckungsmaßnahme (Eintragung der Zwangshypothek, Höhe des Kapitalbetrages, Nebenleistungen, Kosten, ggf. Verteilung der Forderung auf mehrere Grundstücke);
- Angabe des Vollstreckungstitels;
- das zu belastende Grundstück gem. § 28 Satz 1 GBO (siehe Rn. 2097).

Soll nur ein Miteigentumsanteil (Bruchteil) belastet werden ist dies ausdrücklich anzugeben.

1947

Antrag auf Eintragung einer Zwangssicherungshypothek

Dr. Peter Recht   Schwetzingen, den 02.01.2008
Rechtsanwalt
Anschrift …

An das
Grundbuchamt
69723 Schwetzingen

Betr.: Thomas Geld ./. Max Schuld

Eintragung einer Zwangssicherungshypothek
Grundstück: FlSt.Nr. 123/4, Gemarkung Schwetzingen, Ulmenweg 4, Grundbuch Nr. 20141 Eigentümer: Max Schuld.

Namens und in Vollmacht des Gläubigers Thomas Geld überreiche ich vollstreckbare Ausfertigung des vorläufig vollstreckbaren Versäumnisurteils des Amtsgerichts Schwetzingen vom 18.12.2007 (AZ.: 1 C 400/07) sowie Kostenfestsetzungsbeschluss vom 19.12.2007 nach § 105 ZPO nebst Zustellungsnachweis und beantrage die Eintragung einer einheitlichen Zwangssicherungshypothek über titulierte 4.200,00 € nebst 5 % Zinsen seit dem 10.09.2007 aus dem Urteil sowie 740,00 € nebst 5 Prozentpunkte über dem Basiszinssatz nach § 247 BGB ab dem 18.12.2007 festgesetzte Kosten zu Lasten des dem Schuldner gehörenden genannten Grundstücks zugunsten des Gläubigers Thomas Geld, geb. 14.02.1973, Schwetzingen.

Die vollstreckbare Ausfertigung des Urteils mit Kostenfestsetzungsbeschluss erbitte ich nach erfolgter Eintragung mit dem entspr. Vermerk zurück.

(Unterschrift)
Dr. Peter Recht
Rechtsanwalt
(ohne Unterschriftsbeglaubigung)

1948

Muster

3. Antragstellung bei mehreren Gläubigern

1949 Die Norm des § 867 Abs. 1 Satz 1 ZPO schreibt vor, dass die Sicherungshypothek auf Antrag „des" Gläubigers eingetragen wird. Weist der Titel mehrere Personen als Gläubiger aus, ist fraglich, ob der Antrag eines Gläubigers genügt oder ob der Antrag von allen Gläubigern zu stellen ist. Soweit ersichtlich, wurde diese Problematik im Schrifttum und in der Rechtsprechung noch nicht thematisiert. Lediglich *Eickmann*[792] führt bei den **grundbuchrechtlichen** Voraussetzungen unter Hinweis auf die Kommentierung zu § 13 GBO aus, dass bei mehreren Gläubigern grundsätzlich jeder selbstständig das Antragsrecht ausüben kann. Hier geht es jedoch zunächst um den **„vollstreckungsrechtlichen" Antrag**. Unstreitig ist der Gläubigerantrag eine Vollstreckungsvoraussetzung[793], so dass auf diesen Antrag die Normen des § 13 GBO nur eingeschränkt anwendbar sind.

1950 Die Zwangshypothek entsteht (frühestens) mit ihrer konstitutiv wirkenden Eintragung im Grundbuch (§ 867 Abs. 1 Satz 2 ZPO). Im Gegensatz zur rechtsgeschäftlichen Hypothek kommt hier eine dingliche Einigung zwischen Eigentümer/Schuldner und Gläubiger i.S.v. § 873 Abs. 1 BGB nicht in Betracht. Das bedeutet aber nicht, dass die Eintragung die alleinige Entstehungsvoraussetzung der Zwangshypothek ist, vielmehr tritt der Vollstreckungstitel als Surrogat an die Stelle der Einigungserklärung des Vollstreckungsschuldners, ebenso wie er für diesen die sonst erforderliche Eintragungsbewilligung ersetzt.[794] Die Einigungserklärung auf Gläubigerseite ist im Antrag nach § 867 Abs. 1 Satz 1 ZPO zu sehen. Damit eine Zwangshypothek entstehen kann, muss deshalb der (ggf. alle) Gläubiger diese „wollen". Somit ergibt sich, dass eine Zwangshypothek nur entsteht (und damit eingetragen werden kann), wenn **alle** Gläubiger durch ihre Antragstellung bzw. Genehmigung hierzu ihr Einverständnis zur Eintragung und damit auch zum Rechtserwerb erklären. Dies kann auch durch einen gemeinsamen Bevollmächtigten geschehen.

1951 Eine Ausnahme besteht für den das Gesamtgut der Gütergemeinschaft (§ 1416 BGB) allein verwaltenden Ehegatten. Dieser kann nach § 1422 BGB für das Gesamtgut allein handeln, somit auch allein Rechte für das Gesamtgut erwerben. Seine alleinige Antragstellung genügt mithin.

1952 Wird folglich eine Zwangshypothek ohne Antrag des bzw. aller Gläubiger im Grundbuch eingetragen, entsteht diese wegen Fehlens einer Vollstreckungs- und materiellen Entstehungsvoraussetzung (noch) nicht. Das Grundbuch ist unrichtig.[795]

III. Vollmacht

1953 Bevollmächtigung für die Antragstellung ist möglich (§ 79 ZPO). Die Bevollmächtigung ist nach Vollstreckungsrecht nachzuweisen; somit ist grundsätzlich eine schriftliche Vollmacht zu den Grundakten zu geben (§ 80 Abs. 1 ZPO). Ein besonderer Nachweis ist entbehrlich, wenn sich die Bevollmächtigung aus dem Titel (vgl. § 313 Abs. 1 Satz 1 ZPO) ergibt. Da die Prozessvollmacht auch zu den zur Zwangsvollstreckung erforderlichen Prozess- und Verfahrenshandlungen ermächtigt (§ 81 ZPO), ist durch die Aufnahme des Bevollmächtigten im Titel sowohl das Vorliegen als auch der Umfang ausreichend nachgewiesen. Geprüft wird die sich nicht aus dem Titel ergebende Vollmacht nur dann von Amts wegen, wenn nicht ein Rechtsanwalt als Bevollmächtigter auftritt (§ 88 Abs. 2 ZPO). Bezeichnung eines Nichtanwalts als Vertreter in einem Vollstreckungsbescheid genügt jedoch nicht, weil dieser Bescheid ohne Vollmachtsnachweis beim Mahngericht erwirkt sein kann (§ 703 ZPO).[796]

---

792 *MünchKomm-ZPO/Eickmann* § 867 Rn. 18.
793 *Zöller/Stöber* § 867 Rn. 2.
794 *Kammergericht* HRR 1933 Nr. 1620; *BGH* ZIP 2006, 479 (482).
795 *Kammergericht* BNotO 1931, 123 = HRR 1931 Nr. 222; *Böttcher* (ZV im GB) Rn. 15, 97; *OLG Naumburg* NotBZ 2000, 193.
796 *Zöller/Stöber* § 867 Rn. 2; *Schuschke/Walker* § 867 Rn. 2; *Schöner/Stöber* Rn. 2166; *Löscher* JurBüro 1982, 1618 (1622); *Böttcher* (ZV im GB) Rn. 12, 13; a.A. *Pfälzisches OLG Zweibrücken* Rpfleger 2001, 174, das § 13 FGG für anwendbar erklärt.

C. Allgemeine Prozessvoraussetzungen

Wie bei jeder Zwangsvollstreckung sind auch vor Eintragung einer Zwangshypothek die allgemeinen Prozessvoraussetzungen zu prüfen, nämlich z. B.
- Parteifähigkeit (§ 50 ZPO);
- Prozessfähigkeit (§§ 51 bis 53 ZPO);
- Rechtsschutzbedürfnis (hierzu siehe Rn. 2053 ff.).

1954

D. Allgemeine Vollstreckungsvoraussetzungen

Die Eintragung der Zwangshypothek ist auch Akt der Zwangsvollstreckung, so dass das Grundbuchamt als Vollstreckungsorgan hierbei auch die allgemeinen und besonderen Vollstreckungsvoraussetzungen zu prüfen hat. Diesbezüglich wird zunächst auf die einschlägige Fachliteratur verwiesen. Besondere Erwähnung finden die einzelnen Vollstreckungsmaßnahmen nachstehend nur, soweit für die Eintragung einer Zwangshypothek insoweit Besonderheiten zu beachten sind.

1955

I. Vollstreckungstitel

1. Zustand und Inhalt

Dem Antrag ist stets der Vollstreckungstitel beizufügen, wobei der darin (oder in einer Rechtsnachfolgeklausel) bezeichnete Schuldner mit dem Grundstückseigentümer, zu dessen Lasten die Zwangshypothek eingetragen werden soll, identisch sein muss. Der Vollstreckungstitel muss in einem **vollstreckungsreifen Zustand** sein und hat auf **Zahlung einer bestimmten Geldsumme** zu lauten.

1956

Der Rechtsgrund der Forderung braucht im Vollstreckungstitel nicht angegeben sein; insoweitige Nachprüfung des Titels (auch einer notariellen Urkunde) durch das Grundbuchamt ist unzulässig.[797]

Der Gläubiger ist berechtigt, die Zwangshypothek zu einem **geringeren Betrag** als im Titel angegeben eintragen zu lassen (Teil- oder Restbetrag). Nach überwiegender Ansicht braucht der Antrag keine Gesamtabrechnung der Forderung einschließlich aller einmal entstandenen Nebenkosten zu enthalten.[798]

1957

Um eine solche durch Zwangshypothek sicherbare **Geldforderung** handelt es sich auch dann, wenn der Anspruch auf Hinterlegung von Geld an einen Dritten gerichtet ist oder wenn nach der vollstreckbaren Urkunde (§ 794 Abs. 1 Nr. 5 ZPO) der Anspruch eines Grundstücksverkäufers gegen den Käufer auf Zahlung des Kaufpreises auf Anderkonto des Notars zu leisten ist.[799]

1958

Soll nach einer erfolgreichen **Anfechtung** gegen einen früheren Eigentümer eine Zwangshypothek eingetragen werden, bedarf es eines Zahlungstitels gegen den früheren und eines rechtskräftigen Duldungstitels (§ 11 Abs. 1 AnfG) gegen den derzeitigen Eigentümer (Rn. 2030).

1959

---

[797] *Schöner/Stöber* Rn. 2170.
[798] *Schöner/Stöber* Rn. 2164; *Zöller/Stöber* § 753 Rn. 7 m.w.N. auch zur abweichenden Ansicht. Zur notwendigen Angabe des Gläubigers im Rahmen der Teil- bzw. Restvollstreckung wegen welcher (Teil)Forderungen vollstreckt wird, wenn wegen mehrerer Titel und wegen Kosten nach § 788 ZPO vorgegangen wird, siehe OLG Köln Rpfleger 2003, 670, 672. Wegen der Differenzierung „Teilforderung: 2.000,00 €" und „Teil der Hauptforderung: 2.000,00 €" siehe Rn. 45, 46.
[799] *LG Essen* Rpfleger 2001, 543; *Schuschke/Walker* § 867 Rn. 2; *Zöller/Stöber* § 794 Rn. 26d und vor § 803 Rn. 1.

2. Vollstreckungskosten

a) Bisherige Vollstreckungskosten

1960 Sollen Kosten **bisheriger Vollstreckungsmaßnahmen** (z. B. Gerichtsvollzieherkosten, Kosten für erlassene Pfändungs- und Überweisungsbeschlüsse) durch die Zwangshypothek mit abgesichert werden, bedarf es dafür keines besonderen Titels (§ 788 Abs. 1 Satz 1 ZPO)[800]. Dem Grundbuchamt sind jedoch Entstehen, Höhe und Notwendigkeit entspr. § 104 Abs. 2 Satz 1 ZPO glaubhaft zu machen (z. B. durch entspr. Belege), soweit diese nicht offenkundig (§ 291 ZPO) sind. Im Einzelfall kann anwaltliche Versicherung ausreichen. Nachweis in der Form des § 29 Abs. 1 Satz 2 GBO kann nach zutreffender h. M. nicht verlangt werden.[801]

1961 Soweit nach dem Titel mehrere Schuldner **gesamtschuldnerisch** (§§ 421 ff. BGB) haften, greift diese Gesamthaftung auch für die Kosten der Zwangsvollstreckung (§ 788 Abs. 1 Satz 3 ZPO). Somit können auch nur in der Person eines Gesamtschuldners entstandene bisherige Vollstreckungskosten in voller Höhe durch eine Zwangshypothek am Grundstück des anderen Gesamtschuldners gesichert werden.

Tipp: **Bei Geltendmachung von nicht titulierten bisherigen Vollstreckungskosten sollen diese einzeln aufgestellt werden und sind zu belegen.**

b) Kosten der Eintragung

1962 Für die dem Schuldner zur Last fallenden notwendigen **Kosten der Eintragung** der Zwangshypothek haftet das Grundstück kraft Gesetzes im Range der Zwangshypothek (§ 867 Abs. 1 Satz 3 ZPO). Als solche Kosten kommen insbesondere vom Gläubiger verauslagte Eintragungskosten des Grundbuchamts, eine etwaige Rechtsanwaltsvergütung sowie ggf. Parteiauslagen in Betracht.

1963 Diese Kosten sind als nicht eintragungsbedürftig auch **nicht eintragungsfähig**. Wird deren Eintragung dennoch mitbeantragt, ist die Zwangshypothek ohne diese Kosten einzutragen. Der insoweit teilbare Antrag ist vom Grundbuchamt nach § 18 Abs. 1 GBO zurückzuweisen.[802]

1964 In einer späteren Zwangsversteigerung oder Zwangsverwaltung sind diese nicht eingetragenen Kosten anzumelden und ggf. glaubhaft zu machen (§§ 37 Nr. 4, 45 Abs. 1, 156 Abs. 2 mit 114 ZVG).

II. Vollstreckungsklausel

1. Allgemeines

1965 Die Vollstreckungsklausel (vollstreckbare Ausfertigung) ist eine weitere zwingende Voraussetzung, um die Zwangsvollstreckung beginnen zu können (§§ 724, 795 ZPO), soweit keine Ausnahme greift (z.B. § 795a, 796, 1082 ZPO).

2. Parteienidentität

a) Allgemeines

1966 Nach § 750 Abs. 1 Satz 1 1. Variante ZPO darf die Zwangsvollstreckung nur beginnen bzw. fortgesetzt werden, wenn die Personen für (Gläubiger) und gegen (Schuldner) die sie stattfinden soll, im Vollstreckungstitel oder in einer Rechtsnachfolgeklausel (§ 727 ZPO) namentlich bezeichnet sind (Parteienidentität). Bezeichnung der gesetzlichen Vertreter einer Partei ist dabei entbehrlich.[803]

---

800 Auch ohne Titulierung verjähren diese Kosten erst nach 30 Jahren (§ 197 Abs. 1 Nr. 6 BGB).
801 Zöller/Geimer § 294 Rn. 5; Zöller/Stöber § 867 Rn. 2 mit z.T. abweichenden Meinungen; MünchKomm-ZPO/Eickmann § 867 Rn. 20.
802 Zöller/Stöber § 867 Rn. 13; Schöner/Stöber Rn. 2192; unzutreffend ist der Hinweis, dass sich insoweit eine Teilzurückweisung erübrigt. Über jeden Antrag ist umfassend zu entscheiden.
803 Zöller/Stöber § 750 Rn. 13, 14; BGH Rpfleger 2007, 331.

b) Einzelkaufmann

Ist ein Einzelkaufmann, der unter seiner Firma klagen und verklagt werden kann (§ 17 Abs. 2 HGB), im Titel zulässigerweise nur mit seiner Firma bezeichnet, hat das Grundbuchamt eine Identitätsprüfung vorzunehmen. Ist eine Firma ohne Bezeichnung eines Inhabers im Titel angegeben, ist damit nicht der jeweilige Inhaber, sondern derjenige benannt, der geklagt hat oder auf Beklagtenseite derjenige, der bei Eintritt der Rechtshängigkeit (§ 261 Abs. 1 ZPO) Firmeninhaber war. **1967**

Identitätsprüfung ist deshalb stets geboten, weil ein Einzelkaufmann im Grundbuch nicht als Eigentümer mit seiner Firma, sondern nur unter seinem **bürgerlichen Namen** eingetragen werden darf (§ 15 Abs. 1 GBV). Diese Prüfung und die entspr. Feststellung hat das Grundbuchamt in seiner Eigenschaft als Vollstreckungsorgan mit den ihm zur Verfügung stehenden Mitteln selbstständig und eigenverantwortlich vorzunehmen. **1968**

Hierzu kann das Grundbuchamt dem Gläubiger im Rahmen einer Aufklärungsverfügung entspr. § 139 ZPO aufgeben, durch beglaubigten Registerauszug bzw. amtlichen Registerausdruck (§ 9 Abs. 4 HGB, § 30a HRV) oder Notarbescheinigung nach § 21 BNotO nachzuweisen, wer zum entspr. Zeitpunkt Firmeninhaber war.[804] **1969**

Tipp: Zur Beschleunigung sollte der Gläubiger bereits bei Antragstellung dem Grundbuchamt entspr. Nachweise vorlegen.

c) BGB-Gesellschaft

Eine Gesellschaft bürgerlichen Rechts kann nach überwiegender Auffassung als solche allein unter ihrem Namen **nicht** als Eigentümern bzw. Berechtigte eines dinglichen Rechts im Grundbuch eingetragen werden.[805] Auch wenn der GbR **Rechtsfähigkeit** zuerkannt wird[806], kommt ihr mangels Eintragung in einem Register keine Grundbuchfähigkeit allein unter ihrem Namen zu. Einzutragen sind vielmehr die Namen aller Gesellschafter mit dem Zusatz „als Gesellschafter bürgerlichen Rechts". Zur Individualisierung kann jedoch zu der namentlichen Bezeichnung der Gesellschafter ein Zusatz, z.B. „Oststadt-Einkaufszentrum-GbR" im Grundbuch verlautbart werden.[807] **1970**

Demgegenüber hält es das *OLG Stuttgart*[808] mit einem Teil der Literatur[809] für zulässig, die rechts- und grundbuchfähige GbR allein unter ihrem (unterscheidungskräftigen) Namen als Eigentümerin im Grundbuch einzutragen. Ob sich diese Auffassung allgemein durchsetzt, bleibt abzuwarten.

Mittlerweile hat der *BGH*[810] ausdrücklich klargestellt, dass die GbR selbst - unabhängig von der Art ihrer Grundbucheintragung - materiellrechtlich Eigentümerin eines Grundstücks sein kann. Damit steht fest, dass auch dann die GbR als solche Grundstückseigentümerin ist, wenn die Namen aller Gesellschafter mit einem entsprechenden auf die GbR hinweisenden Zusatz grundbuchlich verlautbart sind.

Wegen § 736 ZPO wurde bisher ein Titel gegen alle BGB-Gesellschafter zur Zwangsvollstreckung in Gesellschaftsvermögen für erforderlich gehalten. Auf Grund der o.g. BGH-Entscheidung, in der die (Außen)Gesellschaft als parteifähig betrachtet wird, kann sie selbst als Schuldnerin (und Gläubigerin) **1971**

---

804 *Zöller/Stöber* § 750 Rn. 10; *Thomas/Putzo* § 750 Rn. 4; *Schöner/Stöber* Rn. 2162; *BayObLG* Rpfleger 1981, 192; *Musielak/Becker* § 867 Rn. 4.
805 *BayObLG* Rpfleger 2003, 78; *LG Dresden* NotBZ 2002, 384; *LG Aachen* Rpfleger 2003, 496; *LG Berlin* Rpfleger 2004, 283; *OLG Celle* ZIP 2006, 620; *Palandt/Sprau* § 705 Rn. 24 a; *Demharter* § 19 Rn. 108; derselbe Rpfleger 2001, 329 und Rpfleger 2002, 538; *Stöber* MDR 2001, 544; *Heil* NJW 2001, 535; *Münch* DNotZ 2001, 535; *Böhringer* BWNotZ 2002, 42; *Heil* NJW 2002, 2138; *Vogt* Rpfleger 2003, 491 ff.; *Ruhwinkel* MittBayNot 2007, 92; *Demharter* FGPrax 2007, 68.
806 *BGH* Rpfleger 2001, 246 = NJW 2001, 1056.
807 *Bauer/von Oefele/Wegmann* § 47 Rn. 170; *Schöner/Stöber* Rn. 241.
808 Rpfleger 2007, 258.
809 So u. a. *Eickmann* ZflR 2001, 433; *Dümig* Rpfleger 2002, 53 und 2003, 80; *Ulmer/Steffek* NJW 2002, 330; *KEHE-Dümig* Einl. B 78.
810 Rpfleger 2007, 23; a. A. noch *LG München I* Rpfleger 2006, 650.

im Urteil bezeichnet werden. Die Norm des § 736 ZPO wird so verstanden, dass der Gläubiger - außer mit einem Urteil gegen alle Gesellschafter - auch mit einem gegen die Gesellschaft als solche erwirkten Vollstreckungstitel die Zwangsvollstreckung in Gesellschaftsvermögen betreiben kann.

1972 Wegen fehlender Parteienidentität (§ 750 Abs. 1 ZPO) zwischen der Titelschuldnerin (GbR) und den eingetragenen Grundstückseigentümern (Gesellschafter mit gesamthänderischer Bindung) hielt die überwiegende Meinung die Zwangsvollstreckung in ein Grundstück mit einem nur gegen die Gesellschaft selbst erwirkten Titel für unzulässig.[811] Dieser Auffassung kann im Hinblick auf die BGH-Entscheidung[812] nicht mehr gefolgt werden. Auch wenn die GbR im Gegensatz zur Bezeichnung im Titel nicht unter ihrem Namen, sondern unter der Bezeichnung der Gesellschafter mit einem entsprechenden Zusatz als Eigentümerin eingetragen ist, besteht doch zwischen der im Titel bezeichneten GbR und der im Grundbuch verlautbarten Gesellschaft Parteienidentität. Somit ist auch insoweit Zwangsvollstreckung in Grundbesitz mit einem gegen die GbR erlangten Titel zulässig.[813] Hier obliegt es dem Vollstreckungsgericht bzw. dem Grundbuchamt als Vollstreckungsorgan, die Identität zwischen der im Titel bezeichneten GbR und der im Grundbuch unter Hinweis auf die Gesellschafter verlautbarten Gesellschaft festzustellen. Eine vergleichbare Identitätsprüfung ist auch bei Verurteilung eines Einzelkaufmanns unter seiner Firma mit dem mit seinem bürgerlichen Namen eingetragenen Eigentümer vorzunehmen.[814]

Ist zur Individualisierung der Gesellschaft zulässigerweise neben den Gesellschaftern ein Namenszusatz eingetragen[815], kann dies die Identitätsfeststellung erleichtern.

Ist dagegen die Gesellschaft, der Auffassung des *OLG Stuttgart*[816] folgend, nur mit ihrem Namen als Eigentümerin eingetragen, bereitet die Identitätsprüfung keine Schwierigkeiten, wenn die GbR im Titel mit dem im Grundbuch eingetragenen Namen als Schuldnerin bezeichnet ist. Richtet sich der Titel jedoch gegen alle Gesellschafter ohne entsprechenden Namenszusatz, kann eine Zwangsvollstreckung in Grundbesitz nur erfolgen, wenn das Vollstreckungsgericht bzw. das Grundbuchamt die Identität zwischen Titelschuldner (alle Gesellschafter) und der unter ihrem Namen eingetragenen GbR zweifelsfrei feststellen kann.

Sind im Rubrum eines Urteils die Gesellschafter einer BGB-Gesellschaft als Beklagte aufgeführt, wird im Tenor jedoch nur die Gesellschaft selbst ausdrücklich genannt und zur Zahlung verurteilt, kann auf Grund dieses Urteils auf einem zum Privatvermögen eines Gesellschafters gehörenden Grundstücks keine Zwangshypothek eingetragen werden.[817]

Tipp: Soweit die GbR noch nicht unter ihrem Namen als Eigentümerin im Grundbuch eingetragen ist, sollte ein Gläubiger bereits bei der Bezeichnung der GbR als Beklagte neben dem Namen der Gesellschaft möglichst auch die Namen aller Gesellschafter, wie sie sich aus der Grundbucheintragung der GbR ergeben, anfügen. Bei einer späteren Zwangsvollstreckung in Grundbesitz wird damit die vom Vollstreckungsorgan vorzunehmende Identitätsprüfung erleichtert.

d) Änderung der Parteienbezeichnung

1973 Parteienidentität (und keine Rechtsnachfolge) liegt vor, wenn sich lediglich die Bezeichnung der Partei ändert, der Rechtsträger aber derselbe bleibt, so z.B. bei:
- Namensänderung einer natürlichen Person (auch nach Geschlechtsumwandlung);

---

811 *BayObLG* Rpfleger 2005, 19 und 309; dasselbe Rpfleger 2004, 93; *LG Berlin* Rpfleger 2004, 283; *Demharter* Rpfleger 2001, 331
812 Rpfleger 2007, 23.
813 So auch schon vor der genannten BGH-Entscheidung: *Zöller/Stöber* § 736 Rn. 2; *Dümig* Rpfleger 2002, 52; *Wertenbruch* WM 2003, 1785 (1788/1789).
814 Siehe Rn. 1967, 1968.
815 *Bauer/von Oefele/Wegmann* § 47 Rn. 170; *Schöner/Stöber* Rn. 241.
816 Rpfleger 2007, 258.
817 *BayObLG* Rpfleger 2002, 261.

- Firmenänderung;
- Änderung der Haftungsform einer Personenhandelsgesellschaft (OHG in KG bzw. umgekehrt);
- Formwechselnde Umwandlung nach §§ 190 ff. UmwG;
- Änderung der Vermögenszuordnung von einer Zweigniederlassung auf die Hauptniederlassung.[818]

In diesen Fällen genügt es, wenn dem Grundbuchamt gegenüber die entspr. Änderung durch Urkunden nachgewiesen wird. Eine Berichtigung des Titels oder der Klausel ist entbehrlich. Eine Kenntlichmachung der Namens- oder Firmenänderung auf dem Vollstreckungstitel kann vom Gläubiger jedoch verlangt werden. Diese erfolgt, da sie zur Fassung der Klausel gehört, durch den Urkundsbeamten. Es handelt sich dabei nicht um eine Rechtsnachfolgeklausel i.S.v. § 727 ZPO. Zustellung dieses Vermerks sowie etwaiger Nachweisurkunden nach § 750 Abs. 2 ZPO ist folglich entbehrlich.[819] **1974**

e) Rechtsnachfolgeklausel

Soll die Zwangsvollstreckung für oder gegen eine Person stattfinden, die im Titel nicht namentlich bezeichnet ist, bedarf es hierzu einer Rechtsnachfolgeklausel (§§ 750 Abs. 1 Satz 1, 727 ff. ZPO). **1975**

III. Zustellung

Die Zustellung des Titels an den Schuldner vor Beginn der Zwangsvollstreckung ist in § 750 Abs. 1 ZPO als weitere allgemeine Vollstreckungsvoraussetzung vorgeschrieben. Entbehrlich ist die vorherige Zustellung bei der Vollziehung eines Arrests und einer einstweiligen Verfügung (§§ 929 Abs. 3, 936 ZPO). **1976**

Ggf. sind außer dem Titel noch weitere Urkunden im **Parteibetrieb** zuzustellen (z.B. §§ 750 Abs. 2, 3, 751 Abs. 2, 765 ZPO). **1977**

E. Besondere Vollstreckungsvoraussetzungen

I. Eintritt eines Kalendertages

Ist die Geltendmachung des Anspruchs nach dem Titel von dem Eintritt eines Kalendertages abhängig, so darf eine Zwangshypothek nur eingetragen werden, wenn der Kalendertag abgelaufen und die Fälligkeit damit eingetreten ist (§ 751 Abs. 1 ZPO). Dies gilt auch bei laufenden wiederkehrenden Leistungen, z.B. Unterhaltsrenten, Mieten oder vereinbarten Ratenzahlungen. Für erst künftig fällig werdende Leistungen kann eine Zwangshypothek nicht eingetragen werden. Eine „Vorratsvollstreckung" ist hier ausgeschlossen. Eine dem § 850d Abs. 3 ZPO (Vorratspfändung) vergleichbare Möglichkeit der Zwangsvollstreckung durch Eintragung einer Sicherungshypothek im Rahmen des § 867 ZPO auch für erst künftig fällig werdende Ansprüche gibt es (im Gegensatz zur rechtsgeschäftlichen Hypothek, § 1113 Abs. 2 BGB) nicht. **1978**

Künftige (über den Eintragungstag hinaus fortlaufende) Zinsen können jedoch als Nebenforderung mit dem (fälligen) Hauptanspruch vollstreckt werden; § 751 Abs. 1 ZPO steht der Eintragung auch wegen solcher Zinsen nicht entgegen. **1979**

Die Norm des § 751 ZPO ist auch bei notariellen Urkunden zu beachten, in denen die Fälligkeit der einzelnen Teilbeträge zu ganz bestimmten Kalendertagen eintritt, auch wenn der Schuldner den Notar ermächtigt hat, ohne Nachweis der Fälligkeit Vollstreckungsklausel zu erteilen. Die Zwangshypo- **1980**

---

818 *Zöller/Stöber* § 727 Rn. 34a.
819 *Zöller/Stöber* § 727 Rn. 31 ff.; *Thomas/Putzo* § 727 Rn. 4.

5 Eintragungsvoraussetzungen

thek kann somit erst nach Eintritt der jeweiligen allein kalendermäßig feststellbaren Fälligkeit eingetragen werden.[820]

1981 Etwas anderes gilt, wenn im Rahmen des § 726 ZPO der Notar ermächtigt wird, ohne Nachweis des Eintritts der Bedingung für die Fälligkeit der titulierten Forderung eine vollstreckbare Ausfertigung zu erteilen. Der Schuldner (der wegen § 767 ZPO nicht schutzlos ist) hat den Notar und damit konkludent auch das Vollstreckungsorgan von der Fälligkeitsprüfung entbunden. In diesem Falle wäre eine Zwangshypothek ohne weitere Fälligkeitsprüfung durch das Grundbuchamt einzutragen.[821]

1982 Unstreitig kann auch bei der **kassatorischen Vereinbarung** (Verfallklausel), falls bei Nichtzahlung einer fälligen Rate der gesamte Betrag fällig wird, eine Zwangshypothek in voller Höhe eingetragen werden, nachdem der erste Fälligkeitstermin verstrichen ist.

II. Wartefrist

1983 Auch bei der Eintragung einer Zwangshypothek sind die Wartefristen (§ 798 ZPO bzw. § 750 Abs. 3 ZPO) zu beachten.

III. Sicherheitsleistung/Sicherungsvollstreckung

1984 Aus einem gegen Sicherheitsleistung vorläufig vollstreckbaren Urteil und einem darauf basierenden Kostenfestsetzungsbeschluss darf vor Rechtskraft die Zwangsvollstreckung nur beginnen, wenn der Gläubiger die angeordnete Sicherheit geleistet hat, dies durch öffentliche oder öffentlich beglaubigte Urkunden nachgewiesen ist und eine Abschrift diese Nachweisurkunden dem Schuldner bereits zugestellt ist (§ 751 Abs. 2 ZPO). Die Art der Sicherheitsleistung bestimmt § 108 ZPO.

1985 Bei **Teilvollstreckung** bemisst sich die Höhe der Sicherheitsleistung nach dem Verhältnis des Teilbetrages zum Gesamtbetrag (§ 752 ZPO).

1986 Im Wege der **Sicherungsvollstreckung** nach § 720a ZPO kann eine Zwangshypothek auch ohne den Nachweis erbrachter Sicherheitsleistung eingetragen werden. Die Norm bezweckt den Rechtsschutz der im ersten Rechtszug siegreichen Partei durch eine Sicherung (nicht Verwertung) ihres nur vorläufig vollstreckbar titulierten Anspruchs.

1987 Voraussetzungen hierzu:
- Ein Urteil, das auf eine Geldforderung lautet. Eine Sicherungsvollstreckung nach § 720a ZPO ist auch dann zulässig, wenn neben dem Zahlungstitel wegen § 11 AnfG noch ein Duldungstitel notwendig ist.
- Das Urteil ist nur gegen Sicherheitsleistung des Gläubigers vorläufig vollstreckbar (§ 709 ZPO) oder dessen Vollstreckung ist auf Schutzantrag des Schuldners nach § 712 Abs. 1 Satz 2 ZPO im Urteil auf die Maßregeln des § 720a Abs. 1 und 2 ZPO beschränkt.
- Der Schuldner darf die Sicherungsvollstreckung nicht durch eigene Sicherheitsleistung in Höhe des Hauptanspruchs abgewendet haben (§ 720a Abs. 3 ZPO).
- Das Urteil und nur im Falle des § 750 Abs. 2 ZPO auch die „qualifizierte" Klausel (§§ 726, 727 ZPO)[822] müssen dem Schuldner zwei Wochen vorher zugestellt sein (§ 750 Abs. 3 ZPO). Diese Wartefrist soll dem Schuldner die Möglichkeit geben, die Sicherungsvollstreckung nach § 720a Abs. 3 ZPO abzuwenden.

---

820 *Münzberg* Rpfleger 1987, 207; *Böttcher* (ZV im GB) Rn. 32; unzutreffend *LG Wiesbaden* Rpfleger 1987, 118 mit Anm. *Meyer-Stolte*, die die Eintragung einer Zwangshypothek auch vor Fälligkeit der einzelnen Teilbeträge zulassen.
821 *Zöller/Stöber* § 726 Rn. 16.
822 *BGH* Rpfleger 2005, 547, der, im Gegensatz zur bisherigen Rechtsprechung der Obergerichte, die Zustellung auch der einfachen Klausel für entbehrlich hält.

Eine Verwertung und Gläubigerbefriedigung ist erst dann möglich, wenn der Gläubiger nachträglich Sicherheit leistet (§§ 720a Abs. 1 Satz 2, 751 Abs. 2 ZPO) oder das Urteil Rechtskraft erlangt hat. Solange Verwertungsbefugnis nicht eingetreten ist, darf aus der Zwangshypothek eine Zwangsversteigerung oder Zwangsverwaltung nicht betrieben werden. Erlischt die Zwangshypothek vor Befriedigungsberechtigung des Gläubigers durch Zwangsversteigerung auf Antrag eines **anderen** Gläubigers (§ 91 Abs. 1 ZVG), ist ein auf sie entfallender Erlösanteil für Eigentümer/Schuldner und Gläubiger zu hinterlegen.[823]   1988

Aus einem **Kostenfestsetzungsbeschluss** findet Sicherungsvollstreckung nach § 720a ZPO statt, wenn er auf einem nur gegen Sicherheitsleistung vorläufig vollstreckbaren Urteil beruht (§ 795 Satz 2 ZPO).   1989

IV. Zug um Zug zu bewirkende Leistungen

Hängt die Vollstreckung von einer Zug um Zug zu bewirkenden Leistung des Gläubigers an den Schuldner ab, so darf die Zwangsvollstreckung erst beginnen, wenn der Gläubiger durch öffentliche oder öffentlich beglaubigte Urkunden nachgewiesen hat, dass der Schuldner mit der Gegenleistung befriedigt oder in Verzug der Annahme ist (§ 765 ZPO). Die Nachweisurkunde ist dem Schuldner grundsätzlich zuzustellen.   1990

Die Norm des § 765 ZPO ist auch vom Grundbuchamt als Vollstreckungsorgan zu beachten.   1991

F. Keine Vollstreckungshindernisse

I. Allgemeines

Es dürfen keine Vollstreckungshindernisse der Eintragung der Zwangshypothek entgegenstehen. Werden dem Grundbuchamt solche vor der Eintragung bekannt, hat es diese abzulehnen. Eigene Ermittlungen hierzu hat das Grundbuchamt jedoch nicht anzustellen.   1992

II. Einzelne Vollstreckungshindernisse

1. Insolvenzeröffnung

Für **Insolvenzgläubiger** (§ 38 InsO) darf wegen einer Insolvenzforderung die Zwangsvollstreckung weder in die Insolvenzmasse (§§ 35, 36 InsO) noch in das sonstige Vermögen des Schuldners erfolgen (§ 89 Abs. 1 InsO). Wegen der Nichtanwendbarkeit des § 89 Abs. 1 InsO bei (Wieder-)Eintragung einer im Rahmen der Rückschlagsperre (§ 88 InsO) erloschenen Zwangshypothek in insolvenzfreies Vermögen siehe Rn. 2241.   1993

Auch ein **ausländisches** Insolvenzverfahren verbietet entspr. § 89 InsO grundsätzlich eine Einzelzwangsvollstreckung in Inlandsvermögen des Schuldners, wenn das ausländische Recht ein dem § 89 InsO vergleichbares Vollstreckungsverbot enthält.[824] Dies ist bei den meisten Staaten der Fall.   1993a

Auch **Neugläubiger** dürfen in die Insolvenzmasse nicht vollstrecken (arg. aus § 91 Abs. 1 InsO). Für letztere ist Zwangsvollstreckung auch durch Eintragung einer Zwangshypothek jedoch in **insolvenzfreies Vermögen** zulässig. Dies ist der Fall, wenn der Insolvenzverwalter ein Grundstück, da überlastet, dem Schuldner zur freien Verfügung überlassen hat (siehe auch Rn. 178).   1994

Im **Restschuldbefreiungsverfahren** (§§ 286 ff. InsO) sind Zwangsvollstreckungen für Insolvenzgläubiger in Vermögensgegenstände des Schuldners während der Laufzeit der Abtretungserklärung (Wohlverhaltenszeit von 6 Jahren) verboten (§ 294 Abs. 1 InsO).   1995

---

823 Zöller/Stöber § 720a Rn. 6, 8.
824 Wegen Einzelheiten hierzu vgl. §§ 343 ff. InsO und Art. 102 EGInsO nebst den entspr. Kommentierungen.

5 Eintragungsvoraussetzungen

1996 Bestimmte **Massegläubiger** (§§ 53 ff. InsO) dürfen, ggf. unter Beachtung der zeitlichen Vollstreckungsbeschränkung des § 90 InsO, eine Einzelzwangsvollstreckung weiterhin betreiben. Damit ist auch die Eintragung einer Zwangshypothek mit einem Titel gegen den Insolvenzverwalter zulässig (Rn. 172).

1997 Die Möglichkeit der Zwangsvollstreckung im Rahmen der **abgesonderten Befriedigung** in Grundbesitz (§ 49 InsO) ist für die Eintragung einer Zwangshypothek nicht relevant.

1998 Zu beachten ist, dass der Gläubiger die Zwangshypothek weder über einen nach § 91 Abs. 2 InsO möglichen **gutgläubigen Erwerb** nach § 892 BGB, noch über die Norm des § 878 BGB (Erwerb der Hypothek vom „gerade noch Berechtigten") erwerben kann. Die Vorschriften der §§ 878 und 892 BGB gelten nicht für einen Erwerb im Rahmen einer Zwangsvollstreckung.[825]

1998a Ist als Eigentümer eines Grundstücks eine **BGB-Gesellschaft** im Grundbuch, eingetragen, hindert Insolvenz **eines Gesellschafters** die Vollstreckung des Titels in das Gesellschaftsvermögen nicht. Dabei macht es keinen Unterschied, ob die BGB-Gesellschaft mit den Namen aller Gesellschafter nebst entsprechendem Gesellschaftshinweis (so die noch h.M.) oder allein unter ihrem unterscheidungskräftigen Namen im Grundbuch eingetragen ist (Rn. 1970). Unerheblich ist es auch, ob zur Zwangsvollstreckung in das Gesellschaftsvermögen ein Titel gegen alle Gesellschafter (§ 736 ZPO) oder gegen die rechts- und parteifähige Gesellschaft selbst vorliegt.[826] Das Vollstreckungsverbot des § 89 Abs. 1 InsO steht dem nicht entgegen. Dies gilt auch dann, wenn im Grundbuch bezüglich des Gesellschaftsanteils des Schuldners der Insolvenzvermerk eingetragen sein sollte.[827]

Zur Insolvenzmasse gehört zwar der Anspruch des Gesellschafters auf das Auseinandersetzungsguthaben, nicht jedoch dessen Anteil an den einzelnen Vermögensgegenständen (hier Grundstück).[828] Mithin unterliegt der Anteil des Gesellschafters am Grundstück der Gesellschaft und damit das Gesellschaftsvermögen selbst nicht dem Vollstreckungsverbot des § 89 Abs. 1 InsO. Eine Zwangshypothek ist somit noch eintragbar. Das Vollstreckungsverbot greift nur bei Insolvenz der **BGB-Gesellschaft** selbst (§ 11 Abs. 2 Nr. 1 InsO) oder **aller Gesellschafter** sowie bei Zwangsvollstreckung in das sonstige Vermögen des in Insolvenz befindlichen Gesellschafters.[829]

1998b Das Gleiche gilt bei Insolvenz eines von **mehreren Miterben**. Eine solche hindert nicht die Eintragung einer Zwangshypothek zu Lasten eines Nachlassgrundstücks, wenn ein Titel gegen alle Miterben vorliegt (§ 747 ZPO). Auch hier greift das Vollstreckungsverbot des § 89 Abs. 1 InsO nur bei Insolvenz gegen **alle Miterben** oder bei Eröffnung des **Nachlassinsolvenzverfahrens** (§§ 315 ff. InsO).[830]

1999 Soweit eine Zwangshypothek nicht mehr eingetragen werden darf, ist der Antrag sofort zurückzuweisen. Dies gilt auch für einen Antrag, der bereits vor Insolvenzeröffnung beim Grundbuchamt eingegangen ist.

2000 Das im Insolvenzantragsverfahren verhängte **allgemeine Verfügungsverbot** oder die Anordnung, dass Verfügungen des Schuldners nur mit Zustimmung des vorläufigen Insolvenzverwalters zulässig sind (§ 21 Abs. 2 Nr. 2 InsO), bewirken als solche keine Vollstreckungssperre.[831] Eine nach § 21 Abs. 2 Nr. 3 InsO vom Gericht angeordnete **Untersagung** oder **einstweilige Einstellung der Zwangsvollstreckung** kann sich nur auf bewegliches Vermögen beziehen, sodass vor Insolvenzeröffnung die Eintragung einer Zwangshypothek stets zulässig ist.

2001 Erlässt das Insolvenzgericht als vorläufige Sicherungsmaßnahme ein **allgemeines Verfügungsverbot** gegen den Schuldner (§ 21 Abs. 2 Nr. 2 1. Alt. InsO), so geht die Verwaltungs- und Verfügungsbefug-

---

825 *Palandt/Bassenge* BGB § 892 Rn. 2, § 878 Rn. 4 (h.M.).
826 *BGH* Rpfleger 2001, 246; *Schleswig-Holsteinisches OLG* Rpfleger 2006, 261.
827 Umstritten ist, ob ein Insolvenzvermerk insoweit eintragbar ist (vgl. *Schöner/Stöber* Rn. 1635a; *Palandt/Sprau* § 728 Rn. 2).
828 *Palandt/Sprau* § 728 Rn. 2; *Keller* Rpfleger 2000, 201.
829 *Zöller/Stöber* § 736 Rn. 7.
830 *Zöller/Stöber* § 747 Rn. 9.
831 *Kirchhof* in HK-InsO § 21 Rn. 29.

nis über das Vermögen des Schuldners auf den vorläufigen Insolvenzverwalter über (§ 22 Abs. 1 InsO). Man spricht hier von einem **„starken" vorläufigen Insolvenzverwalter**. In diesem Falle bedarf es zur Eintragung der Zwangshypothek einer Rechtsnachfolgeklausel gegen den vorläufigen Insolvenzverwalter (Rn. 176).

Ordnet das Insolvenzgericht an, dass Verfügungen des Schuldners nur mit **Zustimmung** des vorläufigen Insolvenzverwalters wirksam sind (§ 21 Abs. 2 Nr. 2 2. Alt. InsO), bleibt die Verfügungsbefugnis als solche beim Schuldner. In diesem Falle bedarf es keiner Rechtsnachfolgeklausel gegen den sog. **„schwachen" vorläufigen Insolvenzverwalter** (Rn. 176). 2002

Eine solche Zwangshypothek wird jedoch bei **Eröffnung** des Insolvenzverfahrens nach § 88 InsO dem Gläubiger entzogen (Einzelheiten Rn. 2239 ff.). 2003

Wird dagegen die Eröffnung des Insolvenzverfahrens abgelehnt, bleibt die jetzt endgültig wirksame Zwangshypothek bestehen. 2004

Tipp: Vor Antragstellung sollte der Gläubiger vor allem bei hoher Titelforderung (Eintragungskosten!) die Risiken des Wegfalls der Zwangshypothek nach § 88 InsO in seine Überlegungen für eine effektive Zwangsvollstreckung mit einbeziehen.

2. Nachlassverwaltung

Nach Anordnung und Eintragung der Nachlassverwaltung im Grundbuch darf eine Zwangshypothek für alle **Nicht-Nachlassgläubiger** (Eigengläubiger des Schuldners) zu Lasten eines Nachlassgrundstücks nicht mehr eingetragen werden (§ 1984 Abs. 2 BGB, §§ 784, 785 ZPO). Auch vor Eintragung der Nachlassverwaltung im Grundbuch verbietet sich für Eigengläubiger die Sicherung durch Eintragung einer Zwangshypothek, wenn die Anordnung der Nachlassverwaltung dem Grundbuchamt bekannt ist. 2005

Haben Eigengläubiger bereits in den Nachlass vollstreckt, kann der Nachlassverwalter durch Vollstreckungsabwehrklage diese Maßnahmen beseitigen, auch wenn der Erbe schon unbeschränkt haftet (§§ 784 Abs. 2, 785, 767 ZPO). 2006

Ausgehend von der Erwägung, dass bei der Nachlassverwaltung der Nachlass zur Befriedigung aller **Nachlassgläubiger** ausreicht, lässt § 1984 Abs. 2 BGB Zwangsvollstreckungen und Arrestvollziehungen zugunsten von Nachlassgläubigern zu. Somit kann zu Lasten eines Nachlassgrundstücks für einen Nachlassgläubiger eine Zwangshypothek eingetragen werden. Bereits erfolgte Vollstreckungsmaßnahmen von Nachlassgläubigern bleiben wirksam. 2007

Ein Nachlassgläubiger, der nach Anordnung der Nachlassverwaltung auf Grund eines gegen den Erblasser oder den Erben ergangenen Urteils eine Zwangshypothek erwirken will, bedarf dazu einer vollstreckbaren Ausfertigung gegen den Nachlassverwalter als Partei kraft Amtes entspr. §§ 727, 749 ZPO. 2008

Die vollstreckbare Ausfertigung hierfür setzt den § 727 ZPO genügenden Nachweis voraus, dass der Vollstreckungstitel sich auf eine Nachlassverbindlichkeit bezieht. Damit ist das Vollstreckungsorgan der Prüfung enthoben, ob dem Titel eine für die Zwangsvollstreckung in den Nachlass notwendige Nachlassverbindlichkeit zugrunde liegt. 2009

Hatte die Zwangsvollstreckung zu Lebzeiten bereits gegen den Erblasser auf Grund eines gegen ihn gerichteten Titels begonnen, erübrigt sich für die Eintragung der Zwangshypothek die Erteilung einer Rechtsnachfolgeklausel gegen den Nachlassverwalter für das gegen den Erblasser lautende Urteil (§ 779 ZPO). In diesem Falle ist für das Grundbuchamt als Vollstreckungsorgan offenkundig, dass sich der Titel auf eine Nachlassverbindlichkeit bezieht, weitere Nachweise erübrigen sich (§ 29 Abs. 1 Satz 2 GBO). 2010

Zwangsvollstreckung in Eigenvermögen der Erben ist weiterhin zulässig, ggf. kommt Aufhebung nach §§ 781 ff, 767 ZPO in Betracht.[832] 2011

---

832 *Staudinger/Marotzke* § 1984 Rn. 26, 27, 28; *Jaspersen* Rpfleger 1995, 243.

3. Vollstreckungsverbote nach § 775 ZPO

2012 Weitere Vollstreckungshindernisse ergeben sich aus der Norm des § 775 ZPO wie folgt:
- Aufhebung des Vollstreckungstitels oder seiner vorläufigen Vollstreckbarkeit, Unzulässigkeitserklärung oder (endgültige) Einstellung der Zwangsvollstreckung (Nr. 1);
- einstweilige Einstellung der Zwangsvollstreckung (Nr. 2), etwa auf Grund der §§ 570 Abs. 3, 707, 719, 732 Abs. 2, 765a, 769, 770 ZPO;
- Leistung der Abwendungssicherheit durch den Schuldner in den Fällen der §§ 711, 712 und 720a Abs. 3 ZPO (Nr. 3);
- Vorlage einer Urkunde des Gläubigers, dass dieser befriedigt oder Stundung bewilligt hat (Nr. 4);
- Vorlage eines Einzahlungs- oder Überweisungsnachweises einer Bank oder Sparkasse, dass der Betrag zur Auszahlung an Gläubiger oder auf dessen Konto eingezahlt oder überwiesen wurde (Nr. 5).

2013 In den Fällen des § 775 Nr. 4 und 5 ZPO ist das Vollstreckungsverfahren jedoch auf Antrag des Gläubigers fortzusetzen, wenn er Befriedigung oder Stundung bestreitet. Zwangshypothek ist mithin dann einzutragen.

2014 Eine im Urteil dem Vollstreckungsschuldner vorbehaltene **Beschränkung der Erbenhaftung** (§§ 780, 786 ZPO) braucht das Grundbuchamt nicht berücksichtigen, solange nicht das Prozessgericht die Zwangsvollstreckung in das Eigenvermögen des Erben für unzulässig erklärt hat (§ 775 Nr. 1 ZPO) oder eine Anordnung nach § 769 ZPO mit der Folge des § 775 Nr. 2 ZPO getroffen hat (§§ 781, 785 ZPO).[833]

G. Besondere Voraussetzungen für Zwangshypothek

I. Mindestbetrag

2015 Eine Zwangshypothek darf nur für einen **750,00 €** übersteigenden Betrag eingetragen werden (§ 866 Abs. 3 ZPO). Für vor dem 01.01.1999 beantrage Zwangshypotheken war der Mindestbetrag mehr als 500,00 DM, ab diesem Zeitpunkt wurde der Betrag auf mehr als 1.500,00 DM bzw. 766,94 € angehoben.

2016 Eine unter dem Mindestbetrag eingetragene Zwangshypothek ist, falls keine Ausnahme greift (Rn. 2033), als inhaltlich unzulässig von Amts wegen zu löschen (§ 53 Abs. 1 Satz 2 GBO). Eine Eigentümergrundschuld entsteht nicht. Wegen Einzelheiten der Löschung siehe Rn. 2217 ff.

2017 Die Wertgrenze gilt nicht für einen zunächst zurückgewiesenen, aber auf Grund Beschwerdeentscheidung nachträglich einzutragenden Teilbetrag. Insoweit kann, ggf. im Rang nach etwaigen Zwischenrechten, eine eigene Zwangshypothek für die Teilforderung eingetragen werden, auch wenn dieser Teilbetrag die Mindestgrenze von 750,01 € nicht erreicht. Durch die erfolgreiche Beschwerde ist der frühere einheitliche Antrag wiederhergestellt, auch wenn er jetzt nicht mehr einheitlich erledigt werden kann. Eine „Erhöhung" des Kapitalbetrages der bereits für eine Teilforderung eingetragenen Zwangshypothek in der Veränderungsspalte scheidet aus. Somit ist es in diesem Ausnahmefall gerechtfertigt, für den zweiten Teilbetrag eine rechtlich eigenständige Zwangshypothek einzutragen, auch wenn der Mindestbetrag nicht erreicht wird.[834]

2018 Das Gleiche wird zu gelten haben, wenn einem einheitlichen Antrag des Gläubigers auf Eintragung der Zwangshypothek zunächst nur teilweise entsprochen werden kann, etwa weil Nachweise für bisherige notwendige Kosten der Zwangsvollstreckung nach § 788 ZPO fehlen. Hier kann später für

---

833 OLG Frankfurt NJW-RR 1998, 160; *Demharter* Anh. zu § 44 Rn. 68.
834 Für die Nichtanwendung der Mindestgrenze bei auf Grund Beschwerdeentscheidung nachträglich einzutragenden Teilbetrags siehe OLG Karlsruhe JFG 7, 392; LG Ellwangen BWNotZ 1982, 67 mit zustimmender Anm. *Böhringer*; MünchKomm-ZPO/Eickmann § 866 Rn. 12.

diesen Restbetrag eine eigene Zwangshypothek, an rangbereiter Stelle, auch unter dem Mindestbetrag eingetragen werden. Hierbei handelt es sich um die Fortbesetzung der einheitlich beantragten Zwangsvollstreckungsmaßnahme.[835]

Die zulässigerweise den Mindestbetrag unterschreitende Eintragung sollte erkennen lassen, dass diese Zwangshypothek auch unter dem Mindestbetrag von mehr als 750,00 € gerechtfertigt ist. **2019**

Die entspr. **Formulierung** könnte etwa lauten:

... als Ergänzung zur Zwangshypothek Abt. III Nr. 3 zulässigerweise auch unter dem Mindestbetrag des § 866 Abs. 3 ZPO eingetragen am ...

Eine Zwangshypothek bleibt auch dann als zulässig wirksam, wenn sie **nachträglich** den geforderten Mindestbetrag unterschreitet. Dies ist der Fall, wenn **2020**
- eine Teillöschung der Hypothek vorgenommen wird (§ 875 BGB);
- der Gläubiger auf einen Teilbetrag verzichtet (§ 1168 BGB);
- der Eigentümer/Schuldner einen Teil der titulierten Forderung zurückzahlt (§§ 362 Abs. 1, 1163 Abs. 1 Satz 2, 1177 Abs. 1 BGB);
- die Voraussetzungen des § 868 ZPO (wegen Einzelheiten hierzu siehe Rn. 2252) nur zum Teil vorliegen.

In den drei zuletzt genannten Fällen entsteht insoweit eine der verbleibenden Zwangshypothek gegenüber nachrangige (§ 1176 BGB) Eigentümergrundschuld. **2021**

Dass die ggf. unter dem Mindestbetrag liegende verbleibende Zwangshypothek wirksam bleibt, ergibt sich aus der entspr. ursprünglichen Eintragung. Ein weiterer Eintragungshinweis erübrigt sich somit. **2022**

Mehrere titulierte **Forderungen** desselben Gläubigers, auch wenn sie einzeln den Betrag von mehr als 750,00 € nicht übersteigen, können zusammengerechnet werden (§ 866 Abs. 3 Satz 2 ZPO). **2023**

Ebenso können dem Titel – nicht titulierte – **notwendige Kosten** bisheriger Vollstreckungsmaßnahmen (§ 788 ZPO) hinzugerechnet werden. Hierzu zählen jedoch nicht die Kosten für die Eintragung der Zwangshypothek (Rn. 2194, 2201). **2024**

Titulierte **Zinsen** sind einrechnungsfähig, wenn sie vom Gläubiger bis zum Eintragungstag **kapitalisiert** werden. Sie stellen dann im Vollstreckungsverfahren eine selbstständige Forderung dar. Dabei ist es unerheblich, ob sie im Titel als Haupt- oder Nebenforderung zuerkannt sind. Auch titulierte gesetzliche Verzugszinsen (etwa § 288 BGB) sind einzutragen.[836] **2025**

> Laut Urteil ist die titulierte Hauptforderung von 10.000,00 € mit 6 % jährlich ab 20.12.2003 zu verzinsen. Der Gläubiger beantragt am 20.12.2007 die Eintragung einer Zwangshypothek, wobei er die Beträge wie folgt aufführt:
> - Hauptforderung von 10.000,00 € nebst 6 % Zinsen hieraus seit dem 20.12.2007
> - 2.400,00 € bereits entstandene Zinsen zu 6 % aus der Hauptforderung für die Zeit vom 20.12.2003 bis 19.12.2007
>
> Der Betrag der kapitalisierten Zinsrückstände ist dann Geldbetrag der Forderung, als solcher ist er neben der Hauptforderung von 10.000,00 € als weiterer Hauptsachebetrag der Zwangshypothek zu verlautbaren. Die Hypothek ist mithin über 12.400,00 € nebst 6 % Zinsen aus 10.000,00 € einzutragen.

2026

Beispiel

Die Mitvollstreckung rückständiger Zinsen im Rahmen der betragsmäßigen Eintragung als Hauptforderung ist zur fortdauernden Rangwahrung für den Gläubiger auch sinnvoll. Werden diese Zinsen „nur" als Nebenforderung vollstreckt, erleiden sie nach zwei Jahren bei einer etwaigen Zwangsversteigerung/Zwangsverwaltung einen Rangverlust, indem sie von der RK des § 10 Abs. 1 Nr. 4 ZVG in die RK des § 10 Abs. 1 Nr. 8 ZVG zurückfallen. **2027**

---
835 *Hintzen* ZIP 1991, 474 (479).
836 So h.M.: *MünchKomm-ZPO/Eickmann* § 866 Rn. 10; *Schöner/Stöber* Rn. 2189; *Zöller/Stöber* § 866 Rn. 5 § 867 Rn. 10; *Schuschke/Walker* § 866 Rn. 6; *Musielak/Becker* § 866 Rn. 4; a.A.: *Stein/Jonas/Münzberg* § 866 Rn. 6; *Hintzen* ZIP 1991, 474, 478; *Wagner* Rpfleger 2004, 668 (671).

Tipp: Zur Vermeidung eines Rangverlustes für rückständige Zinsen sollte der Gläubiger bereits entstandene Zinsen bis zur Antragstellung betragsmäßig ausweisen und als Hauptforderung geltend machen.

2028 Ist die Zwangshypothek zunächst nur wegen des Hauptsachebetrages eingetragen, die Zinsen als Nebenforderung erst danach zur Eintragung beantragt worden, ist deren Eintragung in der Veränderungsspalte nachträglich noch möglich. Bis zu einem Zinssatz von 5 % erhalten diese den Rang der Zwangshypothek auch vor ggf. eingetragenen Zwischenrechten (§ 1119 BGB), während die darüber hinausgehenden Zinsen Rang danach haben. Letzteres ist bei der Eintragung zum Ausdruck zu bringen.[837]

2029 Die Zulässigkeit einer Zwangshypothek nur für rückständige Zinsen ist umstritten.[838] Nach überwiegender und zutreffender Ansicht muss dies aber zulässig sein, weil solche Rückstände kapitalisierte Hauptforderung darstellen.

II. Belastungsgegenstand

2030 Mit einer Zwangshypothek können belastet werden:
- Grundstück im Rechtssinne;
- Bruchteil eines Grundstücks (Ideeller Miteigentumsanteil, §§ 741 ff., 1008 BGB), wenn er im Anteil eines Miteigentümers steht (§ 864 Abs. 2 ZPO). Ein Bruchteil eines Alleineigentümers kann ausnahmsweise dann belastet werden, wenn dieser nach § 3 Abs. 6 GBO selbstständig gebucht ist (entspr. § 1114 BGB).[839] Er ist ebenso belastbar, wenn eine nach § 11 AnfG anfechtbar erworbene Grundstückshälfte belastet werden soll, auch nachdem dieser Miteigentumsanteil nach Eintragung des Erwerbers als Alleineigentümer nicht mehr besteht.[840]
- Wohnungs- und Teileigentum als besonders ausgestaltetes Miteigentum nach dem WEG;
- Erbbaurecht als grundstücksgleiches Recht (§ 11 ErbbauVO);
- Wohnungs- und Teilerbbaurecht (§ 30 WEG);
- Miteigentums-/Mitberechtigungsanteile eines Dritten an Wohnungs-/Teileigentum und Erbbaurecht.

2031 **Unzulässig** ist die Eintragung einer Zwangshypothek am
- Anteil eines Gesellschafters einer Gesellschaft bürgerlichen Rechts (§ 719 BGB);
- Erbanteil (§ 2033 BGB);
- Gesamtgutsanteil ehelicher oder fortgesetzter Gütergemeinschaft (§§ 1416, 1419, 1485, 1487 BGB).

2032 Der Anteil des Gesellschafters an dem Gesellschaftsvermögen einer BGB-Gesellschaft, der Erbanteil sowie der Gesamtgutsanteil an der beendeten ehelichen oder fortgesetzten Gütergemeinschaft unterliegt der **Pfändung** nach den Vorschriften der §§ 828 ff. ZPO (§§ 857, 859, 860 Abs. 2 ZPO). Während des Bestehens der ehelichen oder fortgesetzten Gütergemeinschaft ist der Anteil unpfändbar (§ 860 Abs. 1 ZPO).

---

837 Wegen Eintragung nachträglich beantragter Zinsen siehe *Hintzen* Rpfleger 1991, 286 (288).
838 Für Zulässigkeit einer Zwangshypothek nur für rückständige Zinsen: *Böttcher* (ZV im GB) Rn. 24; *MünchKomm-ZPO/Eickmann* § 866 Rn. 4; *Zöller/Stöber* § 866 Rn. 5; *Musielak/Becker* § 866 Rn. 4; dagegen sprechen sich aus: *Schleswig-Holsteinisches OLG* Rpfleger 1982, 301; *Hintzen* ZIP 1991, 474, 478.
839 *Zöller/Stöber* § 864 Rn. 7.
840 *BGH* NJW 1984, 1968 zum früheren § 7 AnfG, der dem jetzigen § 11 AnfG entspricht. Neben dem Zahlungstitel gegen den früheren Miteigentümer bedarf es noch eines Duldungstitels gegen den jetzigen Alleineigentümer; Einzelheiten hierzu: *Alff* Rpfleger 2003, 284 ff; *LG Hamburg* Rpfleger 2003, 309.

III. Belastung mehrerer Grundstücke

1. Verteilung

Soll eine Zwangshypothek auf mehreren Grundstücken desselben Schuldners eingetragen werden, hat der Gläubiger die titulierte Forderung auf die einzelnen Grundstücke zu **verteilen** (§ 867 Abs. 2 ZPO). Die Größe der Teile bestimmt der Gläubiger, wobei zu beachten ist, dass nunmehr auch jede Einzelhypothek den Betrag von 750,00 € übersteigen muss (§§ 867 Abs. 2 2. Halbsatz, 866 Abs. 3 Satz 1 ZPO). Nach h.M. konnte der Einzelbetrag der Forderung von verteilten Zwangshypotheken, die vor dem 01.01.1999 beantragt wurden, unter dem Mindestbetrag eingetragen werden, vorausgesetzt der Gesamtbetrag der titulierten Forderung (einschließlich Kosten nach § 788 ZPO) erreichte den damaligen Mindestbetrag von 500,01 DM, da die Vorschrift des § 867 Abs. 2 2. Halbsatz ZPO erst für Zwangshypotheken ab dem 01.01.1999 anwendbar ist.

2033

Sollen für mehrere Forderungen, für die mehrere Titel bestehen, an mehreren Grundstücken Zwangshypotheken eingetragen werden, muss im Eintragungsantrag und in der Eintragung selbst genau angegeben werden, welcher Teil welcher Forderung an welchem Grundstück gesichert sein soll.[841]

2034

> Der Gläubiger betreibt die Zwangsvollstreckung auf Grund der vollstreckbaren Ausfertigung zweier Urkunden des Notars Dr. Martin Schreiber und zwar aus der Urkunde UR Nr. 104/05 über 60.000,00 € und aus der Urkunde UR Nr. 234/05 über 40.000,00 €. Im Hinblick auf die Regelung des § 867 Abs. 2 ZPO verteilt der Gläubiger die zusammengerechneten Forderungen von 100.000,00 € in der Weise, dass auf der vier Grundstücken des Schuldners je ein Betrag von 25.000,00 € gesichert werden soll. Dies genügt jedoch nicht. Vielmehr muss die Verteilungserklärung des Gläubigers genau erkennen lassen, welcher Betrag aus welchem Titel dem einzelnen Grundstück zugeordnet werden soll.
>
> Die Verteilung müsste somit etwa wie folgt formuliert werden:
> Der einzutragende Betrag wird **wie folgt verteilt**:
> Zu Lasten des Grundstücks A ein Teilbetrag von 25.000,00 € aus Urkunde UR Nr. 104/05,
> zu Lasten des Grundstücks B ein Teilbetrag von 25.000,00 € aus Urkunde UR Nr. 104/05,
> zu Lasten des Grundstücks C ein Teilbetrag von 25.000,00 € und zwar 10.000,00 € aus Urkunde UR Nr. 104/05 und 15.000,00 € aus Urkunde UR Nr. 234/05 und zu Lasten des Grundstücks D ein Teilbetrag von 25.000,00 € aus Urkunde UR Nr. 234/05.

2035

Beispiel

Soweit nach dieser Norm eine Verteilung geboten ist, ist eine Gesamtzwangshypothek, im Gegensatz zur rechtsgeschäftlichen Hypothek (§ 1132 BGB), unzulässig. Grund dafür ist, dass der Schuldner vor übermäßiger Belastung seiner Grundstücke geschützt werden soll. Außerdem sollen die mit einer Gesamthypothek verbundenen Schwierigkeiten in der Zwangsversteigerung/Zwangsverwaltung ausgeschaltet werden.

2036

Die Verteilung hat der Gläubiger in seinem schriftlichen Antrag vorzunehmen; einer Unterschriftsbeglaubigung bedarf es nicht.

2037

---

841 *BGH* Rpfleger 1991, 303; *Pfälzisches OLG Zweibrücken* Rpfleger 2001, 586.

2038	**Antrag auf Verteilung der Forderung auf verschiedene Grundstücke**
Muster	Ich beantrage den titulierten Betrag wie folgt auf die genannten Grundstücke/Wohnungseigentumseinheiten zu verteilen: • 4.000,00 € nebst 8 % Zinsen seit dem 01.04.2003 zu Lasten des Grundstücks FlSt.Nr. 123/5 (Grundbuch Nr. 10841) • 6.000,00 € nebst 8 % Zinsen seit dem 01.04.2003 zu Lasten des 11/1000 Miteigentumsanteils an dem Grundstück FlSt.Nr. 4444 verbunden mit dem Sondereigentum an der Wohnung Nr. 11 (Grundbuch Nr. 14.711)

2039 Bei Fehlen der Verteilung ist eine rangwahrende Zwischenverfügung nach § 18 Abs. 1 GBO unzulässig. Das Grundbuchamt hat dem Gläubiger mit einer Aufklärungsverfügung nach § 139 ZPO jedoch Gelegenheit zu geben, den Vollstreckungsmangel zu beseitigen (Rn. 2155).

2040 Die notwendige nachträgliche Verteilungserklärung kann als Ergänzung einer Vollstreckungsvoraussetzung ebenfalls in einfacher Schriftform nachgereicht werden.[842]

Tipp: Um einen Rangverlust zu vermeiden, sollte der Gläubiger bei Belastung mehrerer Grundstücke des Schuldners gleich die Verteilung der Titelforderung in seinen Antrag aufnehmen. Dabei ist zu beachten, dass jede Teilhypothek den Betrag von 750,00 € übersteigt.

2041 Unzulässig ist auch die Eintragung einer zweiten bedingten Zwangshypothek für den Fall, dass eine auf einem anderen Grundstück zuvor eingetragene Zwangshypothek für dieselbe Forderung in der Zwangsversteigerung ganz oder teilweise ausfällt (Ausfallhypothek).[843]

2042 Das Verbot der Gesamtzwangshypothek bzw. der weiteren „Einzel"-Zwangsvollstreckung gilt auch dann, wenn mehrere Grundstücke des Schuldners nacheinander belastet werden sollen. Eine weitere Zwangshypothek für dieselbe Forderung (auch Teilforderung) ist nur dann möglich, wenn die erste Hypothek gelöscht ist oder der Gläubiger wirksam auf sie verzichtet hat (§ 1168 BGB). Die Aushändigung der Löschungsbewilligung bzw. der Verzichtserklärung an den Schuldner genügt nicht.

2043 Soll nachträglich ein anderes Grundstück des Schuldners belastet werden, kann dies der Gläubiger dadurch ermöglichen, dass er in notariell beglaubigter Form (§ 29 Abs. 1 GBO) auf die eingetragene Zwangshypothek verzichtet und den Verzicht im Grundbuch eintragen lässt (§ 1168 BGB). Dies kann – im Gegensatz zur Löschung der Hypothek (§ 27 GBO) – ohne Mitwirkung des schuldenden Eigentümers erfolgen. Für die Neueintragung zu Lasten eines weiteren Schuldnergrundstücks ist – wenn ein anderes Grundbuchamt zuständig ist – der wirksame Verzicht durch die entspr. Eintragungsnachricht (§ 55 GBO) oder einen beglaubigten Grundbuchauszug (§ 12 GBO) bzw. einen amtlichen Ausdruck (§ 131 GBO) nachzuweisen.

Tipp: Erfährt der Gläubiger, dass der Schuldner ein „wertvolleres" oder „weniger belastetes" Grundstück besitzt, kann er erst nach einem Verzicht auf die Zwangshypothek auf dem „neuen" Schuldnergrundstück seine Titelforderung dinglich absichern lassen.

2044 Eine unter Verletzung von § 867 Abs. 2 ZPO für die gleiche Titelforderung auf einem anderen Schuldnergrundstück eingetragene weitere Zwangshypothek ist nicht entstanden. Die zuerst zulässig eingetragene Einzelzwangshypothek wird davon nicht berührt. Die später eingetragene zweite Zwangshypothek ist dann von Amts wegen zu löschen (§ 53 Abs. 1 Satz 2 GBO), wenn sich die inhaltliche Unzulässigkeit aus der Eintragung selbst (oder den dort zulässigerweise in Bezug genommenen Unterlagen) ergibt, etwa bei Eintragung eines Mithaftvermerks nach § 48 GBO. Andernfalls

---

842 *Schöner/Stöber* Rn. 2194, 2195; *Zöller/Stöber* § 867 Rn. 15; *MünchKomm-ZPO/Eickmann* § 867 Rn. 59 ff.
843 *Schöner/Stöber* Rn. 2196; *OLG Stuttgart* NJW 1971, 898.

kommt nur die Eintragung eines Amtswiderspruchs nach § 53 Abs. 1 Satz 1 GBO bei der zweiten Zwangshypothek in Betracht.[844] Wegen Einzelheiten siehe Rn. 2217 ff.

2. Belastung von Gebäudeeigentum im Beitrittsgebiet

Ist der Schuldner sowohl Eigentümer des **Grundstücks** als auch Eigentümer des **Gebäudeeigentums** auf dem Grundstück, so ist auf Grund des absoluten Verfügungsverbots nach § 78 Abs. 1 Satz 1 SachenRBerG die Eintragung einer Zwangshypothek allein zu Lasten des Gebäudes oder des Grundstücks ohne das Gebäude nicht mehr möglich. Es ist jedoch abweichend von § 867 Abs. 2 ZPO nach Sinn und Zweck des § 78 Abs. 1 Satz 1 SachenRBerG die Belastung des Grundstücks und des Gebäudeeigentums für zulässig zu erachten.[845]

3. Nachträgliche Grundstücksteilung

Wird das mit einer Einzelzwangshypothek belastete Grundstück nachträglich (etwa wegen § 7 GBO) real geteilt oder wird das Grundstück nach § 8 WEG in Wohnungs-/Teileigentum aufgeteilt[846], so bildet die Zwangshypothek nunmehr kraft Gesetzes ein Gesamtrecht an den neu gebildeten Grundstücken bzw. Wohnungs-/Teileigentumseinheiten. Hier richtet sich die Gesamtbelastung zwar nur gegen einen Schuldner, sodass sie vom Wortlaut des § 867 Abs. 2 ZPO erfasst wäre. Eine solche vom Schuldner einseitig herbeigeführte Gesamtzwangshypothek bleibt jedoch weiterhin wirksam. Es kann nicht angehen, dass der Schuldner durch bloße Grundstücksteilung die wirksam eingetragene (Einzel-)Zwangshypothek in eine inhaltlich unzulässige Gesamtzwangshypothek verwandeln und damit zum Erlöschen bringen kann.[847]

4. Gesamtschuldner

Richtet sich die Vollstreckungsforderung gegen mehrere Gesamtschuldner (§§ 421 ff. BGB), kann auf **je einem** Grundstück (Miteigentumsanteil) der mehreren **Schuldner** eine Zwangshypothek über den gesamten Betrag eingetragen werden. Diese Zwangshypothek ist dann Gesamtrecht i.S.v. § 1132 BGB. Die Norm des § 867 Abs. 2 ZPO steht dem nicht entgegen, da sie nur eine Gesamtzwangshypothek zu Lasten **eines** Schuldners verbietet. Eine so zulässige Gesamtzwangshypothek kann auch nachträglich durch Pfänderstreckung herbeigeführt werden.

In der Praxis hat dies vor allem bei gesamtschuldnerisch haftenden Eheleuten Bedeutung, die etwa zu je 1/2 Anteil Bruchteilseigentümer eines Grundstücks sind. Eine Gesamtzwangshypothek liegt nämlich auch dann vor, wenn einzelne ideelle Bruchteile (Miteigentumsanteile) eines Grundstücks belastet werden.

Zu beachten ist hierbei, dass bei mehreren zu belastenden Grundstücken eines der Gesamtschuldner die Forderung insoweit wieder zu verteilen ist.[848]

> A und B sind laut Urteil als Gesamtschuldner zur Zahlung von 10.000,00 € verurteilt. A ist Eigentümer des Grundstücks FlSt.Nr. 100, B Eigentümerin der Grundstücke Nr. 200 und 300.
>
> Es können somit beispielsweise folgende Zwangshypotheken eingetragen werden:
> FlSt.Nr. 100 (A):   10.000,00 €   (Mithaft besteht über 4.000,00 € bei FlSt.Nr. 200
>   und über 6.000,00 € bei FlSt.Nr. 300)
> FlSt.Nr. 200 (B):   4.000,00 €   (Mithaft besteht bei FlSt.Nr. 100)
> FlSt.Nr. 300 (B):   6.000,00 €   (Mithaft besteht bei FlSt.Nr. 100)

Beispiel

---

844 *Zöller/Stöber* § 867 Rn. 18; *Schöner/Stöber* Rn. 2196.
845 *Schöner/Stöber* Rn. 2197a, *Zöller/Stöber* § 867 Rn. 27.
846 Beides geschieht ohne Mitwirkung des Gläubigers der Zwangshypothek.
847 *MünchKomm-ZPO/Eickmann* § 867 Rn. 67, 68.
848 *Schöner/Stöber* Rn. 2197; *Zöller/Stöber* § 867 Rn. 19; *MünchKomm-ZPO/Eickmann* § 867 Rn. 69; wegen Bruchteilsbelastung mit Gesamtzwangshypothek siehe *OLG Düsseldorf* mit Anm. *Deimann* Rpfleger 2004, 39.

> Die Zwangshypotheken über 4.000,00 € und 6.000,00 € sind untereinander bezüglich der Mitschuldnerin B Einzelhypotheken, bezüglich der Hypothek über 10.000,00 € (Schuldner A) sind die Hypotheken über 4.000,00 € und 6.000,00 € Gesamthypotheken. Es ist zulässig, dass bei einer Gesamthypothek die Forderung nicht auf allen belasteten Grundstücken in gleicher Höhe gesichert sein muss. Mithaftvermerk nach § 48 GBO ist von Amts wegen bei den entspr. Zwangshypotheken anzubringen.[851]

5. Erstreckung auf Miteigentumsanteil

2051 Umstritten ist, ob eine auf einem Miteigentumsanteil eingetragene Zwangshypothek dann durch den Gläubiger auf einfachen schriftlichen Antrag auf das **ganze** Grundstück **erstreckt** werden kann, wenn der Schuldner durch Erbfolge oder rechtsgeschäftlich die übrigen Miteigentumsanteile erwirbt, somit Alleineigentümer des ganzen Grundstücks ist.[850]

2052 Der bejahenden Auffassung in der Literatur ist entgegen *OLG Oldenburg* zu folgen. Es ist anerkannt, dass ein nur an einem Miteigentumsanteil bestelltes Grundpfandrecht bei Vereinigung in Alleineigentum nachträglich durch Rechtsgeschäft auf das ganze Grundstück erstreckt werden kann. Dabei entsteht kein Gesamtrecht, vielmehr lastet das Grundpfandrecht weiter als Einzelrecht nunmehr am ganzen Grundstück. Das Verbot des § 867 Abs. 2 ZPO, zu Lasten mehrerer Grundtücke desselben Schuldners eine Gesamtzwangshypothek einzutragen, steht dem nicht entgegen, da die Zwangshypothek ja Einzelrecht bleibt.

Die Eintragung könnte in der Veränderungsspalte der dritten Abteilung bei der Hypothek etwa lauten:

Der bisher unbelastete hälftige Miteigentumsanteil haftet mit, sodass jetzt das ganze Grundstück belastet ist. Im Wege der Zwangsvollstreckung auf Grund des Urteils ... eingetragen am ...

Der in Spalte 4 eingetragene Vermerk: „*Lastet nur auf dem 1/2 Anteil des ...*" ist als jetzt gegenstandslos zu röten (§ 17 Abs. 2 GBV).

6. Besonderes Rechtsschutzinteresse

2053 Eine Zwangshypothek darf - ebenso wie bei einer sonstigen Vollstreckungsmaßnahme - nicht eingetragen werden, wenn ein Rechtsschutzinteresse fehlt. Ein solches Rechtsschutzbedürfnis ist z.B. dann nicht gegeben, wenn an einem Grundstück eine Zwangshypothek eingetragen werden soll, obwohl für die titulierte Forderung bereits eine rechtsgeschäftlich bestellte Hypothek an **diesem** Grundstück eingetragen ist.[851]

2054 Besteht für die durch Zwangshypothek zu sichernde Forderung bereits eine rechtsgeschäftlich bestellte Hypothek an einem Grundstück, hindert dies nicht die Eintragung einer Zwangshypothek an einem **anderen** Grundstück des Schuldners.[852]

2055 Sicherung der Gläubigerforderung durch Grundschuld steht der Eintragung einer Zwangshypothek an einem anderen und grundsätzlich auch an demselben Grundstück nicht entgegen. Eine Ausnahme davon macht die Rechtsprechung[853] und lässt die Eintragung einer Zwangshypothek an demselben Grundstück, zu dessen Lasten bereits eine Grundschuld eingetragen ist, nicht zu, wenn die Zwangshypothek wegen des Schuldversprechens mit persönlicher Zwangsvollstreckungsunterwerfung bei Übernahme der persönlichen Haftung für die Zahlung des Grundschuldbetrages erfolgen soll. Eintragbar ist eine solche Zwangshypothek jedoch an einem anderen Grundstück des Schuldners.

---

849 *Schöner/Stöber* Rn. 2239.
850 Für die Zulässigkeit sprechen sich aus: *Schöner/Stöber* Rn. 2196 a; *Böttcher* (ZV im GB) Rn. 27; *Dörndorfer* Rn. 117; dagegen: *OLG Oldenburg* Rpfleger 1996, 242; *Musielak/Becker* § 867 Rn. 10.
851 *Schuschke/Walker* § 867 Rn. 6.
852 So h.M.: *Schuschke/Walker* Fn. 40; *Schöner/Stöber* Rn. 2208; *BayObLG* Rpfleger 1991, 53; a.A.: *MünchKomm-ZPO/Eickmann* § 867 Rn. 71.
853 *OLG Köln* Rpfleger 1996, 153; ihm folgend: *Schöner/Stöber* Rn. 2208.

Die Eintragung einer Zwangssicherungshypothek ist auch dann möglich, wenn der Titelgläubiger bereits die Anordnung der Zwangsversteigerung und/oder der Zwangsverwaltung erwirkt hat (§ 866 Abs. 2 ZPO). 2056

Die Eintragung einer Zwangshypothek kann auch wegen Geringwertigkeit des Grundstücks, oder weil wegen übermäßiger Vorbelastung derzeit eine Befriedigung des Gläubigers in einer Zwangsversteigerung nicht zu erwarten wäre, nicht abgelehnt werden. 2056a

Das Verbot des § 54 GBO, wonach die auf einem Grundstück ruhenden öffentlichen Lasten als solche von der Eintragung grundsätzlich ausgeschlossen sind, steht einer **aufschiebend bedingten Hypothek**, deren Wirksamkeit erst mit Wegfall des Vorrechts nach § 10 Abs. 1 Nr. 3 ZVG eintritt, nicht entgegen. Eine solche Eintragung könnte etwa lauten: 2057

Dritte Abteilung Beispiel

Lfd. Nr. der Eintragungen	Laufende Nr. der belasteten Grundstücke im Bestandsverzeichnis	Betrag	Hypotheken, Grundschulden, Rentenschulden
1	2	3	4
1	1	1.000,00 €	Eintausend Euro Sicherungshypothek für rückständige Grundsteuer für die Zeit vom ... bis ... für die Stadt Schwetzingen. Auf Ersuchen ... und unter der Bedingung, dass das Vorrecht gemäß § 10 Abs. 1 Nr. 3 ZVG vor Erlöschen des Steueranspruchs wegfällt, eingetragen am ... Unterschrift

Eine unbedingte Hypothek kann für öffentliche Lasten jedoch auf einem **anderen** Grundstück des Schuldners eingetragen werden.[854] 2058

IV. Minderjähriger Schuldner

Die Eintragung einer Zwangshypothek zu Lasten eines minderjährigen Eigentümers/Schuldners bedarf keiner familiengerichtlichen Genehmigung. Die Normen der §§ 1643 Abs. 1, 1821 Abs. 1 Nr. 1 1. Alt. BGB greifen hier nicht.[855] 2059

V. Vormundschaft/Betreuung/Pflegschaft

Steht der Eigentümer/Schuldner unter **Betreuung** mit Einwilligungsvorbehalt (§§ 1896, 1903 BGB), unter **Vormundschaft** (§§ 1773 ff. BGB) oder unter **Pflegschaft** (§§ 1909 ff. BGB), ist eine vormundschaftsgerichtliche Genehmigung ebenfalls nicht erforderlich. 2060

Die Eintragung der Hypothek im Wege der Zwangsvollstreckung ist keine genehmigungspflichtige rechtsgeschäftliche Verfügung i.S.d. § 1821 Abs. 1 Nr. 1 1. Alt. BGB. 2061

VI. Erbbaurecht

Ein Erbbaurecht kann, wie ein Grundstück, mit einer Zwangshypothek belastet werden (§ 11 ErbbauVO). Ist als Inhalt des Erbbaurechts vereinbart, dass zur Belastung mit Grundpfandrechten die Zustimmung des Grundstückseigentümers erforderlich ist (§ 5 ErbbauVO) – zu ersehen aus der entspr. Eintragung im Bestandsverzeichnis des Erbbaugrundbuches (§ 56 Abs. 2 GBV) – gilt das Zu- 2062

---

854 *Demharter* § 54 Rn. 12, 13; KEHE-*Eickmann* § 54 Rn. 6.
855 *Klüsener* Rpfleger 1981, 469; KGJ 32 A 280; *Palandt/Diederichsen* § 1821 Rn. 5.

stimmungserfordernis auch bei Eintragung einer Zwangshypothek, auch bei einem Eigentümererbbaurecht (§ 8 ErbbauVO). Eine notwendige Eigentümerzustimmung ist dem Grundbuchamt in öffentlicher oder öffentlich beglaubigter Form (§ 29 GBO) vor Eintragung der Zwangshypothek nachzuweisen (§ 15 ErbbauVO).

2063 Bei grundloser Verweigerung der Eigentümerzustimmung kann diese durch das Amtsgericht ersetzt werden (§ 7 Abs. 3 ErbbauVO). Umstritten ist, ob der Gläubiger das Antragsrecht auf Ersetzung erst nach Pfändung und Überweisung des Zustimmungsanspruchs des Schuldners (Erbbauberechtigten) ausüben kann oder ob dies entbehrlich ist. Eine Ersetzung ist auch für eine titulierte Privatschuld möglich, falls keine Überbelastung des Erbbaurechts eintritt.[856]

2064 Das Fehlen der Genehmigung bzw. der gerichtlichen Ersetzung kann mit rangwahrender Zwischenverfügung nach § 18 Abs. 1 GBO beanstandet werden (Rn. 2141).

2065 Wenn für Belastungen bestimmter Gläubiger Ausnahmen von der Zustimmungsbedürftigkeit festgelegt sind (z. B. keine Zustimmung für Grundpfandrechte von Körperschaften und Anstalten des öffentlichen Rechts), gelten sie auch für die Eintragung von Zwangshypotheken solcher Gläubiger.[857]

VII. Wohnungs-/Teileigentum

2066 Bei Belastung eines Wohnungs-/Teileigentums ist ein Zustimmungserfordernis nicht vereinbar (§ 12 WEG Umkehrschluss, § 137 BGB). Eine Zwangshypothek kann somit hier stets ohne Mitwirkung des Verwalters bzw. der anderen Miteigentümer eingetragen werden.

VIII. Umlegung, Sanierung, Entwicklungsbereich

2067 Während der Dauer eines **Umlegungsverfahrens**, in **Sanierungsgebieten** und **Entwicklungsbereichen** bedarf die Eintragung keiner Genehmigung der entspr. Behörde. Die für rechtsgeschäftliche Verfügungen geltenden Genehmigungstatbestände der §§ 51, 144, 169 BauGB greifen hier nicht. Eintragung einer Zwangshypothek kann jedoch **nicht** erfolgen, wenn zur Umgehung der für die Eintragung eines rechtsgeschäftlichen Grundpfandrechts erforderlichen Genehmigung die Zwangsvollstreckung des in der Grundschuldbestellungsurkunde enthaltenen Schuldanerkenntnisses mit Zwangsvollstreckungsunterwerfung nach § 794 Abs. 1 Nr. 5 ZPO betrieben wird.[858]

IX. Weitere Sonderfälle

2068 Genehmigungsfrei ist auch die Eintragung einer Zwangshypothek bei einem **land-** oder **forstwirtschaftlichen** Grundstück (§§ 2, 27 GrstVG).

2069 Ein im Grundbuch eingetragener **Rechtshängigkeitsvermerk** (§ 325 Abs. 1 ZPO) oder eine **Vermögensbeschlagnahme** (§§ 290, 443 StPO) stellen ebenfalls kein Eintragungshindernis dar.

2070 Die Zwangsvollstreckung, und damit Eintragung einer Zwangshypothek in das Grundstück eines **fremden Staates**, das von diesem zu diplomatischen Zwecken und damit hoheitlich genutzt wird, ist ohne Zustimmung des fremden Staates unzulässig.[859]

---

856 Eine vorherige Pfändung und Überweisung halten für notwendig: *OLG Hamm* Rpfleger 1993, 334; *Palandt/Bassenge* § 8 ErbbauVO, Rn. 4; *Hintzen* ZIP 1991, 474 (482). Für entbehrlich: *Stöber* (ZVG) Einl. Rn. 64.5; *Streuer* Rpfleger 1994, 59; *Schiffhauer* Rpfleger 1995, 478. Wegen der Voraussetzung einer Ersetzung siehe *Palandt/Bassenge* § 7 ErbbauVO, Rn. 4, 5.
857 *OLG Celle* Rpfleger 1985, 22.
858 So h.M.: *Schöner/Stöber* Rn. 2206; *OLG Oldenburg* NJW-RR 1998, 1239. Für Eintragung sprechen sich aus: *LG Regensburg* Rpfleger 1977, 224; *MünchKomm-ZPO/Eickmann* § 867 Rn. 16. Die dadurch beeinträchtigten öffentlichen Interessen sind von den Verwaltungsbehörden zu verfolgen.
859 *BGH* Rpfleger 2003, 518.

Für die Zwangsvollstreckung in eine (ehemalige) **Reichsheimstätte** besteht nach Aufhebung des Reichsheimstättengesetzes seit dem 01.01.1999 kein Schutz mehr, eine Zwangshypothek kann somit eingetragen werden.	2071
Ist im Grundbuch ein befristeter Sperrvermerk nach dem **Bundesversorgungsgesetz** (§§ 72, 75 BVG) eingetragen, bedürfen spätere Veräußerungen und Belastungen der Zustimmung der zuständigen Behörde. Dies gilt auch im Rahmen von Zwangsverfügungen, weshalb vor Eintragung einer Zwangshypothek die entsprechend Zustimmung nachzuweisen ist.[860]	2071a
Das Zustimmungserfordernis gilt auch für den vergleichbaren Sperrvermerk nach dem **Soldatenversorgungsgesetz** (§ 31 SVG). Bei einer Beschränkung nach dem **Versicherungsaufsichtsgesetz** bedarf es der Zustimmung des bestellten Treuhänders (§§ 72, 77 VAG), während bei einer Verfügungsbeschränkung nach dem **Investmentgesetz**[861] die beauftragte Depotbank der Eintragung einer Zwangshypothek zuzustimmen hat (§§ 26, 31 InvG).	2071b

X. Relative Verfügungsbeschränkungen

Relative Verfügungsbeschränkungen, hier gegenüber dem Grundstückseigentümer, bezwecken nur den Schutz bestimmter Personen und machen nur ihnen gegenüber eine entgegenstehende Verfügung unwirksam (§ 135 Abs. 1 Satz 1 BGB). {2072}

In Betracht kommen beispielsweise folgende **relative Verfügungsbeschränkungen**, die außerhalb des Grundbuchs wirksam werden: {2073}
- Relatives Verfügungsverbot gem. §§ 135, 136 BGB, angeordnet durch einstweilige Verfügung (§§ 935, 938 ZPO);
- Zwangsversteigerungs- und Zwangsverwaltungsvermerk (§§ 20, 23, 146 ZVG, §§ 135, 136 BGB);
- Pfändung (§ 859 ZPO), rechtsgeschäftliche Verpfändung (§§ 2033, 1273 BGB) und Nießbrauchsbestellung (§§ 2033, 1068 BGB) an einem Miterbenanteil;
- Rechtsgeschäftliche Verpfändung (§ 1273 BGB) und Nießbrauchsbestellung (§ 1068 BGB) am Anteil eines Gesellschafters einer BGB-Gesellschaft (§§ 705 ff. BGB), falls dies nach dem Gesellschaftsvertrag oder mit Einverständnis aller Gesellschafter geschieht; insoweit ist die Norm des § 719 Abs. 1 1. Alt. BGB abdingbar.

Der rechtsgeschäftlichen Verfügung steht eine Verfügung im Wege der Zwangsvollstreckung, somit Eintragung einer Zwangshypothek, gleich (§ 135 Abs. 1 Satz 2 BGB). Im Grundstücksrecht wird die Beschränkung nach § 888 BGB geltend gemacht. Um einen möglichen gutgläubigen Erwerb (§§ 135 Abs. 2, 892 Abs. 1 Satz 2 BGB) auszuschließen, können die Beschränkungen berichtigend im Grundbuch vermerkt werden. Im Rahmen der Eintragung einer Zwangshypothek kommt ein gutgläubiger Erwerb nach h.M. zwar nicht bei der Ersteintragung in Betracht, da diese keine rechtsgeschäftliche Verfügung des Eigentümers i.S.v. § 892 BGB darstellt. Bei einer späteren Abtretung der titulierten durch eine unwirksame Zwangshypothek gesicherten Forderung (§ 1154 Abs. 3 BGB), könnte jedoch die unwirksame Zwangshypothek in der Hand eines redlichen Erwerbers gutgläubig entstehen (§ 892 BGB). {2074}

Nach ihrer **Grundbucheintragung** bewirken die relativen Verfügungsbeschränkungen **keine Grundbuchsperre**, da dann ein gutgläubiger Erwerb ausgeschlossen ist (§ 892 Abs. 1 Satz 2 BGB). {2075}

Nach Eintragung der Verfügungsbeschränkung eingegangene Anträge sind damit bei sonstiger Vollzugsreife stets zu vollziehen. Der Schutz der aus der Verfügungsbeschränkung berechtigten Personen ist durch deren Eintragung ausreichend gewährleistet. Auch eine Zwangshypothek kann danach stets eingetragen werden, da das Verbot Maßnahmen der Zwangsvollstreckung nicht hindert. Der Geschützte kann jedoch im Wege der Drittwiderspruchsklage nach §§ 771, 772 ZPO die Veräußerung {2076}

---

860 *Hintzen* in Hintzen/Wolf Rn. 9.153 und 10.106; *Wolber* Rpfleger 1978, 433 und 1982, 210; *Stöber* (ZVG) § 15 Rn. 7.
861 Das Investmentgesetz ist an die Stelle des bis zum 31.12.2003 gültigen Gesetzes über Kapitalanlagegesellschaften (KAGG) getreten.

des Grundstücks im Wege der Zwangsversteigerung (§ 35 ZVG) abwenden. Im Übrigen kann der Geschützte vom Dritterwerber (Gläubiger der Zwangshypothek) die Zustimmung zur Löschung der Zwangshypothek im Rahmen des § 888 Abs. 1 und 2 BGB verlangen.[862]

2077 Umstritten ist die grundbuchmäßige Behandlung dem Grundbuchamt bekannter, aber noch **nicht im Grundbuch vermerkter** Verfügungsbeschränkungen. Nach überwiegender Auffassung hat das Grundbuchamt die Eintragung der Rechtsänderung (hier Zwangshypothek) davon abhängig zu machen, dass das Verfügungsverbot vorher oder mindestens gleichzeitig eingetragen wird, der Verbotsgeschützte in der Form des § 29 GBO der Eintragung der Zwangshypothek zustimmt („volenti non fit iniuria") oder die Verfügungsbeschränkung aufgehoben wird.[863]

2078 Teilweise[864] wird die Auffassung vertreten, dass unter Beachtung des § 17 GBO das Grundbuchamt die Zwangshypothek auch ohne vorherige Eintragung der Verfügungsbeschränkung und ohne Zustimmung des Verbotsgeschützten einzutragen habe. Durch die Eintragung werde das Grundbuch auch nicht unrichtig, da die Zwangshypothek zunächst in „schwebende Wirksamkeit" erwächst.

2079 Keine Verfügungsbeschränkung bezüglich des Grundstücks stellt dagegen die Pfändung eines BGB-Gesellschaftsanteils (§ 859 Abs. 1 ZPO) dar; diese bewirkt nur ein Kündigungsrecht des Pfändungsgläubigers nach § 725 BGB.

2080 Wegen der insolvenzrechtlichen Beschränkungen siehe Rn. 177 ff., 1993 ff.

XI. Auflassungsvormerkung

2081 Eine eingetragene Auflassungsvormerkung (Eigentumsvormerkung) bewirkt die relative Unwirksamkeit von den Anspruch nachträglich beeinträchtigenden Verfügungen, wobei hierzu auch die Eintragung der Zwangshypothek zu rechnen ist (§ 883 Abs. 2 Sätze 1 und 2 BGB). Sie bewirkt keine Grundbuchsperre bezüglich späterer Eintragungen. Es obliegt dem Vormerkungsberechtigten, ob er im Rahmen des § 888 Abs. 1 BGB seine Rechte gegen den Hypothekengläubiger (Zustimmung zur Löschung der Zwangshypothek) geltend machen will. Die eingetragene Auflassungsvormerkung bietet ausreichenden Schutz gegen einen etwaigen Rechtsverlust. Eine Zwangshypothek kann somit noch eingetragen werden.

Tipp: Die Eintragung der Zwangshypothek könnte einerseits den Erwerber veranlassen, auf den Veräußerer/Schuldner „Druck auszuüben", die titulierte gesicherte Forderung vor dem Eigentumswechsel zu bezahlen, um ein insoweit lastenfreies (§ 435 BGB) Grundstück zu erwerben. Andererseits hat der Gläubiger auch ohne Befriedigung beim Eigentumswechsel auf Verlangen des Erwerbers auf eigene Kosten die Zwangshypothek löschen zu lassen (§ 888 BGB ggf. über § 894 ZPO). Dies ist vom Gläubiger vor Antragstellung in seine Überlegungen mit einzubeziehen.

XII. Vor- und Nacherbschaft

2082 Steht das zu belastende Grundstück im Eigentum eines **Vorerben** (§§ 2100 ff. BGB), ist die Eintragung einer Zwangshypothek auf Grund eines Titels gegen den Vorerben stets möglich, wenn der Nacherbenvermerk im Grundbuch eingetragen ist (§ 51 GBO). Die Frage, ob die Zwangshypothek bei Eintritt des Nacherbfalls dem Nacherben gegenüber wirksam bleibt (§ 2115 BGB, § 773 ZPO), hat das Grundbuchamt hierbei nicht zu prüfen. Obwohl eine das Nacherbenrecht beeinträchtigende (Zwangs-)Verfügung zu einer absoluten, (erst) beim Nacherbfall eintretenden Unwirksamkeit führt, stellt der Nacherbenvermerk keine Grundbuchsperre dar. Der Nacherbe ist durch den eingetragenen

---

862 *LG Frankenthal* Rpfleger, 1981, 438; *Böttcher* Rpfleger 1985, 386; *Palandt/Heinrichs* § 136 Rn. 6.
863 *BayObLG* DNotZ 1954, 394; *OLG Düsseldorf* MittBayNot 1975, 225; *OLG Stuttgart* BWNotZ 1985, 127; *BayObLG* Rpfleger 2003, 573; *Palandt/Bassenge* § 888 Rn. 10; *Demharter* § 19 Rn. 59.
864 *Böttcher* Rpfleger 1985, 386; *Böttcher* (ZV im GB) Rn. 315, 316 m.w.H.

Nacherbenvermerk ausreichend gegen etwaige Rechtsverluste geschützt, die ggf. kraft guten Glaubens bei rechtsgeschäftlicher Abtretung der hypothekarisch gesicherten Titelforderung eintreten könnten (§§ 892 Abs. 1 Satz 2, 2113 Abs. 3 BGB).

Wegen der dem Nacherben gegenüber meist eintretenden Unwirksamkeit der Hypothek bringt diese dem Gläubiger oft keine verwertbare Sicherung.

2083

Ergibt sich jedoch aus dem Titel (Urteilsgründe), dass es sich um eine Nachlassverbindlichkeit handelt (§ 2115 Satz 1 1. Alt. BGB), ist die Zwangshypothek dem Nacherben gegenüber endgültig wirksam und von ihm zu dulden. Diese Wirksamkeit kann auf schriftlichen Antrag des Gläubigers „klarstellend" bei der einzutragenden Hypothek und dem Nacherbenvermerk (gebührenfrei) berichtigend eingetragen werden („Wirksamkeitsvermerk"). Die sich aus dem Titel ergebende Wirksamkeit ist für das Grundbuchamt offenkundig (§ 29 Abs. 1 Satz 2 GBO).[865]

2084

Tipp: Ergibt sich aus dem Titel, dass eine Nachlassverbindlichkeit gesichert werden soll, sollte der Gläubiger in seinem Antrag auf Eintragung der Zwangshypothek gleichzeitig beantragen, den „Wirksamkeitsvermerk" mit zu verlautbaren.

Ist als Eigentümer im Grundbuch noch der schuldende **Erblasser** eingetragen, kann eine Zwangshypothek mit einem gegen ihn lautenden Titel zu Lasten des Nachlassgrundstücks eingetragen werden. Diese Hypothek ist dem Nacherben gegenüber uneingeschränkt wirksam, nachdem durch sie eine Nachlassverbindlichkeit gesichert wird (§ 2115 Satz 2 BGB). Eine vorherige Eintragung des Vorerben als Eigentümer nebst Nacherbenvermerk (§ 51 GBO) erübrigt sich hierbei (§ 40 Abs. 1 GBO).

2085

Eintragung eines Wirksamkeitsvermerks ist somit stets möglich.

XIII. Vollstreckung gegen Ehegatten

1. Zugewinngemeinschaft und Gütertrennung

Beim gesetzlichen Güterstand der Zugewinngemeinschaft und bei Gütertrennung bedarf es zur Eintragung der Hypothek in das Grundstück eines Ehegatten nur eines Titels gegen den schuldnerischen Ehegatten. Dies gilt beim gesetzlichen Güterstand auch dann, wenn das zu belastende Grundstück das nahezu einzige Vermögen i.S.d. § 1365 BGB darstellt.

2086

2. Gütergemeinschaft

Wegen der Eintragung einer Zwangshypothek zu Lasten eines Grundstücks, das zum **Gesamtgut** einer Gütergemeinschaft gehört, wird auf die Ausführungen unter Rn. 27 ff. verwiesen.

2087

Bezüglich der Zwangsvollstreckung in das Gesamtgut einer **ausländischen** Gütergemeinschaft bzw. Errungenschaftsgemeinschaft wird auf die Ausführungen unter Rn. 28a verwiesen.

Bei der Zwangsvollstreckung in das **Vorbehaltsgut** (§ 1418 BGB) bei Gütergemeinschaft bedarf es zur Eintragung der Hypothek in das Grundstück eines Ehegatten nur eines Titels gegen den schuldnerischen Ehegatten.

XIV. Zwangsvollstreckung in den Nachlass/das Eigenvermögen der Erben

Für die Eintragung einer Zwangshypothek zu Lasten eines Nachlassgrundstücks oder in Eigenvermögen des Erben gelten die diesbezüglichen Ausführungen zur Zwangsversteigerung (Rn. 29 ff.) entspr.

2088

Bedarf es bei einem gegen den Erblasser lautenden Titel keiner Rechtsnachfolgeklausel gegen den Erben (§ 779 ZPO) ist diesem ein besonderer Vertreter auf Antrag des Gläubigers vom Vollstreckungsgericht (nicht vom Grundbuchamt) zu bestellen, wenn der Erbe unbekannt ist und kein Nach-

2089

---

865 *Schöner/Stöber* Rn. 2212, 3489, 3490, 296.

lassverwalter oder Testamentsvollstrecker ernannt ist, und die Zuziehung des Schuldners für die Vollstreckungshandlung nötig ist. Dies trifft auch zu, wenn an ihn nur eine Benachrichtigung wie etwa die Eintragungsbekanntmachung nach § 55 GBO zu richten ist.[866]

XV. Testamentsvollstreckung

2090   Insoweit wird auf die Ausführungen Rn. 163 bis 165 verwiesen.

XVI. Rangvorbehalt

2091   Die Ausnutzung eines eingetragenen Rangvorbehalts (§ 881 BGB) durch den Gläubiger einer Zwangshypothek ist nicht möglich. Der Vorbehalt ist mit dem Eigentum untrennbar verbunden und kann nicht gesondert übertragen oder gepfändet werden. Damit verbietet sich die Ausnutzung im Rahmen der Eintragung einer Zwangshypothek.[867]

H. Grundbuchrechtliche Voraussetzungen

I. Antrag

2092   Der auch nach § 13 Abs. 1 Satz 1 GBO notwendige das Grundbuchverfahren einleitende Antrag ist konkludent im Vollstreckungsantrag nach § 867 Abs. 1 ZPO enthalten. Antragsberechtigt ist auch hier nur der Gläubiger. Der Antrag ist schriftlich möglich (§ 30 GBO).

2093   Der Antrag kann stets und ohne Angabe von Gründen bis zum Vollzug der Eintragung (§§ 44 Abs. 1, 129 Abs. 1 GBO) **zurückgenommen** werden.

2094   Die Unterschrift des bzw. bei mehreren Gläubigern aller Gläubiger oder eines bevollmächtigten Vertreters bedarf bei der Antragsrücknahme der öffentlichen Beglaubigung (§§ 31 Satz 1, 29 GBO). Die Form des § 29 GBO gilt auch für eine entspr. Bevollmächtigung (§ 31 Satz 3 GBO).

2095   Die Einhaltung der Formvorschrift ist vom Grundbuchamt stets zu prüfen, auch wenn als Bevollmächtigter ein Rechtsanwalt auftritt. Die Vorschrift des § 88 Abs. 2 ZPO findet hier keine Anwendung.[868]

   Tipp: Eine Antragsrücknahme sollte stets der Gläubiger selbst und nicht der Vertreter beim Notar erklären.

II. Bewilligung

2096   Die sonst üblicherweise erforderliche **Bewilligung** des Betroffenen (hier des Eigentümers) nach **§ 19 GBO** ist hier entbehrlich. An die Stelle der Bewilligung treten hier die Voraussetzungen der Zwangsvollstreckung (Titel usw.).[869]

---

866   *Zöller/Stöber* § 779 Rn. 6; *Thomas/Putzo* § 779 Rn. 3; *Stein/Jonas/Münzberg* § 779 Rn. 5.
867   *BGH* NJW 1954, 954 und 1291; *Zöller/Stöber* § 867 Rn. 12; *Schuschke/Walker* § 867 Rn. 13.
868   So h.M. *Schuschke/Walker* § 867 Rn. 16; *Schöner/Stöber* Rn. 2203; *OLG Hamm* Rpfleger 1985, 231; *OLG Düsseldorf* Rpfleger 2000, 63; a.A. (Rücknahme in einfacher Schriftform): *Hintzen* ZIP 1991, 474; *Hintzen* Rpfleger 1991, 286 je unter Hinweis, dass die Eintragung einer Zwangshypothek nur einen Vollstreckungsantrag nach § 867 Abs. 1 ZPO, aber keinen (gesonderten) Antrag nach § 13 GBO voraussetzt.
869   *Schuschke/Walker* § 867 Rn. 5; *MünchKomm-ZPO/Eickmann* § 867 Rn. 20; *BGH* ZIP 2006, 479 (482).

III. Grundstücksbezeichnung

In seinem Antrag hat der Gläubiger das zu belastende Grundstück gem. § 28 Satz 1 GBO zu bezeichnen. Hierfür kann entweder die Bezeichnung gem. § 2 Abs. 2 GBO (Gemarkung, ggf. Flur- und Flurstücksnummer) gewählt werden, oder es sind Grundbuchbezirk, Band- und Blattnummer sowie ggf. die lfd. Nr. des Bestandsverzeichnisses anzugeben. 2097

IV. Voreintragung des Schuldners/Eigentümers

Nach § 39 GBO muss der im Titel bzw. der Klausel genannte **Schuldner** als (Mit-)Eigentümer bzw. Erbbauberechtigter in der ersten Abteilung des Grundbuchs eingetragen sein. 2098

Gem. § 40 GBO bedarf es dieser **Voreintragung nicht**, wenn die Vollstreckung sich materiell gegen den **Erben** des eingetragenen Eigentümers richtet und der Titel gegen den Erblasser, einen Nachlasspfleger, Nachlassverwalter oder – in den Grenzen des § 327 ZPO – gegen den Testamentsvollstrecker erging. Dies gilt bei einem Titel gegen den Erblasser unabhängig davon, ob es einer Rechtsnachfolgeklausel gegen die Erben bedarf oder diese – wegen § 779 ZPO – entbehrlich ist. 2099

Bei einem Titel gegen den Testamentsvollstrecker ist jedoch § 748 ZPO zu beachten; die Voreintragung des Erben ist nur im Falle des Abs. 1 (Testamentsvollstrecker verwaltet den gesamtem Nachlass) entbehrlich; in den Fällen der Absätze 2 (Teilverwaltung) und 3 (Vollstreckung wegen eines Pflichtteilsanspruchs) hingegen muss der Erbe – zusammen mit dem Testamentsvollstreckervermerk (§ 52 GBO) – zuvor eingetragen sein. Dies deshalb, weil im Falle des Abs. 1 ein Titel gegen den Testamentsvollstrecker genügt, bei den Tatbeständen der Absätze 2 und 3 es zur Zwangsvollstreckung in den Nachlass jedoch auch eines Titel gegen den Erben bedarf.[870] 2100

Greift die Ausnahme des § 40 GBO nicht, so hat der Gläubiger zunächst die **Berichtigung des Grundbuchs** durch (Vor-)Eintragung der Erben zu betreiben. Sein eigenes Antragsrecht hierzu ergibt sich aus § 14 GBO. Gem. § 22 Abs. 1 GBO hat er dabei das Erbrecht seines Schuldnererben nachzuweisen. Dies geschieht gem. § 35 Abs. 1 GBO durch einen Erbschein, zum Nachweis des Fortbestandes in Ausfertigung (§ 2361 BGB), oder ggf. durch ein notarielles Testament mit Eröffnungsniederschrift (§ 2260 Abs. 3 BGB). Die entspr. Erbnachweise kann sich der Gläubiger selbst beschaffen (§ 792 ZPO, § 85 FGG). 2101

Das Grundbuchamt hat hier durch eine rangwahrende Zwischenverfügung gem. § 18 GBO auf die Beibringung des Antrags und ggf. des Erbnachweises hinzuwirken.[871] 2102

Ist auch der Erblasser, der das Grundstück auf Grund Erbfolge erworben hat, selbst im Grundbuch noch nicht eingetragen, so kann er im Falle des § 779 ZPO auch als Verstorbener noch als Eigentümer eingetragen werden.[872] 2103

Ist der Schuldner noch **nicht Eigentümer** (z.B. nur Auflassungsvormerkungsberechtigter), kann eine Zwangshypothek gegen ihn **nicht** eingetragen werden. Auch wenn die Auflassung bereits beim Grundbuchamt vorliegen würde, hat der Titelgläubiger kein Antragsrecht für den Eigentumswechsel (§§ 13 Abs. 1, 14 GBO). Der Gläubiger kann jedoch den schuldrechtlichen Auflassungsanspruch und/oder das dingliche Anwartschaftsrecht aus der Auflassung pfänden (§§ 848 Abs. 2, 857 ZPO). Diese Pfändung kann bei entspr. Nachweis berichtigend bei einer evtl. eingetragenen Auflassungsvormerkung vermerkt werden. 2104

Die später mit dem Eigentumswechsel berichtigend einzutragende **Sicherungshypothek** nach § 848 Abs. 2 ZPO ist keine Zwangshypothek i.S.d. §§ 866 ff. ZPO. Sie kann somit auch unter dem Mindestbetrag des § 866 Abs. 3 ZPO und auch als Gesamtrecht (§ 1132 BGB) eingetragen werden. 2105

---
870 *Demharter* § 40 Rn. 22; *MünchKomm-ZPO/Eickmann* § 867 Rn. 25.
871 *Schöner/Stöber* Rn. 2183, 2184, 2185.
872 *MünchKomm-ZPO/Eickmann* § 867 Rn. 27; *Schöner/Stöber* Rn. 2183; *Hagena* Rpfleger 1975, 390 zutreffend gegen *Kammergericht* Rpfleger 1975, 133.

Diese Sicherungshypothek geht einer vom Erwerber (= Schuldner) bewilligten vorbehaltenen Restkaufpreishypothek im Range nach, erhält jedoch Rang vor sonstigen vom Erwerber bestellten dinglichen Rechte.[873]

2106 Ist ein **Ersteher** durch Zuschlag in der Zwangsversteigerung (§ 90 ZVG) Eigentümer geworden, das Grundbuch mangels Ersuchen des Versteigerungsgerichts nach § 130 ZVG jedoch noch nicht berichtigt, darf ein Antrag auf Eintragung einer Zwangshypothek auf Grund eines Titels gegen den Ersteher nicht mit der Begründung zurückgewiesen werden, das Ersuchen liege noch nicht vor. Vielmehr hat das Grundbuchamt den Antrag bei den Grundakten zu verwahren, das Eintragungsverfahren auszusetzen und im Anschluss an die Erledigung des Ersuchens zu vollziehen. Die Zwangshypothek erhält den Rang nach evtl. Sicherungshypotheken nach § 128 ZVG.[874]

V. Bezeichnung des Gläubigers

1. Allgemeines

2107 Als Gläubiger der Zwangshypothek kann nur die Person im Grundbuch eingetragen werden, die im Vollstreckungstitel oder der Rechtsnachfolgeklausel namentlich bezeichnet ist. Der Gläubiger ist entspr. § 15 GBV zu bezeichnen. Bei natürlichen Personen sind somit Name, Vorname, Beruf und Wohnort bzw. Geburtsdatum, bei juristischen Personen Name oder Firma und Sitz einzutragen.

2107a Für **ausländische Gläubiger** (natürliche oder juristische Personen) gibt es derzeit keine Erwerbsbeschränkungen.[875] Für sie kann somit im Rahmen der nach ihrem Heimatstaat geltenden Regelungen über deren Rechts- und Erwerbsfähigkeit eine Zwangshypothek eingetragen werden.

2107b Keine dinglichen Rechte können natürliche oder juristische Personen erwerben, die nach Art. 2 Abs. 3 Verordnung (EG) Nr. 881/2002 des Europäischen Rates vom 27. Mai 2002 (Restriktive Maßnahmen gegen Al-Qaida-Netzwerk u.a.) im Anhang I der Verordnung namentlich aufgeführt sind. Dieses Erwerbsverbot ist ggf. vom Grundbuchamt von Amts wegen zu beachten. Die Eintragung einer Zwangshypothek für solche Personen verbietet sich somit.[876]

2107c Auch unter der Firma einer (als Unternehmensteil **selbständig nicht rechtsfähigen**) **Zweigniederlassung** kann eine Handelsgesellschaft als Hypothekengläubigerin in das Grundbuch eingetragen werden, wenn der Titel oder eine Rechtsnachfolgeklausel (zulässigerweise) die Vollstreckungsgläubigerin unter ihrer Zweigniederlassung bezeichnet.[877]

2107d Lautet der Titel auf eine bei einer Anstalt des öffentlichen Rechts (z.B. Landesbank) errichteten **nicht rechtsfähigen Anstalt** (Landesbausparkasse), kann bei entsprechender Antragstellung letztere selbst als Gläubiger in der Zwangshypothek im Grundbuch eingetragen werden. Begründet wird dies damit, dass Rechtsinhaber die rechtsfähige Anstalt selbst ist, die als solche zulässigerweise mit dem Namen der nicht rechtsfähigen Anstalt im Rechtsverkehr auftritt.[878]

2. Einzelkaufmann

2108 Der Einzelkaufmann, der unter seiner Firma im Antrag und als Gläubiger im Titel zulässigerweise (§ 17 Abs. 2 HGB) bezeichnet ist, kann als Gläubiger nur mit seinem bürgerlichen Namen eingetragen werden. Wegen entspr. Prüfungspflicht des Grundbuchamts hierzu vgl. Rn. 1967 bis 1969. Die Bezeichnung des Berechtigten hat das Grundbuchamt bei Fassung des Eintragungsvermerks zu be-

---

873 Zöller/Stöber § 848 Rn. 7, 8; Schuschke/Walker § 848 Rn. 6 ff.
874 MünchKomm-ZPO/Eickmann § 867 Rn. 35, Stöber (ZVG) § 130 Rn. 6; Musielak/Becker § 867 Rn. 4.
875 Schöner/Stöber Rn. 4093; KEHE-Munzig § 20 Rn. 69.
876 LG Berlin Rpfleger 2006, 183.
877 Demharter § 44 Rn. 53; Schöner/Stöber Rn. 243 m.w.H.; a.A. Bauer/von Oefele/Kössinger AT II Rn. 31.
878 BayObLG Rpfleger 1973, 56; LG Itzehoe Rpfleger 1991, 498; Schöner/Stöber Rn. 249.

stimmen. An die Formulierung im Vollstreckungsantrag und im Titel des dort mit seiner Firma genannten Gläubigers ist das Grundbuchamt nicht gebunden.[879]

3. BGB-Gesellschaft

Nach (noch) überwiegender Auffassung kann eine BGB-Gesellschaft nicht allein unter ihrem Namen als Berechtigte einer Zwangshypothek im Grundbuch eingetragen werden.[880] Dies soll auch dann gelten, wenn im Titel die Gesellschaft zulässigerweise nur mit ihrem Namen als Gläubigerin bezeichnet ist. Nach dieser Auffassung kann eine Zwangshypothek für eine GbR folglich nur dann eingetragen werden, wenn als Titelgläubigerin - ggf. neben der Gesellschaft - alle Gesellschafter namentlich bezeichnet sind. Diese sind dann mit einem entsprechenden auf die GbR hinweisenden Zusatz als Gläubiger der der Gesellschaft selbst zustehenden Zwangshypothek im Grundbuch zu verlautbaren.[881]

2109

Demgegenüber hält das *OLG Stuttgart*[882] die Eintragung der GbR als Eigentümerin nur unter ihrem unterscheidbaren Namen für zulässig. Folgt man dieser Auffassung, ist bei entsprechender Titulierung als Gläubigerin der Zwangshypothek die Gesellschaft allein unter ihrem im Titel genannten Namen einzutragen.

Wegen Einzelheiten zur Eintragung der BGB-Gesellschaft im Grundbuch siehe auch Rn. 1970 bis 1972.

4. Wohnungseigentümergemeinschaft

Macht eine Wohnungseigentümergemeinschaft Beitragsforderungen gegen säumige Wohnungs-/Teileigentümer geltend, ist sie insoweit als solche rechtsfähig (§ 10 Abs. 6 WEG). Sie kann mithin unter der Bezeichnung „Wohnungseigentümergemeinschaft Mannheim, Karlsruher Straße 12, vertreten durch den Verwalter XY" gegen einen Wohnungseigentümer gerichtlich vorgehen. Auf Grund eines so erwirkten Vollstreckungstitels kann der teilrechtsfähige Verband der Wohnungseigentümergemeinschaft als Gläubiger einer Zwangshypothek im Grundbuch eingetragen werden.[883] Bisher bedurfte es nach § 15 Abs. 1 GBV der Eintragung aller Eigentümer als Gläubiger unter Angabe von Namen, Vornamen, Wohnort und Beruf bzw. Geburtsdatum. Eine Bezugnahme auf eine dem Titel auf Gläubigerseite beigefügte Eigentümerliste genügte nicht.[884]

2110

Die Eintragung könnte etwa wie folgt formuliert werden (§ 10 Abs. 6 Satz 4 WEG):

2111

... für Wohnungseigentümergemeinschaft „Mannheim, Karlsruher Str. 12", eingetragen in den Wohnungsgrundbüchern von Mannheim Nr. 1000 bis 1122 ...

Möglich wäre auch folgende Gläubigerbezeichnung:

„Wohnungseigentümergemeinschaft Mannheim, FlSt.Nr. 876/1"[885]

Ein früher erwirkter Titel, in dem im Rubrum noch alle **Wohnungseigentümer** namentlich als Gläubiger aufgeführt sind, bleibt als solcher wirksam und vollstreckungsfähig. Nach bisher überwiegender

2112

---

879 Schöner/Stöber Rn. 2162; Zöller/Stöber § 867 Rn. 8, andere unzutreffende Ansicht: BayObLG Rpfleger 1988, 309, das ausführt, dass das Grundbuchamt den Antrag wegen Unzulässigkeit der Firmeneintragung zurückweisen muss, falls nach entspr. Zwischenverfügung der Gläubiger den Antrag nicht umgestellt hat.
880 BayObLG Rpfleger 2003, 78; LG Dresden NotBZ 2002, 384; LG Aachen Rpfleger 2003, 496; LG Berlin Rpfleger 2004, 283; OLG Celle ZIP 2006, 620; Palandt/Sprau § 705 Rn. 24 a; Demharter § 19 Rn. 108; derselbe Rpfleger 2001, 329 und Rpfleger 2002, 538; Stöber MDR 2001, 544; Heil NJW 2001, 535; Münch DNotZ 2001, 535; Böhringer BWNotZ 2002, 42; Heil NJW 2002, 2138; Vogt Rpfleger 2003, 491 ff.; Ruhwinkel MittBayNot 2007, 92; Demharter FGPrax 2007, 68.
881 BayObLG Rpfleger 2004, 93 und 2005, 19 und 309; OLG Celle NJW 2006, 2194.
882 Rpfleger 2007, 258.
883 BGH Rpfleger 2005, 521 (525); Palandt/Bassenge § 1 WEG Rn. 5, § 27 WEG Rn. 20; Zöller/Stöber § 867 Rn. 8a; KEHE-Dümig Einl. B 78a, 79; Dümig Rpfleger 2005, 529; Hügel DNotZ 2005, 753 (768).
884 Schöner/Stöber Rn. 2182 m.w.H.
885 LG Bremen Rpfleger 2007, 315; KEHE-Dümig Einl. B 79; Hügel DnotZ 2007, 326 (337); Böhringer/Hintzen Rpfleger 2007, 353 (354).

5 Eintragungsvoraussetzungen

Auffassung[886] konnte aus einem solchen Titel ohne Änderung des Rubrums die Zwangshypothek unmittelbar für den teilrechtsfähigen Verband der **Wohnungseigentümergemeinschaft** eingetragen werden.

2113 Hierbei ging man davon aus, dass zwischen den im Titel namentlich aufgeführten Wohnungseigentümern („Alt"-Titel) und dem Verband der Wohnungseigentümergemeinschaft Identität besteht, die eine Änderung des Rubrums entbehrlich machte.

2114 Dieser Auffassung ist der *BGH*[887] nicht gefolgt. Er geht vielmehr davon aus, dass die im Titel genannten Wohnungseigentümer und der teilrechtsfähige Verband der Wohnungseigentümergemeinschaft nicht identisch sind. Es handelt sich hier um unterschiedliche Rechtsobjekte, sodass insoweit eine Zwangsvollstreckung durch die nicht als Titelgläubiger ausgewiesene Wohnungseigentümergemeinschaft ausscheidet. Dies gilt auch dann, wenn der titulierte Anspruch nach materiellem Recht zweifelsfrei dem Verband der Gemeinschaft als vollstreckendem Gläubiger zusteht. Damit kann bei einer Zwangshypothek, unabhängig davon, wem die titulierte Forderung materiell zusteht, nur die Personen gemäß § 1115 Abs. 1 BGB als Gläubigerin im Grundbuch eingetragen werden, die durch den Titel oder eine Vollstreckungsklausel als Inhaber der Titelforderung ausgewiesen ist.[888]

2115 Daraus folgt, dass aufgrund eines solchen „Alt"-Titels als Gläubiger nur die im Rahmen des Titels namentlich aufgeführten Wohnungseigentümer mit einem entsprechenden Zusatz im Grundbuch einzutragen sind.

2116 Etwas anderes gilt, wenn dem Grundbuchamt ein Titel vorgelegt wird, aus dem sich ergibt, dass das Rubrum gem. § 319 Abs. 1 ZPO vom Prozessgericht bzw. dem nach § 43 WEG zuständigen Gericht dahin berichtigt ist, dass auf der Gläubigerseite die Wohnungseigentümergemeinschaft als Verband an die Stelle der einzelnen Wohnungseigentümer getreten ist. Eine eigene Entscheidung, ob der Titel entsprechend berichtigt werden kann, ist dem Vollstreckungsgericht, hier dem Grundbuchamt, versagt.[889]

Tipp: Um die Eintragung der Wohnungseigentümergemeinschaft als Hypothekengläubigerin im Grundbuch zu ermöglichen, sollte eine Änderung des Rubrum eines noch vorhandenen „Alt"-Titels auf dem Verband der Wohnungseigentümergemeinschaft im Wege der – gebührenfreien - Berichtigung erwirkt werden.

2117 Weist der Titel den **Verwalter** selbst als **Gläubiger** aus, ist er als Berechtigter der Zwangshypothek einzutragen. Dabei ist es unerheblich, ob der Verwalter materiell-rechtlich selbst Inhaber der zu vollstreckenden Forderung ist, oder ob der Titel von ihm als gewillkürten Verfahrens-(Prozess)standschafter erstritten wurde.[890]

5. Partei kraft Amtes

2118 Hat eine Partei kraft Amtes (Insolvenzverwalter, Testamentsvollstrecker) in gesetzlicher Prozessstandschaft einen Titel erwirkt, der dem Prozessstandschafter selbst als Gläubiger ausweist, ist nur dieser als Gläubiger einer Zwangshypothek einzutragen und nicht der Insolvenzschuldner bzw. Erbe.[891]

2119 Hierbei ist es unerheblich, dass der materiellrechtliche Forderungsinhaber (Schuldner bzw. Erbe) mit dem Gläubiger der Zwangshypothek nicht identisch ist. Das Gleichlaufgebot des § 1113 BGB, wonach der materiellrechtliche Forderungsinhaber mit dem Hypothekengläubiger identisch sein muss,

---

886 *Zöller/Stöber* § 867 Rn. 8a, *KEHE-Dümig* Einl. B 78a; *LG Hamburg* Rpfleger 2006,10.
887 Rpfleger 2007, 479; *Demharter* Rpfleger 2007, 480 und Rpfleger 2006, 120; *Musielak/Becker* § 867 Rn. 6.
888 *BGH* Rpfleger 2007, 479 und Rpfleger 2002, 17.
889 *BGH* Rpfleger 2007, 479, der hier offen lässt, ob und unter welchen Voraussetzungen eine Berichtigung des Rubrums möglich ist; siehe auch *BGH* NJW 2007, 518; *OLG München* Rpfleger 2005,662; *OLG Düsseldorf* NZM 2007, 518.
890 *BGH* Rpfleger 2002, 17; *Schuschke/Walker* § 867 Rn. 10; *Zeiser* Rpfleger 2003, 550 (551).
891 *Demharter* § 44 Rn. 50; *Stöber* (ZVG) Einl. Anm. 67.2; *LG Darmstadt* Rpfleger 2007, 659; *LG Stuttgart* BWNotZ 2005, 148 unter Hinweis auf *BGH* Rpfleger 2007, 17. Die abweichende Ansicht in *Musielak/Becker* § 867 En 6 und *BL/Hartmann* § 867 Rn. 11 unter Hinweis auf *OLG Hamm* Rpfleger 1989, 17 ist damit überholt.

gilt nur für eine rechtsgeschäftlich bestellte Sicherungshypothek, greift jedoch nicht bei einer Zwangshypothek.

Ebenso ist bei einem gem. § 1629 Abs. 3 BGB erwirkten Unterhaltstitel der **Elternteil** und nicht das Kind als Gläubiger einzutragen. 2120

6. Vorerbe/Nacherbe

Hat ein Vorerbe ein Urteil erstritten, das dem Nacherben nach § 326 ZPO gegenüber wirksam ist, hat das Grundbuchamt bei der Zwangshypothek zu Gunsten des Vorerben von Amts wegen den Nacherbenvermerk miteinzutragen (§ 51 GBO). 2121

7. Zahlung an Dritten

Für die Forderung auf Zahlung an einen **Dritten** ohne eigenes Forderungsrecht (§§ 328 Abs. 2, 329 BGB) ist der Titelgläubiger als Berechtigter der Hypothek einzutragen unter Bezeichnung des Dritten als Zahlungsempfänger. Das Gleiche gilt bei einem Gläubiger, wenn der Geldbetrag für einen Dritten zu hinterlegen oder auf Anderkonto eines Notars zu leisten ist (vgl. Rn. 1958).[892] 2122

Für **Zwangsgeld** nach § 888 ZPO ist als Gläubiger der Kläger einzutragen und gleichzeitig als Zahlungsempfänger die Gerichtskasse zu vermerken. 2123

Erwirkt ein **Miterbe** in eigenem Namen ein Urteil, wonach eine Nachlassforderung an alle Miterben zu zahlen ist (§ 2039 BGB), ist die Zwangshypothek nur für den klagenden Miterben als Titelgläubiger einzutragen, jedoch mit dem Hinweis, dass Zahlungsempfänger alle (namentlich aufzuführenden) Miterben sind. 2124

8. Gläubigerwechsel vor Eintragung

Tritt **vor Eintragung** der Hypothek auf Gläubigerseite eine Rechtsnachfolge (etwa aufgrund Erbfolge, Verschmelzung nach dem UmwG, Abtretung des titulierten Anspruchs, gesetzlicher Forderungsübergang) ein, ist wie folgt zu differenzieren: 2124a

Hat das Grundbuchamt **Kenntnis** von dieser **Rechtsnachfolge**, darf es, auch wenn der Eintragungsantrag bereits gestellt ist, weder den ursprünglichen (Titel-)Gläubiger noch dessen Rechtsnachfolger als Berechtigten der Zwangshypothek eintragen. Dies folgt aus der Tatsache, dass das Vollstreckungsgericht bei einer Rechtsnachfolge auf Gläubigerseite die Zwangsvollstreckung nur beginnen bzw. fortsetzen darf, wenn dem Schuldner eine Rechtsnachfolgeklausel zugestellt ist (§§ 727, 750 Abs. 2 ZPO). Dies gilt nach Auffassung des BGH[893] nicht nur dann, wenn der Rechtsnachfolger des Gläubigers „aktiv" durch seinen Antrag auf das Vollstreckungsverfahren einwirkt. Vielmehr hat das Vollstreckungsgericht ihm bekannte Vollstreckungsmängel (hier fehlende Rechtsnachfolgeklausel) in jeder Lage des Vollstreckungsverfahrens von Amts wegen zu berücksichtigen. 2124b

Für das Grundbuchamt bedeutet dies: 2124c

Bei Eintragung einer Zwangshypothek wird die Vollstreckungsmaßnahme durch deren Grundbucheintragung bewirkt (§ 866 Abs. 1 ZPO), so dass zu diesem Zeitpunkt die Rechtsnachfolgeklausel nebst Zustellung als zwingende Vollstreckungsvoraussetzung dem Grundbuchamt nachzuweisen ist. Vorher kann die Hypothek mithin nicht eingetragen werden. Hierbei ist zu beachten, dass nicht mehr der Titelgläubiger, sondern der durch die Rechtsnachfolgeklausel ausgewiesene neue Gläubiger als Berechtigter der Hypothek im Grundbuch anzugeben ist.[894] Hierzu ist ggf. ein bereits vorliegender Antrag durch den Rechtsnachfolger entsprechend umzustellen, wobei hierfür einfache Schriftform genügt (§ 30 GBO). Hierzu ergeht entspr. § 139 ZPO eine Aufklärungsverfügung (wegen Einzelheiten siehe Rn. 2155, 2156).

---

892 *BayObLG* Rpfleger 2005, 309; *OLG Karlsruhe* Rpfleger 1998, 158; *Zöller/Stöber* § 867 Rn. 8; *Schöner/Stöber* Rn. 2162.
893 Rpfleger 2007, 331.
894 *Demharter* § 19 Rn. 98.

2124d Hat das Grundbuchamt in **Unkenntnis** der **Rechtsnachfolge** den bisherigen Gläubiger als Berechtigten der Hypothek eingetragen, entsteht diese wegen Fehlens von zwingenden Vollstreckungsvoraussetzungen nicht. Das Grundbuch wird insoweit unrichtig (vgl. Rn. 2222). Die Eintragung eines Amtswiderspruchs nach § 53 Abs. 1 S. 1 GBO scheidet mangels Vorliegens einer Gesetzesverletzung durch das Grundbuchamt aus (vgl. Rn. 2223 ff.). Der Rechtsnachfolger des Gläubigers erwirbt jedoch die auf den Namen des ursprünglichen Gläubigers eingetragene Hypothek dann, wenn die fehlende Rechtsnachfolgeklausel nebst Zustellung nachfolgt, da nunmehr der Mangel geheilt ist (vgl. Rn. 2222). Dies folgt aus der Tatsache, dass die für den Titelgläubiger eingetragene Hypothek - nach Mängelbeseitigung - unmittelbar für den Rechtsnachfolger wirksam wird. Dieser erwirbt das Recht unter einer unrichtigen Gläubigerbezeichnung.[895] Auf Antrag des Rechtsnachfolgers ist bei entspr. Nachweis der Rechtsnachfolge und Zustellung der Klausel an den Schuldner/Eigentümer die unzutreffende Gläubigerbezeichnung zu berichtigen.[896]

2124e Eine **Rechtsnachfolge nach** erfolgter **Hypothekeneintragung** erfordert dagegen für die Gläubigerberichtigung keine Rechtsnachfolgeklausel. Hierbei handelt es sich um keine Vollstreckungsmaßnahme, sondern um eine reine Grundbuchberichtigung nach §§ 894 BGB, 22 GBO. Die Vollstreckung durch das Grundbuchamt ist mit der Hypothekeneintragung beendet. Eine Titelumschreibung auf den Rechtsnachfolger des Gläubigers wird erst bei der Einleitung des Zwangsversteigerungs- bzw. Zwangsverwaltungsverfahrens benötigt.

VI. Mehrheit von Gläubigern

2125 Bei einer **Mehrheit** von einzutragenden Titelgläubigern ist im Grundbuch zwingend das Anteils- oder Gemeinschaftsverhältnis einzutragen (§ 47 GBO).

2126 In Betracht kommen hier:
- **Bruchteilsgemeinschaft** (§§ 741 ff. BGB);
- **Gesamtgläubigerschaft** (§ 428 BGB);
  Von einer Gesamtgläubigerschaft nach § 428 BGB wird ausgegangen, wenn Streitgenossen, die in einem Rechtsstreit obsiegen und denselben Anwalt hatten, gemeinsam ohne Angabe eines Beteiligungsverhältnisses einen Kostenfestsetzungsbeschluss oder sonstigen Titel über einen einheitlichen Betrag erwirkt haben.[897]
- **Gesamthandsgemeinschaften**
  Da bei den Gesamthandsgemeinschaften die Gesamthandsverhältnisse verschieden geregelt sind, muss im Grundbuch die konkrete Gemeinschaft angegeben werden. Dabei darf die quotenmäßige Beteiligung der einzelnen Gesamthänder der Eintragung **nicht** hinzugefügt werden.[898]
  Als Gesamthandsgemeinschaften kommen vor allem in Betracht:
  - Gesellschaft nach bürgerlichem Recht (§§ 705 ff. BGB);
  - Erbengemeinschaft (§§ 2032 ff. BGB);
  - Gesamtgut der ehelichen Gütergemeinschaft (§§ 1416 ff. BGB);
  - Fortgesetzte Gütergemeinschaft (§§ 1485 ff. BGB);
  - ggf. eine Gesamthandsgemeinschaft nach ausländischem Güterrecht.[899]

2127 Grundlage für die Eintragung des Anteils- oder Gemeinschaftsverhältnisses bildet regelmäßig der Vollstreckungstitel als Bewilligungsersatz. Ist das Beteiligungsverhältnis nicht ausdrücklich im Tenor

---

895 *Demharter* § 19 Rn. 99; bei Abtretung des Titelanspruchs siehe auch *Deimann* Rpfleger 2001, 583 für den vergleichbaren Fall der Vormerkung.
896 *KEHE-Munzig* § 20 Rn. 55; wegen der Rechtslage bei unbekannten Erben des Gläubigers siehe *Zöller/Stöber* § 727 Rn. 18, *Demharter* § 44 Rn. 51 und *Böhringer* Rpfleger 2003, 157 (169) mit Fn. 264.
897 BGH Rpfleger 1985, 321; ihm folgend *Schöner/Stöber* Rn. 2181 (Fußnote 29); *Zöller/Stöber* § 704 Rn. 11; LG Saarbrücken Rpfleger 2003, 498; OLG Saarbrücken Rpfleger 1978, 228; *Böhringer* Rpfleger 2005, 225 (237).
898 *Demharter* GBO, § 47 Rd. 21, 22.
899 *Schöner/Stöber* Rn. 3422.

festgelegt, kann es u.U. aus dem Titel (Rubrum) einschließlich seiner Gründe im Wege der Auslegung ermittelt werden.[900]

Die Honorarforderung einer Rechtsanwaltssozietät (ebenso bei Ärzten, Steuerberatern, Architekten) steht diesen regelmäßig als Gesellschaftern einer BGB-Gesellschaft zur gesamten Hand zu. Ein entspr. Titel (Urteil, Vergleich bzw. Vergütungsfestsetzungsbeschluss nach § 11 RVG) ist, wenn darauf kein anderes Beteiligungsverhältnis bezeichnet ist, so auszulegen.[901] Eine solche Auslegung kommt jedoch nur dann in Betracht, wenn die mehreren Gläubiger namentlich aufgeführt sind. Unzureichend ist eine Formulierung im Rubrum des Titels (bei Vergütungsfestsetzungsbeschluss nach § 11 RVG öfter vorkommend!) „Rechtsanwalt XY und Partner". In diesem Fall scheidet eine Auslegung aus, der Titel ist mangels Bestimmtheit der Gläubiger nicht vollstreckungsfähig. Ggf. kommt eine Titelberichtigung bezüglich des Rubrums nach § 319 ZPO in Betracht. Diese Vorschrift ist für Beschlüsse entspr. anwendbar.[902] Die Rechtsanwaltsgesellschaft dagegen ist GmbH (§ 59c Abs. 1 BRAO), mithin mit ihrer Firma (§ 59k Abs. 1 BRAO) im Grundbuch einzutragen (§ 15 Abs. 1b GBV). 2128

Tipp: Bei einem Vergütungsfestsetzungsbeschluss nach § 11 RVG, den eine Rechtsanwaltssozietät erwirkt hat, ist darauf zu achten, dass alle Gläubigeranwälte im Rubrum namentlich aufgeführt sind.

Umstritten ist der Fall, wenn der Titel ein **Beteiligungsverhältnis nicht enthält** und ein solches auch nicht durch Auslegung ermittelt werden kann. 2129

Eine Auffassung[903] geht davon aus, dass ein solcher Titel für die Zwangsvollstreckung und damit zur Eintragung einer Zwangshypothek mangels entspr. Bestimmtheit ungeeignet sei. Eintragung sei nur auf Grund einer Titelergänzung durch das Prozessgericht möglich. Da es sich hier um einen vollstreckungsrechtlichen Mangel handelt, kommt der Erlass einer rangwahrenden Zwischenverfügung nicht in Betracht. 2130

Die überwiegende Meinung[904] geht von einem wirksamen Titel aus und hält es in einem solchen Fall für zulässig, dass alle Gläubiger (ggf. vertreten durch einen gemeinsamen Bevollmächtigten) ihr Gemeinschaftsverhältnis einseitig im Antrag oder auf Zwischenverfügung in einer Nachtragserklärung ergänzen können. Für diesen Antrag und ggf. eine Antragsergänzung hält die h.M. hierfür einfache Schriftform für ausreichend. Teilweise wird hierfür die Form des § 29 GBO verlangt.[905] 2131

Der Auffassung (Rn. 2131) ist zu folgen. Dies kommt der Praxis entgegen und benachteiligt auch nicht den Schuldner. Es ist den Gläubigern unbenommen, auch ein im Titel angegebenes Beteiligungsverhältnis ohne Mitwirkung des Schuldners durch entspr. Vereinbarung zu verändern (vergleichbar einer Forderungsabtretung). 2132

Fehlt die Angabe des Gemeinschaftsverhältnisses bei der Eintragung im Grundbuch, so ist die Eintragung als solche wirksam, da § 47 GBO nur eine Ordnungsvorschrift ist. Das Grundbuch ist jedoch unvollständig und daher insoweit unrichtig. Ein gutgläubiger Erwerb nach § 892 BGB ist jedoch ausgeschlossen, da die Unvollständigkeit für jedermann erkennbar ist. Damit scheidet auch die Eintragung eines Amtswiderspruchs nach § 53 Ab. 1 Satz 1 GBO aus. Näheres hierzu unter Rn. 2222 ff. 2133

Auch eine Amtslöschung nach § 53 Abs. 1 Satz 2 GBO (Näheres hierzu unter Rn. 2217 ff.) kommt hiergegen nicht in Betracht. 2134

---

900 *Demharter* § 47 Rn. 15; *Zöller/Stöber* § 704 Rn. 11; *Böttcher* (ZV im GB) Rn. 64a.
901 BGH NJW 1996, 2859; *Zöller/Stöber* § 704 Rn. 11; *Schöner/Stöber* Rn. 2181; *KEHE-Eickmann* § 47 Rn. 16; a.A., dass Gesamtgläubigerschaft nach § 428 BGB vorliegt: OLG Saarbrücken Rpfleger 1978, 227.
902 LG Bonn Rpfleger 1984, 28; *Schöner/Stöber* Rn. 2181; *Zöller/Vollkommer* § 329 Rn. 39 und § 319 Rn. 14.
903 *MünchKomm-ZPO/Eickmann* § 867 Rn. 23; *KEHE-Eickmann* § 47 Rn. 16; *Demharter* § 47 Rn. 14; *Böttcher* (ZV im GB) Rn. 67; *Zeiser* Rpfleger 2003, 550.
904 OLG Köln Rpfleger 1986, 91; *Zöller/Stöber* § 867 Rn. 3; *Schöner/Stöber* Rn. 2181; *Schuschke/Walker* § 867 Rn. 7; *Musielak/Becker* § 867 Rn. 6; *Balser/Bögner/Ludwig* Rn. 1.3.7; *Schneider* MDR 1986, 817.
905 Für einfache Schriftform sprechen sich aus: OLG Köln Rpfleger 1986, 91; *Schuschke/Walker* § 867 Rn. 7, *Musielak/Becker* § 867 Rn. 6; *Balser/Bögner/Ludwig* Rn. 1.3.7; *Schneider* MDR 1986, 817. Die Form des § 29 GBO verlangen für die Antragstellung bzw. Ergänzung: *Zöller/Stöber* § 867 Rn. 3; *Schöner/Stöber* Rn. 2181.

2135 Eine berichtigende Ergänzung ist bei entspr. Nachweis auf Antrag, ggf. auch von Amts wegen möglich.[906]

2136 Bei einem Titel für **Gesamtgläubiger** nach § 428 BGB ist es zulässig, auf entspr. Antrag **eines** Gläubigers nur für diesen **allein** die Zwangshypothek einzutragen. Bei einer Gesamtgläubigerschaft ist jeder der Gläubiger für die gesamte Leistung selbstständig forderungsberechtigt.[907]

VII. Materiell-rechtliche Einwendungen

2137 Materiell-rechtliche **Einwendungen** gegen die Forderung, die dem Grundbuchamt vor der Eintragung gegenüber vom Schuldner erhoben werden, sind vom Grundbuchamt nicht zu beachten. Diese muss der Schuldner mit Klage nach §§ 767, 796 Abs. 2 ZPO geltend machen. Solange kein entspr. Urteil die Zwangsvollstreckung für unzulässig erklärt oder eine einstweilige Einstellung der Zwangsvollstreckung nach § 769 ZPO erwirkt wird (Vollstreckungshindernisse nach § 775 Nr. 1 bzw. Nr. 2 ZPO), hat das Grundbuchamt die Eintragung vorzunehmen.[908]

I. Verfahren bei Eintragungshindernissen

I. Grundbuchrechtliche Hindernisse

1. Erlass einer Zwischenverfügung

2138 Steht der beantragten Eintragung der Zwangshypothek ein **ausschließlich grundbuchrechtlicher** Mangel entgegen, hat das Grundbuchamt nach § 18 Abs. 1 GBO eine rangwahrende (§ 17 GBO) **Zwischenverfügung** zu erlassen.[909]

2139 Die Zwischenverfügung hat unter angemessener Fristsetzung die Hindernisse und deren Beseitigungsmöglichkeiten zu bezeichnen. Sie soll (nicht muss) die Angabe enthalten, dass der Antrag nach ergebnislosem Fristablauf zurückzuweisen ist. Damit der Lauf einer Frist beginnt, ist sie dem antragstellenden Gläubiger vom Amts wegen förmlich zuzustellen (§ 16 Abs. 2 FGG, §§ 166 ff. ZPO). Der Schuldner ist von ihrem Erlass nicht zu benachrichtigen.

2140 In diesem Fall werden spätere Antragsteller nach den Normen der §§ 17, 18 Abs. 2, 45 GBO nicht benachteiligt, weil der Gläubiger allen Anforderungen des Vollstreckungsrechts Genüge getan hat; er seinerseits wird gegenüber späteren Antragstellern auch nicht benachteiligt, da ihm die Schutzmechanismen des Grundbuchrechts für seinen nur mit grundbuchrechtlichen Mängeln behafteten Antrag zugute kommen.

2141 Der Erlass einer Zwischenverfügung kommt insbesondere bei folgenden behebbaren Grundbuchmängeln in Betracht:
- zur Klarstellung des Antrags, des Grundstücksbeschriebs (§ 28 GBO) oder der Gläubigerbezeichnung (§ 15 GBV);
- bei fehlender, aber notwendiger Voreintragung des Schuldners (Rn. 2098 ff.);
- bei fehlendem Beteiligungsverhältnis (§ 47 GBO), falls man mit der überwiegenden Auffassung der Ansicht ist, die Gläubiger können dies einseitig nacherklären (Rn. 2131);
- bei fehlender Zustimmung des Grundstückseigentümers bei Belastung eines Erbbaurechts (§§ 5, 8, 15 ErbbauVO).[910]

---

906 *Demharter* § 47 Rn. 2; *Schöner/Stöber* Rn. 257.
907 BGH NJW 1959, 585.
908 *OLG Köln* Rpfleger 1991, 149; *Schuschke/Walker* § 867 Rn. 29; *Zöller/Stöber* § 867 Rn. 22.
909 *MünchKomm-ZPO/Eickmann* § 867, Rn. 28; *Zöller/Stöber* § 867 Rn. 5; *Schöner/Stöber* Rn. 2185.
910 *OLG Celle* MDR 1985, 331; *Zöller/Stöber* § 867 Rn. 6.

2. Vormerkung nach § 18 Abs. 2 GBO

Geht jetzt ein vollzugsreifer Folgeantrag ein, der dasselbe Recht betrifft, so ist zur Sicherung des früheren noch nicht eintragungsreifen Antrags auf Eintragung der Zwangshypothek von Amts wegen eine **Vormerkung nach § 18 Abs. 2 GBO** einzutragen. Danach ist der spätere mängelfreie Antrag zu vollziehen.

2142

> **Erster** Antrag:
> Zwangshypothek über 4.000,00 €, es fehlt die Angabe des Beteiligungsverhältnisses nach § 47 GBO. Es ergeht entspr. Zwischenverfügung an die Gläubiger.
> **Zweiter** Antrag:
> Grundschuld über 20.000,00 € für die Volksbank Bezirk Schwetzingen eG. Der Antrag ist vollzugsreif. Die beiden Eintragungen betreffen dasselbe Recht i.S.d. § 17 GBO, da sie in einem Rangverhältnis zueinander stehen (§ 879 BGB).

2143

Beispiel

Daraus folgt, dass der erste Antrag (Zwangshypothek) zwingend **vor** dem späteren Antrag (Grundschuld) zu erledigen ist. Als Erledigung i.S.d. § 17 GBO gilt hier auch die von Amts wegen vorzunehmende Eintragung der Vormerkung nach § 18 Abs. 2 GBO zur Sicherung des öffentlich-rechtlichen Anspruchs der Gläubiger auf ranggerechte Eintragung ihrer Zwangshypothek. Diese Vormerkung hat somit Rang vor der einzutragenden Grundschuld zu erhalten.

2144

Die für die endgültige Eintragung der Hypothek notwendige Bezeichnung des Beteiligungsverhältnisses nach § 47 GBO braucht bei der Vormerkung nach § 18 Abs. 2 GBO noch nicht verlautbart werden.

2145

Die Eintragung der Vormerkung erfolgt in Abt. III Spalten 1 bis 4 (Spalte 4 linke Halbspalte, §§ 12, 19 GBV) und könnte etwa lauten:

2146

Dritte Abteilung

Beispiel

Lfd. Nr. der Eintragungen	Laufende Nummer der belasteten Grundstücke im Bestandsverzeichnis	Betrag	Hypotheken, Grundschulden, Rentenschulden
1	2	3	4
1	1	4.000,00 €	Vormerkung zur Sicherung des Antrags auf Eintragung einer Zwangssicherungshypothek zu viertausend Euro für a) Max … b) Sonja … Auf Grund des Urteils des Amtsgerichts Mannheim vom … (AZ. …) gemäß § 18 Abs. 2 GBO eingetragen am … *Unterschrift*

Im Anschluss ist dann rangmäßig danach (§ 879 Abs. 1 Satz 1 BGB) die Grundschuld für die Volksbank Bezirk Schwetzingen eG. einzutragen.

2147

Wird das Hindernis von den beiden Titelgläubigern fristgerecht beseitigt, wird die Vormerkung in die Zwangshypothek umgeschrieben.

2148

2149 Die Umschreibung erfolgt in der rechten freien Halbspalte der Spalte 4 wie folgt:

Beispiel **Dritte Abteilung**

Lfd. Nr. der Eintragungen	Laufende Nummer der belasteten Grundstücke im Bestandsverzeichnis	Betrag	Hypotheken, Grundschulden, Rentenschulden	
1	2	3	4	
1	1	4.000,00 €	Vormerkung zur Sicherung des Antrags auf Eintragung einer Zwangssicherungshypothek zu viertausend Euro für a) Max ... b) Sonja ... Auf Grund des Urteils des Amtsgerichts Mannheim vom ... (AZ. ...) gemäß § 18 Abs. 2 GBO eingetragen am .... Unterschrift	Umgeschrieben in eine Zwangssicherungshypothek zu viertausend Euro für a) Max ... b) Sonja ... als Gesamtgläubiger nach § 428 BGB. Auf Grund des Urteils des Amtsgerichts Mannheim vom ... (AZ. ...) eingetragen am ... Unterschrift

2150 Die Vormerkung in der linken Halbspalte ist als jetzt gegenstandslos zu röten. Die Zwangshypothek hat – obwohl zeitlich nach der Grundschuld eingetragen – entspr. der Erledigungsfolge des § 17 GBO Rang vor der Grundschuld (§ 879 Abs. 1 Satz 1 BGB).

2151 Zu beachten ist, dass die Vormerkung nach § 18 Abs. 2 GBO jedoch keinen Schutz gegen solche Eintragungshindernisse gewährt, die von der später beantragten Eintragung (Grundschuld) unabhängig sind. Dies ist etwa der Fall, wenn nach Eintragung der Schutzvormerkung über das Vermögen des Eigentümers das Insolvenzverfahren eröffnet wird. Dies bedeutet, dass für Insolvenzgläubiger (§ 38 InsO) eine Einzelzwangsvollstreckung in das Grundstück des Schuldners nach § 89 InsO nicht mehr erfolgen darf.[911] Über den früheren Antrag ist mithin so zu entscheiden, als ob die Vormerkung nicht eingetragen wäre.

Der Antrag ist somit zurückzuweisen und die Vormerkung von Amts wegen zu löschen.

2152 Ebenso erfolgt Zurückweisung, wenn die Titelgläubiger die aufgezeigten Hindernisse nicht fristgerecht beseitigen.

2153 Umstritten ist, wie zu verfahren ist, wenn der Gläubiger **schlüssig behauptet, eine noch nicht nachgewiesene Vollstreckungsvoraussetzung sei erfüllt**. Eine Meinung lässt auch hier den Erlass einer echten rangwahrenden Zwischenverfügung zu[912], während eine andere Auffassung eine solche ablehnt.[913] Der ablehnenden Auffassung ist zu folgen. Sind bei Antragstellung nicht alle Vollstreckungsvoraussetzungen nachgewiesen, kann der antragstellende Gläubiger keine Rangwahrung beanspruchen. Somit kommt hier nur der Erlass einer nicht rangwahrenden Aufklärungsverfügung nach § 139 ZPO in Betracht (Rn. 2155).

---

911 *KEHE-Herrmann* § 18 Rn. 81.
912 Für den Erlass einer Zwischenverfügung: *Demharter* § 18 Rn. 8; *MünchKomm-ZPO/Eickmann* § 867 Rn. 31; *Musielak/Becker* § 867 Rn. 5.
913 Gegen den Erlass: *Schuschke/Walker* § 867 Rn. 8; *Zöller/Stöber* § 867 Rn. 4; *Hoche* DNotZ 1957, 6; *Böttcher* (ZV im GB) Rn. 70; *BayObLG* Rpfleger 2005, 250.

II. Vollstreckungsrechtliche Hindernisse

1. Nicht behebbare Mängel

Handelt es sich um **nicht behebbare** Vollstreckungsmängel, erfolgt sofortige **Zurückweisung** des Antrags (§ 18 Abs. 1 GBO). Als nicht behebbare Hindernisse kommen beispielsweise in Betracht:

- Nichterreichen des Mindestbetrages von mehr als 750,00 €;
- Verbot der Zwangsvollstreckung nach § 89 InsO (Insolvenzeröffnung) oder nach § 775 ZPO;
- Antrag auf unzulässige Belastung eines Gesamthandanteils, Bruchteils bei einem Alleineigentümer oder Unterbruchteil eines Miteigentümers (§ 864 Abs. 2 ZPO).

2154

2. Behebbare Mängel

Bei **behebbaren** Vollstreckungsmängeln ergeht nach mittlerweile einhelliger Auffassung eine nicht rangwahrende **Aufklärungsverfügung** nach § 139 Abs. 1 und 2 ZPO mit der Aufforderung an den antragstellenden Gläubiger den Mangel innerhalb einer bestimmten Frist zu beheben. Der Schuldner wird davon nicht benachrichtigt.[914]

2155

Solche behebbaren Vollstreckungsmängel liegen beispielsweise vor:

2156

- eine notwendige Rechtsnachfolgeklausel fehlt;
- die Zustellung des Titels bzw. sonstiger Urkunden ist nicht nachgewiesen;
- es fehlt der Nachweis, dass im Falle des § 779 ZPO die Zwangsvollstreckung zu Lebzeiten des Schuldners begonnen hat (Rn. 30);
- eine Sicherheitsleistung ist nicht nachgewiesen bzw. bei der Sicherungsvollstreckung nach § 720a ZPO fehlt die Zustellung der „qualifizierten" Klausel (§ 750 Abs. 3 ZPO);
- es fehlen notwendige Nachweise, dass bei Eintragung der Hypothek auf einem Gesamtgutsgrundstück der schuldende Ehegatte das Gesamtgut allein verwaltet (§ 740 ZPO) oder die Voraussetzungen des § 741 ZPO (Erwerbsgeschäft) vorliegen (Rn. 27, 28);
- es fehlen Nachweise zur notwendigen Identitätsfeststellung des Firmeninhabers (vgl. Rn. 1969);[915]
- es fehlt im Falle des § 867 Abs. 2 ZPO die notwendige Verteilungserklärung des Gläubigers bezüglich der Forderung auf die mehreren Grundstücke des Schuldners (Rn. 2033 ff.);
- der Titel lässt ein Beteiligungsverhältnis der Gläubiger i.S.v. § 47 GBO nicht erkennen, falls man gegen die h.M. der Auffassung ist, ein solcher Titel ist ohne entspr. Ergänzung durch das Prozessgericht nicht vollstreckbar (vgl. Rn. 2130).

Ist eine **Wartefrist** (z.B. §§ 750 Abs. 3, 798 ZPO) noch nicht abgelaufen oder ein **Kalendertag** (§ 751 Abs. 1 ZPO) noch nicht eingetreten (wird dies aber in absehbarer Zeit sein), soll das Grundbuchamt den Eintritt der Vollstreckungsreife, ohne eine Aufklärungsverfügung zu erlassen, abwarten.[916] Die rangwahrende Wirkung nach §§ 17, 45 GBO tritt jedoch erst ein, wenn die Frist bzw. der Kalendertag abgelaufen ist und damit Vollstreckungsreife vorliegt.

2157

Aufklärungsverfügung des Grundbuchamts

Grundbuchamt Mannheim	Mannheim, den 19.01.2006
Grundbuch von Mannheim Nr. 4444 und 8888 FlSt.Nr. 1234/5 und 4321/6	
hier: Eintragung einer Zwangshypothek gem. Antrag vom 17.01.2006 über 12.000,00 € nebst 8 % Zinsen	
Aufklärungsverfügung	
Dem Vollzug des Antrags des Gläubigers ... auf Eintragung einer Zwangshypothek zu Lasten der genannten Grundstücke steht folgendes Vollstreckungshindernis entgegen:	

2158

Muster

(Fortsetzung S. 394)

---

914 Schöner/Stöber Rn. 2179; Thüringer OLG FG Prax 2002, 100; Böttcher (ZVG) §§ 15, 16 Rn. 105.
915 BayObLG Rpfleger 1996, 63 für den vergleichbaren Fall bei ZV in Gesamtgut.
916 MünchKomm-ZPO/Eickmann § 867 Rn. 34; Böttcher (ZV im GB) Rn. 80.

> Die Belastung mehrerer Grundstücke eines Schuldners mit einer Gesamtzwangshypothek ist unzulässig (§ 867 Abs. 2 ZPO). Notwendig ist eine Verteilung der titulierten Forderung auf die beiden Grundstücke. Die Verteilung der Forderung hat der Gläubiger vorzunehmen. Es bedarf somit noch einer entspr. schriftlichen Verteilungserklärung. Zu beachten ist, dass jeder Teil mehr als 750,00 € beträgt (§§ 867 Abs. 2 Satz 2, 866 Abs. 3 ZPO).
>
> Zur Vorlage der Verteilungserklärung wird eine Frist bis zum 10.02.2006 bestimmt, nach deren ergebnislosen Ablauf der Antrag zurückzuweisen ist.
>
> Es wird darauf hingewiesen, dass diese Aufklärungsverfügung (§ 139 ZPO) für den Antrag keine rangwahrende Wirkung hat. Die Rangwirkung des § 17 GBO tritt erst mit Eingang der Verteilungserklärung ein.
>
> (Unterschrift)
> Rechtspfleger(in)

2159 Betrifft der mit Aufklärungsverfügung zu beanstandende Mangel nur einen ausscheidbaren **Teil** des Antrags (z.B. nur einen von mehreren Titeln, bisherige Vollstreckungskosten), so ist im Übrigen – bei sonstiger Teilvollzugsreife – die Rangfolge der §§ 17, 45 GBO gewahrt.[917] Die Zwangshypothek für den Rest ist – bei Erreichen des Mindestbetrages – eintragbar.

2160 Die rangwahrende Wirkung der §§ 17, 45 GBO tritt bei Vollstreckungsmängeln nicht bereits mit Stellung des Antrags beim Grundbuchamt ein, sondern erst mit Beseitigung des letzten vollstreckungsrechtlichen Hindernisses.

2161 Als Eingangszeit des Antrags i.S. des Grundbuchverfahrens gilt erst der Eingang der die Aufklärungsverfügung erfüllenden Nachweise.[918] Demzufolge ist bei Eingang von nachzureichenden Vollstreckungsunterlagen der genaue Zeitpunkt (Tag mit Uhrzeit) entspr. § 13 Abs. 2 Satz 1 GBO zu vermerken.

III. Grundbuchrechtliche und vollstreckungsrechtliche Mängel

2162 Treffen mit **Grundbuchmängeln** auch **vollstreckungsrechtliche Hindernisse** zusammen, ergeht einheitlich eine nicht rangwahrende Aufklärungsverfügung. Stehen der Eintragung nach Beseitigung aller Vollstreckungsmängel nur noch grundbuchrechtliche Hindernisse entgegen, ist – da nunmehr die rangwahrende Wirkung des Antrags beginnt – der Erlass einer Zwischenverfügung und ggf. die Eintragung einer Vormerkung nach § 18 Abs. 2 GBO möglich.

2163 Gehen **vor Beseitigung** der Vollstreckungsmängel **vollzugsreife Anträge** ein, die dasselbe Recht betreffen, ist zu differenzieren:

- Der spätere mängelfreie Antrag betrifft die Eintragung eines **dinglichen Rechts** oder einer Vormerkung (auch Auflassungsvormerkung). Dieser Antrag wird sofort vollzogen und das Recht (Vormerkung) geht damit automatisch der später einzutragenden Zwangshypothek im Range vor (§§ 17, 45 BGO, § 879 BGB). Eine Zurückweisung des Antrags auf Eintragung der Zwangshypothek ist nicht geboten.[919]
- Wird jedoch die **Umschreibung des Eigentums** beantragt und ist dieser Antrag – ggf. nach Erlass einer Zwischenverfügung – vollzugsreif, ist zugleich mit der Eigentumsumschreibung der früher gestellte Antrag auf Eintragung der Zwangshypothek, dem insoweit ja keine rangwahrende Eingangswirkung zukommt, als jetzt nicht mehr vollziehbar, zurückzuweisen. Es fehlt nunmehr an der notwendigen Identität zwischen Vollstreckungsschuldner und Grundstückseigentümer.

---

917 *MünchKomm-ZPO/Eickmann* § 867 Rn. 33; *Musielak/Becker* § 867 Rn. 5; *Zöller/Stöber* § 867 Rn. 4.
918 *Musielak/Becker* § 867 Rn. 5; *MünchKomm-ZPO/Eickmann* § 867 Rn. 32; *Stöber* (ZVG) Einl. Rn. 65.
919 *MünchKomm-ZPO/Eickmann* § 867 Rn. 32.

Liegt bereits ein mit Zwischenverfügung beanstandeter Antrag auf Eintragung einer **Rechtsänderung** vor, und geht danach ein mängelfreier Antrag auf Eintragung einer **Zwangshypothek** ein, ist zu differenzieren:

2164

---

zur Rangkonkurrenz

Erster Antrag:
Eintragung eines dinglichen Rechts (Auflassungsvormerkung), Antrag ist noch nicht vollzugsreif.

Zweiter Antrag:
Eintragung einer Zwangshypothek, Antrag ist vollzugsreif.
Die beiden Eintragungen betreffen dasselbe Recht i.S.d. § 17 GBO, da sie in einem Rangverhältnis zueinander stehen.
In diesem Falle hat das Grundbuchamt von Amts wegen den früheren Antrag auf Eintragung des dinglichen Rechts (AV) durch Eintragung einer halbspaltigen Vormerkung nach § 18 Abs. 2 GBO zu schützen. Im Range danach ist dann die Zwangshypothek zu vollziehen.
Werden die aufgezeigten Hindernisse für den ersten Antrag beseitigt, wird das Recht (AV) nunmehr unter Umschreibung der Schutzvormerkung im Range dieser Vormerkung, somit rangmäßig vor der Zwangshypothek, eingetragen.
Wird dagegen der frühere Antrag zurückgewiesen, erhält die eingetragene Zwangshypothek nunmehr den besseren Rang; die Schutzvormerkung nach § 18 Abs. 2 GBO ist nach wirksamer Antragszurückweisung von Amts wegen zu löschen.

2165

Beispiel

---

zur „existentiellen" Konkurrenz

Erster Antrag:
Eigentumswechsel, dem mit Zwischenverfügung beanstandete behebbare Mängel anhaften.

Zweiter Antrag:
Eintragung einer Zwangshypothek auf Grund eines Titels gegen den derzeitigen Eigentümer (Veräußerer), Antrag ist vollzugsreif.
In diesem Falle hat das Grundbuchamt von Amts wegen den früheren Antrag auf Eigentumswechsel durch Eintragung einer Vormerkung nach § 18 Abs. 2 GBO zu schützen. Im Range danach ist dann unter Vorbehalt der Erledigung des früheren Antrags die später beantragte Zwangshypothek einzutragen.
Eine Zurückstellung des Antrags auf Eintragung der Zwangshypothek bis über den früheren Antrag auf Eigentumsumschreibung endgültig entschieden ist, verbietet sich, da insoweit die Schutznormen der §§ 878 und 892 BGB gegen eine nachträgliche Vollstreckungseinstellung, etwa durch Insolvenzeröffnung, dem Titelgläubiger nicht zur Verfügung stehen.
Werden jetzt die Hindernisse für die Eigentumsumschreibung beseitigt, ist diese unter Löschung der Schutzvormerkung zu vollziehen. Danach ist die unter Vorbehalt eingetragene Zwangshypothek von Amts wegen (ohne Bewilligung des Gläubigers) zu löschen. Die später eingetragene Zwangshypothek widerspricht dem geschützten Eigentumserwerb und hätte – mangels Voreintragung des Schuldners – nicht mehr bewirkt werden können, wenn der früher beantragte Eigentumswechsel im Zeitpunkt der Eintragung des Schutzvermerks (§ 18 Abs. 2 GBO) vorgenommen worden wäre. Ihre Löschung ist deshalb geboten.[922]
Wird dagegen der frühere Antrag auf Eigentumswechsel mangels Beseitigung der Hindernisse zurückgewiesen, wird die unter dem entspr. Vorbehalt eingetragene Zwangshypothek nunmehr vorbehaltlos wirksam.
Die Schutzvormerkung nach § 18 Abs. 2 GBO ist sodann von Amts wegen als jetzt gegenstandslos zu löschen. Ebenso ist der Rangvermerk bei der Zwangshypothek zu röten.[923]

2166

Beispiel

---

920   *OLG Frankfurt* FGPrax 1998, 128; JFG 23, 146; BayObLGZ 30, 440; *Demharter* § 18 Rn. 51; *KEHE-Herrmann* § 18 Rn. 89.
921   *KEHE-Herrmann* § 18 Rn. 91.

3. Kapitel
Eintragung, Rechtsbehelfe, Umschreibung, Löschung

A. Eintragung im Grundbuch

I. Keine Anhörung des Schuldners

2166a Entgegen den sonst geltenden Grundsätzen bei Eintragung ohne Bewilligung des Betroffenen[922] ist der Schuldner/Eigentümer vor der Eintragung der Zwangshypothek nicht zu hören.[923]

II. Inhalt

2167 Die Zwangshypothek, die mit ihrer Eintragung im Grundbuch entsteht (§ 867 Abs. 1 Satz 2 ZPO), ist Sicherungshypothek und als solche ausdrücklich im Grundbuch zu bezeichnen (§ 1184 Abs. 2 BGB). Wegen der für diese Sicherungshypothek geltenden Besonderheiten (§ 868 ZPO) ist anzugeben, dass die Eintragung im Wege der Zwangsvollstreckung erfolgt. Das Fehlen dieser Hinweise ist jedoch kein Unwirksamkeitsgrund. Eine Brieferteilung ist stets ausgeschlossen (§ 1185 Abs. 1 ZPO).[924]

2168 Die Eintragung im Wege der **Sicherungsvollstreckung (§ 720a ZPO)** ist als Eintragungsgrund nicht zu bezeichnen.[925] Ob auf Grund der Zwangshypothek Verwertung bzw. eine Erlöszuteilung nach Sicherheitsleistung oder Rechtskraft erlangt werden kann, hat das Vollstreckungsgericht selbstständig festzustellen. Ein solcher Hinweis sollte auch deshalb unterbleiben, da nach Sicherheitsleistung oder ab Rechtskraft dieser Vermerk unzutreffend werden würde.

2169 Eine Zwangshypothek kann im Rahmen ihrer Eintragung **nicht gutgläubig** erworben werden. Die Vorschrift des § 892 BGB (und die Norm des § 878 BGB) gelten nicht für einen (Erst-)Erwerb im Rahmen einer Zwangsvollstreckungsmaßnahme. Wird somit auf Grund eines gegen einen eingetragenen „Scheineigentümer" vorliegenden Titels eine Zwangshypothek im Grundbuch eingetragen, entsteht diese nicht. Das Grundbuch wird in diesem Falle unrichtig (§ 894 BGB). Vergleiche Rn. 1998.

2170 Die Eintragung hat nach § 1115 Abs. 1 BGB den **Gläubiger**, den **Geldbetrag** der Forderung und, wenn die Forderung verzinslich ist, den **Zinssatz** und ggf. andere **Nebenleistungen** „expressis verbis" zu bezeichnen. Insoweit ist eine Bezugnahme nach § 874 BGB ausgeschlossen.

2171 Hinsichtlich des Zinsbeginns kann entspr. § 874 BGB auf den Titel als Bewilligungsersatz Bezug genommen werden.[926] Ist die Zinshöhe für verschiedene Teilbeträge der gesicherten Forderung unterschiedlich hoch, hat die Eintragung dies entspr. kenntlich zu machen.[927]

2172 Bei **mehreren** Gläubigern ist das sich aus dem Titel oder den Erklärungen der Gläubiger ergebende **Beteiligungsverhältnis** nach § 47 GBO „expressis verbis" im Grundbuch einzutragen.

2173 Der **Geldbetrag der Forderung**, der in Spalte 3 der dritten Abteilung in Ziffern als Betrag des Rechts zu bezeichnen ist (§ 11 Abs. 4 GBV) und in Spalte 4 in Buchstaben zu schreiben ist (§ 17 Abs. 1 Satz 1 mit § 11 Abs. 5 GBV), ist die Vollstreckungsforderung, die mit ihrer Eintragung im Wege der Zwangsvollstreckung „als bestimmte Geldsumme" (§ 1113 Abs. 1 BGB) Grundstücksbelastung wird.

---

922 *Demharter* § 1 Rn. 49; *KEHE-Dümig* Einl. C 59.
923 *OLG Frankfurt* NJW-RR 2007, 1248.
924 *Schöner/Stöber* Rn. 2186; *Zöller/Stöber* § 867 Rn. 7; *Musielak/Becker* § 867 Rn. 6.
925 So zutreffend: *Schöner/Stöber* Rn. 2186; *Zöller/Stöber* § 867 Rn. 7; *Böttcher* (ZV im GB) Rn. 84; a.A., dass der Hinweis auf § 720a ZPO notwendig ist: *MünchKomm-ZPO/Eickmann* § 867 Rn. 37; *Musielak/Becker* § 867 Rn. 6. Zweckmäßig und zulässig erscheint es, bei nachgewiesener Rechtskraft oder Sicherheitsleistung diese im Eintragungsvermerk zum Ausdruck zu bringen.
926 *Demharter* Anh. zu § 44 Rn. 45; *Schöner/Stöber* Rn. 1957.
927 *Schöner/Stöber* Rn. 2188.

Dieser Betrag kann sich aus mehreren Titeln und bisherigen Vollstreckungskosten (§ 788 ZPO) zusammensetzen (§ 866 Abs. 3 Satz 2 ZPO).[928]

Einzutragen ist der Geldbetrag der Zwangshypothek grundsätzlich in **Euro** (§ 28 Satz 1 1. Halbsatz GBO). Möglich ist jedoch auch die Eintragung einer Zwangshypothek in der Währung eines der Mitgliedstaaten der Europäischen Union, die nicht an der Währungsunion teilnehmen, sowie in der Währung der **Schweizerischen Eidgenossenschaft** und der **Vereinigten Staaten von Amerika** (§ 28 Satz 2 GBO, VO vom 30.10.1997 (BGBl. I, 2683) und VO vom 23.12.1998 (BGBl. I, 4023), sofern der Titel auf eine dieser Währungen lautet. 2174

Vorausgesetzt ist bei ausländischer Währung ein Betrag von mehr als 750,00 € (§ 866 Abs. 3 ZPO) nach dem Umrechnungskurs am Eintragungstag. Im Übrigen ist eine Sicherungshypothek in ausländischer Währung nicht eintragbar.[929] 2175

Lautet der Titel noch auf einen DM-Betrag, hat das Grundbuchamt von Amts wegen diesen Betrag nach dem amtlichen festen Wechselkurs (1 Euro = 1,95583 DM) umzustellen und die Zwangshypothek in Euro einzutragen. Das Gleiche gilt für noch in Deutscher Mark ausgewiesene notwendige Kosten bisheriger Vollstreckungsmaßnahmen. 2176

Sind die titulierten Beträge in einer nicht im Grundbuch eintragbaren **ausländischen Währung** angegeben, erfolgt die Eintragung in **Euro** als Höchstbetragssicherungshypothek (§ 1190 BGB), da die Umrechnung endgültig erst zum Befriedigungszeitpunkt geschieht (unechte Valutaschuld i.S.d. § 244 Abs. 2 BGB). Höchstbetrag ist der Umrechnungsbetrag am Antragstag. Die Umrechnung hat das Grundbuchamt von Amts wegen vorzunehmen.[930] 2177

Ist der Anspruch nach dem Titel verzinslich, so verbietet § 1190 Abs. 2 BGB die gesonderte (Mit)Eintragung dieser Zinsen. Da die Dauer des Zinslaufes bei der Eintragung zwangsläufig nicht feststeht, kann der Gläubiger (neben den kapitalisierten rückständigen Zinsen) einen angemessenen Betrag im Antrag festlegen, der bei der Eintragung der Zwangshypothek dem Höchstbetrag für die Hauptforderung und die rückständigen Zinsen hinzuzurechnen ist. 2178

Die entspr. Antragstellung könnte etwa so formuliert werden: 2179

... beantrage ich die Eintragung einer Sicherungshypothek für eine Forderung von ... norwegischen Kronen, die nach dem Kurse am Tage der Zahlung in Euro zu zahlen ist. Ferner bitte ich, für künftige Zinsen einen Betrag von ... Euro hinzuzurechnen.

Vor In-Kraft-Treten des Gesetzes zur Beschleunigung fälliger Zahlungen, zum 01.05.2000, des Schuldrechtsmodernisierungsgesetzes und der Einführung des Basiszinssatzes des § 247 BGB, der nunmehr an die Stelle des früheren Diskontsatzes der Deutschen Bundesbank getreten ist, war es unbestritten, dass bei einem gleitenden Zinssatz im Grundbuch ein **Höchstzinssatz** einzutragen war. Dies leitete man aus dem das Grundbuchrecht beherrschenden Bestimmtheitsgrundsatz ab, wonach die Maximalbelastung eines Grundstücks mit einem Grundpfandrecht auch bezüglich der Zinsen aus der Eintragung selbst zu entnehmen sein muss. Der Wertmesser, nach dem sich der variable Zinssatz konkret bestimmt, muss sich aus der in Bezug genommenen Bewilligung bzw. dem Vollstreckungstitel ergeben.[931] 2180

Enthielt der Titel, was regelmäßig der Fall sein wird, keinen Höchstzinssatz, ließ sich die Miteintragung der Zinsen dadurch ermöglichen, dass der Gläubiger selbst einen „angemessenen" Höchstzinssatz in seinem schriftlichen Antrag oder auf entspr. rangwahrende Zwischenverfügung in einer schriftlichen Nachtragserklärung bezeichnete.[932] 2181

Bis zur Entscheidung des *BGH*[933] war umstritten, ob seit der Änderung des § 288 BGB bei einem vereinbarten oder titulierten gleitenden Zinssatz, der sich auf die gesetzlichen Verzugszinsen (5 bzw. 8 2182

---

928 *Stöber* (ZVG) Einl. Rn. 66, 67; *Schöner/Stöber* Rn. 2186, 2187; *Zöller/Stöber* § 867 Rn. 6, 7.
929 *Zöller/Stöber* § 867 Rn. 9; *MünchKomm-ZPO/Eickmann* § 866 Rn. 13 und § 867 Rn. 42; *Böttcher* (ZV im GB) Rn. 60, 61. Die Eintragung einer Höchstsumme in Euro ist nicht erforderlich: *BGH* Rpfleger 2006, 313.
930 *MünchKomm-ZPO/Eickmann* § 867 Rn. 22, 42; *LG Osnabrück* Rpfleger 1968, 122.
931 *Palandt/Bassenge* § 1115 Rn. 11; *Schöner/Stöber* Rn. 1962, 2190; *Demharter* Anh. zu § 44 Rn. 45, 71.
932 *Schöner/Stöber* Rn. 2190; *MünchKomm-ZPO/Eickmann* § 867 Rn. 44; *Böttcher* (ZV im GB) Rn. 80.
933 *BGH* Rpfleger 2006, 313 mit Anm. *Wagner*. Zur Eintragung von Zinsen siehe auch *Klawikowski* Rpfleger 2007, 388.

Prozentpunkte über dem Basiszinssatz) des § 247 BGB bezieht, ein Höchstzinssatz im Grundbuch einzutragen war. Dasselbe gilt bei Eintragung einer Zwangshypothek auf Grund eines Kostenfestsetzungsbeschlusses bzgl. der festgesetzten Zinsen von 5 Prozentpunkten über dem Basiszinssatz (§ 104 Abs. 1 Satz 2 ZPO).[934]

2183 Der *BGH* stellt erfreulicherweise in seiner o.g. Entscheidung fest, dass bei Bezugnahme auf einen gleitenden Zinssatz die Eintragung eines **Höchstzinssatzes entbehrlich** ist, sofern sich der variable Zins aus der Bezugnahme auf eine gesetzlich bestimmte Bezugsgröße ergibt. Die hinreichende Bestimmbarkeit ist hier gewahrt, nachdem sich die Berechnungsfaktoren auf Grund objektiver Umstände jeweils genau ermitteln lassen.

In diesem Fall ist als Zinssatz i.S.d. § 1115 BGB diese Bezugsgröße (z.B. verzinslich mit 5 Prozentpunkten über dem Basiszinssatz) „expressis verbis" im Grundbuch einzutragen. Eine Bezugnahme auf den Titel reicht nicht aus.[935] Ob auch bei „Alt"-Titeln, bei denen der variable Zins an den früheren Bundesbankdiskontsatz gekoppelt ist, eine Grundbucheintragung ohne Höchstzinsangabe zulässig ist, war vom *BGH* in o.g. Entscheidung nicht zu entscheiden, dürfte jedoch zu bejahen sein.

Ein Höchstzinssatz ist jedoch einzutragen, wenn dies vom Gläubiger ausdrücklich beantragt wird.[936]

2184 Bei einem, jetzt nicht mehr notwendigen, bereits eingetragenen Höchstzinssatz ist grundbuchmäßig nichts zu veranlassen. Dieser begrenzt lediglich die dingliche Haftung des Grundstücks, hat jedoch keine Auswirkungen auf die tatsächliche Zinsbelastung des Grundstücks. Diese Angabe kann somit weder als gegenstandslos nach §§ 84 ff. GBO noch als inhaltlich unzulässig nach § 53 Abs. 1 Satz 2 GBO gelöscht werden.

Eine Löschung wäre nur auf Bewilligung des Eigentümers und etwaiger gleich- oder nachstehender Berechtigter möglich, da bei wegfallender Begrenzung der Zinsbelastung die dingliche Haftung des Grundstücks denkbarer Weise verschärft wird. Soweit im Grundbuch zulässigerweise der Wertmesser selbst nicht eingetragen ist, wäre dies vor der Löschung als Zinssatz i.S.d. § 1115 BGB noch „ex-pressis verbis" zu verlautbaren.

2185 Die **Formulierung** der Zwangshypothek könnte etwa lauten:

Beispiel   **Dritte Abteilung**

Lfd. Nr. der Eintragungen	Laufende Nummer der belasteten Grundstücke im Bestandsverzeichnis	Betrag	Hypotheken, Grundschulden, Rentenschulden
1	2	3	4
1	1	3.000,00 €	Dreitausend Euro Zwangssicherungshypothek nebst 8 % Zinsen aus 2.400,00 € und und Zinsen von 5 Prozentpunkten über dem Basiszinssatz aus 600,00 € für Erwin Schreiber, geb. 14. März 1954; Schwetzingen Auf Grund des rechtskräftigen Urteils vom 4. April 2005 und des Kostenfestsetzungsbeschlusses vom 24. April 2005; je Amtsgericht Schwetzingen (1 C 328/04) eingetragen am … *Unterschrift*

---

934 *Schleswig-Holsteinisches OLG* DNotZ 2003, 354; *OLG Celle* DNotI-Report 2004, 202; *OLG Hamm* Rpfleger 2006, 70 im Vorlagebeschluss an den *BGH*; Zöller/Stöber § 867 Rn. 10; *Böhringer* Rpfleger 2004, 623 und Rpfleger 2005, 225 je m.w.H.
935 *Wagner* Rpfleger 2004, 668; *Böhringer* Rpfleger 2005, 225.
936 *Klawikowski* Rpfleger 2007, 388.

Sind Gläubiger und Zahlungsempfänger verschiedene Personen (Rn. 2122 bis 2124), lautet die Gläubigerformulierung:

... *für Toni Mayer ... mit der Maßgabe, dass Zahlungsempfänger die Gerichtskasse Hamburg ist*

oder

... *für Toni Mayer ... mit der Maßgabe, dass der Forderungsbetrag für Wolfgang Daum ... zu hinterlegen bzw. auf das Anderkonto Nr. ... des Notars ... zu leisten ist.*

III. Vermerk auf dem Vollstreckungstitel

Die erfolgte **Eintragung** der Zwangshypothek ist auf dem vollstreckbaren Titel **zu vermerken** (§ 867 Abs. 1 Satz 1 2. Halbsatz ZPO). Dies geschieht regelmäßig durch Ansiegelung einer Eintragungsnachricht. Die vollstreckbare Ausfertigung des Titels ist dem Gläubiger nach Fertigung entspr. beglaubigter Kopien zurückzugeben (§ 10 Abs. 1 GBO). 2186

IV. Eintragung eines unrichtigen Geldbetrages

Trägt das Grundbuchamt versehentlich einen **höheren** Geldbetrag in das Grundbuch ein als vom Gläubiger beantragt und gegen den schuldenden Eigentümer tituliert, entsteht die Zwangshypothek nach Maßgabe der §§ 139, 140 BGB nur im Umfang des Antrags (Titels). Hinsichtlich des zuviel eingetragenen Betrages ist die Hypothek unwirksam, eine Eigentümergrundschuld ist nicht entstanden. 2187

Die wegen Fehlens eines entspr. Vollstreckungstitels (nebst Forderung) endgültig unwirksame Zwangshypothek über den **höheren** als beantragten/titulierten Geldbetrag ist auf entspr. einfache unbeschränkte Beschwerde (§ 11 Abs. 1 RPflG, § 71 GBO) des Eigentümers im Wege der Abhilfe (§ 75 GBO) zu löschen. Ein gutgläubiger Erwerb dieser unwirksamen (Teil-)Sicherungshypothek scheidet mangels bestehender (Titel-)Forderung aus (§§ 1184, 1185 Abs. 2 BGB, § 866 Abs. 1 ZPO). Somit kommt auch die Eintragung eines Amtswiderspruchs nach § 53 Abs. 1 Satz 1 GBO nicht in Betracht.[937] 2188

Eine entspr. Löschung könnte auch auf Berichtigungsantrag des Eigentümers oder eines nachrangig eingetragenen Berechtigten[938] oder von Amts wegen nach §§ 84 ff. GBO[939] erfolgen. Einer Berichtigungsbewilligung des eingetragenen Hypothekengläubigers bedarf es nicht. Ebenso wenig muss der Eigentümer dieser berichtigenden Löschung zustimmen, da die Unrichtigkeit für das Grundbuchamt offenkundig ist (§§ 27 Satz 2, 29 Abs. 1 Satz 2 GBO). 2189

Vor der Löschung hat das Grundbuchamt dem eingetragenen Gläubiger sowie, wenn nicht von ihm die Löschung beantragt wurde, auch dem Eigentümer rechtliches Gehör zu gewähren.[940] 2190

Wird umgekehrt ein **geringerer** Geldbetrag im Grundbuch verlautbart als Gläubigerantrag/Vollstreckungstitel ausweisen, erwirbt der Gläubiger die Zwangshypothek nur in Höhe des (zu gering) eingetragenen Geldbetrages. 2191

Dies folgt aus der Tatsache, dass bei Teilkongruenz von Einigung, die hier durch Gläubigerantrag und Titel ersetzt wird (vgl. hierzu Rn. 1950), und Eintragung ein *minus* (da *plus continet minus*) entsteht.[941] 2192

Soweit das Grundbuchamt einen **geringeren** als beantragten Geldbetrag eingetragen hat, kann es jederzeit für den Restbetrag auf Grund des insoweit noch nicht erledigten Antrags an nächst offener Rangstelle („Hauptspalte") eine weitere eigene Zwangshypothek eintragen,[942] auch wenn hierbei die 2193

---

[937] *BGH* Rpfleger 1975, 246; *Demharter* § 71 Rn. 45.
[938] *Demharter* § 13 Rn. 47.
[939] *Hintzen* ZIP 1991, 474 (483).
[940] *BGH* Rpfleger 2005, 135 (136); *Demharter* § 1 Rn. 49, 50.
[941] *Palandt/Bassenge* § 873 Rn. 13.
[942] *Demharter* § 53 Rn. 12.

Mindestgrenze von mehr als 750,00 € nicht erreicht wird. Vergleiche insoweit die Ausführungen zu Rn. 2018, 2019 mit Formulierungsbeispiel.

V. Kosten im Eintragungsverfahren

1. Kosten des Grundbuchamts

a) Eintragung

2194 Die Eintragung der Zwangshypothek löst gem. § 62 Abs. 1 KostO die volle Gerichtsgebühr aus (§ 32 KostO). Bei einer Verteilung auf mehrere Grundstücke des Schuldners (§ 867 Abs. 2 ZPO) fällt die Gebühr für jede einzelne Zwangshypothek getrennt an (§ 63 Abs. 1 Satz 1 KostO).

2195 Der Wert richtet sich hier nach dem Forderungsbetrag, wie er sich aus den Spalten 3 und 4 der dritten Abteilung ergibt (§ 23 Abs. 2 KostO).

2196 Als Nebenforderung geltend gemachte Zinsen sowie Kosten und andere Nebenleistungen bleiben unberücksichtigt (§ 18 Abs. 2 KostO). Die Gebühr wird mit Eintragung fällig (§ 7 KostO), eine Sicherstellung der Kosten durch Vorwegleistung kann regelmäßig nicht gefordert werden (§ 8 Abs. 1 Satz 1, Abs. 2 Satz 1 2. Halbsatz, Satz 3 KostO).

2197 Wegen der Vorschussfälligkeit (§ 8 Abs. 1 Satz 1 KostO) kann Sollstellung bereits mit Antragseingang erfolgen.

2198 Kostenschuldner sind der antragstellende Gläubiger (§ 2 Nr. 1 KostO) sowie der Eigentümer als Vollstreckungsschuldner (§ 3 Nr. 4 KostO); beide haften als Gesamtschuldner (§ 5 KostO). Die Reihenfolge, wie die mehreren Kostenschuldner in Anspruch zu nehmen sind, regelt § 8 KostVfg.

b) Zurückweisung des Antrags

2199 Für die Zurückweisung des Antrags auf Eintragung einer Zwangshypothek wird die Hälfte der vollen Gebühr, höchstens jedoch ein Betrag von 35,00 € erhoben (§ 130 Abs. 1 KostO). Kostenschuldner ist nur der Gläubiger als Antragsteller (§ 2 Nr. 1 KostO).

c) Antragsrücknahme

2200 Die Rücknahme des Antrags löst ein Viertel der vollen Gebühr, höchstens jedoch einen Betrag von 20,00 € aus (§ 130 Abs. 2 KostO). Für die Rücknahmekosten haftet nur der Gläubiger als Antragsteller (§ 2 Nr. 1 KostO).

2. Rechtsanwaltskosten

2201 Für den **Rechtsanwalt**, der den Gläubiger im Eintragungsverfahren vertritt, entsteht eine 0,3 Verfahrensgebühr nach §§ 2, 13 RVG, Nr. 3309 VVRVG. Hierbei handelt es sich um eine besondere Vollstreckungsgebühr, die durch die allgemeine Vollstreckungsgebühr nicht abgegolten wird (§ 18 Nr. 13 RVG). Bei mehreren Gläubigern, die von einem Anwalt vertreten werden, erhöht sich die Gebühr entspr. § 7 RVG, Nr. 1008 VVRVG. Der Wert bestimmt sich nach der Vollstreckungsforderung einschließlich Kosten und Zinsen bis zur Eintragung. Ist ausnahmsweise der Wert des zu belastenden Grundstücks geringer als die zu vollstreckende Forderung, ist der Grundstückswert maßgebend (§ 25 Abs. 1 Nr. 1 RVG).[943]

2202 Die Gebühr gilt auch die Verteilung nach § 867 Abs. 2 ZPO ab. Eine besondere Vergütung kann der Rechtsanwalt für die Erwirkung eines Erbscheins (§ 792 ZPO) oder für die Beantragung der Grundbuchberichtigung (§ 14 GBO) berechnen; diese Kosten sind keine Kosten der Eintragung, sie können somit im Rahmen des § 788 ZPO eingetragen werden.[944]

---

943 *Hartung/Römermann* § 25 Rn. 7, 8.
944 *Hartmann* § 18 RVG Rn. 44; *Zöller/Stöber* § 867 Rn. 13, 28.

3. Keine Grundbucheintragung

Für diese notwendigen Eintragungskosten (Gerichts- und Anwaltskosten) haftet das Grundstück kraft Gesetzes; eine (Mit-)Eintragung im Grundbuch scheidet somit aus (§ 867 Abs. 1 Satz 3 ZPO). 2203

Tipp: Um eine Teilzurückweisung zu vermeiden, sollte der Gläubiger die Kosten für die Eintragung der Zwangshypothek selbst nicht zur Eintragung mitbeantragen.

B. Rechtsbehelfe

I. Rechtsbehelf des Gläubigers

Dem **Gläubiger** steht gegen die **Zurückweisung seines Antrags** - gleichgültig ob aus vollstreckungs- oder grundbuchrechtlichen Gründen - die **einfache unbefristete Beschwerde** zu (§ 11 Abs. 1 RPflG, §§ 71 ff. GBO). Gleiches gilt, wenn eine Zwischenverfügung nach § 18 GBO gerügt werden soll.[945] Der Rechtspfleger - nicht der Grundbuchrichter - kann der Beschwerde abhelfen (§ 75 GBO).[946] Die Beschwerde kann auf neue Tatsachen und Beweismittel gestützt werden (§ 74 GBO). 2204

Hilft das Grundbuchamt der Beschwerde nicht ab, hat es diese unter Benachrichtigung der Beteiligten hiervon dem übergeordneten Landgericht als Beschwerdegericht (§ 72 GBO) vorzulegen. 2205

Gegen die Entscheidung des Beschwerdegerichts ist ggf. die weitere Beschwerde zulässig (§ 78 GBO), über die das Oberlandesgericht, ggf. der Bundesgerichtshof entscheidet (§ 79 GBO). 2206

Wird auf Beschwerde des Gläubigers im Rechtsmittelverfahren durch den abhilfebefugten Rechtspfleger des Grundbuchamts oder das Beschwerdegericht die Zurückweisung des Antrags aufgehoben (ohne dass neue Beweise die Aufhebung rechtfertigen, § 74 GBO), ist er unerledigt mit der Folge, dass dessen (Rang-)Wirkungen (§§ 13, 17, 45 GBO) „ex tunc" wieder aufleben. 2207

Jedoch behalten zwischenzeitlich bereits eingetragene Rechte ihren Rang vor der jetzt einzutragenden Zwangshypothek.[947] 2208

Hat die Beschwerde jedoch nur deshalb Erfolg, weil der Gläubiger im Beschwerdeverfahren neue Beweise vorlegt (z.B. wird dort die fehlende Verteilung nachgereicht), tritt die Rangwirkung des zurückgewiesenen Antrags erst mit Eingang der neuen Tatsachen/Beweise beim Grundbuchamt ein. 2209

II. Rechtsbehelf des Schuldners

Gegen die **Eintragung der Zwangshypothek** kann der **Schuldner** die **beschränkte Beschwerde** einlegen mit dem Ziel einen Amtswiderspruch nach § 53 Abs. 1 Satz 1 GBO einzutragen oder wegen inhaltlicher Unzulässigkeit der Zwangshypothek ihre Löschung nach § 53 Abs. 1 Satz 2 GBO vorzunehmen (§ 11 Abs. 1 RPflG, 71 Abs. 2 GBO). 2210

Die Vollstreckungserinnerung nach § 766 ZPO sowie die sofortige Beschwerde nach § 793 ZPO sind hier ausgeschlossen. Dies ergibt sich aus den besonderen Sicherheitserfordernissen des Grundbuchwesens im Hinblick auf einen möglichen gutgläubigen Erwerb der Zwangshypothek nach § 892 BGB.[948] 2211

---

945 Eine Aufklärungsverfügung (§ 139 ZPO) des als Vollstreckungsorgan tätigen Grundbuchamts ist i.d.R. nicht anfechtbar (BayObLG Rpfleger 2005, 250); a.A. MünchKomm-ZPO/Eickmann § 867 Rn. 70.
946 MünchKomm-ZPO/Eickmann § 867 Rn. 72; Zöller/Stöber § 867 Rn. 24; BayObLG Rpfleger 1999, 525; Thüringer OLG Rpfleger 2000, 210; Budde Rpfleger 1999, 513; Rellermeyer ZflR 1999, 801; Demharter § 75 Rn. 5; unzutreffend a.A.; Grundbuchrichter kann abhelfen: LG Meiningen ZflR 1999, 326; Kramer ZflR 1999, 568.
947 BayObLG Rpfleger 1983, 101; Zöller/Stöber § 867 Rn. 24.
948 Schuschke/Walker § 867 Rn. 28; MünchKomm-ZPO/Eickmann § 867 Rn. 73; Zöller/Stöber § 867 Rn. 24.

2212 **Unbeschränkte Beschwerde** gegen Eintragung einer inhaltlich zulässigen Zwangshypothek mit dem Ziel ihrer Löschung ist dann gegeben, wenn die Möglichkeit gutgläubigen Erwerbs für die Vergangenheit wegen Fehlens einer entspr. Eintragung und für die Zukunft infolge Eintragung eines Amtswiderspruchs nach § 53 Abs. 1 Satz 1 GBO rechtlich ausgeschlossen ist.[949]

2213 Einwendungen des **Schuldners** gegen die titulierten Forderungen sind auch nach Eintragung der Zwangshypothek ausschließlich mit Klage nach **§ 767 ZPO** geltend zu machen. Ein obsiegendes Urteil lässt aus der Zwangshypothek eine Eigentümergrundschuld entstehen (§ 868 Abs. 1 ZPO, § 1177 Abs. 1 BGB).

III. Rechtsbehelf eines Dritten

2214 Ein **Dritter**, dessen Grundstück zu Unrecht mit einer Zwangshypothek belastet wurde, kann mit **beschränkter Beschwerde** die Eintragung eines Amtswiderspruchs erreichen (§§ 11 Abs. 1 RPflG, 71 Abs. 2 GBO). Auch die **Drittwiderspruchsklage** nach § 771 ZPO ist trotz Eintragung nicht ausgeschlossen, weil die Zwangsvollstreckung als solche hierbei noch nicht beendet ist.[950]

C. Mängel bei Grundbucheintragung

I. Verletzung grundbuchrechtlicher Vorschriften

2215 Wurden bei Eintragung der Zwangshypothek ausschließlich grundbuchrechtliche Voraussetzungen verletzt (z.B. fehlende notwendige Voreintragung), berührt dies die Wirksamkeit der Zwangshypothek nicht. Die Verletzung grundbuchrechtlicher Verfahrensnormen als Ordnungsvorschriften allein führt nicht zu einer unwirksamen Eintragung.[951]

2216 Das Fehlen einer nach § 5 ErbbauVO notwendigen Belastungsgenehmigung des Grundstückseigentümers bei Eintragung der Zwangshypothek auf einem Erbbaurecht führt dagegen zur (schwebenden) Unwirksamkeit der Hypothek und macht das Grundbuch unrichtig (§ 8 ErbbauVO).

II. Verletzung vollstreckungsrechtlicher Vorschriften

Hierbei sind zwei Möglichkeiten zu unterscheiden:

1. Löschung wegen inhaltlicher Unzulässigkeit

2217 In folgenden Fällen ist eine Zwangshypothek als **inhaltlich unzulässig** nach § 53 Abs. 1 Satz 2 GBO von Amts wegen – ggf. auf Beschwerde – zu löschen:
- Eintragung einer Zwangshypothek unter dem Mindestbetrag von mehr als 750,00 €, falls keine Ausnahme (Rn. 2017 ff., 2033) greift;
- Eintragung einer unzulässigen Gesamtzwangshypothek (§ 867 Abs. 2 ZPO), wenn sich die inhaltliche Unzulässigkeit aus dem Eintragungsvermerk oder den in Bezug genommenen (§ 874 BGB) Eintragungsunterlagen ergibt (Rn. 2044);
- Eintragung ohne Angabe eines Berechtigten (§ 1115 BGB);
- Eintragung zu Lasten eines Miterbenanteils oder eines Anteils eines Gesellschafters einer BGB-Gesellschaft (Rn. 2031).

---

949 *BGH* Rpfleger 1975, 246; *OLG Frankfurt* FGPrax 1998, 205; *Demharter* § 71 Rn. 45; *Zöller/Stöber* § 867 Rn. 24.
950 *MünchKomm-ZPO/Eickmann* § 867 Rn. 74; *Schuschke/Walker* § 867 Rn. 30.
951 *Böttcher* (ZV im GB) Rn. 100, 101; siehe auch *Dümig* Rpfleger 2004, 1 ff.

2218 Eine solche inhaltlich unzulässige Eintragung ist unwirksam. Sie bringt ein Recht nicht zum Entstehen, wahrt keinen Rang und steht nicht unter dem öffentlichen Glauben. Der ursprüngliche Antrag ist durch die inhaltlich unzulässige Eintragung nicht wirklich erledigt und somit nach der Löschung des Rechts erneut zu verbescheiden.[952]

2219 Eine solche unwirksame Zwangshypothek wäre auch ohne deren Löschung des Rechts im Grundbuch bei einer etwaigen Zwangsversteigerung vom Vollstreckungsgericht als nicht existent weder in das geringste Gebot aufzunehmen (Rn. 353), noch dürfte darauf eine Erlöszuteilung erfolgen.

2220 Keine inhaltlich unzulässige Eintragung i.S.d. § 53 Abs. 1 Satz 2 GBO liegt dagegen vor, wenn auf Grund entspr. Gläubigertitulierung – ordnungswidrig – eine Zwangshypothek für eine rechtsfähige (Außen-)BGB-Gesellschaft allein unter ihrem Namen im Grundbuch eingetragen wird. Eine solche BGB-Gesellschaft ist materiell-rechtlich als solche Gläubigerin der Hypothek geworden. Eine Amtslöschung kommt folglich nicht in Betracht.[953]

2221 Da auch das Grundbuch durch diese Eintragung i.S.d. § 894 BGB nicht unrichtig geworden ist, kann auch kein Amtswiderspruch nach § 53 Abs. 1 Satz 1 GBO hiergegen eingetragen werden.

2. Eintragung eines Amtswiderspruchs

2222 Ist eine **inhaltlich zulässige** Zwangshypothek unter Verletzung von zwingenden vollstreckungsrechtlichen Voraussetzungen eingetragen, ist sie nach h.M. (vorläufig) unwirksam. Das Grundbuch ist insoweit **unrichtig**. Wird dann nachträglich der (vollstreckungsrechtliche) Mangel geheilt, entsteht die Zwangshypothek mit dem sich aus der Eintragung ergebenden Rang. Dies folgt aus § 879 Abs. 2 BGB, der bei einer der Eintragung nachfolgenden Einigung für den Rang auf die Eintragung abstellt. Da bei der Zwangseintragung die Vollstreckungsvoraussetzungen an die Stelle der Einigung treten, ist eine entspr. Anwendung dieser Norm geboten.[954] Der Gegenmeinung[955], die die Hypothek als auflösend bedingt ansieht, kann nicht gefolgt werden, denn mangels direkter Anfechtbarkeit der Eintragung (die Rechtsbehelfe der §§ 766, 793 ZPO sind hier nicht gegeben), wäre die Bedingung nicht durchsetzbar.

2223 Solange Heilung nicht eingetreten ist – was das Grundbuchamt nach § 12 FGG von Amts wegen zu ermitteln hat –, das Grundbuch somit noch unrichtig ist, ist von Amts wegen (ggf. auf Beschwerde) ein Amtswiderspruch einzutragen.

2224 Auch durch zwischenzeitlich erfolgten gutgläubigen Erwerb der „Zwangshypothek" könnte das Grundbuch richtig geworden sein, was das Grundbuchamt ebenfalls beachten müsste.[956]

2225 Dieser **Amtswiderspruch** gegen die Hypothek (§ 53 Abs. 1 Satz 1 GBO) setzt neben der noch bestehenden Unrichtigkeit des Grundbuchs voraus, dass das Grundbuchamt bei Eintragung gesetzliche Vorschriften i.S.d. § 53 Abs. 1 GBO verletzt hat.[957] Die weitere Voraussetzung, dass sich an die Eintragung ein gutgläubiger Erwerb anschließen kann[958], ist auch bei einer unwirksamen Zwangshypothek gegeben. Durch Abtretung des bestehenden (sogar titulierten) Anspruchs durch den Titelgläubiger an einen redlichen Dritten erwirbt der Zessionar gem. §§ 892, 1154 Abs. 3 BGB wegen des

---

952 *Schöner/Stöber* Rn. 2200; *Demharter* § 53 Rn. 45, 47, 52, 53.
953 *BGH* Rpfleger 2007, 23; *Lautner* MittBayNot 2005, 93.
954 *BayObLG* Rpfleger 2003, 647; *OLG Hamm* Rpfleger 2005, 532; *Demharter* Anh. zu § 44 Rn. 68; *Münch-Komm-ZPO/Eickmann* § 867 Rn. 51; *Schuschke/Walker* § 867 Rn. 17, *Musielak/Becker* § 867 Rn. 7 je m.w.H.
955 *Zöller/Stöber* § 867 Rn. 25.
956 *Demharter* § 53 Rn. 28.
957 *OLG Hamm* Rpfleger 2005, 532; *Schleswig-Holsteinisches OLG* Rpfleger 2006, 536; *OLG Köln* Rpfleger 1996, 153; *Zöller/Stöber* § 867 Rn. 24; *Demharter* § 53 Rn. 23; *Münzberg* Rpfleger 1990, 252; der Auffassung, dass Eintragung eines Amtswiderspruchs auch dann in Betracht kommt, wenn das Grundbuchamt keine gesetzliche Vorschrift i.S.d. § 53 GBO verletzt hat (so *OLG Celle* Rpfleger 1990, 112 und ähnlich *LG Saarbrücken* Rpfleger 1975, 328) kann nicht gefolgt werden. Hier bleibt es dem Schuldner überlassen, im Wege der einstweiligen Verfügung einen Widerspruch nach § 899 BGB zu erwirken.
958 *Demharter* § 53 Rn. 8, 10.

Mitlaufgebots des § 1153 BGB neben der Forderung auch kraft guten Glaubens die Zwangshypothek (Kapital und künftige Zinsen, nicht jedoch die rückständigen Zinsen, § 1159 Abs. 1, 2 BGB). Auf die für Sicherungshypotheken wegen § 1185 Abs. 2 BGB nicht anwendbare Norm des § 1138 BGB braucht bei bestehender Forderung nicht zurückgegriffen werden. Ebenso ist ein gutgläubiger Erwerb bei einer rechtsgeschäftlichen Verpfändung der Forderung (§§ 1273 ff. BGB) sowie bei Bestellung eines Rechtsnießbrauchs an der Forderung (§§ 1068 ff. BGB) denkbar.

2226 Als **Berechtigte** eines gebotenen Amtswiderspruchs sind alle die einzutragen, denen nach § 894 BGB ein eigener dinglicher Berichtigungsanspruch auf Löschung der unwirksamen Hypothek zusteht. Neben dem Eigentümer kommen hier auch etwaige gleich- und nachrangige Berechtigte in Betracht. Die Eintragung erfolgt in den Spalten 5, 6 und 7 der dritten Abteilung unter der lfd. Nr. der Zwangshypothek (§ 12 GBV) und zwar ganzspaltig.

2227 Der **Widerspruch** könnte etwa **formuliert** sein:

Beispiel

		Veränderungen
Lfd. Nr. der Spalte 1	Betrag	
5	6	7
1	4.000,00 €	Widerspruch gegen die für Marianne Mayer eingetragene Zwangshypothek zu Gunsten von a) Elke Storzer … (Eigentümerin) b) Volksbank Mannheim e.G. … (nachrangige Gläubigerin) Gemäß § 53 Abs. 1 Satz 1 GBO eingetragen am … *Unterschrift*

2228 Zu bemerken ist, dass bei den mehreren Berechtigten kein Beteiligungsverhältnis nach § 47 GBO einzutragen ist, da es sich hierbei um jeweils rechtlich selbstständige Widersprüche handelt, die in einem Sammelvermerk eingetragen werden.

2229 Ist dem Grundbuchamt bekannt, dass der Vollstreckungsmangel durch Nachholung der damals fehlenden Vollstreckungsvoraussetzungen geheilt ist, scheidet die Eintragung eines Amtwiderspruchs aus.[959]

D. Erwerb der Zwangshypothek durch den Eigentümer

I. Nicht entstandene Forderung

2230 Ist die Zwangssicherungshypothek wirksam entstanden, so gelten für sie alle **Vorschriften des BGB** über die **Eigentümergrundschuld**. Stellt sich heraus, dass die vollstreckte **Forderung nicht bestanden hat**, so steht die Zwangshypothek als Grundschuld a priori dem Eigentümer zur Zeit ihrer Eintragung zu (§§ 1163 Abs. 1, Satz 1, 1177 Abs. 1 BGB) zu. Sie verbleibt ihm auch – dann als Fremdgrundschuld – wenn er nachträglich das Grundstück rechtsgeschäftlich veräußert.

II. Erloschene Forderung

2231 **Erlischt die Forderung** nach Eintragung der Hypothek (z. B. durch freiwillige Befriedigung des Gläubigers), erwirbt der Eigentümer im Zeitpunkt der Befriedigung das Recht als Eigentümergrundschuld (§§ 362 Abs. 1, 1163 Abs. 1 Satz 2, 1177 Abs. 1 BGB). Dessen Eintragung als neuer Gläubiger wäre berichtigend (§ 894 BGB) möglich. Hierzu bedarf es eines entspr. Nachweises durch eine „löschungsfähige Quittung" (§§ 22, 29 GBO).

---

959 *OLG Hamm* Rpfleger 1997, 393.

5 Eintragung, Rechtsbehelfe, Umschreibung, Löschung

Die Eintragung erfolgt in Abt. III Spalten 5 bis 7 und könnte in Spalte 7 lauten: **2232**

Beispiel

	Veränderungen	
Lfd. Nr. der Spalte 1	Betrag	
5	6	7
3	6.000,00 €	Die Hypothek ist infolge Zahlung als Grundschuld (ohne Brief) übergegangen auf Volker Mayer, geb. 13.10.1981. Berichtigend eingetragen am … *Unterschrift*

III. Verzicht des Gläubigers

Eine Eigentümergrundschuld entsteht ferner, wenn der Gläubiger auf die Zwangshypothek verzichtet (§§ 1168, 1177 Abs. 1 BGB). Der Verzicht bedarf der Eintragung im Grundbuch (§ 1168 Abs. 2 BGB).[960] Wegen eines Teilverzichts siehe Rn. 2252 f. **2233**

IV. Umwandlung nach § 868 ZPO

1. Voraussetzungen

Die Norm des **§ 868 ZPO** bewirkt darüber hinaus das Entstehen einer Eigentümergrundschuld dann, wenn durch eine vollstreckbare (Rechtskraft ist nicht erforderlich) Entscheidung (Prozessvergleich genügt nicht) die der Zwangshypothek zugrunde liegende vollstreckbare Entscheidung: **2234**
- aufgehoben wird, etwa durch Endurteil nach Einspruch gegen ein Versäumnisurteil oder durch Entscheidung des Berufungs- oder Revisionsgerichts;
- die Zwangsvollstreckung endgültig eingestellt wird oder für unzulässig erklärt wird (§§ 732 Abs. 1, 766, 767, 771 ZPO);
- die Zwangsvollstreckung vorläufig eingestellt wird, jedoch nur, wenn zugleich die Aufhebung der erfolgten Vollstreckungsmaßregel angeordnet wurde, z.B. nach den §§ 707, 719, 769, 771 Abs. 3 ZPO.

Ist in den o.g. genannten Fällen die Entscheidung nur gegen Sicherheitsleistung vorläufig vollstreckbar, tritt der Übergang des Rechts auf den Eigentümer erst mit ordnungsgemäßer Sicherheitsleistung (§ 108 ZPO) durch den Schuldner ein.[961] Als Voraussetzung für die Berichtigung des Grundbuchs wäre dies formgerecht (§ 29 GBO) nachzuweisen.[962] **2235**

Die Rechtsfolge des § 868 ZPO tritt bei einem vorläufig vollstreckbaren Aufhebungsurteil auch dann mit Verkündung ein, wenn dem Schuldner nach §§ 711, 712 Abs. 1 Satz 1 ZPO nachgelassen ist, die Zwangsvollstreckung durch Sicherheitsleistung (§ 108 ZPO) abzuwenden.[963] **2236**

---

[960] *MünchKomm-ZPO/Eickmann* § 868 Rn. 10, 11; *Zöller/Stöber* § 868 Rn. 1.
[961] *BayObLG* Rpfleger 2001, 407, *MünchKomm-ZPO/Schmidt* § 775 Rn. 11; *Stein/Jonas/Münzberg* § 775 Rn. 11, der ausführt, dass die Sicherheit zwar nicht für die einstweilige Einstellung der Zwangsvollstreckung aber für die Aufhebung der Vollstreckungsmaßnahmen nach § 776 ZPO notwendig ist. Nachdem die Rechtsfolge des § 868 ZPO, der als „lex specialis" die §§ 775 und 776 ZPO verdrängt, die Aufhebung der Gläubigersicherheit regelt, tritt mithin die Rechtsfolge des § 868 ZPO bei einer vorläufig vollstreckbaren Entscheidung erst mit Leistung der angeordneten Sicherheit ein. Bei Unzulässigkeitserklärung der Zwangsvollstreckung verlangt auch das *LG Bonn* MDR 1983, 850 eine etwa angeordnete Sicherheit für die Anwendbarkeit der §§ 775, 776 und somit auch für § 868 ZPO.
[962] *LG Frankfurt* Rpfleger 1988, 407.
[963] *Demharter* § 25 Rn. 10; *Meikel/Böttcher* § 25 Rn. 52; *LG Dortmund* Rpfleger 1982, 276. Die Norm des § 25 GBO, auf die sich die Hinweise beziehen, ist insoweit mit der Regelung des § 868 ZPO vergleichbar.

2237 Das Gleiche gilt, wenn das Urteil für vorläufig vollstreckbar erklärt wurde und der Gläubiger nur wegen der Kosten Sicherheit leisten muss (§ 709).[964]

2238 Weitere Fälle des Rechtsübergangs nach § 868 ZPO sind:
- Leistung der Abwendungssicherheit des Schuldners in den Fällen der §§ 711, 720a Abs. 3 ZPO, bevor seinerseits der Gläubiger Sicherheit geleistet hat (relative Abwendungsbefugnis). Im Falle des § 712 ZPO (absolute Abwendungsbefugnis) tritt diese Wirkung ein, ohne dass der Gläubiger durch eigene Sicherheit dies verhindern könnte.
- Gesetzliche Aufhebung oder Hinderung der Zwangsvollstreckung. Dazu gehören die Fälle, in denen die Vollstreckung kraft Gesetzes aufgehoben, nachträglich unzulässig oder materiell unwirksam wird. Hierunter fällt auch der Tatbestand, dass der Kostenfestsetzungsbeschluss, aus dem vollstreckt wurde, infolge Wegfall der Kostengrundentscheidung von selbst wirkungslos wird.[965]

2239 Bis zur Entscheidung des *BGH*[966] ging die überwiegende Meinung davon aus, dass eine Zwangshypothek, die innerhalb der Sperrfrist des § 88 InsO eingetragen wurde (**Rückschlagsperre**), mit Eröffnung des Insolvenzverfahrens entspr. der Norm des § 868 ZPO zur Eigentümergrundschuld (Insolvenzmasse, § 35 InsO) wurde.[967] Für die Berechnung der Monatsfrist des § 88 InsO bzw. der Dreimonatsfrist des § 312 Abs. 1 Satz 3 InsO im vereinfachten Verbraucherinsolvenzverfahren auf Schuldnerantrag gilt § 139 InsO. Maßgeblicher Zeitpunkt der „Erlangung" der Sicherung ist die Eintragung der Zwangshypothek, nicht die hierauf gerichtete Antragstellung.[968]

2240 Dieser überwiegenden Auffassung schloss sich der *BGH* in der erwähnten Entscheidung nicht an. Vielmehr stellte er fest, dass eine infolge der insolvenzrechtlichen Rückschlagsperre dem Gläubiger entzogene Zwangshypothek gegenüber jedermann (schwebend) unwirksam wird und erlischt.

Eine solchermaßen erloschene Zwangshypothek kann aufgrund Unrichtigkeitsnachweises (§ 22 Abs. 1 GBO) auf schriftlichen Antrag (§§ 13, 30 GBO) des Insolvenzverwalters gelöscht werden. Als Nachweis genügt hierfür der Insolvenzeröffnungsbeschluss nebst beglaubigter Kopie des Insolvenzantrags mit Eingangsbestätigung des Gerichts. Ausreichend wäre auch eine amtliche Bestätigung des Insolvenzgerichts über den Zeitpunkt des Eingangs des Insolvenzantrags.[969]

Damit erübrigen sich Vorlage einer formgerechten (§ 29 GBO) Berichtigungsbewilligung (§ 22 Abs. 1 GBO) des eingetragenen Gläubigers der Zwangshypothek nebst notariell beglaubigter Eigentümerzustimmung durch den Insolvenzverwalter (§ 27 Satz 2 GBO).

Mangels anderweitiger Anhaltspunkte hat das Grundbuchamt bei Antragstellung durch den Insolvenzverwalter davon auszugehen, dass dieser das Grundstück nicht aus der Insolvenzmasse freigegeben hat (vgl. Rn. 2241).

2241 Wird die Zwangshypothek im Grundbuch gelöscht und gibt der Insolvenzverwalter das bisher belastete Grundstück aus der Insolvenzmasse frei, steht das Vollstreckungsverbot des § 89 Abs. 1 InsO nach Auffassung des *BGH* in der erwähnten (Rn. 2239) Entscheidung einer Neueintragung der erloschenen Zwangshypothek nicht im Wege. Ist bei Freigabe des Grundstücks dagegen die unwirksame Zwangshypothek als Buchposition noch erhalten, bedarf es keiner Löschung dieser Hypothek mit anschließender Neueintragung. Die gem. § 88 InsO unwirksam gewordene Zwangshypothek lebt viel-

---

964 *BayObLG* Rpfleger 2001, 407.
965 *MünchKomm-ZPO/Eickmann* § 868 Rn. 2 ff.
966 *BGH* Rpfleger 2006, 253 mit abl. Anm. *Demharter*.
967 Für die Anwendung des § 868 ZPO sprechen sich aus: *MünchKomm-ZPO/Eickmann* § 868 Rn. 8; *OLG Düsseldorf* (Rpfleger 2003, 647; *BayObLG* Rpfleger 2000, 448; *Deimann* Rpfleger 2000, 193, (194); *Demharter* Anh. zu § 44 Rn. 66; *Stein/Jonas/Münzberg* § 868 Rn. 5 c. *Hintzen* Rpfleger 1999, 256 (258); *Keller* ZIP 2000, 1324 (1329). Für ein Erlöschen der Zwangshypothek: *Zöller/Stöber* § 868 Rn. 2; *Schuschke/Walker* § 867 Rn. 21; *Eickmann* in HK-InsO § 88 Rn. 11.
968 *LG Nürnberg-Fürth* Rpfleger 2001, 410.
969 *LG Nürnberg-Fürth* Rpfleger 2001, 410 mit Anm. *Zimmermann*; *LG Berlin* Rpfleger 2004, 564; *Hintzen* in Hintzen/Wolf Rn. 10.102; *Vollmer* ZfIR 2006, 441; *Alff* RpflStud. 2006, 141; *Böhringer* Rpfleger 2007, 178 (187); a.A. *Keller* ZfIR 2006, 499.

mehr innerhalb der vorhandenen Buchposition bei Wegfall der Verfügungsbeschränkung durch Freigabe des Grundstücks entspr. § 185 Abs. 2 Satz 1 Alt. 2 BGB wieder auf.[970]

Der Rang der materiell wieder entstandenen Zwangshypothek richtet sich dabei nicht nach der ursprünglichen Eintragung, sondern nach dem Zeitpunkt der Freigabe. Gleiches gilt bei Aufhebung des Insolvenzverfahrens.

Weitere noch eingetragene Vormerkungen, die in Vollzug einer einstweiligen Verfügung (§ 885 Abs. 1 1. Alt. BGB) bewirkt sind und noch grundbuchlich verlautbarte Zwangshypotheken, die beide im Rahmen des § 88 InsO erloschen sind und auf Grund Grundstücksfreigabe gleichzeitig neu entstehen, haben untereinander gleichen Rang (§ 879 Abs. 1 Satz 2 2. Halbsatz BGB) mit dem Tag ihrer Neuentstehung. Dieser Gleichrang ist bei Nachweis der Freigabe und ggf. Löschung des Insolvenzvermerks im Interesse der Grundbuchklarheit von Amts wegen durch entsprechende Rangvermerke in den jeweiligen Veränderungsspalten zum Ausdruck zu bringen.

Werden dagegen bereits gelöschte Zwangshypotheken nach erfolgter Grundstücksfreigabe erneut im Grundbuch eingetragen, richtet sich deren Rang nach ihrer Wiedereintragung (§ 867 Abs. 1 Satz 2 ZPO, § 879 BGB).

Die Rechtsfolge des **§ 868 ZPO** tritt weiter ein, wenn der (Titel-)Gläubiger der Zwangshypothek die durch sie gesicherte Forderung nach § 1154 Abs. 3, § 873 BGB abtritt. Der Abtretungsempfänger erwirbt infolge des Mitlaufgebots des § 1153 Abs. 2 BGB das Recht „belastet", mit der für ihn nachteiligen Möglichkeit, dass er die Hypothek im Rahmen des § 868 ZPO an den Eigentümer verliert. Insoweit ist „lastenfreier" Erwerb ausgeschlossen. Aus der Eintragung im Grundbuch ergibt sich, dass die Hypothek im Wege der Zwangsvollstreckung eingetragen wurde.

2242

Die Norm des § 868 ZPO greift auch dann, wenn Grundlage der Zwangshypothek ein anderer Vollstreckungstitel als eine gerichtliche Entscheidung (Urteil, Beschluss) ist. In Betracht kommen hier der gerichtliche Vergleich (§ 794 Abs. 1 Nr. 1 ZPO) und die gerichtliche oder notarielle Urkunde nach § 794 Abs. 1 Nr. 5 ZPO.[971]

2243

Die Regelung des § 868 ZPO setzt jedoch stets die Aufhebung des Vollstreckungstitels, seiner Vollstreckbarkeit oder die Unzulässigerklärung der Zwangsvollstreckung durch eine gerichtliche Entscheidung voraus. Ein gerichtlicher Vergleich ist einer gerichtlichen Entscheidung hier **nicht gleichgestellt**.[972] Ein Bedürfnis für eine insoweit erweiternde Auslegung der Norm auch auf „freiwillige" Aufhebungen besteht nicht. Den Beteiligten steht es frei, innerhalb des gerichtlichen Vergleichs – auch bei einem Beschlussvergleich nach § 278 Abs. 6 ZPO – in grundbuchmäßiger Form (§ 29 Abs. 1 Satz 1 GBO, § 127a BGB) ohne besondere Kosten eine Löschungsbewilligung nebst Zustimmung bzw. einen Verzicht des Gläubigers nach § 1168 BGB für die in Frage stehende Zwangshypothek zu erklären.

2244

2. Folgen des Rechtserwerbs

In all diesen Fällen tritt der Rechtsübergang mit Verkündung der Entscheidung bzw. bei angeordneter Sicherheit mit deren Leistung oder mit Rechtskraft kraft Gesetzes ein. Das Grundbuch wird insoweit unrichtig (§ 894 BGB). Ein besonderer Aufhebungsakt durch das Grundbuchamt als Vollstreckungsorgan, wie er in den Fällen der §§ 775, 776 ZPO zu erfolgen hat, ist hier auf Grund der Vorschrift des § 868 ZPO als „lex specialis" entbehrlich.

2245

---

970 Die Auffassung des *BGH* zum Wiederaufleben der Zwangshypothek ohne Neueintragung wird zu Recht kritisiert. Vgl. *Hintzen* in Hintzen/Wolf Rn. 10.102; *Alff/Hintzen* ZInsO 2006, 481; *Demharter* Rpfleger 2006, 253; *Bestelmeyer* Rpfleger 2006, 387; *Keller* ZIP 2006, 1174.
971 *BayObLG* Rpfleger 1998, 437.
972 *BayObLG* Rpfleger 1998, 437; für den vergleichbaren Fall des § 775 ZPO: *Schuschke/Walker* § 775 Rn. 7; *Thomas-Putzo* § 775 Rn. 4.

2246 Das Recht verbleibt auch dann beim Eigentümer, wenn die den Übergang auslösende gerichtliche Entscheidung später aufgehoben wird. Ein Rückerwerb des Gläubigers ist ausgeschlossen.[973]

2247 Allerdings kann der Gläubiger auf Grund seines „wiedererlangten" Vollstreckungstitels die Eigentümergrundschuld pfänden und sich überweisen lassen (§§ 857 Abs. 6, 830 Abs. 1, 837 Abs. 1 ZPO). Diese Pfändung bringt ihm jedoch dann keine verwertbare Sicherheit, wenn ein nach- oder gleichrangiger Grundpfandgläubiger auf Grund seines gesetzlichen Löschungsanspruchs nach § 1179a Abs. 1 BGB die Aufhebung der gepfändeten Eigentümergrundschuld verlangt.[974] Wegen der Vormerkungswirkung des § 1179a Abs. 1 Satz 3 BGB ist die Pfändung und Überweisung ihm gegenüber unwirksam (§ 883 Abs. 2 Satz 1 und 2 BGB). Neben dem Eigentümer als Inhaber der Grundschuld ist auch der Pfändungsgläubiger zur Abgabe einer formgerechten Löschungsbewilligung verpflichtet (§§ 888 Abs. 1, 876 Satz 1 BGB, §§ 19, 29 Abs. 1 Satz 1 GBO).

2248 Zusätzlich zur Pfändung der Eigentümergrundschuld kann der Gläubiger stets auch die Eintragung einer (erneuten) Zwangshypothek erwirken, allerdings nur an rangbereiter Stelle.

3. Grundbuchberichtigung

2249 Zur entspr. Berichtigung des Grundbuchs durch Umschreibung der Zwangshypothek in die Eigentümergrundschuld benötigt der Eigentümer keine Berichtigungsbewilligung des eingetragenen Hypothekengläubigers. Vielmehr erfolgt diese auf Grund eines schriftlichen Antrags durch den Eigentümer (§§ 13 Abs. 1, 30 GBO) auf Vorlage einer (einfachen) Ausfertigung des Aufhebungsurteils, der sonstigen gerichtlichen Entscheidung bzw. des Hinterlegungsnachweises als Unrichtigkeitsnachweis (§§ 22 Abs. 1, 29 Abs. 1 Satz 2 GBO). Rechtskraftbescheinigung, Vollstreckungsklausel und Zustellungsnachweis der Aufhebungsentscheidung sind nicht vorzulegen.

2250 Die Eintragung erfolgt in Abt. III Spalten 5 bis 7 und könnte etwa lauten:

Beispiel

Veränderungen		
Lfd. Nr. der Spalte 1	Betrag	
5	6	7
1	11.000,00 €	Die Hypothek ist infolge Aufhebung des Urteils als Grundschuld (ohne Brief) übergegangen auf Nicole Storzer, geb. 01.01.1981. Berichtigend eingetragen am … *Unterschrift*

2251 In allen Fällen der Umwandlung der Zwangshypothek in eine Eigentümergrundschuld bleibt diese Buchrecht. Eine Eintragung des Briefausschlusses ist zweckmäßig, aber nicht notwendig.[975]

2252 Entsteht eine Eigentümergrundschuld – auch im Rahmen des § 868 ZPO – nur zum Teil, so hat die dem Gläubiger verbleibende restliche Zwangshypothek kraft Gesetzes Rang vor der Teileigentümergrundschuld (§ 1176 BGB). Dieses Rangverhältnis ist bei einer Grundbuchberichtigung von Amts wegen einzutragen.[976]

---

973 *Schuschke/Walker* § 868 Rn. 3; *Deimann* Rpfleger 2000, 193.
974 Die Vorschrift des § 1179a BGB greift auch, wenn die Eigentümergrundschuld gem. § 868 ZPO entsteht; *Staudinger/Scherübl* § 1179a Rn. 15.
975 *Palandt/Bassenge* § 1186 Rn. 2.
976 *MünchKomm-ZPO/Eickmann* § 868 Rn. 16; *Palandt/Bassenge* § 1176 Rn. 3.

Die Eintragung könnte wie folgt formuliert werden:

2253

Beispiel

	Veränderungen	
Lfd. Nr. der Spalte 1	Betrag	
5	6	7
3a	8.000,00 €	Die Hypothek ist infolge Zahlung zu einem Teilbetrag von achttausend Euro als Grundschuld (ohne Brief) mit Rang nach der Resthypothek des Gläubigers übergegangen auf Hans Muster, geb. 10.10.1983. Berichtigend eingetragen am … *Unterschrift*

4. Gesamtzwangshypothek und § 868 ZPO

Bei einem zulässigen Gesamtrecht entsteht eine Gesamteigentümergrundschuld, wenn ein Erwerbstatbestand des § 868 ZPO in der Person **aller** (Mit-)Eigentümer eintritt; bei Gläubigerbefriedigung durch **einen** Eigentümer gilt § 1173 BGB. Bei Vorliegen eines Tatbestandes nach § 868 ZPO nur in der Person **eines** Miteigentümers und gleichzeitiger Weiterhaftung der anderen ist § 1175 Abs. 1 Satz 2 BGB entspr. anzuwenden. Die Zwangshypothek erlischt dort, eine Eigentümergrundschuld entsteht insoweit nicht. Die Zwangshypothek an den übrigen Grundstücken bzw. Miteigentumsanteilen besteht unverändert für den Titelgläubiger fort.

2254

Gleiches gilt bei einer Gesamthypothek zu Lasten einzelner Bruchteile (Miteigentumsanteile) eines Grundstücks.

2255

Liegt bei einer Zwangshypothek zu Lasten eines Grundstücks, das im Eigentum einer **Erbengemeinschaft** steht, ein Tatbestand des § 868 ZPO nur bezüglich eines Miterben vor, kann eine Eigentümergrundschuld ebenfalls nicht entstehen. Entspr. § 1175 Abs. 1 Satz 2 BGB erlischt insoweit die Hypothek. Da jedoch ein Miterbenanteil nicht mit einer (Zwangs-)Hypothek belastet werden (bleiben) kann (§ 864 Abs. 2 ZPO, §§ 1114, 2033 Abs. 2 BGB), erlischt die Zwangshypothek mithin zwangsläufig auch an den anderen Miterbenanteilen. Die Löschung der Zwangshypothek insgesamt erfolgt somit teilweise auf entspr. Unrichtigkeitsnachweis, teilweise als inhaltlich unzulässig von Amts wegen nach § 53 Abs. 1 Satz 2 GBO.[977]

2256

E. Aufhebung/Löschung der Zwangshypothek

I. Materielle Aufhebungsvoraussetzungen

Materiell erfordert die **Aufhebung** einer Hypothek die Erklärung des Berechtigten, dass er sein Recht aufgebe (§ 875 BGB) und die Zustimmung des Grundstückseigentümers (§ 1183 BGB). Ist das Grundpfandrecht mit dem Recht eines Dritten belastet (Pfandrecht, Nießbrauch), ist auch dessen Zustimmung notwendig (§ 876 BGB). Diese Erklärungen bedürfen keiner Form. Außerdem ist die Aufhebung im Grundbuch einzutragen (§ 875 BGB).

2257

Wegen der berichtigenden Löschung einer im Rahmen des § 88 InsO erloschenen Zwangshypothek siehe Rn. 2240. Wegen der Löschung einer für einen Prozessstandschafter eingetragenen Hypothek siehe Rn. 2266a.

---

[977] *Deimann* Rpfleger 2000, 193 (194); *MünchKomm-ZPO/Eickmann* § 868 Rn. 14; *Böttcher* (ZV im GB) Rn. 103; *OLG Düsseldorf* Rpfleger 2005, 647. Wegen Löschung der Zwangshypothek (insgesamt) zu Lasten eines Grundstücks, das im Eigentum mehrerer Miterben steht, als inhaltlich unzulässig, vgl. *Demharter* GBO, § 53 Rn. 47, 51 für den vergleichbaren Fall der Löschung einer Dienstbarkeit.

II. Formelle Löschungsvoraussetzungen

2258 Zur Eintragung der **Löschung** der Zwangshypothek im Grundbuch (§ 46 GBO) sind neben dem **Löschungsantrag** (§ 13 GBO) eine der Form des § 29 GBO entspr. abstrakte **Löschungsbewilligung** des Hypothekengläubigers und eine formgerechte **Löschungszustimmung** des Grundstückseigentümers (§ 27 GBO) vorzulegen.

III. Löschungsfähige Quittung

2259 Möglich wäre auch, dass der Hypothekengläubiger nach Befriedigung – in der Regel durch den Schuldner und Eigentümer – eine sog. **löschungsfähige Quittung** in öffentlicher oder öffentlich beglaubigter Form (§ 29 Abs. 1 Satz 1 GBO) ausstellt. Diese hat zwingend anzugeben, wer den Gläubiger befriedigt hat.

2260 Im Hinblick auf die unterschiedlichen rechtlichen Folgen der Gläubigerbefriedigung, (Übergang der Hypothek auf einen Dritten), falls im Einzelfall nicht der Schuldner/Eigentümer, sondern ein Dritter den Gläubiger befriedigt hat, ist diese Angabe notwendig. Ergibt sich aus der Quittung, dass infolge Zahlung durch den schuldenden Eigentümer (§§ 362 Abs. 1, 1163 Abs. 1 Satz 2, 1177 Abs. 1 BGB) die Hypothek als Eigentümergrundschuld auf den Zahlenden übergegangen ist, bedarf es zur Löschung der Hypothek seiner Bewilligung als Betroffener hinsichtlich der Eigentümergrundschuld. Eine Löschungsbewilligung des noch eingetragenen Hypothekengläubigers scheidet aus, da ihm das Recht nachgewiesenermaßen nicht mehr zusteht. Auch eine zusätzliche Eigentümerzustimmung nach § 27 GBO ist dann nicht mehr notwendig.[978]

2261 Einer besonderen berichtigenden Voreintragung des Eigentümers als Gläubiger des Rechts (§ 39 Abs. 1 GBO), bedarf es nicht, da der Eigentümer bereits als evtl. Gläubiger aller aus einer Fremdhypothek entstehenden Eigentümerrechte gilt. Dementsprechend wird durch seine Eintragung als Eigentümer in der ersten Abteilung auch seine notwendige Voreintragung als Gläubiger der entstandenen Eigentümergrundschuld fingiert.[979]

2262 Bei nachgewiesener Befriedigung durch einen Dritten bedarf es zur Löschung dessen Löschungsbewilligung (§ 19 GBO) nebst Eigentümerzustimmung (§ 27 GBO).

IV. Löschung bei Gesamtgläubigerschaft

2263 Zur Löschung (Umschreibung) einer für **Gesamtgläubiger** nach § 428 BGB eingetragenen Zwangshypothek genügt die löschungsfähige Quittung eines der Gesamtgläubiger.[980] Ob dies auch für die Abgabe der abstrakten Löschungsbewilligung gilt, ist umstritten.[981]

2264 Der Auffassung, dass alle Gesamtgläubiger bei Abgabe der Löschungsbewilligung mitwirken müssen, ist zu folgen. Die Bewilligung nach § 19 GBO ist von allen (auch nur denkbarer Weise) Betroffenen zu erklären. Da bei der abstrakten Löschungsbewilligung auf Grund der Vermutung des § 891 BGB – im Gegensatz zur löschungsfähigen Quittung- davon auszugehen ist, dass die Hypothek allen Gesamtgläubigern zusteht, bedarf es hier stets der Mitwirkung aller Gläubiger.

---

978 *Schöner/Stöber* Rn. 2727 ff; *Demharter* § 27 Rn. 21, 23; zu den Löschungsvoraussetzungen im Fall des § 88 InsO bei einer Gesamthypothek siehe *OLG Düsseldorf* Rpfleger 2003, 647; *Deimann* Rpfleger 2004, 40.
979 *Demharter* § 39 Rn. 19.
980 *Kammergericht* Rpfleger 1965, 366; *OLG Bremen* OLGZ 1987, 29; *Schöner/Stöber* Rn. 2734; *Demharter* § 27 Rn. 21.
981 Die Löschungsbewilligung nur eines Gesamtgläubigers lassen genügen: *BayObLG* Rpfleger 1996, 21; *Demharter* § 19 Rn. 57; *Kammergericht* JW 37, 3158; *BayObLG* 62, 205; für die Mitwirkung aller Gesamtgläubiger bei Abgabe der Löschungsbewilligung: *Palandt/Bassenge* § 875 Rn. 5, *KEHE-Munzig* § 27 Rn. 27; *Schöner/Stöber* Rn. 2734.

V. Löschung bei Hypothek für Wohnungseigentümergemeinschaft

1. Löschungsfähige Quittung

Soll eine für die **rechtsfähige Gemeinschaft** der Wohnungseigentümer oder für alle **Wohnungseigentümer** in entspr. Gemeinschaft eingetragene Zwangshypothek gelöscht werden, genügt hierzu eine formgerechte **löschungsfähige Quittung** des Verwalters (§ 27 Abs. 2 Nr. 2 WEG).[982] Hierbei hat sich der Verwalter durch ein Protokoll über seine Bestellung (§ 26 Abs. 1, 4 WEG) zu legitimieren, wobei die Unterschriften des Versammlungsleiters, eines Wohnungseigentümers und ggf. des Vorsitzenden des Verwaltungsbeirats öffentlich beglaubigt sein müssen (§§ 26 Abs. 4, 24 Abs. 6 WEG). Ein Nachweis dieser Eigenschaften ist nicht erforderlich. Das Grundbuchamt hat mangels anderweitiger Anhaltspunkte vom Fortbestand der Verwalterbestellung auszugehen.   2265

2. Löschungsbewilligung

Soll die Hypothek auf Grund abstrakter **Löschungsbewilligung** gelöscht werden, genügt für eine für die rechtsfähige **Wohnungseigentümergemeinschaft** bzw. für den Verwalter als Prozessstandschafter eingetragene Zwangshypothek die Bewilligung des Verwalters.[983]   2266

Bei einem Wechsel des Verwalters, der als Prozessstandschafter als Hypothekengläubiger eingetragen ist, hat der neu bestellte Verwalter die Löschung zu bewilligen, da vereinzelt dieser selbst oder nach h.M. die durch den jeweiligen Verwalter vertretene Wohnungseigentümergemeinschaft als materiellrechtliche Inhaberin der Forderung als „Rechtsnachfolgerin" des weggefallenen Verwalters angesehen wird.[984]   2266a

Eine vorherige Grundbuchberichtigung ist entbehrlich (§ 40 Abs. 1 GBO entsprechend). Wegen des Verwalternachweises siehe Rn. 2265.

Im Hinblick auf die Entscheidung des *BGH*[985] dürfte bei einer aufgrund eines „Alt"-Titels für die einzelnen Wohnungseigentümer eingetragenen Zwangshypothek deren Löschung mit abstrakter Löschungsbewilligung des Verwalters nicht mehr in Betracht kommen. Für diese Fälle ist wie bisher eine Löschungsbewilligung der als Gläubiger eingetragenen **Wohnungseigentümer** erforderlich. Anstelle dieser Bewilligung genügt auch die löschungsfähige Quittung des Verwalters.[986]   2267

Eine Bewilligung des Verwalters reicht bei einer „Alt"-Hypothek dann aus, wenn dem Grundbuchamt etwa durch eine entsprechende nachträgliche Berichtigung des Rubrums des der Hypothek zugrunde liegenden Titels durch das Prozessgericht gemäß § 319 ZPO nachgewiesen wird, dass die für die Wohnungseigentümer eingetragene Hypothek dem Verband der Wohnungseigentümergemeinschaft zusteht.[987]   2267a

Die Hypothek kann dann ohne vorherige Richtigstellung der Gläubigerbezeichnung auf den Verband der Wohnungseigentümergemeinschaft (Rn. 2110 bis 2114) gelöscht werden. Das gleiche gilt auch bei sonstigen Eintragungen, die bei der Hypothek vorgenommen werden, etwa bei einer Abtretung.[988]   2267b

---

[982] *BayObLG* Rpfleger 1995, 410; 1996, 21; 2001, 296; *Palandt/Bassenge* § 27 WEG Rn. 10; *Zeiser* Rpfleger 2003, 550 (553); *Hügel* DNotZ 2005, 753 (768).
[983] *Dümig* Rpfleger 2005, 529; *Böhringer* Rpfleger 2006, 53 (56); *Palandt/Bassenge* WEG § 27 Rn. 11/12.
[984] *Zöller/Stöber* § 727 Rn. 31; *Stein/Jonas/Münzberg* § 727 Rn. 31; *BL/Hartmann* § 727 Rn. 21, 27; *OLG Düsseldorf* NJW-RR 1997, 1035.
[985] Rpfleger 2007, 479; so auch schon *Demharter* Rpfleger 2007, 480 und Rpfleger 2006, 120.
[986] So *LG Frankfurt* DNotZ 2006, 63; *Demharter* Rpfleger 2006, 120; *Hügel* DNotZ 2007, 326 (327).
[987] *BGH* Rpfleger 2007, 479.
[988] *Demharter* § 39 Rn. 15.

VI. Löschung bei Verschiedenheit von Gläubiger und Zahlungsempfänger

2268 Soll eine Zwangshypothek gelöscht werden, bei der **Titelgläubiger** und **Zahlungsempfänger verschieden** sind (siehe Rn. 2122 bis 2124), ist zu unterscheiden:
- Wird die Zwangshypothek auf Grund abstrakter **Löschungsbewilligung** gelöscht, bedarf es (nur) einer Löschungsbewilligung des eingetragenen Titelgläubigers. Eine Mitwirkung des Empfangsberechtigten ist entbehrlich.
- Erfolgt die Löschung nach Zahlung durch den schuldenden Eigentümer, hat nur der Zahlungsempfänger die formgerechte **„löschungsfähige Quittung"** zu erteilen. Eine Bewilligung des Hypothekengläubigers ist nicht notwendig.

4. Kapitel
Verwaltungsvollstreckung (Verwaltungszwangsverfahren) durch Finanzamt

A. Ersuchen

I. Allgemeines

2269 Auf Grund der Abgabenordnung (AO) können **Finanzämter** und **Hauptzollämter** zur Sicherung ihrer öffentlich-rechtlichen Ansprüche (Steuerforderung usw.) Anträge auf Eintragung von Zwangshypotheken beim Grundbuchamt stellen (§ 322 Abs. 1 AO). Dabei handelt es sich um **Ersuchen** nach § 38 GBO (vgl. § 322 Abs. 3 Satz 4 AO).

II. Form

2270 Das Ersuchen der Behörde ist vom zuständigen Beamten zu **unterschreiben** und mit dem **Dienstsiegel** zu versehen (§ 29 Abs. 3 GBO); die Vertretungsbefugnis des Unterzeichners hat das Grundbuchamt nicht zu überprüfen, auch dann nicht wenn das Ersuchen „i.V." oder „i.A." unterzeichnet ist.

III. Inhalt

2271 Da das Ersuchen den Eintragungsantrag (§ 13 GBO) und die Bewilligung (§ 19 GBO) ersetzt, hat es den allgemeinen Vorschriften zu entsprechen. Das Ersuchen kann daher gem. § 16 GBO grundsätzlich nicht unter einen Vorbehalt gestellt werden. Es muss das Grundstück gem. § 28 Satz 1 GBO bezeichnen.

2272 Im Ersuchen hat die Verwaltungsbehörde (Finanzamt) zu **bestätigen**, dass die gesetzlichen Voraussetzungen für die Vollstreckung vorliegen (§ 322 Abs. 3 Satz 2 AO). Diese Fragen unterliegen nicht der Beurteilung durch das Grundbuchamt (§ 322 Abs. 3 Satz 3 AO). Es brauchen somit weder ein Vollstreckungstitel, noch Klausel, noch Zustellungsnachweis vorgelegt werden. Das Grundbuchamt hat lediglich zu prüfen, ob die Forderung, die im Ersuchen zweifelsfrei zu bezeichnen ist, ihrer Art nach dem Verwaltungszwangsverfahren (AO) unterliegt und ob der Steuerschuldner als Eigentümer im Grundbuch eingetragen ist.

Ersuchen auf Eintragung einer Zwangshypothek

Finanzamt Mannheim-Stadt	Mannheim, den 02.01.2006

An das
Grundbuchamt
68161 Mannheim

Vollstreckungsersuchen

Eintragung einer Zwangssicherungshypothek zu Lasten des Grundstücks FlSt.Nr. 4870/1, Gemarkung Mannheim, Roonstr. 4, Grundbuch Nr. 80140
Eigentümer: Franziska Ehrlich

Die Vollstreckungsschuldnerin Franziska Ehrlich, geb. 11.11.1972; Mannheim, Roonstr. 4 schuldet dem Land Baden-Württemberg (§ 252 AO) folgende Steuern und steuerliche Nebenleistungen:

Umsatzsteuer 2004	47.183,00 €
Umsatzsteuer 2005	49.481,00 €
Verspätungszuschläge	2.418,00 €
Säumniszuschläge bis Ende Januar 2006	1.841,00 €
Summe	100.923,00 €

Die gesetzlichen Voraussetzungen für die Vollstreckung liegen vor (§ 322 Abs. 3 AO).

Es wird gem. § 322 AO ersucht für das Land Baden-Württemberg, vertreten durch das Finanzamt Mannheim-Stadt, wegen der genannten Forderungen zzgl. 1 % Säumniszuschläge für jeden angefangenen Monat ab 01.02.2006 aus der Hauptschuld von 96.644,00 € eine Zwangssicherungshypothek auf dem genannten Grundstück der Vollstreckungsschuldnerin einzutragen.

Nach Eintragung der Zwangshypothek bitte ich die Zweitschrift des Ersuchens mit Eintragungsvermerk an mich zurückzusenden.

Ferner bitte ich um Erteilung eines unbeglaubigten Grundbuchauszugs.

Im Auftrag
(Unterschrift)   (Siegel)
Schumann
Oberregierungsrat

Bei einem nach dem **Anfechtungsgesetz** anfechtbaren Eigentumserwerb bedarf es ferner eines Duldungsbescheides nach § 191 Abs. 1 AO, § 11 AnfG gegen den derzeitigen Eigentümer, der nicht Steuerschuldner ist, aber die Zwangsvollstreckung in sein Grundstück dulden muss. Diese Voraussetzungen hat das Finanzamt dem Grundbuchamt gegenüber entspr. § 322 Abs. 2 Satz 2 AO zu bestätigen. Der Duldungsbescheid selbst ist dem Grundbuchamt nicht vorzulegen.

B. Anwendbare Vorschriften

Die Vorschriften bezüglich des **Mindestbetrages** von mehr als **750,00 €** (§ 866 Abs. 3 ZPO) sowie der notwendigen **Verteilung** (§ 867 Abs. 3 ZPO) bei Belastung mehrerer Grundstücke des Schuldners gelten auch in der Verwaltungsvollstreckung. Wegen Einzelheiten siehe Rn. 2015 ff. und 2033 ff.

Ebenso bedarf es der **Voreintragung** des Schuldners als Eigentümer nach § 39 Abs. 1 GBO, falls nicht ein Ausnahmetatbestand des § 40 GBO vorliegt. Ggf. hat die Verwaltungsbehörde notwendige Erbnachweise vorzulegen (§ 792 ZPO, § 85 FGG) und den Berichtigungsantrag zu stellen (§ 14 GBO).

Falls eine Zwangsvollstreckung nach § 779 ZPO zu Lebzeiten des Schuldners bereits begonnen hat, bedarf es keines Erbnachweises und keiner Voreintragung des Erben im Grundbuch. Insoweit genügt auch die entspr. Bestätigung der Behörde (§ 322 Abs. 3 Satz 2 AO).

C. Erbgangsähnliche Gesamtrechtsnachfolge

2278 Bei einer **sonstigen Gesamtrechtsnachfolge**, z. B. Verschmelzung, Aufspaltung oder Ausgliederung von Gesellschaften nach dem Umwandlungsgesetz, Anwachsung des Anteils am Gesellschaftsvermögen bei Ausscheiden eines Gesellschafters bei einer BGB-Gesellschaft, OHG oder KG oder Übernahme aller Anteile durch einen Gesellschafter einer OHG, KG oder BGB-Gesellschaft usw., geht die Steuerschuld des Rechtsvorgängers auf den Rechtsnachfolger über (§ 45 Abs. 1 AO). Auch diese Tatsache hat die Behörde in ihrem Ersuchen entspr. zu bestätigen. Ist der Rechtsnachfolger im Grundbuch noch nicht als Eigentümer eingetragen, wäre dies vom Finanzamt entspr. § 14 GBO beim Grundbuchamt zu beantragen. Die entspr. Nachweisurkunden (beglaubigter Registerauszug bzw. amtlicher Registerausdruck, § 9 Abs. 4 HGB oder Notarbescheinigung, § 21 BNotO) kann sich das Finanzamt nach § 792 ZPO beschaffen.

D. Eintragung im Grundbuch

2279 Im Verwaltungsverfahren nach der AO gilt die **Körperschaft als Gläubigerin** der zu vollstreckenden Ansprüche, der die Vollstreckungsbehörde angehört (§§ 249, 252 AO). Das Land, dessen Finanzamt als Vollstreckungsbehörde das Ersuchen stellt (bei Vollstreckung durch ein Hauptzollamt die Bundesrepublik Deutschland) ist somit als Gläubiger der Zwangshypothek einzutragen, unabhängig ob etwa das Finanzamt Landes-, Bundes- oder Kirchensteuer vollstreckt.

2280 Auf entspr. Ersuchen kann der Teil des Vermögens, zu dem das Recht gehört, in Klammern bezeichnet werden; ebenso kann auf Antrag auch angegeben werden, durch welche Behörde der Fiskus vertreten wird (§ 15 Abs. 2 GBV).

2281 Bei der Eintragung ist anzugeben, dass die Zwangshypothek im Wege des **Verwaltungszwangsverfahrens** erfolgt.

2282 Die Eintragung könnte in Abt. III wie folgt formuliert werden:

Dritte Abteilung

Beispiel

Lfd. Nr. der Eintragungen	Laufende Nummer der belasteten Grundstücke im Bestandsverzeichnis	Betrag	Hypotheken, Grundschulden, Rentenschulden
1	2	3	4
1	1	40.000,00 €	Vierzigtausend Euro Zwangssicherungshypothek für rückständige Steuern und steuerliche Nebenleistungen nebst 1 % Säumniszuschlag für jeden angefangenen Monat aus 38.000,00 Euro seit dem 14. Mai 2005 für das Land Baden-Württemberg vertreten durch das Finanzamt Schwetzingen. Auf Grund des Ersuchens des Finanzamts Schwetzingen vom 14. Oktober 2005 (38125/00100-8/3) im Wege des Verwaltungszwangsverfahrens eingetragen am ... *Unterschrift*

E. Kosten der Eintragung

Die **Kosten für die Eintragung** der Zwangshypothek (§ 62 KostO) können unmittelbar vom Schuldner/Grundstückseigentümer angefordert werden (§ 3 Nr. 4 KostO). Die Gebührenfreiheit des Fiskus (§ 11 Abs. 1 KostO) befreit den Eigentümer als Vollstreckungsschuldner nicht von der Zahlung der Eintragungskosten. 2283

F. Mängel des Ersuchens

Für **Beanstandungen des Ersuchens durch das Grundbuchamt** gelten die allgemeinen Vorschriften, d.h. bei **behebbaren Vollstreckungsmängeln** (z.B. es fehlt die Versicherung, dass die Ansprüche vollstreckbar sind, es fehlt die notwendige Verteilungserklärung nach § 867 Abs. 2 ZPO) erlässt das Grundbuchamt eine **nicht rangwahrende Aufklärungsverfügung nach § 139 ZPO** (Rn. 2155 ff.). 2284

Liegen dagegen ausschließlich **Grundbuchmängel** vor, beanstandet dies das Grundbuchamt mit einer **rangwahrenden Zwischenverfügung nach § 18 Abs. 1 GBO** (Rn. 2138 ff.). 2285

Ggf. ist zu Gunsten des Ersuchens des Finanzamts eine Schutzvormerkung nach § 18 Abs. 2 GBO einzutragen (Rn. 2142 ff.). 2286

G. Rechtsbehelfe

I. Rechtsbehelf des Finanzamts

Hat der Rechtspfleger des Grundbuchamts eine **Zwischenverfügung** erlassen bzw. das Ersuchen **zurückgewiesen**, steht dem Finanzamt gegen die entspr. Entscheidung des Rechtspflegers das Rechtsmittel der **einfachen unbefristeten Beschwerde** zu (§§ 11 Abs. 1 RPflG, 71 ff. GBO). Wegen Einzelheiten siehe Rn. 2204 ff. 2287

II. Rechtsbehelf des Eigentümers (Schuldners)

Gegen die **Eintragung** der Zwangshypothek kann der **Eigentümer** mit **beschränkter Beschwerde** die Eintragung eines **Amtswiderspruchs** erwirken (§§ 11 Abs. 1 RPflG, 71 Abs. 2, 53 Abs. 1 Satz 2 GBO). Eine Löschung kommt – außer im Falle der inhaltlichen Unzulässigkeit nach § 53 Abs. 1 Satz 2 GBO – regelmäßig nicht in Betracht. Wegen Einzelheiten siehe Rn. 2210 bis 2213. 2288

Im Verwaltungszwangsverfahren kann mit der beschränkten Beschwerde vom Eigentümer nur die Verletzung der vom Grundbuchamt zu prüfenden Eintragungsvoraussetzungen (z.B. Form des Ersuchens, Zuständigkeit der Behörde, Voreintragung des Schuldners als Eigentümer, notwendige Bestätigung nach § 322 Abs. 3 Satz 2 AO, Verteilung der Forderung auf mehrere Grundstücke des Schuldners, Einhaltung des Mindestbetrages usw.) geprüft werden. Einwendungen gegen die vom Finanzamt zu bescheinigenden Voraussetzungen der Vollstreckung, die nicht der Beurteilung durch das Grundbuchamt unterliegen (§ 322 Abs. 3 Satz 2 AO), insbesondere gegen den festgestellten Steueranspruch, sind mit den Rechtsbehelfen nach den Vorschriften der AO geltend zu machen.[989] 2289

---

989 *Schöner/Stöber* Rn. 2217 ff; *Balser/Bögner/Ludwig* Rn. 1.7; *Böttcher* (ZV im GB) Rn. 100 ff.

H. Wechsel der örtlichen Zuständigkeit (anderes Bundesland)

2290 Geht nach Eintragung der Zwangshypothek die örtliche Zuständigkeit auf ein Finanzamt eines anderen Bundeslandes über (§ 26 Satz 1 AO), so geht kraft Gesetzes die gesicherte Forderung und die Hypothek auf das neue Bundesland über (§§ 412, 401 BGB). Dieses Bundesland ist i.S.d. § 252 AO neuer Gläubiger der Zwangshypothek. Das Grundbuch ist in Bezug auf die Gläubigerbezeichnung unrichtig geworden (§ 894 BGB). Die entspr. Berichtigung kann auf Grund eines Ersuchens eines der beteiligten Finanzämter durchgeführt werden. Notwendig ist jedoch stets eine entspr. Erklärung des vertretungsbefugten Finanzamts des als Gläubiger eingetragenen Bundeslandes, dass auf Grund der Voraussetzungen des § 26 Satz 2 AO ein Gläubigerwechsel stattgefunden hat.

2291 Die Eintragung erfolgt in Abt. III Spalten 5 bis 7 und könnte etwa lauten:

Beispiel

		Veränderungen
Lfd. Nr. der Spalte 1	Betrag	
5	6	7
1	12.000,00 €	Infolge Übergangs der Forderung gemäß § 26 Satz 1 AO steht die Sicherungshypothek nunmehr dem Land Rheinland-Pfalz, vertreten durch das Finanzamt Kaiserslautern zu. Berichtigend eingetragen am ... *Unterschrift*

2292 Sollte die bisher zuständige Finanzbehörde nach § 26 Satz 2 AO das Verwaltungsverfahren fortführen, bleibt die Gläubigerstellung des eingetragenen Bundeslandes erhalten.

I. Beitreibung anderer öffentlicher Zahlungsansprüche

2293 Bei der Vollstreckung anderer öffentlicher rückständiger Zahlungsansprüche wie Gerichtskosten, Grund- und Gewerbesteuern, Zölle usw. gelten die Vorschriften der Justizbeitreibungsordnung (für Gerichtskosten) sowie die Verwaltungsvollstreckungsgesetze des Bundes und der Länder. Diese haben im Wesentlichen die Vollstreckungsregelungen der AO übernommen.[990]

---

990 *Bauer/von Oefele* § 38 Rn. 86; *Schöner/Stöber* Rn. 2220.

6. Teil
Arresthypothek

1. Kapitel
Allgemeines, Rechtsnatur

A. Allgemeines

Der Arrest ist ein vorläufiger, in einem gerichtlichen Eilverfahren erwirkter Schuldtitel, der auf die Sicherung des Gläubigers und nicht auf dessen Befriedigung gerichtet ist. Er dient somit der Sicherstellung einer als gefährdet angesehenen Zwangsvollstreckung wegen einer Geldforderung oder eines Anspruchs, der in eine solche übergehen kann (§§ 916, 917 ZPO).

2294

Das Arrestverfahren gliedert sich in zwei Teile, in seine **Anordnung** und in seine **Vollziehung**. Letztere folgt grundsätzlich den Regeln der Zwangsvollstreckung (§ 928 ZPO), die wegen ihrer Eilbedürftigkeit und ihres Sicherungscharakters durch die Sondervorschriften der §§ 929 und 932 ZPO abgewandelt werden.

2295

B. Rechtsnatur

Die Vollziehung des Arrestes in ein Grundstück oder grundstücksgleiches Recht erfolgt durch Eintragung einer Höchstbetragssicherungshypothek für die Forderung, sog. Arresthypothek (§ 932 Abs. 1 ZPO).

2296

Nach mittlerweile gefestigter Meinung ist die Arresthypothek als Höchstbetragshypothek i.S.d. § 1190 BGB – im Falle einer zulässigen Umwandlung – nicht nur Vorstufe der Zwangssicherungshypothek nach §§ 866 ff. ZPO, sondern bereits vollwertiges Sicherungsgrundpfandrecht. Als solches kommt der Arresthypothek bereits eine latente Verwertungsfunktion zu. Der Gläubiger kann aus ihr bereits mit Erfolg auf Duldung der Zwangsvollstreckung klagen; § 1147 BGB ist auch auf die Arresthypothek anzuwenden.

2297

Dies widerspricht auch nicht dem Sicherungszweck der Arresthypothek, da im Duldungsprozess die im Arrestverfahren nur glaubhaft gemachte (§ 920 Abs. 2 ZPO) gesicherte Forderung bewiesen werden muss. Insoweit besteht keine Gefahr für den Schuldner, dass sich der Gläubiger vorzeitig aus der Arresthypothek befriedigt.[991]

2298

Obwohl die den diplomatischen und konsularischen Missionen dienenden Grundstücke, insbesondere die Gesandtschaftsgrundstücke, generell unverletzlich sind und keiner Zwangsvollstreckungsmaßnahme unterliegen, kann – im Gegensatz zur „normalen" Zwangshypothek – zu Lasten eines solchen Grundstücks eine Arresthypothek eingetragen werden. Die Vollziehung eines Arrestes ist keine Zwangsvollstreckung i.S.d. Wiener Übereinkommens vom 18.04.1961 über diplomatische Beziehungen. Die Arresthypothek hat vielmehr nur Sicherungscharakter (aus ihr kann ohne einen dinglichen Duldungstitel nach § 1147 BGB, im Gegensatz zur Zwangshypothek [§ 867 Abs. 3 ZPO], eine Verwertung nicht erfolgen). Durch deren Eintragung wird mithin die Erfüllung der diplomatischen Aufgaben nicht beeinträchtigt.[992]

2299

Der Gläubiger einer Arresthypothek hat – im Gegensatz zur rechtsgeschäftlichen Höchstbetragshypothek und zur Zwangshypothek – gem. § 932 Abs. 1 Satz 2 ZPO keinen Anspruch auf Löschung vor- oder gleichrangiger Grundpfandrechte, die sich mit dem Eigentum in einer Person vereinigt haben (vgl. §§ 1179a, 1179b BGB).

2300

---

991 *Zöller/Vollkommer* § 932 Rn. 1; *Deimann* RpflStud. 1992, 167.
992 *OLG Köln* Rpfleger 2004, 478; *Demharter* Anh. zu § 44 Rn. 65.

2. Kapitel
Eintragungsvoraussetzungen

A. Allgemeines

2301 Für die Eintragung der Arresthypothek verweist § 932 Abs. 2 ZPO auf die Vorschriften über die Eintragung der Zwangshypothek in den §§ 866 Abs. 3, 867 Abs. 1 und 2 und 868 ZPO. Mithin hat diese Eintragung den Doppelcharakter des Vollstreckungsaktes (§ 928 ZPO) und des Aktes der freiwilligen Gerichtsbarkeit (Grundbuchgeschäft). Sie untersteht deshalb sowohl den entspr. Verfahrensvorschriften der ZPO als auch den grundbuchrechtlichen Vorschriften über die Eintragungsvoraussetzungen und das Eintragungsverfahren. Das Grundbuchamt hat somit stets die Voraussetzungen der Arrestvollziehung nach der ZPO als auch die Erfordernisse nach den Verfahrensvorschriften der GBO zu prüfen.[993]

B. Verweisung auf Zwangshypothek

2302 Auf Grund der Verweisungen auf die §§ 866 Abs. 3 Satz 1, 867 Abs. 1 und 2 und § 868 ZPO gelten weitgehend die Regelungen über die Eintragung einer Zwangssicherungshypothek, soweit nicht die Besonderheiten der Arrestvollziehung Ausnahmen erforderlich machen.

2303 Somit wird bezüglich der

- Antragstellung durch den Gläubiger (§ 867 Abs. 1 ZPO),[994]
- Verteilungserklärung der Lösungssumme bei mehreren Grundstücken desselben Schuldners (§ 867 Abs. 2 ZPO; Rn. 2033 ff.),
- Mindestsumme von 750,01 € (Rn. 2015 ff.),
- Voreintragung des Schuldners nach § 39 GBO (Rn. 2098 ff.),
- Bezeichnung des Gläubigers, ggf. mit Beteiligungsverhältnis nach § 47 GBO (Rn. 2107 ff.),
- Vollziehung in Nachlass, gegen Ehegatten, gegen BGB-Gesellschaft (Rn. 1970, 2086 ff.),
- bei Vorhandensein von Verfügungsbeschränkungen (Auflassungsvormerkung, Rn. 2072 ff.),
- Behandlung bei vollstreckungsrechtlichen bzw. grundbuchrechtlichen Mängeln (Rn. 2138 ff.),
- Belastungszustimmung nach §§ 5, 8, 15 ErbbauVO (Rn. 2062 ff.),
- zu beachtenden Vollstreckungshindernisse nach § 89 InsO und § 775 ZPO (Rn. 1992 ff.),
- Rechtsbehelfe (Rn. 2204 ff.)

auf die zur Zwangshypothek gemachten Ausführungen verwiesen.

2304 Abweichend hiervon sind bei der Arresthypothek folgende **Besonderheiten** zu beachten:

C. Besonderheiten

I. Vollstreckungstitel (Arrestbefehl)

2305 Der Arrestvollzug setzt weiter einen formgerechten und inhaltlich ausreichenden Arrestbefehl voraus. Vergleiche und vollstreckbare Urkunden i.S.d § 794 Abs. 1 Nr. 1 und 5 ZPO können einen solchen nicht ersetzen. Der Tenor des Arrestbefehls **hat zwingend** zu enthalten:

---

993 Böttcher (ZV im GB) Rn. 128.
994 Ein Ersuchen durch das Arrestgericht scheidet hier aus. Die Norm des § 941 ZPO gilt nur für Eintragungen im Rahmen einer einstweiligen Verfügung.

- Die Angabe des zu sichernden Anspruchs nach Grund und Betrag;
- die Angabe, dass ein dinglicher Arrest erlassen wird (§ 917 ZPO);
- die Hinterlegungssumme (Ablösungsbetrag) gem. § 923 ZPO.

Fehlen diese Angaben im Arrestbefehl, ist er als Eintragungsgrundlage nicht verwertbar; der Antrag auf Eintragung ist zwingend zurückzuweisen (§ 18 Abs. 1 GBO).

Ferner **soll** der Arrestbefehl eine Kostenentscheidung (§§ 91 ff. ZPO) enthalten. Fehlt diese, ist dies jedoch unschädlich. 2306

Der Arrestbefehl **kann** darüber hinaus enthalten: 2307
- Die Anordnung einer Sicherheitsleistung (§ 921 Abs. 2 ZPO);
- die Festsetzung des Streitwertes.

Die Anordnung einer vorläufigen Vollstreckbarkeit ist nicht notwendig; Arrestbefehle sind wegen ihrer Funktion als Eil- und Sicherungsmaßnahmen ohne besonderen Ausspruch stets vorläufig vollstreckbar.[995] Der Arrestbefehl ergeht nach freigestellter mündlicher Verhandlung (§ 921 ZPO) durch Endurteil, ohne mündliche Verhandlung durch Beschluss (§ 922 Abs. 1 ZPO). 2308

Ist der Arrest gegen Sicherheitsleistung angeordnet (§ 921 Abs. 2 ZPO), so muss diese vor der Vollziehung geleistet sein und dem Grundbuchamt die Sicherheitsleistung nachgewiesen werden (§ 751 Abs. 2 ZPO). 2309

Eine „Sicherungsvollstreckung" i.S.d. § 720a ZPO, die die Vollziehung trotz angeordneter Sicherheitsleistung ohne den Nachweis ihrer Erbringung ermöglicht, scheidet beim Arrestvollzug aus.[996] 2310

Die notwendige Zustellung der Urkunden über die Sicherheitsleistung ist hingegen vor Eintragung der Hypothek wegen der Vorschrift des § 929 Abs. 3 Satz 1 ZPO nicht notwendig (Näheres zur Zustellung siehe unter Rn. 2323 bis 2328). 2311

Der Arrestbefehl ist dem Grundbuchamt in Ausfertigung vorzulegen; eine beglaubigte Abschrift genügt nicht. Nach Eintragung der Arresthypothek ist diese von Amts wegen auf der Ausfertigung zu vermerken (§ 867 Abs. 1 Satz 1 ZPO). 2312

II. Vollziehungsfrist

Das Erkenntnisverfahren des Arrestprozesses geht als Eilverfahren davon aus, dass der einstweilige Rechtsschutz nur zeitlich begrenzt zu gewähren ist. Damit soll verhindert werden, dass der Arrest unter wesentlich veränderten Umständen vollzogen wird. Ferner könnte mittlerweile das Rechtsschutzbedürfnis für den Eilcharakter fehlen. Dies folgt aus den Bestimmungen der §§ 916 bis 918 ZPO und findet seinen Niederschlag in der in § 929 Abs. 2 ZPO bestimmten Monatsfrist für die Vollziehung des Arrestes. Der Arrestbefehl ist somit nur befristet ein zur Zwangsvollstreckung geeigneter Titel. Das bedeutet, dass der Arrestbefehl stets nur innerhalb eines Monats vollzogen werden darf; das Grundbuchamt hat von Amts wegen die Wahrung dieser Frist zu prüfen. Nach Ablauf dieser Frist ist der Arrestbefehl zu einer Vollziehung nicht mehr geeignet. 2313

Für den **Fristbeginn** gilt es zu unterscheiden:

Ergeht der Arrestbefehl nach mündlicher Verhandlung durch **Endurteil**, beginnt die Frist mit seiner Verkündung (§§ 310, 929 Abs. 2 ZPO), die aus dem Verkündungsvermerk des Urkundsbeamten zu ersehen ist (§ 315 Abs. 3 ZPO). 2314

Wurde der Arrestbefehl dagegen ohne mündliche Verhandlung durch **Beschluss** erlassen, beginnt die Vollziehungsfrist mit der von Amts wegen vorzunehmenden Zustellung des Arrestbefehls an den Gläubiger (§§ 166 Abs. 2, 329 Abs. 3, 929 Abs. 2 ZPO), möglicherweise bereits mit einer früheren formlosen Aushändigung des Beschlusses an den Gläubiger. Ergibt sich bereits aus dem Datum des Beschlusses, dass die einmonatige Vollziehungsfrist noch nicht abgelaufen ist, erübrigt sich die Prü- 2315

---

[995] *Thomas/Putzo* § 922 Rn. 4; *Zöller/Vollkommer* § 922 Rn. 9, 16.
[996] *Stein/Jonas/Grunsky* § 932 Rn. 10; *Balser/Bögner/Ludwig* Abschnitt 2.1.1 Nr. 4.

fung des Zustellungszeitpunkts durch das Grundbuchamt.[997] Andernfalls wäre der genaue Zeitpunkt der Amtszustellung durch eine Bescheinigung der Geschäftsstelle des Gerichts nachzuweisen (§ 169 Abs. 1 ZPO). Falls der Arrest auf Widerspruch hin durch Urteil bestätigt wurde, ist umstritten, ob mit der Verkündung des Urteils eine neue Frist zu laufen beginnt.[998]

2316 Für die Fristberechnung gelten die Vorschriften des § 222 ZPO, wobei insoweit auf die Bestimmungen der §§ 187 und 188 BGB verwiesen wird.

2317 Was ist nun „**Vollziehung**" des Arrestes?

Gem. § 932 Abs. 1 Satz 1 ZPO erfolgt die Vollziehung des Arrestes in ein Grundstück durch **Eintragung** einer Arresthypothek. Diese entsteht mit ihrer Eintragung im Grundbuch. Dieser Eintragungszeitpunkt ist auch maßgebend für die Berechnung der Anfechtungs- bzw. Sperrfrist nach §§ 88, 129 ff., 141 InsO.[999]

2318 Für die **Fristberechnung** des § 929 Abs. 2 ZPO (Vollziehungsfrist) gilt jedoch etwas anderes:

Bereits der **Eingang des Antrags** des Gläubigers auf Eintragung der Arresthypothek beim Grundbuchamt (Amtsgericht) wahrt die Vollziehungsfrist, vorausgesetzt, dass dieser Antrag zur Eintragung führt. Die Frist zur Arrestvollziehung ist auch dann gewahrt, wenn der Antrag fristgemäß bei dem Amtsgericht eingeht, zu dem das Grundbuchamt gehört. Nicht erforderlich ist es, dass der Antrag innerhalb der Monatsfrist einer nach § 13 Abs. 3 GBO zur Antragsentgegennahme zuständigen Person des Grundbuchamts vorgelegt wird.[1000]

Für die formellrechtliche Erledigungsreihenfolge der §§ 17, 45 GBO gilt dagegen der Eingang des Antrags beim Grundbuchamt (§ 13 Abs. 2, 3 GBO).[1001]

2319 Die Eintragung selbst kann dann auch nach Fristablauf erfolgen. Ist der Antrag mit einem Mangel behaftet, ist für die fristwahrende Wirkung seines Eingangs zwischen vollstreckungsrechtlichen und rein grundbuchrechtlichen Eintragungshindernissen zu unterscheiden. Bei Vorliegen von **Vollstreckungshindernissen** kommt dem Antrag keine rangwahrende Wirkung i.S.d. § 17 GBO zu. Ein solcher Antrag gilt folglich erst dann als Vollziehung, wenn und sobald der Mangel innerhalb der Monatsfrist des § 929 Abs. 2 ZPO beseitigt ist. Geschieht dies nicht vor Ablauf der Vollziehungsfrist, ist der Antrag gem. § 18 Abs. 1 GBO zurückzuweisen.[1002]

2320 Umstritten ist, ob bei ausschließlich (!) **grundbuchrechtlichen** Mängeln diese auch nach Ablauf der Monatsfrist beseitigt werden können. Eine Ansicht[1003] verlangt auch hier die Mängelbeseitigung innerhalb der Vollziehungsfrist. Eine andere Auffassung[1004] lässt jedoch die Beseitigung eines ausschließlich grundbuchrechtlichen Mangels auch nach Fristablauf noch zu. Die letztere Auffassung verdient den Vorzug, und zwar aus folgenden Gründen: Der Eingang eines Antrags beim Grundbuchamt hat neben der rangwahrenden Wirkung der §§ 17 und 45 GBO materiell-rechtliche Wirkungen im Rahmen der §§ 878 und 892 BGB sowie die der Vollziehungsfiktion des § 932 Abs. 3 ZPO. Alle diese Antragswirkungen bleiben in vollem Umfang erhalten, wenn wegen grundbuchrechtlicher Mängel gem. § 18 Abs. 1 GBO eine Zwischenverfügung erlassen wird. Dabei ist des unerheblich, wann die Hindernisse letztlich beseitigt werden.

---

997 *Schöner/Stöber* Rn. 2229; *Zöller/Vollkommer* § 929 Rn. 5, 6.
998 Bei Bestätigung eines Arrestes durch ein Urteil beginnt stets eine neue Vollziehungsfrist. So zutreffend *Pfälzisches OLG Zweibrücken* Rpfleger 2003, 36 m.w.H. auch zu abweichenden Meinungen.
999 *Thomas/Putzo* § 932 Rn. 3; *Zöller/Vollkommer* § 932 Rn. 6; *Musielak/Huber* § 932 Rn. 4; a.A. *Eickmann* in HK-InsO § 88 Rn. 8 (unzutreffend).
1000 *BGH* Rpfleger 2001, 294; a.A. *BL/Hartmann* § 932 Rn. 7.
1001 *Stöber* (ZVG) Einl. Rn. 74.2.
1002 *Zöller/Vollkommer* § 932 Rn. 7, 8.
1003 *Thomas/Putzo* § 932 Rn. 3.
1004 *Zöller/Vollkommer* § 932 Rn. 7, 8; *Schöner/Stöber* Rn. 2229; *OLG Düsseldorf* Rpfleger 1978, 216.

Die Heilung des Mangels wirkt stets auf den Zeitpunkt der Antragstellung zurück.[1005] Daraus folgt, dass auch im Rahmen des § 932 Abs. 3 ZPO für die Frage der Rechtzeitigkeit des Antrags als Vollziehung allein dessen Eingang beim Grundbuchamt (Amtsgericht) maßgebend ist, falls dieser Antrag letztlich zur Eintragung führt.

2321

III. Vollstreckungsklausel

Eine Vollstreckungsklausel ist beim Arrestbefehl grundsätzlich nicht erforderlich; sie ist als Rechtsnachfolgeklausel (§ 727 ZPO) nur dann notwendig, wenn die Vollziehung für oder gegen andere als die im Arrestbefehl bezeichneten Personen erfolgen soll (§ 929 Abs. 1 ZPO).

2322

IV. Zustellung

Die Zustellung des Arrestbefehls an den Schuldner (= Eigentümer), die vom Gläubiger im Parteibetrieb (§ 922 Abs. 2 ZPO) vorzunehmen ist, ist **nicht** Voraussetzung für seine Vollziehung. Die Vollziehung ist vielmehr bereits vor der Zustellung möglich (§ 929 Abs. 3 Satz 1 ZPO). Das bedeutet, dass das Grundbuchamt vor der Eintragung der Hypothek einen Zustellungsnachweis nicht verlangen kann. Die Zustellung kann zeitlich begrenzt nachträglich erfolgen. Zu Lasten des antragstellenden Gläubigers setzt die fristwahrende Wirkung des Antrags zugleich die Wochenfrist des § 929 Abs. 3 ZPO für die nachträgliche Zustellung des Arrestbefehls an den Schuldner in Lauf. Die Wochenfrist für die Zustellung des Arrestbefehls an den Schuldner/Eigentümer nach § 929 Abs. 3 Satz 2 ZPO beginnt nach § 932 Abs. 3 ZPO mit Eingang des vollstreckungsmängelfreien Antrags beim Grundbuchamt (Amtsgericht).[1006]

2323

Das heißt, dass die eingetragene bzw. noch einzutragende Arresthypothek nur wirksam bleibt bzw. wird, wenn die Zustellung an den Schuldner innerhalb der monatlichen Vollziehungsfrist und gleichzeitig innerhalb einer Woche nach Antragseingang – als Vollziehungsfiktion- erfolgt (§§ 929 Abs. 3, 932 Abs. 3 ZPO). Andernfalls wird die eingetragene Arresthypothek unwirksam, das Grundbuch damit unrichtig. Eine Eigentümergrundschuld entsteht dabei nicht. Ein Verzicht auf die Einhaltung dieser beiden Fristen ist nicht zulässig.[1007]

2324

Muss die Zustellung im **Ausland** oder **öffentlich** erfolgen, genügt zur Wahrung der Fristen der Eingang des Zustellungsersuchens beim zuständigen Gericht, wenn die Zustellung demnächst erfolgt (§ 167 ZPO).[1008]

2325

1005 *Demharter* § 13 Rn. 9, § 18 Rn. 36. Bei Anwendung der §§ 878, 892 BGB, bei denen wie beim § 932 Abs. 3 ZPO der Gedanke zugrunde liegt, dass die Beteiligten den Zeitpunkt der Eintragung nicht selbst bestimmen können und deshalb der Eintragungszeitpunkt bezüglich bestimmter Tatbestände auf den Antragszeitpunkt vorverlegt wird, ist unstreitig, dass Mängel im rein grundbuchrechtlichen Bereich die Antragswirkungen nicht beeinträchtigen. So *Palandt/Bassenge* § 878 Rn. 1, 14 und § 892 Rn. 24; *Schöner/Stöber* Rn. 1.

1006 *MünchKomm-ZPO/Heinze* § 932 Rn. 10; *Zöller/Vollkommer* § 932 Rn. 7; *Thomas/Putzo* § 929 Rn. 7; *Böttcher* (ZV im GB) Rn. 142; a.A. *Schöner/Stöber* Rn. 2229, der unter Hinweis auf *OLG Frankfurt* Rpfleger 1999, 84 ausführt, dass die Wochenfrist erst mit Eintragung der Arresthypothek im Grundbuch beginnt. Diese Auffassung ist abzulehnen. Die Entscheidung des *OLG Frankfurt* bezieht sich auf die Arrestvollziehung durch Erlass eines Pfändungsbeschlusses nach § 829 ZPO. Bei der Forderungspfändung kann der Schuldner bei vorzeitiger Kenntnis vom Erlass des Arrestbefehls das Wirksamwerden der Pfändung etwa durch Abtretung der Forderung vor Zustellung an den Drittschuldner (§ 829 Abs. 3 ZPO) verhindern. Die Eintragung einer Arresthypothek dagegen kann der Schuldner nach Antragstellung auch bei Kenntniserlangung vor deren Eintragung wegen der Norm des § 17 GBO nicht mehr vereiteln. Augrund dieser unterschiedlichen Situation und der klaren Regelung des § 932 Abs. 3 ZPO lässt sich die Entscheidung des *OLG Frankfurt* auf die Vollziehung eines Arrestes durch Eintragung einer Arresthypothek nicht übertragen.

1007 *Schöner/Stöber* Rn. 3229; *Zöller/Vollkommer* § 932 Rn. 7; *Thomas/Putzo* § 929 Rn. 7; *Böttcher* (ZV im GB) Rn. 142.

1008 *Zöller/Vollkommer* § 929 Rn. 24.

2326 Die infolge verspäteter Zustellung unwirksame Arresthypothek ist auf schriftlichen Antrag des Eigentümers (§§ 13 Abs. 2, 30 GBO) zu löschen. Einer Berichtigungsbewilligung des Gläubigers bedarf es nicht, wenn sich die verspätete Zustellung aus dem vorgelegten Zustellungsnachweis ergibt.[1009] Vor der berichtigenden Löschung ist dem eingetragenen Gläubiger rechtliches Gehör zu gewähren.[1010] Auch eine notariell beglaubigte Zustimmung des Eigentümers zu dieser berichtigenden Löschung ist hierbei entbehrlich (§ 27 Satz 2 GBO).

2327 Da der Arrestbefehl so lange besteht, als die für die Vollziehungsfähigkeit bestimmte Monatsfrist noch nicht abgelaufen ist, kann – nach Löschung der ersten Arresthypothek – innerhalb der Frist erneut die Arresthypothek zur Eintragung beantragt werden. Deren Wirksamkeit hängt wiederum von der Zustellung innerhalb der erneuten Wochenfrist des § 929 Abs. 3 Satz 2 ZPO ab.

2328 Ist bei Nachweis einer verspäteten Zustellung die Eintragung der Arresthypothek noch nicht erfolgt, darf das Grundbuchamt den Antrag nicht mehr vollziehen, da es nicht wissentlich durch seine Eintragung an einer dauernden Unrichtigkeit des Grundbuchs mitwirken darf.[1011]

Antrag auf Eintragung einer Arresthypothek

2329
Muster

> Dr. Peter Zuber　　　　　　　　　　　　　　　　Schwetzingen, den 02.10.2005
> Rechtsanwalt
> Anschrift …
>
> An das
> Grundbuchamt
> 68723 Schwetzingen
>
> Betr.: Marcus Gabel ./. Max Heiß
> wegen dinglichen Arrests
> Eintragung einer Arresthypothek
> Grundstück: FlSt.Nr. 1234/4, Gemarkung Schwetzingen, Ulmenweg 4,
> Grundbuch Nr. 20141
> Eigentümer: Max Heiß
>
> Namens und in Vollmacht des Antragstellers (Gläubigers) Marcus Gabel überreiche ich Ausfertigung des Arrestbefehls des Landgerichts Mannheim vom heutigen Tage (3 O 486/05) und beantrage die Eintragung einer Sicherungshypothek zum Höchstbetrag von 42.000,00 € zu Lasten des genannten Grundstücks zugunsten des Antragstellers Marcus Gabel, geb. 14.02.1973, Schwetzingen im Wege der Arrestvollziehung.
>
> (Unterschrift)
> Dr. Peter Zuber
> Rechtsanwalt
> (ohne Unterschriftsbeglaubigung)

[1009] *Schöner/Stöber* Rn. 2229; *Zöller/Vollkommer* § 932 Rn. 7; *OLG Köln* Rpfleger 87, 301, das ausführt, dass die Nichtwahrung der beiden Fristen bei der Zustellung ohne den Formzwang des § 29 GBO in freier Beweiswürdigung vom Grundbuchamt festgestellt werden kann; *Wittmann* MDR 79, 549; a.A.: *BayObLG* Rpfleger 1993, 397, das ausführt, dass verspätete Zustellung in der Form des § 29 GBO zuzuweisen ist.
[1010] *Demharter* § 1 Rn. 49.
[1011] *Demharter* Anh. zu § 13 Rn. 41.

3. Kapitel
Eintragung, Umwandlung, Löschung

A. Eintragung im Grundbuch

Die Arresthypothek ist als Höchstbetragssicherungshypothek einzutragen; Höchstbetrag ist der im Arrestbefehl nach § 923 ZPO festgestellte Betrag (sog. Lösungssumme) oder ein etwa vom Gläubiger beantragter geringerer oder ein bei mehreren Grundstücken verteilter Betrag (§ 932 Abs. 1 ZPO). Zinsen und Kosten können nicht besonders eingetragen werden; sie sind im Höchstbetrag enthalten. Dass die Eintragung im Wege der Arrestvollziehung erfolgt, ist wegen der für die Arresthypothek geltenden Besonderheiten (§ 868 ZPO) anzugeben. Im Übrigen gelten für die Eintragung die Vorschriften der §§ 1115 Abs. 1 BGB und 11, 15 und 17 GBV. Wegen der zu sichernden Forderung kann zulässigerweise auf den Arrestbefehl als „Bewilligungsersatz" Bezug genommen werden (§§ 874, 1115 Abs. 1 BGB). Als Sicherungshypothek ist die Arresthypothek zwingend Buchhypothek (§§ 1190 Abs. 3, 1185 Abs. 1 BGB). Die Eintragung der Arresthypothek ist auf der Ausfertigung des Arrestbefehls etwa durch Ansiegelung einer Eintragungsnachricht zu vermerken (§ 867 Abs. 1 Satz 1 ZPO). Nach Fertigung von beglaubigten Abschriften des Arrestbefehls (§ 10 Abs. 1 GBO) ist die Ausfertigung dem Gläubiger zurückzugeben.

2330

Die Formulierung in der dritten Abteilung könnte etwa lauten:

2331

Dritte Abteilung

Beispiel

Lfd. Nr. der Eintragungen	Laufende Nr. der belasteten Grundstücke im Bestandsverzeichnis	Betrag	Hypotheken, Grundschulden, Rentenschulden
1	2	3	4
1	1	42.000,00 €	Sicherungshypothek bis zum Höchstbetrag von zweiundvierzigtausend Euro für Marcus Gabel, geb. 14.02.1973; auf Grund des Arrestbefehls des Landgerichts Mannheim vom 2. Oktober 2005 (3 O 486/05) eingetragen am … *Unterschrift*

B. Aufhebung des Arrestbefehls

Eine wirksame Arresthypothek wird – außer in den Fällen des Nichtbestehens oder Erlöschens der Forderung (§§ 1163 Abs. 1, 1117 BGB) oder durch Verzicht gem. § 1168 BGB – auch dann zur Eigentümergrundschuld, wenn der Arrestbefehl aufgehoben oder seine Vollziehung endgültig eingestellt wird (§§ 868 ZPO, 1177 BGB). Mit Erlass einer entspr. vollstreckbaren Entscheidung (vorläufige Vollstreckbarkeit genügt) tritt diese Rechtsfolge ein. Die entstandene Eigentümergrundschuld bleibt dabei – ohne besondere Eintragung – Buchrecht. Das Grundbuch wird insoweit unrichtig, als es noch eine Arresthypothek und nicht die entstandene Eigentümergrundschuld ausweist.

2332

Zur berichtigenden Umschreibung der Arresthypothek in eine Eigentümergrundschuld reicht die Vorlage einer Ausfertigung der den Arrestbefehl aufhebenden vollstreckbaren Entscheidung (§§ 22 Abs. 1, 29 Abs. 1 Satz 2 GBO) aus. Eine (Berichtigungs-) Bewilligung des eingetragenen Arrestgläubigers ist nicht notwendig.[1012]

2333

[1012] *Zöller/Stöber* § 868 Rn. 3.

2334 Wird nachträglich der aufgehobene Arrestbefehl wieder hergestellt, so lebt die zur Eigentümergrundschuld gewordene Arresthypothek – auch wenn sie im Grundbuch noch nicht umgeschrieben bzw. gelöscht sein sollte – nicht wieder auf. Der Arrestgläubiger hat jetzt die Möglichkeit, diese Eigentümergrundschuld zu pfänden (§§ 930 Abs. 1, 857 Abs. 6 ZPO) und/oder erneut die Eintragung einer Arresthypothek – ggf. an rangschlechterer Stelle – zu erwirken.

2335 Die Eintragung erfolgt in den Spalten 5 bis 7 der Abt. III (§ 11 Abs. 6 GBV); wegen der Formulierung siehe Rn. 2250.

2336 Bei Teilaufhebung gilt § 1176 BGB entspr. (hierzu Rn. 2252 f.).

2337 Möglich wäre auch die sofortige Löschung der Eigentümergrundschuld unter Vorlage der Aufhebungsentscheidung und einer formgerechten Löschungsbewilligung (§§ 19, 29 GBO) des Eigentümers in seiner Eigenschaft als Gläubiger dieses Rechts. Eine vorherige Umschreibung der Arresthypothek auf den Eigentümer als neuen Gläubiger gem. § 39 Abs. 1 GBO ist dabei entbehrlich, da der Eigentümer bereits als evtl. Gläubiger aller aus einem Fremdgrundpfandrecht entstehenden Eigentümerrechte gilt. Dementsprechend wird durch seine Eigentümereintragung in Abt. I auch seine notwendige Voreintragung als Gläubiger der entstandenen Eigentümergrundschulden fingiert.[1013]

C. Umwandlung der Arresthypothek in eine Zwangshypothek

I. Allgemeines

2338 Hat der Arrestgläubiger im Hauptprozess für seine gesicherte Forderung einen vollstreckbaren Zahlungstitel erlangt, kann er eine Umschreibung der Arresthypothek in eine Zwangshypothek bewirken. Die Arresthypothek verwandelt sich nicht etwa kraft Gesetzes in eine gewöhnliche Zwangshypothek.[1014] Nach inzwischen gefestigter Meinung reicht für die Umschreibung bereits ein vorläufig vollstreckbarer Titel aus, da mit diesem auch eine Zwangshypothek erlangt werden kann. Rechtskraft des Titels ist somit auch hier entbehrlich,[1015] zumal sich die Umschreibung als Neueintragung einer Zwangshypothek mit dem Range der Arresthypothek darstellt.[1016]

II. Vorteile

2339 Die Vorteile einer Umschreibung sind vor allem:
- Die Verbindung von Hypothek und Forderung wird unlöslich (§ 1190 Abs. 4 BGB). Die Abtretung der Forderung kann somit nur zusammen mit der Hypothek erfolgen.
- Dem Gläubiger steht jetzt ein gesetzlicher Löschungsanspruch bezüglich vor- und gleichrangiger Grundpfandrechte zu, die sich mit dem Eigentum in einer Person vereinigt haben (§§ 1179a und 1179b BGB), was vorher nicht der Fall war (§ 932 Abs. 1 Satz 2 ZPO).
- Der Gläubiger kann jetzt ohne einen besonderen dinglichen Duldungstitel die Zwangsversteigerung betreiben; hierfür genügt der vollstreckbare (Zahlungs-)Titel, auf dem die Eintragung der Zwangshypothek vermerkt ist (§ 867 Abs. 3 ZPO).
- Im Falle der Zwangsversteigerung und Zwangsverwaltung wird dem eingetragenen Gläubiger einer Zwangshypothek nach § 114 ZVG ohne weitere Nachprüfung des Bestehens der Forderung ein etwaiger Erlös ausgezahlt.[1017]

1013 *Demharter* § 39 Rn. 19.
1014 *Stein/Jonas/Grunsky* § 932 Rn. 14; *Palandt/Bassenge* § 1186 Rn. 3; *BGH* NJW 1997, 3230.
1015 *Zöller/Vollkommer* § 932 Rn. 5; *MünchKomm-ZPO/Heinze* § 932 Rn. 15.
1016 *OLG Frankfurt* Rpfleger 1975, 103.
1017 *Stöber* (ZVG) § 114 Rn. 5.31.

III. Voraussetzungen

Die entspr. Umwandlung ist vom Gläubiger schriftlich zu beantragen (§§ 13, 30 GBO); eine Beglaubigung ist nicht erforderlich, da hierbei die Rechtsstellung des Gläubigers nur verbessert wird. Die sonst notwendige formgerechte Bewilligung (§§ 19, 29 GBO) des Eigentümers wird durch den vollstreckbaren Titel, der den Eigentümer zur Zahlung verurteilt, ersetzt. Auch Gläubiger etwa im Range gleich- oder nachstehender Rechte brauchen nicht zustimmen (§ 1186 Satz 2 BGB in analoger Anwendung).

2340

Außerdem sollen zum Nachweis der Berechtigung des eingetragenen Gläubigers der Arresthypothek mit Rücksicht auf die Vollziehungsfrist des § 929 Abs. 2 ZPO der Arrestbefehl und der Nachweis seiner Zustellung an den Gläubiger vorzulegen sein.[1018]

Dieser Auffassung kann nicht gefolgt werden. Die Einhaltung der monatlichen Vollziehungsfrist des § 929 Abs. 2 ZPO hat das Grundbuchamt stets von Amts wegen vor Eintragung der Arresthypothek zu prüfen (vgl. Rn. 2313). Eine nochmalige diesbezügliche Prüfung durch das Grundbuchamt ist somit nicht mehr geboten. Die Einreichung des Arrestbefehls mit Zustellungsnachweis an den Gläubiger kann mithin nicht mehr verlangt werden.

Antrag auf Umwandlung der Arresthypothek in eine Zwangshypothek

---

Dr. Peter Zuber   Schwetzingen, den 08.03.2006
Rechtsanwalt
Anschrift …

An das
Grundbuchamt
68723 Schwetzingen

Betr.: Marcus Gabel ./. Max Heiß

Umwandlung der Arresthypothek Gemarkung Schwetzingen Grundbuch Nr. 20141 Abt. III Nr. 4 in eine Zwangshypothek.

Namens und in Vollmacht des Gläubigers Marcus Gabel überreiche ich vollstreckbare Ausfertigung des rechtskräftigen Urteils des Landgerichts Mannheim vom 12.01.2006 (3 O 486/05) nebst Zustellungsnachweis nach § 169 Abs. 1 ZPO und Rechtskraftzeugnis (§ 706 ZPO).

Ich beantrage die Umwandlung der im genannten Grundbuch in Abt. III Nr. 4 eingetragenen Arresthypothek über 42.000,00 € in eine Zwangssicherungshypothek zu 42.000,00 € nebst 4 % Zinsen hieraus seit der Eintragung der Umwandlung im Grundbuch.

Die vollstreckbare Ausfertigung des Urteils bitte ich mir mit dem Vermerk der Eintragung zurückzugeben.

(Unterschrift)
Dr. Peter Zuber
Rechtsanwalt
(ohne Unterschriftsbeglaubigung)

2341

Muster

Zu beachten ist, dass der Umwandlung einer Arresthypothek in eine Zwangshypothek die Insolvenzeröffnung auch dann entgegensteht, wenn der Gläubiger seinen Vollstreckungstitel bereits vor Insolvenzeröffnung erlangt hat. Denn auch die Umschreibung ist eine eigenständige neue Vollstreckungsmaßnahme, die unter das Verbot des § 89 InsO fällt. Dies gilt auch dann, wenn die Arresthypothek nicht unter die Rückschlagsperre des § 88 InsO fällt.[1019]

2342

Auch ohne Umschreibung in eine Zwangshypothek kann der Gläubiger auf Grund der Arresthypothek im Rahmen der abgesonderten Befriedigung die Zwangsversteigerung erwirken (§ 1147 BGB, § 49 InsO), falls er gegen den Insolvenzverwalter einen dinglichen Duldungstitel bzw. eine Rechts-

2343

1018 *Zöller/Vollkommer* § 932 Rn. 5; *Schuschke/Walter* § 932 Rn. 17; offen *Böttcher* (ZV im GB) Rn. 158.
1019 OLG Frankfurt Rpfleger 1975, 103; *Zöller/Vollkommer* § 932 Rn. 4.

nachfolgeklausel erwirkt. Mangels Umschreibung kommen dem Gläubiger lediglich die eingangs beschriebenen Vorteile der Zwangshypothek nicht zugute.

2344 Auch für die Umschreibung gilt die Mindestgrenze von mehr als 750,00 € (§ 866 Abs. 3 Satz 1 ZPO). Lautet zwar die Lösungssumme (§ 923 ZPO), nicht aber die spätere Urteilssumme auf über 750,00 €, kann eine Umschreibung in eine Zwangshypothek nicht erfolgen.[1020] Wenn mehrere Grundstücke zu belasten sind, darf der Gläubiger die notwendige Verteilung (§ 867 Abs. 2 ZPO) unter Beachtung der Mindestgrenze (§§ 867 Abs. 2 Satz 2, 866 Abs. 3 ZPO) jetzt anders als bei der Arresthypothek vornehmen. Gleich- und nachstehende Berechtigte dürfen durch eine etwaige Erhöhung des Verteilungsbetrages jedoch nicht beeinträchtigt werden.

2345 Ist nicht der ganze Höchstbetrag valutiert (Forderung wird im Hauptprozess teilweise abgewiesen), so entsteht in Höhe des nicht mit einer Gläubigerforderung ausgefüllten Teilbetrages eine Eigentümergrundschuld (§§ 1163 Abs. 1, 1177 BGB), die insoweit Rang nach der (Rest-) Zwangshypothek hat (§ 1176 BGB). Die Umwandlung des nicht valutierten Teils der Arresthypothek in eine entspr. Eigentümergrundschuld setzt eine notariell beglaubigte (§ 29 GBO) Nichtvalutierungserklärung (§ 22 GBO) bzw. eine entspr. Berichtigungsbewilligung (§§ 19, 22 Abs. 1 GBO) des Arrestgläubigers voraus. Entbehrlich ist diese Gläubigererklärung nur dann, wenn mit der teilweisen Abweisung der Forderung im Hauptprozess der Arrestbefehl gleichzeitig aufgehoben wird (§ 868 ZPO), da diese vollstreckbare Aufhebungsentscheidung urkundlicher Unrichtigkeitsnachweis i.S.d. §§ 22 Abs. 1, 29 Abs. 1 Satz 2 GBO ist.

2346 Die **Veräußerung** des Grundstücks steht der Umschreibung nicht entgegen; ein Titel gegen den nunmehrigen Eigentümer ist entbehrlich.[1021] Nicht erforderlich ist der Nachweis der rechtzeitigen Zustellung des Arrestbefehls an den Schuldner.[1022]

2347 Titulierte Zinsen können im Rahmen der Umwandlung neben dem bisherigen Höchstbetrag miteingetragen werden. Bei Umwandlung in voller Höhe aber nur beginnend seit der Eintragung der Umwandlung (nicht rückwirkend seit Zuerkennung im Titel!); dann bis 5 % jährlich im Range des Rechts auch ohne Zustimmung der gleich- und nachstehenden Berechtigten (§ 1119 Abs. 1 BGB), anderenfalls im Range nach etwaigen Zwischenrechten.[1023]

2348 Die Eintragung der Umwandlung geschieht in den Spalten 5 bis 7 der dritten Abteilung (§ 11 Abs. 6 GBV):

Beispiel

		Veränderungen
Lfd. Nr. der Spalte 1	Betrag	
5	6	7
1	42.000,00 €	Umgewandelt in eine Zwangssicherungshypothek von zweiundvierzigtausend Euro nebst 4 % Jahreszinsen ab heute für Marcus Gabel … Auf Grund des Urteils des Landgerichts Mannheim vom 12. Januar 2006 (3 O 486/05) eingetragen am … *Unterschrift*

2349 In Spalte 4 sind die Worte „bis zum Höchstbetrag" als gegenstandslos zu röten (§ 17 Abs. 3 GBV).

2349a Ist die Arresthypothek etwa wegen verspäteter Zustellung (§ 929 Abs. 3 ZPO) unwirksam, kann die Zwangshypothek nicht durch Umschreibung an ihrer Rangstelle eingetragen werden. Die Umschrei-

---

1020 *Zöller/Vollkommer* § 932 Rn. 4; *Stein/Jonas/Grunsky* § 932 Rn. 14.
1021 BGH NJW 1997, 3233; LG Zweibrücken NJW-RR 1995, 512; *Zöller/Vollkommer* § 932 Rn. 4.
1022 *Zöller/Vollkommer* § 932 Rn. 5; *Stöber* (ZVG) Einl. Rn. 74.2; a.A. *Alff* in RpflStud. 1994, 1 ff., der vor Umschreibung einen formgerechten Nachweis verlangt, dass die Zustellung an den Schuldner innerhalb der Fristen des § 929 Abs. 3 ZPO erfolgt ist.
1023 *Palandt/Bassenge* § 1190 Rn. 19.

bung ist vielmehr in einen Antrag auf Neueintragung einer Zwangshypothek an bereiter Rangstelle umzudeuten. Gleiches gilt, falls der Arrestbefehl zwischenzeitlich aufgehoben ist und sich die Arresthypothek in eine Eigentümergrundschuld umgewandelt hat (vgl. Rn. 2332).

Wird in Unkenntnis des Wegfalls der Arresthypothek diese aufgrund ordnungsgemäßer Vollstreckungsunterlagen in eine Zwangshypothek umgeschrieben, entsteht letztere. Diese Zwangshypothek teilt jedoch nicht den Rang der Arresthypothek; dieser richtet sich vielmehr nach dem Zeitpunkt der Umschreibung. Bei entsprechendem Nachweis ist dies von Amts wegen im Grundbuch kenntlich zu machen.[1024]

Zur abstrakten **Löschung** einer Arresthypothek bedarf es einer notariellen Löschungsbewilligung des Hypothekgläubigers (§§ 19, 29 GBO) und der Löschungszustimmung des derzeitigen Grundstückseigentümers (§§ 27, 29 GBO). Bei einer zwischenzeitlich erfolgten rechtsgeschäftlichen Veräußerung des Grundstücks hat auch der frühere Eigentümer die Löschung zu bewilligen, da dieser in Höhe des nicht durch festgestellte Forderung ausgefüllten Teils des Höchstbetrages eine Eigentümergrundschuld erlangt hat, die ihm bei der Veräußerung als Fremdgrundschuld verbleibt.[1025]

2350

4. Kapitel
Eintragung der Arresthypothek im Verwaltungszwangsverfahren

A. Ersuchen des Finanzamts

Zur Sicherung der Vollstreckung von Geldforderungen kann das Finanzamt eine Arrestanordnung erlassen, wenn zu befürchten ist, dass sonst die Beitreibung vereitelt oder wesentlich erschwert wird. Die Arrestanordnung ist ferner möglich, wenn die Steuerforderung noch nicht betragsmäßig feststeht (§ 324 AO).

2351

Bei Eintragung einer Arresthypothek wegen rückständiger Steuern tritt an die Stelle des Eintragungsantrags des Gläubigers das entspr. Eintragungsersuchen (§ 38 GBO) des zuständigen Finanzamts (§ 322, 324 AO). Dieses ist von dem hierzu befugten Beamten zu unterschreiben und mit dem Siegel oder Stempel zu versehen (§ 29 Abs. 3 GBO). In dem Ersuchen hat die Finanzbehörde dabei zu bescheinigen, dass die gesetzlichen Voraussetzungen für die Vollziehung des Arrestes vorliegen (§ 322 Abs. 3 AO). Der Vorlage des Arrestbefehls, den das Finanzamt selbst anordnen kann, bedarf es dabei nicht. Inhaltlich ist auch hier ein Ablösebetrag zu bestimmen, bei dessen Hinterlegung die Vollziehung des Arrestes gehemmt bzw. ein bereits vollzogener Arrest aufzuheben ist (§ 324 Abs. 1 AO). Dieser Ablösebetrag ist als Höchstbetrag der Arresthypothek einzutragen. Auch hier ist die Vollziehung unzulässig, wenn seit dem Tag, an dem die Arrestanordnung unterschrieben ist, ein Monat verstrichen ist, wobei die Vollziehung bereits vor der Zustellung an den Steuerschuldner möglich ist (§ 324 Abs. 3 AO). Im Übrigen finden die Vorschriften der §§ 932, 866 Abs. 3 Satz 1, 867 und 868 ZPO entspr. Anwendung. Als Gläubiger der Arresthypothek ist gem. § 252 AO das Bundesland einzutragen, dem das ersuchende Finanzamt angehört, unbeschadet der Tatsache, dass die zu sichernden Steueransprüche nicht nur dem Land, sondern auch dem Bund bzw. einer Kirche zustehen können.

2352

Das Grundbuchamt hat im Rahmen des Ersuchens nicht zu prüfen, ob die materiellen Voraussetzungen für die Anordnung des Arrestes vorliegen. Diese Frage unterliegt allein der Beurteilung durch die

2353

1024 So für den vergleichbaren Fall der Umschreibung einer Vormerkung nach § 883 BGB in eine Zwangshypothek *BayObLG* Rpfleger 2000, 488.
1025 *Demharter* Anh. zu § 26 Rn. 44, § 27 Rn. 15.

ersuchende Behörde. Das Grundbuchamt hat hierbei lediglich darauf zu achten, dass das Ersuchen nach Inhalt und Form den gesetzlichen Vorschriften entspricht und ob die betreffende Behörde zu diesem Ersuchen (abstrakt) befugt ist. Die Eintragung ist entspr. § 867 Abs. 1 ZPO auf der eingereichten Zweitschrift des Ersuchens zu vermerken und an die Behörde zurückzugeben. Bei der Arresthypothek ist zu vermerken, dass sie im Wege des Verwaltungszwangsverfahrens eingetragen ist.

2354 Die Eintragung könnte wie folgt lauten:

Beispiel Dritte Abteilung

Lfd. Nr. der Eintragungen	Laufende Nummer der belasteten Grundstücke im Bestandsverzeichnis	Betrag	Hypotheken, Grundschulden, Rentenschulden
1	2	3	4
1	1	20.000,00 €	Sicherungshypothek bis zum Höchstbetrag von zwanzigtausend Euro für das Land Baden-Württemberg, vertreten durch das Finanzamt Schwetzingen. Auf Grund des Ersuchens des Finanzamts Schwetzingen vom 14. Mai 2006 (AZ.: 38125/00100-8/3) im Wege des Verwaltungszwangsverfahrens (Arrestvollziehung) eingetragen am ... *Unterschrift*

B. Andere öffentliche Zahlungsansprüche

2355 Für die Eintragung einer Arresthypothek wegen anderer öffentlicher rückständiger Zahlungsansprüche wie **Grund- und Gewerbesteuern, Zölle** usw. gelten die Vorschriften der Verwaltungsvollstreckungsgesetze des Bundes und der Länder. Diese haben im Wesentlichen die Vollstreckungsregelungen der AO übernommen.[1026]

C. Vermögensabschöpfung nach der StPO

2356 Auch im Rahmen der **Vermögensabschöpfung** kann wegen des Verfalls oder der Einziehung von Wertersatz, wegen einer Geldstrafe, der voraussichtlich entstehenden Kosten des Strafverfahrens oder wegen einer Vermögensstrafe der dingliche Arrest angeordnet werden (§§ 111d, e und o StPO). Die erforderliche Eintragung der entspr. Arresthypothek wird auf Ersuchen der Staatsanwaltschaft oder des Gerichts bewirkt (§§ 111f. Abs. 3 Satz 2 und Abs. 2, 111o Abs. 5 StPO).

2357 Die Anordnung des dinglichen Arrestes durch den **Richter** oder bei Gefahr im Verzuge durch die **Staatsanwaltschaft** (§ 111e Abs. 1 und 2 StPO) braucht dem Ersuchen nicht beigefügt werden, wenngleich dies in der Praxis üblich ist. Ebenso wenig ist dem Grundbuchamt eine Zustellung der Arrestanordnung an den Beschuldigten/Eigentümer nachzuweisen.

2358 Nachdem die entspr. Vorschriften der §§ 111d Abs. 2 und 111o Abs. 2 Satz 1 StPO auf § 929 ZPO ausdrücklich nicht verweisen, ist die Vollziehung dieses Arrestes nicht von der Einhaltung der monatlichen Vollziehungsfrist des § 929 Abs. 2 ZPO abhängig.

2359 Im Übrigen gelten für die Vollziehung des Arrestes die Vorschriften der §§ 928, 930 bis 932 und 934 ZPO.

1026 *Schöner/Stöber* Rn. 2220.

Eintragung der Arresthypothek im Verwaltungszwangsverfahren **6**

Für das Ersuchen um Eintragung der Arresthypothek an das Grundbuchamt ist entweder das Gericht oder die Staatsanwaltschaft, funktionell jeweils der Rechtspfleger zuständig (§ 111f Abs. 3 Satz 2, Abs. 2 StPO, §§ 3 Nr. 3 c, 22 Nr. 1 bzw. §§ 3 Nr. 4 c, 31 Abs. 1 Nr. 1 und 2 RPflG).[1027] **2360**

Ersuchen auf Eintragung einer Arresthypothek

Staatsanwaltschaft Mannheim   Mannheim, den 04.02.2008
AZ.: 807 JS 4113/06

An das
Grundbuchamt
Mannheim

Vollziehung des dinglichen Arrests des Amtsgerichts Mannheim vom 01.02.2008 (42 GS 870/08)
Eintragung einer Arresthypothek zum Höchstbetrag von 38.400,00 € im Grundbuch von Mannheim Nr. 29.478, FlSt.Nr. 1234/5, Heidelberger Str. 4
Eigentümer: Max Fröhlich, geb. 01.04.1968

Anlagen
- Ausfertigung des Beschlusses über die Anordnung des dinglichen Arrestes des Amtsgerichts Mannheim vom 01.02.2008 (42 GS 870/08)
- Zweitschrift des Ersuchens

In Vollziehung des beigefügten dinglichen Arrestes des Amtsgerichts Mannheim wird gem. § 111d Abs. 2 StPO i.V.m. § 932 ZPO ersucht zu Lasten des genannten Grundstücks des Beschuldigten eine Sicherungshypothek zum Höchstbetrag von 38.400,00 € für das Land Baden-Württemberg (Justizfiskus) vertreten durch die Staatsanwaltschaft Mannheim einzutragen.

Nach Eintragung der Arresthypothek bitte ich die Zweitschrift des Ersuchens mit Eintragungsvermerk an mich zurückzusenden.

Im Auftrag
(Unterschrift)   (Siegel)
Schwarz
Rechtspflegerin

2361

Muster

Die Arresthypothek kann unter Vorlage des entspr. rechtskräftigen Strafurteils, in dem der **Verfall** eines Geldbetrages (Verfall des Wertersatzes) angeordnet ist (§§ 73a, 73e, 74c StGB), auf entspr. Ersuchen in eine Zwangssicherungshypothek zu Gunsten des Landes umgeschrieben werden. Für die Eintragung dieser Umwandlung gelten die Ausführungen zu Rn. 2340 bis 2349 entspr. **2362**

Betreibt der Verletzte wegen eines aus der Straftat erwachsenen Anspruchs die Zwangsvollstreckung durch Eintragung einer Zwangshypothek oder lässt er eine Arresthypothek in das Grundstück eintragen, in welches nach § 111d StPO bereits eine Arresthypothek für das Land eingetragen ist, kann er verlangen, dass die für das Land eingetragene Arresthypothek hinter sein einzutragendes bzw. eingetragenes Recht im Range zurücktritt (§ 880 BGB). Mit einem entspr. Zulassungsbeschluss durch das Gericht (§ 111h Abs. 2 StPO) hat das Grundbuchamt auf schriftlichen Antrag (§§ 13, 30 GBO) des geschädigten Gläubigers die Rangänderung im Grundbuch einzutragen. Rechtskraft des Zulassungsbeschlusses ist nicht erforderlich (§§ 307, 311 StPO). Die sonst notwendige Eigentümerzustimmung (§ 880 Abs. 2 Satz 2 BGB) ist hierbei entbehrlich (§ 111h Abs. 1 Satz 3 StPO). Der Vorrang geht auch nicht dadurch verloren, dass der Arrest aufgehoben wird und sich die Arresthypothek nach §§ 932 Abs. 2, 868 ZPO in eine Eigentümergrundschuld verwandelt (§ 111h Abs. 1 StPO). Der Antrag auf Zulassung der Rangänderung durch das Strafgericht kann nur bis zur Rechtskraft bzw. dem Ablauf der Verlängerungsfrist nach § 111i StPO gestellt werden.[1028] **2363**

Wird jedoch nach §§ 73 Abs. 1, 73a StGB kein Verfall, sondern die **Aufhebung** des dinglichen Arrestes angeordnet, verwandelt sich die für das Land eingetragene Arresthypothek in eine Eigentümer- **2364**

[1027] *Meyer-Goßner* § 111f Rn. 3, 10; *Schleswig-Holsteinisches OLG* Rpfleger 2006, 261.
[1028] *Meyer-Goßner* § 111h Rn. 1, 2.

grundschuld (§§ 932 Abs. 2, 868 ZPO, § 1177 Abs. 1 BGB). Das Grundbuch wird damit hinsichtlich der Art des Rechts und der Person des Berechtigten unrichtig (§ 894 BGB). Der Eigentümer kann nunmehr als Gläubiger des Grundpfandrechts auf Grund formgerechter Löschungsbewilligung (§§ 19, 29 GBO) nebst Antragstellung die Löschung der noch für das Land eingetragenen Hypothek erwirken. Als Unrichtigkeitsnachweis für den Rechtsübergang und Widerlegung der Vermutung des § 891 BGB genügt der entspr. Beschluss des Strafgerichts über die Aufhebung des Arrestes (§§ 22 Abs. 1, 29 GBO). Ein Löschungsersuchen durch das Gericht oder die Staatsanwaltschaft scheidet hier aus.

2365 Anstelle der Löschung des Grundpfandrechts könnte sich der Eigentümer auch als neuer Gläubiger der Eigentümergrundschuld eintragen lassen. Diese Berichtigung erfolgt auf schriftlichen Antrag des Eigentümers oder auf Ersuchen der Staatsanwaltschaft. Funktionell ist hierfür der Rechtspfleger zuständig (§§ 3 Nr. 4c, 31 Abs. 2 RPflG).

Ersuchen auf Umschreibung der Arresthypothek in eine Eigentümergrundschuld

2366

Muster

… unter Vorlage des Beschlusses des Amtsgerichts Mannheims vom … (AZ.: …), mit dem der Arrest aufgehoben wurde, wird das Grundbuchamt Mannheim ersucht, die im Grundbuch von Mannheim Nr. 1111 Abt. III Nr. 6 für das Land Baden-Württemberg eingetragene Arresthypothek als Grundschuld auf den Eigentümer … umzuschreiben.

(Unterschrift)   (Siegel)
Rechtspfleger

5. Kapitel
Die Arresthypothek in der Zwangsversteigerung

2367 Will sich der Gläubiger einer Arresthypothek im Range dieser Hypothek (RK des § 10 Abs. 1 Nr. 4 ZVG) aus dem belasteten Grundstück befriedigen, erfolgt dies im Rahmen der Zwangsversteigerung oder Zwangsverwaltung (§ 1147 BGB). Dazu bedarf es eines dinglichen rechtskräftigen oder vorläufig vollstreckbaren Duldungstitels. Eine vorherige Umschreibung der Arresthypothek in eine „normale" Zwangshypothek ist hierfür nicht erforderlich.

2368 Wird nach Insolvenzeröffnung die Zwangsversteigerung beantragt, benötigt der Gläubiger einen Duldungstitel gegen den Insolvenzverwalter als Partei kraft Amtes, dem auch zugestellt sein muss. Dies gilt auch dann, wenn der Gläubiger bereits vor der Insolvenzeröffnung gegen den Schuldner den dinglichen Titel erwirkt hat; in diesem Falle ist die Klausel gegen den Insolvenzverwalter als „Rechtsnachfolger" (entspr. § 727 ZPO) umzuschreiben und nach § 750 Abs. 2 ZPO zuzustellen. Die Insolvenzeröffnung stellt beim Betreiben wegen eines dinglichen Anspruchs (§ 10 Abs. 1 Nr. 4 ZVG) kein der Zwangsversteigerung entgegenstehendes Recht i.S.d. § 28 ZVG dar. Der Arresthypothekengläubiger ist absonderungsberechtigt (§ 49 InsO) und betreibt das Verfahren damit zu „Recht". Erfolgte die Verfahrensanordnung aus einem Titel gegen den späteren Schuldner, so ist das Verfahren nach § 28 ZVG einstweilen einzustellen und dem Gläubiger aufzugeben, den Titel gegen den Insolvenzverwalter umschreiben zu lassen. Bei Insolvenzeröffnung nach erfolgter Beschlagnahme (§ 22 ZVG) ist keine neue Klausel gegen den Insolvenzverwalter notwendig. Das Verfahren wird so fortgesetzt.

2369 Die Arresthypothek wird im Rahmen des Versteigerungsverfahrens mit dem vollen eingetragenen Betrag in das geringste Gebot (§§ 44, 45 ZVG) aufgenommen. Sie ist kein bedingtes Recht i.S.d. § 48 ZVG; unbestimmt ist lediglich der aus ihr Berechtigte (Eigentümer/Gläubiger); dies findet jedoch erst im Verteilungsverfahren Berücksichtigung. Zinsen sind bereits im Höchstbetrag enthalten; sie werden folglich in den bar zu zahlenden Teil nicht aufgenommen. Kosten der dinglichen Rechtsverfolgung sind auf Anmeldung zu berücksichtigen.[1029]

Für den Erlösanteil, der auf eine durch den Zuschlag erlöschende (§ 91 Abs. 1 ZVG) Arresthypothek entfällt, gelten die gleichen Berechtigungsverhältnisse wie bei der Arresthypothek selbst. Das bedeutet: Die Berechtigung des (früheren) Eigentümers/Schuldners ist auflösend bedingt durch das Bestehen der gesicherten Forderung und zugleich aufschiebend bedingt durch deren Erlöschen; Entsprechendes gilt für die Forderung des Gläubigers. Auszahlung an den Arrestgläubiger ist mithin nur zulässig, wenn und soweit er das Bestehen seiner Forderung dem Versteigerungsgericht nachweist. Dieser Nachweis geschieht durch Vorlage des Feststellungsvertrages zwischen Gläubiger und Schuldner oder eines entspr. rechtskräftigen Feststellungsurteils (§ 14 ZVG). Die Feststellung der Forderung durch Einigung kann auch im Verteilungstermin erklärt werden. Bei einem Eigentumswechsel nach Eintragung der Arresthypothek erfolgt Erlöszuteilung an den Gläubiger und den früheren Eigentümer gegen den sich die Arrestforderung richtet. Der spätere Eigentümer, gegen den die Zwangsversteigerung angeordnet wurde, ist außer Betracht zu lassen, seine Berechtigung muss er notfalls mittels Widerspruch (§ 115 ZVG) geltend machen. **2370**

Wird die Forderung nicht nachgewiesen, ist der Erlösanteil für den Arrestgläubiger und den Arrestschuldner vom Versteigerungsgericht gem. § 372 BGB unter Rücknahmeverzicht mit schuldbefreiender Wirkung zu hinterlegen. Die Hinterlegung geschieht dabei unter der Bedingung, dass der Erlösanteil bei Forderungsnachweis dem Gläubiger, ansonsten dem Arrestschuldner zustehe.[1030] **2371**

1029 *Böttcher* (ZVG) §§ 44, 45 Rn. 63.
1030 *Böttcher* (ZVG) § 117 Rn. 12.

Paragrafenregister zum ZVG

Die Zahlen verweisen auf die Randnummern dieses Werkes.

§	Randnummern
§ 1	18, 19, 959, 1227, 1456, 1858
§ 2	20, 959, 1456, 1858
§ 3	81, 278, 588
§ 4	71, 81, 287, 588, 782, 1202
§ 5	71, 287
§ 6	25, 287, 288, 289
§ 7	81, 288, 588, 782, 1202
§ 8	25, 81, 286, 1202, 1499
§ 9	86, 155, 258, 272, 282, 290, 298, 323, 335, 374, 441, 539, 563, 585, 778, 887, 899, 941, 969, 1212, 1499, 1551, 1568, 1569, 1576, 1870, 1933
§ 10	38, 47, 177a, 311, 320, 346, 349, 351, 369, 618, 623, 638, 882, 883, 953a, 953d, 953e, 953f, 953g, 953h, 1312, 1378, 1379, 1423, 1434, 1440, 1442, 1445, 1580, 1634, 1708, 1762, 1766, 1773, 1787, 1792, 1796, 1833a, 1833d, 1833e, 1895, 1915, 1917, 1918, 1920, 1934, 2027, 2057, 2367, 2368
§ 11	329, 333, 346, 634
§ 12	327, 330, 333, 618, 630, 635, 1789
§ 13	300, 301, 302, 953d, 962, 1789, 1797, 1869, 1876
§ 14	673, 713, 715, 2370
§ 15	17, 30, 1454, 1494
§ 16	23, 24, 80, 88, 1192, 1466, 1496
§ 17	24, 28, 31, 64, 68, 88, 887, 1193, 1458, 1468, 1469, 1471, 1862
§ 18	955, 956, 960, 974, 1314, 1449, 1609a
§ 19	68, 84, 85, 1159, 1499, 1500, 1752, 1765, 1873
§ 20	91, 107, 1515, 1516, 1699, 1721, 2073
§ 21	108, 109, 113, 120, 1515, 1699
§ 22	30, 92, 961, 1504, 1508, 1513, 1514, 1705, 2368
§ 23	70, 101, 102, 115, 119, 1195, 1214, 1510, 1704, 1706, 1875, 1899, 2073
§ 24	115
§ 25	1424, 1782
§ 26	153, 155, 161, 1216, 1230
§ 27	87, 88, 89, 242, 1205
§ 28	67, 68, 69, 149, 150, 154, 157, 159, 165, 167, 168a, 175, 176, 177a, 183, 1120, 1139, 1143, 1144, 1157, 1181, 1197, 1221, 1228, 1234, 1472, 1476, 1492, 1634, 1684, 1887, 2368
§ 29	198, 202, 232, 396, 1231, 1235, 1416, 1654, 1685, 1882
§ 30	203, 207, 208, 226, 232, 241, 275, 276, 277, 365, 523, 1231, 1239, 1662, 1663, 1664, 1665, 1670, 1883
§ 30a	209, 210, 213, 216, 223, 224, 226, 239, 1237, 1243, 1279, 1666, 1884, 1885
§ 30b	81a, 90, 153, 161, 197, 213, 215, 217, 223, 239, 269, 1202, 1209, 1241, 1250, 1251, 1265, 1402, 1499
§ 30c	223, 224, 225, 226
§ 30d	186, 188, 189, 190, 194, 1276
§ 30e	191, 192, 193, 1276
§ 30f	194, 195, 197, 1276
§ 31	196, 197, 204, 206, 220, 221, 235, 485, 524, 1264, 1265, 1665, 1883
§ 32	200, 204, 218, 1263
§ 33	478, 500, 501, 523, 1062, 1069, 1328
§ 35	2076
§ 36	269, 279
§ 37	280, 334, 347, 396, 596, 638, 646, 1289, 1379, 1392, 1891, 1899, 1964
§ 38	280, 280a, 281, 293, 451, 512
§ 39	278, 284, 349
§ 40	283, 284
§ 41	282, 292
§ 42	259, 293
§ 43	205, 271, 274, 277, 278a, 278b, 290, 292, 345, 346, 1067, 1289, 1303
§ 44	205, 292, 342, 344, 347, 356, 981, 1089, 1217, 1291, 1292, 1892, 2369
§ 45	295, 315, 323, 326, 335, 907, 931, 953f, 1964, 2369
§ 46	363, 595, 627
§ 47	349, 361, 362, 369, 600
§ 48	353, 2369
§ 49	409, 410, 411, 474, 610, 614, 676, 702a, 702b, 788, 860, 861, 862, 865
§ 50	400, 403, 729, 731, 904
§ 51	377, 400, 402, 404, 572, 904, 905, 933, 998, 1019, 1082
§ 52	350, 354, 368, 391, 392, 549, 609, 625, 723, 840, 879, 927, 953i, 1217

§		§	
§ 53	379, 703, 750, 754, 760, 1304	§ 85a	244, 268, 340, 349, 404, 505, 506, 508, 509, 511, 512, 513, 514a, 515, 526, 796, 1048, 1053, 1055, 1058, 1333, 1890, 1911
§ 54	380		
§ 55	394, 1516, 1869, 1876, 1878		
§ 56	361, 414, 415, 417, 499, 601, 948, 1681, 1853		
		§ 86	500, 501, 520, 523
§ 57	291, 382, 387, 418, 1317, 1712	§ 87	488, 489, 522, 538, 909, 1331
§ 57a	384, 1317	§ 88	539, 557, 566
§ 57b	385, 1317	§ 89	538
§ 58	413, 616	§ 90	113, 394, 544, 1427, 1681, 1682, 1877, 2106
§ 59	388, 390, 392, 432, 869, 903, 920, 1317, 1908		
		§ 91	548, 629, 651, 697, 701, 702, 704, 727, 801, 838, 845, 854, 918, 921, 1082, 1988, 2370
§ 62	1283, 1907		
§ 63	965, 967, 969, 971, 976, 977, 992, 995, 998, 999, 999a, 1001, 1002, 1003, 1004, 1008, 1016, 1034, 1035, 1041, 1043, 1062, 1315		
		§ 92	550, 633, 652, 653, 654, 655, 657, 663, 666, 669, 905
		§ 93	552, 560
§ 64	981, 986, 1009, 1010, 1011, 1012, 1014, 1018, 1019, 1021, 1024, 1025, 1027, 1028, 1029, 1031-1037, 1039, 1040, 1041, 1043, 1045, 1908, 1912	§ 94	546, 1427, 1428, 1429, 1782
		§ 95	236
		§ 96	561
		§ 97	563, 564, 1339
§ 65	611	§ 98	522, 565, 566, 586
§ 66	141, 371, 376, 377, 420, 615	§ 100	568, 570
§ 67	443, 445, 447, 449, 450, 462, 464, 1324	§ 104	538
		§ 105	581, 585, 587, 589, 1767
§ 68	281, 451, 452, 453, 467, 469a, 469b, 469e, 1326	§ 106	592
		§ 107	409, 611, 677, 860
§ 69	455, 458, 459, 460, 472, 677, 884	§ 109	349, 356, 572, 575, 607, 613, 1922
§ 70	455, 465, 466, 467, 472, 497, 1324	§ 110	339, 420, 596, 618, 624, 646
§ 71	375, 426, 430, 1320	§ 111	660, 718, 922
§ 72	433, 434, 437, 469c, 476, 477, 501, 1073	§ 112	1050, 1052, 1078, 1081-1085, 1089, 1092, 1096, 1097, 1101, 1348
§ 73	371, 421, 478, 483, 484, 979, 1031	§ 113	609, 1793
§ 74	371, 487, 1031	§ 114	47, 295, 593, 595, 636, 658, 661, 683, 1771, 1772, 1773, 1964, 2339
§ 74a	141, 243, 244, 268, 340, 349, 356, 404, 487, 507, 508, 510, 511, 512, 515, 526, 796, 852, 900, 953e, 995, 1048-1051, 1053-1058, 1334, 1890, 1911		
		§ 114a	268, 506, 508, 572
		§ 115	662, 675, 689, 692, 695, 736, 1801, 1808, 2370
		§ 116	582, 583, 706
§ 75	479-479c, 489, 1273, 1328	§ 117	680, 1814
§ 76	983, 1000, 1002a, 1063, 1064, 1069, 071, 1072, 1074, 1274	§ 118	861, 864, 871, 874, 876, 1360
		§ 119	669, 716, 718
§ 77	485, 486, 494, 520, 1275, 1330, 1425, 1911	§ 120	670, 716, 718, 735
		§ 121	664, 669, 670
§ 78	373, 469, 495, 539	§ 122	1092-1100, 1103
§ 79	435, 440, 466, 467, 496	§ 123	1103
§ 80	373, 469, 495	§ 125	731
§ 81	426, 527, 528, 529, 531, 564, 884, 1005, 1912	§ 126	631, 709, 801, 807
		§ 127	681, 682, 846, 847, 857
§ 82	532, 535, 536	§ 128	731, 877, 878, 878a, 879, 882, 891, 1360, 1364, 1366, 2106
§ 83	469f, 493, 499, 500, 517, 518, 519, 519a, 521, 523, 568, 569, 973, 1028, 1043, 1045, 1062, 1289		
		§ 129	880, 883, 891
		§ 130	834, 840, 2106
§ 84	503, 517, 518, 1045, 1062	§ 130a	727, 728, 730, 836, 844, 855

§ 131	844, 847	§ 156	1445, 1643, 1648, 1663, 1751, 1762, 1765, 1767, 1771, 1773, 1778, 1793, 1801, 1808, 1833e, 1833f, 1833h, 1835, 1964
§ 132	884		
§ 133	65, 885, 886		
§ 135	709, 856		
§ 142	856	§ 157	1751, 1846
§ 143	774, 776, 777	§ 158	1788, 1813, 1814
§ 144	774, 776, 779, 789	§ 160	1853
§ 146	30, 107, 1454, 1455, 1456, 1466, 1494, 1499, 1504, 1500, 1508, 1510, 1515, 1516, 1662, 2073	§ 161	1621, 1654, 1662, 1671, 1675, 1676, 1677, 1685, 1711, 1735, 1737, 1751, 1755, 1756, 1757, 1773
§ 147	1455, 1462, 1464, 1471, 1662	§ 162	14
§ 148	1418, 1419, 1441, 1512, 1516, 1519, 1639, 1663, 1699, 1724	§ 165	1453
		§ 171a	1453
§ 149	1431, 1480, 1518, 1521, 1523, 1526, 1586, 1667, 1714, 1837	§ 171c	1453
		§ 171n	1227
§ 150	1480, 1497, 1502, 1505, 1506, 1520, 1540, 1581, 1686	§ 172	1840, 1841, 1843, 1852, 1859, 1866, 1869, 1874, 1904, 1913, 1922, 1925, 1926
§ 150a	1540, 1567, 1576, 1578, 1579, 1588, 1589	§ 173	1843, 1868, 1875, 1876, 1899
§ 150b	1540, 1584, 1585, 1586, 1588	§ 174	1843, 1901, 1902, 1904, 1905, 1906, 1908, 1909, 1910, 1913, 1919, 1923, 1926
§ 150c	1590, 1592, 1594, 1595, 1596, 1761		
§ 150d	1591	§ 174a	1841, 1843, 1853, 1914-1918, 1922, 1923, 1925, 1926, 1927
§ 150e	1667	§ 175	1841
§ 151	1455, 1505, 1508, 1514	§ 179	1841
§ 152	1553, 1698, 1699, 1708, 1713, 1724, 1732, 1760	§ 180	936, 1109, 1114, 1144, 1174, 1191, 1192, 1197, 1202, 1205, 1209, 1227, 1237, 1238, 1241, 1243, 1244, 1246, 1247, 1248, 1250-1255a, 1258, 1261, 1262, 1264, 1265, 1266, 1267, 1268, 1269, 1279, 1324, 1326, 1401, 1402, 1450, 1841
§ 152a	1598, 1655		
§ 153	1556, 1558, 1581, 1816, 1817, 1824		
§ 153b	1636, 1638, 1639, 1640, 1641, 1642, 1643, 1645, 1646, 1651, 1664		
§ 153c	1651	§ 181	1114, 1116, 1175, 1184, 1193, 1194, 1221, 1227, 1375
§ 154	1556, 1557, 1566, 1567, 1573, 1579, 1594, 1815	§ 182	1187, 1188, 1189, 1215, 1217, 1294, 1295, 1300, 1303, 1304, 1305, 1377, 1378, 1405
§ 155	1418, 1428, 1434, 1441, 1445, 1583, 1620, 1621, 1648, 1677, 1678, 1683, 1685, 1711, 1746, 1751, 1754, 1757, 1758, 1766, 1778, 1780, 1781, 1788, 1831, 1833d, 1833h, 1835	§ 183	1317, 1338
		§ 184	1324, 1404
		§ 185	1109, 1114, 1227, 1840, 1841

Stichwortverzeichnis

Es wird, falls nichts anderes angegeben, auf die Randnummern des Werkes verwiesen.

Abänderung der Versteigerungsbedingungen 388 ff., 869, 1321, 1908
Ablösbare Rechte 655
Ablösung 480 ff., 1329, 1399, 1582, 1918, 1938
Ablösesumme 655, 1019
Absonderungsrecht 73, 171, 175, 179, 1847, 1902
Abtretung
– der Rechte aus dem Meistgebot 529, 535, 1335
– der Miet-/Pachtforderung in der Zwangsverwaltung 1699 ff.
– des Erlösanspruchs 752
– im Teilungsplan der Vollstreckungsversteigerung 598
– im Teilungsplan der Zwangsverwaltung 1753
– Rückgewähr der Sicherungsgrundschuld 752, 768, 821, 823 f.
– von Briefrechten 631, 708
Abweichende Versteigerungsbedingungen
– Altenteil 391
– Beeinträchtigung 388 ff.
– Doppelausgebot 390
– Erbbauzins 903, 920
– Verfahren 388 ff.
– Zuschlagsentscheidung bei – 390
Abzahlungshypothek 328, 628, 839
Akteneinsicht 293
Allgemeines Verfügungsverbot 2073
Altenteil
– als bestehen bleibendes Recht 354, 391
– bei Erlösverteilung 656 ff., 666
– Doppelausgebot 391
– Erlöschen 537, 549
– im Zuschlagsbeschluss 537
– in der Zwangsverwaltung 1477 f.
– Nebenleistungen bei 627
Altlasten 257a
Amortisationshypothek 328, 628, 839
Amtsblatt 283, 278
Amtslöschung 2217 ff.
Amtstafel 278, 284
Amtswiderspruch
– Voraussetzungen 2222 ff.
– Berechtigte 2226
– Formulierung 2227
Anfechtung des Eigentums
– durch Finanzamt 2274
– durch Gläubiger 1959, 2030
Anhörung
– der Beteiligten über den Zuschlag 487

– des Antragsgegners vor Anordnung der Teilungsversteigerung 1195
– des Gläubigers vor Einstellung nach § 30a ZVG 217
– des Insolvenzverwalters in der Vollstreckungsversteigerung 196
– keine – des Schuldners vor Anordnung der Vollstreckungsversteigerung 79
– keine – des Schuldners vor Eintragung der Zwangshypothek 2166a
– der Beteiligten zum Wertgutachten 258
– vor Entscheidung nach § 76 ZVG 1070
Anmeldung
– Ausschluss von –en 420, 518
– Bekanntmachung im Versteigerungstermin 377
– der Forderungen § 10 ZVG 310 ff.
– der Mieter s. Mieter
– der persönlichen Schuld 379
– der Kündigung eines Grundpfandrechtes 380
– des Ersatzbetrages nach § 91 ZVG 658
– des Fremdeigentums von Zubehör 396
– entbehrlich 323, 595, 617
– gilt als Widerspruch gegen den Teilungsplan 638, 1808
– nachträglich eingetragener Rechte 334
– noch im Versteigerungstermin 378 ff.
– Rangverlust bei nicht rechtzeitiger - 339, 596
– von Pfändungen in der Teilungsversteigerung 1392
– zum Verteilungstermin in der Vollstreckungsversteigerung 683
– zum Verteilungstermin in der Zwangsverwaltung 1770 f.
– zur Einführung einer Forderung 295
Anordnung des Arrestes 2305 ff.
Anordnungsbeschluss in der Insolvenzverwalterversteigerung
– Bekanntmachung 1870 f.
– Inhalt 1868, 1869 (Muster)
– Rechtsbehelf gegen den – 1879 f.
– Zustellung 1870, 1871
Anordnungsbeschluss in der Teilungsversteigerung
– Bekanntmachung 1202, 1203
– Inhalt 1201
– Rechtsbehelf gegen den – 1218 f.
– Zustellung 1202, 1203
Anordnungsbeschluss in der Vollstreckungsversteigerung
– Bekanntmachung 81 ff.

Stichwortverzeichnis

- Inhalt 80
- Rechtsbehelf gegen den – 126
- Zustellung 81 ff.

Anordnungsbeschluss in der Zwangsverwaltung
- Bekanntmachung 1499
- Inhalt 1496 f.
- Rechtsbehelf gegen den – 1529 f.
- Zustellung 1499

Anspruch
- dinglicher – 50 ff.
- des Schuldners auf den Versteigerungserlös 860

Antrag (Arresthypothek)
- auf Eintragung 2303
- auf Umwandlung in Zwangshypothek 2340, 2341

Antrag (Versteigerung)
- auf abweichende Versteigerungsbedingungen 388, 903, 920
- auf Anordnung der Insolvenzverwalterversteigerung 1858 ff.
- auf Anordnung der/Beitritt zur Teilungsversteigerung 1173 ff., 1205 f.
- auf Anordnung der/Beitritt zur Vollstreckungsversteigerung 17 f., 22, 23, 58 (Muster)
- auf Aufhebung d. Versteigerungstermins 207
- auf Verteilung eines Gesamtgrundpfandrechts 1009 f.
- auf Gruppenausgebot 969 f.
- auf Zuschlagsversagung nach § 74a ZVG 487, 507, 1050 f.

Antrag (Zwangshypothek)
- als grundbuchrechtliche Voraussetzung 2092 ff.
- als vollstreckungsrechtliche Voraussetzung 1940
- auf Eintragung bei mehreren Gläubigern 1949 ff.
- auf Grundbuchberichtigung bezüglich des Eigentümers 2101
- auf Umschreibung in Eigentümergrundschuld 2249

Antrag (Zwangsverwaltung)
- auf Anordnung der/Beitritt zur Zwangsverwaltung 1454 ff., 1468 (Muster)

Antragsgegner in der Teilungsversteigerung 1191

Antragsrücknahme bei der Arresthypothek 2303

Antragsrücknahme bei der Zwangshypothek 2093, 2094

Antragsrücknahme in der Insolvenzverwalterversteigerung 1882, 1886

Antragsrücknahme in der Teilungsversteigerung 1235

Antragsrücknahme in der Vollstreckungsversteigerung
- dritte Einstellungsbewilligung 208
- durch den Gläubiger 198 ff.

Antragsrücknahme in der Zwangsverwaltung 1654 f.

Arrestbefehl 2305

Arresthypothek 2294, 2295

Aufhebung der Insolvenzverwalterversteigerung 1882 ff.

Aufhebung der Teilungsversteigerung 1295 ff.

Aufhebung der Vollstreckungsversteigerung
- Beschluss deklaratorisch 201
- der einstweiligen Einstellung nach § 30d ZVG (Insolvenz) 194
- Verfahren bei - 200
- hinsichtlich Zubehör 397 f.

Aufhebung der Zwangshypothek 2257

Aufhebung der Zwangsverwaltung
- Antragsrücknahme 1654 f.
- Befriedigung des Gläubigers 1671 f.
- mangels Vorschusszahlung 1677
- nach Zuschlag 1679 ff.

Aufhebung des Arrestes 2332 ff.

Aufhebung des Titels 2212, 2234

Aufhebung einer Gemeinschaft 2
- Bruchteilsgemeinschaft 1124 f.
- Gesamthandsgemeinschaft 1150 ff.

Aufhebungsausschluss in der Teilungsversteigerung 1126 ff. 1152 ff.

Aufklärungsverfügung 67, 70, 1198, 2155 ff.

Auflagen
- bei Einstellung auf Antrag des Insolvenzverwalters 191
- bei Einstellung auf Antrag des Schuldners nach § 30a ZVG 216 ff.

Auflassung
- Beurkundung in der Teilungsversteigerung 1283 f.

Auflassungsvormerkung
- kein Anordnungshindernis 77, 158
- kein entgegenstehendes Recht 158 ff., 1626
- und Zwangshypothek 2081, 2104
- Wertersatz für – 656

Aufsichtsperson 1590 ff.

Aufwendungen (§ 155 Abs. 1 ZVG) 1751 ff.

Ausfallhypothek 2041

Ausgaben der Verwaltung 1760 f.

Ausgebotsarten 964 f., 1314 f.

Ausgleichsbetrag (Teilungsversteigerung)
- Berechnung 1307 f.
- Zweck 1304 f.

Ausländer als Bieter 431

Ausländische Gläubiger und Zwangshypothek 2107a

Ausländische Währung
- Eintragung im Grundbuch 2174, 2177
- Umrechnung 2175, 2177

Ausländisches Güterrecht 28a, 2087
Auslagen
- Aufteilung der – bei der Versteigerung mehrerer Grundstücke 983
- des Rechtsanwalts 143
- des Zwangsverwalters 1611
- für Zustellung des Anordnungs-/Beitrittsbeschlusses 133
- im geringsten Gebot 357
- im Teilungsplan 615
- Schreibauslagen für Verkehrswertgutachten 259, 293
- Vorschuss 359

Ausnahmekündigungsrecht s. *Sonderkündigungsrecht*
Ausschlussvereinbarung (Teilungsversteigerung) 1134 f., 1153
Außergerichtliche Befriedigung 776, 779
Außergerichtliche Erlösverteilung 774 ff.
Auszahlung des Erlöses
- an die Gemeinschafter in der Teilungsversteigerung 1349 ff.
- unbare 829

Bahneinheiten 14
Bankbeleg als Zahlungsnachweis 233
Bargebot
- als Bestandteil der Teilungsmasse 610
- als Gegenstandswert der Rechtsanwaltsgebühren 578
- als Wert für die Gerichtsgebühren 614
- als Wert für die Zuschlagsgebühr 572
- Nennung im Zuschlagsbeschluss 532
- und Liegenbelassungsvereinbarung 699 ff.
- Verzinsung des –s 410 f.
- Zahlung des –s 409

Bargebotszinsen 410, 861, 864
Basiszinssatz 865, 868, 2180, 2182 ff.
Baulast
- Baulastverzeichnis 240, 548
- Definition 240

Bauvorhaben 1613 f.
Bedingte Rechte 353
Bedingte Zuteilung 731
Befriedigung
- außergerichtliche – 776, 779
- bei außergerichtlicher Einigung 777 f.
- bei Forderungsübertragung 871
- bei Gesamtrechten 1090 ff.
- nur aus einzelnen Grundstücken (§ 76 ZVG) 1063 f.
- Reihenfolge der – 38
- vorzugsweise – 123
- Wegfall der Befriedigungswirkung 873 ff.

Befriedigungsrang 148, 882
Begrenzung des Bieterkreises in der Teilungsversteigerung 1318 f.

Beispiel zum 1. Teil (Vollstreckungsversteigerung) 1104 f.
Beispiel zum 2. Teil (Teilungsversteigerung) 1414 f.
Beitrittsbeschluss in der Teilungsversteigerung 1205 f.
- des Pfändungsgläubigers 1396

Beitrittsbeschluss in der Vollstreckungsversteigerung
- Begriff und Verfahren 87 ff.
- Bekanntmachung 89
- Belehrung 90
- Zustellung 90

Beitrittsbeschluss in der Zwangsverwaltung 1501
Beitrittsgebiet 15
Bekanntmachung
- der Anordnung 81 ff.
- des Beitritts 89
- des Versteigerungstermins 282 f.
- des Verteilungstermins 585 f.
- des Zuschlagsbeschlusses 538 f.
- im Versteigerungstermin 376 f.

Belastungsgegenstand bei Arresthypothek 2302, 2303
Belehrung
- bei Anordnung nach § 180 ZVG 1202
- bei Anordnung nach § 30b ZVG 81a
- bei Beitritt nach § 180 ZVG 1209
- bei Beitritt nach § 30b ZVG 88
- des Gläubigers 221
- des Schuldners bei Fortsetzung 197, 225

Berechtigter
- als Gegenantragsteller nach § 64 Abs. 2 ZVG 1027, 1040
- bei Liegenbelassungsvereinbarung 697
- des Löschungsanspruchs 724 ff.
- im Widerspruchsverfahren 690, 830
- unbekannter – bei Zuteilung 631, 710

Bericht des Zwangsverwalters 1815 f.
Berichtigung
- des Grundbuchs nach Zuschlag 834
- des Teilungsplans 792
- hinsichtlich des Eigentums 2101
- des Grundbuchs nach Umwandlung der Zwangshypothek in eine Eigentümergrundschuld 2249 ff.

Beschlagnahme
- Befreiung aus dem Haftungsverband 115
- Begriff 91
- bei der Versteigerung mehrerer Grundstücke 961
- der mithaftenden Gegenstände 105 ff.
- Eintritt der – nach Anordnung 92, 93
- Eintritt der – nach Beitritt 94
- Erlöschen bei Aufhebung 148
- erweiterter Umfang in der Zwangsverwaltung 1516 f.

- in der Insolvenzverwalterversteigerung 1875 ff.
- in der Teilungsversteigerung 1213 f.
- in der Zwangsverwaltung 1503 ff.
- Konkurrenz mehrerer Gläubiger 96 ff.
- Umfang 105, 106, 1515 ff.
- Wirkung 101 ff., 1503 ff.

Beschränkte persönliche Dienstbarkeit 653
Beschränkte Zwangsverwaltung 1479, 1482
Beschwerde
- gegen den Teilungsplan 791 ff.
- gegen die Wertfestsetzung 265
- gegen Eintragung der Zwangshypothek 2210 ff.
- gegen Erteilung des Zuschlags 566 ff.
- gegen Versagung des Zuschlags 564 ff.
- gegen Zurückweisung des Antrags auf Zwangshypothek 2204 ff.
- gegen Zurückweisung des Versteigerungsantrags 130
- gegen Zurückweisung nur wegen Kosten 131
- Rechtsanwaltsgebühr 580
- sofortige – 126 ff., 236, 265, 561, 684, 706, 791, 794, 1073–

Besitzeinweisung des Zwangsverwalters 1692
Bestandteile
- wesentliche – 10, 105, 106, 109, 123

Bestbetreibender Gläubiger
- Begriff und Bestimmung 344 ff.
- bei Versteigerung mehrerer Grundstücke 975, 989
- fiktiver – bei Gegenantrag nach § 64 Abs. 2 ZVG 1032
- im Rahmen der Zuschlagsverhandlung 489
- und Altenteil 391
- und geringstes Gebot 342, 360 ff.
- und Rangklasse 6 334
- und Zuschlagsversagung 523
- Zahlung an den – 478

Bestehen bleibende Rechte
- Altenteil 391 f., 354
- bei Zwangsversteigerung aus RK 2 953i
- Begriff 350
- bei der Versteigerung mehrerer Grundstücke 975, 989
- durch Vereinbarung 697 ff.
- Erbbauzins 918, 926
- im Teilungsplan 609
- Nebenleistungen 351
- und Mindestbargebot 360 ff.

Bestellung des Zwangsverwalters 1540 f.
Bestallung 1550
Beteilige
- am Verfahren 258, 1212, 1499, 1870
- als Beschwerdeberechtigte gegen den Zuschlag 563
- als Sicherheitsverlangende 441 f.
- Anhörung vor Wertfestsetzung 258
- bei außergerichtlicher Einigung über die Erlösverteilung 777
- bei Versteigerung eines Erbbaurechts 899
- im Terminsprotokoll vermerken 374
- keine Nachricht über Anordnung der Versteigerung 86
- Miteigentümer als – in der Vollstreckungsversteigerung 941
- ohne Anmeldung 155
- Zustellung der Terminsbestimmung zum Versteigerungstermin 282
- Zustellung der Terminsbestimmung zum Verteilungstermin 585
- Zustellung des Zuschlagsbeschlusses an – 539

Beteiligungsverhältnis mehrerer Gläubiger 2125 ff.
Betreibender Gläubiger 298
Betreuer
- Antrag Zwangshypothek 2060
- Antragstellung Teilungsversteigerung 1184

Betriebsfortführung durch den Zwangsverwalter 1747 f.
Bewilligung
- Ersatz durch Titel 2096
- für Grundbuchberichtigung 2249
- für Löschung 2258, 2263, 2264

BGB-Gesellschaft
- als Bieter 427
- als Gläubigerin 2109
- als Schuldnerin 1970 ff.
- in der Teilungsversteigerung 1164, 1165
- Titel gegen – 35, 1971, 1972

BGB-Verteilung (§ 1132 BGB) 1011, 1099
Bieten
- für andere 426
- mündlich 425

Bietergemeinschaft 427
Bieterkreis (Begrenzung) 1318 f.
Bietezeit
- Beginn 421, 477
- Neubeginn 477
- Schluss der Versteigerung 478, 483 ff., 499 f., 979
- und Gegenantrag nach § 64 Abs. 2 ZVG 1031
- und Zuschlagsversagung 519
- Verfahrensablauf 422 ff.

Bietinteressierte 244, 250, 293, 294
Bietvollmacht 375, 426
Brief (Grundpfandrechte)
- keine Vorlage für Vollstreckung 56
- Nebenrechte 632
- Vermerk über Zuteilung 708
- Vorlage im Verteilungstermin 708
- unbrauchbar machen 846
- und Zuteilung 631

Bruchteilseigentum
- als Versteigerungsobjekt   11
- in der Teilungsversteigerung   1122 ff.
- Pfändung des Auseinandersetzungsanspruchs (Teilungsversteigerung)   1372 f.
- Vollstreckungstitel bei -   26
- Wohnungseigentum   934, 935

Bruchteilsgemeinschaft in der Teilungsversteigerung   1122 ff.

Bundesbankscheck   454, 456

Bundesversorgungsgesetz (Sperrvermerk)   2071a

Bürgschaft   458 ff., 539

Deckungsgrundsatz
- in der Insolvenzverwalterversteigerung   1891 f.
- in der Teilungsversteigerung   1291 f.
- der Vollstreckungsversteigerung   342, 989, 1043

Dienstaufsichtsbeschwerde   21

Dienstbarkeit
- altrechtliche -   354
- beschränkte persönliche -   653
- Grunddienstbarkeit   654, 656

Dingliche Mietpfändung   1432 ff.

Dingliche Surrogation   116, 550, 629, 732

Dinglicher Gläubiger   50 f., 324

Dinglicher Titel
- Absonderungsrecht   171
- als Vollstreckungstitel   50 f.
- Mietpfändung   1432 ff.
- und Beschlagnahme   107
- und Zubehör   124
- Zwangshypothek   53, 181

Dingliches Vorkaufsrecht   656

DM-Titel   2176

Doppelausgebot
- bei abweichenden Versteigerungsbedingungen   390
- bei Altenteil   391 f.
- bei Gegenantrag nach § 64 Abs. 2 ZVG   1032
- in der Insolvenzverwalterversteigerung   1909 f., 1922 f.

Doppelsicherung   2053 ff.

Dritter erhält Zuschlag   528

Drittwiderspruchsklage und Beschlagnahme   123

Duldungsbescheid (Finanzamt)   2274

Duldungstitel
- bei Arresthypothek   2343, 2367 ff.
- Entbehrlichkeit bei Zwangshypothek   53
- gegen Insolvenzverwalter   179
- gegen Nacherben   76, 167
- gegen Nachlassverwalter   166
- gegen Testamentsvollstrecker   75
- Kosten des –s   48

- nach Anfechtung   1959
- und Gesamtgut   28

Ehegatten
- in der Teilungsversteigerung   1141 ff. 1168 ff.
- und Gesamtgut   27 f., 1168 ff., 2087
- und gesamtschuldnerische Haftung   960, 2047, 2048
- und gesetzlicher Güterstand   2086
- und Gütertrennung   2086

Eigenbesitz(er)   1461 f.

Eigentümer-Erlöspfandrecht   767, 819

Eigentümergrundschuld
- bestehen gebliebene -   723 f.
- erloschene -   732 ff.
- in der Insolvenzverwalterversteigerung   1865
- und Löschungsanspruch   724 ff.
- und Zwangshypothek   2030 ff.

Eigentümerrechte   719 ff., 1865

Einheitswert   83

Einmalige Leistungen
- Abgrenzung   299 f.
- Begriff   317
- Endtermin   362
- im geringsten Gebot   362
- im Teilungsplan   600
- Verlust des Privilegs   318
- vom Ersteher zu tragen   604

Einstellung   s. einstweilige Einstellung

Einstweilige Einstellung der Insolvenzverwalterversteigerung   1883 f.

Einstweilige Einstellung der Teilungsversteigerung
- allgemeiner Schutz (§ 180 Abs. 2 ZVG)   1238 f.
- auf Antrag des Antragsgegners   1237 ff., 1269 f.
- auf Bewilligung des Antragstellers   1236
- Kinderschutz (§ 180 Abs. 3 ZVG)   1248 f.
- wiederholte -   1265

Einstweilige Einstellung der Vollstreckungsversteigerung
- auf Antrag des Insolvenzverwalters   186 ff.
- auf Antrag des Schuldners   209 ff.
- Aufhebung der nach § 30d ZVG angeordneten -   194 ff.
- Bewilligung Gläubiger   203 ff.
- durch das Prozessgericht   231
- durch das Vollstreckungsgericht   232
- Fortsetzung nach -   205
- mehrere Gläubiger   147
- nach § 765a ZPO   227 ff.
- nach § 775 ZPO   233

Einstweilige Einstellung der Zwangsverwaltung
- auf Antrag des Insolvenzverwalters   1636 f.
- auf Antrag des Schuldners   1666 f.

– Bewilligung durch den Gläubiger 1662 f.
– durch das Prozessgericht 1669 f.
Eintragung
– Arresthypothek 2330, 2331
– Umwandlung Arresthypothek in Zwangshypothek 2338 ff., 2348
– Zwangshypothek 2167 ff., 2185.
Eintragungsersuchen s. *Grundbuchersuchen*
Eintragungshindernisse 2138 ff.
Eintragungskosten 852 f.
Eintragungsvoraussetzungen
– Arresthypothek 2302 ff.
– Zwangshypothek 1939 ff.
Einwendungen gegen die Forderung 2137
Einzelausgebot 965
– geringstes Gebot beim – 982 f.
– Verzicht auf – 977, 977a
– Wegfall 977
Einzelkaufmann
– als Gläubiger der Zwangshypothek 2108
– als Schuldner der Zwangshypothek 1967 ff.
– und Eintragung bei Zwangshypothek 2108
Einzelversteigerung 954, 977
Elektronisches Informations- und Kommunikationssystem 278 ff., 283, 293
Eltern 428
Endtermin
– bei einstweiliger Einstellung 210 f.
– bei wiederkehrenden Leistungen 361
– für Berücksichtigung im geringsten Gebot 361
– im Teilungsplan 600 f.
Entgegenstehende Rechte s. *Gegenrechte*
Entwicklungsbereich 2067
Erbanteil 2031
Erbbaurecht
– als grundstücksgleiches Recht 12, 957, 2030
– altes 893
– Anordnungsbeschluss 896 ff.
– Heimfall 915
– neues – 893
– Versteigerung 12, 896 ff., 957
– Verweigerung der Zustimmung 911 ff.
– Zustimmung des Grundstückseigentümers 897, 898, 908 ff., 2062
Erbbauzins
– Anpassungsklausel 926, 930
– Bestandsschutz 927 ff.
– Reallast als erlöschendes Recht 918 ff.
– Rangklasse 322
– Vormerkung 906, 917, 932
– Wertersatz 657, 922 ff.
Erbe
– als Bieter 427
– als Schuldner 29 ff., 2088
– in der Teilungsversteigerung-- s. *Erbengemeinschaft*
– unbekannter – 288

– und Nachlassverwaltung 166, 2005 ff.
– und Testamentsvollstreckung 163 ff., 2090
– und Voreintragung 2099 ff.
– Vorerbe 76, 167, 2082 ff., 2121
– Titel gegen Erben 29 ff., 2088
Erbengemeinschaft in der Teilungsversteigerung 1151 ff.
Erblasser 29 ff., 2099
Erbnachweis 24, 31, 1193, 2101
Ergebnislose Zwangsversteigerung 485, 1275, 1330, 1425, 1911
Ergebnisvergleich 998 f.
Erhöhung des geringsten Gebots
– bei Versteigerung mehrerer Grundstücke 992 f.
– Zuschlagsentscheidung nach – 1004 f.
Erledigungserklärung 199
Erlöschen
– der Gebote 434 f., 476
– der Rechte 350, 352, 548 f.
– eines Rechts durch Tod des Berechtigten 594
Erlösüberschuss
– bei Forderungsübertragung 870
– Ersteher 648
– in der Teilungsversteigerung 1247 ff.
– Pfändung 826
Erlösverteilung in der Teilungsversteigerung
– bei Bruchteilseigentum 1348 ff.
– Teilungsmasse 1347
– Überschuss 1349 ff.
Erlösverteilung in der Vollstreckungsversteigerung
– außergerichtliche – 774 ff.
– bei Gesamtrecht 1090 ff.
– nach § 112 ZVG 1075 ff.
– Rechtsbehelfe gegen – 684 f.
– und Eigentümerrechte 719 ff.
Ersatzbetrag nach § 92 ZVG
– Allgemeines und Verfahren 651 ff.
– für Erbbauzins-Reallast 922
Ersteher
– als neuer Grundstückseigentümer 544
– als Schuldner 2106
– Beschwerdeberechtigung 563
– Eintritt in bestehende Miet-/Pachtverhältnisse 382 f.
– Gefahrübergang auf – 414 f.
– Inhalt des Zuschlagsbeschlusses 532, 1336
– Übergang von Nutzungen und Lasten 417
– Übernahme bestehen bleibender Rechte 350, 354
– und einmalige Leistungen 362
Erstreckung der Zwangshypothek 2051, 2052
Ersuchen auf Eintragung Arresthypothek
– durch Finanzamt 2351 f.
– durch Staatsanwaltschaft 2356 ff.
Ersuchen auf Eintragung Zwangshypothek
– durch Finanzamt 2269 ff.

Stichwortverzeichnis

- durch sonstige Behörde 2293
Erwerb der Zwangshypothek durch Eigentümer 2030 ff.
Euro 460, 2174, 2177

Fallbeispiel zum 1. Teil (Vollstreckungsversteigerung) 1104 f.
Fallbeispiel zum 2. Teil (Teilungsversteigerung) 1414 f.
Familiengerichtliche Genehmigung 428, 497, 2059
Festsetzung der Zwangsverwaltervergütung 1616 f.
Finanzamt
- als Gläubiger bei Zwangshypothek 2279 ff.
- Eintragungsersuchen des –(s) 2269 ff.
- Mitteilung der Anordnung 83, 1203, 1499
- Übersendung Zuschlagsbeschluss 541

Firma
- als Gläubigerin 2108
- als Schuldnerin 1967 ff.
- bieten für die – 429
- Eintragung der – 2107, 2108, 2128

Flurstück
- Flurstücksnummer 36

Forderung
- Hauptforderung 39, 46
- Kosten 41 ff.
- Zinsen 40

Forderungsübertragung 861
Formulierung im Grundbuch
- Umwandlung Zwangshypothek in Eigentümergrundschuld 2232, 2250, 2253
- Zwangshypothek 2185
- Zwangshypothek für Finanzamt 2282

Fortsetzung des Verfahrens
- auf Antrag (Insolvenz) 197
- Frist 204
- nach einstweiliger Einstellung Gericht 234
- nach einstweiliger Einstellung Gläubiger 220
- nach einstweiliger Einstellung Insolvenz 194
- nach einstweiliger Einstellung in der Teilungsversteigerung 1264
- nach Versagung des Zuschlags 524
- von Amts wegen 232

Fortsetzungsbeschluss 153, 155, 196, 197, 204, 222, 273, 292, 345

Fremdwährung
- Eintragung im Grundbuch 2174, 2177 ff.
- im Titel 2174, 2177

Freund'sche Formel 1309

Gebäudeeigentum 2045
Gebote
- Abgabe von –n 422, 425
- Anfechtung von –n 424
- Ausländer als Bieter 431
- Eigengebote 514 f.
- Erlöschen von –n 434
- gemeinschaftliche – 427
- mündlich 425
- nicht hinreichend besicherte (schwache) – 469c f.
- rechtsmissbräuchliche 514 f.
- Rechtsnatur 424
- unzulässige – 497
- Vertretung bei der Abgabe von –n 426 ff.
- Zurückweisung von –n 433 f.

Gebotssprung 432
Gefahrenübergang
- Grundstück 415
- mitversteigerte Gegenstände 416
- Nutzungen/Lasten 417

Gegenantrag nach § 64 Abs. 2 ZVG 1027 ff.
Gegenrechte
- in der Teilungsversteigerung 1126 ff., 1152 ff., 1196, 1197
- in der Vollstreckungsversteigerung 149 ff.

Geld
- Einzahlung/Überweisung vor Verteilungstermin 676, 677
- kein Bargeld als Sicherungsmittel 460
- Überweisung von – als Sicherheit 454, 455

Geldbetrag
- bei Eintragung Zwangshypothek 2173
- Euro 2174, 2177
- zulässige Auslandswährung 2174
- unrichtiger – 2187 ff.

Gemeinschaftsverhältnis bei Forderungsübertragung 870
Geringstes Gebot in der Insolvenzverwalterversteigerung
- abweichende Feststellung auf Antrag des Insolvenzverwalters 1914 ff.
- abweichende Feststellung auf Gläubigerantrag 1901 f.
- bestehen bleibende Rechte 1896 f.
- Deckungsgrundsatz 1892 f.
- Doppelausgebot 1909 f., 1922 f.

Gerichtliche Verwaltung (§ 94 ZVG) 1427 f.
Geringstes Gebot in der Teilungsversteigerung 1290 ff.
- Ausgleichsbetrag 1304 ff.
- bei Bruchteilsgemeinschaft 1294 f.
- bestehen bleibende Rechte 1293
- Freund'sche Formel 1309

Geringstes Gebot in der Vollstreckungsversteigerung 340 ff.
- bei der Versteigerung mehrerer Grundstücke 980 f.
- bestehen bleibende Rechte 350 ff.
- bestbetreibender Gläubiger 344 ff.
- Mindestbargebot 355 ff.

Gesamtausgebot
- als Ausgebotsart bei der Versteigerung mehrerer Grundstücke 966
- geringstes Gebot bei – 981, 988 f.
- keine Veränderung durch Gegenantrag nach § 64 Abs. 2 ZVG 1033
- Zuschlagsentscheidung 998 ff.

Gesamtgläubiger
- Eintragung für alle – 2172
- Eintragung für einen – 2136

Gesamtgrundpfandrecht
- Verteilung 1009 ff.

Gesamtgut 27, 28, 28a

Gesamthandsgemeinschaft
- Eintragung der – 2172
- in der Teilungsversteigerung 1148 ff.
- mögliche –en 2126
- Pfändung des Anteils 1388 ff.

Gesamtschuldner
- Gesamtzwangshypothek zulässig 2047 ff.
- Verteilung bei mehreren Grundstücken eines –s 2033 ff.

Gesamtzwangshypothek
- grundsätzlich unzulässig 2036
- zulässige – 2047 ff.

Geschäftsstelle 60, 293, 294, 1469

Gesellschaft bürgerlichen Rechts s. BGB-Gesellschaft

Gesetz zur Beschleunigung fälliger Zahlungen 865

Gesetzliche Versteigerungsbedingungen 406 f., 414

Gesetzlicher Löschungsanspruch
  s. Löschungsanspruch

Gewährleistung
- gesetzliche Versteigerungsbedingung 414
- keine – 414, 533, 1853

Gläubiger
- als Antragsteller in der Teilungsversteigerung 1190
- Begriff 298

Gläubigerbezeichnung im Grundbuch
- Allgemein 2107, 2170
- BGB-Gesellschaft 2109
- Einzelkaufmann 2108
- Firma 2108
- Gläubigerwechsel vor Eintragung 2124a ff.
- Mehrheit von Gläubigern 2125 ff.
- nicht rechtsfähige Anstalt 2107d
- Partei kraft Amtes 2118 ff.
- Vorerbe mit Nacherbenvermerk 2121
- Wohnungseigentümergemeinschaft 2110 ff.
- Zweigniederlassung 2107c

Glaubhaftmachung 28

GmbH
- als Bieterin 429
- gelöschte GmbH 289
- Titel gegen - 34

Grundakten
- Anforderung 60
- Rückgabe 84

Grundbuch
- als Grundlage der Terminsbestimmung 280
- als Grundlage des Teilungsplans 593 ff.
- bestehen bleibende Rechte außerhalb des –s 354
- Bezeichnung des Grundstücks 36
- Bezugnahme auf das – 24
- ersichtliche Hindernisse 67
- ersichtliche Verfahrensbeteiligte 86
- Ersuchen gem. § 130 ZVG 834, 1359
- herrenloses Grundstück 66
- Rangänderung 347
- und Rangklasse 4 322 f.
- und Rangklasse 6 334 f.
- Voreintragung des Schuldners 22, 25, 64
- Wiederversteigerung vor Grundbuchberichtigung 887

Grundbuchamt
- Tätigkeit nach Anordnung 85, 1204, 1500
- Prüfungspflicht 850 ff.

Grundbuchberichtigung s. Berichtigung

Grundbucheintragung s. Eintragung

Grundbuchersuchen 834 ff., 1204

Grundbuchrechtliche Mängel 2138 ff.

Grundbuchrechtliche Voraussetzungen 2092 ff.

Grunddienstbarkeit 656

Grunderwerbsteuer 381, 531, 889 f.

Grundsteuer 299, 305, 314, 319, 332, 365, 602, 1597, 1742, 1762

Grundstück
- als Belastungsgegenstand 2030
- Bezeichnung im Antrag 36, 2097
- gemeinsame Versteigerung mehrerer –(e) 954 ff.
- herrenloses - 66

Grundstücksbezeichnung 36

Grundstücksbruchteil
- als Belastungsgegenstand 2030
- Bezeichnung im Antrag 37
- gemeinsame Versteigerung mehrerer –e 957
- Verkehrswert 963
- Versteigerung 11
- Zwangsverwaltung 1450

Grundstücksgleiche Rechte 12, 957

Grundstückswert s. Wertfestsetzung

Gruppenausgebot
- als Ausgebotsart bei der Versteigerung mehrerer Grundstücke 967, 968
- geringstes Gebot bei – 981, 991
- Zuschlagsentscheidung bei – 1001, 1002, 1002a

Gutachterausschuss 246, 252, 253, 541

Gutgläubiger Erwerb
- bei Ersteintragung der Zwangshypothek 1988, 2169

Stichwortverzeichnis

- bei Abtretung der Zwangshypothek 2225
- und Beschlagnahme 98, 99

Gütergemeinschaft
- ausländische 28a, 2087
- Eintragung Zwangshypothek bei 2086, 2087
- fortgesetzte - 1171
- in der Teilungsversteigerung 1168 f.
- Titel 28
- Verwaltung des Gesamtguts 27, 1951

Gütertrennung
- Eintragung Zwangshypothek bei 2086

Haftung des Zwangsverwalters 1566 f.
Haftungsverband
- Gläubiger ohne - 104
- Hypothekenhaftung 103
- mithaftende Gegenstände 105 ff.

Hauptforderung
- Rangklasse 39
- Teilbetrag 45

Heilung bei vollstreckungsrechtlichen Mängel 2222, 2223, 2229
Heimfall 915 ff.
Herrenloses Grundstück 66
Hilfszuteilung 830
Hinterlegung
- Anweisung nach Fristablauf 832
- Bargebot 676
- Deckungskapital 670 ff.
- Durchführung 830
- des Erlösüberschusses in der Teilungsversteigerung 1356, 1358
- einer überwiesenen Sicherheit 474
- mangels Feststellung des Betrages 716
- und Pfändung 813, 814
- wegen Widerspruchs 693 ff., 739
- zur Zinsbefreiung 411

Höchstbetrag
- bei Bürgschaftserklärung 458
- bei Erbbauzins-Reallast 905
- nach § 882 BGB 658

Höchstzinssatz 2180 ff.
Hoffmannsche Methode 660

Identität
- als Vollstreckungsvoraussetzung 1966
- bei Änderung der Parteienbezeichnung 1973 ff., 2112, 2113
- mehrere Grundstücke 960
- Prüfung bei Einzelkaufmann/Firma 1967 ff., 2108
- Prüfung bei BGB-Gesellschaft 1970 ff., 2109
- Versteigerungsobjekt/Grundstück 499

Inhaltliche Unzulässigkeit der Zwangshypothek 2217 ff.

Inbesitznahme durch den Zwangsverwalter 1686 ff.
Insolvenz s. *Insolvenzgläubiger, Insolvenzverfahren*
Insolvenzgläubiger
- Begriff 170
- und Absonderungsrecht 1902
- Vollstreckungsverbot 72, 177, 1632

Insolvenzverfahren
- als Gegenrecht 169 ff.
- als Vollstreckungshindernis 72, 1993 f., 1998a, 1998b
- ausländisches 1993a
- einstweilige Einstellung der Vollstreckungsversteigerung 186 ff.
- gegen BGB-Gesellschaft 1998a
- gegen Miterben 1998b
- Kosten für Bewertung (Rangklasse 1a) 312
- Rückschlagsperre im - 185, 1633, 1634, 2239 ff., 2332, 2342
- und Teilungsversteigerung 1232 f.
- und Zwangsverwaltung 1630 f.
- zulässige Eintragung trotz - 1994

Insolvenzverwalter
- Titel gegen - 73
- und einstweilige Einstellung der Insolvenzverwalterversteigerung 1883
- und einstweilige Einstellung der Vollstreckungsversteigerung 186 ff.
- vorläufiger - 176

Insolvenzverwalterversteigerung
- abweichende Feststellung des gG auf Antrag des Insolvenzverwalters 1914 ff.
- abweichende Feststellung des gG auf Gläubigerantrag 1901 f.
- Anordnungsbeschluss 1868, 1869 (Muster)
- Antrag auf Anordnung der - 1858 f.
- Antragsrücknahme 1882
- Aufhebung der - 1882, 1887, 1889
- Aufhebung des Insolvenzverfahrens 1889
- Beitritt zur - 1874
- Beschlagnahme in der - 1875 ff.
- Bestehen bleibende Rechte in der - 1896 f.
- Deckungsgrundsatz in der - 1892 f.
- einstweilige Einstellung der - 1883, 1884
- Freigabe des Grundbesitzes 1886 f.
- freihändiger Verkauf 1848
- Geringstes Gebot in der - 1892 ff.
- Terminsbestimmung 1891
- Treuhänder und - 1849 f.
- Verhältnis zu anderen Versteigerungsarten 1854 f.
- Versteigerungsobjekte in der - 1856 f.
- Vorteile der - 1853
- Wertfestsetzung 1890
- Zuständigkeit 1858
- Zweck 1845 ff.

Institutsverwaltung 1576 f.
Investmentgesetz (Sperrvermerk) 2071b

Jahresrechnung 1815 f.
Juristische Person
- als Aufsichtsperson in der Zwangsverwaltung 1590
- als Bieterin 427, 429
- Titel gegen – 34

Kalendertag 1978 ff.
Kapitalanlagengesellschaft (Sperrvermerk) 2071b
Kapitalzahlung in der Zwangsverwaltung 1810 f.
Kassatorische Vereinbarung 1982
Kindeswohl in der Teilungsversteigerung 1248 f.
Klausel s. *Vollstreckungsklausel*
Kommanditgesellschaft 34, 1166
Kontrollteilungsplan 786, 787
Konzentration der Verfahren s. *Zentralisierung*
Kosten der Zwangsvollstreckung 1960 ff.
Kosten des Gerichts
- Anordnung 132 f., 1224, 1225
- bei der Verteilung von Gesamtgrundpfandrechten 1020
- bei Rücknahme des Eintragungsantrags 2200
- bei Versteigerung mehrerer Grundstücke 982 f.
- Beitritt zur Vollstreckungsversteigerung 134
- des Sachverständigen 251
- Eigentumswechsel 852
- Einstellung 237
- für den Versteigerungstermin 571
- für Eintragung der Zwangshypothek 2194 ff.
- für Zurückweisung des Eintragungsantrags 2199
- im Teilungsplan 613
- in der Zwangsverwaltung 1758
- Kostenschuldner 135
- Löschung erloschener Rechte 855
- Rechtsbehelf 136 ff.
- Verfahrenskosten 356 ff.
- Vorschuss 359, 617
- vorzeitiges Verfahrensende 796
- Zuschlag s. *Kosten für den Zuschlag*
- Zustellung Anordnung/Beitritt 133
Kosten des Gläubigers
- Anmeldung 327
- dingliche – 47 ff.
- Kosten der Titelbeschaffung 43
- Kosten früherer Vollstreckung 44
- Kostenpauschale Fußnote 327
- vorgerichtliche – 42
Kosten des Rechtsanwaltes s. *Rechtsanwaltskosten*
Kostenfestsetzungsbeschluss 1989
Kosten für den Zuschlag
- Gerichtskosten 572 f.
- Gesamthaft 531
- reduzierter Geschäftswert in der Teilungsversteigerung 1344, 1355
- nicht im Teilungsplan 572
- Versteigerungsbedingung 413

Kündigung
- des Grundpfandrechtes 380
- Kosten der – 48
- nach Zuschlag 553
- Sonderkündigungsrecht 383 ff, 1317
- Zwangsversteigerung kein Kündigungsgrund 382
Kündigungsschutz der Mieter und Pächter 385, 1317

Land– und forstwirtschaftliches Grundstück 2068
Laufende wiederkehrende Leistungen 299 ff., 316, 623 ff., 907 ff.
Lebenspartnerschaft in der Teilungsversteigerung 1146
Liegenbelassungsvereinbarung 697 f., 382, 845, 1086
Löschung
- der Arresthypothek 2350
- der Zwangshypothek 2217 ff., 2257 ff.
Löschung nach Zuschlag
- erloschene Rechte 835
- öffentlich rechtliche Vermerke 837
- und Vereinbarung nach § 91 Abs. 2 ZVG 838
- Verfügungsbeschränkungen 837
- Zwangsversteigerungsvermerk 835
- Zwangsverwaltungsvermerk 837
Löschungsanspruch
- anmelden 735
- durchsetzen 737
- erlischt nicht 727
- für bestehen gebliebenes Recht 726
- für erloschenes Recht 727 ff.
- gesetzlicher – 724 f., 768, 1931
- ist werthaltig 729, 734
- kein – nach Abtretung 768
- nach Verzicht 767
- Vormerkung 728, 730
Löschungsbewilligung 2258 ff.
Löschungsfähige Quittung 2259 ff.
Lösungssumme 2305, 2330

Mängel bei Eintragung 2215 ff.
Massegläubiger
- Begriff 172
- Vollstreckung durch – 180, 1996
Materielle Einwendungen 2137
Mehrere Forderungen/Titel 2023, 2034
Mehrere Gläubiger 1949 ff., 2125 ff., 2172

Mehrere Grundstücke
- desselben Schuldners und Zwangshypothek 2033 ff.
- verschiedener (Gesamt-)Schuldner und Zwangshypothek 2047 ff.
- Teilungsversteigerung 1172
- Vollstreckungsversteigerung 954 ff.
- Zwangsverwaltung 1449

Meistbietender
- Abtretung der Rechte aus dem Meistgebot 528, 535
- als Beschwerdeberechtigter (Zuschlagsentscheidung) 563, 564
- als gesamtschuldnerisch Haftender 531, 535
- Anspruch auf Zuschlagserteilung 527
- Antragsberechtigung § 74a ZVG 510
- Strohmanngebot 528, 535
- Verkündungstermin 491
- Zustellung an Meistbietenden 539, 587
- Zustimmung nach § 5 ErbbauVO 897 ff.
- Zustimmung zur Zuschlagserteilung 499
- Zwangsvollstreckung gegen den Meistbietenden 884

Meistgebot
- unter 50 % des Verkehrswertes 505
- unter 70 % des Verkehrswertes 507
- s. auch Bargebot

Miete
- Geltendmachung durch den Zwangsverwalter 1697 f.

Mietkaution s. Mietsicherheit
Mietpfändung 1432 ff.
Mietsicherheit 291, 387, 387a, 418, 419, 1421, 1710 ff., 1760

Mietvertrag
- des Zwangsverwalters 1713 f.
- ist zu übernehmen 382, 1317
- Sonderkündigung 383 ff., 1317

Mietvorauszahlung 385

Minderanmeldung
- allgemein 683
- Sicherungsgrundschuld 765 ff.

Minderjährige Bieter 428, 433
Minderjähriger Schuldner 2059

Mindestbetrag
- bei Arresthypothek 2303
- bei Zwangshypothek 2015 ff.

Mindestvergütung des Zwangsverwalters 1609 f.
Miteigentumsanteil 11, 939, 957, 2030, 2048, 2051, 2052
Mithaftende 531, 587, 884
Mitteilung § 41 Abs. 2 ZVG 292

Mitversteigerte Gegenstände
- Eigentumserwerb 544
- Gefahrenübergang 416
- im Zuschlagsbeschluss 532

Mobiliarvollstreckung
- Kosten früherer – 44
- in Erzeugnisse 125
- in Gegenstände des Haftungsverbandes 123
- in Zubehör 124

Nacherbe 76, 167, 1161 f., 2082 ff., 2121
Nachlass
- Zwangsvollstreckung in den – 2088, 2089

Nachlasspfleger in der Teilungsversteigerung 1186
Nachlassverwalter in der Teilungsversteigerung 1186
Nachlassverwaltung 166, 2005 ff.
Naturalteilung 1126 f., 1152

Nebenleistungen
- bei Briefrecht 632
- bei Reallast 633
- bestehen gebliebenes Recht 625 ff.
- Eintragung von – 2170
- erloschenes Recht 629

Neugläubiger (Insolvenz) 178, 1994
Nichtzahlung des Bargebots 860 ff., 1360 f.
Nießbrauch in der Teilungsversteigerung 1187 f.

Nießbrauch in der Vollstreckungsversteigerung
- Berücksichtigung im geringsten Gebot 323
- kein Gegenrecht 168
- Nebenleistungen 322
- Wertersatz 653

Nießbrauch in der Zwangsverwaltung 1477 f.
Notsicherheit 466, 497
Notwegrente 354

Nutzungen
- ab Zuschlag für den Ersteher 417
- in der Zwangsverwaltung 1419, 1423 f., 1460, 1477, 1482 f., 1553, 1591, 1596, 1643, 1663, 1668, 1677, 1750 f.

Objekte
- der Insolvenzverwalterversteigerung 1856 f.
- der Teilungsversteigerung 1172
- der Zwangsversteigerung 10 ff.
- der Zwangsverwaltung 1448 f.

Offene Handelsgesellschaft 34, 1166
Öffentlich-rechtliche Vermerke 837

Öffentliche Bekanntmachung
- des Versteigerungstermins 282, 1289
- des Verteilungstermins (Gerichtstafel) 589

Öffentliche Grundstückslasten
- im Teilungsplan (Vollstreckungsversteigerung) 622 ff.
- in der Zwangsverwaltung 1762
- Rangklasse 3 314 ff.

Öffentlichkeit
- des Versteigerungstermins 372
- des Verteilungstermins 674

449

Ort der Versteigerung 279
Örtliche Zuständigkeit 19, 959, 1173, 1456
Ortsbesichtigung
- durch das Gericht 257
- durch den Sachverständigen 256

Pächter
- Pachtvertrag 382 ff.
- Titel gegen – 108
Parteienidentität
- Prüfung durch Grundbuchamt 1966 ff.
- s. auch Identität
Partei kraft Amtes 2118 ff.
Persönliche Forderung
- Verteilung bei der Versteigerung mehrerer Grundstücke 1012
- Übernahme der – 750, 754
- und Insolvenz 184
- und Wiederversteigerung 876
Persönlicher Gläubiger
- als betreibender Gläubiger 104, 114
- im geringsten Gebot 361, 987
Persönlicher Titel 50, 51, 104, 114
Pfändung
- der Instandsetzungsrücklage 947
- des Auseinandersetzungsanspruchs 1367 ff.
- des BGB-Gesellschaftsanteils 2032
- des Erbanteils 2032
Pfändungen im Verteilungsverfahren
- erloschene Eigentümergrundschuld 809 f.
- erloschenes Grundpfandrecht 800 ff.
- Erlösüberschuss 825 ff.
- Pfändung hinterlegter Beträge 813 ff.
- Rückgewähranspruch 815
Pfändungsgläubiger als Antragsteller (Teilungsversteigerung) 1367 ff.
Privatgutachten 1281
Protokoll
- Rückgabe der Sicherheit 471
- Sicherheitsleistung 469
- Versteigerungstermin 373 ff.
Prozessführung durch den Zwangsverwalter 1724 ff.
Prozessvoraussetzungen
- allgemeine 61, 1954
- besondere 62
Prüfpflicht des Grundbuchamts 850 ff.

Quittung als Grundlage der einstweiligen Einstellung 233

Räume des Schuldners in der Zwangsverwaltung 1518 f.
Rangänderung 347
Rangfolge
- und mehrere Eintragungsanträge 2143 ff.

Rangklassen
- allgemein 38, 39, 310 ff., 1312
- im geringsten Gebot 310 ff.
- im Teilungsplan – 618 ff.
- in der Zwangsverwaltung 1778 ff.
Rangordnung
- der Gläubiger 344 f.
- der Rechte s. Rangklassen
Rangvorbehalt 926, 2091
Rangwirkung des Eintragungsantrags 2140 ff. 2160 f.
Reallasten
- auf bestimmte Dauer 657
- auf unbestimmte Dauer 653
- Berücksichtigung 323
- Betreiben aus – 324
- Naturalien 363
- Nebenleistungen 633
- Rangklasse 322
Rechnungslegung des Zwangsverwalters
- Inhalt 1451 f.
- Pflicht zur - 1448
- Prüfung 1454
Rechtliches Gehör 127, 130, 148, 196, 217, 211, 236, 258, 1195
Rechtsanwaltskosten
- für Einstellungsverfahren 237
- für Versteigerungsantrag 141 ff.
- für Verteilungsverfahren 797
- für Zuschlag 576
- im Eintragungsverfahren 2201, 2202
- Vertretung des Bieters 799
Rechtsbehelf
- bei Aufhebung, Einstellung, Fortsetzung 236
- gegen den Anordnung- bzw. Beitrittsbeschluss 126 f., 1218 f., 1529, 1880, 1881
- gegen den Kostenansatz 136 ff.
- gegen den Teilungsplan 790 f., 1804 f.
- gegen den Wertfestsetzungsbeschluss 265
- gegen den Zuschlagsbeschluss 561 f., 1339, 1340
- gegen die Eintragung der Arresthypothek 2303
- gegen die Eintragung der Zwangshypothek 2210 ff.
- gegen die Zurückweisung des Eintragungsantrags 2204 ff.
- gegen die Zurückweisung des Versteigerungsantrags 113 f., 1223, 1879
- gegen die Zurückweisung des Zwangsverwaltungsantrags 1530
Rechtsbeschwerde 129, 567
Rechtshängigkeitsvermerk 2069
Rechtskraft
- Aussetzung der Verteilung 705 f., 794
- der Zuschlagsversagung 500 f.
- Entscheidungswirksamkeit auf Eintritt der – hinausschieben 148

- keine materielle – des Wertfestsetzungsbeschlusses 267
Rechtsmittel *s. Rechtsbehelf*
Rechtsnatur der Zwangshypothek 1928
Rechtsnachfolgeklausel 54, 70, 168a, 1464, 1936, 1972 f., 1956, 1966, 2001 f., 2107 f., 2322
Rechtsschutzinteresse 266, 268, 1470, 1925, 2053 ff.
Reduzierung bei Zuschlagsgebühr (Teilungsversteigerung) 1344
Regelvergütung des Zwangsverwalters 1600 f.
Reichsheimstätte 2071
Reihenfolge der Ausgebotsarten 979
Relativer Rang 336, 641
Rentenschuld 655, 1010, 1019, 1028, 1082
Restschuldbefreiung 1995
Rückgewähranspruch
– Ausgleichsanspruch 761
– Erfüllung 751, 752
– kein Übergang bei Zuschlag 757
– Pfändung 815 ff.
– und Abtretung 821 ff.
Rücknahme des Antrags *s. Antragsrücknahme*
Rücknahmeverzicht 412, 413, 474
Rückschlagsperre 185, 1633, 1634, 2239 ff., 2332, 2342
Rückständige wiederkehrende Leistungen
– in der Vollstreckungsversteigerung 301 ff., 595 ff., 623, 907 f.
– Kapitalisierung und Eintragung 2025 ff.

Sachverständiger 243 ff., 414
Sanierungsgebiet 2067
Schlussrechnung 1815 f.
Schluss der Versteigerung 478, 483 ff., 499 f., 979
Schreiblauslagen für Verkehrswertgutachten 259, 293
Schuldenmasse 612 ff.
Schuldner *s. Vollstreckungsschuldner*
Schuldner als Zwangsverwalter 1584 f.
Schuldnerschutz 209 ff., 224 f., 1070
Schuldtitel *s. Titel*
Selbstmordgefahr 228 ff., 570
Sicherheitsleistung (als Vollstreckungsvoraussetzung) 233, 1984
Sicherheitsleistung und Arrestvollziehung 2309
Sicherheitsleistung (Zwangsversteigerung)
– Höhe 451 ff., 469a ff.
– in der Teilungsversteigerung 1324
– Nachreichen 467, 469a ff., 489a
– Notsicherheit 466
– privilegierte Bieter 445 ff.
– Prüfung des Verlangens 442 ff.
– Rückgabe 470 ff.

– Sicherungsmittel 454 ff.
– Verlangen 441, 462
Sicherungsgrundschuld 749 ff.
– ist bestehen geblieben 754 ff.
– ist erloschen 761 ff.
– und Rückgewähr 751 ff.
Sicherungshypothek
– nach Forderungsübertragung 877 ff.
– nach § 848 Abs. 2 ZPO 2105
– nach Verzicht auf die übertragene Forderung 874
– Besonderheiten bei der – 878 f.
– Rangverlust 882
– Rang 883
Sicherungsmittel
– taugliche 454
– unzulässige 460
Sicherungsverwaltung 1424, 1427 f.
Sicherungsvollstreckung 50, 1368, 1986 ff., 2156, 2168, 2310
Sofortige Beschwerde *s. Rechtsbehelf*
Soldatenversorgungsgesetz (Sperrvermerk) 2071b
Sonderkündigungsrecht des Erstehers 383 ff.
Sperrvermerk
– bei Kapitalanlagengesellschaft 2071b
– nach Bundesversorgungsgesetz 2071a
– nach Investmentgesetz 2071b
– nach Soldatenversorgungsgesetz 2071b
Strohmann 528, 535
Suizidgefahr 228 ff., 570
Surrogationsgrundsatz 550, 629, 1351

Tag der ersten Beschlagnahme
– als Trennpunkt bei wiederkehrenden Leistungen 301 ff.
– bei der Versteigerung mehrerer Grundstücke 961
– Eintritt der Beschlagnahme 92 f., 1213, 1503 f., 1876
– Nennung im Vorbericht zum Teilungsplan 608
Teileigentum 13, 939, 957, 1452, 1856, 2030, 2066
Teilforderung 39, 45, 141, 1957, 2017
Teilungsmasse 610 ff.
Teilungsplan
– in der Zwangsversteigerung 605 ff.
– in der Zwangsverwaltung 1793 ff.
Teilungsversteigerung 11, 936, 1108 ff.
– mehrerer Grundstücke 1172
Terminsbestimmung in der Insolvenzverwalterversteigerung 1891
Terminsbestimmung in der Teilungsversteigerung
– Inhalt der – 1289
– Versteigerungstermin 1288 ff.

Terminsbestimmung in der Vollstreckungsversteigerung
- Inhalt der – 280, 280a, 281
- Versteigerungstermin 269 ff.
- Verteilungstermin 581 ff.
- Voraussetzungen 242, 272, 273

Terminsort 279

Testamentsvollstreckung
- als Gegenrecht 163 ff., 1627, 2090
- Eintragung der – im Grundbuch 2119
- Titel gegen Testamentsvollstrecker 75
- Vollstreckung vorher begonnen 74

Tilgungshypothek 328, 839

Titel
- Absonderungsrecht 171, 179
- bei Gütergemeinschaft 27
- dinglicher – 47 ff.
- gegen den verstorbenen Schuldner 29, 30
- gegen den vorläufigen Insolvenzverwalter 176
- gegen Erben 31
- Vermerk auf – über Eintragung Zwangshypothek 2186
- Vermerk auf – über Zuteilung 681, 857, 1359
- Wiedereinreichung zurückgegebener – 375a

Titelumschreibung
- nicht erforderlich 74, 163, 174, 182
- und Ablösung 482

Tod des Vollstreckungsschuldners 29 ff.

Überbaurente 354

Überbauung mehrerer Grundstücke 976

Übergang
- der Arresthypothek 2332 ff.
- der Gefahr 414 f., 499
- der Zwangshypothek 1928, 2235 f.
- von Lasten und Nutzen 417, 600, 948

Übergebot
- Gebotsprung 432
- und Untergebot 433

Übernahmegrundsatz 350

Überschüsse in der Zwangsverwaltung 1763

Übertragung der Forderung auf die Zahlung des Bargebots 861

Umfang der Beschlagnahme s. Beschlagnahme

Umlegungsverfahren 2067

Umschreibung des Vollstreckungstitels s. Titelumschreibung

Umwandlung der Arresthypothek
- in Eigentümergrundschuld 2332 ff.
- in Zwangshypothek 2338 ff.

Unbedenklichkeitsbescheinigung 541, 889

Unbekannter Berechtigter
- Abwicklung 856
- allgemein 710
- mangels Briefvorlage 709

- Minderanmeldung 770

Unbeschränkte Zwangsverwaltung 1479 f.

Unbestimmter Betrag 711 ff.

Unrichtiger Geldbetrag 2187 ff.

Unrichtiges Grundbuch s. Grundbuch

Untergebot s. Übergebot

Urkundsbeamter der Geschäftsstelle
- erteilt die Vollstreckungsklausel 557
- gibt Auskünfte 294

Verfallklausel 1982

Veräußerungsverbot 101 f.

Verein
- Titel gegen – 34

Vereinbarung des Bestehenbleibens von erloschenen Rechten 697 f., 838, 845, 1086

Verfahrenskosten s. Kosten des Gerichts

Verfügungsbeschränkungen
- als Gegenrechte 149 f.
- Nachlassverwaltung 166, 2005 ff.
- Pfändung/Verpfändung Erbanteil 2032, 2073
- relative – 2072 ff.
- Testamentsvollstreckung 74, 75, 163, 1487, 2096
- Verfügungsverbot auf Grund einstweiliger Verfügung 2073
- Verpfändung BGB-Gesellschaftsanteil 2073
- Vorerbe/Nacherbe 167, 1488, 2082 f.
- Zwangsversteigerungs-/Zwangsverwaltungsvermerk 2073

Verfügungsverbote 2072 ff.

Vergleich der Versteigerungsergebnisse 998

Vergleich zur Verfahrensbeendigung (Teilungsversteigerung) 1283 f.
- Muster 1416

Vergütung des Zwangsverwalters 1598 ff.

Verhandlung über den Teilungsplan 1801 f.

Verhandlung über den Zuschlag 487 f., 511, 1048

Verkehrswert s. Wertfestsetzung

Verkündungstermin 488 f.

Verlangen
- auf Gesamtausgebot 969
- gemäß § 64 Abs. 2 ZVG 1030

Vermerk auf Titel
- über Eintragung Zwangshypothek 2186
- über Zuteilung 681, 857, 1359

Vermögensabschöpfung 2356 ff.

Veröffentlichung der Terminsbestimmung
- im Amtsblatt 278, 283
- freiwillige 284
- Gerichtstafel 278, 283

Verpfändung
- BGB-Gesellschaftsanteil 2073
- Erbanteil 2073

Verrechungsscheck
- als Sicherheit 454 ff.
- Einlösung 473

Versagung des Zuschlags 488, 538 ff., 998, 1040 f., 1069., 1073, 1332 f.

Versicherungsforderung 106, 108, 109, 415

Versteigerungsantrag
- auf Anordnung der Insolvenzverwalterversteigerung 1858 ff.
- auf Anordnung der/Beitritt zur Teilungsversteigerung 1173 ff., 1205 f.
- auf Anordnung der/Beitritt zur Vollstreckungsversteigerung 17 f., 22 f., 58 (Muster)

Versteigerungsbedingungen 406 ff.

Versteigerungsgegenstände s. *Versteigerungsobjekte*

Versteigerungsobjekte
- in der Insolvenzverwalterversteigerung 1856, 1857
- in der Teilungsversteigerung 1172
- in der Vollstreckungsversteigerung 10 f., 957

Versteigerungstermin
- Bestimmung des Termins 269 f., 1288 f., 1891
- Vorzeitige Beendigung 475 f., 1327 f.

Versteigerungsvermerk s. *Zwangsversteigerungsvermerk*

Verteilung der Lösungssumme 2303

Verteilung von Gesamtgrundpfandrechten 1009 ff.
- Gegenantrag 1027 ff.
- nach BGB 1011
- Voraussetzungen 1009 f.
- Verfahren 1018 ff.

Verteilungstermin in der Zwangsverwaltung
- Bestimmung 1764 ff.
- Anmeldung zum – 1770 ff.
- Teilungsplan 1793 ff.

Verwalter einer Wohnungseigentümergemeinschaft
- als Berechtigter zur Abgabe von Löschungsbewilligungen und löschungsfähigen Quittungen 2265 ff.
- als Titelgläubiger 2117
- Eintragung als Hypothekgläubiger 2117
  s. auch *Wohnungseigentum*

Verwaltungsvollstreckung 2269 ff.

Verwaltungsvollziehung (Arresthypothek) 2351 ff.

Verzicht
- auf den Erlös 767, 819
- auf die Einzelausgebote 977, 977a
- auf die Rechte aus der Zuteilung 873
- des Gläubigers auf Zwangshypothek 2233
- Erfüllung des Rückgewähranspruchs durch – 767
- und Pfändung 819

Verzinsung des Bargebots 410 f.
Verzugsschaden 869
Verzugszinsen 861, 2025
Vollmacht 374 f., 426, 1953
Vollstreckbare Urkunde 50
Vollstreckungsgegenklage 695

Vollstreckungsklausel
- als allgemeine Vollstreckungsvoraussetzung 50, 1965
- auf dem Zuschlagsbeschluss 554, 884 ff.
- gegen Erben 31
- nach Ablösung 482
- Rechtsnachfolgeklausel 54, 70, 1464, 1936, 1972 f., 1956, 1966, 2001 f., 2107 f., 2322

Vollstreckungsobjekte
- in der Teilungsversteigerung 1172
- in der Vollstreckungsversteigerung 10 f., 957
- in der Zwangsverwaltung 1448 f.

Vollstreckungsrechtliche Mängel 2154 ff.
Vollstreckungsregister 60, 1469
Vollstreckungsschuldner 25 ff.
- als Zwangsverwalter 1584 f.
- mehrere 26
- Tod des –s 29 ff.

Vollstreckungsschutz 209 ff., 227 ff., 1238, 1269, 1270, 1667
Vollstreckungstitel s. *Titel*
Vollstreckungsverbote 72, 1632, 1634, 1993 ff., 2012 ff.
Vollstreckungsvoraussetzungen 50, 62 ff., 1955 ff.
Vollziehungsfrist 2313 ff.
Vorbericht im Teilungsplan 608, 1794

Voreintragung des Schuldners
- Allgemeines (Notwendigkeit) 2098, 2303
- Auflassungsempfänger als Schuldner 2104
- Entbehrlichkeit der – 2099 ff.
- Ersteher als Schuldner 2106
- Herbeiführung der – 2101 ff.

Vorerbe
- Gläubiger ist – 2121
- Nacherbschaft als Gegenrecht 167
- Schuldner ist – 167, 2082 ff.

Vorkaufsrecht
- kein Gegenrecht 168
- Wertersatz 656

Vorläufiger Insolvenzverwalter 176, 2000 ff.
Vorläufiger Teilungsplan 591 ff.
Vorläufiges geringstes Gebot 341
Vormerkung für Löschungsanspruch
- Eintragung 728, 730
- Kosten für Eintragung 855
- Kosten für Löschung 730

Vormerkung nach § 18 Abs. 2 GBO
- für früher beantragtes Recht 2165 ff.
- für Zwangshypothek 2142 ff.

Vormundschaft 27, 1184

Vormundschaftsgerichtliche Genehmigung
428, 497, 1184, 2060

Wahlrecht
- bei Gegenantrag nach § 64 Abs. 2 ZVG 1040 f.
- des Zuteilungsberechtigten nach Forderungsübertragung 873

Wartefristen 1963
Wegerecht 323, 352, 625, 941
Wertersatz
- Auszahlung 672, 673, 716 ff.
- durch Einmalzahlung 652, 656
- durch Rente 653, 663 ff., 716

Wertfestsetzung 243 ff.
- Bedeutung 244
- bei der Versteigerung mehrerer Grundstücke 963
- Gegenstände des Haftungsverbandes 243, 263
- in der Teilungsversteigerung 1280 f.
- Sachverständiger 243 ff..

Wertkorrektur 1019
Wertverlust
- als Gegenargument nach § 30a Abs. 1 ZVG 212
- als Gegenargument nach § 74a Abs. 1 ZVG 511
- Ausgleich des –s nach § 30e ZVG (Insolvenz) 193

Wesentliche Bestandteile 10, 105, 106, 109, 123
Widerspruch im Versteigerungstermin
- gegen Zurückweisung des Gebots 436 ff.
- verhindert Erlöschen der Gebote 434

Widerspruch im Verteilungstermin
- Abgrenzung zur Beschwerde 685
- beim Löschungsanspruch 738
- beim Rückgewähranspruch 773
- Feststellung 674
- gegen festgestellten Betrag 717
- kraft Gesetzes 689
- Schuldner 695, 696
- Zurückweisung 691

Widerspruchsklage nach § 878 ZPO 694
Wiederkehrende Leistungen
- Abgrenzung zu einmaligen Leistungen 299 ff., 317
- bei der Verteilung von Gesamtgrundpfandrechten 1020
- Endtermin 361, 600
- im geringsten Gebot 319
- im Teilungsplan 600, 623

Wiederversteigerung 876, 1366
- Besonderheiten 886 ff.
- echte 885, 889
- unechte 885

Wohnungseigentum
- als Belastungsgegenstand 2030
- Hausgeld 38, 177a, 313, 621, 946 ff., 1785, 1833 f.
- keine Teilungsversteigerung 936
- Sonderumlagen 948, 949
- Überschuss 950
- Versteigerung 13, 934 ff.
- Verwalter 938, 941, s. auch Verwalter einer Wohnungseigentümergemeinschaft
- Wesen des –s 834 f.
- Wohngeld s. Hausgeld
- Zustimmung zum Zuschlag 943 ff.

Wohnungseigentümergemeinschaft als Gläubigerin 177a, 354a, 2110 ff.
Wohnungseigentümergemeinschaft in der Teilungsversteigerung 1147
Wohnungseigentümergemeinschaft in der Zwangsversteigerung 953a ff.
Wohnungseigentümergemeinschaft in der Zwangsverwaltung 1833 ff.
Wohnungsrecht in der Zwangsverwaltung 1484

Zahlung
- auf das Kapital in der Zwangsverwaltung 1810 f.
- bei Ablösung 480
- des Bargebots 409, 676, 860
- des Schuldners an das Gericht 479
- einstweilige Einstellung nach – 233

Zahlungsnachweis 233
Zentralisierung 19
Zinsen aus dem Bargebot
- Befreiung von Zinspflicht 411
- Versteigerungsbedingung 410 ff.
- Verzug 868

Zinsen aus Grundpfandrechten
s. Nebenleistungen
Zinsen bei Zwangshypothek
- als Hauptforderung 2025 ff.
- als Nebenleistungen 2025, 2170
- Basiszinssatz 2182 ff.
- bei Eintragung 2170 ff.
- gleitender Zinssatz 2180 ff.
- Höchstzinssatz 2180
- rückständige – 2025 ff.
- „vergessene" – 2028, 2029

Zubehör
- Aufhebung der Zubehöreigenschaft 110, 121
- in der Zwangsverwaltung 1719 f.
- neues – 111
- schuldnerfremdes – 112, 393 f.
- verlässt den Haftungsverband 110
- von der Beschlagnahme erfasstes – 108
- wird mitversteigert 394 f., 1878

Zug um Zug Leistung 1990, 1991

Stichwortverzeichnis

Zurückweisung
- des Eintragungsantrags 2152, 2154, 2163, 2166
- des Versteigerungsantrags 71, 1199
- des Widerspruchs 691
- nur wegen Kosten 131
- Rechtsbehelf gegen – 130 ff.

Zuschlag 487 ff., 1332 ff.
- als Vollstreckungstitel 552 ff.
- an Dritte 528 ff.
- bei abweichendem gG in der Insolvenzverwalterversteigerung 1911 f., 1924 f.
- bei der Versteigerung mehrerer Grundstücke 996 f., 1040 f.
- Inhalt des Zuschlagsbeschlusses 532 ff., 1105, 1336
- Kosten 572 f., 1343 f.
- Rechtsbehelf gegen den – 561 ff., 1339 f.
- und Zwangsverwaltung 1679 f.
- Verhandlung über den – 487 f., 511
- Verkündung 488, 538 ff.
- Versagung des –s 469f, 493 ff., 522, 574, 796, 914, 998, 1043, 1048 f., 1062, 1073, 1332 f.

Zuschlagsbeschwerde 561 ff.
Zuschlagskosten s. Kosten für den Zuschlag
Zuständigkeit
- ausschließliche 20
- bei Versteigerung mehrerer Grundstücke 959
- für Eintragung Zwangshypothek 1941 ff.
- funktionelle 21
- örtliche 19, 20
- sachliche 18
- Teilungsversteigerung 1173
- Zentralisierung 19
- Zwangsverwaltung 1456

Zustellung
- als Vollstreckungsvoraussetzung 1976, 1977
- des Ablehnungsbeschlusses 71
- des Anordnungsbeschlusses 81, 1202, 1499, 1870
- des Aufhebungsbeschlusses 200
- der Terminsbestimmung 282 ff.
- des Wertfestsetzungsbeschlusses 265
- des Zuschlagsbeschlusses 539 ff.
- Erleichterungen bei der – 286 ff.
- Sonderformen der – 286 ff.
- und Arresthypothek 2323 ff.

Zustellungsvertreter 287 ff.
Zuteilung 649 ff., 1346 f., 1405 f.
Zuzahlung
- Begriff 400
- Festsetzung der – 402 ff.

Zwangsgeld 2123, 2185
Zwangshypothek 1928 ff.
- kein dinglicher Titel erforderlich 53
- und Insolvenz 181 ff.
- und Teilungsversteigerung 1381

Zwangsräumung des Schuldners (Zwangsverwaltung) 1521 f.
Zwangsversteigerung
- aus Arresthypothek 2367 ff.
- auf Antrag des Insolvenzverwalters 1840 ff.
- aus Zwangshypothek 1934
- Vollstreckungsversteigerung eines Grundstücks 10 ff.
- Vollstreckungsversteigerung mehrerer Grundstücke 954 ff.
- zum Zwecke der Aufhebung einer Gemeinschaft 1108 ff.

Zwangsversteigerungsvermerk
- als relative Verfügungsbeschränkung 2073
- keiner nach Beitritt 89
- Löschung nach Aufhebung 200
- Löschung nach Zuschlag 835
- nach Anordnung 84, 1204, 1873

Zwangsverwalter
- Aufgaben des –s 1552 f.
- Aufwendungen des –s 1754 f.
- Auslagen des –s 1611
- Bestellung des –s 1540 ff.
- Haftung des –s 1566 f.
- Institutsverwalter 1576 f.
- Qualifikation des – 1542, 1614
- Rechnungslegung des –s 1556 ff., 1815 ff.
- Rechtsbehelf gg. Auswahl 1551
- Schuldner als – 1584 f.
- Vergütung des –s 1598 ff.
- zwischen Zuschlag und Aufhebung 1679 ff.

Zwangsverwalterverordnung (ZwVwV) 1839
Zwangsverwaltung
- Altenteil in der – 1484
- Auflassungsvormerkung in der – 1626
- Aufwendungen 1754 ff.
- Aufwendungen Rangklasse 1a 311
- Antragsrücknahme 1654
- Beendigung der – s. Aufhebung
- Betriebsfortführung 1747 ff.
- Eigentumswechsel 1626
- Einstweilige Einstellung 1636, 1662 ff., 1666, 1667
- Erlösverteilung 1778 ff.
- gegen Eigenbesitzer 1464 ff.
- gegen Ersteher (§ 94 ZVG) 1427 ff.
- Gerichtskosten 1531, 1758
- Hindernisse 1477 ff.
- Insolvenz und – 1630 ff.
- Kapitalzahlung in der – 1810 ff.
- Miete und – 1697 ff.
- Mietpfändung 1432 ff.
- Mietverträge 1713 ff.
- Nacherbe 1490, 1629
- Objekte der – 1448 ff.
- Öffentliche Last 1762
- Pacht 1697
- Prozesse 1724

455

Stichwortverzeichnis

- Prüfung durch Gericht   1552 1824 ff.
- Rechtsanwaltskosten   1535, 1776
- Rechtsbehelfe   1529 ff., 1551, 1804
- Schuldnerwohnung   1518 ff.
- Testamentsvollstrecker   1627
- Verhältnis zur Zwangsversteigerung   1422 f.
- Vorerbe   1488, 1629
- Zahlungsverbot   1513
- Zubehör   1719 ff.
- zur Sicherung   1424
- Zuschlag und –   1679 ff.
- Zwangsversteigerung und –   1421 ff.
- Zweck des Verfahrens   1418 f.

Zwangsverwaltungsvermerk
- als relative Verfügungsbeschränkung   2073
- nach Anordnung   1500

Zwangsvollstreckung
- gegen den Ersteher   884
- gegen den Meistbietenden   884

Zweigniederlassung als Gläubigerbezeichnung   2107c

Zwischenrecht   742

Zwischenverfügung   2138 ff.
s. auch *Aufklärungsverfügung*

Tipps und Taktik C.F. Müller

Mobiliarzwangs-vollstreckung

Vollstreckung in das bewegliche Vermögen – von Anfang an richtig

Von Sabine Jungbauer und Waltraud Okon, Rechtsfachwirtinnen. 2006. XXVIII, 330 Seiten. € 35,-
ISBN 978-3-8114-3411-0
(Tipps und Taktik)

Gerade bei der Vollstreckung in das bewegliche Vermögen ist es wichtig, alles von Anfang an richtig zu machen. Denn hier sind Schuldner gewöhnlich besonders „kreativ".

Seien Sie schneller!

Profitieren Sie von der jahrelangen, praktischen Erfahrung der Autorinnen, die sie aktiv sowohl in der Zwangsvollstreckung als auch bei der Aus- und Fortbildung von Rechtsanwälten und Fachangestellten gesammelt haben:

Optimieren Sie Ihre
- Informationsbeschaffung über den Schuldner
- Zustellung bei verweigerter Annahme
- Pfändung von Einkommen und Bankguthaben
- u.v.a.m.

Der Online-Wissens-Check unter
mobiliarzwangsvollstreckung.de

**Typisch Tipps und Taktik:
Mit zahlreichen Tipps, Mustern, Beispielen und Checklisten.**

C.F. Müller, Verlagsgruppe Hüthig Jehle Rehm GmbH, Im Weiher 10, 69121 Heidelberg
Kundenbetreuung München: Bestell-Tel. 089/54852-8178, Bestell-Fax 089/54852-8137
E-Mail: kundenbetreuung@hjr-verlag.de

C.F. Müller
www.cfmueller-verlag.de

Tipps und Taktik C.F. Müller

Fristentabellen

Herausgegeben von Sabine Jungbauer
2007. XI, 286 Seiten. € 35,-
ISBN 978-3-8114-3412-7
(Tipps und Taktik)

Die Fristentabellen geben einen schnellen Überblick über die jeweilige einschlägige Norm sowie die Laufzeit der Frist. Damit ist ein schnelles, rechtssicheres Überprüfen auf den jeweiligen Einzelfall erheblich erleichtert.

Nach einer Abhandlung über Grundsätzliches zu Fristen und Terminen bringt das Werk die Fristen zu den wichtigsten Rechtsgebieten, wie z.B. Fristen aus dem Vertragsrecht, Ehe- und Familienrecht, Erbrecht, Gesellschaftsrecht, Handelsrecht, Arbeitsrecht, Steuerrecht, öffentliches Recht, Strafrecht, Insolvenzrecht und zivilprozessuale Fristen in Tabellenform.

Ein umfangreiches Kapitel ist der Wiedereinsetzung in den vorigen Stand gewidmet. Eine Fülle an Rechtsprechung, die in einem Fazit mit Tipps zum Notieren von Fristen mündet, rundet das Buch ab.

Damit wird das Werk zu einer wertvollen Hilfe, um kurz und prägnant das Wichtigste zu den jeweiligen Fristen zu erfahren. Die Darstellung der einzelnen Rechtsgebiete erleichtert zusätzlich die Suche.

C.F. Müller, Verlagsgruppe Hüthig Jehle Rehm GmbH, Im Weiher 10, 69121 Heidelberg
Kundenbetreuung München: Bestell-Tel. 089/54852-8178, Bestell-Fax 089/54852-8137
E-Mail: kundenbetreuung@hjr-verlag.de

C.F. Müller
www.cfmueller-verlag.de

Neu aufbereitet für die Praxis:

Beratungshilfe Prozesskostenhilfe

Von Dr. Armin Schoreit
und Ingo-Michael Groß
9., völlig neu bearbeitete Auflage 2008
XXII, 693 Seiten. € 79,–
ISBN 978-3-8114-3432-5
(C.F. Müller Kommentar)

Die Zahl der Fälle, in denen Prozesskostenhilfe und auch Beratungshilfe bewilligt wird, steigt ständig.

Auf alle wichtigen Fragen, die in diesem Zusammenhang auftauchen können, gibt dieser Praktikerkommentar erschöpfend Auskunft.

Mit der Neuauflage wird die Kommentierung zur Prozesskostenhilfe von Herrn Richter am LG Ingo Michael Groß fortgeführt – ein Anlass, die bewährte Struktur in Teilen neu zu gestalten, zu straffen und alle praktisch bedeutsamen Probleme unter Auswertung der aktuellen Rechtsprechung und Literatur darzustellen.

Schwerpunkte bilden hierbei:

- die Änderungen durch das JKommG das wesentliche Änderungen vor allem des § 115 ZPO gebracht hat,
- die Einführung der grenzüberschreitenden Prozesskostenhilfe innerhalb der Europäischen Union
- einen Ausblick auf das derzeit im Beratungsverfahren befindliche Prozesskostenhilfebegrenzungsgesetz
- der neugefasste § 10 BerHG (Gewährung von Beratungshilfe bei grenzüberschreitenden Streitsachen)
- die ausführliche Auseinandersetzung mit dem streitigen Thema der Gewährung von Beratungshilfe zur Einleitung von Verbraucherinsolvenzen.

C.F. Müller, Verlagsgruppe Hüthig Jehle Rehm GmbH, Im Weiher 10, 69121 Heidelberg
Kundenbetreuung München: Bestell-Tel. 089/54852-8178, Bestell-Fax 089/54852-8137
E-Mail: kundenbetreuung@hjr-verlag.de.

C.F. Müller
www.cfmueller-verlag.de

C. F. Müller
Recht in der Praxis

Schellhammers didaktisches Meisterwerk

Zivilprozess

Gesetz – Praxis – Fälle

Von Kurt Schellhammer.
12., neu bearbeitete Auflage 2007.
LXXIII, 1.018 Seiten. Gebunden. € 92,-
ISBN 978-3-8114-3904-7
(Recht in der Praxis)

„*Das Buch von Schellhammer bietet eine der materialreichsten Gesamtübersichten über den Zivilprozess.*"
duessellaw.de 3/2005

Schellhammers Werk weckt das Verständnis für die rechtlichen Zusammenhänge und erleichtert das Prozessieren.

Mit der praxisnahen Konzeption wird das Zivilprozessrecht verständlich erläutert und die Dynamik des Prozesses klar vor Augen geführt.

Neu in der 12. Auflage berücksichtigt:

- Internationales Familienrechtsverfahrensgesetz v. 26.01.2005 (BGBl. I, 162)
- Justizkommunikationsgesetz v. 22.03.2005 (BGBl. I, 837)
- Kapitalanleger-Musterverfahrensgesetz v. 16.08.2005 (BGBl. I, 2437)
- 2. Justizmodernisierungsgesetz v. 22.12.2006 (BGBl. I, 3416)

C.F. Müller, Verlagsgruppe Hüthig Jehle Rehm GmbH, Im Weiher 10, 69121 Heidelberg
Kundenbetreuung München: Bestell-Tel. 089/54852-8178, Bestell-Fax 089/54852-8137
E-Mail: kundenbetreuung@hjr-verlag.de

C.F. Müller
www.cfmueller-verlag.de